法哲学

亀本 洋

法学叢書 8

成文堂

はしがき

　私は、大学院の修士課程の2年間、「名人に香車を引いた男」として有名な升田幸三の棋譜と生き方に魅せられ、多くの時間を将棋の研究に費やした。囲碁では岡目八目というが、それはアマチュアのことで、プロの場合、囲碁でも将棋でも、一番よく読んでいるのは対局者自身である。升田のライバル、大山康晴名人の「人間は必ず間違うものだ」という将棋哲学から学んだことも多い。

　この10年以上、この教科書を書くことを陰に陽に意識しながら、法哲学の勉強を続けてきた。法哲学の研究を始めた当初から、法哲学とはどのような学問なのかずっとわからなかった。そして、今もわからない。

　仕方がないから、この教科書で採用したのは、自分が法哲学をやってみせるという方法である。初心者向けに書き始めたが、書いてみると、どうもそのような趣ではない。授業で使う、というよりも、一人で読んで考えるという教科書に結果的になってしまった。しかし、重要な古典が引用してあるので、法哲学の学習者にとって、本文以外は、価値があると信じる。

　約1年かけて執筆した。第5章までは、授業で使った教材や過去に書いた論文を利用したりして、1章あたり2週間からひと月以内に草稿を書き上げることができた。だが、経済学を扱う第6章あたりから、勉強不足のため、筆が滞り始めた。その調子が最後まで続き、かなり苦しかった。あまりに苦しかったので、好き放題に書くしかなかった。結果的に、論文に近い中途半端なものになってしまった。しかし、全体の調子を調整することはあえてしなかった。初心者の皆様には申し訳ない。比べるのもおこがましいが、トマス・アクィナスも、『神学大全』を初心者向けに書いた、ということを慰めにしている。

　専門的法哲学をやると宣言して、法哲学各論まで行くつもりだったが、未熟なため、結局、あきらめざるをえなかった。それでも、法哲学の精神は伝えたつもりである。読者におかれては、興味がある章だけばらばらに読んでいただいても大丈夫だと思う。

拓殖大学非常勤講師の伊藤泰氏には、ゲラ刷を読んでいただき、内容および編成について有益なアドバイスを頂戴しただけでなく、文献目録、索引作成等を含め、大変お世話になった。また、京都大学助教の近藤圭介氏には、文献調査などを手伝っていただいた。両氏に対し、この場を借りて、心より御礼申し上げたい。

　成文堂社長、阿部耕一氏には、執筆の機会を与えていただいただけでなく、執筆にあたり過分のご配慮を賜り、心より感謝いたします。同社編集部、土子三男さんには、最初から最後まで、お世話いただきお礼の言葉もありません。土子さんの励ましがなければ、この本は、絶対に世に出なかった。本当にありがとうございました。

2011年2月13日

亀 本 　 洋

目　次

はしがき

第1章　法哲学の精神 … 1
第1節　「法哲学」という科目名あるいは学問分野 … 2
第2節　日本における法哲学の発展 … 11
第3節　法哲学と法学の関係 … 18
第4節　法哲学と法哲学史 … 26
第5節　法哲学の教え方 … 31

第2章　法的思考——利息制限法をめぐる最高裁判決の変遷—— … 34
第1節　利息制限法 … 34
　1．法律家と裁判　34　　2．利息制限法の内容　36
　3．本件の争点——制限利率超過部分を元本に充当できるか——　40
第2節　第1の判決の多数意見 … 42
　4．判決の主文　42　　5．判決理由　44　　6．事実の概要　44
　7．法廷意見の法律論　45　　8．類推解釈　47
　9．利息制限法第2条の書き方　49　　10．利息制限法第2条からの類推解釈と反対解釈　52　　11．極端事例論法　53
第3節　第1の判決の個別意見 … 55
①　河村意見 … 55
　12．事実の記述の仕方　55　　13．帰結主義論法　56
　14．不当利得の特則　58　　15．解釈は明文に根拠がないからこそ必要となる　60　　16．利息制限法第2条のポイント　61
　17．「無効な」意思表示　62　　18．「明らかである」ことは実は「明らかでない」　63　　19．法定充当説批判　64
②　横田喜三郎意見 … 66
　20．法の不備　66　　21．法解釈方法論における（狭義の）「解釈」と欠欽補充の区別　68　　22．立法者の目的に有利な推定　68

23．複数の目的の妥協の産物としての法律　70
　　24．書かれた法律と国民との関係　72
　③　池田意見 …………………………………………………………72
　　25．衡平　72　　26．裁判上無効　76
　④　奥野・五鬼上意見 ……………………………………………77
　　27．概念法学的「不可能」のレトリック　77
　　28．「禁止」の多義性を利用するレトリック　79
　　29．帰謬法　83　　30．敵の主張を自分に都合がよいよう拡張または縮小解釈する　84　　31．裁判所の能力の自覚　84
　⑤　山田意見 …………………………………………………………85
　　32．一歩前進　85　　33．上告理由　86
第4節　第2の判決 ……………………………………………………88
　　34．判例変更　88　　35．自分の意見の引用の仕方　90
　　36．強調したい文言のくり返し　90　　37．「法律上の不利益」？　91
　　38．すでに受け容れられている論拠の応用　93
　　39．類推から一般原理の確立へ　94
　　40．制限超過部分は何らかの仕方で元本その他の残存債務に充当される　95
　　41．法律の解釈の限度と一般原則　97　　42．利息制限を全面的に強行しないための緩和策の必要性　99　　43．「仕方がない」論法　101
　　44．弁済期の到来・未到来による区別　103　　45．利息と損害金の区別　105
　　46．その条文の適用の可能性のなくなるような解釈をしてはいけない　108
第5節　第3の判決 ……………………………………………………109
　　47．判例に従え　109　　48．元本なくして利息なし　110
　　49．間違いは間違い　112　　50．反制定法的解釈　114

第3章　法律関係 …………………………………………………………116
　第1節　法の専門家と素人の距離 ………………………………………116
　　1．法律家にとっての法と素人にとっての法　116　　2．憲法と通常法律　117
　　3．法律関係　118　　4．有機的と機械的　119
　第2節　ホーフェルド図式 ………………………………………………120
　　5．法律関係の機械論的把握　120　　6．ホーフェルド図式　120

7．権利義務関係 *121*　　8．特権無権利関係 *123*
　　9．特権と自由 *123*　　10．特権とは、しない義務の不存在 *124*
　　11．特権無権利関係の法学上の意義 *126*　　12．機能責任関係 *127*
　　13．「責任」という言葉 *129*　　14．契約の申込み、承諾、撤回 *130*
　　15．ケース・メソッドと概念法学 *132*
　　16．さまざまな権能責任関係の併存と継起 *133*
　　17．免除権無能力関係 *134*　　18．無能力と、しない義務は違う *135*
　　19．免除権としての憲法上の自由権 *136*
　　20．「権利」という言葉の多義性 *137*
　第3節　道徳哲学者の不満 …………………………………………*137*
　　21．「関係的」権利 *137*　　22．法学教育の目的 *138*
　　23．道徳的思考と法的思考 *139*　　24．唯名論または個物主義 *140*
　　25．初心者は定義を示されても理解できない *141*
　　26．ホーフェルド図式の法理学史上および道徳哲学上の意義 *142*
　　27．義務論理学 *143*
　第4節　サムナーの図式 ……………………………………………*146*
　　28．サムナーの第1図式 *146*　　29．サムナーの第2図式 *147*
　　30．自由と権能、請求権と免除権が平行関係にある *147*
　第5節　ハートによる批判 …………………………………………*149*
　　31．片面的「自由」は権利か *149*　　32．権利の選択説と利益説 *150*
　　33．保護境界線 *152*　　34．政策的結論を権利概念の分析から導く論法 *153*
　　35．ハート説の瓦解 *154*　　36．高柳賢三によるホーフェルドの評価 *154*

第4章　自然権と国家 ………………………………………………*156*
　第1節　人権宣言 ……………………………………………………*156*
　　1．ヴァジニアの権利章典 *156*　　2．アメリカ独立宣言 *158*
　　3．日本国憲法前文の自然権的解釈 *160*
　　4．日本国憲法前文の人民主権的解釈 *161*　　5．主権者 *162*
　　6．フランス人権宣言 *163*　　7．人権と民主主義 *165*
　第2節　ノージックの国家論——支配的保護機関と独立人の問題 ……*166*
　　8．国家の道徳的正当化とアナーキズム問題 *166*　　9．ノージックの

国家論の概要 *167*　　**10.** ロック的自然状態と自然権 *168*
　　11. 支配的保護機関の生成 *169*　　**12.** 支配的保護機関は国家か
　　──独立人の問題 *172*　　**13.** 独立人への対処の概要 *174*
　第3節　超最小国家への移行 ……………………………………………*175*
　　14. 危険を及ぼすリスクがある行為をなぜ禁止できるか *175*
　　15. 交換利益の分割の不公正さ *176*　　**16.** 一般的恐怖からの議論 *177*
　　17. 権利侵害のリスクのある行為 *178*　　**18.** 手続的権利 *180*
　　19. 判定手続を実行するための制約 *181*　　**20.** 事実上の独占 *182*
　　21. 超最小国家の成立 *184*
　第4節　最小国家への移行 ………………………………………………*184*
　　22. 賠償原理 *184*　　**23.** 賠償額 *186*　　**24.** 非生産的取引 *187*
　　25. 独立人への現物賠償 *188*　　**26.** 貧乏な独立人への賠償 *191*
　　27. 金持ちの独立人への無賠償 *193*　　**28.** 現物賠償と金銭賠償 *194*
　　29. 独立人の三類型 *197*　　**30.** 賠償支払い準備のない独立人 *199*
　　31. 差別的不利益を蒙ることなく蓄えることのできる財産 *201*
　　32. 国家への独立人の取り込み過程 *203*
　第5節　最小国家のもつ含意 ……………………………………………*205*
　　33. 貧乏人への賠償と金持ちへの無賠償の非対称性 *205*
　　34. 最小国家の脆弱さ *207*
　　35. 民事上の違法行為と刑事上の違法行為の違い *209*
　　36. 奴隷の話 *210*　　**37.** ノージックに洗脳されないために *212*

第5章　政府の役割 ……………………………………………………*214*
　第1節　アダム・スミスにおける政府の役割 …………………………*215*
　　1. アダム・スミスにおける政府の役割 *215*
　第2節　ロックナー事件 …………………………………………………*217*
　　2. ロックナー事件の概要 *217*　　**3.** ペッカム裁判官の法廷意見 *219*
　第3節　ロックナー事件の反対意見 ……………………………………*224*
　　4. ハーラン裁判官の反対意見 *224*　　**5.** ホームズ裁判官の反対意見 *228*
　第4節　判決における法律家的議論の検討 ……………………………*230*
　　6. 無知からの論法 *230*　　**7.** 証明責任の転換 *231*

8．司法の中立性 *233*　　9．ホームズはなぜ偉大か *235*
　　　10．帰謬法を使用する帰結主義論法、「極端ではない論法」等 *237*
　　　11．先例の「説明」と「区別」 *238*　　12．先例の役割 *239*
　　　13．手続的審査のテクニック *240*
　第5節　政府の役割という観点からの検討……………………………*242*
　　　14．警察国家 *242*　　15．福祉国家 *246*
　　　16．ロックナー事件当時のアメリカの世論 *248*
　　　17．革新主義の時代 *249*　　18．リベラルと保守の対決の1920年代 *250*
　　　19．社会主義から福祉国家へ *253*　　20．「福祉国家」の概念の由来 *256*
　　　21．歴史を勉強しよう *258*

第6章　市場と競争……………………………………………………………*260*
　第1節　経済学における普通の説明…………………………………*261*
　　　1．価格メカニズムについての普通の説明 *261*
　　　2．需要の変化 *262*
　第2節　市場とは何か…………………………………………………*263*
　　　3．理念としての市場 *263*　　4．定型としての市場 *265*
　　　5．市場の役割 *266*　　6．同一の市場 *269*
　　　7．経済学の大家たちによる市場の定義 *271*　　8．交換 *273*
　　　9．完全市場 *274*　　10．市場の範囲 *275*　　11．競争 *276*
　　　12．完全競争市場 *278*
　第3節　財とその価値…………………………………………………*279*
　　　13．メンガーの経済学 *279*　　14．財 *280*　　15．第1次財と高次財 *282*
　　　16．生産と消費 *282*　　17．所有財 *285*　　18．厚生 *287*
　　　19．経済財 *289*　　20．財価値 *291*
　　　21．ジェヴォンズによる「価値」ないし「効用」の説明 *292*
　　　22．財価値の差異の原因その1――欲望満足の意義の相違 *296*
　　　23．財価値の差異の原因その2――個々の欲望満足の具体的諸財への依存性 *298*　　24．高次財の価値 *301*
　第4節　交換が起こるための条件……………………………………*303*
　　　25．交換性向 *303*　　26．交換が起こるための条件 *305*

27. 経済的交換の限界 *307*

第5節　価格の形成 …………………………………………………*310*
　28. 価格についてのメンガーの見方 *310*
　29. 孤立的交換における価格形成 *311*　30. 単一の不可分的独占財をめぐって多人数の競争がある場合の価格形成と財の分配 *311*
　31. 1独占財の諸数量をめぐって競争がある場合の価格形成と財の分配 *312*
　32. 独占者の販売政策 *315*　33. 双方に競争があるときの価格形成 *318*

第6節　均衡 ………………………………………………………*319*
　34. 競争市場における均衡 *319*　35. 均衡、静学、動学 *320*
　36. 競争的均衡における水平の需要曲線と供給曲線 *323*
　37. 価格理論における「市場経済」の意味 *324*　38. 競争と協力 *327*

第7節　費用とは何か ……………………………………………*328*
　39. 供給曲線と限界費用 *328*　40. 費用 *329*
　41. 効率的契約違反 *333*

第7章　市場と法 ……………………………………………*335*

第1節　法学と経済学 ……………………………………………*337*
　① 法学と経済学の違い ……………………………………*337*
　　1. 「法と経済学」の二つのタイプ *337*
　　2. 法学者にとっての経済学の効用 *338*　3. 非貨幣的費用 *339*
　　4. 経済学における行列 *340*　5. 法哲学者にとっての経済学の効用 *341*
　　6. 法学における教科書の役割 *342*
　　7. 経済学における教科書の役割とその標準化 *343*
　　8. 法学と経済学における正解の背景 *346*
　② 法学の道具と思考 ………………………………………*349*
　　9. 解釈の規準（canon）*349*　10. 職人芸、実践知としての法的思考 *354*
　③ 「法と経済学」 …………………………………………*355*
　　11. 実用法学の使命と経済学的思考のつまみ食い *355*
　　12. 中途半端な「法と経済学」 *357*
　　13. イデオロギー的な「法と経済学」 *357*
　④ 経済学の理論と適用 ……………………………………*360*

14. 理論知と実践知 *360*　　15. コミュニケーション手段としての数学 *361*
　　16. 概念の解釈と言葉の解釈 *362*
　第2節　代替の概念 …………………………………………………*363*
　　17. 経済学における「代替」の概念 *363*　　18. 弾力性の概念 *365*
　　19. 連関財 *368*　　20. 水平または垂直な直線 *369*
　　21. 長期と短期 *370*
　第3節　経済学についてのコースの見方 ………………………*372*
　　22. 経済学者による経済学の定義 *372*
　　23. 経済学の現状と制度としての市場の軽視 *375*
　第4節　取引費用 …………………………………………………*377*
　　24. 取引費用の概念と「市場」 *377*
　　25. 取引費用の概念の意味と意義 *380*
　　26. 取引費用概念の法哲学にとっての意義 *382*
　　27. 標準的経済学における法と制度の扱い *385*
　　28. 取引費用とスティングラーの教科書の変遷 *386*
　　29. 取引費用概念と制度化費用 *387*
　第5節　コースの定理 ……………………………………………*390*
　　30. 外部性と相互性 *390*　　31. コースの定理 *393*
　　32. 権利分配の変化は富の分配の変化を通じ資源配分を変化させるか *396*
　第6節　ピグー的課税 ……………………………………………*400*
　　33. ピグー的課税への批判 *400*　　34. ピグー派からの反批判への応答 *403*
　　35. 取引費用ゼロの破壊力 *406*
　　36. 市場経済あるいは商業社会のメリット *407*
　　37. 「外部性」という専門用語 *409*　　38. 課税の費用 *412*
　　39. 産業への課税と補助金を通じた経済的厚生の増大の可能性 *413*
　第7節　コースの経済理論の含意 ………………………………*416*
　　40. コースの理論の法哲学にとっての意義 *416*
　　41. 経済学における燈台 *417*　　42. 現代経済学における悪徳の栄え *418*

第8章　正義の概念 ……………………………………………… *421*
　第1節　アリストテレスの倫理学 ………………………………*421*

x　目　次

　　1．「卓越主義」という言葉 *421*　　2．倫理学と政治学 *424*
　　3．「状態」としての徳 *426*　　4．徳と快楽 *427*　　5．中庸 *428*
　　6．徳と悪徳の例 *431*
　第2節　アリストテレスの正義論 ……………………………………………*433*
　　7．適法的正義と均等的正義 *433*　　8．配分的正義 *435*
　　9．矯正的正義 *437*　　10．矯正的正義の解釈と適用範囲 *439*
　　11．「交換的正義」という言葉 *441*　　12．応報的正義 *443*
　　13．交換的正義についてのシュンペーターの解釈 *447*
　　14．自然価格＝公正価格 *449*　　15．応報的正義の要点 *452*
　　16．アリストテレスにおける正義と法の関係 *454*
　第3節　手続的正義 ……………………………………………………………*457*
　　17．自然的正義 *457*　　18．対審システムとしての裁判 *458*
　　19．公平の外観 *459*　　20．聴聞機会の保障 *460*
　　21．形式的正義 *462*　　22．形式的正義と手続的正義 *464*

第9章　分配の正義 ……………………………………………………………*466*
　第1節　行為の正義の理論 ……………………………………………………*466*
　　1．正義の前提としての「社会」 *466*
　　2．「人為的」観念としての正義 *468*
　　3．人間行為の結果であるが人間的設計の結果でないもの *471*
　　4．メンガーの社会科学方法論 *473*　　5．正義のルール *476*
　　6．約束履行のルール *478*　　7．分配的正義の否認 *480*
　　8．権原理論 *481*　　9．純粋な手続的正義 *484*
　　10．「正義」という言葉の適用対象 *488*
　第2節　分配の正義の理論 ……………………………………………………*490*
　　11．各人に各人のものを *490*　　12．正義の諸概念 *492*
　　13．社会的正義の観念 *494*　　14．「値する」の構造 *497*
　　15．責任のある行為 *499*　　16．「値する」の第一義的判断および第二
　　　義的判断と、見せかけ判断との区別 *501*
　　17．「値する」の判断は制度に先立つか否か *504*
　　18．分配的正義論において「値する」が軽視される理由 *506*

目　次　xi

　　19．運と「値する」 *506*　　20．「値する」という主張の使い方 *510*
　　21．社会的正義の射程 *511*　　22．ミラーの多元主義的分配的正義論 *514*
　　23．必要に応じた分配 *515*　　24．市民としての平等 *516*
　　25．市場における貢献に応じた分配 *518*　　26．市場価格擁護論の意味 *521*
　第3節　格差原理 ……………………………………………………*523*
　　27．正義の二原理 *523*　　28．原理間の優先関係 *524*
　　29．格差原理の分配対象 *525*　　30．公正な機会均等との関係 *527*
　　31．基本善指数 *528*　　32．機会としての所得 *528*
　　33．社会階層間比較 *529*　　34．分配基準としての格差原理の両義性 *530*
　　35．分配曲線と職種賃金一覧表の対応 *531*
　　36．分配曲線による格差原理の説明 *533*　　37．格差原理Ⅰの優先 *535*
　　38．格差原理と格差縮小要求 *536*　　39．格差原理Ⅱの採用 *537*
　　40．格差原理と互恵性 *540*
　　41．所得および生産逓増の原因としてのインセンティブ *541*
　　42．恵まれた人からの搾取 *541*　　43．desertと格差原理 *543*
　　44．格差原理にかなったルールを作成するために必要な情報 *543*
　　45．能力への課税 *544*　　46．格差原理にかなったルールを作成するために必要な事実的情報と規範的情報 *544*
　　47．格差原理は道徳的原理か *545*　　48．集団と貢献、互恵性 *546*
　　49．功利主義者としてのロールズ *547*

第10章　リベラリズムと法 ……………………………………*548*
　第1節　ミルの自由論 ……………………………………………*549*
　　1．政府による権威的干渉と非権威的干渉 *549*
　　2．自由に有利な推定 *551*　　3．政府による非権威的干渉なら認められるのか——エリート主義の問題 *553*
　　4．「自由」の意味——政治的権力の制限 *555*
　　5．自由主義と民主主義との結合 *558*
　　6．多数者による政治的専制と社会的専制 *558*
　　7．習慣、理由づけ、好み *560*　　8．寛容 *562*
　　9．政治的リベラリズム *565*　　10．危害原理 *568*

xii　目　次

　　　11. リベラリズムのジレンマ *570*

第2節　自由の概念 …………………………………………………*571*

　　　12. 自由とは他人によって強制されないこと *571*

　　　13. パワーとしての「自由」 *572*　　14. 潜在能力としての自由 *574*

　　　15. 社会状態の一部を決定する自由 *576*

　　　16. ノージックによる社会的決定理論批判 *579*　　17. 自由と強制 *580*

　　　18. 道徳原理としての自由 *585*　　19. 自由と責任 *586*

　　　20. 自由社会への批判 *589*

第3節　法の概念 ……………………………………………………*590*

　　　21. 行為のルールと組織のルール *590*　　22. 公法中心の法の見方 *596*

　　　23. 法命令説 *597*　　24. 法の一般理論と法哲学 *598*

第9章49解答例……………………………………………………………*602*
文献一覧……………………………………………………………………*605*
人名索引……………………………………………………………………*619*
事項索引……………………………………………………………………*624*

第1章　法哲学の精神

　本書は、法哲学をはじめて学ぶ人たちを第一の読者として想定している。具体的には、大学法学部またはロースクールの学生さんや、教養あるすべての人々に読んでいただきたいと思っている。もちろん、法哲学や法学、法実務の専門家に読んでいただいても、それなりに面白いと思っていただけることも希望している。

　「法哲学とは、法または法学の根本問題を哲学的に省察する法学の一分野である[1]」と言ってみたところで、法哲学をはじめて学ぶ人たちに、その内容が伝わるとは思えない。法哲学にかぎっては、「それがどのような学問分野か」という問題は、最初に扱うよりも、むしろ最後に扱うべき問題である。その理由は、本書を通読していただければ、わかっていただけるであろう。

　しかし、導入が一切ないというのも初学者に対してあまりに不親切かとも思われる。以下では、法哲学という科目または学問分野に言及または関連する内外の著名な学者の文章をいくつか引用し、若干の論評を加えてみることにしたい。それらの抜粋を読むことで読者には、法哲学についてのイメージを漠然としたものでもよいから、あるいは不正確なものでもよいから、自分なりにまずはつかんでいただくことを希望する。私のコメントについては、めんどうならば、各節の冒頭の二、三行だけ読んでいただくだけでよい。

　脚注で触れた事柄の大半は、法学や法哲学の専門家にとっては常識に属するが、初学者にとってはむずかしい、あるいは詳しすぎると思われるので、最初は読みとばしていただきたい。また、最初からつまずかせることを決して意図していないから、（引用を含む）本文についても、2回読んでもよくわからなければ、どんどん先に進んでいただきたい。

---

[1]　後掲尾高朝雄からの引用文章 I-2 の最終段落に登場する文を若干アレンジしてみた。だが、尾高に対して異議を申し立てる意図はない。

第1節　「法哲学」という科目名あるいは学問分野

I-1　穂積陳重「法理学」『法窓夜話』[2]（1916年）49話174-175頁

明治三年閏十月の大学南校規則には「法科理論」となっている。あまり悪い名称ではない。我邦の最初の留学生で泰西法律学の開祖の一人なる西周助（周）先生は、文久年間にオランダで学ばれた学科の中 Natuurregt を「性法学」と訳しておられる。司法省の法学校では「性法」といい、またフランス学派の人はこの学科を「自然法」と言うて居った。明治七年に始めて東京開成学校に法学科を設けられた時には、この学科を置かれなんだが、翌年に「法論」という名称でこれを置かれた。それから明治十四年に我輩がこの学科を受持つようになって考えてみると、仏家に「法談」という言葉もあって、「法論」というと、何だかご談義のようにも聞えて、どうも少し抹香臭いように感じ、且つ学名としては「論」の字が気に入らなんだから、これを「法理学」と改めた。尤も Rechtsphilosophie を邦訳して「法律哲学」としようかとも思ったが、哲学というと、世間には往々いわゆる形而上学に限られているように思っている者もあるから、如何なる学派の人がこの学科を受持っても差支ない名称を選んで、法理学としたのである。

I-2　尾高朝雄「『法哲学』という用語について」法律時報11巻10号（1939年）17-19頁[3]

私が四年前に書いた小著に『法哲学』[4] という表題を附して以来、この用語について

2　岩波文庫、1980年。原著初版（有斐閣）の出版年は、括弧内に示したとおり。読みにくい漢字については、私の判断で適宜ルビを付加した。以下の引用文章についても同様とする。圏点については、とくに断らないかぎり原文のまま。以下についても同様とする。

3　旧字体、旧仮名遣いについては、現代風に適宜書き改めた。以下、他の同様の古い引用文章についても同様に処理した。「……」は、亀本による省略を表す。以下についても同様とする。

4　日本評論社、1935年。その書評として、宮澤俊義「尾高教授の『法哲学』」法律時報8巻3号（1936年）27-28頁がある。同28頁で「著者の綜合的・多元的な思惟態度は第二編〔「法哲学の問題」〕においてことに明白にあらわれている。法と道徳との関係の問題について強制をもって法の本質契機としながら、法規の二重構造を明らかにすることによって、両者の間に有する相互的連関を説かれるが如き、……一方において徒らに『正義の天国』を説く夢幻的な自然法論に堕するを避けると同時に、他方において「正義」を全く知らぬ青ざめた実証主義に陥るを避けておられるが如き、……『協成社会団体』をもって団体構成の理念態としながら、……その『協成社会団体』があくまで『歴史の将来に実現を期待されるべき団体構成の理念態を意味』することを強調されるが如き、……そうした態度の結果に外ならない。……」と評されている。このような態度は、笹倉秀夫「複眼的な思考──丸山真男の場合──（1）（2・完）」（法学雑誌42巻4号884-913頁、43巻1号38-68頁、1996年）が丸山真男から受け継ぐべきものとする「複眼的な思考」とほぼ同一のものであり、ヘーゲル弁証法のわが国での建設的な受容の仕方の一例として興味深い。その悪い受容の仕方への批判として、宮澤はまた、「わが国の法哲学」法律時報8巻11号（1936年）4頁で「理論と実践は区別されるべきではなくこれまた『弁証法的』に統一せらるべきである、とかいう……議論が実はしばしばただ口先の論であるにすぎず、そこになんらの具体性がないことが少なくない。

各方面から色々な意見が述べられている。……
　私がこの用語を以て小著の表題とした理由はきわめて簡単である。「法律」というと、憲法上帝国議会の協賛を経て制定される狭い意味の法律と紛らわしい。広い意味の法律をさす場合は、単に法といったほうがはっきりする。法律学は法学でよいし、法律哲学も法哲学にして了った方が、「用語の統一の上から望ましい」、と考えた結果なのである（小著、はしがき）。
　更に、私がこの語を用いてみようと思い立った直接の動機は、……畏友・清宮四郎教授から受けた示唆である。……清宮君の翻訳態度は……原著の中で違った言葉を以て使い分けてある概念は、意味の上からは殆ど全く区別がないと思われるものであっても、一々違った日本語に写すというような丹念な行き方であった。その一つとして、Recht は法、Gesetz は法律に統一され、引いては Rechtsphilosophie も、法哲学でなければならないということになった。……
　だから、私としては、……法理学とか法律哲学とかいう用語を学界から駆逐しよう、などという大それた考えでやった仕事では毛頭ないのである。……
　……　……
　要するに、法理学か、法律哲学か、法哲学かは、……「単なる用語の問題」である。あるいは、……「単純なる趣味の問題」であるかも知れない。……
　それにもかかわらず、私は依然として法哲学の用語を固執している。……
　というのは、私は、将来の法哲学はもっと深く実定法学と結びつかなければならないと考えている。民法・刑法・統制法・国際法、等の特殊実定法領域について、その根本問題を哲学的に省察して行く必要があると信じている。……「法理学に『各論』を必要とすることは今や一般に気づかれているところ」でなければならないのである〔小野清一郎『法学評論』下[5]103頁〕。その場合、その各論の名称を何とするか。本論が「法律哲学」であるとすると、各論は「民法律哲学」「刑法律哲学」「国際法律哲学」というようなことになりはすまいか。……それよりも「民法哲学」「刑法哲学」「国際法哲学」というのが、一番穏当ではあるまいか。それもまた単純なる趣味の問題に過ぎぬであろうか。

I-3　広濱嘉雄『法理学』[6]（1937年）30-31頁

　法理学は即ち哲学である。哲学は事象を全体的に把握することを念とするものなる点からいうて、法理学は所与性と所造性とを具有する法そのものの全体把握としての哲学である。また、学問の学問が哲学である点からいうて、法理学は法学の学としての哲学である。前者の意味における法理学を法哲学と称し、後者の意味における法理学を純理法学と呼ぼうと思う。法は実践的なる文化であるから、それの全体的把握なる法哲学

……あらゆる矛盾を『弁証法』の一言で解決したつもりになるのはあまりに素朴にすぎる。」とのべている。
　5　弘文堂書房、1939年。
　6　新法学全集第1巻（穂積重遠『法学通論』と合本されている）日本評論社、1940年。または、同第28巻『諸法Ｉ　法学通論　法理学　海法』（奥付によると1938年）。なお、京都大学図書館には、「昭和十二年六・七・八・九月に亘り新法学全集所収分冊」と手書で記された日本評論社版『法理学』（奥付なし）と題する廣濱嘉雄本人から寄贈された本が所蔵されている。

は実践哲学であり、法学の学たる純理法学は理論哲学である。法理学は即ち実践哲学たるとともに理論哲学である。
　……哲学が人間生活にとって直接かつ切実なる問題の解決への寄与を誓願するものなる限り、哲学たる法理学は、実定法を繞る諸問題の基礎的考察をも課題中に加えざるを得ないであろう。之を実定法論と呼んでおく。
　かくて、法理学の課題は、法哲学・純理法学・実定法論の三者たるべきことを知り得たのである。……

　まず、上記穂積（1855-1926）と尾高（1899-1956）からの引用文章 I-1 および I-2 に目を向けていただきたい。それを読めばわかるように、法哲学と法理学または法律哲学とは、科目名として、普通は同じものをさす。英米法諸国においても、philosophy of law（法哲学）と jurisprudence（法理学）は普通、同じ科目をさす。
　日本の大学法学部または法科大学[7]で採用された科目名または講座名としては、当初は「法理学」が一番多く、後述（本章第２節）の新カント派法哲学の隆盛に伴い、それに「法律哲学」が続いた。尾高の提唱以降、「法哲学」が次第に増加し[8]、今日では、他の二つの科目名を圧倒している。「法理学」という科目名は、今なお相当数残っている。だが、「法律哲学」という当初からの科目名を現在でもなお保持している大学はごくわずかであると思われる。いずれにせよ、科目名としてだけでなく、分野名としても普通は同じものをさすので、以下、とくに必要のないかぎり「法哲学」で統一することにしたい。
　上記尾高からの引用文章 I-2 に、「実定法学」とか「民法・刑法・統制法・国際法、等の特殊実定法領域」という言葉が出てくる。「実定法」のさまざまな定義についてはおいおいのべるが、ここでは、さしあたり、憲法、民法、刑法、商法、民事訴訟法、刑事訴訟法（以上はあわせて「六法」とよばれる）、国家行政組織法、所得税法、労働基準法、独占禁止法、著作権法等、六法全書に載っているような法をさすものと考えておいてよい。また、それらを研究するのが「実定法学」である[9]。「法解釈学」、「解釈法学」または

　7　「法科大学院」の間違いではない。「東京大学法科大学」等日本の初期の官立大学で一時期採用された「法学部」の旧称。
　8　広濱嘉雄『法理学』（前掲注６）４頁参照。また、矢崎光圀『法哲学』（筑摩書房、1975年）第５章「法哲学と法理学（日本）」、加藤新平『法哲学概論』（有斐閣、1976年）32-35頁、八木鉄男『分析法学と現代』（成文堂、1989年）「『法哲学』と『法理学』」161-178頁も参照。

「実用法学」とよばれることもある。要するに、「実定法（学）」とは、法学部の学生が学ぶ「主要な」法律科目のことである。

上記廣濱（1891-1960）からの引用文章 I-3 に、法理学の一部門として「実定法論」というものが出てくる。尾高も、法哲学の将来の一部門として「法哲学各論」を位置づけている。両者は、ほぼ同じものをさし、実定法の各分野の「根本問題」を「法哲学的に」考察する分野のことである。

しかし、そのような分野は、日本においても西洋諸国においても、一個の独立した学問分野としてはいまだ成立していない。たとえば、民法哲学学会などというものは聞いたことがない。ここで「学問分野」(discipline) というのは、制度的な意味であって、それを専門に研究する学者集団、学会、専門学術誌等を備えているということをその存在の必要条件としている。

もちろん、内容面で「法哲学各論」に相当する著作は、それを法哲学者がやるか実定法学者がやるかは別にして、これまでも、そしてこれからもいくつか存在するであろう[10]。しかし、近代的な、すなわち西洋19世紀以降の法哲学の成立および発展は、「法哲学から実定法へ」という尾高が構想した方向とは、むしろ逆の道をたどった。

法哲学はドイツでは、実定法学者が行う実定法の「総論」(der allgemeine Teil) から、その「総論の総論」として出発した。具体的には、民法総論、刑法総論、一般訴訟法学（民事訴訟法と刑事訴訟法をあわせたものの総論をさす）、一般国法学（憲法の総論をさす）等からの延長というかたちをとった。それらはやがてもっと一般化・抽象化されて、「一般法学」(die allgemeine Rechtslehre) として結実した。「総」と「一般」とがドイツ語では同じ言葉

9　日本には、実定法（学）対基礎法（学）という世界でも珍しい分類もある（したがって、外国語に翻訳することはきわめてむずかしい）。法哲学、法社会学、法制史または法史学（ローマ法、西洋法制史、日本法制史、東洋法制史等）、外国法（英米法、ドイツ法、フランス法、中国法、EU法等）、比較法（学）等、実定法以外の法学諸分野が基礎法に分類される。法学部の講座または科目編成や科学研究費補助金の分野別分配における分類などにおいて使用されることが多い。そのかぎりで、学問的というより、制度的な分類である。「基礎法」という用語は、第二次世界大戦後まもなく慣用されるようになったと思われるが、私はその正確な時期を特定することができない。早稲田大学でローマ法を担当されていた故佐藤篤士教授から、法哲学者、和田小次郎（1902-1954）の発案になるものではないかという話を聞いたことがあるが、定かでない。ちなみに最近は、法科大学院の一部の学生たちの間では、「基礎法」とは、正式には「法律基礎科目」とよばれる一年次の必修科目をさすようである。

10　たとえば、ホセ・ヨンパルト『日本国憲法哲学』（成文堂、1995年）は、法哲学者の手になる数少ないそのような著書の一つである。

で（英語 general でも同じだが）表現される点にも注意されたい。その後それは、実定法学からのより完全な分化・独立を遂げて、「法の一般理論」(die allgemeine Theorie des Rechts または一般法学と同じ表現) として法哲学の全部または一部[11]をさすようになった。

このようにして成立した法哲学の直近の起源は、ドイツの「普通法学[12]」、あるいはサヴィニー（1779-1861）の著書[13]の言葉を借りれば「現代ローマ法」学にあり、それをさらにさかのぼれば中世ローマ法学に行きつく。要するに、ローマ法学者が実定法上の問題解決を念頭におきながら行っていた、ローマ法上の基礎概念を分析し、分類整理し、体系化するという仕事の延長線上に法哲学はあるということである。

I-4　ホームズ「法の小道」Oliver Wendell Holmes, 'The Path of the

11　全部をさすのは、実定法のみを法と考え、自然法や、実定法を超える正義の問題を法哲学の考察対象からはずす場合であり、一部をさすのは、後者の問題をも含める場合である。実際には、一般法学ないし法の一般理論は、法実証主義優勢の時代の法理論であり、「法哲学の全部をさした」と言うほうが歴史上の事実に合致する。それ以前の法哲学は、自然法ないし自然法学であり、実定法の基礎に自然法があることを当然の前提としていた。私が現代の法哲学の直近の祖先という意味で「近代的な法哲学」とよんだものは、19世紀の中盤以降、実定法学者によって始められた、大体において法実証主義的な法哲学をさす。自然法、法実証主義、正義論等については後の章で説明するが、さしあたり、法実証主義とは、六法全書に載っているような法、すなわち、成文法や制定法のみを法と考える立場と理解しておいてよい。

12　神聖ローマ帝国の法域において特別法・地方法がないかぎり妥当する法、その意味での「普通法」das allgemeine Recht としてローマ法を解釈し、その概念的体系化を通じて、ローマ法──6世紀に東ローマ帝国皇帝ユスティニアヌスの命によって編纂されたいわゆる「市民法大全 corpus juris civilis」──を実用に供することをめざしたドイツの法学。19世紀の100年間を通じ、サヴィニーによって率いられた「歴史法学派」の法学者たちによってほぼ完成され、その成果はドイツ民法典 BGB（1896年公布）に結実した。日本の民法および民法学の基礎的な概念の多くは、ドイツ普通法学の成果を「継受」──法典、法律、またはその基礎的諸概念を外国から受け継ぐことを表わす法学上の専門用語──している（もっと正確にいえば、日本の現行民法典は、ドイツ法だけでなく、フランス法の影響も勝るとも劣らず強く、またイギリス法の影響も若干あり、それらの西洋法を参照して日本法のあるべき姿も勘案しつつ、作られた。ただし、その後の日本の民法学の展開においては、ドイツ民法学の影響が圧倒的に強かった）。

民法にとくに言及するのは、ドイツの普通法学ないしローマ法学・パンデクテン法学の中心は断然民法学であり、そこでまず形成された基本的な概念や考え方が、後に行政法学など他の実定法学一般に広く応用されたからである。ちなみに、同様な意味で、フランス法においても、英米法においても、日本法においても、今でもなお、法学の基本は民法である。民法をマスターせずに、法的な見方を身につけることはできない。なお、法学基礎論としての民法学という私見については、亀本洋「法哲学教育の標準化」法哲学年報2006『法哲学と法学教育──ロースクール時代の中で──』（有斐閣、2007年）115-127頁参照。

13　Friedrich Carl von Savigny, *System des heutigen Römishen Rechts*, 1840. 小橋一郎訳『現代ローマ法体系』第1巻～第8巻（成文堂、1993～2009年）参照。

Law', (1897) 10 *Harvard Law Review*, 474-475.

　……法理学とは、私の理解では、法学の総論にほかならない。判決をルールに還元しようとするあらゆる営為は、法理学の営為である。もっとも、英語で用いられる法理学という名称では、それは、最も適用範囲の広いルールおよび最も基本的な概念に限定されてはいるが。偉大な法律家であることの一つの目安は、もろもろの最も広いルールの適用の仕方を知っているということである。ヴァーモント州の治安判事の話がある。農夫が別の農夫を、撹乳器を壊されたと言って訴えた。判事はしばし考えてこう言った。法律を全部見てみたけれど、撹乳器についてはどこにも書いてなかった。だから、被告勝訴の判決を下す、と。これと同じ態度が、われわれの普通の判例要旨集や教科書のすべてにみられる。契約法や不法行為法の初期のルールの適用例は、「鉄道」とか「電信」とかの項目に押し込められたり、……「商法」といった、実際に役に立つことだけを重視する人々に受けそうな恣意的な見出しのもとに入れられたりしている。法を学び、法の達人になることは、ひきあうことである。法の達人であるとは、事件を、それに伴う数々のドラマチックな出来事に惑わされずにまっすぐ見つめ、予言のための真の基礎を見抜くということである。それゆえ、自分が法、権利、義務、悪意・意図・過失、所有権、占有等々と言うとき、それが何を意味しているのかを正確に理解するのはよいことである。

　他方、近代的な法哲学のもう一つの起源、すなわち19世紀イギリスの分析法学においても事情は似たようなものであった。
　イギリスにおける「一般法理学（一般法学）」(general jurisprudence) ないし「分析法理学（分析法学）」(analytical jurisprudence) の創始者ジョン・オースティン[14]を実定法学者とみなすことができるかどうかはむずかしいところだが、その学問の性格は、ドイツ普通法学の成果も参照しつつ、実定法上の基礎的概念の分析と分類・整理を主要目的とする点で、ドイツの一般法学と基本的に異ならない。
　ただし、その成果の実定法学への影響ないし貢献の程度については、法律行為、物権、債権といった実定法上の基礎概念の分類・整理・体系化のほぼ完成された後、そのさらなる一般化として成立したドイツ一般法学と比べれば、法学による体系化がそれほど進んでいなかった英米法諸国において19世

14　John Austin (1790-1859). 1826年に新設のロンドン大学の法理学担当の教授となり、1828年から講義を始めたが、学生に不評で1932年に教授を辞任した。死後、講義ノートが妻の手により編集され出版された（前掲注2『法窓夜話』65話参照）。著書として、*The Province of Jurisprudence Determined* (1832), *Lectures on Jurisprudence or the Philosophy of Positive Law* (1869) がある。詳しくは、八木鉄男『分析法学の研究』（成文堂、1977年）参照。死後に英米の法学者に大きな影響を与え、また、法哲学史上の金字塔となったオースティンの講義が学生に大変に不評であったという事実は、私をいつも勇気づけてくれる。

紀後半から20世紀はじめにかけて法学者の間で広く読まれ、その分析がしばしば参照・応用されたオースティンの法理学のほうがはるかに高かった。上記ホームズ（1841-1935）からの引用Ⅰ-4は、19世紀末アメリカにおけるオースティン的法理学概念の受容を表している。

歴史上の事実について再度確認すれば、法哲学は、実定法学から分化し、専門化し、制度化されて成立したのである。分析法理学も、実定法に直接応用できそうな部分はやがて、それぞれの分野の実定法学者が受け持つようになり、法理学の専門家は残りの部分、つまり、「法とは何か」という問題を——実定法を決して無視するわけではないが——一般的に問うたり、あらゆる法分野で使用される権利、義務等の法的基礎概念を抽象的に分析したりする仕事に従事するようになった。ドイツ流の法の一般理論においては最初からそうであった。要するに、いずれにせよ実定法学との距離がますます遠くなってきているということである。

明治期以来の日本の法学と西洋先進諸国の法学との関係と同様、日本の法哲学も、そのような西洋の法哲学を継受し、その後もつねに強い影響を受けつつ発展した（何を「発展」と言うかは、ここでは深く考えないでいただきたい）。

法哲学と実定法学との距離がつねに広がってきたというのは、少なくとも歴史の一般的趨勢としては争えない事実であるから、将来のあるべき法哲学についての尾高の見解は、時代錯誤のようにもみえる。実際、「法哲学各論」の名称に関する彼の心配は、幸か不幸か、今のところ杞憂に終わっている。

にもかかわらず今日でも、日本（だけではないが）の実定法学者の一部には、自分ではどちらとも決しかねるような実定法学上の難問について、「正義」や「法の全体」を研究しているとかいう、法哲学者が何らかの役に立つ示唆を与えてくれるのではないかと期待している人、あるいはむしろそれが法哲学者の使命だと考えている人もいるようである[15]。事実を知る現役の法哲学者の一人として、それに否定的、あるいは悲観的に答えざるをえない。だが、尾高の「法哲学各論」や廣濱の「実定法論」は、専門化の一般的趨勢

---

15 たとえば、星野英一「民法解釈論序説」（1968年）同『民法論集 第1巻』（有斐閣、1970年）44頁、「民法学の方法に関する覚書」（1983年）同『民法論集 第5巻』（有斐閣、1986年）130-131頁参照。

にあらがって、そのような期待に応えようとする法哲学者たちの心意気の一端を表していると言ってよいであろう。

　日本の法哲学の教科書の名前には、「法哲学」というものと、「法哲学概論」または「法哲学入門」というものとがある。想定されている読者層や水準は別にして、多くの場合、両者の内容は実質的に異ならない。「概論」または「入門」が付してあるということは、多くの場合、著者が「法哲学各論」の必要性を当然視していることを示唆している。法哲学にかぎっては、法哲学と法哲学入門の関係は、たとえば民法と民法入門の関係とは異なるのである。法哲学者の一部はこのことをレトリカルに、「法哲学には入門しかない」と言うであろう。いずれにせよ、「入門」だからといって、甘く見てはいけない。実定法全分野の知識が十分になくても、それができるなどということは本来ありえないのである。

Ⅰ-5　碧海純一（あおみじゅんいち）『法哲学概論』[16]（1959年）1頁。

　「法哲学」とは何か。この問いに対する答えは、厳密にいえば、法哲学者の数だけある[17]。

Ⅰ-6　トーマス・クーン「近代物理学における測定の機能」（1961年）、『本質的緊張2　科学における伝統と革新』[18] 275-276頁

　スペングラー教授は、科学あるいは科学上の専門の発達における「危機」という私の概念に大きい関心を表明された。ところが彼は、経済学の発達において、そのような挿話的出来事を一つ以上、思い起すことは難しいと付け加えられた。この発言は、社会科学はそもそも本当に科学なのだろうか、という繰り返されはするがたぶんそれほど重要でない疑問を、私に提起した。……社会科学の発達においては危機が存在しないのかもしれないという可能性について二、三言及しておけば、問題点のある部分は明らかになるであろう。

　……危機の概念はそれを経験する集団における事前の一致を当然のこととして含んで

16　弘文堂。
17　ちなみに、長尾龍一、『法哲学入門』（講談社学術文庫、2007年）（原本は日本評論社、1982年）13頁で、この文章を引用し、「厳密にいえば」、「他人に追随するのみの非独創的法哲学者の数は引」き、「法解釈学者、法実務家、……暴走族などがおのおの『法哲学』をもっていると考えるならば、その数」を足さなくてはならない、と言う。
18　安孫子誠也・佐野正博訳、みすず書房、1992年。Thomas S. Kuhn, *The Essential Tension, Selected Studies in Scientific Tradition and Change*, The University of Chicago Press, Chicago, 1977, pp. 221-222. 以下、邦訳全般からの引用にあたっては、送り仮名等表記の仕方を含め、とくに断らないかぎり、そのまま引用することにする。

いた。変則性は、その定義からして、堅固に確立された予期の許でのみ存在し得る。実験が首尾一貫してうまくゆかなくなることによって危機が生み出され得るのは、それまですべてが見かけ上うまくいっていたことを経験していた集団においてだけなのである。さて、……成熟した物理科学においてはほとんどの事柄が一般にうまくゆくのである。したがって専門家集団全体は、通常、その科学の基本的な概念、手段、課題に関して意見が一致している。もしそのような専門的合意 professional consensus がなければ、私が主張してきたような、ほとんどの物理科学者たちが通常は従事しているパズル解きのような活動に対する根拠が、なくなってしまうであろう。物理科学においては基本的な事柄に対する不一致の発生は、根本的な刷新の追求と同じように、危機の時期まで止め置かれるのである。しかしながら、同程度の強さと広がりをもつ合意が、社会科学についても通常、特徴であるのかどうかは、同様に明らかであるとはけっして言えない。……たとえば物理学者たちであれば普通当然とみなしているような基本的な一致が、ほんの一部の社会科学の研究分野においてごく最近に出現し始めたばかりなのである。ほとんどの他の社会科学分野の特徴となっているものは、その分野の定義や、そのパラダイム的活動や、その課題についての根本的な不一致なのである。この状況が一般的である限り、(種々の物理諸科学の発達の初期においてそうであったように) 危機はまったく存在しないし他の何事もまた起り得ないのである。

　上記碧海とクーン (1922-1996) からの引用文章 I-5 および I-6 に目を転じていただきたい。今日まで残っている学問のなかで一番古く、そこから自然科学を含め、他のほとんどの学問──ただし、ローマ法源の解釈や裁判先例からの類推として発達した法学はそれらに含めないほうがよい──が分化し、かつ、専門分化が最も進んでいない、いや、その性質上進みにくい、その意味で最も「未成熟な」学問が哲学であることに異論はなかろう。しかし、法哲学も哲学に劣らず、おそらくよい意味で「未成熟」である。

　科学史および科学哲学の専門家クーンが、ほとんどの社会科学についてのべている「その分野の定義や、そのパラダイム的活動や、その課題についての根本的な不一致」という特徴は、法哲学についてもそのままあてはまる (法哲学が「社会科学」に属するかどうかは、ここでは問わないことにする)。

　したがって、100人の法哲学者が相互にまったく異なる見解をのべても、法哲学の「危機」は全然起こらない。それはまた、私が今しているような仕方でしか、法哲学の序論が書けない理由でもあるし、本書全体を通じその例が数多く見出されるように、法哲学者たちがあえて危機をあおる必要にしばしばかられる理由でもある。要するに、一致のないところに対立はありえない。

実定法学は、ドイツの法学で今でも普通に使われている言葉でいえば「教義学」(Dogmatik)であり、法教義学＝法解釈学において、クーンのいう「専門的合意」の一種としての法におけるドグマ（制定法の条文や最高裁の確立した判例）自体を正面から否定することはルール違反となる。実定法学は、物理学と比べれば危機がはるかに少ないにしても、法哲学と比べればはるかに「成熟」している。

学問の成熟度をはかる一つの目安は、その分野でそれなりに確立された理論を応用して問題を解決することを主要な課題とするか、むしろ、そうした理論を破壊して新しい理論を打ち立てること自体を課題とするかという点にあり、その営為のなかで前者の占める割合が大きいほど、より「成熟」していると言ってよい[19]。

法哲学の現状においても、哲学においてと同様、過去の理論を全否定することは、いずれかというと――少なくともその志は――高く評価される。いずれにおいても、過去の理論から全然学んでいないということは、実際にはないが。

第2節　日本における法哲学の発展

I-7　宮澤俊義「わが国の法哲学」法律時報8巻11号（1936年）3-5頁

　哲学もそうであるが、ことに法哲学はわが国ではいままで主として西洋の影響の下に発達して来た。
　わが法学の黎明期をふり返ってみると、明治初年の法哲学の研究者はほとんど例外なく一九世紀の後半西洋諸国にひろく行われた実証主義の影響の下にあったことを見出す。従ってその研究は法「哲学」であるよりはむしろ法学概論であり、または法の社会学であった。法哲学は当時「法理学」と呼ばれたが、その名称の由来もその内容と密接な関連をもっていた。「法理学」という名称の創始者である穂積陳重博士はなぜ「法理学」の名称を選んだかについて次のようにいっておられる。
　「Rechtsphilosophieを邦訳して『法律哲学』としようかとも思ったが、哲学と云うと、世間には往々謂わゆる形而上学に限られて居る様に思って居る者もあるから、如何なる学派の人が此学科を受持っても差支無い名称を選んで法理学としたのである」（法窓夜話168頁）
　当時の法哲学がとりわけコントやスペンサーなどの社会学の影響の下にあったことは

19　「学問」の成熟については、引用した文章のほか、トーマス・S・クーン（佐々木力訳）『構造以来の道　哲学論集　1970-1993』（みすず書房、2008年）第10章「自然科学と人間科学」も参照。

これによっても明らかで、「法理学」という名称自体がその反形而上学的な態度を表明していたわけである。
……
　わが法学界にはじめて近代的な法哲学……を誕生させたのはなんといっても新カント主義哲学の功績だとおもう。……それまでは法哲学の名に値いする法哲学はわが国に存在しなかったといっても必ずしもいい過ぎではない。……
　……
　新カント主義がわが国の法哲学の生みの親であったことの結果として、法哲学がわが国でまず主として法の認識論として発達したことは当然である。
　……方法の反省を行うということは本来「哲学する」ことの一部なので、それ自体は決してわるいことではない。いや、むしろ方法の反省があってこそはじめて学問が存在するのである。……
　「方法」といえば法解釈の方法しか知らず、「方法論」といえば法解釈の技術の研究だとおもっていたわが法学界がここではじめてより深い意味の方法の反省を行うことを教えられ、ここに真の法哲学が生長すべき地盤が作られたわけである。
　……　……
　わが国の法哲学発展の跡をかように回顧する時、何がいちばん我々の目につくかというと、……それが終始西洋、ことにドイツ語諸国の学界の潮流の影響の下に立っているということである。……
　このこと自体はいちがいに悲しむべきこととはいえない。西洋の法哲学の諸々の潮流がその都度いちはやくわが学界に輸入されたことはむしろ喜ぶべきことであった。ただわが法学界があまりに新旧の諸学説を送迎することのみに追われて、自ら「哲学する」ことを忘れた……と考えられる点が少なくないことは大いに遺憾とせられなくてはならない。
　自ら「哲学する」ことを怠ることはすべて哲学者にとっての致命傷であるとおもわれるが、そういう欠陥はことに法哲学者においていちじるしいのではないかという気がする。人はともすると西洋の——従ってまたわが国の——哲学の「流行」におくれないことだけを心がける。そして、身をもって「哲学する」ことをしないで、ただ哲学的な言葉を操り、哲学的な文章を作ることだけに専心する。思惟は「もの」に即して行われずに、空虚な概念だけが、いや言葉だけが、単語だけが弄ばれる。……
　……
　純粋に知識を求める心は学問の発達の遅れているところではあまり強力でないのが通常であるが、学問を発達させるには是非そうした心を確立する必要がある。そうすることによってのみ、だから、法哲学も「学問」として成立することが可能となるのである。……
　幸いにしてわが国でも近年は専ら法律常識の雑然たる蒐集をこととするエンチクロペディ的法哲学者や、西洋の学界の「流行」にいちはやく追随するほかに能のない「秀才」型法哲学者などのほかに、身をもって哲学しようとする人たち、すなわち、内的な哲学的体験——よしそれが誤っているにもせよ——に根ざす法哲学を打ち立てようと真摯な努力を試みる法哲学者が少なからず見られることはわが国の法哲学のために大いに意を強うするに足る。この意味において田中耕太郎教授[20]・恒藤教授[21]・三谷教授[22]あるいは尾高教授[23]などの諸業績がわが法哲学界に寄与したところは頗る大きい。……

明治期から昭和10年くらいまでの日本の法哲学[24]の展開に関するI-7における宮澤（1899-1976）による簡潔な説明は、基本的に正しい。
　そこで「法学概論」と言われているのは、ドイツ流の「一般法学」もしくは「法の一般理論」またはイギリス流の「分析法理学」にならった法哲学をさし、「法の社会学」と言われているのは現代風の「法社会学[25]」ではなく、ドイツの歴史法学ないしメイン[26]に始まるイギリス歴史法学[27]、あるいは叙述のとおりコント[28]（1798-1857）やスペンサー[29]（1820-1903）の「社会学」の影響を受けた穂積陳重の「法律進化論[30]」を主としてさすものと思われる。
　ただ、「『法理学』という名称自体がその反形而上学的態度を表明していた」というのは、ややうがちすぎで、「如何なる学派の人が此学科を受持っても差支無い」という穂積の言葉をもっと素直に受け取ったほうがよいと思う[31]。

　20　1890-1974。『法律哲学論集（一）（二）（三）』（岩波書店、各1942年、1944年、1952年）、『法律学概論』（学生社、1953年）など法哲学に関する著作が多数ある。日本法哲学会の創設以来、その理事長を永く（1948-1961）務めた。
　21　恒藤恭（1888-1967）。同志社大学、京都大学（京大事件別名滝川事件で辞職）、大阪商科大学（大阪市立大学）において、国際公法、社会思想史、経済哲学、法哲学を担当した。『批判的法律哲学の研究』（内外出版株式会社、1921年）等法哲学の著書多数。「法理学研究会」は、日本法哲学会より古い、記録が残っている研究会としては、おそらく日本最古（1933～）の法哲学研究会であるが、それは恒藤を囲む私的研究会として出発した。
　22　三谷隆正（1889-1944）『国家哲学』（日本評論社、1929年）、『法律哲学原理』（岩波書店、1935年）。
　23　尾高朝雄。京城帝国大学（ソウル大学の前身）で国家原理を担当した後、東京大学で法哲学を担当した。『国家構造論』（岩波書店、1936年）、『実定法秩序論』（岩波書店、1942年）、『法の究極にあるもの』（有斐閣、1947年）等法哲学の著書多数。
　24　本章で名前を挙げた日本の法哲学者（のほとんど）に関する研究として、法哲学年報1978『日本の法哲学Ⅰ』（有斐閣、1979年）、法哲学年報1979『日本の法哲学Ⅱ』（有斐閣、1980年）がある。
　25　たとえば、六本佳平『法社会学』（有斐閣、1986年）、棚瀬孝雄編『現代法社会学入門』（法律文化社、1994年）、村山眞維・濱野亮『法社会学』（有斐閣、2003年）、和田仁孝編『法社会学』（法律文化社、2006年）等参照。
　26　Sir Henry Sumner Maine (1822-1888), *Ancient Law* (1860).「身分から契約へ」という法の発展傾向を示す言葉は、法学関係者の間ではあまりにも有名である。
　27　西洋の法学史の概説として碧海純一・伊藤正己・村上淳一編『法学史』（東京大学出版会、1976年）参照。
　28　世界の名著46『コント　スペンサー』（中央公論社、1980年）参照。また、入門書として、清水幾太郎『オーギュスト・コント』（岩波新書、1978年）参照。
　29　『コント　スペンサー』（前掲注28）参照。
　30　『法律進化論』第一冊、第二冊、第三冊（岩波書店、各1924年、1924年、1927年）参照。第三冊を底本とするものとして、『タブーと法律』（書肆心水、2007年）がある。『復讐と法律』（岩波文庫、1982年。原著は1931年）も参照。

また、日本の法哲学がそれを輸入したとされるドイツの法哲学が、その専門化が進んだある時期から、すなわち19世紀末から20世紀はじめにかけて、それぞれの時期にドイツで優勢となった哲学上の学派の影響を比較的じかに受け始めた——具体的には、新カント派、ヘーゲル派、フッサールの現象学等——という説明も基本的に正しい。

その時期、法哲学は、現実には実定法学に造詣の深い法哲学者によって担われたにもかかわらず、哲学の一分野——哲学上の諸学派の方法、すなわち基本的考え方の法ないし法学という対象への応用という意味で——、または出先機関のような観を呈するようになった。その意味で、私見によれば実定法学の延長として始まったドイツの法哲学は、「哲学化」された。私と異なり、宮澤はその時点を近代的な法哲学の出発点とみているのである（時間的には50年程度の差だが）。

いずれにせよ、何が起こったかという事実は変わらない。したがって、これは、ある種の評価の問題でもある。このようなことを付言するのは、事実と評価を区別するべきだということではなく、そう簡単に区別することができないということを伝えるためである。歴史叙述においては、ことにそうである。

もとにもどろう。法学上の基礎概念の研究を実定法学者に引き渡していくと、あるいは、それを法哲学者が行う場合でも、一般化・抽象化の度合いを高めていくと、最後に残るのは「法」そのものの概念である。

上記宮澤からの引用文章 I-7 中の「法哲学も『学問』として成立することが可能となる」という文からも示唆されるように、カント哲学における基本的な問いかけのパターンは、「～を可能にするものは何か」というものである。カントは、そのような発想に「超越論的」（transzendental）というむずかしげな用語を与えた。

カントの『純粋理性批判』では、「われわれ人間の経験、すなわち経験的（つまり五感を通じた）認識を可能にするものは何か」という問いが発せられ、その答えとして、「時間と空間という純粋感性形式と、因果律その他の

31　宮澤の穂積に対する批判は、法哲学における新カント主義の意義を強調するためかもしれないが、ややきつすぎると思う。穂積の「どんな学者がどんな内容を教えてもいいではないか」というリベラルな態度は、さまざまな経路をたどって、その後の日本の多くの法哲学者にも受け継がれているように思われる。

純粋悟性概念(「カテゴリー」ともよばれる)との制約のもとでわれわれの認識は可能となる」というものが与えられた。

　むずかしそうだが、さしあたり、人間は物を立体的に見、物の推移を原因と結果の連鎖のなかで把握する、ということを言っているのだと考えておけばよい。「純粋」とは、経験に「先立つ」ということだが、時間的に先行するというよりも、それがないと認識できないという意味での「先行」を意味する。「形式」というのは、どう見えるかという内容でなく、見えるための制約、枠組ということをさす言葉である。

　比喩でいうと、色眼鏡をかけて物をみると、裸眼で見るのとは色が違って見えるが、その際の色眼鏡のことを「形式」というのである。眼鏡をはずした場合も実は同様である。われわれは眼または脳の認識構造(先天的なものだけでなく、後天的なものも含む)をとおして物を見ており、それ以外の仕方では見ることができない。そうした認識構造またはその一要素が、カントによって、純粋形式とか純粋概念とよばれたのである。わからなければ、次へ行こう。

　宮澤や新カント主義を信奉する法哲学者たち——幸いにして今では少数派である——にしかられそうだが、あえて大雑把にいうと、このような発想を法の認識に応用したのが「新カント主義」(Neukantianismus「新カント派」または「新カント学派」ともよばれる)法哲学とよばれるものである。

　法学者や法律家、あるいは法律の素人も、さまざまなものを法とよび、法とみている。だが、そのようなものを「法」とみるには、その認識を可能にする何かがなければならない。新カント派法哲学者は、それを法の純粋概念と考えた。

　たとえば、その代表者の一人シュタムラー(1856-1938)は、それを「不可侵的に自主的に結合する意欲[32]」と捉えた。何かむずかしそうだが、さしあたり、当事者の意思表示の合致によって契約——一種の法——や法人が成立するという発想を拡張したものだと考えておけばよい。

　もう一人の代表者ケルゼン(1881-1973)は、「意思行為の意味が規範——すなわち法秩序の基本的構成要素——である[33]」と考えた。むずかしそうな

32　Rudolf Stammler, *Lehrbuch der Rechtsphilosophie*, Vereinigung wissenschaftlicher Verleger Walter de Gruyter & Co., Berlin und Leipzig, 1922, S. 89.

言い方だが、これも、契約や法人が成立する場面や、国会の議決によって法律が成立する場面などを思い浮かべて、さしあたり理解しておけばよい。

ケルゼン主義者の怒りを恐れず、ここでもあえて大雑把に説明すれば、ケルゼンは、シュタムラーのいう「不可侵的に自主的に結合する意欲」が「法」になるためには、それを可能にする「規範」(Norm) が先行的に存在していなければならないと考えたのである。みんなが決めて「法律」にしようと言っただけでは日本国の「法律」にはならない。だれがどこでどのような仕方で何をすれば「法律」ができるのかを定める別の「法律」、すなわち「規範」の一種があらかじめ存在し、それにのっとった行為が実際に行われないかぎり、正式の「法律」とは認められない。

このように説明すると、宮澤が高く評価する新カント主義法哲学とは「何だ、そんなことか」と理解ないし誤解されかねないが、それがある時期の日本の法哲学に絶大な——というよりも、おそらく今日までの日本法哲学史上最大の[34]——影響を与えたことは確かである。そのかぎりで、それが「わが国の法哲学の生みの親であった」という宮澤の記述は正しい。しかし、法の純粋概念を知らなくても、法について語ったり、法を使ったりすることができることもまた確かである。すべての法律家は事実そうしている。

もちろん、新カント主義者は反論するだろう。われわれの言っているのはそのようなことではない。法律家に法の純粋概念について尋ねたら、彼らはそれに答えられるはずだ、などということを問題にしているのではない。彼らが何かを他のものと区別して「法」として認識している場合、そうした区

---

33 Hans Kelsen, *Reine Rechtslehre,* 2 Aufl. 1960, Unveränderter Nachdruk 1983, Franz Deuticke, Wien, S. 4参照。初版（1934年）からの邦訳として横田喜三郎訳『純粋法学』（岩波書店、1935年）。初版と第2版は別の書物とみたほうがよい。

34 大物の名前を挙げれば、ラスク (1875-1915)、シュタムラー、ケルゼン、ラートブルフ (1878-1949) である。「法の解釈は認識か実践か」が一時期日本の法学および法哲学で問題となったということもその証左である。日本の法哲学界では1960年代に入り、イギリスの法哲学者 H. L. A. ハートも注目されるようになったが、彼は、（おそらく不当に）単純化していえば、ケルゼンのイギリス版であり、またハートのいう「内的視点」（後掲引用文章I-13参照）はラートブルフ（田中耕太郎訳『法哲学』東京大学出版会、1961年、第1章参照）のいう「価値関係的態度」の変形である。いずれにせよ、ハートの法哲学の受容・吸収が一段落し、流行が R. ドゥオーキンへ向かったころから、日本法哲学界における新カント派の影響力は急速に弱まったと言ってよいと思う。

シュタムラーとラスクを中心にして新カント派法哲学を検討するものとして、恒藤『批判的法律哲学の研究』（前掲注21）のほか、加藤新平「新カント学派」尾高朝雄、峯村光郎、加藤新平編『法哲学講座 第五巻（上）』（有斐閣、1960年）53-160頁参照。

別を可能にするものが認識に先行して存在していなければならないという、いわば論理的・必然的な真理を説いているにすぎないのだ。もし法学者で、これが理解できない者がいるとしたら、まずは法哲学を勉強しなければならない、といったふうに。

しかし、法の素人ならもちろん、普通の法学者も、そんなことを言って何の意味があるのか、と思うだけであろう。言われて、法哲学を勉強する人はよほどの変人であろう。いずれにせよ、事実として、新カント派法哲学が、法哲学と実定法学ないし法実務の間の距離を広げるのに大いに貢献したことは否定できない。

このような言い方に、宮澤は怒るであろう。しかし、くり返すが、「新カント主義がわが国の法哲学の生みの親であった」かどうかは、たんなる事実の問題ではなく、むしろ「法哲学がどのような学問であるべきか」という評価の問題である[35]。科目としての「法哲学」について、事実を示し、それによって何らかのイメージをもっていただくことを主要目的とする本章は、そのような評価について立ち入って論じる場所ではない。

それはともかく、宮澤の文章 I-7 のなかで一番注目に値するのは、「哲学する」ことの強調である[36]。私なりの表現でいえば、「事実を正確にみすえた上で、自分で考える」ということである。それがすべての学問において重要であることはいうまでもないが、その内容的部分を他の分野——具体的には、最初は実定法学、その後は政治哲学、最近では倫理学——にしだいに奪われていく傾向の強い法哲学において、逆にいえば、他の学問諸分野と研究内容の点で重複するところがしだいに増加する傾向の強い法哲学において、最後に残るのは、「事実をみすえ、自分で考える」という精神だけかもしれない。

---

35 先達に対して指摘するのは気が引けるが、新カント主義法哲学を称揚する宮澤自身が、ケルゼンなど、存在と当為の峻別を強調する新カント主義法哲学者の一部が激しく非難する方法論的混同の過ちを犯しており、まことに興味深い。しかし、私はそれが、その論文において注目するべき点であるとは考えない。言いたいことは、よくわかるからである。

36 舶来法哲学への追随に対する同種の批判として、長尾龍一「煩悩としての正義」理想637号(1987年) 105-119頁参照。この論文は現在、同『法哲学批判』(信山社、1999年) 118-139頁に再録されている。また、同書全体も参照されたい。

第3節　法哲学と法学の関係

I-8　トーマス・クーン「科学史と科学哲学との関係」（1968年）『本質的緊張1』[37] 18頁

　……哲学の他の〔＝論理学および数理哲学以外の〕[38]部分とりわけ倫理学や美学においては、研究者は大部分の人と共有する経験、および、ともかくも明確に分離された専門家仲間のうちだけで特に保存されたものではない経験に正面から取り組む。哲学者だけが美学者になることができるのだが、美的経験は万人のものである。ところが科学哲学と法哲学だけは、哲学者としての哲学者がほとんど知らない領域に取り組むのである。しかし、法学者はどうやら科学哲学者よりもずっと、自分の研究対象の分野における重要な専門的訓練を受け、かつ、自分が語る対象分野の人びとと同じ記録にかかわっているらしい。なぜ裁判官や弁護士が、科学者が科学哲学を読むよりもはるかに本格的に法哲学を読んでいるかという理由の一つはそこにあると思う。

I-9　中島 重『社会哲学的法理学』[39]（1933年）12頁

　法理学に最も近接する学問は、第一に他の一般の法学である。法理学を研究するには他の一般法学〔先に本文中でのべた「一般法学」のことではない。「法学一般」のこと〕の研究をせずしては不可能である。法制史・比較法学・法律社会学・法律解釈学・立法政策論等すべてに亘りて、一通りの専門的知識が無くてはならぬ。彼哲学者の法理学なるものが、哲学的には傾聴すべき所無きに非ざれども、法律の事実認識に於いて欠くる所あり、結局その高遠なる理論も架空の論となり了るは一に一般法学の知識に於いて欠くる所があるからである。

I-10　碧海純一『法哲学概論』[40]（1959年）26-27頁

　……「専門家としての」法哲学者の存在がもし正当化されうるとすれば、その根拠は結局分業の必要以外には求められない。すなわち、法解釈学の全部門ばかりでなく、法社会学や法史学にも精通したうえに、さらに哲学およびその諸特殊部門についても専門的な知識をもつ人物を見出すことはほとんど不可能である。したがって、次善の策として、法学の諸部門についてもひととおりの知識をもち、かつ哲学について専門的な訓練を受けたものがあれば、その人物に法哲学的な諸問題の一般的・体系的な考察を期待することは無意味ではないであろう。しかし、外国の例を見ても、この種の「専門的」法哲学者よりは、実定法学の一部門または数部門に精通しながら哲学的関心と素養とを

37　安孫子誠也・佐野正博訳、みすず書房、1987年。原著（前掲注18）p. 13.
38　引用において、原文にない文言を私が補う場合は〔　〕を用いた。また、原文で〔　〕を用いている場合は、［　］に代えた。以下の引用文章についても同様とする。
39　岩波書店。
40　前掲注16参照。

第3節　法哲学と法学の関係　　19

もつ学者が法哲学者として活躍したばあいのほうが多いようである。

　まず、上記クーンと中島からの引用文章I-8およびI-9をもう一度読んでいただきたい。法哲学者が、哲学者その他の法の素人が普通は知らない領域、つまり、民法、刑法、行政法といった実定法および実定法学を研究対象とする、というクーンの指摘は一応正しい。また、法哲学者はまずは実定法学を「一通り」知っていなければならない、という中島（1888-1946）の主張も一応正しい。だが、注意しなければならないことがある。
　実定法学者や法律家が法と考えるものは、素人が法と考えるものとは（重なっているかもしれないが）明らかに異なっている。みなさんを含め、人々の一部が、そのための教育と訓練を受けて法律家になるのである。
　法哲学者が法律家にとっての法を考察対象にする場合、その法哲学者は、法律家とは共有するが、「大部分の人と共有する経験」ではない経験を扱っている。それを「法学的法哲学」または「専門的法哲学」とよんでよいだろう。ただし、私のいう「専門的法哲学者」は、実定法の素養がある点で哲学の専門家と比べると法学の専門家であるという意味であり、哲学の専門的訓練を受けた上に、実定法の知識も「ひととおり」あるという意味での碧海（I-10）のいう「専門的」法哲学者とは意味が若干異なる。具体的な人物に関しては、両方の意味で「専門的法哲学者」といえる場合が多いにしても。
　ところで、法哲学者は、実定法学者と異なり、大部分の人が「法」と考えるものに関して「大部分の人と共有する経験」（I-8）を考察対象にすることも許されている。法が専門化される前に、専門化された法の外に、あるいは専門的法の源泉として、素人的法あるいは「本来の法」がある[41]、というのはいかにも法哲学者好みの発想である。そのような意味での「非専門的法」を対象とする法哲学を、「素人的法哲学」とよんでよいかもしれない。もちろん、それをやるのは、ここでは、法哲学者すなわち法哲学の専門家である。だが、「素人的法哲学」は、哲学者その他の法の素人でも行うことができそうである。それぞれの人たちは、何について語るのだろうか。また、

41　たとえば、「専門的法哲学者」ではないが、サヴィニーは、民衆の間に行われる慣習法、「民衆法」を法の原初的かつ本源的形態と考えた。後には民衆の法形成力の弱化に伴い、法の生成機関は、法律家階層、さらに立法に移行するとされる。同『現代ローマ法体系』第1巻（前掲注13）§7および8参照。また、亀本洋『法的思考』（有斐閣、2006年）325頁も参照。

どういう「方法」でそれをやるのだろうか。

それはともかく、これまで主として語ってきたのは、法律家が「法」と考えるものを「法」の中心的概念とみなすという意味で「専門的法哲学」についてであり、本書が主として扱いたいと思うのもそれである。

「法哲学者」とよばれる人々は、同じ人であっても、専門的法哲学をすることもあるし、素人的法哲学をすることもある。本節冒頭でクーンおよび中島の指摘が正しいと私のべた際、「一応」という限定をつけたのは、そのためである。

さらに、新カント派法哲学の隆盛以降、法哲学と実定法学の距離が拡大したという私の見解が正しいとすれば、「哲学的法哲学」（中島 I-9 のいう「哲学者の法理学」と同義）といったもう一つの用語が必要になるかもしれない。哲学の一部門として「法哲学」を講じる哲学者だけでなく、法学部で「法哲学」を教えている「法哲学者」も、哲学の素養はあっても、法学の知識が「一通り」ない場合は、「哲学的法哲学者」に属することになるだろう。その場合、「哲学的法哲学者」たちが共有する「経験」とは何であろうか。それがないとしたら、宮澤（I-7）の言うとおり、いや宮澤の希望に反して、「思惟は『もの』に即して行われずに、空虚な概念だけが、いや言葉だけが、単語だけが弄ばれる」ということにならないだろうか。そのような法哲学が日本で優勢になった結果かどうか知らないが、クーン（I-8）の叙述に反し、アメリカはともかく、日本の裁判官や弁護士が本格的に法哲学の本を読むことは、幸か不幸か、あまりない。

加えて、アメリカやドイツの法哲学者[42]の多くは、専門化の進んだ今日でも、碧海（I-10）の示唆するように、同時に実定法諸分野の教師または研究者でもある。だが、現在の日本には、そのような法哲学者はほとんどいない。かつては、穂積陳重（法学のほとんど全分野）以来、牧野英一（1878-1970、刑法・民法）、小野清一郎（1891-1986、刑法）、木村亀二（1897-1972、刑法）、田中耕太郎（商法）、廣濱嘉雄（民法）、峯村光郎（1906-1978、労働

---

42 ドイツでは、G. ラートブルフ、H. ヴェルツェル（1904-1977）、A. カウフマン（1923-2001）、K. エンギッシュ（1899-1990）等、日本の法学界でもよく知られている刑法出身の法哲学者が伝統的に多い。内容面からいっても、刑法総論の分野では、違法と責任の関係等、きわめて基礎的な概念が、体系化と実務上の含意をめぐって争われ続けていることもあり、抽象的な倫理学的問題をも扱う法哲学と、もともと親近性が強い。

法)、横田喜三郎（1896-1993、国際法)、美濃部達吉（1873-1948、憲法)、宮沢俊義（憲法）等、日本にもそのような高名な実定法学者兼法哲学者が数多くいた[43]。

ただし、「自然法および万民法」という西洋中世以来の法哲学の古い呼称からも示唆されるように、国際法はもともと法哲学の一部であり、比較的最近まで法哲学の教科書のなかでも一章を設けて論じられる[44]ことが多かった。また、憲法学は、国法学ないし一般国法学を含んでおり、そのかぎりで、国家論を扱う法哲学と対象領域や思考方法が一部重なっている（上記尾高からの引用 I-2 最終段落において、実定法学の一つとして憲法学が挙げられていないことに注意されたい──つまり、彼の見方では憲法学と法哲学の境界が曖昧だということである)。したがって、憲法学者の多くは、その研究内容の点で同時に法哲学者でもある[45]。

43　このような事柄は、学問自体の内容や研究者の志望にも少しは関係しているが、それよりもむしろ、各国の大学制度や法曹養成・供給制度にかかわる制度的要因と深く関係しているように思われる。具体的には、講座や科目の数や人数である。日本においてかつては実定法学者兼法哲学者が少なくなかったという点は、東京大学の法理学の授業が当初は専任をおかず、スタッフの回り持ちで担当されていたということと多少なりとも関係しているかもしれない。

日本の現状を言えば、大学のポスト数との関係では、法哲学者の需要量はきわめて小さい。また、法哲学者はほぼ例外なく法哲学だけを担当する（外国法その他の基礎法科目や法学入門の科目を担当することはあるが)。逆にいえば、実定法を教えることはまったく求められていない。この点は、アメリカの多くのロースクールやドイツの法学部と対照的である（イギリスにおいても普通の大学ではアメリカと事情は異ならないが、オックスフォード大学等ごく少数の大学では、日本の法学部と同様、法哲学だけを教えることで許される法哲学者も若干いる)。このような事情はまた、日本で法哲学各論が盛んにならない一つの背景的原因かもしれない。

ちなみに、フランスの大学の法学部には、法哲学ないしそれと重なる分野を研究している学者はいても、法哲学という科目は一般に設けられていない。法の一般理論や一般法理学に相当する科目は、「法学概論」théorie générale du droit──直訳すれば「法の一般理論」──として、民法学者が普通担当する（このことには、前掲注12の最後に触れたように理由がある)。

44　そのほとんど最後の例として、H. L. A. Hart, *The Concept of Law*, Oxford University Press, Oxford, 1961 (2nd ed., 1994), ch. 10参照。初版の邦訳として、矢崎光圀監訳『法の概念』(みすず書房、1976年）がある。

国際法は、国内法を相対化してみることができ、それによって国内法の特徴がよくわかるようになる点でも、法哲学の研究対象として現在でもなお熟考に値する。また、社会契約論の文脈で登場する「自然状態」とは、頭の中や過去の話ではなく、伝統的な国際法が前提としてきた国家間の現状でもある。

45　ただし、憲法学者が法哲学上の問題を扱うときは、当然というべきか、一般に公法的関心、あるいは、法において「国家」が何らかの意味での起点をなすと考える傾向が強い。この点は、ドイツに多い刑法学者兼法哲学者についても、一般に、同様にあてはまる。もっとも、ドイツやその影響を強く受けてきた日本の私法学者のほとんども、法といえば国家法をさすと考えるので、同様の傾向は、実は日本の私法学者の間でも強いのではあるが。

ちなみに、法哲学を公法か私法のいずれかに分属させる必要がある場合──たとえば、法学研

しかし、実定法学者兼法哲学者と区別される法哲学者兼実定法学者、つまり、法哲学を主たる専攻としつつも、実定法学の論文（と実定法学者の大半によってみなされるもの）も相当に生産している者は、現在の日本には皆無である。

それには、専門分化というつねに進行する一般的趨勢や法哲学者は法哲学しか教えないという制度的要因以外にも、さまざまな原因があるだろう。だが、そのなかで最も大きなものは、ここ四、五十年の日本の（世界でも基本的に同様であるが）法哲学者の仕事の多くが、法や法学に直接かかわる領域においてではなく、政治哲学や倫理学と大幅に重なる正義論の領域で——しかも、あえて言えば、自分が考える「正義」と実定法とが具体的にどのような関係にあるか、あるべきかをあまり考えずに[46]——行われてきたという事実にあるように思われる。

I-11　アイン・ランド『利己主義という気概——エゴイズムを積極的に肯定する』[47]（2008年）196頁

> 自由な国家の市民は、自分たちの権利を実行する特定の法的手続きや**方法**に関しては同意できないこともあるかもしれない。これは複雑な問題であり、法科学の領域、法哲学の領域に属する。しかし、自由な国家の市民は、実行されるべき基本的原則である個人の権利という原則に関しては合意する。

同224-225頁
> 市民の自主的な支払いによる政府の資金調達という原則を実行するにはどうしたらいいのだろうか。また、実際にそれを適用する最上の手段をどうやって決定すればいいのだろうか。この問題は非常に複雑であるし、法哲学の領域に属することでもある。一方政治哲学の課題は、原則の本質を確定して、それがきちんと実施できることを証明する（demonstrate）ことだけである。

科に公法専攻と私法専攻しかない場合——、普通は公法に分類される。瑣末なことのようであるが、そのこと自体が法哲学の研究対象となりうる。

　もちろん、最も成熟していない学問の一つとして、法哲学の可能的関心領域は、私法や国家法以外の「法」だけでなく、道徳その他の社会規範、さらにはあらゆるものに及ぶ。その意味で、法哲学者は何を研究してもよい。逆にいえば、必要なら何でも研究しなければならない。

46　実は、他分野と重なるかどうかはたいして重要ではない。ダッシュで挟んだこの部分のほうが重要である。私の大雑把な印象でいえば、敗戦から1960年代頃までの日本の法哲学者の業績は、一般に最近のものに比べればはるかに迫力がある。

47　藤森かよこ訳、ビジネス社。原著は、Ayn Rand, *The Virtue of Selfishness: A New Concept of Egoism*, New American Library, 1964.

ここで上記ランド(1905-1982)からの引用文章 I-11 に注目していただきたい。それは、政治哲学と実定法学の間に法哲学者が研究するべき固有の領域——これこそ実は、尾高(I-2)のいう「法哲学各論」に相当する——があることを示唆する。しかし、最近の法哲学者のほとんどは、そのような分野で業績をあげていない[48]。逆にいうと、政治哲学の分野で業績をあげている。このような現状もまた、法哲学と実定法学ないし法実務との距離を広げるのに大いに貢献してきた。

 私は、そのような法哲学がだめだとここで言いたいわけではない。にもかかわらず、法哲学者の一部は、そのような事実を指摘されると、それを勝手に解釈して、直接関係ないからといって、重要でないわけではないとか、実定法学者のほうこそ法哲学を勉強するべきだとかいって弁明するかもしれない。何を恐れているのだ。いずれにせよ、既述のようにもともと近い関係にある憲法学者を除けば、日本において、実定法学者が法哲学者[49]の仕事にほとんど興味をもたなくなってきたことは厳然たる事実である。それがいいことか、悪いことかは別にして。

I-12 W. W. クック「法の科学についてのホーフェルドの諸概念」(1919年)、W. N. ホーフェルド『司法的推論で使用される法的基礎概念』[50] 3-4 頁

　英語を話す諸国の法律家の大半が「法理学」のすべての分野を、またとくに、「分析

48　そのような仕事を日本で現にしている点で、私はヨンパルトの法哲学を高く評価している。これについては、亀本洋「ヨンパルト先生から学んだこと——ホセ・ヨンパルト著『法哲学で学んだこと——一法学者の回顧録』を読んで——」『法の理論28』(成文堂、2009年)223-238頁参照。そのほかの同種の業績として、田中成明『裁判をめぐる法と政治』(有斐閣、1979年)、同『現代日本法の構図』(悠々社、1995年)、同『現代社会と裁判——民事訴訟の位置と役割』(弘文堂、1996年)参照。細かく見ていけばまだまだあると思われるが、この種の業績が日本の法哲学者全体の業績のなかで占める割合はきわめて低い。

49　何人かの実務家や実定法学者の意見を聞いた個人的経験からいえば、現役の日本の法哲学者のなかで、田中成明は例外に属するようにも思われる。その原因は私にはよくわからないが、彼が碧海のいう「実定法学の一部門または数部門に精通しながら哲学的関心と素養とをもつ」(I-10)法哲学者のタイプに近いことは確かだと思う。実務家や実定法学者の間でも比較的よく読まれている教科書として、『法理学講義』(有斐閣、1994年)がある。

50　Walter Wheeler Cook, 'Hohfeld's Conceptions on the Science of Law', in Wesley Newcomb Hohfeld (edited by Walter Wheeler Cook), *Fundamental Legal Conceptions as Applied in Judicial Reasoning and Other Legal Essays*, New Haven, Yale University Press, 1919, pp. 3-4.

法理学」として知られている分野を、アカデミックなもので、実務的な価値がないと依然考えていることは周知のごとである。……そうした分析をすることが……目的そのものではなく、目的のための手段であることを、これらの〔分析法理学に携わる〕著者たちはぼんやりとしかわかっていない、あるいは、まったくわかっていない。彼らは普通、その分析が、弁護士や裁判官が出会う問題を解決する際、彼らの役に立つのだということを示そうとすらしない。まして、その分析の応用によってもたらされる具体的法律問題解決への効用を示すことはない。

　……ホーフェルドが……法律家たちに与えた最も偉大なメッセージの一つは、適切な分析法理学は適切な訓練を積んだ弁護士や裁判官の装備の一つとして、絶対に不可欠な道具である、ということであった。……分析法理学はそれ自身のために行われるときでも面白いことはたしかだが、その主たる値打ちは、その助けを借りると、法律問題の正しい解決が容易になるだけでなく、確実にもなるという点にある。このことをわかっていたことがホーフェルドのすぐれたところである。この点で分析法理学は、純粋科学の他の分野と異ならない。……彼にとって法的分析は何よりも、目的のための手段であった。裁判所や弁護士が直面している問題が何かを発見する際に、また、それがなければ隠れたままであったかもしれない有益なアナロジーを発見する際に必要な助けであった。……

　同21頁
　……「その理論は、理論的には正しいが、実務では使えない」とよく言われるが、それは間違った言明である。ある理論が「理論的に正しい」としたら、それは使えるはずである。それが使えないとしたら、それは「理論的に正しくない」のである。ホーフェルドの仕事は、これらの二つの命題に基づいていた。……彼がその生涯をささげた「理論」は、彼にとって、目的——第一に、法律問題を解決するという目的、第二に、われわれの法を、それが存在する唯一の理由であるあるところの人間の必要、これに応えるように発展させるという目的——のための手段であった。……

I-13　H. L. A. ハート「『法の概念』第 2 版追記　上」[51] みすず438号（1997年）60-62頁

　本書〔『法の概念』〕における私の目的は、法とは何かについての一般的かつ記述的な理論を提供することであった。その理論を一般的というのは、それが第一に、特定の法体系や法文化と結びついておらず、第二に、ルールに支配される（その意味で「規範的な」）側面をもつ複雑な社会的・政治的制度としての法というものについて、説明的で明確化的な解明を与えようとしている、という意味においてである。……私の解明が記述的であるというのは、それが道徳的に中立的であり、正当化的目的をなんらもたないという意味においてである。……
　……
　このような意味で記述的かつ一般的と考えられた法理論は、ドゥオーキンの法理論

51　布川玲子・高橋秀治訳。訳文は若干変更した。原著は、H. L. Hart, *The Concept of Law*, 2nd ed., Oxford University Press, Oxford, 1994, pp. 239-242.

（または、彼がしばしば使う用語では「法理学」）の概念とは根本的に異なった企てである。彼は、法理論を部分的に評価的で正当化的であり、かつ、「特定の法文化についての」ものと考えている。……

法理論について私の概念とドゥオーキンの概念が違うのと同じくらい異なる、私と彼の企ての間になぜ意味のある対立があるべきなのか、そもそもありうるのかは、明白ではない……

しかし、ドゥオーキンは、……一般的で記述的な法理論を、方向が間違っている、あるいはよく言っても役にたたぬものにすぎないとして切り捨てているようにみえる。彼は、「役に立つ法理論」は、「歴史的に発達する実践の特定の段階を解釈する」ものであると述べている。彼はつとに、「記述と評価の平板な区別」は、「法理論を脆弱な」ものにしたと書いている。

……彼の批判の中心は、法理論は、当該法体系の内部者または参加者の視点であるところの、法に対して内的な視点を考慮に入れなければならないのに、その内的視点についての十分適切な説明が、参加者ではなく外部観察者の視点をとる記述的理論によっては提供されえない、ということにあるようだ。しかし、……記述的法理学の企てには、参加者がそのような内的視点から法をどのように見ているかを、非参加者たる外部観察者が記述することを禁止するようなものは何も含まれていない。……

今日では、法哲学は実定法学からほぼ完全に自立した。そう考えれば、約90年前にクックがアメリカで主張したように、「法学の手段としての法哲学」という見方をとる法哲者は現在では少ないのではないかと予想される。

ところが、必ずしもそうではない。ここで、上記ハートからの引用文章I-13に目を向けてみよう。そこでは、「内」とか「外」とかが何度も出てきて、何のことかよくわからなくなるかもしれないが、法哲学者は、あっちへ行ったり、こっちへ来たりするのである。私も、ひとごとのように法哲学者について語ったり、自分も法哲学者の一員だと言ったりしてきた。内外の境界線はたくさんあるから（実はないかもしれないが）、自分でも、今どこに立っているのかわからなくなるほどである。「内」、「外」とは、そのようなことである。本題にもどろう。

「法を、その外部に立ちつつも、その内部にいる人々の視点から記述するという法理学独自の領域が存在するのだ」という現代分析法理学の泰斗 H. L. A. ハート（1907-1993）の見解に対し、その弟子であり、現在の世界の法哲学界で最も影響力が強いと目されるアメリカの法哲学者ドゥオーキンは、そのような法理学は「役に立たない」、法哲学としてもその資格はないと主張している。ちなみに、危機のあおりの一例である。

クックやドゥオーキンが、それぞれ違う観点から主張するように「実務では使えない」法哲学は、だめなのであろうか。それとも、「法哲学のための法哲学」を認めないのは、宮澤（I-7）の言葉を借りていえば、「学問の発達の遅れている」ことの証拠なのであろうか。

いずれにせよ、法哲学に対して、それが法ないし法学へ貢献することが求められう・る・点で、法哲学と法ないし法学との関係は、たとえば科学哲学と科学との関係とは根本的に異なるのである。科学哲学が科学の発達に貢献しうると考える科学者も、科学哲学者もほとんどいないであろう。「〜学」と「〜哲学」との関係がどうあるべきものと考えられているかはまた、学問の成熟度をはかる物差しの一つである。知識のある人は、経済学やその他の社会科学についても考えてみられたい。

第4節　法哲学と法哲学史

I-14　クーン「科学と芸術の関係について」(1969年)『本質的緊張2』[52] 457-468頁

　……科学者と芸術家の間の差異……を思い起していただきたい。現代人は過去の芸術活動の生産物に対して［過去の時代の人とは］[53]異なった感性で向い合うにもかかわらず、過去の生産物は今なお芸術という場におけるきわめて重要な部分である。ピカソの成功によってレンブラントの絵画が美術館の地下倉庫に追いやられたりはしない。……科学教科書には、過去の偉人たちの名前、そして時にはその肖像画が散りばめられている。しかし古い科学的著作を読むのは科学史家だけである。……芸術とは違って、科学は自らの過去を破棄するのである。
　　……　……
　ほとんどのパズルと同じく、科学者が解こうとしているパズルもまた、解を一つだけもつ、あるいは、最善の解を一つだけもつ、と考えられている。解を見出すことが科学者の目標である。解がいったん見出されたならば、それ以前のすべての試みは、それまで感じられていた研究との関連性を失うことになる。科学者にとって、解が発見される以前のすべての試みは、自らの分野のためには無視すべき余計なお荷物、不必要な重荷となる。発見者を解へと導いた私的かつ特異的な要因のほとんどの痕跡は、単なる歴史的・美的なものとして、解の発見以前のすべての試みとともに破棄されてしまう……。この理由によって、現場の科学者は、時代遅れの理論に対しても、現行の理論の元々の定式化に対してもあまり興味を示さないのである。……芸術家の目標…は、美的対象であり、排中律が当てはまらないようなより全体的な生産物である。……

52　前掲注18参照。
53　括弧の使用法については、前掲注38参照。

……　……
　……一つの芸術的伝統の成功が他の伝統を誤ったものや間違ったものにするわけではないというまさにその理由から、芸術は、科学よりもずっと容易に、多数の両立不可能な伝統や学派を同時に支えることができるのである。同じ理由から、伝統が変化する時にそれにともなって生じる論争は、科学においては芸術よりも通常はずっと素早く解消される。芸術においては、……論争の終焉はしばしば、古い伝統の終焉ではなく、新しい伝統の受容を意味するにすぎないと私は思う。一方科学においては、……負けた側は勝敗の決着とともに消え去ってゆく。……
　……芸術家たちは、存命中に一度あるいはそれ以上、スタイルを自発的に劇的に変化させることができるし、実際にも時々そうしている。……はるかにずっと稀にではあるが、個々の科学者の経歴の中でも同様の変化は起る。しかしそれは自発的にではない。……
　……解こうとしているパズルが本来それが応ずべきようには応じなくなった時に科学的伝統の出会う内的危機のようなものは、芸術の進化の中にはまったく存在しない。私はこの見解に賛成であるが、そうした差異というものは、パズル解きを目的としている活動とそうではない活動との間の不可避的な差異なのだ、ということだけは付け加えておきたい。……
　科学における危機の機能は、革新の必要性を合図し、実り多い革新が引き起されるであろう領域へと科学者の注意を向け、そうした革新の性格を解き明かす手懸りを引き出すことにある。科学という分野にはこうした合図の体系がまさに組み込まれているのであるから、科学者にとって革新それ自体が最も重要な価値である必要はないし、革新のための革新は非難されかねない。……科学にアヴァンギャルドは存在しない……。……芸術家たちは革新を第一の価値としているが、アヴァンギャルドがそうした価値に制度的表現を与える以前から、すでにそうし始めていたのである。少なくともルネサンス以来、芸術家のイデオロギーの中のこうした革新的要素（それは唯一の要素でもないし、他のすべての要素と簡単に両立するものでもない）は、内的危機が科学における革新の推進において果してきた役割のある部分を、芸術の発達において果してきた。芸術家も科学者もしているように、科学は累積的であるが芸術はそうではないと誇りをもって言うことは、両方の分野における発達パターンを誤解することになるのである。それにもかかわらず、しばしば繰り返しなされるこの一般化は、これまで調べてきた差異の中で最も奥深いかもしれないものを表現しているのである。それは、科学者と芸術家とでは革新のための革新に対して置いている価値が根本的に異なるということである。
　……パラダイムは理論と完全には等置することのできないものなのである。パラダイムとは、最も根本的には、科学者が注意深く研究し、それを模範として自分自身の研究を行うところの、受容された科学的業績の個々の具体例、問題の実際の解なのである。パラダイムの概念が芸術史家にとってもし有用なものであり得るとすれば、パラダイムの役目を果すのは様式 style ではなく、絵画のほうであろう。……「様式」と「理論」はともに、それとわかるほど類似している一群の仕事を記述するときに用いられる用語である（「同じ様式のもとに」とか「同じ理論の応用」というようにである）。どちらの場合にも、所与の様式や所与の理論を他のものから識別するために共有された諸要素の本質を明確に言うことは難しい——私には結局のところは不可能であると思われる——のである。そうした困難に対する私の答えは、科学者たちは、理論を構成しているであ

ろう諸要素を抽出するというような過程をまったく経ることなしに、パラダイムあるいは受容された模範から学び取ることができるということを示唆することであった。これと同じことが、特定の芸術作品を詳しく調べることによって芸術家が学び取る仕方に関しても言えるのではないだろうか。

クーンによる科学と芸術の比較論を長々と引用したのは、「芸術」の代わりに「法哲学」をおいてみると、芸術とは違う点も多いが、類似点のほうが圧倒的に多いので、法哲学の性格がよりよく理解できると考えたからである。また、「芸術」に代えて「法哲学」をおくことに加え、「科学」の代わりに「実定法学」をおいてみると、実定法学と法哲学の関係が、科学と芸術の関係とは相当な違いがあるものの、類推的に、よりよく理解できるのではないかと思ったからである。そのような読み換えを行って、もう一度クーンの文章をゆっくり、読み直していただきたい[54]。できれば、この本を最後まで読んだ後に、さらにもう一度。

法哲学が、「みずからの過去を破棄する」ことは決してない。50年から100年以上前の業績を平然と引用し、批判的なコメントをする私のやり方をみても、法哲学者はまったく奇異に感じない。2000年以上前のプラトンやアリストテレスの著作をあたかも現代の著作であるかのように扱うことすら、法哲学では場合によっては適切となる。

実定法学は、それに比べれば科学に近い。実定法学者がローマ法を研究することは少なくない。だが、ローマ法をローマ法のために研究することは、「学問の発達した」現代では、「ローマ法」という歴史学の一専門分野の課題とされ、実定法学者によるローマ法研究は、直面する法学上のパズルの解決のための示唆を得ることを主たる目的としている。彼らが、古代ローマの法学者の学説を批判するなどということはまずない。そのような人は部外者とみなされるだけである。しかし、法哲学者は、そのたぐいのことをしても、仲間はずれにされないどころか、高く評価される可能性すらある。

尾高朝雄の『法哲学』もそうだが、50年くらい前までは、法哲学の教科書

---

[54] 実は、科学と比べると、実定法学は芸術に近い。サヴィニーは実際、法学は Kunst（英語に訳すと art または craft）、職人芸だと言っている。この点については、さしあたり、亀本『法的思考』（前掲注41）324-333頁参照。実定法学をよく知っている人は、そのような読み換えも試みられたい。

の第一部では、過去の法哲学者——19世紀後半以降に登場した専門的法哲学者だけでなく、法哲学が扱うべき問題を扱っているとその著者が考える、それ以前のすべての者を含む、広い意味での「法哲学者」——の学説を、紹介しつつ検討するというのが、法哲学教科書[55]の最も標準的な編成であった。

ある時期から、その部分は「法思想史」として、法哲学の本体から分離されることが多くなった。その背景には、過去の個々の法哲学者についての研究が、法哲学者以外によるものも含め、分業・専門化されて、格段の進展をとげ、とても一人の手には負えなくなった、ということがあるかもしれない。それでもなお、一人の法哲学者が努力して、そのような成果を多少なりとも参照しつつ、過去の多くの法哲学者の学説を取り上げようとすれば、必然的に分量が増え、法哲学の1冊の本のなかに収まりきらなくなるであろう。

しかし、法哲学史の法哲学からの分離に関するこのもっともらしい説明は、おそらく的をはずしている。一番の理由は、法哲学と並んで、「法思想史」という科目が法学部に設けられることが多くなったという制度的かつ便宜的なものである。そのための教科書が必要になったというだけである。その科目をともかくも教えるためだけならば、教科書は、前よりも薄いほうがよいだろう。

二番目の理由は、法哲学の教科書の著者がそれに含めるべきと考える西洋、とくにアメリカの業績が1970年代頃から飛躍的に増大し、その「送迎」(宮澤Ⅰ-7)にあまりにも忙しく、日本の法哲学者には、過去の法哲学の古典とじっくり取り組む余裕がなくなったということである。それは、すでに触れた法哲学の政治哲学への解消、法哲学各論の放置という事情とも密接に関係し、時期も同じである。

やや唐突だが、読者のみなさんには、古典を読むことをお薦めしたい。ここで「古典」というのは、ギリシア・ローマのそれという本来の意味より広く、それが世に出てから100年ないし1000年以上たっても読むに値する(現在のものについては、値するであろう)著作という意味である。

55　中島重『社会哲学的法理学』(前掲注39)、広濱嘉雄『法理学』(前掲注6)、尾高朝雄『法哲学』(前掲注4)、同『改定法哲学概論』(学生社、1953年)、和田小次郎『法理学　上巻』、(日本評論社、1943年)等枚挙にいとまがない。おそらく、過去の法哲学のほとんどが哲学ではない、あるいは哲学としては有害である、という本当の理由から、初版で法思想史を省略した碧海純一『法哲

「法哲学」と「法哲学史」は、実は同じものである。「法哲学」という科目の教科書として、「法思想史」という題名の本が指定されても驚いてはいけない。法哲学者からみれば何の問題もない。もちろん、歴史学の一部としての「法思想史」というものも当然存在するが、それはまた別の話である。

法哲学者のする「法思想史」すなわち「法哲学史」にとっては、対象に関する知識をどれだけもっているかということも当然大事ではあるが、それよりも、ともかく原典を翻訳でもよいから自分で必死に読み、著者が何を言いたかったのかを自分なりに理解するということが何よりも大切である。極論すれば、誤解してもかまわない。解説書だけを読んですますのが一番効率が悪い。原典を読む前に解説書を読むのも悪くはないが、原典を読んだ後に解説書を読むほうがよりよい。解説書に書いてあることと自分の理解とが異なるとき、安易に自分の見解を捨てないようにしていただきたい。

「法哲学史」は、すんだことの「歴史」ではない。法哲学者に、過去の法哲学はいつから歴史になるのか、と問うてみればよい。どうして、1970年代のロールズ（後述第9章以下参照）の著作は法思想史の教科書で取り上げられ、1990年代の著作は法哲学の教科書で取り上げられているのか、法哲学者にきいてみればよい。法哲学的な理由はない、というのが正解である。

クーン（I-6）に逆らうわけではないが、法哲学の問いにもたまには正解——「専門的合意」——があるのだ。その正解に異議を唱える法哲学者が優勢になったときにはじめて、法哲学の危機は生じる。事実としては、「送迎」に忙しい現在の日本の法哲学者はそれどころではない。彼らの多くは、新カント主義法哲学や日本の50年以上前の法哲学を取り上げないが、それはただ読んでいないというだけである。知らないものを取り上げないということは、私のように知ったかぶりをして取り上げるよりもはるかによい。

クーンからの引用文章I-14がよくわからなくても、気にすることはない。みんな最初はわからないのである。ここでは、法哲学者はそのようなやや無

学概論」ですら（省略の表面的な理由については、前掲注16、同書「はしがき」3頁参照）、最新版（『新版 法哲学概論〔全訂第2版補正版〕』弘文堂、2000年）に至って、弟子の助力を得て法哲学史の章を補充している。法哲学の教科書から法思想史を削除するのは、便宜ではなく、一つの見識であるから、私としてはさびしく感じた。

56 矢崎光圀ほか訳、みすず書房、1990年。原著は、H. L. A. Hart, *Essays in Jurisprudence and Philosophy*, Oxford University Press, Oxford, 1983, pp. 88-89. 引用部分は、深田三徳による邦訳を若干変更した。

理がある引用の仕方も平気でやる、ということを知っていただければ、それで十分である。

第5節　法哲学の教え方

I-15　H. L. A. ハート「法哲学の諸問題」（1967年）『法学・哲学論集』[56] 103-104頁

　法体系の存在は、ごく初期の法体系であっても、さまざまな種類の学問分野に成立する機会を与えた。それらの学問分野のうちの一部は、経験的である、あるいは経験的なものと言われている。それらの学問に属するものとして第一に、特定の法体系または特定の法的教義もしくはルールについての歴史的研究がある。第二に、法の内容および実効性と、法形成ならびに法適用の形式および手続とが、その経済的社会的背景に影響したり、逆にそれから影響されたりする一方で、他方で、社会的必要を満たしたり、特定の社会的機能を果たしたりするのはどのようにしてか、これについての社会学的な研究がある。しかし、大部分の社会において法は、やがて高度な複雑性の段階に到達するから、法の運用のために、裁判官および法律専門職のための特別な訓練が必要となる。そのために、特殊な形態の法科学が必要となった。それは、法ならびにその方法および手続についての体系的または教義学的解説にかかわる科学である。その目的のために、法は別々の部門（刑法、不法行為法、契約法等）に区分され、そして、法によって創り出される状況や関係において共通する要素（権利、義務、責務、法人格、所有権、占有等）をまとめるために、あるいは、多くの別々の法的諸ルールに共通する要素（行為や意図等）をまとめるために、一般的な諸分類と全体を体系づけるための諸概念とが導入される。

　これらのさまざまな学問分野で登場する諸問題を、法哲学の諸問題からわけ隔てる確固たる境界線はない。このことは、解説および教育目的のためのアカデミックな法研究によって導入された、分類、定義、および部門区分からなる概念枠組についてとくにあてはまる。しかし、法に関する歴史学的ないし社会学的言明のいくつかも、哲学的批評家の注目を必要とするに十分なほど一般的で抽象的である。だが、法哲学、法理学（総論および各論）、法理論の間の伝統的な区別をより精巧なものにしていっても、そこから得られるものはほとんどない。そのような区別は、しばしば重要だとされてきたが。それよりも、哲学の他の部門がそうしているように、次のような仕方で法哲学の問題を他の分野に属する問題から区別することのほうが重要である。すなわち、先に触れた経験的研究および教義学的研究の水準が上がり、個々の法体系の把握の水準も高度に発達した段階でさえも、なお答えられるべきものとして残るいくつかの問題群があり、それらを法哲学に属するものとして区別するのである。そのような問題群は、次の三つに分けてよかろう。第一に、定義と分類の問題。第二に、法的推論の問題。第三に、法の批判の問題。……

　初学者向けの教科書で、その学問の教え方を教えるなどということは尋常

ではない。ここでは、法哲学が「法の一般理論」、「法学方法論」、「正義論」の三分野に一応分けられるという話を最初は書こうかと思った（それについては、上のハートからの引用文章Ⅰ-15を、さしあたり参照していただきたい。ただし、そこに書いてある法学の発達の話は、彼の母国イギリスよりも、むしろドイツに当てはまる）。

考えていると、まだ大学院生だった頃、いっしょに勉強していた若松良樹[57]君から聞いた言葉をふと思い出した。「法哲学は金太郎飴みたいだね。どこで切っても同じ顔が出てくる。」。これは、若松君と私が共有する経験であり、おそらく他の法哲学研究者のほとんども共有する経験であろう。まだわからないのは当然だが、法哲学を勉強していると、どのような分野を勉強していても、いつも最後は、本質的に同じ問題（その数は実は少ない。おそらく10未満。）にぶち当たる。この意味で、尾高朝雄の『法哲学』第二編の題名「法哲学の問題」は、さすがに適切至極である。

しかし、そこにはジレンマがある。「法哲学の問題」が何かを教師が教えすぎるのは、「事実をみすえ、自分で考える」ことを妨害する可能性がある。若松君と私は、よい教師に恵まれ、幸いにしてあまり教えてもらわなかった。問題に自分で到達しなければ、法哲学を学ぶ意味はない。教科書を覚え、教師に教えてもらう、という習慣はそろそろ捨てなくてはいけない。どの分野においても、いずれ教師も、教科書もなくなるのだから。

ところで、「試験の範囲はどこまでですか」という質問を学生さんからされることがある。私はいつも絶望的な気分になる。「法哲学に範囲はない」と答えたくもなるが、自分も昔は、その学生さんと気持ちは同じだったことを思い出し、「授業でやったところだけ」と冷静に答えるように努力している。

レジュメを配ると、やたらにそれをほしがる学生さん──とくに遅れてきた人に多い──が出てくる。教育上よくないと思うので、それ以降の授業では、レジュメを配るのをできるだけやめることにしている。最近の風潮に負け、堕落して、配り続けることもあるが。

このようなこともまた、一法哲学者の伝えたい法哲学の精神の一つであ

---

57 現在は、成城大学教授、法哲学、法思想史担当。

る。したがって、法哲学の精神を伝えるため、第2章以下では、何から取り上げてもよいのだが、できるだけ系統立てずに、法哲学の問題を取り上げることに努めた。

しかし、それでもまだ、もう一つジレンマが残っている。「専門的法哲学」を教える以上、それ以前に実定法学をある程度学んでいることを前提とするか、実定法学と法哲学を法哲学の授業のなかで同時に教えるかしかない。授業時間が同じであったとしても、後者のような試み[58]が不可能ではあるとは決して思わない。だが残念ながら、その能力が私にないことだけは確かである。

法哲学を法学部4年生の科目として配当している大学もあるかもしれないが、私が現在教えている大学も含め、多くの大学では、法哲学は2年生または3年生でも履修できる科目となっているようである。だから私は、実定法学の諸分野を学ぶことを、法哲学を学ぶことよりもはるかにまさって推奨しはするが、実定法学の習得を法哲学の学習の前提とはしない。その結果、以下の叙述において、初学者には理解できないところが多々出てくるであろう。しかし、それは潔くあきらめることにした。能力以上のことはできない。

これから先、読む気をなくした読者も出たかもしれないが、それはそれでよい。私が考える法哲学の精神はここまででも、能力の及ぶかぎり、それなりに伝えたつもりである。もはや、ほかの教科書を読んでいただいて全然かまわない。自分にあったものを選ぶというのも、大事な能力である。おそらく人生において最も大事な。

---

58 Henry M. Hart, Jr. and Albert M. Sacks, *The Legal Process : Basic Problems in the Making and Application of Law* (edited by William N. Eskridge, Jr. and Philip P. Frickey), Westbury, New York, The Foundation Press, Inc., 1994 は、1950年代末から60年代にかけてハーバード・ロースクールで1年次生向けに開講されたパースペクティヴ・コースとよばれる法学入門のような授業のために編まれた資料集を復刻したものであるが、広くまた深い学識をもって考え抜かれて作られており、それをみれば、著者たちがまさにそのような授業をめざしていたことがよくわかる。この資料集は、以後、多くの実定法分野で使う資料集または判例教材のモデルとなった。それは、抜群によくできたものであり、私が知るかぎりでは、著者たちが意図したわけではないが、法哲学の最良の教科書でもある。

第2章　法的思考
――利息制限法をめぐる最高裁判決の変遷――

第1節　利息制限法

1．法律家と裁判

宮澤賢治「雨ニモ負ケズ　風ニモ負ケズ」より

　　北ニケンクワヤソシヨウガアレバ
　　行ツテ　ツマラナイカラヤメロトイヒ

　宮澤賢治は軽蔑するであろうが、法律[1]の専門家[2]は、さまざまな紛争や

　1　「法律」という用語は、日本国憲法上は、国会が制定したものを意味し（憲法第41条、第59条参照）、憲法や「命令」（政令、省令、内閣府令）、条例、最高裁判所規則等とは区別されるが、ここでは、後者をも含む広い意味で用いる。その意味では「法令」という用語のほうが適切かとも思われるが、「法令の専門家」という言葉はあまり用いられない。

　2　「法律の専門家」という言葉は、ここでは、とくに裁判との関係を重視するので、裁判官、弁護士、検察官、および法学者（実定法学者）をさすものとする。前三者は、法実務家または法曹三者とも呼ばれる。「法曹」は、ドイツ語のJuristenの翻訳であり、それは、主として法学者をさす、もっと正確にいえば、法律家の中心は法学者であるという含みがある語であるが、面白いことに、日本語の「法曹」には法学者は含まれない。
　英米法（イギリス法を母法とする法体系。イギリス法、アメリカ法、オーストラリア法等）では、法曹一元という制度がとられており、経験を積んだ弁護士から裁判官が選ばれる。彼らはみなロイヤー lawyer と呼ばれる。英語で jurist と呼ばれるものは、普通、法学者をさす。だが、大学で法学を講じる者も、法曹資格または法曹経験をもっているのが普通である。
　これに対して、日本もそれを継受したところの、大陸法系（イギリスと区別する意味で、ヨーロッパ大陸諸国の法という意味。その中心はドイツ法とフランス法。内容的にはローマ法を母胎とし、制度的には行政裁判所という特別の裁判所を有する――日本では戦後廃止されたが――点に特色がある。）に属する諸国では、弁護士、検察官、裁判官は、法曹資格をもつ点では同じであっても、1年ないし2年程度の司法修習期間後は、最初から道が分かれる。それをとくに裁判官について、キャリア・システムまたは職業裁判官制という。また、イギリス法では、もともと国家の官吏としての検察官というものは存在せず、刑事訴追も弁護士が国王の代理人として行うのが原則である。アメリカには検察官はいるが、警察も含め、刑事司法は分権的であり、日本の検察庁と比べると中央集権の程度が低い。
　広い意味での「法律の専門家（実務家）」には、司法書士や、役人であって法律の運用に深くか

事件を、まずは——つまり裁判で争うかどうか決める前に——、それが裁判で争われたらどうなるか、という目でみる。もちろん、その裁判とは、近代的な法体制のもとでは、実定法による裁判である。

　民事事件で弁護士は、目下の事件が裁判になったら、裁判所はどのような法律の条文を適用するだろうか、その条文が適用されれば、依頼人に有利な判決が出そうだとして、適用の条件となる事実を十分に証明することができるだろうか、と考える。刑事事件で検察官は、被告人を刑法[3]のどの罪で起訴するか、犯罪事実を立証するために十分な証拠があるだろうかと思案する。

　ときとして、どの条文が適用されるか、複数の可能性が考えられたり、適用されるべき条文がなかなか見つからなかったり、あるいは、適用される条文自体については法律家の間で意見の相違がなくても、その読み方すなわち解釈については争いがあることもある。実定法学者＝法解釈学者の重要な仕事の一つは、そのような難事件での法律問題について、条文の適用および解釈の適切な仕方を、根拠を挙げて提案し、その観点から、裁判所の見解を支持または批判することである。

　そのような解釈問題の解決に、法哲学者も側面から貢献することができるかもしれない。だが、ここでは、そのような法哲学の「課題」[4]あるいは実定法学者からの期待[5]はひとまずわきにおき、実定法が解釈・適用される裁判、とくにそこで表明された裁判官の意見に、法哲学者はどのようなかたちで関心をもつのかということを、有名な[6]利息制限法の解釈をめぐる最高裁

かわる者、あるいは企業法務に従事する者なども含まれる。いわゆる「パラリーガル」も、それに含ませてよい。パラリーガルという言葉は両義的であり、とくに弁護士と区別して、司法書士や行政書士をさす場合と、弁護士事務所で、弁護士の指示のもとで、若干の法律知識を必要とする書類作成や破産処理の実務等を手伝う者をさす場合とがある。

3　狭い意味では、「刑法」という名前の法律をさすが、広い意味では、犯罪と刑罰について規定するすべての法令を含む。ここでは、広い意味で用いている。広い意味での刑法をさして、「刑罰法規」と言うこともある。

4　かぎ括弧で囲んだのは、それが法哲学の課題であるかどうか自体に争いがあるからである。

5　前述第1章8頁参照。

6　「有名」ではあっても、昭和30年代ないし40年代の古い判例であるから、最近の司法試験受験生や法実務家の関心はあまり引かないかもしれない。しかし、現今では出資法や貸金業規制法等との関連で論じられることの多くなった利息制限法をめぐる判例の展開の出発点になっているのが、以下で取り上げる三つの判例であることを否定する民法学者はおそらくいないであろう。私がそれらの判例に関心をもったのは、広中俊雄『民法解釈方法に関する十二講』（有斐閣、1997年）のおかげである。おそらく同様の関心に由来する解説として、河上正二『民法学入門〔第2版〕

判所の一連の裁判例を題材にして示してみたい。

それは、一法哲学者としての私の関心からする法的思考の分析の一例にすぎないが、多くの法哲学者も、それらの判例についての私の論評内容についてはともかく、私の問題関心の大部分については共有するものと確信する。そうした問題関心は、実定法学者がいだく関心とは多少なりとも異なるだろうが、それが実定法学者の問題関心とまったく重ならないと主張するつもりもない。

判決の内容にもかなり立ち入って論じるので、実定法学をまだ十分に勉強していない人にはかなりきついと思うが、どうかついてきていただきたい。

2．利息制限法の内容

解釈が問題となったのは次の法律[7]である。まずはざっと読んでみていただきたい。その後で、法律の初心者にもできるだけわかるように解説してみたい。

利息制限法（昭和二十九年五月十五日法律第百号）
　（利息の最高限）
第一条[8]　金銭を目的とする消費貸借上の利息の契約は、その利息が左の利率により計算した金額をこえるときは、その超過部分につき無効とする。
　元本が十万円未満の場合　　　　　　　　年二割
　元本が十万円以上百万円未満の場合　　　年一割八分
　元本が百万円以上の場合　　　　　　　　年一割五分
2　債務者は、前項の超過部分を任意に支払つ[9]たときは、同項の規定にかかわらず、その返還を請求することができない。
　（利息の天引き）
第二条　利息を天引した場合において、天引額が債務者の受領額を元本として前条第一項に規定する利率により計算した金額をこえるときは、その超過部分は、元本の支払に

──民法総則講義・序論』（日本評論社、2009年）第8章参照。

7　法律は、官報を通じて国民に公布される。その意味で、法律の原本は、官報である。旧法の一部を改正する場合、官報では改正箇所しか公示されないが、六法全書は、改正された結果現行法がどうなったかを全体として示すかたちで編集されている。なお、利息制限法は現在では、以下で取り上げる第三の判例（およびその後の一連の判例の展開）の線にそって全面的に改正され（平成18年法律第115号）、ここで問題となった第1条第2項および第4条第2項は削除された。

8　一つの条の下に、複数の項がある場合、第1項には、番号を付さないのが法文の書き方上のしきたりである。第2項以下には番号が付される。

9　現在の日本語の一般的表記法と異なり、最近まで、法律の条文の原文では小さい「っ」は使用されなかった。本章で取り上げる判例の文章でも同様である。

充てたものとみなす。
　（みなし利息）
第三条　前二条[10]の規定の適用については、金銭を目的とする消費貸借に関し債権者の受ける元本以外の金銭は、礼金、割引金、手数料、調査料その他何らの名義をもつてするを問わず、利息とみなす。但し、契約の締結及び債務の弁済の費用は、この限りでない。
　（賠償額予定の制限）
第四条　金銭を目的とする消費貸借上の債務の不履行による賠償額の予定は、その賠償額の元本に対する割合が第一条第一項に規定する率の二倍をこえる[11]ときは、その超過部分につき無効とする。
２　第一条第二項の規定は、債務者が前項の超過部分を任意に支払つた場合に準用する。
３　前二項[12]の規定の適用については、違約金は、賠償額の予定とみなす。
　　附則[13]
　この法律は、公布の日から起算して一月を経過した日（昭和二十九年六月十五日）から施行する。
　利息制限法（明治十年太政官布告第六十六号）は廃止する。
　……
　この法律の施行前になされた契約については、なお従前の例による。

　第１条第１項にある「金銭を目的とする消費貸借」というのは、普通の言葉でいえば、お金の貸し借りということである。この法律の主要な目的は、その名称からも明らかなように、元本に対する利息の割合すなわち利率の制限を通じ、利息を制限することにある。

　明治以降に日本が採用した西洋型近代法の大原則の一つに「契約の自由」というものがある。各種の契約のうち最も代表的な売買契約についていえば、物やサービスの値段は、売主と買主が交渉して自由に決めればよい、国家はそれに原則として口出ししない、ということである。金銭の貸借についても、この原則があてはまるはずだが、利息制限法は、この原則の例外の一

10　第２条ではなく、第３条の前にある、二つの条、すなわち第１条および第２条をさす。
11　その後、平成11年法律第155号で、「一・四六倍を超える」に改正された。「こえる」が「超える」に改められている点も興味深い。法律を作成する（とりわけ法制局の）役人の間での表記法が変わっているのである。法律を全面改正（つまり旧法を廃止）する場合を除き、改正されない部分の表記は、新しい表記法と異なっていても、古いままにするのが、法案作成にかかわる役人のしきたりである。その理由は簡単であるから、自分で考えてみていただきたい。
12　第２条のことではなく、第３項の前にある二つの項、すなわち第１項および第２項をさす。
13　附則には、法律の施行期日に関する定めは必ずあり、その他、経過措置に関する規定などが規定される。附則も、その法律の一部であり、それ以外の条文を本則という。

つをなすものである。

　第1条第1項の最初の文の最後に出てくる「超過部分につき無効とする」という文言はややむずかしいかもしれない。制限をこえた利息は、たとえ当事者相互が納得して決めたものでも、法律上は、そのような取り決めがなかったのと同じに扱うということである。契約そのものが全部無効になるのではなく、制限をこえない部分は依然有効である。

　以下で取り上げる諸事件でとくに問題となったのは、第1条第2項と、それとよく似た規定である第4条第2項とである。まずは、前者をもう一度読んでいただきたい。

　そこにある「債務者」とは借主のことである。日本の民法学では、ドイツやフランスなど大陸法諸国の民法学と同様、契約は原則として、両当事者の「意思表示の合致」によって成立すると説明される。金銭消費貸借について具体的に説明すれば、お金を借りようとする側が「あした返しますから1万円貸して下さい」と言い、貸す側が「いいですけど利子を千円だけ払って下さい」と言ったとして、借りる側が「それで結構です」と答えたとすれば、契約が一応成立する。

　この場合、貸主には1万円を貸す義務が生じ（逆からみると借主には1万円貸してもらう権利が生じる）、借主には、翌日1万千円返す義務が生じる（逆からみると貸主には翌日1万千円返してもらう権利が生じる）。そのような義務、権利を民事関係ではとくに債務、債権という。

　この場合もそうであるが、双務契約とよばれるものは、「こちらが何かをするのと引き換えにあなたも何かをして下さい」、もう少し法律家的にいうと、「私がこれこれの債務をあなたに負う（あなたにはその債務の履行──「実行」または「果たすこと」──を私に請求する権利がある）のと引き換えに、あなたもこれこれの債務を私に負う（私にはその債務の履行をあなたに請求する権利がある）ことにしましょう」というかたちをとる契約である[14]。

　したがって、双務契約には、債権債務関係が互いに逆方向に二つ含まれる。だが、金銭の消費貸借では、貸主は普通、契約成立[15]後すぐに借主にお

14　これに対し、契約当事者の一方しか義務を負わない契約を片務契約という。贈与がその典型例である。

15　消費貸借では契約の成立のためには、目的物の引渡しが必要とされる（要物契約）というのが通説であるが、ここでは、問題を単純化するため、意思表示の合致のみによって契約は成立する

金を渡すので、つまり、お金を貸す債務はすぐに履行するので、問題となるのは普通、借主がお金を返すという債務を履行するかどうかである。そのような事柄を知っている法律家は、そのことを改めて意識することなく、第1条第2項にいう「債務者」が借主をさすことがすぐにわかる。その「債務者」に対応する「債権者」は貸主である。

ところで、先に「契約が一応成立する」とのべたのは、利息制限法を勘案すれば、契約の全部が有効になるとは限らないからである。先の設例でいえば、元本は1万円で、十万円未満であるから、第1条第1項後半の第1行によると制限利率は年2割、したがって、1日当たり365分の2割である。10000×0.2÷365＝約5.5であるから、借主は、翌日10006円返せば十分であることになる。小数点未満の端数が気になるが、貸主は利子を少なくとも5円までは請求できるが、6円をこえて支払えと言っても、当初の合意にもかかわらず、利息制限法上無効だということははっきりしている。

千円の利息というと大した金額ではないように感じる人もいるかもしれないが、1日で1割の利率というのは、年に換算すると365割（閏年のときは366割）の暴利である。それでも、どうしても必要があって、そのような利率でも1万円を借りる人もいるかもしれない。それどころか、あとから「大変助かった」と貸主に大変感謝する人さえいるかもしれない。

だが、法律の条文は、金銭消費貸借契約が結ばれた当事者の具体的事情や背景については直接の関心がない。契約上の元本と利息の額にしか関心がない。関心または焦点を絞る、逆にいうと、事件にかかわる事柄の多くを無視する[16]——その分、判断がしやすくなる——というのは法律および法的思考の特徴の一つである。法律家も、法律の解釈・適用にあたって、条文に直接

とあえて考えた。利子付金銭消費貸借は、通説によれば、金銭の引渡しがなされた後にはじめて成立し、残っているのは、借主の返還債務（＝貸主の返還請求権）だけであるから、本文での説明と異なり、片務契約とされる。いずれにせよ、そうした違いは、契約の本質にかかわるものではなく、契約が双務契約か片務契約かで扱いを異にする一般規定があるときに、いずれかに分類する必要があることによるものである。たとえば、双務契約に一般的に適用される民法第533条の「同時履行の抗弁権」（大雑把にいえば、あなたが債務を履行してくれるまで、私もそれに対応する債務を履行しませんという権利）が消費貸借において適用されないことは明らかであろう。それに、消費貸借は片務契約だからという説明を加えるのは余分なことであろう。後述本章**16**も参照されたい。

16 松浦好治『法と比喩』（弘文堂、1992年）65-66頁における「売買の比喩は、売買に関する重要な側面（要件事実およびそれに関連する事情）以外の論点を見えにくくすることによって、思考の展開を容易にしている。」という叙述参照。

書かれていない事情を考慮することは少なくないが、まずはそれを無視して考えるという思考法を身につけているから、法律の読み方において、そのような訓練を受けていない人とずれが生じることがある。

第1条第2項の文章にもどろう。「前項」というのは、直前の項すなわち第1条第1項をさす。先の設例で、借主が翌日1万千円を貸主に返したとすれば、「超過部分」とは1000−5.5＝994.5円である。この利息部分の契約は第1項によれば無効のはずであるが、「にかかわらず」借主は、払いすぎた分を、先の設例では994円（または995円）を返してくれと貸主に言えないというのが第2項の意味であると、素人も法律家も普通考えるであろう。以下で取り上げる第一の事件においても、この点については、訴訟の両当事者および裁判官たちの間で意見の不一致はなかった。

3．本件の争点——制限利率超過部分を元本に充当できるか——

その事件で問題となったのは、借主は払いすぎた分を返してくれとは言えないにしても、元本債務を完済していない場合——後掲の判決では、「元本債権にして存在するならば」という古めかしい表現が用いられている——、払いすぎた分を元本の返済にまわすことができるか、たとえば先の設例で、翌日とりあえず「利息」分として1000円支払ったが、まだ元本については全然返済していない場合、超過分の994.5円は、法律上、元本の一部の返済にまわったことにしてよい（したがって、なお残っている債務の額は10000−994.5＝9005.5円になる）かどうか、である。

以下の判決の事件では、第1条第2項だけでなく、それを「準用」した第4条第2項の規定についても、その解釈・適用が問題となった。準用とは、準用される規定を、適当に読み換えて適用するということである。

第4条第1項は、借主が借金を履行期（返済するのを約束した期日。先の設例では翌日）に支払わず（一般的には債務不履行という）、遅れて支払った場合（債務不履行の一種として「履行遅滞」といわれる）に備えて、その賠償額（「遅延損害金」とよばれる）をあらかじめ契約で定めておくことが可能である（民法第420条）が、その金額の元本に対する割合が第1条第1項に定められた率の2倍をこえるときは、こえた部分は法律上無効である、ということを規定している。

第1節　利息制限法　*41*

　要するに、貸主は借主の返済が遅れた場合、第1条第1項に定められた率の2倍までの「利子」をとることができるということである。先の設例で、借主が1日遅れで元利金を一括して返済したとすれば、元本10000円＋1日目の利息5.5円＋1日遅れた分の損害金11（＝5.5×2）円＝10016.5円が、法律上支払うべき金額である。

　なお、弁済とは、債務の内容である給付（この場合、借金を返すこと）を実行することをさす。「履行」と同じ意味であるが、金銭給付について使われることが多い。弁済すれば、それに対応する債務（および債権）は消滅する。

　第4条第2項は、損害金を制限を超過して支払った場合について、第1項によれば、その根拠となった契約は無効なのだけれども、「任意に支払った[17]」場合は、借主は、払いすぎた分を返してくれとは言えないという趣旨のものである。

　第4条第2項を「準用」という法令用語を使わずに言いかえれば、「債務者は、前項の超過部分を任意に支払つたときは、同項の規定にかかわらず、その返還を請求することができない」となる。表現上はたまたま、第1条第2項とまったく同一であるが（ただし、第4条第2項の読み換え文章における「前項」は第4条第1項をさす）、内容に応じて少し表現を変える必要がある場合も多い。

　準用という言葉は、法案作成者がくり返しを避けるために用いる法文作成上の技術的用語である。法律家にはかえってわかりやすいことも多いが、素人にとってはわかりにくい。準用される条文と準用する条文の内容だけでなく、それぞれに関連する条文の内容も正確に理解していないと、適切な読み換えはむずかしいからである。

　既述のように、以下で取り上げる第一の事件では、利息または損害金として任意に支払った金額のうち、制限をこえる部分を元本にまわす——専門的には「充当する」という——ことができるか、ということが争われた。この

---

[17] どういう場合が「任意に支払った」と言えるかをめぐる解釈ないしは適用の問題も生じうるが、以下で取り上げる三つの裁判例では、いずれにおいても、「任意に支払った」こと自体については争いがなく、その点は問題にならなかった。さしあたり、刑法上の脅迫にあたるような場合はともかく、借主が自分の手で貸主側に金員を渡したかぎり、その前に相当強い支払督促があったくらいでは任意性は否定されないと考えておいてよい（支払いの督促の仕方自体が民法上の不法行為になる場合はあるが、それでも任意性は必ずしも否定されない）。

事件では、実際には損害金のみが問題だったのだが、「任意に支払ったときは、……返還を請求することができない」という文言の解釈問題としては、利息と損害金を区別する理由はない、と普通の法律家は考える。以下、この事件の判決文を全文引用（枠で囲む）するが、間に私のコメントをはさみながら、分割して、順番は変えずに掲載することにしよう。

第2節　第1の判決の多数意見

4．判決の主文

民集[18] 16巻7号1340頁

請求異議事件
昭和三五年（オ）第一〇二三号[19]
同三七年六月一三日最高裁判所大法廷[20] 判決[21]
【上告人】　控訴人　被告　芳野久蔵　代理人　浅沼澄次
【被上告人】　被控訴人　原告　青木ゑき　外九名　代理人　片山平吉
【第一審】　静岡地方裁判所【第二審】　東京高等裁判所

　　　　　　主　　文

原判決を破棄する。
本件を東京高等裁判所に差戻す。

　18　『大審院民事判例集』または『最高裁判所民事判例集』の略。ここでは後者。最高裁判所のすべての民事裁判が載っているわけではない。法令の解釈上重要だと最高裁によって判断されたものが選択されて掲載されている。刑事事件については、刑集（『大審院刑事判例集』または『最高裁判所刑事判例集』）とよばれるものがある。狭い意味での民事事件には属さない行政事件等の刑事以外の判例も、民集に掲載される。なお、大審院とは、日本国憲法（同第100条。昭和22年5月3日施行）のもとで最高裁判所ができる前の、最上級の司法裁判所である。裁判所の前にとくに「司法」をつける意味は、行政裁判所と区別するためである（大日本帝国憲法第61条参照）。日本国憲法は、特別裁判所（軍法会議等）および行政裁判所（広義の特別裁判所の一つ）を認めないから（同第76条第2項）、そのもとでは司法裁判所しか存在しない（正確にいうと、万一設置されれば違憲となる）。
　19　「事件番号」と呼ばれる。どの裁判所の事件か、民事か刑事かといった事件の種類の分類、および、その年の何番目に受理した事件かを示す。裁判所が内部整理用に付す番号で、対外的な意味はないが、データベースからの検索等に利用することもできる（同日にいくつかの判決が出されることもあるから、法廷名および判決の日付だけでは事件を特定できない）。
　20　最高裁判所には、最高裁判所の15人の裁判官全員（定足数9名）で構成される大法廷と、員数5名（定足数3名）の裁判官で構成される三つの小法廷とがある（裁判所法第9条、最高裁判所裁判事務処理規則第1条、第2条、第9条等参照）。憲法判断をする場合と判例変更をする場合は、必ず大法廷で裁判しなければならない（裁判所法第10条参照）。

第2節 第1の判決の多数意見

　日本の裁判の判決は、まずは結論から書かれる。それを主文という。最高裁判所は上告された事件について、原裁判所（原審ともいう。普通は高等裁判所）の裁判、とくに判決（原判決とよばれる）が、法律に定められた上告理由の要件をみたしているかどうかを判断する裁判所である。訴訟法をまだ勉強していない人は、とりあえず、原判決が法的に正しくない、と上告審が判断した場合と、「上告に理由がある」と上告審が判断した場合とはほぼ同じと考えておいてよい。

　だが、法解釈学者は「厳密に」言うことを好むので、そのよう「不正確な」説明を一般に嫌う。原審の法令解釈が（上告審からみて）多少間違っていても「判決に影響を及ぼすことが明らか」でなければ、上告理由にならないとする条文[22]があるなど、上告理由の不存在・存在と原審の法的判断の正否は必ずしも一致しないからである。

　ともかく、ここでは、最高裁判所が、同じ事件を最初から審理し直して判断するところではない（場合によっては、取り上げてもらえない、というよりも、取り上げるほうが例外という建前である）、ということだけは、法学の常識として知っておいてほしい。上告を受理した場合、最高裁の裁判官の仕事の中心は、原審の訴訟記録を綿密に読む作業である。

　上告審判決の結論としては、「上告に理由がない」場合、「上告を棄却する」という言い方をし、「上告に理由がある」場合、「原判決を破棄する」という言い方をする。破棄する場合、本件のように、法律上の問題について原審とは異なる判断を示した上で、その線にそってもう一度審理し判断するよう原審に命じる場合（「破棄差戻し」という。民事訴訟法第325条、刑事訴訟法第413条参照）と、最高裁自身が自分で判断して結論を下す場合（「破棄自判」という。民事訴訟法第326条、刑事訴訟法第413条参照）とがある。

　21　最高裁判所が下す「裁判」には（高等裁判所以下の下級裁判所の「裁判」についても同様だが）、判決のほかに、「決定」と「命令」という形式がある。
　22　旧民事訴訟法第394条、現行民事訴訟法第312条第3項、刑事訴訟法第410条第1項参照。なお、現行民事訴訟法で「上告受理申立て」制度が新設されたが、説明は省略する。

5．判決理由

　判決主文の次には、判決理由がくる。最高裁の判決の判決理由はまず、裁判官の多数意見[23]からのべられる。

　　　　理　　由

　上告代理人村上秀三郎名義の上告理由[24]について。
　原判決は、被上告人青木ゑき、同青木京、同岩沢鈴子、同飯田と志枝、同青木梅子、同青木弘枝、同大村優子らの<u>先代</u>[25]青木建二郎が上告人に対し支払つた判示（一）ないし（八）（但し（四）は四二四、〇〇〇円）の各金員は、同人が上告人に対する本件消費貸借債務の履行として支払つたものであること及び右のうち判示（一）、（二）、（三）、（五）、（八）及び（四）の一部二二四、〇〇〇円並びに（七）の一部二八八、〇〇〇円は、同人が被上告人近藤緑郎、同小西謙三郎、同渡辺儀作らの連帯保証のもとに締結した本件消費貸借契約において、上告人に対し支払いを約した期限後の損害金として、いずれも任意に支払つたものであることを確定しながら、右各金員のうち利息制限法所定の制限率に<u>超過</u>する部分の損害金支払いの契約は無効であり、その<u>超過部分</u>は、本来債務者に返還されるべき筋合のものであるが、同法一条、四条の各二項の定めがあるので、<u>元本債権にして存在するならば、右支払額は当然元本に充当されるべきである</u>とし、原判示それぞれの計算によつて、結局本件消費貸借には残存元本が皆無となり、却つて七、〇〇〇円に近い過払いがある計算となる旨判示する。

6．事実の概要

　3行目の「先代」という言葉から、被上告人・被控訴人・（第一審の）原

　23　厳密な意味での法令用語――つまり、実際に法令中に登場する用語――ではないが、同じものを「法廷意見」ということもある。法的な拘束力をもつのは（厳密にはその事件について下級審を拘束するだけであるが）、「多数意見」＝「法廷意見」のみである。裁判が複数の裁判官で審理される場合でも、最高裁判所以外では、裁判書（「さいばんしょ」と読んでもよいが、紛らわしいので法律家は普通「さいばんがき」と読む）で示された以外の意見は公表されないから（裁判所法第11条、第75条参照）、そこでは、とくに「法廷意見」という用語を用いる必要性はない。おそらく「法廷意見」という講学上の用語は、アメリカで複数の裁判官から構成される裁判所、とくに連邦最高裁判所の判決の最初に掲げられる意見（日本の判決の主文に相当するものはその最後にのべられる）は多数派の意見であり、これを後に掲げられる意見と区別して「法廷意見」とよぶことがあり、それを日本の法学者のだれかが模倣し、その後、普及したのであろう。アメリカ法の母法であるイギリス法においては裁判の原則は口頭主義であり、判決についても、書いたものではなく、口で言ったものが本来、原本である。複数の裁判官からなる裁判の判決においては、各裁判官が順番に口頭で自分の意見をのべて行く（ただし、「だれそれ裁判官の意見と同じ」という意見表明の仕方もある）から、最後まで聞かないと、原告、被告のどちらが勝訴したのかはわからない場合がある。
　24　本判決の直後に掲げる（後述本章33参照）。
　25　後の注釈との関係で注目するべき部分に適宜下線を付すことにする。以下同様。

告たる青木ゑきほか数名は、青木健二郎の相続人であることが推測される。上告人・控訴人・（第一審の）被告たる芳野久蔵は、借主、青木健二郎の死後、相続人たちにお父さんの作った借金の残額を支払ってくれと言ってきたのであろう[26]。それに対して、相続人たちは、債務を支払う義務はないという趣旨の訴訟[27]を起こし、第一審、第二審とも、相続人側が勝訴したのであろう。正確なことは、両判決もみないとわからないが、法律家ならその程度のことは、ここまでの判決の文章をざっと読むだけで瞬時に想像できる。

　同じ行にある「判示」とは、「原判決すなわち東京高等裁判所の判決で示された」という意味であるが、その判決もみないことには、内容は正確にはわからない。しかし、本件で最高裁判所に提起されたのは、超過分を元本に充当できるかどうかという法律問題だけであるから、さしあたり、「借主が（制限をこえる）金額をいくばくか任意に支払ったという事実を原審が認定した」ことを最高裁判所大法廷の多数意見が確認していることがわかれば十分である。

　さらに、多数意見は、高等裁判所が判決の前提として、「元本債権にして存在するならば」、「利息制限法所定の制限率に超過する部分の」「損害金」「支払額は当然元本に充当されるべきである」という利息制限法第1条第2項および第4条第2項の解釈を採用したことを確認している。

　その上で、多数意見は、問題になった条項の解釈についての自己の見解を示し、原審の採用した解釈が誤っていることの理由づけに向かう。

7．法廷意見の法律論

> しかし、金銭を目的とする消費貸借上の利息又は損害金の契約は、その額が利息制限法一条、四条の各一項にそれぞれ定められた利率によって計算した金額を超えるときは、その超過部分につき無効であるが、債務者がそれを任意に支払つたときは、その後において、その契約の無効を主張し、既にした給付の返還を請求することができないも

26　連帯保証人──世間でいう「保証人」。大雑把に言うと、借金の支払いに関しては、借主とほとんど同じ責任を負う──も、かかわっているらしいが、この判決の法律問題にとっては重要でないので無視する。なお、プライバシーに配慮する法学者の慣例に反し、判決中の訴訟当事者等の実名を隠すことなくそのまま引用したのは、本文中でのべたような推測を許すためである。

27　正確には、「請求異議の訴え」とよばれるものだが、本判決の法律問題と関係しないので、説明は省略する。

> のであることは、右各法条の各二項によつて明らかであるばかりでなく、結果において返還を受けたと同一の経済的利益を生ずるような、残存元本への充当も許されないものと解するのが相当である。
>
> 　されば、本件において、青木建二郎の支払つた右各損害金のうちに、たとえ法定の制限率をもつて計算した金額を超える部分があつても、債務者が、契約上の損害金として、一旦これを任意に支払つたものと認められる以上、既にした右超過支払部分の残存元本への充当は、これを許容すべきものではないといわなければならない。

　第1段落の「右各法条の各二項によつて明らかであるばかりでなく」までの文章は、条文を素直に読めばわかるだろうと言っているだけである。たしかに、当時のほとんどの法律家は、利息制限法上無効な利息でも、任意に支払った場合は返してくれと言えないという点について異論がなかった。すでに触れたように、原審の判断も、その点では同じ見解を前提にしていた。

　問題は、それに続く文章である。制限超過部分を「給付した」――つまり、相手方に渡した――場合、「残存元本への充当も許されない」とするのが多数意見の立場であり、この点で原審と判断が分かれる。その根拠として多数意見が挙げるのは、「結果において返還を受けたと同一の経済的利益を生ずる」（のはよくない）ということである。

　少しわかりにくいかもしれないから説明しよう。無効な利息または損害金でも、任意に支払ってしまったら、その返還を請求できないことは、第1条第2項および第4条第2項の文言から明らかである。しかし、元本充当を認めることは、無効な利息または損害金を返還してもらった後で、借主がその金員を元本の返済に充てると言って、改めて貸主に渡すのとほとんど[28]同じことになる。それは第1条第2項および第4条第2項の「返還を請求することができない」という文言の趣旨に反することになる、あるいは一種の脱法行為になる、と多数意見は言っているのである。

　上記引用文章中の第2段落は、「任意に支払った場合、残存元本への充当を許容しない」というルールを本件の具体的事実にたんに適用しただけである。ただし、2行目の「契約上の損害金として」という文言は、後々触れるように（本章44および45参照）、法律論上重要な点であるので、記憶にとどめ

---

[28]　「ほとんど」というのは、まったく同じではないということである。返還を受けても、借主がそれを貸主に返すとは限らない。

ておいていただきたい。

　続けて、多数意見は、理由づけをさらに補充する。それはまず、自己の解釈が正しいことの理由づけの補強からではなく、原審が採用した解釈、いわば「元本充当ルール」に難癖をつけることから始まる。

　ちなみに、他の人の解釈が誤っていることの証明は、自分の解釈が正しいことの証明にはならない[29]。だが、そのような判決理由づけのスタイルは、洋の東西を問わず、どの国の判決理由にもよく見られるものである。標準的スタイルの一つといってよいほどである。他人の学説への批判を自己の見解の正当化に代えるという同様の手法は、法哲学を含め、学問の諸分野で伝統的に頻繁に用いられてきた論法の一つである。だが、そのようなものを見習う必要はない。

8．類推解釈

> 原判決は、右のような場合、元本債権にして残存するならば、超過支払部分は当然元本に充当されると解するのが、同法二条の法意に通じ、かつ高利金融に対して経済的弱者である債務者を保護しようとする同法制定の趣旨にも適合する所以(ゆえん)であるというが、同法二条は、消費貸借成立時における利息天引の場合を規定したものであつて、債務者が、契約上の利息又は損害金として、法定の制限を超える金額を任意に支払つた場合につき規定した同法一条、四条の各二項とは、おのずからその趣旨を異にするから、同法二条がその規定のような擬制を許すからといつて、同法一条、四条の各二項も同一趣旨に解さなければならないとする理由とすることはできない。

　2行目に「同法二条の法意に通じ」とあるが、これは、条文の類推解釈を示唆する場合に日本の裁判官がたまに用いる専門用語、業界用語である。

　「類推」とは、多少違うところがあっても、それ以外の何らかの点で同じところがあれば、そのかぎりで、似たような事例は似たように扱うことである。事実の推測にも、事件の取扱いにも用いることができる。

　事実の類推の例としては、「私をだました人Aは、別の人も（私と似てい

---

[29] ただし、他人の解釈と自分の解釈とが論理的な意味での矛盾（＝否定）の関係にある場合は、もちろん別である。ある主張が偽であることの証明は、その主張の否定が真であることの証明と論理的には等価である。たとえば（論理学の技術的記号を使わない以上、やや不正確に書かざるをえないが）、「京都は現在の日本の首都である」という文が偽である、ということは、「京都は現在の日本の首都ではない」という文は真である、ということと同じである。

るので）だますであろう」とか「気体が温度の上昇に伴って膨張するのなら、（物質である点では同じなので）固体も同様に膨張するであろう」といったものが挙げられる。何らかの点で似ているということ以外には根拠がなく、もちろん、はずれることも多い。

　法解釈における類推、類推解釈または類推論法とよばれるものは、ある事案がそう扱われたのならば、それと類似する別のこの事案も類似する（またはまったく同じ）扱いをしよう、という論法である。

　類推には、個別事案から個別事案への類推だけでなく、既存のルールから新しいルールを類推する場合がある。前者は、裁判先例を第一次的法源とみる英米法諸国の原則的方法であり、後者は、制定法（ないし成文法＝書かれた法――制定されても、それが文書にされないこともありうる）のみを法源とし、判例に事実的拘束力は認めても、法的拘束力は認めない大陸法諸国の方法である。

　法源とは、裁判で適用されるべきルールが、そこから発見されるべき源、または、それから導かれるとされる源である。「第一次的」とは、制定法も法源であることは認めているが、むしろ例外であり、判例法を補充する法源である、ということを示す言葉である。

　個別的事案から個別的事案への類推といっても、実際には、両者に共通する一般的ないし普遍的特徴に注目して類推は行われるから、そこには暗黙裡にルールが含まれており、見方によっては、ルールからルールへの類推とそれほど異なるわけではない（後述第8章21参照）。

　ルールは、こういう場合には、しかじかの扱いするという形式をもつ。法学では、ルールの前件を要件といい、後件を（法的）効果という。要件は、民法では法律要件といい、刑法では構成要件という。いずれも事実のタイプを一般的な用語で記述したものである。法的効果のほうは、民法では法律効果、刑法では刑罰と呼ばれる。

　条文の多くは、こうしたルールの一部を構成するか、一つもしくは複数のルールまたはそれらの組み合わせを含む。たとえば、利息制限法第1条第1項は、「金銭を目的とする消費貸借上の利息の契約は、その利息が左の利率により計算した金額をこえる（要件）ときは、その超過部分につき無効とする（効果）」というルールを表している。

法解釈学において、ルールからの類推は、解釈者が必要と考えるルールが条文中に見出せない場合に、そのルールを、既存の条文中に含まれるルールからの類推によって導く論法である。類推の根拠は、建前上は、両ルールの要件が何らかの点で類似しているということであるが、解釈者をして類推に頼らせるのは、類似した扱いをするべきであるという、あるべき（法的）効果に関する価値判断である。

要件の類似性よりも価値判断のほうを重視していくと、極端な場合、要件相互の類似性はどうでもよいものになる。別の説明をすると、類似性の決定自体が価値判断に依存しており、そうだとすれば、要件の類似性について独立に——つまり、効果に関する価値判断と切り離して——語ることはあまり意味がなくなる。この点は、未知の事実を推測する場合に、既知の事実からの類推を使用する場合と異なるところである。事実の類推においても、多くの場合、未知の事実がこうあってほしいという希望が入り込むにしても。

さらに付言すれば、既知の事実から未知の事実への類推は、未知の事柄が実現すれば、その類推は正しかったとか間違っていたとか一応言えるのに対して、法解釈における類推についてはどのように解釈するべきかという判断であるから、同じような判断基準で正しかったとか間違っていたと言うことはできない。

9．利息制限法第2条の書き方

類推解釈に関する準備的説明をしたので、前述8で引用した部分の文章にもどろう。そこで具体的に言及されているのは利息制限法第2条「利息を天引した場合において、天引額が債務者の受領額を元本として前条第一項に規定する利率により計算した金額をこえるときは、その超過部分は、元本の支払に充てたものとみなす。」からの類推である。

「天引」というのは、日常用語と同じく、貸主が借主に、利息をあらかじめ差し引いてお金を渡すことである。前述2で挙げた設例を利息天引の事例に変えれば、1万円から利息分千円を差し引いた9千円しか、借主に渡さないということである。この契約が全部有効だとすれば（実際には一部無効だが）、借主は履行期である翌日に、（利息は天引としてすでに「支払って」いるので）元本1万円だけを返せばよいことになる。

条文中「受領額」と言われているのは、現実に手にした金額、すなわち9千円のことである。これを「元本として前条第一項に規定する利率により計算した金額」とは、$9000 \times 0.2 \div 365 =$ 約4.9円である。「その超過部分」とは、この具体例では、$1000 - 4.9 = 995.1$円である。

これを「元本の支払いに充てたものとみなす」と、残存元本は$10000 - 995.1 = 9004.9$円となる。したがって、借主は、翌日その額だけ返済すれば、（法律上有効な）借金を完済したことになる。

「みなす」という法令用語は、実際は、そうではないのだが（あるいは、そうでないとしても）、そうであると法律上扱うことを意味する（「擬制」ともいう）。先の具体例では、借主は制限をこえて天引されただけで、995.1円を元本返済に充ててくれと言って借主に返したわけではない。にもかかわらず、法律上、そうしたのと同じに扱うということである。

ところで、第2条を、「利息を天引したときは、受領額を元本とみなす。」という規定に代えても、ほとんど同じにみえるかもしれない。そのような規定によれば、名目上の元本が1万円、利息天引額が千円の場合、実質上の元本は9000円として、利息制限法第1条を適用するということになる。したがって、翌日、元利金をあわせて9004.9円返せば、有効な借金を完済したことになる。先と同じ結論である。

どうして立法者（あるいは法案起草者）は、第2条を「利息を天引したときは、受領額を元本とみなす」という簡明な条文にしなかったのだろうか。素人にわざと条文を読みにくくするという意図でもあったのだろうか。

第1条本文の後の、元金額に応じた利率制限の条文を、もう一度みてみよう。そこでは、元本金額が三つの範囲に区分され、それが高くなるほど制限利率が低くなっている（したがって、一見、貸主に不利に、借主に有利になっている）ことがわかるだろう。たとえば、名目上の元本10万円で利息1万円を天引された場合、受領額は9万円となるが、そのような金銭消費貸借には、第1条の「左の利率」の1行目（元本十万円未満）が適用されるのだろうか、2行目（元本十万円以上百万円未満）が適用されるのだろうか。

貸主からみれば、前者のほうが都合がよさそうである。しかし、立法者が後者を意図していたことが間違いないとしよう（ほぼ確実にそうであるが）。その場合、「利息を天引したときは、受領額を元本とみなす」という条文よ

りも、第2条の条文のほうが立法者にとっては条文の書き方としてよい、と感じられたのであろう。日本の法律家の多くもそう感じるであろう。正確にいうと、彼らは、そのように感じるようになる訓練を知らず知らずの間に受けているのである。逆にいうと、素人が別の感じ方をしても仕方がない。これは、日本語の書き方ないし読み方として、どちらが正しいかという問題ではなく、専門家のしきたりの問題である。ただし、専門家のしきたりを、国民一般も読むことを予定した文章に押し付けてよいかどうかということは別の問題である。

　第2条の前半の「受領額を元本として」における「元本」と、効果部分にでてくる「元本の支払に」における元本とはさすものが異なる。上の具体例でいえば、前者は9万円、後者は10万円である。前者の文言における「元本」は、制限超過分を計算するための元本であり、後者の文言における「元本」は、三つに分けられた制限利率のどれに該当するかを判断する際の元本である。

　第2条を「利息を天引きしたときは、受領額を元本とみなす」に代えても、ほとんどの法律家は、もとの条文とまったく同じ意味だと読むであろう。しかし、第1条の利率制限の区分に用いられる「元本」が天引前の元本（名目上の元本）をさすことをはっきりさせるためには、第2条の条文のほうがよい、と立法者は考えたのであろう。

　あるいは、第2条を「利息を天引きしたときは、受領額を元本とみなす。ただし、前条第1項の元本は契約上の元本をさす。」といったものに代えれば、解釈上の紛れはより少なくなろう。しかし、法律家からみれば、これはかなり醜い条文である。第一に、第1条に登場する「元本」という文言の意味が、後ろの条文で説明されているという点で汚い。第二に、「契約上の元本」の代わりに、「名目上の元本」、「天引前の元本」といった表現を用いても同じものをさすことができるが、どれを選ぶかが争いの種になる。

　そのような素人からみてどうでもよいように思われることを真剣に考え、盛んに論争するということは、素人からみて奇異に感じられる法律家の特徴の一つであり、そのようなことを避けることができるのなら、避けることのできる文言を選ぶほうがよいということを一番知っているのも法律家である。

話が本題からずいぶんそれてしまったが、むずかしそうな条文も、専門家の視点から専門家の内部で、それなりに考えられて作られているということを覚えておいていただければそれでよい。もちろん、部外者たる一般国民が、それを無駄とか、ばかげていると評価するのも一向にかまわないし、それどころか、おそらく大事なことであろう。

10. 利息制限法第2条からの類推解釈と反対解釈

本題の第2条の類推解釈の問題に入ろう。そこで行われている類推は、天引の場合、第2条によれば、制限利息をこえる超過部分は元本に充当されたとみなされるのであるから、明文にない、利息を後から支払う場合も同様に、制限利息をこえる超過部分は元本に充当されると解するべきである、というものである。

同じ条文の反対解釈とは、天引の場合と後払いの場合は違うのであるから、利息後払いの場合は、元本に充当されない、というものである。反対解釈とは、要件が違う場合に、参照されるルールの法的効果を否定する推論方法である。類推解釈、反対解釈のいずれをとるべきかは、論理的には決まらず、その根拠を挙げて正当化することができるだけである。

根拠としては、条文の文章表現や関連する他の諸条文との関係や法律の趣旨・目的等がある。要件を表わす文に「のみ」「に限り」といった表現が使用されている場合[30]は、その素直な読み方として、反対解釈するのがしきた

---

30 たとえば、日本国憲法第76条第3項「すべて裁判官は、その良心に従ひ独立してその職権を行ひ、この憲法及び法律にのみ拘束される」は、(最高裁)判例は憲法でも法律でもないから、「判例には拘束されない」と反対解釈される。
なお、刑法に規定されてないものは犯罪ではないという意味で、刑法では反対解釈が原則である。
日本民法でも、立法者のしきたり、あるいは約束事として、条文に規定がない事項は、反対解釈するという原則がある。たとえば、民法第145条「時効は、当事者が援用しなければ、裁判所がこれによって裁判をすることができない」は、「時効は、当事者が援用すれば、裁判所はこれによって裁判をすることができる(というよりも、裁判をしなければならない)」と反対解釈される。これは、時効を援用した場合に関する定めがない、というよりも、前の条文で後者の内容も同時に表しているのであり、今取り上げている場合のような、明示的な規定がないとされる場合の反対解釈とは異なる。むしろ、条文の書き方に関する約束事である。法律家にとって当然のこと、書く必要がないことは、無用な解釈問題を生じる恐れがあるので、できるだけ書かない方がよいという既述の思想の一つの現れでもある。
反対解釈を「論理的」に定義して、「要件が否定される場合に効果も否定する論法である」とされることもあるが、上記時効の条文の例にみられるように、効果が論理的な意味での否定になって

りであるが、それ以外の場合は類推解釈するべきか、反対解釈するべきかの判断はそれほど簡単ではない。次に掲げる多数意見の続きでは、反対解釈するべき根拠について触れられている。

11．極端事例論法

> また、利息制限法が、高利金融に対して経済的弱者である債務者を保護しようとの意図をもつて制定されたものであるとしても、原判示の如く、その充当を、元本債権の残存する場合にのみ認めるにおいては、特定の債務者がそれによる利益を受け得るとしても、充当されるべき元本債権を残存しない債務者は、これを受け得ないことになり、彼此債務者の間に著しい不均衡の生ずることを免れ得ない。
>
> してみれば、原判決は、結局、利息制限法一条、四条の各二項の解釈適用を誤つたものといわざるを得ず、その違法は判決の結果に影響を及ぼすことが明らかであるから破棄を免れない。論旨は理由がある。
>
> よつて民訴四〇七条[31]に従い主文のとおり判決する。この判決は、裁判官河村大助、同下飯坂潤夫[32]の補足意見及び裁判官横田喜三郎、同池田克、同奥野健一、同山田作之助、同五鬼上堅磐の反対意見があるほか、裁判官全員の一致によるものである。

　この引用文章の2行目「としても」が留保つきであることを表わす表現であるにしても、多数意見に賛成する裁判官たちの後掲の意見からうかがわれるように、それは、利息制限法の主要目的が「経済的弱者である債務者の保

いないことも多い。また、要件に現れる種々の構成要素のうち、どれを否定するのかに応じて（たとえば、先の条文では「時効でなければ」という否定の仕方もありうる）、種々の反対解釈が可能だが、この点もあまり考慮されない（法律家にとっては、普通、どの点を否定するべきか、つまり、どの点が違うと考えるべきかが自明であるからだが）。いずれにせよ、その点でも、反対解釈は論理的ではない。

　もちろん、上記の「論理的」定義自体も、反対解釈が論理的に妥当な推論でないことを示している。「pならばqである」からといって、「pでなければqでない」となるとは限らない。また、論理学で用いられる「〜ならば〜である」（実質含意とよばれる）関係と、自然言語（日本語、英語等の語彙と文法が意図的にではなく、「自然に」生成した言語。その反対語は、人工言語であり、その例として、数学、論理学で用いられる記号言語やコンピューターのプログラム言語等がある。）でのそれは必ずしも同じ意味ではないから、反対解釈やその他の法的推論様式を説明するのに、（高度な論理学は別にして）初歩的な論理学を応用するのは慎んだほうがよい。

[31] 平成8年の民事訴訟法（法律第109号）制定前の旧民事訴訟法の破棄差戻しについて定める条文。現行法の第325条に対応する。破棄差戻し判決の決まり文句で、本件の法律問題とは直接の関係はない。

[32] 名前の読み方に付したルビは、長嶺超輝『サイコーですか？ 最高裁！』（光文社、2007年）282頁以下「資料②　過去の『国民審査』結果クロニクル」による。なお、本書は、最高裁を揶揄するかのような題名に反し、国民に国民審査にまじめに取り組むべきことを説く、元司法試験受験生によって書かれたきわめてまじめな良書である。

護」にあること否定する趣旨ではない。「それは認めるのだが」といった感じである。

　多数意見は、制限超過部分の元本充当を認めると、制限を超過する利息に加えて元本も完済してしまった借主は、元本がすでに残っていないのでそれに充当することはもはや不可能であるのに対して、元本が残っている借主だけは元本に充当することができる、それは、釣り合いがとれない――「不均衡」という、よりむずかしい表現が使われているが――というのである。

　普通の人にもわかるように言いかえれば、大きな被害を受けた人は放置するのに、被害が少ない人だけを救うのはおかしい、という主張である。一見正しそうだが、奇妙な理屈でもある。今にも死にそうな人は放置するのに、病気の人を治すのは不公平だという人がいるであろうか。救える場合は両方とも救うことが正しい。しかし、本件の場合、元利金を超過分も含めて全部支払ってしまった人については、「返還を請求することができない」という制約があるので、救うことができない、というだけである。

　だが、法哲学者が注目するのは、そのようなだれにでもわかる点ではない。むしろ、「著しい不均衡の生ずることを免れ得ない」というむずかしげな文言に注目してほしい。事実としては、ごくわずかだけ元本の残っている借主と元利金を過不足なく完済した借主の間では、ほとんど不均衡は生じない。「著しい」不均衡が生じるのは、超過金利をたくさん払った点では同じであるが、元本はまったく返済していない借主と、元利金を完済した借主とを比較する場合である。多数意見は、このような極端な場合のみを想定して、自分たちの見解を正当化しようとしている。

　このような論法も、法学者を含め、法律家の間でよくみられる論法である。定まった名称がないので、「極端事例論法」とでもよんでおこう。法哲学者からみて、あるいは、法律家でない者の目からみて、正当化の方法として問題なのは、その事例が極端であるという点ではなく、そのような事例が多いのか少ないのかという事実についてまったく言及していないという点にある。「免れ得ない」と言うのは誇張した表現であり、「ことがある」または「かもしれない」というほうが中立的な言い方である。

　引用文章後半の2段落は、破棄差し戻し判決の場合の定型句をのべているにすぎない。それでは、以下、法廷意見以外の、個々の裁判官の意見を順次

第3節　第1の判決の個別意見

1　河村意見

12．事実の記述の仕方
河村意見①

　　裁判官河村大助の補足意見は次のとおりである。
一、利息制限法所定の制限を超える利息、損害金を任意に支払つた場合（一条二項、四条二項）に、右超過支払分は元本債権の存する限り当然これに充当されたものとみなすべきであるとの見解は、同法の解釈上到底賛同し難いところであつて、その理由は後にこれを詳述するが、ここでは先ず、右元本充当説が、高利金融に対し経済的弱者の地位にある債務者を保護するという社会的背景を根拠とする点につきいささか省察を試みる。勿論利息制限法が、債務者保護を基調とし、兼ねて社会の経済秩序を維持するという目的の下に制定されたものであることに異論はない。しかし、借手が常に経済的弱者であると断定することは我国庶民金融の実体に照らし到底承服できないところである。周知のとおり、貸金業界に依存する中小企業並びに零細融資の需要者たる庶民大衆は、質草もない無担保金融に依存するものが多く、経済上の需要供給及び焦付きの危険度等から自然高利金融を生む結果となつて、貸金業者の届出利率も制限利率をはるかに超過する日歩二〇銭[33]を下らない高利取引が公然と行われているのが現在の実状である。そして貸金業界の行う消費貸借はその用途が大体において、生産資金と消費資金とに分れるのであるが、現在の金融取引の圧倒的多数を占める前者の場合は借手が必ずしも経済的弱者であるとはいえない。すなわち借入金を生産資金に廻して企業の利潤から利息を払うことができるからである。元来利息は、企業の利潤によつて賄われるのが原則であるから、利潤が合理的な利息決定の基礎となるものであつて、その利息が利潤の範囲内における相当額である限り、制限超過の利息だからといつて、経済的には不合理な高利とはいえないのである。国〔固の誤植〕より特定の一企業にとつて、その金利が利潤の範囲を超える不当な高金利である場合もあり得るのであるが、しかし、金融市場の一般的水準とされている金利そのものは、その時における貨幣資本の需給を平衡させているものであるから、一般的に不当な金利であるとみることはできない。
　　唯消費資金の貸付はその需要が概ね困窮に陥つた者の借入れであつて、その高利は苛酷な性質を帯びる場合が多いのであるから、本来は別に公の金融施策が望ましいことであるが、その実現の容易でない今日においては、異種の性格をもつ消費貸借を一律に規制するのは止むを得ないところであろう。法が超過部分を一応無効としながら、その任意支払を敢て禁止しないという弱い統制から、出資の受入、預り金及び金利等の取締等

---

[33] 元本100円につき1日20銭の利息、したがって年率は（閏年でない場合）、0.2÷100×365≒0.73すなわち7割3分である。

> に関する法律第五条の強い統制迄の中間区域の高利取引を、事実上当事者の自由に放任したのも、前述のような庶民金融の実態から見れば、理解することのできる措置といえよう。すなわち、立法者もにわかに強い統制を加えることは、決して金融秩序を維持する所以でないとの結論に到達したものと思料される。然るに若しも今日の金融取引において、利息、損害金の制限超過部分の任意支払を以て、元本へ充当したものとみなすにおいては、貸金業界に恐慌を来たし、金融の梗塞を招来するおそれなしと何人が断言できるであろう。

　ここで河村裁判官は、「利息制限法が、債務者保護を基調とする」点を認めた上で、だからといって「元本充当説」をとるわけにはいかないという理由を、とりわけ種々の事実に言及しつつのべている。
　そこで挙げられている事実とは、「借手が常に経済的弱者であると断定することは……できない」、少なくとも「生産資金」の「借手」〔の一部〕は、「経済的弱者であるとはいえない」、したがって、「制限超過の利息だからといって、経済的には不合理な高利とはいえない」、「一般的に不当な金利であるとみることはできない」といった一連の事実である。しかし、そのような「周知の」事実を否定する者は、反対意見に属する裁判官も含めてほとんどいないであろう。
　ここで用いられているのは、前述の「極端事例論法」のいわば反対の論法である。河村裁判官は、反対意見は消費資金を借りる経済的弱者という極端な事例に注目しすぎていると決めつけた上で、そうでない場合もある（「多い」と暗示して──しかし、どちらが多いかには触れていない）と言っているだけである。そのような論法を、「必ずしもそうではない」論法とでもよんでおこう。それは、事実の頻度に言及せず、起こりうる事態の一つのタイプにのみ注目する点で「極端事例論法」と同じである。

13. 帰結主義論法
　素人は、その種の論法が正当化の力をもつとは思わないかもしれないが、法律家的思考においては、その頻度は度外視して、起こりうる一つの事件タイプについて、採用される条文解釈が正義──ここでは「正義」とは何かについて深く考えず、常識的で曖昧な意味に解しておいていただきたい──に反する結果を招くということが、その解釈を否定する根拠となるのである。

スコットランドの高名な法哲学者 N. マコーミックは、判決で採用されるべきルールを、それがどのような事例に将来適用されうるかを考えて、その結果、とくに、よからぬ結果を、正義や便宜の観点から評価し、比較考量して、その採否を決めるという論法を、「帰結主義論法」とよんでいる[34]。そこで考慮されるのも、事件のタイプであり、その頻度や個々の事件に特有な事情ではない。先に問題にしたところで用いられている論法は、「極端事例論法」または「必ずしもそうではない」論法と結合された「帰結主義論法」である。

　もちろん、相対立する解釈の支持者が、相手方の解釈を退けるために、それぞれ別の事件タイプに注目すれば、どちらの事件も起こりうる場合、それは水かけ論になるであろう。

　いずれにせよ、極端な事例に注目するだけで、その支えを欠けば、そのような論拠は多くの場合、説得力の弱い論拠であろう。もう少し内容のある論拠が、河村意見①の最終段落で示されている。「一般的には経済的に合理的な」生産資金貸付金利と、「過酷な…場合が多い」[35] 消費資金貸付金利とは、本来別の立法政策をとるのが望ましいとながらも、現状では両者をいっしょに扱うのは「止むを得ない」となぜか——その理由が明示されていないだけでなく、立法政策の問題であるから、裁判所の扱うべき問題ではないとすることもできたはずなのに、あえてそのような事項に言及するのはなぜかという理由も示されていない——した上で、利息制限法は、そのような「現状」、すなわち、消費者金融に依存する一部の経済的弱者が高金利に甘んじることを、出資法による制限と利息制限法による制限の間の金利（いわゆるグレーゾーン金利）については、「無効だが返還請求はできない」とすることで肯定していると解釈しているのである。

　最後の「金融の梗塞を招来するおそれなし……」という、もってまわった

---

[34] ニール・マコーミック（亀本洋・角田猛之・井上匡子・石前禎幸・濱真一郎訳）『判決理由の法理論』（成文堂，2009年）第5章以下参照。

[35] 河村裁判官がのべている「生産資金」貸付金利の経済的合理性の論理を「消費資金」貸付の場合にも応用すれば、消費資金貸付の金利は貸付資金が回収されない危険も織り込んで決まる——「リスク・プレミアム」とよばれる——のであるから、「過酷な金利」であっても、「経済的に合理的」と考えることもできるが、なぜか、そのことには触れられていない。これは、河村裁判官が経済学を中途半端にしか理解していない証拠とみることもできるが、私はむしろ、自分の主張にとって不利なことは一切言わないという、すべての論争者がとる議論戦略の一例とみたい。

言い回しも、極端事例論法、正確には、「極端事例論法」と結合された「帰結主義論法」の一例である。それがどの程度の確率で起こりうるか、元本充当だけ認める場合と、返還請求まで認める場合とでどの程度違いがでるか、といったことに関する言及は一切ない。少なくとも今日までの経験からすれば、準備期間を十分おけば、「恐慌」など普通は起こらないことははっきりしているが。

　誤解がないように付言しておくが、裁判官は、事実や因果関係についてもっと勉強するべきだとここで私は言いたいわけではない。そのようなことは、少なくとも、日本における法および裁判所という制度の仕組みおよび機能、ならびにもっている手段および資源等について深く研究してはじめて言えることである。その点を考えずに、単純に「そうあるべきだ」と主張することは、私の考える「法哲学の精神」に最も反することである。

　次に河村裁判官は、事実問題から一応切り離された、純粋な法律論の考察に向かう。

14. 不当利得の特則

　　河村意見②

> 二、同法一条二項及び四条二項の規定は、民法の<u>不当利得に関する規定の特則</u>として設けられたものであつて、債務者はその超過部分の契約が無効であることを<u>知つていると否とを問わず</u>、苟(いやし)くも一旦任意に支払われた以上その返還を請求することができないものとして定められたものと解すべきである。旧法[36]の「裁判上無効」とするとの規定には解釈上争いがあつたが、判例は一貫して債権者は裁判上請求し得ないが、債務者が任意に弁済したときは、その返還を請求することができないとの解釈をとつていたので、改正法も右判例によりつちかわれた慣行を更に強化し明文化したものと見られる。従つて同条の超過部分の任意支払を債務の弁済と解することはできないにしても、少くともその超過部分の任意支払を債権者に帰属させ、これが利得の保有を許したものと解せられるから、債務者に返還請求を許したと同一の経済的利益を与えることは許されないものと解するを相当とする。
> 　超過部分の任意支払を元本への充当に変更するが如きことは、<u>明文に根拠のないこと</u>

---

[36] 利息制限法（明治10年9月11日太政官布告第66号、明治31年法律第11号および大正8年法律第59号で改正、昭和29年6月15日、昭和29年法律第100号で廃止）の第2条に、「契約上ノ利息トハ人民相互ノ契約ヲ以テ定メ得ヘキ所ノ利息ニシテ元金百円未満ハ一ケ年ニ付百分ノ十五一割五分百円以上千円未満ハ百分ノ十二一割二分千円以上百分ノ十一一割以下トス若シ此限ヲ超過スル分ハ裁判上無効ノモノトシ各其制限ニマテ引直サシムヘシ」とあった（原文における割書き、および後代では使わなくなった片仮名表記を改めた。以下でも同様）。

明らかであるのみならず、各法条の解釈からも当然に導き出されるものではなく、却つてかかる解釈は、利得の保有を許した各条の規定と矛盾するものである。原判決は超過部分の任意支払を以て、同法二条において、貸借成立の際に天引した超過利息を元本の支払に充てたものとみなす旨規定している法意に通ずるという見解を採つているが、天引した超過利息を元本へ充当することにしたのは、現金の授受のない名目的的的元本と名目的の支払利息の双方を打消すことにしたものであつて、実質的には消費貸借の要物性を欠く部分に消費貸借の成立を否定したのと同一結果になるものである。すなわち同条は、金銭の授受を伴わない消費貸借の部分について、当事者の合意と異る充当を擬制した規定であるが、他方同法一条二項は、現実に金銭の授受が行われた場合の規定であつて、両者は全く類似性をもたない事項である。従つて前者に対する法則を後者に類推適用することは、類推解釈の限界を逸脱するものといわなければならない。

　法律論にかかわる裁判官の思考を分析する場合、当然ながら、最小限の法律知識を必要とする。民法を勉強したことがない読者にも判決文の内容を理解していただくために、法律論については、最小限の補足説明を加えつつ、裁判官の意見について論評していくことにする。

　不当利得に関する基本規定は、民法第703条「法律上の原因なく他人の財産又は労務によって利益を受け、そのために他人に損失を及ぼした者（以下この章において「受益者」という。）は、その利益の存する限度において、これを返還する義務を負う。」[37] である。「法律上の原因」にはいろいろあるが、有効な契約に基づく財産の移転に法律上の原因があることは明らかであり、無効な契約に基づく財産の移転に法律上の原因がないこともまた明らかである。したがって、無効な契約に基づく財産の移転、たとえば、制限超過利息の授受に法律上の原因がないことも明らかである。それによって、貸主が利益を受け、借主が損失を被ったこともまた明らかであろう。「利益の存する限度」については、本件では考えなくてよい。

　河村意見②の最初にある「……不当利得に関する規定の特則」とは、利息制限法第1条第2項および第4条第2項が、「法律上の原因なく……利益を受け……損失を及ぼした」という要件がみたされていても、「返還する義務を負う」という法律効果が発生しない、つまり、そのような義務を負わない場合を定めた例外規定、特別規定である、ということを意味している。

37　判決当時は、民法は、「現代語化」される前のもので、表記法は若干異なるが、内容は基本的に同一であるので、以下、後掲の判例についても、とくに必要がないかぎり、現行民法の条文で代替する。

2行目の「……知っていると否とを問わず」は、民法第705条を受けての言及である。同条は「債務の弁済として給付をした者は、その時において債務の存在しないことを知っていたときは、その給付したものの返還を請求することができない。」と定める。これは、立法用語の約束事として反対解釈され[38]、「……債務の存在しないことを知らなかったときは、……返還を請求することができる」ということも同時に意味する。したがって、河村裁判官の言う「不当利得の規定に関する特則」における「規定」には第705条（の後者の意味）も含まれ、利息制限法第1条第2項および第4条第2項によれば、「債務の存在しないことを知らなかったときでも」つまり「制限超過部分に関する契約が無効であることを知らなかったときでも」、「返還を請求することができない」ということになるのである。

以上の説明は、日本民法を知る法律家にとっては自明のことである。利息制限法の解釈上重要な主張は、後に取り上げる反対意見に与する裁判官たちの意見と比べてみれば明らかなように、第1段落の最後の文に現れる「超過部分の任意支払を債権者に帰属させ、これが利得の保有を許した」という部分である。法律上は払いすぎでも、借主が任意に支払い、貸主が受け取った「無効な」利息は、貸主のものになる、というのが利息制限法の趣旨だというのである。それゆえ、元本充当を認めることは、返還請求を認めることと同じく、この趣旨を否定することになるから、間違っているというのである。

15．解釈は明文に根拠がないからこそ必要となる

第2段落1行目の「明文に根拠のないこと明らか」についていえば、条文にはっきりとそう書かれていないという意味では、たしかにそうではあるが、そうであるからこそ、そのような場合に解釈が争われることが多いのであるから、それは、たいした正当化根拠にはならない[39]。ここで知っておくべきことは、後に取り上げる判決文にも実例がいくつか登場するように、裁

38　前掲注30第3段落参照。
39　「文理解釈」とか「文言解釈」とかよばれる「解釈方法」は、「解釈は可能な語義の限界内でなされるべきである」とか、「文言の解釈は、できるだけ（法律家の間で）普通の意味に即して行われるべきであり、それから逸脱する者のほうがそれを正当化する責任を負う」といったかたちで、多少なりとも内容を特定しないかぎり、ほとんど意味がない。

判官が「明文に根拠がないことが明らかな」解釈を提示することも多いし、「明文に明らかに反する」解釈を提出することすらある、ということである。

16. 利息制限法第2条のポイント

　天引について定める利息制限法第2条に言及する河村意見②第2段落第2文の「……実質的には消費貸借の要物性を欠く部分に消費貸借の成立を否定したのと同一結果……」は、民法学を学んだことがない人にはむずかしいかもしれない。「消費貸借の要物性」とは、消費貸借契約が成立するには、両当事者の意思表示の合致だけでは足らず、その対象となる物の引渡し、本件では金銭の授受が必要だという考え方を意味しており、その考え方からすれば、天引額すなわち、実際に交付されていない金銭については、そもそも消費貸借契約が成立していないということになる[40]。

　それゆえ、第2条のポイントは「元本の支払に充てたものとみなす」（そうでないものを、あえてそうだと「みなす」ことを「擬制」という）という点にあるのでなく、「現実に金銭の授受が行われた場合」を、「金銭の授受を伴わない」場合から区別する点にある、というのである[41]。

　その点からみれば「両者は全く類似性をもたない」ことは確かだが、だからといって、それは、別の点からみれば「類似性をもつ」可能性を排除できない。すでにのべたように（前述49頁）、類推解釈するべきか、反対解釈するべきかの選択は、類似性の存否にかかっているのではなく、結論を決めた後に、類似性と相違を法律論として成立する範囲で探す、というのが法的思考の実際である。したがって、「全く類似性をもたない」から「類推解釈の限界を逸脱」しているという論法は、同語反復であり、それだけではほとんど無内容である。河村裁判官は、「要物性」云々の文脈でそれ相応の根拠を示してはいるが。

40　前掲注15参照。
41　これは、「元本の支払いに充てたものとみなす」という文言を重視しない点で、第2条を第1条の元本額に応じた制限利率分類と結びつけて考える私の解釈（前述本章9参照）と結論的に等しい。

17. 「無効な」意思表示

河村意見③

> 三、次に制限超過部分の利息、損害金の契約は、無効であるから、その部分の弁済は民法四九一条により当然元本に充当されるとの見解は、傾聴に値するものであるが、わたくしは賛同できない。同条の法定充当はいうまでもなく弁済者又は弁済受領者が同法四八八条に基づく充当指定権を行使しなかつた場合に適用あるものであつて、弁済者が特定の利息又は損害金の弁済に充当すべく指定した場合においては、たとえその債務が無効であり、また同法四八八条三項の充当の意思表示も無効であると解せられるにしても、その弁済が不当利得として返還請求権を有するかどうかの問題を生ずるに止まり、充当すべき特定の債務を指定した当事者の意思に反し、他の債務に充当することは許されないものと解すべきである。特に利息制限法一条が超過部分の契約を無効としつつ任意支払の場合は返還請求をすることができないとしたのは、取りも直さず、債権者に利得の保有を許す趣旨と解せられるから、当事者の指定に反する他の債務の弁済に充当するが如きことは、同法一条二項の趣旨と矛盾するものである。従つて法定充当説もとるを得ない。
> 　裁判官下飯坂潤夫は右河村大助裁判官の補足意見に同調する。

　民法第491条第1項に「債務者が一個又は数個の債務について元本のほか利息及び費用を支払うべき場合において、弁済をする者がその債務の全部を消滅させるのに足りない給付をしたときは、これを順次に費用、利息及び元本に充当しなければならない。」とある。「債務者」と「弁済をする者」とが区別されている（たとえば、代理人、保証人、代行者その他の者がもともとの債務者に代わって弁済する場合もあるから）が、ここでは単純に両者が同じ人物だと考えておこう。「費用」についても無視しよう。債務者、たとえば借金した者が元本と利息の債務を負っている場合に、債権者に対して、いくばくかの金額を弁済として支払ったが、債務の全額を支払わなかったときは、まず利息の返済にあて、それでも残額がでれば、次に元本の返済にあてたことにする、という趣旨の規定である。「充当しなければならない」とあるが、それは、だれかがそうしなければならない、ということではなく、法律上そのような充当がなされるということである。その意味で「法定」充当である。
　制限超過部分の利息の支払いは、無効な利息の支払いであるから、超過部分は残額として「当然」残る。それゆえ、超過部分は、元本が残存するかぎり、元本に充当されるというのが元本充当説である。
　ちなみに、河村意見③の2行目の「当然元本に充当される」における「当

然」は、本書の前段落第１文における「当然」をさすのではなく、民法第491条が適用されることが「当然」であり、それを適用すると「当然」元本に充当される、ということを意味している。本書の前段落中の表現では、むしろ「それゆえ」に対応し、それを強めた表現である。次項でのべるように、それは、「明らかだ」ということを必要以上に強調する表現の一種であり、（冷ややかな読み手に対しては）異論がありうることを示唆する。

　実際、河村裁判官が異論を提出した。彼が河村意見③の３行目ないし４行目でのべているように、民法第491条は、当事者が、それに先行する第488条[42]で定められた「充当指定権を行使しなかった場合」に働く規定である、とするのが素直な条文解釈である。そうだとすると、借主が「これは利息分として支払います」と言ったり、貸主が「これは利息に充てます」と言ったりして金銭の授受が行われた場合、当事者による充当指定が行われたことになるから、第491条の法定充当は適用されないはずである、というのが河村裁判官の主張のポイントである。

18.「明らかである」ことは実は「明らかでない」

　河村意見③の３行目で河村裁判官は「いうまでもなく」とのべているが、後掲の奥野健一および五鬼上裁判官の反対意見にみられるように、実は、「いうまでもなく」とそれほど簡単には言えない。そのことを知っているからこそ、河村裁判官は、「いうまでもなく」という修飾語をあえて付け加えたのである。

　前項ですでにのべたように、「明らかである」ということを強調するその種の言葉は多くの場合、明らかであるどころか、その反対に、異論があることを示唆する。このことを知っていると、判決文を読む際に注目するべき争点をつかむのが容易になる。もっと一般的にいうと、必要以上に強調する表現が用いられている文は、根拠の薄弱さを自白する趣があり、判決文を分析

---

[42] 説明は省略するが、その文言は、以下のものある。「債務者が同一の債権者に対して同種の給付を目的とする数個の債務を負担する場合において、弁済として提供した給付がすべての債務を消滅させるのに足りないときは、弁済をする者は、給付の時に、その弁済を充当すべき債務を指定することができる。　２弁済をする者が前項の規定による指定をしないときは、弁済を受領する者は、その受領の時に、その弁済を充当すべき債務を指定することができる。ただし、弁済をする者がその充当に対して直ちに異議を述べたときは、この限りでない。　３前二項の場合における弁済の充当の指定は、相手方に対する意思表示によってする。」

する際の有力な手がかりとなる、ということである。

19. 法定充当説批判

　河村裁判官による法定充当説批判の論旨を、もう少し追ってみよう。当事者に充当指定権を与える第488条と法定充当について定める第491条との文脈的ないし体系的連関からすると、債務者が債権者に渡した金が何の返済に充てられるかを決める権能[43]をもっているのは、まずは債務者（正確には弁済者）、次に債権者（正確には受領者）であり、そのような当事者による指定の意思表示がなかった場合に備えて、第491条は、費用、利息、元本という充当の順序を定めている。この点については、民法を知る法律家の間でおそらく異論はない。

　しかし、河村裁判官自身認めているように、お金は渡したが、そうした給付の法律上の原因であるはずの債務自体が無効であり、したがって、そもそもそのお金を渡す義務がなかった場合は、それについて第488条が直接定めているようには思われない。そうだとすれば、充当を指定する意思表示自体も無効となる、つまり、意思表示自体がなかったのと同じになる、よって第491条が適用される、このように解される余地がある。

　これに対する河村裁判官の反論のポイントは、無効であるとしても、ともかく当事者は事実として「利息（または損害金）に充てます」という意思表示をしたのだ、ということを重く受け止めるべきだということである。河村意見③の8行目にある「当事者の意思に反し」という表現がそのことを表している。

　「意思表示」ではなく、「意思」という用語が選ばれている点にも注意していただきたい。無効な意思表示は、法律上存在しないのと同じであるから、「意思表示」という言葉では具合が悪いのである。「意思」であれば、事実として存在する意思であるから、問題が少なくなる。したがって、第488条との関係では、それは、同条の（直接）適用というより、類推適用である。有効な意思表示に関する規定を、法律上無効な意思表示だが事実的に存在する意思に類推適用しているからである。だが、このような細かい解釈論を離れても、「（それを阻止するべき特段の理由がないかぎり）当事者の思うとおりに

　43　「権能」については、後述第3章**12**参照。

やらせる」というのが、私的自治、所有と契約の自由とよばれる近代法の大原則であるから、条文の存否や解釈のいかんにかかわらず、河上裁判官のこの見解には相応の説得力がある。

途中にはさまれている「弁済が不当利得として返還請求権を有するかどうかの問題を生ずるに止まり」（河村意見③ 7 行目）という文言は、その位置が悪く、なかなかわかりにくい。簡単にいえば、制限を超過するがゆえに無効な弁済であれば、不当利得であることは疑いないから、通常は、法律上返還請求権が生じる。だが、それは民法の不当利得法の特別法[44]である利息制限法の第 1 条第 2 項および第 4 条第 2 項によって否定されているから、結局、返還請求権はない、ということである。

返還請求権はないということについては全員一致していたから、河上裁判官は、「返還請求権を有するかどうかの問題を生ずる」と安んじて言うことができたのであるが、後掲の第三の判例（の法廷意見）では、まさに「返還請求権はない」ということが否定されたので、この意見は、反対派にも利用可能なものになった（実際には利用されなかったが）。

それどころか、返還請求権があるという立場を徹底すると、元本その他の有効な債務がまだ残っているのに、それに充当せず、無効な利息の超過分を返せと借主が請求することすら許されることになろう。しかし、このような非常識な、あるいは実益のない結論を普通の法律家は最初から度外視して考える。法哲学者はそうではないが。法哲学者にとっては、正しかろうが、間違っていようが、ともかく考えてみるということが大事なのである。

もとにもどろう。河村裁判官は、その意見の最後の文で、利息制限法第 1 条および第 4 条は、「もらったものは返さなくていいよ」と金貸しに言っているのだという基本的な立場をくり返している。もし、それが正しい解釈であるとすれば、これまで説明した細かい解釈論はどうでもよいものになるだろう。

河村意見③の最後の文は（正確には下飯坂意見ではあるが）、同意見であることを示す定型文の一つである。

---

[44] ある事項について定める一般的な法律または規定があるとき、前者を「一般法」といい、同じ事項について例外を定める法律もしくはそれに属する規定を特別法、または後者をとくにさして、特則という。定義上当然であるが、一般法と特別法が対立するときは、特別法が優先する。

２ 横田喜三郎意見

20．法の不備

横田喜三郎意見①

裁判官横田喜三郎の反対意見は、つぎのようである。
　利息制限法一条二項は、債務者が同条一項の利息制限を超過した部分を任意に支払つた場合に、その返還を請求することができないことを定めているだけであつて、その部分を債権者が制限超過の利息の弁済として取得しうることを定めているのではない。もとより、他方で、その部分を元本の支払に充当すべきことを定めているのでもない。一条二項の規定は、規定そのものとしては、この点に関して、いずれとも定めていないのであつて、<u>法の不備</u>であるといわなければならない。
　このような場合には、<u>立法の趣旨</u>に照して解釈することが法の解釈の基本原則である。いつたい、利息制限法は、いわゆる<u>社会立法</u>に属するもので、その根本の立法趣旨は、なによりもまず、<u>経済的弱者の地位</u>にある債務者を保護することにある。このことは、国会における本法の審議に当つて、政府委員がくりかえして説明したところである（第一九回国会衆議院法務委員会議録第四六号【昭和二九年四月二七日】一頁、二頁参照）。他方で、<u>金融の円滑を期すること</u>も必要ではあるが、経済的弱者の保護という目的にくらべれば、<u>第二次的</u>のものといわなければならない。そうしてみれば、利息制限を超過する部分については、経済的強者である債権者利益のために、これを制限超過の利息に充当するよりも、経済的弱者である債務者の利益のために、残存する元本の支払に充当することこそ、利息制限法の根本の<u>立法趣旨</u>に合するといわなければならない。
　そればかりでなく、国会における本法の審議のさいに、<u>政府委員</u>は、くりかえして、元本が残存する場合には、利息制限を超過した部分は元本の支払に充当されるべきことを明言した（同会議録第二八号【昭和二九年三月二六日】五頁、九頁参照）。これに対して、いかなる反対または異議も議員から述べられなかつた。この点から見れば、<u>立法の趣旨</u>は、明らかに、利息制限の超過部分は、残存元本の支払に充当されるべきことにあるといわなければならない。
　もとより、<u>立法者の考えた立法の趣旨</u>は、法の解釈においてかならずしも絶対に決定的なものではない。しかし、その趣旨が不合理なものでなく、十分に理由のあるものであるならば、それにしたがつて解釈すべきことは、当然のことといわなければならない。<u>民主主義の原則に従い、国民を代表する国会によつて制定された法律については、とくに</u>そうである。利息制限法は、いわゆる社会立法であつて、上述のような立法趣旨は、十分に理由のあるものであり、しかも<u>国民を代表する国会によつて民主的に制定されたものである</u>から、その立法趣旨を無視するような解釈は、決して正当なものということができない。
　以上の理由のほかに、利息制限法二条からも、制限超過部分を残存元本の支払に充当すべきことは裏づけられる。この点については、奥野、五鬼上両裁判官の反対意見で述べられているところに同調する。

第3節　第1の判決の個別意見　　67

　横田喜三郎裁判官は、法哲学者でもあるから、その意見は法哲学者にとっては非常にわかりやすい。最初の段落でのべられているのは、本件の争点、すなわち制限超過利息を元本に充当できるかどうかについて、利息制限法は何も定めていない、ということである。条文を素直に読めば、そのとおりであろう。横田裁判官はそれを「法の不備」とよぶ。専門家は、法の「欠欠缺{けんけつ}」というもっとむずかしい用語を使う。

　だが、どのような場合が法の不備ないし欠缺にあたるのか、という判断は実は大変むずかしい。横田裁判官は、適切にも「定める」という微妙な表現を選んでいるが、法律の条文が何を定めているのかということは、条文に書いてある文章の解釈による。しかし、「書いてある」という表現は両義的であり、書かれている文言表現自体を意味するのか、それとも、その解釈された意味を意味するのかがはっきりしない[45]。

　もちろん、条文の解釈とは、条文の文言表現を読むことを意味するから、そこで問題になるのは後者のほうである。しかし、「法の不備が存在する」という主張は、その主張者によるその条文の読み方によれば、条文には目下の法律問題の解決にとって必要な定めがない、という主張である。実際、本件の河村裁判官の意見では、利息制限法は制限超過利息を残存元本に充当できないと定めているのであって、不備など存在しないということになろう。

45　これに対して、サヴィニーは、法の解釈を定義して「立法者の考えたことの復元（または再現）」としたから、法解釈の目標については紛れがなかった。立法者の考えたことと法律の文言表現の間に齟齬があれば、前者のほうが当然に優先した。したがって、その解釈が問題となっているところの条文で使われている用語が、それによって立法者が表そうとした思想を表現するのに狭すぎる用語であれば、それは拡張解釈されなければならない、逆に広すぎる用語であれば縮小解釈されねばならない。サヴィニーの後に、立法者の意思と法律の文言を切り離して考える解釈方法論が有力になると、法解釈の目標に関する立法者意思説（主観説）と法律意思説（客観説）というものが生じ、解釈の定義および方法に関する議論は混乱した。さしあたり、亀本洋『法的思考』（前掲第1章注41）326頁、平野仁彦・亀本洋・服部高宏『法哲学』（有斐閣、2002年）224-226頁、田中成明ほか『法思想史［第2版］』（有斐閣、1997年）第7章、第9章参照。また、亀本洋「法制定の重み——広中俊雄教授の民法解釈方法論覚書——」林信夫・佐藤岩夫編広中俊雄先生傘寿記念論集『法の生成と民法の体系』（創文社、2006年）575-609頁も参照。
　ちなみに、拡張解釈と類推解釈とが混同されることがあるが、前者はあくまで、文言表現と立法者意思または法律の客観的意思との関係で定義される。だが、類推解釈と実質的に同じ結論を、文言を広げて読むことによって達成することもできるので、両者の区別は一見わかりにくいのである。

21. 法解釈方法論における（狭義の）「解釈」と欠缺補充の区別

　もちろん、当面の最終目的は、争われている法律問題の決定であるから、それが法の不備であるかどうかは二次的な問題である、と言ってもよさそうである。しかし、実定法学者によって確立された法解釈方法論という分野では、通常の条文解釈と欠缺の場合の解釈（「欠缺補充」とよばれる）とを区別し、両者の間で使ってよい根拠ないし根拠づけの方法も区別する――一般的には、欠缺の場合でないほうが制約が厳しくなる――ということが（とりわけドイツ法学において）伝統的に行われてきた。

　たとえば、類推解釈というのは、欠缺補充において最もよく用いられる方法であり、問題の事項について明白に定める条文がある――つまり、通常の解釈で十分事足りる――のに、他の条文を類推適用して、前者と異なる結論を導くことは、一般的には許されないとされている。また、法律の目的を援用するのは、それが条文に明記されていれば別だが、そうでなければ、通常の解釈では許されず、許されるのは欠缺の場合だけである、という考え方もある。

　日本では、幸か不幸か、そのようなドイツ型の固い法解釈方法論の伝統はそれほど確立されていないが、それでも、多少なりともその影響が残っていることは否定できない。横田喜三郎意見①の第2段落冒頭にある、法の不備の場合は、まずは「立法の趣旨」を参照するのが法解釈の方法の大原則であるという横田裁判官の叙述は、その証拠の一つとみることができよう。「趣旨」という言葉は曖昧であるが、この場合は「法律の目的」ということである。

22. 立法者の目的に有利な推定

　「法律の目的」も、実は両義的である。立法者が法律を制定するにあたって、目的と考えたものか、それとも、それと多少なりとも独立に存在する「客観的」目的なのか、という争点があるからである。また、いずれの意味でも、一つの法律がいくつかの多少なりとも衝突する目的を含んでいる場合、どう解釈するのか、という問題もある。

　さらに、立法者の目的を考える場合も、立法者とは一体だれなのか、という問題もある。具体的には、実際に起草した役人の考えた目的か、国会議員

が目的としたものか、といったことである。

横田喜三郎意見①の第4段落冒頭の「立法者の考えた立法の趣旨」という言葉からすると、横田裁判官は、まず勘案すべき「法律の目的」は、立法者（起草した役人または国会議員）の主観的目的だという立場に立っているようである。それに続く文からわかるように、横田裁判官は、立法者の目的は合理的との推定を受けるべきだということを強調し、きわめて例外的な場合にのみ、その目的に反する解釈をすることができるという趣旨のことをのべている。

法律が民主的に制定されたものであるからこそ、まさにそうなのだということも強調されている。だが、これは、法律は当然、民主的選挙によって選ばれた議員からなる国会によって制定されるものだと思っている今の人々には理解しにくいことかもしれない。戦前には、そうではない「法律」が勅令というかたちでたくさんあったし、議会は国権の最高機関ではなかったし、普通選挙も1925年まで採用されてはいなかったのである。しかし、伝統的なドイツ型法解釈方法論自体は、皇帝、国王、総統その他だれが制定したものであろうと、あるいは議会が制定したものであろうと、「法律」一般を無差別に対象とする理論であり、横田裁判官のような感覚、戦争と戦後の民主化を体験した当時の多くの日本の法学者に共通する感覚と結びついているわけではない。

そのようなある時期の日本に特有な背景事情をいったんわきにおけば、横田裁判官がのべているのは政治哲学的には、法律の正統性（legitimacy）[46]の問題である。もともと太政官布告であり、その後、制限選挙または天皇によって選ばれた議員からなる帝国議会によって若干改正されたにすぎない旧利

---

[46] legitimacyは、「正統性」のほか、「正当性」とも「合法性」とも訳されることがある。ラテン語に由来するその語幹は英語のlawに相当するから、語源的には「合法性」でも間違いではないが、そうすると「法律が正統であるかどうか」という問題は、「法律は合法的であるかどうか」と翻訳されてしまうから、きわめてわかりづらくなる。しかし、政治学系の学者は、「合法性」という訳語を採用することが多いので、翻訳本を読む際は注意する必要がある。だが、「正当性」では、rightやjustの訳語と誤解されるおそれが出てくる。さらに混乱させることに、「正統性」の一要素として、制度や行為の内容の評価にかかわるrightないしjustの意味を含ませる論者もいる。権威があるためには、内容的にもいいものでなければならないという理屈である。「正統性」という訳語についても、「正統」は本来「正統と異端」の対比で用いられるようになった翻訳語であるから、orthodoxとも紛らわしいという恨みがある。しかも、それを直訳すれば「正しい意見」（right opinion）であるから、ますますわかりにくい。

息制限法は、民主的正統性を欠くから従う必要がないなどといったことを、横田裁判官は主張したいわけではない。法律の目的が合理的か否かは、内容に関する判断であり、正統性の判断は法律の権威に関する判断である。両者はレベルを異にする。

横田裁判官が言いたいのは、民主的正統性が大きければ大きいほど、内容が不合理だとの判断に慎重にならなければならない——つまり、それを覆すには内容的により説得力のある理由を提出しなければならない——ということである。このようないかにも法哲学者的な見解は、幸か不幸か、他の実務家的な裁判官からはあまり注目されていないように思われる。

23. 複数の目的の妥協の産物としての法律

横田裁判官の意見のなかで、法哲学の観点からみて、もう一つ注目するべき論点は、彼が、利息制限法の目的に、経済的弱者たる債務者保護とならんで、河上裁判官も指摘したように「金融の円滑」も含まれることも認めた上で、「社会立法」としての立法の趣旨からみて当然前者が優先するとのべているところに現れている。

なお、「社会立法」とは、所有と契約の自由を基調とする近代法のもとでの資本主義経済の結果として生じる社会問題、労働問題、経済的格差の是正等を目的とする立法をさす。もちろん、現行民法も、そのような諸問題を無視しているわけではなく、社会法的側面ももっている。だが、原則は所有と契約の自由にあるから、「社会法」とはよばれない。代表的な社会法の分野は、労働法や社会保障法である。

金融の円滑が阻害されれば、高利貸しは経済的弱者に融通してくれなくなるだろうから、それは必ずしも経済的弱者保護とは対立しないという社会経済政策上きわめてむずかしい論点はおくとしても、法律が対立する二つのことを目的としている場合に、一方をとり、他方を切り捨てる、ということでよいのかという問題が残る。経済学者であれば、それぞれの目的実現のバランスをとり、最適点をめざすという発想をするであろう。それとの比較でいえば、法律家は「あれかこれか」という発想をすることが多い。

最終的に、権利があるかないかという結論にいきつく、というのは法というものがもっている宿命あるいは使命として、仕方がないといえば仕方がな

い。日本の法学者の間では比較考量ということがよく叫ばれるが、弱者保護が目的とされる「社会立法」については、弱者保護だけが考慮される傾向が強い（それでよいのだとしたら、社会立法の制定や解釈はもっと楽になろう。しかし、第１条第２項および第４条第２項を廃止ないし無視すれば、弱者保護により貢献しそうだが、今取り上げている判決の裁判官たちは、実際だれもそのような主張をしていない）。

しかも、ある解釈をとったら、実際に弱者保護になるのかどうか、という事実問題は考慮されないか、考慮しても所詮素人のものである。もちろん、その点を非難しているのではない。どの分野の専門家も、他の分野の専門家からみれば素人である。たとえば、経済学者が経済の事実を考慮する専門家であるとしても、法律家が法に対してどのような行動をみせるか、という点についてはよく知らないであろう。

法律家に関して問題なのは、事実問題の考慮に関しても、梗塞が生じるのか、生じないのかといった非科学的な問い方をする点である。科学的には、どの程度の梗塞が生じるか、ということしか言えない。

話を本筋にもどして、利息制限法に目を向ければ、同法第１条と第４条の問題となった条文をみただけでも、その法律が借手の利益と貸金業者の利益の妥協の産物であることは明らかであろう。

第１条第１項をみると、借入金額が高くなればなるほど制限利率が厳しくなっており、一見、借手に有利にみえるかもしれない。しかし、それに違反することを避けようとする貸金業者は、たとえば１日ごとに、小口で何口にも分けて貸そうとするだけであろう。実際上、ほとんど効果がない分類だと思われる。立法者がどうしてそのような分類をしたかについて私は知らないが、おそらく、旧利息制限法が三つに分類したのに倣っただけであろう。先例に従う、というのは法律家的思考、とりわけ、「役人的法思考」とでもよぶべきものに特徴的なものである。

第４条に定められた「二倍」という数字にも注目すべきであろう。旧法には、損害金については、その額が高すぎると裁判所が判断するときは、裁量で減額できるという趣旨の定め[47]があった。この点に関し、新法制定によっ

---

[47] 「第５条　返還期限ヲ違フルトキハ負債主ヨリ債主ニ対シ若干ノ償金罰金違約金科料等ヲ差出スヘキ事ヲ約定スル事アルトモ概シテ損害ノ補償ト見做シ裁判官ニ於テ該債主ノ事実受ケタル損

て、貸金業者が有利になったのかどうかは私には判断できない[48]が、いずれにせよ、新法下で合法的に営業したい貸金業者は、履行期を過ぎるまでは借主に返済の催促をしないであろう。そうだとすれば、貧困者への貸付の多くの場合、事実上の制限利率は、第1条第1項の2倍であったのではなかろうか。

　ここでは、立法の趣旨を考慮するといっても、立法が妥協の産物だとすれば、それほど簡単なことではない、ということがわかっていただければそれでよい。

24. 書かれた法律と国民との関係

　もう一つ、法律の解釈または欠欠補充にあたって立法者の立法趣旨を考慮するということにまつわる根本的問題を指摘しておこう。法律として国民に公布されるのは法律の条文だけである。その法律に従おうとする国民は、その法律がわかりにくい場合、国会の議事録まで読まないといけないのか、という問題が残る。裁判所についても、立法者がその趣旨を表現するのに真意が伝わらないようなまずい表現を用いて条文を作成した場合、立法趣意書や国会議事録を調べて、立法者の真意に忠実な解釈をしてやらねばならないのか、という問題がある。少なくとも刑法については、ほとんどの法律家がそのような必要はない、責任は立法権者である国会にある、と答えるであろう。

　もちろん、もっと根本的な問題は、国民が法律に従うのは法律があるからか、ということである。ともあれ、普通の法律家にとって関心がない、法哲学に固有の問題の指摘は、後に再び取り上げることもあるであろうから、この辺でとりあえずやめておこう。

③ 池田意見

25. 衡平

　池田意見①

害ノ補償ニ不当ナリト思量スルトキハ之レニ相当ノ減少ヲ為ス事ヲ得」。
　48　小野秀誠『利息制限法と公序良俗』（信山社、1999年）310-315頁参照。同書は、諸外国のものも含めて、利息制限法の歴史と判例の展開を詳細に追う力作であり、逐一注記はしないが、これ以外の点でも大いに参考にさせていただいた。

第3節　第1の判決の個別意見　73

　裁判官池田克の反対意見は、次のとおりである。
　金銭が生産的な投資のための貸付資本として利用される生産信用[49]の面においては、利息は、原則的には金融市場における貸付貨幣資本の需要供給の関係によつて定まり、これが調整については、臨時金利調整法（昭和二二年法律一八一号）が一応その機能をはたしつつあるものとされているところであるが、しかし、他方、庶民金融における消費信用や融資の系列から除外された中小企業者の生産信用の面をみると、周知のように高利貸信用に求める者の数が決して少なくないのであり、高利貸信用に依存するものにとつて高率の利息、損害金は、おおむね債務者の財産からの不当な収奪たる性質をもつものとされているところであつて、利息制限法は、正にかかる経済的不利から債務者を保護するための社会立法に外ならない。
　すなわち利息制限法を通観すると、法は、金銭を目的とする消費貸借上の利息、損害金の契約につき、それぞれその元本に対する割合の最高限を定め、超過部分については、裁判上たると裁判外たるとを問わずこれを無効として私法上の効果を認めない（一条、四条各一項）こととすると共に、利息の天引、みなし利息等の制限規定（二条、三条）を設けて利息、損害金の制限の潜脱を抑圧しようとしているのであつて、経済的弱者たる債務者の保護のための骨子をなすものであることが十分に理解されるところである。

---

[49]　金銭の消費貸借においては、貸主は、一定期間後に借金の返済を受ける。結果的に返済されない可能性もあるから、貸主は借主を返済につき信用したのである。したがって、これを「貸主は借主に信用を与えた」と言う。
　双務契約において、一方の給付の履行と他方の給付の履行の時期が異なるとき、先に履行した側は、後に履行するはずの側に対して「信用を与えている」。したがって、スーパーで消費者が物を買う場合（専門的には「現実売買」という）のように、双方の給付（商品の引渡しと金銭の支払い）がほぼ同時に履行されるときは、信用について語る意味はないし、契約について語る意味すらほとんどない。現実売買において契約法が問題となるのは、商品に欠陥がある場合とか買い間違いをした場合とかだけである。
　このようなことをあえて付言するのは、『法学入門』の教科書等で一部の法学者は（素人は知らないだろうがという含みのもとで）「法律はつねに働いている」とか「身近にある」と言い、その例として、現実売買の例を出すことがあまりにも多いからである。スーパーで物を買う場合に法（制定法ないし成文法）が働いているというのは、普通は間違いであるし、法律を知っている必要がないのは明らかである。もちろん、「法が働いている」ということがいったい何をさすのかということを考えるのは、法哲学者の仕事であり、実定法学者は考えなくてもよいと言われれば、そのとおりかもしれないが。
　くり返すが、契約法が働くのは、双方の履行期が異なるとき、いずれか一方が債務を履行しなかったとき、不可抗力によって債務の履行が不可能になったとき、目的物に瑕疵があったとき、錯誤があったとき等々の場合に限られる。法哲学者は、ほとんどの人が法律を知らなくても、社会がうまく回っていくのはなぜかを考えなければならない。
　なお、「生産信用」とは、生産資金の貸付という意味である。それと対比されるのは、消費信用すなわち、たんなる消費のための貸付である。当時はそういう言葉はまだなかったが、いわゆる「サラ金」は、消費信用、消費者金融（の業者）をさす。
　そこで生産信用とよばれているものは、いわゆる運転資金と設備等を更新するための資金との両者を含む概念と思われるが、もう一つ、純粋な投資のための資金の貸付というものも考えられる。だが、企業が新たな事業を起こすための資金と投資家が株や債券を買うための資金は、いずれも最終的には生産に向けられているので、投資信用と生産信用を峻別することはむずかしい。

> 　従つて、これらの法意の存するところを推し進めると、債務者が制限超過の利息、損害金を任意に支払つたときは、それらの金額それ自体債務者には帰属できないとしても、それだからといつて債権者に帰属するいわれもないのであるから、かかる事態を合理的に解決することが要請されるものというべく、そのためには、衡平の原理に照らして妥当な結果が得られるように考えなければならないところである。解釈の任務は、ここにある。とすれば、右の場合において、元本債権が残存しない限り事実上債権者の利得する結果となることはやむを得ないところであるが元本債権が残存する限りこれに充当されることとなるものと解するのが最も合理的な解決となり、衡平の原理にもそう所以であつて、いな、むしろこれが法の全趣旨に基づく当然の論理的帰結であると思料する。
> 　しかるに、法一条、四条各二項が右の場合には、一条、四条各一項の規定にかかわらず債務者はその返還を請求することができないとしていること、また、法二条が元本への充当を利息の天引の場合について規定していることから、利息を天引した以外の場合においては、残存元本への充当が許されないものと解することは、衡平の原理にそわず、論理的にも首肯しがたいものといわなければならない。
> 　なお、念のため附言すると、法の定めている利息、損害金の限度は、消費貸借における使用対価、危険の保険料等が十分に参酌されているものであること、しかも、その最高限を超えても、更にこれを著しく上廻る高率の利息、損害金を契約しまたは受領した場合（出資の受入、預り金及び金利等の取締等に関する法律五条）でない限り取締の対象とされないで、いわゆる闇高利、闇金融として放置されていること等を考えあわせると、前記の如く残存元本への充当を積極的に解しても、そのためにいわゆる庶民金融を梗塞するおそれがあるとはいえず、そのような政策的考慮によつて折角の社会立法を力の弱いものとする解釈は、採るを得ないところである。

　池田裁判官の意見は、高利貸し金融の現状について、個別意見の最初に登場した河村裁判官とほぼ同じ認識に立ちつつも、利息制限法の第一の目的を横田喜三郎裁判官ら反対意見に与する他の裁判官と同じく経済的弱者たる債務者保護に見出し、結論的には、法廷意見を支持する河村裁判官の意見にことごとく反対する、という内容である。

　しかし、自己の見解を正当化する根拠として挙げられている「衡平の原理」については、私にはそれが何なのかを理解することができなかった。本件の法律問題については、債権者は元本債権が残存しないかぎり制限超過利息を債務者に返還する義務がないという、債権者に有利な法状態と、元本債権が残存するかぎり元本に充当されるという債務者に有利な法状態とが併存しているから、債権者と債務者とはいわば「おあいこ」の状態にある、ということをさしているのは明らかであるが、別の種類の事件について、その原

理をどうやって適用すればよいのかということが私には皆目わからない。

また、後掲の第三の判例によれば、超過利息を含めて元利金を完済した場合でも、債務者は返還請求できることになるが、そのような判決は、衡平の原理に反するのだろうか。それとも、その場合でも、いわゆるグレーゾーン金利は処罰されないから、返還請求を求めない借手が若干でもいるかぎり、貸手はそれなりに儲けているのだから、衡平の原理に反しないのだろうか。現在ではグレーゾーン金利も廃止されたが、それは貸手に不衡平なことなのだろうか。池田裁判官のいう「合理的」や「論理的」の意味についても、理解不能という同様な疑問を私は抱く。

「衡平」（equity）という言葉を、池田裁判官が使用するような意味で使った偉大な哲学者や法哲学者は一人もいない。アリストテレス[50]以来、それは法の硬直性を是正するものという意味で一般に使用されてきた。法は、一般的事例を念頭において制定されたり、成立したりするものであるから、個別具体的事件の事情からして、それを機械的に一律に適用すると正義に反する結果を招くことがある。これを是正するものが、衡平の理念とされたのである。念のため、P. G. ヴィノグラドフ（1854-1925）『法における常識』（末延三次・伊藤正己訳、岩波文庫、1972年、188頁、197頁）から引用しておこう。

> アリストテレスは一つの重要な点に注目し、これを説明した。すなわち、彼は、法規範は必然的に一般性をもつものでなければならないのに反し、各事件の具体的状況は特殊のものであること、また将来に起るべきさまざまの、また複雑なすべての現実の事態に適合するような規範をまえもって定めることは、人間の洞察力と知識のとうてい及えないところであること、したがって、法は衡平（epieikeia）によって補充されなければならず、またそれぞれの事情に適応し、伸縮性のある処理を行なう力がなければならないので、その力によって、ときには、形式的に承認された法とは異なるにもかかわらず、本質的にみて正当な結果となるような決定が促されるものであることに注目した。

これと同じ原理が1804年のフランス民法典の序編[51]にきわめて明瞭な言葉で述べられ

50　高田三郎訳『ニコマコス倫理学（上）』（岩波文庫、1971年）第5巻第10章208-210頁、戸塚七郎訳『弁論術』（岩波文庫、1992年）第1巻第13章136-139頁参照。ただし、「衡平」（エピエイケイア）の訳語として、前者では「宜しさ」、後者では「公正」が採用されている。松平光夫「ハード・ケース処理に関する裁判官の役割——アリストテレスのEpieikeiaの概念を中心に——」『法の理論9』（成文堂、1988年）67-98頁も参照。

51　第4条「法の規定がないとか、法が不明瞭であるとか、または不十分であるとかの口実で、事件の判決を拒否する裁判官は、裁判拒否の責あるものとして訴追することができる」。同書207頁注6に拠る。

この条文は、民事事件における法の欠欠への対処を説明する文脈で法学者によってしばしば引用

ている。
　……　……　……
　　最後に、私は衡平のもつ三つの主要な機能——すなわち個別的な扱いをなしうるということによって問題の解決に助力を与えること、法の欠陥を補充すること、法規範から生じる過酷な結果を矯正すること——に関して……私の見解を実証してみようと思う。

　アリストテレス以来の「衡平」という理念も、具体的にどうすればよいのかということについて語るものではない。ただ文字通りの適用では正義に反する場合に何らかの仕方で対処せよというだけである。池田裁判官のいう「衡平の原理」は、それに則れば何らかの方向性が出てくるかのようなニュアンスをともなっている点がむしろ問題なのである。
　また、池田裁判官の意見は、本件の個別具体的な事情に言及しているわけではないから、伝統的な用語法に反する。しかし、後掲（本章38参照）の奥野裁判官の意見にも、同様の用語法がみられるから、彼らが法における常識を欠いているというよりも、たんなる業界用語の違いといったほうが正しいであろう。
　日本の裁判官用語は、衡平の「衡」（はかり）という言葉のイメージに由来するのであろう。しかし、両方のさらに物をのせて釣合をとる式のはかりは、（「重さ」が何をさすのか不明である点はおくとして）両方の重さが違っていても、支点を適当に動かせば水平になる。私が「衡平の原理に従う」ということが理解できないのはそのためである。

26. 裁判上無効

　法律論について補足すれば、池田意見①第2段落の「裁判上たると裁判外たるとを問わず」という文言は、旧法の「裁判上無効」[52]という文言を意識

されるが、何らかの仕方で欠陥を補充しなければならないことを意味するだけで、その補充の仕方にまで言及するものではない。衡平も、具体的事情を考慮せよと示唆するだけで、欠陥補充の特段の方法をさすものではない。
　また、法解釈にあたって具体的事情を考慮するといっても、それは当該事件にしかみられない特有な事情ではなく、他の類似の事件でもみられうる事情であるから、法における衡平の考慮は法の一般性（正確には普遍性——同じ特徴をもつすべての事件に等しく適用されること）に反するものではないとされる。この点については、マコーミック『判決理由の法理論』（前掲注34）104-106頁参照。なお、法の一般性をその普遍性と区別する場合、一般性とは、適用されうる事例の多さをさす。たとえば、契約という概念と消費貸借契約という概念を比べれば、前者のほうが一般性が高い（アリストテレスの論理学では「外延が大きい」＝「内包が小さい」という）。

してのべられている。もしその文言を、裁判上は無効だが、裁判外では有効であるというふうに反対解釈してよいとすれば、裁判上無効な利息を自発的に支払った債務者の行為は有効であり、不当利得にはならないから、その返還を裁判で求めることはできなくなる。新法では、第1条第1項および第4条第1項で、裁判外でも不当利得になることを認めた上で、民法の不当利得法の特則として第1条第2項および第4条第2項を置いたのである。

池田意見①の最終段落に登場する「十分に参酌されている」という文言は、経済学者にとっては意味不明であろう。金銭消費貸借の価格である利息ないし利率が使用対価と危険の保険料（リスク・プレミアム）等からなるという記述は経済学的にも正しいが、経済は変化するものであるから、一定利率に制限された価格がそれらを「十分に参酌する」と言うことは、経済が一定限以上は変化しないと仮定しないかぎりできない。そのようなことを将来にわたって正確に予測できる人間はいない。いたとすれば、大金持ちになれるであろう。「念のため」に、言わなかったほうがよかったと思われる。

なお、闇金は刑罰法規に違反するほどの高金利をとる金融業者を普通はさすから、それと区別する意味で、「闇」は「灰色」に読み換えた方がよい。

④ 奥野・五鬼上意見

27．概念法学的「不可能」のレトリック

以下で取り上げる二人の裁判官の意見は、後続する判例の展開を知った上で振り返ってみると、純粋な法律論に関して、本判決理由中で最も注目するべき意見である。法律論としては水準がきわめて高いが、法律をあまり知らない読者におかれても、どうか理解につとめていただきたい。

奥野・五鬼上意見①

> 裁判官奥野健一、同五鬼上堅磐の反対意見は次のとおりである。
> 債務者が特に利息、損害金の支払と明示せず支払をしたときは制限超過部分の支払は元本の残存する限り当然これに充当され、制限超過部分の利息、損害金の支払に充てられるものでないことは殆ど争のないところであろう。けだし、制限超過部分の利息、損害金は無効であり、かかる債務は存在しないのであるから、その部分の弁済は民法四九一条により当然残存元本に充当されるべきであるからである。

---

52 前掲注36参照。

> 問題は、債務者が特に利息、損害金の弁済と指定して支払つた場合であるが、元来制限超過の部分は強行法規たる本法（利息制限法）一条により無効とされており、その部分の債務は存在しないのであるから、その部分に対する弁済は不可能である。従って債務者が仮令利息、損害金と指定して弁済しても、その制限超過部分に対する指定は不可能な弁済の指定であつて、法律上その指定は無意味であり、結局その部分に関する指定がないのと同一であるから、当然民法四九一条が働き、残存元本に充当されるものと言わざるを得ないのである。すなわち、利息制限法は強行法規であり、その禁止にかかる無効な制限超過の利息、損害金の部分については、仮令当事者の一方又は双方の指定によつても有効な債務の弁済となし得ざるや明白であるからである。

この文章は、反対の立場にたつ、前掲河村裁判官の意見中の三（河村意見③）に対応し、そこで「傾聴に値する」とのべられていた見解である。奥野・五鬼上意見①中下線を付した「当然」、「殆ど争いがない」、「言わざるを得ない」「なし得ざるや明白である」等の表現は、すでに触れたいわば「明白さを必要以上に強調するレトリック」（本章18）の例であり、説明はくり返さない。

利息または損害金の弁済と当事者が「明示」しなかった場合と、「指定した」場合との違いについてもすでに説明した（本章19参照）。だが、少し補足しよう。

奥野・五鬼上意見①の第２段落で論じられている「指定して支払った場合であるが」、河村裁判官が当事者の「意思」を重んじて民法第488条を（類推）適用しようとしたのに対して、奥野、五鬼上両裁判官は、無効な債務は（法律上）「存在しないのであるから」、それへの「弁済は不可能であ」り、したがって、充当の「指定」も「不可能」または「無意味」である、それゆえ、第488条は適用されず、第491条が働く、という理屈を展開している。

法律論としては筋の通った立派な理屈であるが、私には、「不可能」「無意味」といった言い回しが大変気になる。そうした言葉は、概念を勝手に定義して弄ぶだけで、具体的妥当性を考えない法学という意味で、「概念法学[53]」

---

[53] ただし、その言葉の発明者イェーリング（1818-1892）自身は、「概念法学」という用語を否定的な意味でのみ用いていたわけではない。ルードルフ・フォン・イェーリング（眞田芳憲・矢澤久純訳）『法学における冗談と真面目』（中央大学出版部、2009年）373-376頁、または、ルドルフ・フォン・イェーリング（大塚滋・高須則行訳）「再び現世にて——事態はどのように改善されるべきか？（上）」東海法学18号（1997年）87-91頁参照。イェーリングの法学については、笹倉秀夫『近代ドイツの国家と法学』（東京大学出版会、1979年）参照。

と揶揄されたドイツやアメリカの法学[54]において、よく用いられた表現だからである。(問題の発見や、分類・体系化のために概念を使用すること自体を私は非難しているのではない。概念は、すべての学問にとって不可欠な道具である。)

たしかに、無効な債務の弁済は「不可能」または「無意味」であると言ってよいかもしれない。しかし、充当の指定まで「無意味」と言ってよいのであろうか。利息制限法第1条第2項および第4条第2項自体が、無効な債務の弁済であるにもかかわらず、「その返還を請求することはできない」と定めており、元本債務が残存しないときは、この規定が働くことに争いはなかったのであるだけに、私には理解に苦しむところがある。奥野、五鬼上両裁判官の先の理屈によれば、その条文は「無意味」なこと、「不可能」なことを定めているはずなのに、彼らはそれが適用される場合があることに、この判決では異論を唱えてはいない。理屈が通らないように思われる。

28. 「禁止」の多義性を利用するレトリック

また、「強行法規」、「禁止」という表現で、法律家にとって自明なことを過度に強調するレトリックも、かえって胡散臭い感じを与える。

強行法規は、任意法規と対照されるものである。両方とも、意思表示(ないしは意思)との関係に言及する概念である。任意法規は、当事者の意思表示がない場合にはじめて働く規定であり、民法第491条がその一例である。意思表示がある場合は、当然、意思表示が優先する。これに対して、強行法規とは、意思表示があっても、それより優先する規定である。

なお、刑罰法規なども、強行法規といえば強行法規であるが、各人の意思表示によって破ることができないのは当然である。たとえば、同意の上での殺人も犯罪とされている(刑法第202条)。一般に、対応する任意法規がありえない法規に関して強行法規という言葉を用いるのは不適切である。

契約の自由が原則とされる以上、契約法の大部分は任意規定(=任意法規)であり、したがって、契約法の内容と違う特約があれば、原則として特約が優先する[55]。だが、当事者の意思や合意によっても破ることができない規定

---

[54] 後述第3章**14**および**15**参照。
[55] 特段の意思表示がないかぎり、任意規定が働くという点に注目すれば、任意規定はデフォルト(初期設定)・ルールである。デフォルト・ルールは、ある意味で原則とみることもできる。どちらを原則(または例外)とみても、法体系の内容に変わりはない。記述や説明の仕方の相違にす

もあり、それが強行法規とよばれるのである。利息制限法第1条や第4条自体、当事者の合意に優先するのである——そうでないとしたら、制限利率を定めた「意味がなくなる」——から、強行法規の実例の一つである。「無効」という法律効果を伴う規定は、すべて強行法規と考えてよい。強行法規に反する意思表示や法律行為その他類似のものは、定義上、無効なのである。

これは法律家にとって自明のことであるから、「強行法規」という言葉を奥野、五鬼上両裁判官があえて付け加えた、それこそ「意味」がわからなくなる。どうも、それとセットで用いられている「禁止」という表現と関係があるらしい。

法律家は、「禁止」という用語を、それが刑罰法規によって禁止されている、つまり、違反したら刑罰が科せられるという場合に使うのが普通である。実際、前掲河村意見①の最終段落5行目に登場する「敢て禁止しない」は、「刑罰を科さない」ということを意味している。

利息制限法に違反しても刑罰が科せられることはないから、奥野、五鬼上両裁判官の言う「禁止」も、法律家にとっては、本来「無効」しか意味しないはずである。同一の法状態を表現するのに、「利息制限法に違反する契約をしてもよいが、無効である」という言い方もできるし、もっと中立的に「利息制限法の定めと異なる契約は無効である」という言い方もできる56。

次に掲げる奥野・五鬼上意見②から推測すると、奥野、五鬼上両裁判官は、「禁止」という言葉で、「制限利率をこえる利息契約は（道徳的に？57）

ぎない。立法および法解釈学においては、条文配列上、前にある条文の規定を原則とし、より後ろにある関連規定を例外とすることが多い。当然ながら、例外のほうが起こることが少ないというニュアンスは、法および法学においてはない。

56　もっと正確にいうと、次に引用する意見の続きにおいて民法第708条（不法原因給付）が挙げられているところから判断すると、（後掲注57も参照）、奥野、五鬼上両裁判官は、借主も貸主と協力して利息制限法の制限を超える「不法な」利息契約を締結したのであるから、裁判所は、その「不法な」契約に基づいて借主が貸主に給付した超過分の利息の返還につき、借主を助けることはしないとするとともに、「不法」であることの根拠づけとして、それが強行法規違反であることを強調しているようにもみえる。しかし、強行法規に反するだけで、「不法な原因」となるか否かについては争いがある。これに対して、賭博における借金など、刑罰法規違反の行為に基づく給付が不法原因であることについては争いがない。だからこそ「禁止」という言葉をあえて使う必要があったのだと私は推測する。

57　疑問符を付けたのは、道徳的に正しかろうが、正しかるまいが、法律家の第一次的関心は、それが法律上無効か否かにあるはずだからである。しかし、法律上の有効・無効の判断を道徳的考慮にかからせる法律規定や法律解釈もある（民法第90条の「公序良俗違反」の規定や前注56で挙げた不法原因給付の規定がその例である）から、問題は簡単ではない。

いけないことなのだ」と言いたいらしい。「だから、裁判所は、いけないことをした当事者のいずれも積極的に助けることはしないのですよ」と。お父さんが子供を諭しているような構図が少し気になるが、なかなか巧妙なレトリックだと思う。

　だが、正確にいえば、「返還については債務者を助けないが、元本充当については助ける」という微妙な立場を両裁判官はとっているのである。しかし、元本充当については助力を与え、返還については助力を与えないということの積極的な根拠づけはほとんど与えられていないように思われる。

　奥野・五鬼上意見②

> 　成程(なるほど)本法一条二項には超過部分を任意に支払つたときは、その返還を請求することができない旨を規定しているが、これを以つて制限超過部分の支払が残存元本に充当されることを禁止している趣旨と解することはできない。けだし、右一条二項の趣旨は旧利息制限法の「裁判上無効」とするとの規定に関する大審院判例に従つて、債務者が任意に支払つた制限超過部分については民法七〇三条又は七〇八条但書によつて[58]不当利得としてその返還を請求することを得ないものとしたに止り、それ以上に債権者に利益を与える趣旨のものではないと解すべきである。すなわち、本法が制限超過の利息の契約を禁止した以上、それにも拘らずした弁済について裁判所がその返還につき積極的に助力を与えないこととしたに過ぎないのである。殊に「裁判上無効」とした旧利息制限法の規定が「裁判外は有効」であると解せられる余地があつたのに反して、本法は「超過部分につき無効」と規定し、裁判外であると裁判上であるとを問わず常に無効であることを明白にしたのであるから、仮令制限超過の利息を裁判外において支払つても常に無効の弁済であり、裁判外の任意の支払であるからといつて有効な弁済と解する余地はなくなつたのである。それ故本条二項を創設したからといつて、既に一条一項によつて無効とされている制限超過部分が有効な債務又は自然債務となり、これに対する弁済が有効となるものと解したり、元本債務が残存する場合にもこれに対する法的〔定の誤植〕充当を否定する趣旨と解すべき何らの根拠にもならないのである。そして元本の残存する限り制限超過部分の支払がこれに充当されるものと解しても、制限超過部分の返還を認めるのと同一結果となるものでないことは言うを俟(ま)たないところである。

58　民法第708条は以下のように定める。「不法の原因のため給付をした者は、その給付したものの返還を請求することができない。ただし、不法な原因が受益者についてのみ存したときは、この限りでない。」。本件に関していえば、不当利得法の一般規定である民法第703条の要件がみたされている場合でも、制限をこえる利息契約が「不法の原因」であるかぎりで、制限超過利息を支払った債務者は第708条本文によればその返還のを請求できないことになるが、同条ただし書により、そうした「不法な原因」が債権者のみに帰せられるときは、債務者は、返還を請求することができる。しかし、本件では債務者も、不法な原因に寄与しているから、ただし書きは適用されない、という趣旨である。「よつて」の後に、「は」という係助詞を補ったほうがわかりやすい。

消極的な根拠づけは、奥野・五鬼上意見②冒頭の「一条二項」は「制限超過部分の支払が残存元本に充当されることを禁止している趣旨と解することはできない」によって示されている。この「禁止（していない）」は、刑法による禁止でも、民事上の無効でもなく、たんに「法の不備」を意味するにすぎない。

奥野・五鬼上意見②の後半にある「無効とされている制限超過部分が有効な債務又は自然債務となり……弁済が有効となるものと解したり」は、そのように主張する裁判官はいないから、本来、余計である。むしろ、その文は、後続する「元本債務が残存する場合にも……」という、支持する裁判官（多数意見）がいる主張とつなげて扱うことによって、前の主張を否認するのなら、後ろの主張も否認してしかるべきことを示唆するレトリックの一部として登場しているのである。

なお、自然債務とは、裁判外では、言いかえれば、当事者間では実体法[59]上有効だが、裁判所はその債権の実現に助力を与えない債務のことである。日本民法上は、もっぱら不当利得との関係で問題となる。消滅時効にかかった債務が一例として挙げられる。時効にかかった債務を債務者が履行した場合、それは法律上有効な弁済として、裁判所によっても扱われる。したがって、債務者は給付したものを不当利得として、債権者から取り戻すことはできない。

最後の文中の「言うを俟たない」も、例の強調のレトリックであり、レトリックであることを知っている読み手には、かえって説得力を減殺させる効果がある。

ちなみに、判決理由に関する私の論評では、法哲学者らしく、一貫してレトリックを暴露するという方法を採用しているが、普通の法律家は、そのような読み方はしないという点にも留意されたい。いずれにせよ、奥野、五鬼

59　現在の日本では、民事訴訟法、刑事訴訟法等の「手続法」との対比で用いられる用語であるが、歴史的経緯からすれば、訴権 actio または訴権法との関係で定義するべき概念である。日本の法律家であって、実体法と手続法の区別ができない人はまずいないが、厳密に定義し解説するとなると、古代ローマ法から中世ローマ法学をへて、今日までのローマ法系法学の発展に関する正確な知識が必要であり、遺憾ながら、民法、刑法、利息制限法等の、訴訟法または手続法でない法律が「実体法」だという、安易な説明ですましておく。詳しくは、兼子一『實體法と訴訟法』（有斐閣、1957年）参照。また、ここでは、裁判規範と区別して、「行為規範」とよばれるものとほぼ同じ意味である。

上両裁判官の意見は、それ自体、法律論として相当に説得力のある内容と、多種多様なレトリックを巧みに組み合わせた、法律家の視点からみれば上質の議論であることは間違いない。

29. 帰謬法
　奥野・五鬼上意見③

> また、このことは本法二条からも裏付け得るものと思う。すなわち、同条に言う利息の天引とは利息の前払の意味であつて、本条は債務者が任意に利息の前払をしても制限超過部分の利息の有効な支払とは認めず、これを元本の支払に充てたものとみなし、当事者の一方又は双方の意思によつても制限超過部分に対する有効な弁済となり得ないこととしているのである。そしてこの理は仮令利息の天引をしないで借主が一応元本全額の交付を受け、即座に利息の前払として制限超過部分の支払をしたとしても、矢張り制限超過部分の利息の支払は元本の支払に充てたものとみなされるべきことは同様である。けだし、然らざればこの方法により容易に同条の免脱を図ることができるからである。然らば、後日に至つて制限超過部分の利息を支払つた場合でも、民法四九一条によりその部分の支払を残存元本の支払に充当することを否定しなければならない理由はないのである。すなわち、若し本法が制限超過の利息の支払を絶対に元本に充当することを否定する趣旨であるとすれば、何故に制限超過の利息の前払に限つて元本に充当されるものとしたか理解することができないところであり、同条は制限超過の利息の支払が性質上元本に充当し得ること及びこれを元本に充当しても、制限超過部分の返還の請求を認めないことと矛盾、抵触するものでないことを前提としてこれを擬制しているものと解するのが合理的である。そして元本充当を否定する消極説をとると債務者は本法の禁止する制限超過の利息、損害金を支払わせられながら、いくら払つても元本は何時までも残り、債務者は救われないことになり、本法の高利貸の搾取から経済的弱者を保護しようとする本法の趣旨に副わないことになる。この意味において原判決が「元本債権にして存在するならば右支払額は当然元本に充当されるものと解するのが相当であり、かく解することが本法二条の法意にも通じ、且つ高利金融に対し経済的弱者たる債務者を保護せんとする本法制定の趣旨に適合する所以である」とした判示も首肯できるのである。
> 　論者は、積極説をとると高利貸が金融をしなくなり、経済的弱者の金融梗塞を来し、却つて弱者に不利となるというが、経済的弱者の金融については別途庶民金融等の社会政策的見地に基づく施策によつて解決すべきであつて、本法の解釈によつてこれを解決せんとするが如きは筋違いというべきである。よつて原判決は正当であり、本件上告は理由がない。

　ここで奥野、五鬼上両裁判官は、天引、すなわち利息前払の場合に、第2条により、天引額が元本に充当されるとすれば、利息後払の場合も、残存元本に充当されてしかるべきである、という類推解釈を展開している。これに

ついてはすでに説明した（本章10参照）。

　だが、ここでとくに注目するべきところは、天引の事例と履行期（またはそれ以後の）の利息返済の事例の間に、名目上の元本金額全額をいったん借主に手渡して、直後に利息分だけ取り戻すという事例を挟むことによって、最後の場合については、実質的には天引に等しいのに、元本充当を認めないという「不合理な」あるいは「ばかげた」結論を反対解釈説が含意しうる点を突いて、その説得力をそごうとしている点である。極端事例論法の一種ではあるが、「元本充当」という言葉をくり返し使うことによって、第2条のポイントを知らぬ間に「元本充当」に移す文章表現テクニックと相まって、法律家に対しては相当の説得力をもつ議論展開である。

　なお、相手方の主張が「ばかげた」、つまり、当の相手方も含め、だれも認めないような結論を含意することを突く論法を「帰謬法」または「背理法」という。論理学でいう「背理法」は、前提から、論理的に必然的に偽なる結論が導かれるとき、その前提は偽である、というふうに使われる。ちなみに、奥野、五鬼上両裁判官が同意見③において使用している論法は、厳密にいうと、帰謬法によって正当化される帰結主義論法かつ極端事例論法である。

30. 敵の主張を自分に都合がよいよう拡張または縮小解釈する

　奥野・五鬼上意見③中「絶対に」という表現が登場するあたりで使われている説得方法は、極端事例論法とよく似た論法であり、「絶対に」といった言葉を使って、相手方の主張をできるだけ極端な主張に曲解することによって、それから「ばかげた」結論が導かれることを示す論法が使用されている。相手方には、そこまで極端なことを言っているのではないという弁明がつねに可能であるから、水かけ論に終わることが多い。

31. 裁判所の能力の自覚

　奥野・五鬼上意見③中最後の段落は、経済的弱者が金を借りられなくなっても、それは利息制限法のあずかり知らぬことであると主張しているように読めるが、それが経済的弱者の保護につながらないことは確かだから、理解に苦しむ主張である。しかし、法律家らしく、利息制限法解釈の事実的効果に触れまいとしたら、このような奇妙な論拠を提出するほかなかったのであ

ろう。裁判官および司法の能力の限界内で判断をしようとする態度は、一つの見識である。

５　山田意見

32. 一歩前進

山田意見①

> 裁判官山田作之助の反対意見は次のとおりである。
> わたくしは、奥野、五鬼上両裁判官並びに横田（喜）裁判官の反対意見に同調する。しかして、何故に多数説に同調し得ないかについてのわたくしの見解を左のように述べる。
> 多数説は、昭和二九年旧利息制限法が廃止され現行利息制限法となつた今日においても、なお、所謂超過利息について、債務者が超過利息と指定して（明示のときは勿論黙示の場合でも）支払つたものについては、そのまま超過利息として債権者が取得し得るとの旧利息制限法時代大審院の古くから採つている態度（明治三五年一〇月二五日言渡、判決録八輯九巻一三四頁、昭和三〇年二月二二日言渡最高裁判所第三小法廷判決、集九巻二〇九頁）を結果においてそのまま維持せんとしているのである。その根拠は改正後の現行利息制限法においてもなおその一条二項において『債務者は前項（利息の最高制限）の超過部分を任意に支払つたときは前項の規定にかかわらずその返還を請求することができない』と規定しておる所以のものは、この点に関しては新法は旧利息制限法をその基盤において踏襲しているのである。この二項の規定が存する以上、旧利息制限法についての大審院以来の判例は現行利息制限法についてもこれを変更する必要がないとするのである。惟うに、現行法が一条一項において超過利息についてはこれを無効としながらその二項において超過利息を意識して支払つたときは、債務者は債権者にたいしてその返還を求めることが出来ないとしているのは、法条としては首尾一貫しないものというべきであるが、かかる首尾一貫しない立法がなされているのもまた社会的理由がこれを要求しているからである。であるから旧利息制限法が「<u>裁判上無効とする</u>」としていたのを現行法が「<u>無効とする</u>」としたのは高利息制限の理想に一歩前進したものと解すべきであり、従つて、現行法上少数説の主張しているとおりの解釈が<u>条文上の根拠</u>がある以上、一歩理想に副うべく法を解釈すべきは当然であると考える。所謂金融の円滑を期する点を高調するあまり、法規の条文が改正されておるにもかかわらず、なお旧法時代と同様な考え方の基礎の上に、旧法のときの判例と同様の結果となるように新法を解釈することはわたくしの採らないところである。
> （裁判長裁判官　横田喜三郎　裁判官　斉藤悠輔　裁判官　藤田八郎　裁判官　河村又介　裁判官　入江俊郎　裁判官　池田克　裁判官　垂水克己　裁判官　河村大助　裁判官　下飯坂潤夫　裁判官　奥野健一　裁判官　髙木常七　裁判官　石坂修一　裁判官　山田作之助　裁判官　五鬼上堅磐）

山田裁判官の意見は、無用なレトリックを駆使することなく、論旨を簡単

明瞭にのべており、私は一番の好印象を覚えた[60]。

山田裁判官は、第１条および第４条の第１項と第２項の関係が「法条としては首尾一貫しないこと」、ならびに、そのような妥協も現状ではやむをえないことを率直に認めた上で、新利息制限法の条文が、旧法の「裁判上無効とする」から「無効とする」に変わった点に注目し、そのかぎりで明らかに一歩前進したのだから、解釈も旧法下の先例を踏襲するのではなく、元本充当説を採用するべきだと説いている。

反対意見に従えば、高利息制限の理想に一歩前進したとは言えるであろうが、経済的弱者保護に対して実際によい効果をもたらすかどうかは、くり返すが、もちろん別問題である。

ちなみに、キリスト教は近世まで、高利どころか一切の利息（usury）を禁止していた。これを、送金のために利用する手形の業務に対する手数料などとごまかすことで、利息解禁の「理想」に「一歩前進」するまで商人たちは苦心惨憺したのであった[61]。

もう一つ指摘すれば、山田意見①にある「条文上の根拠」に言う「条文」に、利息制限法第１条および第４条の各第２項が含まれていない点にも注意する必要がある。この点は、後に再度取り上げる。

判決書の最後にあるのは、いうまでもなく、判決に関与した裁判官全員の署名である。

33. 上告理由

復習も兼ねて、以下の上告理由を読んでいただきたい。文体が古いので少

---

60 しかし、厳しくみれば、「理想に近づくのはいいことだ」あるいは「歴史の流れにそうのはいいことだ」といったトポスの応用にすぎない。「理想」と思われていることが、全員にとってよいことか、歴史はつねによい方向に進んでいるのか、という疑問を提起してみれば、その答えが必ずしもイエスとはいえないことはだれにでもわかるであろう。

「トポス」topos とは、言論において聞き手または読み手を説得するために使用される一般的な論拠（しかも分野に応じて相応の特殊化が可能な論拠）を意味する。もともとはギリシア語で「場所」を意味する言葉であるが、それが、アリストテレス以来の（正確には、アリストテレス以前からある）西洋の弁論術ないし修辞学でそのような意味に転用された。複数形はトポイ topoi である。トポスについては、カイム・ペレルマン（江口三角訳）『法律家の論理――新しいレトリック』（木鐸社、1986年）第58節参照。

61 Albert R. Jonsen and Stephen Toulmin, *The Abuse of Casuistry, A History of Moral Reasoning*, University of California Press, Berkeley and Los Angeles, 1988, ch. 9 参照。

し読みにくいかもしれないが、それが、多数意見ないし河村裁判官によってほぼ採用されたことがわかるであろう。

　　上告代理人村上秀三郎の上告理由
一、原審は判決に影響を及ぼすこと明かなる法令違背（民訴第三九四条）と判例違背ある外判決理由に齟齬あり（民訴第三九五条第一項六号）何れに依るも取消を免れざるものである。原審は右（一）乃至（八）の各金員は何れも青木が任意に支払つたものとし（此中若干の例外を除く）且利息制限法第一条、第四条の各第二項に於て超過利息を任意に支払つたときは各其第一項に拘らず返還の請求をすることが出来ぬと論断されたるは当然のことなれど前記各法条各第一項を援用し制限外利子及損害金は無効であるから任意支払の場合と雖も利息損害金の弁済たる効力を有せずとし更に進んで本件既に弁済充当を終りたる制限外利息に付て「元本債権にして存在するならば右支払額は当然元本に充当されるものと解するが相当である」と結論されたるは利息制限法の適用を誤り民法第四九一条弁済充当の規定を無視するもので到底承服し難きものである。原審は超過部分を任意に支払つたとき其返還請求し得ずとし乍ら元本債権残存する間は当然元本に充当せらるべきものとするは根拠なき独断である、元金残あるときに限り当然元本に充当せられる如き規定は奈辺にも存在しない、法令の誤用理由齟齬ありと云ふ所以である。
二、原審は其論断の理由付として二点を挙げる。即ち利息制限法第二条で貸借成立の際に天引した超過利息を元本の支払に充てたものと規定したる法意にも通ずとあるが右は原審自ら認むる如く、貸借成立の際の天引利息に関する規定で契約成立後合法的充当の行はれたる場合に迄拡張すべきではない。第二の理由付けとして経済的弱者たる債務者保護せんとする法の趣旨に適合すると云ふが、それに対しては法は相当の考慮を加へて居るので漫りに裁判に政策的臭味を導入するは害あつて益なき場合少くない。原審の云ふ如く制限外利息損害金支払の約定は無効といふは可なれど右は充当行為自体を無効と云ふことは出来ない。而して民法第四九一条は元本利息費用間の弁済充当を定め弁済者が全債務を消滅せしむるに足らざる給付をしたるとき費用利息元本の順序に依るべきを法定し実際の慣行（就中金貸業者の場合）亦同様である。本件に於ても当事者の合意又慣習に従て制限外の利息損害金は全て元本に先んじて充当されたものにて過払分の返還請求をなし得ざるは法の明定する所又元金残余存在するからとて当然元金に充当されたものとするは何等の根拠なきものである。

　少しだけ注釈しよう。「制限外利息又は損害金」における「制限外」は、「制限をこえる」という意味である。
　内容上は、民法第491条の解釈が河村裁判官によるものと異なる点に注意されたい。河村裁判官が奥野、五鬼上両裁判官によって提出された「傾聴に値する」元本充当説をとくに意識して、法定充当について定める民法第491条に先立って、当事者による弁済充当指定権について定める民法第488条が（類推）適用されると主張したのに対して、上告代理人村上弁護士は、第488

条については言及せず、第491条自体の解釈として、それは、費用、(制限超過分も含む)利息、元本の充当順序を定めるものであり、それはまた実際の慣行にも合致している(から支持されるべきである)、という意見を提出したのである。法律論としては、河村裁判官の理屈のほうが筋がよいように思われる[62]が、村上弁護士の理屈も、これはこれとして、一つの法律論として十分に成立する解釈だと思われる。

第4節　第2の判決

34. 判例変更

民集18巻9号1868頁

```
貸金請求事件
昭和三五年(オ)第一一五一号
同三九年一一月一八日最高裁大法廷判決
【上告人】　控訴人　被告　川辺台一　外一名　代理人　岩切清治
【被上告人】　被控訴人　原告　吉松ツルノ　代理人　村田継男
【第一審】　鹿児島地方裁判所　【第二審】　福岡高等裁判所宮崎支部

　　　　　　主　　文

原判決を破棄する。
本件を福岡高等裁判所宮崎支部に差し戻す。

　　　　　　理　　由

上告代理人岩切清治の上告理由[63]について。
```

---

[62] 慣行あるいは「事実たる慣習」(民法第92条)があっても、それが「公の秩序に関する規定」=強行法規と対立するときは、当然強行法規が優先するので、慣行であることだけを指摘しても、解釈論としては弱い。したがって、第488条を援用して、当事者の意思を強調する河村説のほうが筋がよいのである。

[63] 以下、その全文(民集18巻9号1883-1884頁)を掲げる。
原判決は法令の解釈に誤りがある。
利息制限法第二条は「利息を天引した場合において天引額が債務者の受領額を元本として前条第一項に規定する利率により計算した金額を超えるときはその超過部分は元本の支払に充てたものとみなす」と規定し経済的弱者たる債務者を保護している、に不拘第一条第二項では「債務者は前項の超過部分を任意に支払つた時は同項の規定に不拘その返還を請求することが出来ない」と規定されてあるので、その超過部分については債権者の無償所得を許容したるが如き表面解釈もあり得るが、利息制限法制定の趣旨は高利金融に苦しむ貧乏人を救済する為めであるから、債権者を保護する様な解釈は当を得ていない。
「返還を請求することが出来ない」というのは不当利得として返還請求を為し得ないという趣旨であつて、第二条の法意に照らして之れは当然元本に充当すべきものと解する。

債務者が、利息制限法（以下本法と略称する）所定の制限をこえる金銭消費貸借上の利息、損害金を任意に支払つたときは、右制限をこえる部分は民法四九一条により残存元本に充当されるものと解するを相当とする。その理由は後述のとおりである。従つて、右と見解を異にする当裁判所の判例（昭和三五年（オ）第一〇二三号、同三七年六月一三日言渡大法廷判決、民集一六巻七号一三四〇頁参照）は、これを変更すべきものと認める。
　債務者が利息、損害金の弁済として支払つた制限超過部分は、強行法規である本法一条、四条の各一項により無効とされ、その部分の債務は存在しないのであるから、その部分に対する支払は弁済の効力を生じない。
　従つて、債務者が利息、損害金と指定して支払つても、制限超過部分に対する指定は無意味であり、結局その部分に対する指定がないのと同一であるから、元本が残存するときは、民法四九一条の適用によりこれに充当されるものといわなければならない。
　本法一条、四条の各二項は、債務者において超過部分を任意に支払つたときは、その返還を請求することができない旨規定しているが、それは、制限超過の利息、損害金を支払つた債務者に対し裁判所がその返還につき積極的に助力を与えないとした趣旨と解するを相当とする。
　また、本法二条は、契約成立のさいに債務者が利息として本法の制限を超過する金額を前払しても、これを利息の支払として認めず、元本の支払に充てたものとみなしているのであるが、この趣旨からすれば、後日に至つて債務者が利息として本法の制限を超過する金額を支払つた場合にも、それを利息の支払として認めず、元本の支払に充当されるものと解するを相当とする。
　更に、債務者が任意に支払つた制限超過部分は残存元本に充当されるものと解することは、経済的弱者の地位にある債務者の保護を主たる目的とする本法の立法趣旨に合致するものである。右の解釈のもとでは、元本債権の残存する債務者とその残存しない債務者の間に不均衡を生ずることを免れないとしても、それを理由として元本債権の残存する債務者の保護を放擲〔す〕るような解釈をすることは、本法の立法精神に反するものといわなければならない。
　しかるに、叙上の説示と異なる見解のもとに上告人ら主張の弁済の抗弁を排斥した原判決は、破棄を免れない。そして、制限超過部分の残存元本への充当関係につきさらに審理を尽くさせるため、本件を原審裁判所に差し戻すのを相当とする。
　よつて、民訴法四〇七条一項に従い、裁判官横田喜三郎、同奥野健一、同斎藤朔郎の補足意見、同入江俊郎、同石坂修一、同横田正俊、同城戸芳彦の反対意見があるほか、裁判官全員一致の意見で、主文のとおり判決する。

　先の大法廷の「判例」（ここでは「判例」の狭い意味、すなわち、判決で採用されたルール、具体的には「元本充当ルール」を否定するルールをさす）は、2年5ヶ月後、大法廷自身によって変更された[64]。一読すればわかるように、

　原審判決は債権譲渡の場合を想定されて矛盾するが如き論旨であるが債権譲渡の場合仮りに超過支払があつたとすればその支払と同時にその超過部分は元本に充当されるのであるから譲渡債権額は超過支払分を元本に充当したその残額ということになり矛盾はしない。
　64　最高裁判所裁判官の構成の変化も影響していると思われる。最後に取り上げる判決も含め

第一の判決で少数意見に属した奥野、五鬼上両裁判官の反対意見がほぼそのまま採用されている。

35. 自分の意見の引用の仕方
　　横田喜三郎意見②

> 裁判官横田喜三郎の補足意見は、つぎのとおりである。
> 　わたくしは、本判決の理由のうちで、利息制限法の立法趣旨に関する点をとくに重視するものである。これについては、昭和三五年（オ）第一〇二三号、同三七年六月一三日言渡大法廷判決[65]に対する反対意見として詳しく述べた（民集一六巻七号一三四七頁）から、それをここに引用する。

「引用」といっても、判決文中に実際に引用されているわけではない。読みたい人は、判例集を自分で調べてみて下さい、ということである。法学者や報道関係者以外で読む人はほとんどいないだろうから、それでよい気もするが、万一読んだ一般国民には、不親切な印象を与えるであろう。もちろん、これも先例墨守の一例である。

36. 強調したい文言のくり返し
　　奥野意見①

> 裁判官奥野健一の補足意見は次のとおりである。
> 　私の補足意見は、昭和三五年（オ）第一〇二三号、同三七年六月一三日言渡大法廷判決（民集一六巻七号一三四〇頁）における私の反対意見と同一であるから、それを引用する。
> 　なお附言するに、利息制限法は高利金融に対し経済的弱者である債務者を保護するため、一定の利率を設けて、これを超過する利息・損害金の約定を禁止し、その超過部分を無効とし、その債務の存在を否定することとして、借主たる債務者を保護することを以つて、その目的とするのである。

「なお附言するに」以下の文は、次のように言い換えたほうが正確であろう。すなわち、「利息制限法は、借主たる債務者を保護することを目的とし、高利金融に対し……その債務の存在を否定することを、その内容とするので

　て、それについては、小野（前掲注48）296頁参照。
　65　本章で先に取り上げた第一の判決。

ある。」というふうに。「債務者保護が目的」という趣旨の文言を、（無意識かもしれないが）何としてもくり返したかった、としか思えない。

しかし、残念ながら、やればやるほどレトリックの専門家の疑惑を誘発するだけである。私からみれば、それは「実は根拠はないのですが」と自白しているに等しい。もちろん、利息制限法が実際に何を目的としていたかはひとまずおき、それを債務者保護に向けて解釈する・・べきだと信じる多数の法律家にとっては説得力を増すことになる。

37. 「法律上の不利益」？
奥野意見②

> 従つて、貸主たる債権者が右超過部分の利息・損害金の支払を請求することの<u>許されない</u>ことは勿論であり、債務者も右超過部分の利息・損害金の支払をなす<u>義務を負わないのである</u>。それ故、債務者は債権者より右超過部分の請求を受けても、制限利率による利息・損害金のみの支払をなすを以つて足り、若し債権者がその受領を拒めば、これを供託[66]してその債務を免れ得るわけである。然るに、実情は経済的弱者たる債務者は心ならずも右制限超過部分の支払を強いられるのが現状である。
> 　固（もと）より、超過部分の債務は無効であり、不存在であるから、超過部分の支払は非債弁済[67]であり、本来ならば不当利得として、その返還を請求することができる筋合であるが、法は苟（いやしく）も制限利率を超過する約定を<u>禁止</u>し、これが超過部分の支払を否定する建前を採つている以上、債務者がこの<u>禁止</u>に違反して、敢（あ）えて超過部分の支払をした場合に、これが返還請求を許容することは、<u>法の禁止する行為を保護する結果</u>となり、法の目的に副わないことになるから、本法一条、四条の各二項において、債務者に対してその返還の請求を認めないこととしているのである。しかし、法はこれがため、債権者に右超過部分の支払を受領する正当な権限ありとして、これを保護しているのではない。飽（あ）くまでも、右超過部分は無効であり、その支払は無効の弁済であることに変りはないのである。従つて、他に<u>元本債務</u>等の存在する限り、右弁済は民法四九一条の原則に従い、それらに充当されることを<u>禁止</u>するものでないと解すべきである。けだし、債権者にとつては右超過部分の支払は、<u>もともと法律上の原因のない不当利得</u>であるから、こ

66　債務者その他の者が債権者に対し弁済を提供した際、債権者が「受け取りません」という場合がある（「受領拒絶」という）。具体例でいえば、利息制限法の制限内の利息しか払わないと宣言してその金額のみを金貸しに渡したところ、金貸しが「そんなんじゃうけとれねー、なめとんのか、ぼけー」とか何とか言って、受け取らなかった場合である。供託（民法第494〜498条参照）とは、そのようなときに金銭等を供託所に寄託して債務を消滅させる一つの方法であるが、本件とは法律論上直接の関係はない。供託についてあえて言及した奥野裁判官の意図をあえて探れば、高利貸しから搾取されるような借手は、一般に法律に暗く、そのような知識に欠けるから同情するべきである、とでも暗示したいのであろうか。

67　債務が存在しないのに弁済すること。民法第703条により、返還請求できるのが原則であるが、弁済者が債務の不存在を知っていたときは、民法第705条により、返還を請求することができない。

れを他の有効な債務の弁済に充当されても、<u>法律上何ら不利益を蒙る</u>ものではなく、他方右支払は債務者が債務の弁済としてなしたものであり（贈与等の趣旨で交付したものでないことは明白であり）、従つて他に弁済すべき<u>元本債務等</u>が存在する限り、それらに対する弁済として充当さるべきであることは、前記民法の規定の明定するところであるからである。

　この奥野意見②の1行目に「許されない」という新たな用語が導入されているが、これは「禁止されている」と同じ意味である。

　「債権者が……許されない」に対応するのは、本来、「債務者も……支払の請求に応じるのは許されない」となるはずであるが、実際には、「債務者も……支払をなす義務を負わない」となっている。後者に対応するのは、本来、「債権者は……支払を請求する権利をもっていない」である。そのようなことは百も承知のはずの奥野健一裁判官が、あえてあのような文章表現を使うからこそ、私は胡散臭く思うのである。

　後半部分に「元本債務等」という文言が二度登場するが、その「等」は、その利息に対応する元本以外の債務にも充当される可能性を示唆するものである。たとえば、毎月、一定金額を元本分と利息分に適当に配分して借金を返済していく方式がとられている場合とか、同じ貸主から、何口かにわけて借金している場合には、もともとの「元本充当ルール」が想定していたよりも多種多様な債務が残存している可能性がある。奥野裁判官は、超過分利息をそれらの債務にも充当できることは当然であるという趣旨の議論を展開しているから、ここでは、「元本充当ルール」は拡張され、いわば「元本等充当ルール」に知らぬ間に変形されている点に注意されたい。

　だが、もっと注意するべきは、「けだし」以降の最後の文である。そこにのべられた「もともと法律上の原因のない不当利得であるから……法律上何ら不利益を蒙るものではなく」という表現は、たとえその結論が正義にてらして正しいとしても、悪しき意味での「概念法学」の典型だと思う。

　「法律上の不利益」とは何をさすのか。第一の判例の法状態と比べて、目下の判例の法状態では、債権者が、事実において、より不利になっているのは明らかである。「不利益」を事実のレベルで考えないとしたら、どのレベルで考えるのであろうか。「法律上の不利益」とは、何もささない言葉か、

「もともと……不当利得である」の同語反復かのいずれかであろう。

　もちろん、これは、「不利益でなければよいではないか」という、だれでも受け容れそうな論拠（専門的には「共通のトポス」[68]という）を暗黙裡に援用してごまかそうとするレトリックにすぎない。

38．すでに受け容れられている論拠の応用
　奥野意見③

> 　反対論者は、偶々他に充当すべき元本債務等の残存しない場合と比較して不公平であるというのであるが、かかる理由を以つて右充当弁済を否定して、債務者の不利益に帰せしめることは本末顛倒の論であるといわねばならない。
> 　また、超過部分の支払につき、一方においてこれが返還の請求を否定しながら、他方において残存元本債務等に対する弁済としてその充当を認めることは、その返還の請求を認めるのと経済的に同一の結果となり、矛盾であるとの反対論にも賛同できない。すなわち、例えば、民法五〇八条は、時効に因つて消滅した債権を以つて、その消滅前相殺に適した債務と相殺し得ることを認めているのであるが、これは衡平の原則上 真に正当であつて、これを以つて時効に罹つた債権の履行の請求を否定しながら、相殺に供することを認めるのは、その履行の請求を認めるのと同一の結果となるとか、偶々相殺に供し得る債務を有しない者と比較して不公平であるなどという非難の当らないことは自明の理であり、これと同様に前記反対論の非難も当らない。

　奥野意見③の第１段落で言及されている「本末顛倒の論」という結論については、私も別の意味でそのとおりだとのべた（前述本章11参照）。奥野裁判官の主張は、「債務者保護」が他のすべての考慮に優先する絶対的目的だから（前掲奥野意見①参照）という理由のみに基づいている点で私の主張とは異なる。問題は、「返還を請求することができない」という条文が現に存在するということを裁判官としてどう受け止めるのかという点にある。法律の目的だけを考慮すればよいのだとしたら、裁判官は条文の細かい文言は読む必要がなくなるだろう。あるいは、読んではいけないということにさえなろう。

　「衡平の原則」についても、池田裁判官の意見について論じたところ（本章25参照）ですでにのべたのでくり返さない。

　だが、利息制限法における第１条および第４条の各第２項と元本充当ルー

68　ペレルマン（前掲注60）同所参照。

ルとの関係と類似の関係にある具体例として、(消滅)時効にかかった債権の履行を請求できないことと民法第508条に定められた時効消滅した債権による相殺ができることとの関係をもち出し、後者が認められるのなら、前者が認められてどこがおかしいのか、という論拠を提出している点は注目に値する。

これは、「等しい事例は等しく扱うべきである」という形式的正義の原理に支えられた類推論法の一種であると同時に、すでに受け容れられている論拠を援用して、問題の主張を正当化するという論法の一つでもある。だが、適切な論拠すなわちトポスを、既存のトポイ・カタログ(「トポイ」は「トポス」の複数形)のなかから発見するという作業が実際には大変なのである[69]。民法第508条の援用は、さすがというほかない。

一般的にいうと、説得の極意の第一は、聞き手に順応すること、つまり、聞き手がすでに受け容れているトポスを利用することである[70]。極意の第二は、論争のポイントを自分に有利なように設定することである。

第二の極意について具体的にいうと、元本充当説を支持する者は、第2条の解釈のポイントを「元本充当」におかなければならない。だからこそ、河村裁判官は、前の判決で、消費貸借の要物性をもち出して——これは実は判例・通説であって、反対者も否定することがむずかしかった。その意味で共通のトポスであった——、ポイントを元本充当におかせないように努めたのである。第一の判決における河村裁判官と奥野健一裁判官の論争は、相当腕が立つ——かつ、幸いにして法律論的にも内容のある——レトリカーどうしの対決であった。

39. 類推から一般原理の確立へ

奥野意見④

> 殊に、本法二条は天引利息について、制限超過部分を元本に充当したものとみなしているのであるが、これは貸借の締結に当たり、債務者が任意に(内心は兎も角として)制限超過の利息の前払をなした場合は、その超過部分は利息の有効な支払とは認めず、また、固よりこれが返還の請求をも認めず、当然これを元本の支払に充てたものとみなしているのであつて、すなわち、制限超過の利息の支払(天引すなわち前払をも含めて)

---

69 テオドール・フィーヴェク(植松秀雄訳)『トピクと法律学』(木鐸社、1980年)参照。
70 ペレルマン(前掲注60)第52節、53節、57節参照。

> は、その返還請求は許されないが、残存元本債務等に対する弁済に充当することを是認している証左と解することができる。従って、また本条を以つて右弁済充当を否定する反対解釈の根拠とすることは不当である。
> かくの如く制限超過の利息・損害金の支払につき、元本等の残存債務のある場合に、これに対する弁済充当を認めることは、法の禁止に反して、超過部分の支払をなした債務者とこれが支払を受領した債権者との双方の関係を衡平ならしめる所以であり、常に支払をなした債務者のみに不利益を帰せしめる不公平を是正し、本法の目的である債務者保護の趣旨に副うものといえよう。

　第一段落で行われているのは、第2条からの類推をさらに発展させて、天引に関する第2条のルールと利息後払いに関する「元本充当ルール」との基礎に、「制限超過利息の支払いは残存元本に充当する」という内容の一般原理ないし一般ルールがあると想定する作業である。こうして、「元本充当説」は、ますます正しいようにみえるようになる。
　このような類推から法の一般原理への展開は、論理的にみれば循環論法といえばそのとおりであるが、よい意味でも悪い意味でも「概念法学」とよぶことのできるドイツ普通法学が解釈を通じた体系化を行う際に用いる常套的方法であった。英米法においても、判例法の展開において、同様の手法が広く用いられている[71]。日本民法の分野では、通謀虚偽表示について定める第94条第2項の類推適用、表見代理に関する第110条の類推適用等の背後に外観法理ないし権利外観理論をみる例が有名である[72]。

40. 制限超過部分は何らかの仕方で元本その他の残存債務に充当される

　本判決では、奥野健一裁判官と後掲の横田正俊裁判官の意見対立が法律論上最も重要である。以下の部分で、奥野裁判官は、横田裁判官の意見（とくに（三）（は））をとくに意識して、それに対する反論をのべている。したがって、後掲横田意見（本章44および45）も適宜参照しつつ、以下の文章を読んでいただきたい。

　71　英米法における法的推論ないし法的思考について説明するほとんどすべての文献で言及されているが、たとえば、マコーミック（前掲注34）第7章参照。
　72　広中（前掲注6）47-49頁参照。

96 第2章 法的思考

奥野意見⑤

> なお弁済の充当について一言私見を述べれば、利息についての制限超過部分の支払は元本に法定充当されるのであるが、元本債権が未だ弁済期にない場合であつても、これに充当されるものであることは、民法四八九条[73]、四九一条により明らか[74]である。そして、弁済期前の元本債権に充当する場合には、弁済期までの制限内の利息を附して充当すべきものと解する（同法一三六条二項）。また、数個の債務のある場合は先づ債務者の指定した利息についての元本に充当し、なお残余があれば他の債務に同法四八九条、四九一条により充当すべきものである。右の如く弁済期前の元本に充当するとすれば、超過部分の利息の返還の問題を生ずる場合は比較的すくないのであるが、この点につき、昭和二九年三月二二日衆議院法務委員会において政府委員は「利息制限法一条二項が実際に問題となるのは元利金を支払つたあとになつて、実はあの支払額は限度を越えた率を支払つたものであるということを理由として、債務者の方から返還の請求をすることができるかという場合に、実益のある規定であつて、途中で債権者の方から限度超過の利息の支払を元本に入れないで、元本の支払を請求することはできないのである」（第一九回国会衆議院法務委員会議録二八号）旨の説明をしているところから見ても、同条二項の超過部分の返還請求の問題の生ずるのは、元利金を支払つた後に起る問題であることは、本法立案当局も始めから予定していたものというべく、従つて、右の如き関係にあるからといつて、同法一条二項の規定が無意味になるものとして超過利息の元本充当を否定する理由とはならない。

　奥野裁判官は、6行目までの文章で、弁済期前の元本債権およびその他の債権への充当方法の詳細および根拠条文等についていろいろ細かくのべている（これは、借金返済の実務上は重要である）。だが、要点は、制限超過部分の支払いは、同一の債権者に対して、元本であれ利息であれ、何らかの同種の債務が残っているかぎり、ともかく何らかの仕方で法律に従って必ずそれに充当されるということである。それゆえ、それら残存債務に充当しても、それでもなお余りが出るということが生じたら、第1条第2項が適用されるか

73　民法第489条
弁済をする者及び弁済を受領する者がいずれも前条の規定による弁済の充当の指定をしないときは、次の各号の定めるところに従い、その弁済を充当する。
一　債務の中に弁済期にあるものと弁済期にないものとがあるときは、弁済期にあるものに先に充当する。
二　すべての債務が弁済期にあるとき、又は弁済期にないときは、債務者のために弁済の利益が多いものに先に充当する。
三　債務者のために弁済の利益が相等しいときは、弁済期が先に到来したものまたは先に到来すべきものに先に充当する。
四　前二号に掲げる事項が相等しい債務の弁済は、各債務の額に応じて充当する。
　74　第489条は、弁済期にない債務の充当の仕方についても規定しており、第491条は第2項において第489条を準用しているから。

ら、横田正俊裁判官が言うように、その条項が「無意味になる」ことはない、というのが奥野裁判官の主張の骨子である。

41. 法律の解釈の限度と一般原則
斎藤意見①

> 裁判官斎藤朔郎の補足意見は、次のとおりである。
> 　法律に違反したことが行われて、後日それが裁判上の問題となつた場合に、裁判所はその行為の効力を否定するのが通常の事態であつて、ある行為を無効と定めながら裁判上その無効を主張できないものとすることは、むしろ異例のことといわねばならない。高利の禁止という政策を法律の力で画一的に達成せしめることは、実際上かえって弊害を伴うおそれもあるので、無効としながらも裁判による助力をあたえないという線で放任するということも、一つの異例の措置として理解できる。しかし、債権者は債務者の任意に支払つた制限超過利息（遅延損害金をふくむ。以下同じ。）の返還請求を受けないということだけでも、極めて有利な立場に立っている上に、さらに残存元本の支払をも請求できるというのであつては、利息制限法の立法趣旨である債務者の保護は実際上ほとんど失われてしまう。私の考えでは、裁判所は、債務者のために、その任意に支払つた制限超過利息の返還の請求を認めないとともに、債権者のため、制限超過利息の支払を受けながらなお残存元本の支払を請求することを認めない。すなわち、裁判によって事を処理する場合には、問題の金額に関する限りにおいては、債権者・債務者いずれの側からするも<u>新規の金銭の出し入れをなさしめないで</u>、その当時の金銭支払関係の現状をもとにして、高利の禁止という立法の目的にかなつた解決をあたえるのが最も公平の理念に合する措置であると考える。
> 　<u>法律の解釈には、おのずから一定の限度があるのであつて、一部の学者の主張するように、法文の文理を無視した自由奔放のものでないことはいうまでもない</u>（拙稿・悪法再論議、ジュリスト八五号三八頁以下参照）[75]。
> 　しかし、その限界内と考えられる範囲内においては、<u>公平とか信義誠実とか具体的妥当性</u>などという、いわば民事法分野における超法規的一般原則によりよく適合するような解釈を採ることが、法を運用するに当つての基本的態度でなければならぬ。私は、反対意見の見解が法律解釈の限界内であり、多数意見の見解がその限界を逸脱するものとは考えない。
> 　どちらの解釈も<u>現行法の文理</u>と必ずしも矛盾するものでなく、そのいずれを採るかは、<u>前記一般原則の理念に、いずれがよりよく適合するものと考えるかの選択の問題にすぎない</u>と信じる。

斎藤意見①の第一段落で取り上げられている諸論点については、他の意見への論評においてすでに取り上げた。第2段落冒頭の「法律の解釈には、お

---
[75] ドイツや英米の判決と異なり、日本では学者の著作を実際には参照していても、判決文で引用することはほとんど皆無であるのに、自分の論文は引用するという珍しい例である。

のずから一定の限度がある」ことを認めない法律家はほとんどいない。そうでないと、「法律の解釈」という概念自体、ほとんど何も意味しなくなるからである。

また、最終段落で触れられているように、その限度を画するにあたって最も大きい制約が「現行法の文理」と矛盾しないことであるという点についても大半の法律家が同意しよう。

しかし、「公平とか信義誠実とか具体的妥当性などという」ほとんど無内容な「一般原則の理念に、いずれがよりよく適合する」かの判断はむずかしいし、人によって分かれるのである。多数意見に立とうと、少数意見に立とうと、自分がそのような一般原則の理念に従っていないと考える裁判官はいないであろう。

ここで関連すると思われる文章を、ベルギーを代表する法哲学者ペレルマンの『法律家の論理』[76] 第60節、215-217頁から引用しておく。自分なりに何が問題かを考えていただきたい。

> 哲学的思考よりも法的思考のほうがすぐれているのは、前者が一般的・抽象的定式を立てることで満足しうるのとは反対に、法は、このような一般的定式を個別的問題の解決に適用する場合に生じる困難な問題の解決にも目を向けなければならない点である。……
>
> 具体的解決を探求するに当り、しばしば必要になるのは、原則を再解釈すること、そして法律の文言に法律の精神を対置すること、言い換えれば、形式主義的見地、すなわち文理に従って条文を適用しようとする見地に、実際的見地、すなわち規範を適用した場合に生じる結果をも考慮に入れる見地を対置することである。……
>
> ……言葉の意味の問題は、現実在[77]に一致する唯一の解決を持つ理論的問題ではなくなって、実践的問題、すなわち、何らかの理由から人々が推奨する具体的解決に最もよく適合する意味を発見し、また必要ならば、そのような意味をつくり出す、という実践の問題になるのである。したがって、同じ問題について異なる解決——その多くは正反対の解決——を提案する人たちが、その提案の中で用いる用語の意味とその及ぶ範囲(portée)について合意していることがごく稀にしかないとしても、それは当然のことなのである。裁判官が、争訟に終止符を打つために、法律の解釈の仕方を公権的に決定し、それによって同時に当事者の一方の勝利を決定する〔のはどうしてかという〕理由も、以上のことから直ちに理解できるのである。

---

76 前掲本章注60参照。
77 プラトンの言う「イデア」に相当する。プラトンは、哲学者だけが垣間見ることのできる天上の世界にイデアが存在し、われわれ人間が普通に認識するものはすべて、真の実在ではなく、その仮象にすぎないと主張した。

42. 利息制限を全面的に強行しないための緩和策の必要性

石坂意見①

> 裁判官石坂修一の反対意見は次の通りである。
> わたくしは、当裁判所の判決（昭和三五年（オ）第一〇二三号同三七年六月一三日大法廷言渡）に示された多数意見は正当であり、なお維持すべきものであつて、遽に変更すべきものでないと思料する。この多数意見に従つて本件における多数意見に反対する。

横田正俊意見①

> 裁判官横田正俊の反対意見は、つぎのとおりである。
> 私は、以下述べる理由により、当裁判所大法廷の判例の結論を維持するのが相当であると考えるから、多数意見には同調しかねる。
> （一）等しく金銭を目的とする消費貸借といつても、貸主は、各種銀行から市井の貸金業者、個人に至るまでその種類は多く、借主も大企業、中小企業から一般消費者に至るまで多種であり、借り受けの目的も多様である。そして、経済の一般原則にしたがえば、金銭貸付の対価である利息も、その時の一般的な金融情勢（貸し手市場か、借り手市場か）のほか、（一）貸主のもつ資金の多寡、（二）貸付に用いられる資金が安いものか高いものか、（三）借主の信用度、すなわち回収が確実であるかどうか（貸し倒れの危険があるかどうか）、（四）貸付又は回収の手続に費用がかかるかどうか等の諸要因により左右されるはずのものであるから、消費貸借における利息又は損害金の約定も、一般の取引におけると同様、一応は契約自由の原則に委せ、ただ借主に余りに不利益なものだけを、民法九〇条のような一般条項ないし旧利息制限法五条のような特別の救済規定により、裁判上これを是正すれば足りるということも考えられないではない。しかし、それでは借主の保護に不十分なので、立法措置をもつて、利息又は損害金につき適当と認められる最高基準を定め、これを超える部分につき約定の効力を否定することが必要とされるのであり、いわゆる利息制限立法がこれに当るのである。
> しこうして、利息制限法令においても、他の統制法令におけると同様、適当と認めた基準を一度定めた以上は、経済界の実態がどうあつても、また経済界にある程度の摩擦を生ずることがあつても、これを強行するという強い立場が、まず考えられる。しかしながら、他面において、その基準が必ずしも適切でないことから生ずる不都合や摩擦はできるだけ避けられなければならない。ことに、借主保護の理想に急な余り、経済界の実情に余りにもかけ離れ、金融機構（とくに、信用の乏しい者も、比較的に安い利息で、しかも返済し易い方法で金銭が借りられるような機構）の整備、充実をまたないで、余りに厳格な規制を強行するときは、金融梗塞という借主のためにはならない結果又は闇金利の横行というような法律軽視の風を招来するおそれのあることも反省されなければならない（宅地、住家の借主の保護を目的とした地代、家賃統制法令その他の法令の実施が、健全な住宅政策の裏付けを欠いたため、住宅難という借りる者に不利益な結果や、闇取引の公然たる横行という現象をもたらしたことは、周知のとおりである）。したがつて、利息等の制限に関し最高の基準を法定した場合においても、金融市場の複雑性にかんがみ、これを全面的に強行することが必ずしも適当でないと認められるときは、これに対するなんらかの

> 緩和策を同時に併せ構ずることは、決して理由のないことではない。

　第一の判決に多数意見に与する一員として参与した石坂裁判官は、その判決を維持するべきであるとの反対意見を堂々とのべている。

　次いで、前の判決に加わっていなかった横田正俊裁判官は、第一の判決で河村裁判官が金融の実際についてのべたのとほぼ同一の事実を考慮した上で、利息制限法の第１条および第４条の各第１項と各第２項の衝突についても、ほぼ同一の理解を示している。河村裁判官が第２項について、それを「〔超過部分〕の任意支払を敢て禁止しないという弱い統制」（前掲河村意見①）という言い方をしたのに対し、横田裁判官は「緩和策」という言い方をしているだけである。また、以下で引用する横田正俊意見②を一読すればわかるように、その根拠づけに関しても、「債務者の任意支払」ないし「意思」に注目する点でも、河村意見とほとんど同じだと言ってよかろう。

　横田正俊裁判官が、河村裁判官よりも論拠を補強した点は、家賃および借地料の統制が必ずしも借手の利益にならなかったという「周知の」事実を挙げることで、価格統制の強行がお金の借手にも利益にならないことを示唆した点である。

　これは、事実に関する類推であり、そうである以上、はずれる可能性もある。また、さまざまな事実を所与と仮定するだけで、それを具体的に考慮することをしない純粋経済学[78]の観点からすれば、価格統制が一般に有害であることは自明であり、事実を挙げることに何の意味もない。いずれにせよ、科学的に考えれば、利益か不利益かが問題なのではなく、他の施策と比べた場合、種々の借手にとってどの程度不利益が生じそうか、ということが問題なのである。

横田正俊意見②

> （二）　ところで、現行のわが利息制限法の規定を概観するに、同法は、利息の約定と損害金の約定とに分ち、元本額のいかんにより三段階の最高利率を定め（損害金のそれは利息のそれの二倍）、これに違反する契約は、超過部分につき無効とする（一条一項、四条一項）反面、債務者が右超過部分を任意に支払つたときは、その返還を請求することが

78　後述第６章参照。

できない旨を規定（一条二項、四条二項）しているのである。右によれば、同法は、利息等の最高基準を法定しながら、これを絶対的に強行するという態度をとらず、旧利息制限法下においてすでに判例として確定されていた原則を法規に定着させることにより、右制限に対する緩和策を併せ規定しており、しかもその緩和策の核心を、債務者の任意の支払という点に置いていることが知られるのである。詳細は後に譲り、右緩和策の意義を大まかにとらえてみるならば、右制限法は、同法に規定する保護を受けるかどうかを債務者自身の意思にかからせ、債務者が法による制限を敢て主張しないで、制限超過の利息等を任意に支払つたときは、裁判所としても、その意向にしたがうこととし、後日に至つて債務者が法による保護を主張しても裁判所はこれに応じた是正措置を講じないこと（蒸し返しをしないこと）を明らかにしているものと理解されるのである。

43. 「仕方がない」論法

横田裁判官は、なおも任意性を強調する。以下の引用文章を読んでいただきたい。

　　横田正俊意見③

（三）つぎに、右緩和策たる法一条二項、四条二項の意義につき、やや詳細な検討を試みることとする。
（い）右各法条については、悪法であるという批判もあり、それは、ひつきよう、債務者の任意の支払といつても、それは実質的には半ば強制された支払にほかならないから、そのようなことによつて、借主の保護を目的とする法の適用を緩和すること自体が不合理であるということを理由とするもののようである。しかし、そのように割り切つてしまうことができるであろうか。もとより（イ）債務者が債権者の強迫（脅迫）により超過部分の支払をした場合（民事的には強迫、刑事的には恐喝に当る）や、利息の天引の場合などのように、債権者の直接の強制によつて支払又は控除が行われた場合には、債務者の意思にそつたとしても、とうてい前示各法条にいう任意の支払と認めえないことはいうまでもないが、（ロ）高利ではあつても、きわめて適時の融資により債務者が企業上又は生活上の危機を乗り切ることができた場合や、その資金の運用により債務者が多大の収益を上げることができたような場合には、制限超過部分の支払も、きわめて任意であることがありうる。そして（ハ）その他の場合における債務者の支払の任意性は、右（イ）（ロ）両極端の中間に位し、その任意性の程度には、具体的事情のいかんによりかなりの差異がありうることを認めなければならない。しかし、任意性の程度いかんにより法律上の取扱を差別することは困難なことであるから、いやしくも任意性が認められるかぎりにおいては、債務者はそれぞれの考えがあつて支払つているものと認め、一律に、その意向にしたがつて事を処理することとしても必ずしも不合理とのみ断定することをえない。旧利息制限法下における裁判例が債務者の任意の支払いに特別の意義を認めているのも、単に旧法が「裁判上無効」という規定の仕方をしているという形式的な理由だけからではなく、以上に述べたようなことを、その実質的な理由としているのではないかと思われる。

(ろ) 右各法条は、制限超過部分の返還を請求しえない旨を規定するに止まるから、単に不当利得の返還請求が制限されているに過ぎないとするのが多数意見であるが、前述のごとく、右各法条による緩和策の意義が、債務者の意向を汲み、裁判所としては、後日、敢てこれに介入しないという点にあるとするならば、債務者のした任意の支払は、制限超過部分については非債弁済であるが、有効なものとし、債務者が後日に至り不当利得としてその返還を求めても裁判所はこれに協力しないのはもちろん、債務者が任意に指定充当した弁済もこれを有効なものとし、債務者が後日に至り、制限超過部分についての充当の指定は無効であるとして民法四九一条による法定充当を主張しても、裁判所はこれに応じて同法による是正措置を講じないというのが右各法条の趣旨であると解するのが最も自然であり、かつ権衡[79]のとれた解釈である。なお、多数意見は、法二条の規定を法定充当説の論拠の一としているが、制限超過利息の天引の場合には、実質的にみて、右天引部分については消費貸借の要物性が認められないばかりでなく、前述のごとくその控除についての債務者の任意性が全く認められないから、その部分は、まだ弁済期の到来していない元本の支払に充てたものとみなすというきわめて特異な取扱いをしているのであつて、このような特異の規定の存在が一般の任意弁済の場合における法定充当を理由づけるものとは考えられない。

ここでも、横田裁判官のほうが、何もかも任意性で説明しようとする傾向が若干強い点を除けば、河村裁判官の主張とほぼ同一であることがわかろう。

立論上注目するべき個所は、(い)における後ろから2番目の文「しかし、任意性の程度いかんにより法律上の取扱を差別することは困難なことであるから……一律に、その〔＝債務者の〕意向にしたがつて事を処理することとしても必ずしも不合理とのみ断定することをえない」であろう。「余裕のある借手と、生活に事欠きながらも無理やり支払わされたかわいそうな借手とを任意性の程度の観点から区別することはむずかしいから、そのままほおっておきましょう」とも読める表現である。だからこそ、「必ずしも」、「のみ」、「不」と「ない」による二重否定を組み合わせた、もって回った言い回しをせざるをえなかったのであろう。

これは、河村裁判官が第一の判決の補足意見一（前掲河村意見①）の第2段落で述べた「消費資金の貸付は……困窮に陥った者の借入れであって、その高利は過酷な性質を帯びる場合が多いのであるから、本来は別に公の金融施策が望ましいことであるが、その実現の容易でない今日……一律に規制する

---

[79] 「均衡」と同義。

のは止むを得ない」という議論とまったく同一の構造をもっている。このような議論を「(かわいそうだが)仕方がない論法[80]」とでも名づけておこう。

その反対は、「(かわいそうだから)ほおっておけない」論法になろう。実際、第一の判決で反対意見に与した裁判官や第二の判決で多数意見に属する裁判官の多くは、そのような論法をしばしば用いている。どこで使っているかは、もう一度、読み直して、自分で確かめていただきたい。

44. 弁済期の到来・未到来による区別

先に（本章40参照）、奥野裁判官から批判された横田正俊裁判官の意見は、以下において展開される。それは、純粋な法律論として注目に値する。じっくり読んでいただきたい。

　　横田正俊意見④

> （は）　法定充当説は、次の諸点から考えても妥当なものとは思われない。
> （イ）　元本の弁済期が未到来の場合には、多数意見の法定充当説も、任意に支払われた利息の制限超過部分の元本への法定充当を認めるものではないと解されるが（これを認めるとすれば、法一条二項の規定はほとんど適用の余地のない無意味なものとなるからである。）、この場合においては、ただ弁済期のすでに到来した（1）他の利息債権又は（2）別口の元利金債権への法定充当が問題となる。そして、
> （1）　利息を定期に支払うべき場合において、当期の利息を次期の利息の弁済期前に支払えば、次期の利息への法定充当は行われないのに反し、その弁済期後に支払えば、次期の利息に法定充当されることとなり、利息支払の時期いかんによりきわめて不権衡な結果を招来するばかりでなく、計算関係を複雑にする。
> （2）　民法四九一条は、数個の債務がある場合にも適用されるから、ある口に任意弁済された利息の制限超過部分は、すでに弁済期の到来した別口の債権の利息、損害金ないし元本の債権に法定充当されることとなり、これらの債権のない場合との権衡を失するばかりでなく、計算関係を当事者の予想に反したきわめて複雑なものとする。この点は、後述の損害金の弁済についても同様である。（弁済期を異にする三口の元本債権がある本件の場合は、正にこれに該当する）。

初心者にはややむずかしい法律論が展開されているので少し丁寧に説明しておこう。

横田裁判官は、彼が批判しようとする法定充当説がもつ含意を、（イ）債

---

[80] もう少し特化すれば、「一律扱いやむなし」論法（または、のトポス）ともみることもできる。

務者が利息を制限超過部分を含めて支払った時点ではまだ元本の弁済期が到来していない場合と、(ロ) 債務者が利息または損害金を制限超過部分を含めて支払った時点ですでに元本の弁済期が到来している場合とにわけて追及している。

(イ)の場合には、法定充当説も、超過部分を元本へ充当することを認めるものではない、とする。その際に横田裁判官が利用する決定的な論拠は、利息制限法第1条第2項が適用される事例があることは、法定充当説支持者も認めているというものである。

利息の超過部分を弁済期未到来の元本へ充当することを認めると、残存元本が、問題になっている超過部分の金額未満になるまでは、つねにそれは残存元本に充当され、第2項の定めがなければ不当利得の一般規定に従って返還を請求できるはずの給付が存在しなくなるからである。よって、その場合、第2項の規定が適用される余地はなくなり、そのかぎりで無意味なものとなる。

第2項が適用されうるのは、(弁済期未到来の) 残存元本は存在するが、その金額が、問題となっている超過部分の金額未満で、その超過部分の給付を行うと、元本を完済したうえに、なお若干の余剰がでる場合だけである。もし、その給付が「利息の返済」としてなされたのならば、「にもかかわらず、その余剰分の返還を請求することができない」ということになろう。しかし、横田裁判官は、このような「ほとんど」起こらない事例は無視して考えるべきだと暗に言っているのである。

そう考えてよいとすれば、法定充当説は、第2項の適用の余地があることを認めるかぎり、弁済期未到来の元本への充当は認めてはならない、ということになる (帰謬法が使われている)。

すると、(横田裁判官によって理解された) 奥野裁判官の支持する法定充当説によれば、元本の弁済期が未到来の場合、利息の超過分は、弁済期の到来した (1) (同一の金銭消費貸借に属する) 他の利息[81]債権か、(2) 別口の金銭消費貸借に属する元利金債権かに法定充当される、ということになる。

(1)、(2) のいずれの場合も、問題となっている利息の超過部分を支払

---

[81] 当然、損害金も含めて考えていると思われる。

った時点で、他に弁済期の到来した債権があるかないかで、不公平が生じ、また計算が複雑になる。このような悪い結果をもたらす法定充当説は、したがって採用するべきでない（帰結主義論法が使われている）。

以上が、元本の弁済期が未到来の場合に関する、横田裁判官による法定充当説批判の骨子である。

このような結論は、横田裁判官が、利息の制限超過部分は、その時点で弁済期未到来の債権には充当されないという前提をとったからこそ出てくるものである。奥野裁判官は、その点を突いて、未到来の諸債務に充当される仕方をこと細かに指摘し、弁済期未到来の債権についても「法定充当説」でなんら問題はないと主張したのである（前述本章**40**参照）。

また、計算が面倒といえば面倒であるが、時間をかければできることは間違いない。だからこそ、横田裁判官は、「当事者の予想に反した」といった修飾語をつけざるをえなかったのだと思われる。しかし、奥野裁判官なら、裁判所の任務は法律に従った判決を出すことにあり、法律を間違って理解していた当事者の予想を保護することにはない、と言うかもしれない。

しかし、判例が変更されたのであるから、当事者が前の判例に従って理解していたとすれば、それでよいのだろうか。これは、すでに触れた法哲学上の問題ともかかわるが、どれとどうかかわるのかということも含め、自分で考えていただきたい。

45. 利息と損害金の区別

次に、横田裁判官は、元本の弁済期が到来している場合における法定充当説の含意の探求に向かう。ここも、少し丁寧に解説してみよう。

横田正俊意見⑤

（ロ）　元本の弁済期が到来した後には、法定充当説にしたがえば、元本が残存するかぎり利息又は損害金の制限超過部分は元本に法定充当されることとなる。そして、弁済は、元本より先に損害金に充当されるものであり、損害金債権が残存しているときは必ず元本債権が残存していることになるのであるから、債務者が支払つた制限超過部分は常に元本債権に弁済され、不当利得返還の問題を生ずる余地はないこととなる（損害金と元本の残額の全部を同時に支払つた場合が考えられるだけである）。したがつて、法四条二項で準用している一条二項の規定を多数意見の説くように不当利得だけに関する規定で

あると解するならば、四条二項が損害金につき右一条二項の規定を準用しているのは<u>全くといってよいほど意味のないこととなる</u>。ことに、旧利息制限法は、損害金につき最高利率を定めず、ただ五条の救済規定だけを設け、しかも商事については、この規定すら適用しないものとしていた（商法施行法一一七条）のに対し、現行利息制限法は、民事、商事を区別せず（商法施行法の右規定を削除）損害金の最高利率は利息のそれの二倍に制限するという厳格な態度をとることとした反面、その緩和策として法四条二項の規定を設けていることにかんがみれば、その緩和規定が右のごとく全く意味がなく、利息の場合の緩和策といちじるしく権衡を失したものであろうとは、とうてい考えられないのである。要するに、<u>利息、損害金を通じ、任意に支払われた制限超過部分の元本への法定充当が否定されればこそ、その超過部分について不当利得の問題が生ずるのであり、不当利得となればこそ、その返還を制限するために法一条二項及び四条二項の規定が設けられているものと解すべきであろう</u>。（なお、奥野裁判官は、補足意見の最後の部分において、政府委員の説明を引用し、<u>法一条二項の超過部分の返還請求の問題を生ずるのは、元利金を支払つた後に起る問題である</u>と説いておられるが、元本の残存するかぎり超過部分は当然に元本に法定充当されるとすれば、<u>元利金を完済した後に起る問題は、超過部分についての不当利得の問題ではなく、元本の過払い、すなわち元本についての不当利得の問題に過ぎない</u>のであるから、結局、法一条二項及び四条二項の規定は<u>無意味な規定</u>というほかはないのである。そして、<u>元本についての</u>不当利得の返還請求の制限については、利息制限法には別段の規定がないのであるから、<u>民法七〇五条の規定が適用される</u>こととなるであろう。)

　ここで、横田裁判官は、「元本の弁済期が到来した後に」について、法定充当説が何を意味するかを説明している。法律論としては高水準で少しむずかしいので、全体を、私なりに言いかえてみることにする。

　元本の弁済期日に元本を完済して[82]いなければ、その翌日から、債務者たる借主には、債権者たる貸主に遅延損害金を支払うべき債務が発生する。損害金は弁済期に遅れたがゆえに発生するのであるから、損害金の弁済期は、遅延が始まった当日から始まる。その日以降、借主が何度か（一度以上）損害金を支払った場合、それに制限超過部分が含まれていれば、法定充当説によれば、それはまず未払いの（制限内の）損害金債務に弁済充当され、そうして、すべての損害金債務が法定充当によって消滅すれば、次いで元本債務の弁済に充当される。そのようにして元本債務が全額弁済されたとすれば、元本債務は消滅し、それ以降は損害金債務も当然発生しない。

　したがって、利息制限法第4条第2項の定めがないとしたら、民法の不当利得の一般規定によれば生じるはずの貸主の不当利得は、法定充当説によれ

82　元本を分割して返済する場合についても、基本的に同じことがあてはまる。

ば、損害金の支払いについては生じない。生じうるのは、最後（損害金の支払いが1回で済んだ場合も含む）の損害金給付において、制限超過部分を残存元本に法定充当してなお余剰がでる場合だけである。

しかし、その場合は、損害金の過払いというよりも、元本の過払いとみるべきであり、元本の過払いについては、利息制限法は規定しておらず、したがって、民法の不当利得の一般規定が適用される。結局、利息制限法第4条第2項は適用の余地が皆無ということになる。

これに対して、利息については、（横田裁判官の理解する）法定充当説によれば、元本の弁済期未到来の場合、利息給付の制限超過部分は元本に充当されず、民法によれば不当利得となるものを債権者が保有することがあるから、利息制限法第1条第2項が適用される余地がある。

そうだとすると、利息制限法第4条第2項で同法第1条第2項を準用している意味はまったくなくなる。結論として、法定充当説が誤っているというほかない。

なお、奥野裁判官は「一条二項の超過部分の返還請求の問題を生ずるのは、元利金を支払った後に起る問題である」と言うが、「元利金を完済した後に起る問題は」、先に損害金に関する同様の場合について説明したように、利息の「超過部分についての不当利得の問題ではなく……元本についての不当利得の問題である」。奥野説によれば、第1条第2項すら適用の余地のない無意味な規定になってしまう。

以上が、私による横田裁判官の意見中（は）の部分（横田正俊意見④および⑤）の解釈である。「損害金債権が残存しているときは必ず元本債権が残存していることになる」という部分は、私の解釈文章中にあえて取り入れなかった。その文だけみると、「損害金債権」に代えて「利息債権」を入れてもそのまま成立しそうにみえる文ではあるが、横田裁判官は、すでに説明したように、法定充当説を帰謬法によって論駁するために、まず元本の弁済期の到来と未到来とに場合分けし、さらに、利息と損害金を区別するという手の込んだ、しかも法律論として立派に通用する議論に基づいて自説を展開しており、単純に理解するとせっかくの法律論の醍醐味が味わえなくなると思ったからである。

一つだけ付言しておけば、横田裁判官の基本的立場を支持するとしても、

利息または損害金の超過部分を元本に法定充当すると元利金が完済される瞬間に発生する、余剰あるいは過払い分が、元本についての過払いか、利息または損害金についての過払いか、という問題については、民法学者の間で意見が分かれると思う。横田裁判官は、前者としているが、後者とみることも可能だと思われる。後者をとれば、第1条、第2条の各第2項が適用される場合は少ないとはいえゼロではない[83]。

したがって、後者をとる法定充当説によれば、上にのべた瞬間にあたる過払いについてだけ第2項の「返還を請求することができない」が適用され、それ以降の過払いは、民法の不当利得の一般規定が適用されることになろう。

46. その条文の適用の可能性のなくなるような解釈をしてはいけない
　横田正俊意見⑥

> いわゆる悪法は、できるだけ縮小解釈すべきであつて拡張解釈すべきでないとの解釈論は、私も、一般論として肯認しないではない。また、多数意見の強調する借主の保護の必要性もよく理解しうるのであるが、<u>法律の解釈にはおのずから限界があるのであつて、それ以上のことは、明確な立法をもつて解決すべき</u>ではないかと考える。
> 　裁判官入江俊郎、同城戸芳彦は、裁判官横田正俊の右反対意見に同調する。
> （裁判長裁判官　横田喜三郎　裁判官　入江俊郎　裁判官　奥野健一　裁判官　石坂修一　裁判官　山田作之助　裁判官　五鬼上堅磐　裁判官　横田正俊　裁判官　斎藤朔郎　裁判官　長部謹吾　裁判官　城戸芳彦　裁判官　石田和外　裁判官　柏原語六　裁判官　田中二郎　裁判官　松田二郎）

複雑で難解な法律論を苦心して組み立てた裁判官としての横田正俊の心の底にあったのは、立法部が制定した条文が現にあるのに、その適用の可能性がまったくないような解釈をしてはいけない、という信念であったように思われる。裁判官としてなかなか立派な態度だと思う。日本型「法の支配」の一つの現れと言ってよいかもしれない。

---

[83] 広中（前掲注6）99頁注2参照

第5節　第3の判決

47. 判例に従え
第2の判決から4年たって、ある意味で画期的な次の判決が出された。
民集22巻12号2526頁

> 債務不存在確認等請求事件
> 昭和四一年（オ）第一二八一号
> 同四三年一一月一三日最高裁大法廷判決
> 【上告人】　被控訴人　被告兼原告　張熾財　こと　中村織雄
> 　　代理人　三輪長生　外一名
> 【被上告人】　控訴人　原告兼被告　小林秀雄　外四名　代理人　近藤航一郎　外一名
> 【第一審】　東京地方裁判所　【第二審】　東京高等裁判所
>
> 　　　　　主　文
> 本件上告を棄却する。
> 上告費用は上告人の負担とする。
>
> 　　　　　理　由
> 上告代理人三輪長生の上告理由[84]一および二について。
> 　債務者が利息制限法所定の制限をこえる金銭消費貸借上の利息・損害金を任意に支払つたときは、右制限をこえる部分は、民法四九一条により、残存元本に充当されるものと解すべきことは、当裁判所の判例とするところであり（昭和三五年（オ）第一一五一号、同三九年一一月一八日言渡大法廷判決[85]、民集一八巻九号一八六八頁参照）、論旨引用の昭和三五年（オ）第一〇二三号、同三七年六月一三日言渡大法廷判決[86]は右判例によつて変更されているのであつて、右判例と異なる見解に立つ論旨は採用することができない。

　本項の表題のとおりである。日本国憲法上は、裁判官は最高裁判例に従う義務はない[87]から、変更された判例がまた変更されてもとに戻るという可能性もなくはない。だが、そのような例は非常に少ない。法律家も、一般国民も、法律に従う義務があるとしても、判例に従う義務はない。

　しかし、これはあくまで建前であり、弁護士は現在の判例がどうなってい

84　長いので判決文の後ろに掲げる。
85　本章で取り上げた第二の判決。
86　本章で取り上げた第一の判決。
87　前掲本章注30参照。

るかを知っていないと仕事ができないし、一般国民もそれぞれの仕事や必要に応じ、判例の現在を知っているほうが有利なこともまた確かである。

48. 元本なくして利息なし

> 同三について。
> 　思うに、利息制限法一条、四条の各二項は、債務者が同法所定の利率をこえて利息・損害金を任意に支払つたときは、その超過部分の返還を請求することができない旨規定するが、この規定は、金銭を目的とする消費貸借について元本債権の存在することを当然の前提とするものである。けだし、元本債権の存在しないところに利息・損害金の発生の余地がなく、したがつて、利息・損害金の超過支払ということもあり得ないからである。この故に、消費貸借上の元本債権が既に弁済によつて消滅した場合には、もはや利息・損害金の超過支払ということはありえない。
> 　したがつて、債務者が利息制限法所定の制限をこえて任意に利息・損害金の支払を継続し、その制限超過部分を元本に充当すると、計算上元本が完済となつたとき、その後に支払われた金額は、債務が存在しないのにその弁済として支払われたものに外ならないから、この場合には、右利息制限法の法条の適用はなく、民法の規定するところにより、不当利得の返還を請求することができるものと解するのが相当である。
> 　今本件についてみるに、原判決の認定によれば、亡小林正次は上告人に対する消費貸借上の債務につき利息制限法所定の利率をこえて判示各金額の支払をなしたものであるが、その超過部分を元本の支払に充当計算すると、既に貸金債権は完済されているのに、正次は、その完済後、判示の金額を上告人に支払つたものであつて、しかも、その支払当時債務の存在しないことを知つていたと認められないというのであるから、上告人に対して完済後の支払額についてその返還を命じた原審の判断は、正当である。それ故、論旨は採用することができない。
> 　よつて、民訴法四〇条、九五条、八九条に従い、裁判官横田正俊、同入江俊郎、同城戸芳彦の反対意見があるほか、裁判官全員一致の意見で、主文のとおり判決する。

　法廷意見は、前判例の元本充当説ないし法定充当説を当然の前提とした上で、「制限超過部分を元本に充当すると、計算上元本が完済となつたとき、その後に支払われた金額は」非債弁済であるから、利息制限法第１条および第４条の各第２項の適用はなく、不当利得の一般規定が適用されるというのである。その理由は、元本債権がなければ「利息・損害金の発生の余地がない」からだと言う。

　前判例の法定充当説からの当然の帰結であるかのような書き方であるが、前判決では、第１条および第２条の各第２項の適用の余地があることは、意見における裁判官の間の論争において当然視されていたから、各第２項の適

用の余地をおそらく全面的に[88]否認する、今回の判例は、形式上は判例変更ではないにもかかわらず、実質的な判例変更に匹敵するものである。大法廷で審理されたことからみて、そのことは最高裁自身もよくわかっていたはずである。

しかし、理由づけはなんともあっけない。たとえば、「計算上元本が完済となつたとき」と簡単に言っているが、実際は、時間的に相違する何個かの超過部分を含む（逆にいうと制限内の部分も含む）の支払いがあり、そのどれか一つが私の言う「最後の瞬間」に遭遇する。それは、元本完済の前後をまたぐ瞬間である。瞬間ではあるが、支払われているのは幅のある1個の金銭額であり、それは、制限を超えない部分と、制限を超える部分と、それを加えると法律上支払うべき元利金総額をこえるところの部分（「余剰」）とを含んでいる（前二者はたがいに排他的だが、最後の部分の内部構成は事情による）。これにこだわれば、各第2項の適用の余地もでてくると思われるが、今回の判例は一顧だにしない。

また、前述本章45で示した横田正俊裁判官の法律論についての私の理解が正しいとすれば、横田裁判官は前判決においてすでに、法定充当をくり返すと、それによっていつか元本債権が消滅し、当然ながら、それ以降、損害金が発生しなくなることを指摘し（そうすると第4条第2項の適用の余地がなくなるから）、このことを法定充当説に反対する一つの有力な根拠として提出していた。今回の法廷意見は、横田裁判官のこの見解を、あえて曲解して、逆用した観すらある。

他方で、奥野裁判官は、前判決で法廷意見を支持して補足意見を提出した際、横田正俊裁判官に対抗して、法定充当説に立っても、「元利金を支払った後には」第1条第2項が適用される場合があると主張した（前掲奥野意見⑤参照）。先の二つの事件ではあれほど有弁に議論を展開した奥野裁判官が、今回の事件では個別意見をのべていないのは、今回の判決では第2項を無意味化する多数派に属しており、前回に表明した自分の意見とのつじつまを合

---

[88] 貸金債権が元本債権と利息債権に完全に二分されて、債権譲渡など何らかの合法的な仕方で結果的に現在、それぞれが別の人の保有するところとなり、その後、借主が利息債権の保有者に制限超過利息を任意に支払ったが、元本債権保有者と利息債権保有者とは直接の関係がない、といった場合にどうなるのか、といった疑問は浮かぶが、そのようなことを考える民法学上の実益については、私には判断できない。

わすのが相当困難と判断したためではないかと邪推したくなるほどである。

49. 間違いは間違い
横田正俊意見⑦

> 裁判官横田正俊の反対意見は、次のとおりである。
> 　債務者が利息制限法所定の制限をこえる金銭消費貸借上の利息、損害金を任意に支払つたときは、同法一条、四条の各二項により、債務者において制限超過部分の返還を請求することができないばかりでなく、右制限超過部分が残存元本に充当されるものでもないと解すべきである。その理由については、前掲昭和三五年（オ）第一一五一号、同三九年一一月一八日言渡大法廷判決（民集一八巻九号一八七六頁）における私の反対意見を引用する。
> 　しかるに、原判決の認定によれば、亡小林正次が上告人に対する債務について支払つた原判示の各金額は、天引された利息を除き、すべて損害金として任意に支払われたものと解されるのにかかわらず、原審は、右支払額中同法四条一項所定の制限をこえる部分を元本に充当計算し、その結果上告人の貸金債権は弁済により消滅したものと判断して、上告人のした代物弁済の予約完結による建物の所有権取得を無効とし、かつ、右充当計算による元本完済後の支払額の返還を上告人に命じているのであつて、原判決は同法四条二項の解釈適用を誤つたものというべきであり、所論は理由がある。よつて、原判決を破棄し、本件を原審に差し戻すのが相当である。
> 　裁判官入江俊郎、同城戸芳彦は、裁判官横田正俊の右反対意見に同調する。
> （裁判長裁判官　横田正俊　裁判官　入江俊郎　裁判官　奥野健一　裁判官　草鹿浅之介　裁判官　長部謹吾　裁判官　城戸芳彦　裁判官　石田和外　裁判官　田中二郎　裁判官　松田二郎　裁判官　岩田誠　裁判官　下村三郎　裁判官　色川幸太郎　裁判官　大隅健一郎　裁判官　松本正雄　裁判官　飯村義美）

　横田正俊裁判官は、従前の意見を静かにくり返し、前判決で彼を支持した入江、城戸両裁判官は、今回も彼を支持した。

　復習もかねて、以下の上告理由も読んでいただきたい。

　　上告代理人三輪長生の上告理由
一、原判決によれば故小林正次が上告人から借用した金五〇万円を返済するため支払つた金額は、第一審判決の理由二の（２）のとおりであると認定し、その弁済充当については先づ利息制限法の範囲内に於ける利息損害金に、次いで元本に充当すると右債務は昭和三二年一二月一一日完済されたことになる。その時の残額とその後支払つた分も加えると合計二〇一、二一七円過払いとなるが、それは上告人が不当利得したものであるから故正次の相続人である被上告人等（但し有限会社小政建設を除く）に於いてその返還を請求することができるというのである。
　併しながら右判決は利息制限法の解釈を誤つたものと考える。同法第一条第四条の各

第一項には消費貸借上の利息及び損害金の契約は、法定利率を超える時はその超過部分につき無効とするとあり、又同第二項には超過部分を任意に支払つたときは、その超過部分の返還を請求できないと規定している。それを文字通りに解釈すると制限額を超過する部分は法律上無効ではあるが、債務者はその返還を請求できない許りでなく返還したと同一の効果、即ち元本の支払に充てることも許されない趣旨と解する。

二、利息制限法第一条第二項の規定は稍々あいまいでありしかも不徹底であるため、前項のような解釈の外に又原判決のような見解もとれないことはない。併し前項のような解釈は経済的弱者である借主にとつて稍々酷に見えるけれども、利息制限法制定の事情に徴するときは右の解釈が最も妥当であると思はれる。我が国の歴史を見ると庶民が高利に泣かされた事実が枚挙に遑なく出てくる。明治政府はこの事に気付きいち早く明治一〇年太政官布告第六六号（旧利息制限法）を制定した。併しこの法律は制限超過の利息損害金を裁判上請求できないとしただけで、裁判外に於ける支払まで禁止したものではない。新利息制限法（昭和二九年法律第一〇〇号）もその伝統を受継いで、超過部分は法律上無効であるが借主に於いてその返還を請求できないと規定した。新旧共表現は違うが趣旨は全く同一である。この事は社会に於いて事実上法定率以上の金利が横行していることを意味し、一挙にこれを取締ることの困難を指摘している。事実一般銀行信用金庫等の貸出は金利は安いが手続が面倒であり且つ確実な担保を要求するところから、資力の弱い者には高嶺の花となつている。従つてそういう者は事業をやるについて何うしても街の金融業者に頼らざるを得ない。ところがそういう人達は資力信用が低いから貸主としても危険が伴うので、何うしても金利を高くせざるを得ないという結果になる。法定率超過の利息を無効としこれを元本に組入れることにすれば、一面経済的弱者を保護することにはなるが一方金融の道を閉ざしてそういう人達を困らせることになり兼ねない。若し高利が社会のために悪いと断定できるのであれば、利息制限法に前述のようなあいまいな規定を設ける必要はなく、もつとはつきりと借主保護の規定を設けた筈である。そう割切れないところに右のような規定を設けた社会的事情があるのである。若し社会の実情から見て法定率以上の利息が不当と認め得る時期が来れば一般世論がその改正を促す筈であり、そうなれば立法者もその改正について真剣に考慮するものと思はれる。それ迄は裁判所としてあまり先走つた考を持つことなく法律の明文に従つて判決すべきものと思料する。この意味に於いて最高裁判所が昭和三七年六月一三日言渡した同三五年（オ）第一〇二三号事件の判決は前項の解釈に従つたものであり、最も妥当な判決である。ところが原判決は右最高裁の判決と全く相反しこれに抵触するものであるから、破毀を免れないものである。

三、然るに最高裁判所は昭和三九年一一月一八日同三五年（オ）第一一五一号事件について前記判例を覆し、債務者が利息制限法所定の制限を超える利息損害金を任意に支払つたときは、右制限を超える部分は民法第四九一条により残存元本に充当されるものと解すべきであると判決した。前の統一的な判決があつてから僅か二年余りである。前の場合とそれ程社会的事情の変更があつたとは考えられないにも不拘、短期間に前と全く正反対の判決をするとは法律生活の安定という点から考えて全く遺憾と言はざるを得ない。

原判決は一応右の最高裁判決に従つたものであるが、実際はそれよりも更に飛躍している。

即ち右の最高裁判決は利息制限法所定の制限を超える利息損害金は、残存元本に充当

されるものと解すべきであるとしただけで残存元本を超過する部分があつた場合、それを何うするかについては全く触れていないのに、原判決は前記一に述べたように残存元本に充当した残、即ち過払分については上告人が不当利得したものであるから被上告人等に返還義務があると認定した。利息制限法第一条第四条の各第一項には消費貸借上の利息損害金は法定利率を超える部分は無効とするとあるだけで、その超過部分が何うなるか、又何う処置するかについて何等規定していないのであるから、昭和三九年一一月一八日言渡の最高裁判決のような解釈もできないことはない、併しながら更らに数歩進めて残存元本超過分を不当利得として返還義務を認めうるか何うかということになると甚だ疑問である。利息制限法第一条第四条の各第二項に法定率超過分を任意に支払つたときは、超過分の返還を請求できないと規定したところから見て、充当関係についてどのような解釈をとるにせよ、兎に角利息損害金元本、と充当したその超過分については如何なる理由を以つてしても返還請求を認めない趣旨と解すべきものである。

　然るに原判決がこれと異なる見解に立つて、被上告人等に不当利得の返還請求権を認めたのは、明かに右法律の規定に違反するものと云はざるを得ない。

　以上述べたように上告理由の第一は原判決は昭和三七年六月一三日言渡の最高裁判決に牴触するものであるから破毀すべきである。仮りにそれが容れられないとしても利息制限法第一条第四条の各第二項に違反するものであるから破毀すべきものと思料する次第である。

50．反制定法的解釈

　民法学者広中俊雄は、第三の判例を「反制定法的解釈」ないし「反制定法的法形成」の代表例の一つとして挙げている。

　その定義は、「民法典その他の制定民法のある条文の規定内容に反するが形式上その条文と直接には関係のない形で論理的に成立可能な構成を与えられた解釈[89]」とされ、上記第三の判例については「実質的には利息制限法1条2項・4条2項の規定内容に反するが形式的には両項と無関係な形で論理的に成り立ちうるように構成された解釈[90]」とのべている。

　広中は、狭義の解釈と欠缺補充とのいずれからも区別されるものとして反制定法的解釈を位置づけ、最後のものが「《司法部は立法部の制定した法律に従って裁判をすべきである》という建前[91]」に対する例外であるだけに、それを裁判所があえて行う場合には、立法部が必要な措置を講じないなど相当に強い理由が必要だとの主張を展開している[92]。

---

[89] 広中（前掲注6）108頁。同95頁にも同旨の叙述がある。
[90] 同書99頁。
[91] 同書100頁。
[92] 同書152-156頁参照。

ここでは、このような実定法学上の問題であるとともに法哲学の問題でもあるむずかしい問題に深入りすることはあえてせず、今まで取り上げたたった三つの判例を読むだけでもわかることを一つ確認しておきたい。

　おそらく、ここで登場したほとんどの裁判官は、第三の判例が反制定法的だという問題意識は、広中に比べるとはるかに低かったであろう。日本の裁判官の間では、狭義の解釈と欠欽補充とを峻別することもまずない[93]し、反制定法的解釈を自分がしているなどという自覚がある裁判官もほとんどいないのではなかろうか[94]。おそらく、彼らにとっては、全部「解釈」だし、都合が悪い場合は、第三の判例が明らかにそうであったように、見て見ぬふりをするという仕方で対処するのであろう。

　反制定法的解釈の定義を厳密にしてもあまり意味はないと思われるが、どのような定義を採用したとしても、条文が存在するのに、その適用事例が皆無になってしまうような解釈は、反制定法的解釈と言えるであろう。そして、裁判官として、そのような解釈は何としても避けねばならないとして、孤軍奮闘（実際は少なくとも二人の味方がいたが）したのが、横田正俊裁判官であることがわからない人はいないだろう。しかも、それをするには生半可な法律知識ではどうしようもないのである。

　私としては、どういう場合に反制定法的解釈をしてよいか、その基準をめぐる問題よりも、そのような裁判官が日本の最高裁判所に一人でもいるかどうか、ということのほうに興味がある。

93　したほうがよい、という含みは一切ない。
94　ただし、これは日本の裁判官に特有な徴候ではない。むしろ世界的にみられる傾向のように思われる。
　また、第2の判決と第3の判決を反制定法的解釈の事例として取り上げ、やや批判的に論評する法哲学者の見解として、笹倉秀夫『法解釈講義』（東京大学出版会、2009年）148-152頁参照。

第3章　法律関係

　私のいう「専門的法哲学」(前述第1章19頁)は、法律家が「法」と考えるものを対象とするから、法学および法哲学の初学者のみなさんには、法律家が法をどのようなものと考えているかを、まずは教えなくてはいけない。

　前章をどうにか読んでいただけただろうか。初心者のみなさんには、かなりきつい作業だったのではないかと思う。だれでも最初はそうなのだから気にすることはない。実は、法律の専門家や法哲学者にとってさえかなりむずかしいことがたくさん書いてあったのである。変だと思う人もいるかもしれないが、私にとっても大変むずかしかった。ともかく、読んでいただけたみなさんには、「法律家にとっての法」のイメージの一端をつかんでいただけたのではないかと期待する。

　本章では、手法を変え、法律家のものの見方の基礎を構成する概念枠組という観点から、やや抽象的に同じ課題にアプローチしてみたい[1]。「法律家にとっての法」という問題は、「法とは何か」という問題よりも、むしろ、「法律家はどのように考えるか」という法的思考の問題に属する。

第1節　法の専門家と素人の距離

1. 法律家にとっての法と素人にとっての法

　「法および法学は、権利と義務を定め、あるいは、その対象とする」という定義はだいたいにおいて正しい。しかし、この定義の理解の仕方は、法の素人と専門家では、素人には想像のつかないほど異なるであろう。

　法律家も、法および法学において「権利」、「義務」とよばれるものにさま

---

[1] 本章の叙述は、亀本洋「ホーフェルド図式の意味と意義」法学論叢166巻6号 (2010年) 68-93頁と大幅に重なっている。

ざまな種類があることはよく承知している。しかし、彼らが権利、義務でま
ずイメージするものは、売買や前章で登場した金銭消費貸借などに現れる債
権債務関係である。

　商品の売主（または金銭の貸主）は、その商品の買主（または金銭の借主）
に対して、代金（または元利金）を払ってくれ（または返してくれ）という権
利をもち、買主（または借主）は売主（または貸主）に対して、代金（または
元利金）を支払う義務を負う。ここでは、権利と義務が一対一で対応してい
る。債権、債権者といえば、明言されていなくても、必ずそれに対応する債
務、債務者が存在する。

　法律家も、刑法で犯罪と定められている行為について、それをしないこと
が法律上の義務であるということは知っている。もっと直截にいえば、犯罪
をしてはいけないのだということは、法の素人と同様に知っている。素人と
違うのは、債権債務関係のような権利義務関係の概念を習得している法律家
は、刑法上の義務と民法上の義務とが種類を異にする義務だということが自
然にわかるだけでなく、刑法上の義務の履行を請求することのできる権利者
はだれか、といった問題を普通は考えない点にある。後者の問題を考えるの
は、素人的法哲学者または哲学的法哲学者である。

2．憲法と通常法律

　日本国憲法の第27条第1項に「すべて国民は、勤労の権利を有し、義務を
負ふ。」という条文がある。普通の国民はこの条文を読んで、「働きたいとい
う人に働くなと言ったり、働きたい人が働くのを妨害したりしてはいけない
のだ。また、遊んでばかりで働かないのはよくないのだ」というふうに素直
に理解するかもしれない。だが、民法上の権利義務関係と刑法上の義務の概
念を習得して、半分法律家になった段階の法学生にとっては、完全な素人で
あった段階と違って、なかなか理解しにくい条文であるかもしれない。

　「国民が勤労の義務を負う」ということを無理やり民法的に理解すれば、
「働けるのに働かない人は、その人が働いた状態と比べれば、何人かの他人
をより悪い状態にし、そのかぎりで損害が発生しているから、被害者は、働
かない人にその賠償を請求することができる」ということになるかもしれな
い。だが、そのような理解をする法律家はまずいない。刑法的に無理やり理

解すれば、「国家は、働かないことを犯罪とする法律を作ってよい」ということになるかもしれないが、そのように考える法律家もまずいない。これらの点では素人も同様であろう。

先の憲法条文に登場する権利、義務の意味を理解するには、それが憲法の条文であり、憲法は他の通常の法律とはいくつかの点で違うのだということも知っておかなければならない。簡単にいえば、憲法は主として、国家がしてはいけないこと、してよいこと、したほうがよいこと、することができること、そして、しなければならないことについて定めており、時として、政治的、道徳的意味ないし効果はあるが、したほうがよいが、しなくても法律上何の効果も生じない——とりわけ、国家に一応の義務はあるが、それに対する請求権を国民個人がもっていない——ような規定も含んでいる、ということを知っておかねばならない。

法学教育上は、憲法に登場する権利や義務は、民法、刑法、行政法、訴訟法等の通常法律を習得させた後に教えたほうが効果的である。逆にいえば、憲法学だけをマスターしても「法律家のように考える」thinking like a lawyer ことができるようにはならないのである（ちなみに、同様の意味で使われる「リーガル・マインド」は和製英語）。

日本国憲法は、初等中等教育でも教えられているから、普通の国民がそれによって法の中心的イメージを形成するとすれば、素人と法律専門家との距離はますます大きくなる。本章は、その距離を縮めることを一つの目的とするが、それが同時に法哲学のなかに入って行くことにもなる。

3．法律関係

法律を舞台とした専門家の思考とはどのようなものなのだろうか。まず、次の文章を読んでいただきたい。

III-1　サヴィニー『現代ローマ法体系』第1巻[2] §4「法律関係」

　実生活において四方八方からわれわれをとり囲み、われわれに浸透するような法状態を考察するとき、そこにはまず、個々の人 [Person] に帰属する力 [Macht] が姿を現わす。これは、個々の人の意思が支配する、しかもわれわれの賛同をもって支配する領域である。この力をこの人の権利 [ein Recht] と呼ぶが、これは権限 [Befugniß]

2　前掲第1章注13参照。下線は邦訳のまま。

と同義であり、主観的意義における法と呼ぶ人もある。このような権利は、主として、疑われ、または争われ、それからそれの存在と範囲が判決によって承認されるときに、目に見える姿で現れる。しかしながら、もっと正確に考察すると、この判決という論理的形式は、偶然の必要から生じさせられているにすぎず、事柄の本質を汲み尽くすものではなくて、それ自体もっと深い基礎を必要とすることを、納得できる。さて、この基礎は、法律関係［Rechtsverhältnis］に存するのであって、各個の権利は、法律関係の一つの特別の、抽象によって分離された側面にすぎない。それゆえに、個々の権利に関する判決でさえ、それが法律関係の全体的直観［Gesammtanshauung］から出ている限りにおいてのみ、真実でありえ、説得力をもちうる。ところが、法律関係は、有機的性質を有しており、この性質は、一部は、法律関係の構成部分が互いに支え合い制約し合ってつながっていることにおいて現れ、一部は、法律関係において前進的発展が認められること、すなわち法律関係の発生と消滅の仕方において現れる。所与の各事件における法律関係のこういう生き生きとした構造は、法的実際の精神的要素であって、これによって、法的実際の高貴な使命は、多くの専門知識のない人がそこにみる単なる機械論から区別される。

　サヴィニー（1779-1861）は、19世紀ドイツで最も影響力をもった法学者であり、ドイツ法学を継受した日本の法学界においても、彼の名前を知らない人はいない。上の引用文章はむずかしいかもしれないが、「法律関係」から抽象された「権利」（たとえば債権）よりも、「法律関係」（たとえば債権債務関係）そのもののほうが、法および法学において基礎的なものであり、また法律関係が発展する、すなわち「発生、消滅する」という点を覚えておいていただければ、さしあたり十分である。

4．有機的と機械的
　サヴィニーからの引用文章に登場する「有機的」と「機械論」の対比は、理解しにくいかもしれない。しかし、「生き物」と「機械」を比べているだけなのだ、ということがわかれば、そのイメージはつかめるであろう。普通の人は、物をみて、それが機械か生物かをたいてい判断できる。人間やヒマワリは生物で、自動車やコンピュータは機械である。学者はこれをむずかしく、部分（＝部品）を結合させれば機械はできるが、細胞や原子をいくら組み合わせても生物を作ることができないと説明したり、生物の部分を構成する各細胞や各器官は、周囲の環境（すなわち他の細胞または器官）から影響を受けつつも、それによって完全にコントロールされることなく、ある程度自律して活動し、しかも、1個の生物全体は調和を保っている、などと説明し

たりする。

いずれにせよ、サヴィニーが使っている「有機的」と「機械的」の対比は、サヴィニー自身がその言葉に気持ちを込めているのは確かだが、私からみればたんなる比喩なので、それほど気にする必要はない。

第2節 ホーフェルド図式

5．法律関係の機械論的把握

サヴィニーと対照的にアメリカの法学者ホーフェルド（1879-1918）は、法律関係をいわば「機械論的に」把握した。以下、彼の学説を見てみることにしよう[3]。それは、約100年前のものだが、その後基本的にアメリカ法に定着しただけでなく、現代に至るまで、法哲学者および道徳哲学者ないし政治哲学者にしばしば注目されているものである。

また、その頃のアメリカ法学は、ロースクールでの教育・研究を通じて「科学としての法学[4]」が推進された時期にあたり、現在からは想像もつかないが、イギリスの判例法やオースティンの一般法学でだけでなく、今日までの日本の法学と同様、古代ローマ法ならびに中世および近代のローマ法学はもちろん、法学のより発達したドイツ（とくに一般法学）やフランスの業績もさかんに参照しつつ研究が行われていた。そのかぎりで、ホーフェルドの仕事は、各国の法の特殊性いかんに依存しないという意味で、一般性をもつものであり、日本の法学にも容易に応用できるものである。

ホーフェルドの名前は、分析法理学の意義を説く引用文章Ⅰ-12ですでに登場した（前掲第1章23頁）。もう一度読み直していただきたい。

6．ホーフェルド図式

Ⅲ-2　ホーフェルド『司法的推論で使用される法的基礎概念』[5] 35頁

---

[3] 日本における最も早い、しかも秀逸の紹介検討として、高柳賢三「権利思想のある展開（一）（二・完）」国家学会雑誌54巻（1940年）5号1-28頁、同6号13-62頁参照。後に、同『米英の法律思潮』（海口書店、1948年）125-216頁に再録された。

[4] 詳しくは、松浦好治「'Law as Science' と19世紀アメリカ法思想——ラングデル法学の意義——（1）（2）（3）」中京法学16巻2号（1981年）50-76頁、16巻4号（1982年）24-53頁、阪大法学125号（1982年）51-86頁参照。

[5] Hohfeld（前掲第1章注50）参照。

第2節　ホーフェルド図式　121

　法律問題の明確な理解、鋭い言明、および真の解決にとっての最大の障碍の一つは、すべての法律関係が「権利」と「義務」に還元され、それゆえ、信託、オプション……といったきわめて複雑な法的利益を分析するという目的にとってさえ、それら二つのカテゴリーで十分だという明示的または黙示的仮定からしばしば生じる。

「信託」、「オプション」というのは、今日では日本法にも導入され、とくにビジネス上大きな役割を果たしている法制度であるが、もともとは英米法上の制度であり、初級レベルの日本の民法学では習わない。ここではさしあたり、法律関係は権利義務関係につきないので、実定法上、それ以外にどのような法律関係があり、また、そのような関係間の関係がどのようなっているか、それを理解しなければ、実定法上の法律問題にも正しく答えることができない、というホーフェルドの問題意識がわかればそれでよい。

　そのような関心から、ホーフェルドは、次のような二つの図式を作成した[6]。以下、上のほうを第1図式、下のほうを第2図式とよぶことにする。

法的対立項　⎧　権利　　特権　　権能　　免除権
　　　　　　⎩　無権利　義務　　無能力　責任
　　　　　　　　　　第1図式

法的相関項　⎧　権利　　特権　　権能　　免除権
　　　　　　⎩　義務　　無権利　責任　　無能力
　　　　　　　　　　第2図式

図3-1　ホーフェルド図式

7．権利義務関係

　より重要な第2図式から説明しよう。「より重要な」というのは、ホーフェルドの関心の焦点である法律関係とは、だれかが他のだれかに対してもっている権利または義務といった法律上の関係であり、それを直接に表わすのが第2図式であるからである。これに対して、第1図式は、一人の同一人物がもっている法律関係上の地位を直接には表しており、相手方の地位あるい

6　同書 pp. 36 and 65.

は相手方との関係は、後景に退いている。

　第2図式第1列（縦の並びを「列」といい、横の並びを「行」という）に示された権利義務関係の典型は、何度も触れたように、債権債務関係である。XがYから、ある商品を100円で買ったとき、XはYからその商品を引き渡してもらう権利をもち、YはXにその商品を引き渡す義務を負う。（この売買によって同時に発生するもう一つの債権債務関係は、YがXから100円もらう権利と、XがYに対して負う100円支払う義務であるが、先の図式は、一つの権利義務関係についてのものであるから、後者の債権債務関係は、さしあたり無視していただきたい。）

　第2図式そのものの表現においては、だれがだれに対して権利をもち、だれがだれに対して義務を負うか、ということが省略されている。先の債権債務関係の例では、XはYに対して権利をもち、YはXに対して義務を負うということである。

　また、権利または義務の内容も省略されている。同じ例においては、YがXにその商品を引き渡すということがその内容である。だが、内容はどのようなものでもよい。「何かをする」ということでも、「何かをしない」ということでもよい。しかし、その主語は、義務者でなければならない。つまり、義務者の何らかの行為（または行為しないこと）がその内容をなす。この点は、権利義務関係の理解、ひいては、次に取り上げる特権無権利関係の理解にとっても決定的に重要であるので、自分なりに権利義務関係の具体例を考えて、確認していただきたい。

　先の債権債務関係について、「XがYに対して、YがV（商品の引渡しという行為）をすることへの権利をもつ」と言っても、「YはXに対して、自分がVをする義務を負う」と言っても同じことである。同一の権利義務関係を、権利者の側からのべるか、義務者の側からのべるかという違いがあるだけである。前章において、裁判官がしばしば、同じことをさして、「元本債務に充当する」とも「元本債権に充当する」とも言っていたことを思い出していただきたい。

　権利と義務とが互いに相関項（correlative）とされるのは、この意味においてである。Yに対するXの権利と、Xに対して負うYの義務と——もっと正確に言えば、前段落の最初の文に登場するかぎ括弧でくくった二つの文

——は同値[7]である、ともホーフェルドは言うが、それは、両者が同一の法律関係をさすからである。

8．特権無権利関係

　権利義務関係がない場合が、第2図式第2列に現われる特権と無権利の関係である。この場合も、「だれがだれに対して」という方向性を補って考えなければならない。先の例のような債権債務関係がXY間に存在しない場合、「YはXに対して、その商品を引き渡さない特権をもち」、「XはYに対して、その商品を引き渡してもらう権利をもたない」（XとYは、ある法律関係に立つ任意の人を代表するものであるから、XとYを入れ替えてもかまわない。図式の同行の項の保持者を同じにするために、入れ替えたほうがわかりやすいだろう）。「無権利」(no-right) という用語は、後者の文のいわば短縮形である。この場合も、前者と後者は、同一の法律関係をさすがゆえに、相関項、かつ同値である。

9．特権と自由

　だが、「特権」(privilege) という表現に違和感を抱く者も多いだろう。「特権」という言葉には、一般的には認められていないものが、法によって例外的に認められるというニュアンスがある。

　たとえば、普通の人には「黙秘権」として知られ、専門家が「自己負罪拒否特権」とよぶものは、被疑者または被告人は、自分に不利な供述をしなくてよい、あるいは、そのような供述をしない自由を警察官、検察官、裁判官等に対してもっているということを表わす用語であるが、この場合も、被疑者または被告人にとくに認められた、という含みがある。しかし、ホーフェ

　7　一方の文が真であるとき他方の文も必ず真であり、かつ、一方の文が偽であるとき他方の文も必ず偽であるとき、論理学では、両者は同値（等値ともいう）であるという。たとえば、「それは正三角形である」という文は、「その三角形の二辺を挟む角度はすべて60°である」という文と同値である。

　（命題）論理学では、p→qの式が成り立つ（＝真である）とき、pはqの十分条件、qはpの必要条件である、という。p, qは、真理値をもつ文すなわち「命題」を表し、→は、「実質含意」という関係を表わす。実質含意は、日常語の「ならば」（英語ではif…, then…と表わされる）とは若干意味が異なるが、さしあたり、「ならば」とだいたい同じと理解しておかれたい。p→qかつq→pであるとき、pとqは、必要（かつ）十分の条件の関係にあり、それを「同値」ともいう。同値関係は普通、p⇄qまたはp≡qと表記される。

ルドが「特権」によって表現しようとする概念には、そのような含みはない。事実、ホーフェルド図式に言及するほとんどの学者は、それを「自由」(liberty) という言葉で言いかえてきた。

　ホーフェルドはなぜ、「特権」という言葉にこだわったのであろうか。彼は正当にも、法律学習にとって死活的に重要な点の一つとして、事実関係と法律関係との区別を強調する。「自由」という言葉は、「自由に売買する」とか「強盗は被害者の自由を奪った」という文脈でも用いられる。彼は、「自由」という言葉が事実についても使われるということを嫌って、あえて「特権」という言葉を選んだのではないかと思われる。「特権」という言葉であれば、それが事実関係をさすと思う人はいないであろう。

　また、ホーフェルド自身が言及しているわけではないが、「土地の所有者Xは、その土地を自由に使用する自由をYに対してもっている」といった文を考えてみた場合、後者の「自由」は、ホーフェルドのいう「特権」(つまり、XはYに対して自分の土地を使用しないという義務を負っていない) と言いかえることができるが、前者の「自由」についてはそうできない。そもそも、「特権」を説明する場合、前者の「自由」は、事実関係をさすことが多いので、用いないほうがよい。所有権の概念ではなく、「特権」の概念を説明する場合は、「Xはその土地をある特定の仕方で使用する自由をもっている」という文を例として出したほうがよい。

　いずれにせよ、ホーフェルドのいう「特権」を法的な「自由」ということだと説明したほうがわかりやすいならば、そうすればよい。しかし、ポイントは、前項の冒頭でのべたようにただ一つ、すなわち、権利義務関係が存在しない場合が特権無権利関係が存在する場合だということである。相手方が自分に対して何らかの義務の履行を請求する権利をもっていない場合をさして、「自分はそれを履行しない特権（または自由）をあなたに対してもっている」というのである。

10. 特権とは、しない義務の不存在

　これでもまだ、「特権」ないし「自由」の意味はわかりにくいかもしれない。そこで、第1図式に目を向けてみよう。「法的対立項」において「対立」(opposite) という多義的な言葉が使われているが、それは、論理学的に正確

にのべれば、「矛盾」または「否定」というべきものである[8]。第1列の権利無権利関係についていえば、「XはYに対して権利をもっている」ということの否定が「XはYに対して権利をもっていない（＝無権利をもっている）」ということであるのは明らかであろう。本章7ですでに触れたが、注意するべきことは、第2図式においては、相関項のそれぞれの保持者は、二人の異なる人XとYであったのに対して、第1図式の対立項の保持者は同一人物であるという点である。

したがって、第1図式第2列についていえば、「XはYに対して特権をもっている」の否定は「XはYに対して義務を負っている」である、と言ってよさそうである。だが、注意しなければならないことがある。

権利と無権利との対立においては、その内容は義務者の行為（または行為しないこと）であり、ある一人の人に、それに対する権利があるかないかという対立であるから、その内容が行為か行為しないことかにかかわらず権利と無権利は矛盾関係に立つが、特権と義務との対立関係においては、その内容は特権者の行為（または行為しないこと）であるから、特権者を主語とする文の間の対立関係を考える場合、行為の内容、すなわち行為か、行為しないことかが問題となる。

したがって正確にいうと、「XはVをする特権をYに対してもっている」の否定は、「XはVをしない義務をYに対して負っている」である。両文

---

[8] 論理学では、「矛盾」とは、二つの文が、ともに真であることも、ともに偽であることもない場合に成立する対立関係をさす。ある文と、それを否定した文とは、矛盾関係に立つ。ちなみに、文をpで表わすと、pかつpの否定（p∧¬p, p∧～p または p∧p̄と表記される）が必ず偽となるという公理を、論理学では矛盾律という。一例を挙げれば、「あなたは大学生であり、かつ大学生でない」という文は、事実のいかんにかかわりなく偽であるということである。

「反対」とは、ともに真であることはないが、ともに偽であることはある二つの文の間の対立関係をさす。

「小反対」とは、ともに真であることはあるが、ともに偽であることはない二つの文の間の対立関係をさす。

対立関係の強さは、今挙げた順序で次第に弱くなる。たとえば、「実数xは正の数である」、「実数xは負の数である」という二つの文は反対関係（xが正の数であり、かつ負の数でもあるということはないから）、「実数xはゼロ以上の数である」と「実数xはゼロ以下の数である」とは小反対関係（xがゼロの場合、両方の文が真となるから）、「実数xは正の数である」と矛盾するのは「実数xはゼロ以下の数である」であり、「実数xは負の数である」と矛盾するのは「実数xはゼロ以上の数である」である。矛盾が否定と同じということは、たとえば、実数xが正の数でないとしたら、xはゼロか負の数であるということがわかる人なら、わかるであろう。

以上は、初歩的な論理学の常識であるが、山下正男『論理的に考えること』（岩波ジュニア新書、1985年）154-162頁参照。

は矛盾関係にあるから、後者の文の否定は、前者の文である。また、「XはVをしない特権をYに対してもっている」の否定は、「XはVをする義務をYに対して負っている」である。特権には、「何々する特権」と「何々しない特権」とがある点に注意されたい。

「特権」とは、要するに、義務を負っていないことである。「権利」の矛盾語として「無権利」という造語が許されるとすれば、「特権」の同義語は、(ホーフェルドは採用していないが)「無義務」であるといってよいであろう。

抽象的な言葉は、文の省略形であることが多い。それは誤解の原因にしばしばなる。したがって、上の場合も文によって正確に表現すれば、「XはVをする特権をYに対してもっている」は、「XはVをしない義務をYに対して負っていない」と同値であり、後者はまた、「YはXに対して、XがVをしないことへの権利をもっていない」と同値である。

同様に、「XはVをしない特権をYに対してもっている」は、「XはVをする義務をYに対して負っていない」と同値であり、後者はまた「YはXに対して、XがVをすることへの権利をもっていない」同値である。Vという記号がわかりにくければ、そこに、「金銭を支払う」、「商品を引き渡す」、「土地に侵入する」などの具体例を代入して自分の頭でゆっくり考えてみていただきたい。

XY間の権利義務関係、たとえば債権債務関係が理解できる人ならば、特権無権利関係は、その否定にすぎないのであるから、特権の内容が、対応する義務の内容の否定になっていることに留意さえすれば、それについても容易に理解することができよう。

結局のところ、すでにのべたとおり、特権無権利関係は、権利義務関係の不存在ということにすぎない。「特権」の代わりに「自由」という言葉を用いれば、(「する」または「しない」)義務がないという意味で(「しないこと」または「すること」につき)「自由」であるということにすぎない。

11. 特権無権利関係の法学上の意義

ところで、特権無権利関係が、権利義務関係の不存在にすぎないのなら、論理的な完全性ということを別にすれば、それをあえて一つの法律関係として図式に載せる必要があるのだろうか。

これについては、次のような事例を考えてみればよい。権利者または権利者と称する者から、ある行為の履行を要求されたとき、人は、そのような行為をする義務はないという抗弁（裁判外におけるものも含めて、広い意味での抗弁）を提出するかもしれない。

これは、「特権」という言葉を使っていえば、「私はあなたに対して、そうしない特権をもっている」という抗弁である。抗弁にあたっては、「制限超過部分の利息契約は無効なので支払いません」とか、「まだ代金をもらっていませんから商品を渡しません」とか、「あなたの私に対するその債権は時効にかかっています」とか、「あなたは私のその債務を免除したではありませんか」とか付言するであろう。

これらは、権利義務関係の不存在ということが、法的紛争において重要であることを示す例にすぎない。いずれにせよ、そのことの重要性を否定する法律家はいないであろう。

12. 権能責任関係

以上の説明から明らかであるように、権利義務関係と特権無権利関係とは、後者は前者の否定にすぎないから、第2図式における権利と義務のペアと特権と無権利のペアとは、一つのグループを形成する。したがって、第1図式の左半分も、一つのグループをなす。もう一つのグループが、各図式の右半分である。

Ⅲ-3　ホーフェルド『司法的推論で使用される法的基礎概念』[9] 50-51頁

　　所与の法律関係の変化は、（1）一人（または複数の）人間の意思支配（volitional control）のもとにない事実または諸事実の付加から、または、（2）一人または複数の人間の意思支配のもとにある事実または諸事実の付加から生じる。第二の事例のクラスに関して、その意思支配が最も優越するところの人（または人たち）は、当該問題にかかわる法律関係のその特定の変化を生じさせる（法的）権能を有すると言ってよいかもしれない。

すべての法律家は、法律関係がたんなる事実——たとえば相続における被相続人（相続される人）の死亡——によって変化するということも知ってい

9　Hohfeld（前掲注5）参照。

るが、人間の行為（プラス若干の付加的事実）によって変化するということも知っている。後者の場合の行為の主体がもつ、既存の法律関係を変化させる「能力」(ability)[10]のことをホーフェルドは「権能」(power)とよんだ。そして、そのような権能の行使によって、法律関係、したがって自己の法的地位を変化させられる人の法的地位を「責任」liability（に服する者）とよんだ。

　権能とは、その行為によって、他人（場合によっては自分の）の法律関係を変化させることのできる「地位」にある人が法律上もっている「力」であり、事実において「力」をもっているという意味ではない点に注意されたい。あくまで法律上の関係が基本であり、「力」というのは比喩的な意味である。くり返すが、法律関係と事実関係とは異なることを銘記されたい。したがって、権能をもっている人が、事実上その権能を行使できないこともありうる。

　第一グループに含まれる法律関係と同様、ここでも、「XはYに対して、Yの法的地位を変化させる権能をもつ」は、「YはXに対して、Xのそのような権能に服する（＝責任を負う）[11]」と同一の「法状態[12]」をさし、その意味で同値である。

　たとえば、物の所有者Xは、Yにそれを譲渡する[13]ことによって、Yの

10　「能力」という言葉も多義的で混乱を招くおそれがあるので、一つだけ具体例を挙げて補足しておこう。「意思能力のある人は、遺言をする能力をもつ」という法律学上の文において、「権能」に当たるのは後者の「能力」であり、前者の「能力」は、そのような権能が発生するための事実である。

11　厳密には、「権能」は行使ということを伴うから（もちろん行使されない場合もある）、「YはXに対して、Xがその権能を行使した場合、結果として生じた法律関係に服する」という言い方のほうが適切かもしれない。これは、権能を行使するメタメタレベル、つまり3階の特権または義務とかかわる事柄であり、問題を複雑にするので、さしあたり無視して考えていただきたい。

　「メタ」ということについて、ここで説明しておこう。何かについて語る場合、そこで語られている何かのことを「対象」といい、語っているレベルを「メタ」という。そのメタレベルの事柄について、さらに語るレベルを「メタメタ」レベルという。このようなことはいくらでも続くので、論理学では、最初のレベルを「1階」、第2段階目を「2階」、第3段階目を「3階」、以下同様、という。「階」は英語ではorderといい、算数で一の位、十の位、百の位というときの「位」がその訳語である。

　権能によって何らかの権利義務関係が変更されるとすれば、その権利義務関係は1階に属し、権能責任関係は2階に属し、さらに、権能を行使するかしないかについて語るレベルは3階に属する。なお、1階にくる法律関係は、権能責任関係でも何でもよい。

12　前述本章3で引用したサヴィニーの文章III-1の1行目参照。法律関係やその他の法律上の関係、地位などをさす。

法律関係を変化させる――つまり、それまではその物の所有者でなかったYが所有者となる――権能をもつ。この場合、XはYの法律関係だけではなく、自分の法律関係も変化させる能力、具体的には譲渡によって自己にその所有権を失わせる能力をもち、また、譲渡した場合の自己の法律関係の変化、すなわち所有者でなくなる法状態に甘んじる責任を負う、とみてよいが、ホーフェルド自身は、それにはほとんど言及しない。Yが所有者になれば、Xを含め、Y以外の者は所有者でなくなるから、X自身の法律関係についてとくに言及する必要は普通ないからであろう。

13.「責任」という言葉

「責任」という言葉は、法律関係の変化によって、責任を負う者の状態が前よりも悪くなるかのような印象を与えるが、必ずしもそうではない。たとえば贈与の場合に明らかなように、他人の権能（この場合、贈与する権能）行使による法律関係の変化に服する者、つまり責任を負う者（この場合、贈与された者）が、それによって前よりも悪い状態になるとはかぎらない。

ところで、「特権」という語と同様ここでも、「責任」という言葉に違和感を抱く法律家も多かろう。責任という言葉は、日常語と同じく、法律学[14]においても義務の同義語として使われることが多い。だが、それが何らかの意味で法律関係の変化に服するというニュアンスを伴うことも、法律家ならそれなりに理解できるであろう。たとえば、「自己の過失によって損害を発生させた者は、その損害を被害者に賠償する責任に服する」という文は、加害

13　英米法を対象として論じるホーフェルドが使う「譲渡」の例は、正確にいえば、物権行為（売買契約を結ぶなどの債権行為が先行しなくても、物権の変動に関し、債権行為から独立に法律上の効果が発生する法律行為）であり、日本法の例としては不適切であるかもしれない。遺憾ながら、より適切な例を思いつかなかった。民法に詳しくない人には、あまり厳密に考えないでいただきたい。「譲渡」の代わりに、「その物を売る」とでもすれば、日本法にも当てはまりそうにみえるが、そうすると今度は、所有権者の権能と契約を結ぶ権能という二つの権能と両者の関係についても説明しなければならなくなる。この面では、「譲渡」という物権行為を認めたほうが説明が簡単になる。いずれにせよ、所有権は、どの国の法制においても、さまざまな権利、特権、権能、免除権、ならびに（見方によっては）義務および責任の複合体であるので、所有権を例にとって厳密に説明しようとすると、初学者に理解していただくことは非常にむずかしくなる。ここでは、あまりむずかしく考えなくてよい。

14　「法学」と「法律学」は、同じものをさすことも多いが、法哲学の分野では、「法律学」という用語を、ドイツ語のJurisprudenzの訳語として、実定法学と判例ないし判例法とを包含するものをさすものとして使うこともある。たとえば、「トピクと法律学」（前掲第2章注69参照）というときの「法律学」がその一例である。

者をX、被害者をYとすれば、「XはYに対して、損害賠償をする義務を負う」ということだけでなく、「Xはそのような新たな法律関係に服する[15]」ということをも意味するということが理解できよう。

しかし、権能に関する上記（本章12）引用文章Ⅲ-3中の「意思支配のもとにある」という説明を文字通り受け取れば、「そのような不法行為者Xは（不法行為もその者の意思に基づく行為であることは確かだから——ピストルを突き付けられて仕方なくやった行為は不法行為にはならない）、YX間の権利義務関係を生じさせる権能を有し、Yはそれに服する責任を負う」（この場合、責任の内容は、YはXに対して損害賠償請求権をもつということ）ということにもなりそうである。しかし、Yの損害賠償請求権を発生させる事実は、上記引用Ⅲ-3における（2）よりもむしろ（1）つまり意思に関係しない法律要件のクラスに属するとホーフェルドは考えていたのではなかろうか。

その傍証もかねて、次節では、ホーフェルドの主旨の把握のため、いささか長い引用をしておこう。

14. 契約の申込み、承諾、撤回

Ⅲ-4　ホーフェルド『司法的推論で使用される法的基礎概念』[16] 50-57頁

さて、契約の分野に目を向けてみよう。AがBに自分の土地甲を1万ドルで売りたいと申し込む手紙を郵送し、しばらくしてBがこの手紙を受け取ったとしよう。今のべたいくつかの「法律要件に該当する諸事実[17]」は、Bに関してはある権能を、Aに関してはそれと相関する責任を生み出した。Bは、承諾の手紙をポストに投函することによって、Aおよび自分に契約上の潜在的または未完の債務を課す権能をもっている。そして、この土地に1万5千ドルの値打ちがあると仮定すれば、この特定の法的量 (legal quantity)[18]——AとBの間の「権能プラス責任」関係——は、Bにとって約5

15　やや不正確かもしれないが、ホーフェルドのいう「責任」とは、要するに「責任を負う者は、それに対応する権能をもつ者がその権能を行使し、それによって自己の立場が前よりも悪くなっても、権能行使者に対して、法律上文句が言えない」ということを意味する、というふうに理解してよいかもしれない。後述のように、「責任」の否定語、したがって矛盾語は「免除権」であるから、責任がない場合、すなわち免除権をもっている場合、相手方に対して、「私には免除権がある」または「あなたにはその権能がない」と抗弁することができる。

16　Hohfeld（前掲注5）参照。圏点は、ホーフェルド自身による強調に対応する。下腺は亀本による。なぜ下線を引いたかについては、前述第2章27参照。

17　原語は、operative facts であり、法律効果を発生させる個別具体的な諸事実のこと。以下、「法律要件該当（諸）事実」と訳す。法律および法学において、契約が債権の発生「原因」と言われたり、不当利得法で「法律上の原因がなく……」と言われたりする用語法に倣えば、「原因事実」と訳すこともできる。しつこいが、そこで言う「原因」は、事実的因果関係における「原因」ではなく、法律上の「原因」であることに注意されたい。

千ドルの値打ちがあるように思われる。Aの責任は、その権能を行使して、Aが「撤回」として知られる一連の法律要件該当諸事実によって、その責任を消滅させないかぎり、相応の期間持続するであろう。このことは普通、Aの「申込み」は、それを撤回するまで、相当期間または実際に約定された一定期間、「継続する」または「効力をもつ」(remain open) であろうと言うことによって説明される。このような表現を使っても、大多数のケースで何も害が生じないことは疑いないが、そのような言い方は、非法的量と法的量との混合を表しているように思われる。両者は、注意深い思考を要する問題では、区別するのが望ましい。申込みは、それが一連の物理的および精神的法律要件該当事実と考えられる場合、「申込みの相手方の受取」によってそのような連鎖が完成されるや、その力を使い尽くし、任務完了となる。それゆえ、真の問題は、その時点での法的効果 (legal effect) に関するものである。もしそれが、Bの権能とAの相関的責任にあるとすれば、撤回その他の法律要件該当事実によって修正されるまで「継続」するのは、〔申込みではなく〕そのような法律関係 (legal relations)[19] であることは明らかである。郵便による契約締結に関してこれまでのべたことは、適当な変更を施せば、あらゆるタイプの契約に当てはまるであろう。当事者がその場に居合わせている[20]場合でも、申込みは、申込人に課される責任を生み出し、それとともに、相手方に有利な相関的権能を生み出すのである。目下の目的にとって唯一の違いは、そのような権能および責任が非常に短い期間内に満了するという事実にしかない。

この分析方法の実践的正当化は、オプションという主題に関して多分もっと大きい。ラングデルは、彼の『契約』に関する立派な著作のなかで次のようにのべている。

「申込人が自分の申込みは一定期間有効であると約定している場合、第一の問題は、そのような約定が拘束力ある契約であるか否かということである。……そのような約定が拘束力あるとき、さらなる問題が生じる。それが申込みを撤回不能にするかどうかという問題である。そうだというのが通説である。しかし、それは明らかに間違っている。……申込みは、契約の一要素にすぎない。契約を締結するには、契約締結時に契約両当事者の意思が——法的意味で——一致することが不可欠である。それゆえ、一方当事者がする申込みが撤回権能を一切もたない、ということは法的に不可能である。その上、万一そのような約定が申込みを撤回不能にするとしたら、それは破ることができない契約になってしまうであろう。これもまた、法的に不可能である。それゆえ、そのような約定の唯一の効果は、その約定が撤回により申込人によって破られた場合、相手方に対して損害賠償請求権を与えるということである。」

以上の推論は、通常の申込みがその事実自体によって法律関係——法的権能と責任——を生み出すということ、そして、「有効」なのは、(その申込みを構成する物理的および精神的事実というよりも、むしろ)この法律関係であるということを無視している。もしこれらの点が認められるならば、約因によって支えられているか、または、捺印証書

---

18 ホーフェルドは、容易には理解しがたいことだが、法律関係を（おそらくニュートン物理学における作用反作用の法則における二つの打ち消しあう力の量的関係と類比されるべき）一種の量的関係と考えている。彼は、自分の提示した八つの基礎概念を、他の基礎的でない法的諸概念を通分するような「最小公分母」（同書 p. 64）とよんでいる。

19 ホーフェルドは、法律関係を普通は jural relation と表記する。

20 日本の民法学では、ドイツ語から「対話者間」と訳されている。これに対して、郵便や電信の場合は「隔地者間」と言われる（民法第97条参照）。ドイツ普通法上の区別に由来する。

に書かれた片務的オプション合意[21]は、オプション権を与えられた者とそれを与えた者との間に双務的債務を生み出す撤回不能な権能を、前者に与えると認識することになんの困難もないように思われる。もちろん、その権能と相関的に、オプション権付与者には責任——この責任を消滅させる権能をオプション権付与者自身はもっていない——が生じるであろう。裁判所も、実質的にこれと同じ結論に到達するのになんら困難を感じないと思われる。だが、裁判所による説明はつねに、「申込みの撤回」という用語や物理的ないし精神的量の気味がある表現で行われている。

ここでは、権能責任の関係の例証に加えて、法律関係とそれを発生させる諸事実とを明確に区別しないと、偉大なラングデルでさえ陥るような概念法学的混乱を招来するのだということも説かれており、興味深い。

15. ケース・メソッドと概念法学

ちなみに、ラングデル（1826-1906）は、「科学としての法学」という立場からハーバード大学でロースクール教育を確立した人であり、ケース・メソッドという法学教育法方法を導入した人として有名である[22]。

日本の法学者の間では、ケース・メソッドとは、法律上の一般的な諸概念と概念間の関係を最初から細かく教える普通法学的ないしドイツ法学的教育方法と異なり、判例を使って法の内容を法学生にみずから考えさせる方法であると一般に理解されている。だが、専門的にいうと、すなわち専門的法哲学者の観点からみると、ポイントは判例という素材よりも、一般的諸概念によって法律問題を整理して理解し教育するという方法にある。

別の言い方をすれば、先輩弁護士のもとで働いて、法律を見よう見まねで体得するという旧来のイギリス流徒弟制式法学教育に代えて、一般的抽象的概念を自在に操るドイツ法的教育方法を、判例法を基本とするアメリカ法に導入した、ということが最も注目するべき点なのである。日本の法学教育の基本が今でもそうであるように、契約や不法行為等の概念およびそれらの上位または下位の諸概念をきちんと教えれば、「撹乳器という言葉はどこにも書いてないから、原告敗訴である」といった判決を下す裁判官（前述第1章

---

21 「約因」や「捺印証書」は、オプション契約が成立するための要件の一部である。編集代表・田中英夫『英米法辞典』（東京大学出版会、1991年）などを参照されたい。
22 松浦好治『法と比喩』（前掲第2章注16）142-152頁参照。詳しくは、松浦「'Law as Science' 論と19世紀アメリカ法思想」（前掲注4）参照。

7頁参照）はいなくなるであろう。

　しかし、概念的方法は、度をすぎれば、「概念法学[23]」として非難されることになる。先ほどの引用文章Ⅲ-4中に引用されたラングデルは、「両当事者の意思の合致によって契約は成立する」という契約の定義を絶対のものとした上で、一方当事者が申込を撤回すれば、意思の合致はなくなるのであるから契約は成立しない、したがって、撤回が法律上不可能だとすれば、意思の合致がなくても契約が成立することになり、これは契約の定義に反し、不可能であるという議論を展開している。

　しかし、契約によっていったん成立した債権債務関係を消滅させる権能を申込者がもたないという法律関係（権能責任関係、具体的にはオプション関係）は、契約の定義に反するものではない。この点について、ラングデルの混乱は、法律関係がいつ発生または消滅し、またその権能および責任をだれがもつかという観点からきちんと考察していないから生じた、というのがホーフェルドの見立である。

16. さまざまな権能責任関係の併存と継起

　ここで、上記引用文章Ⅲ-4の最後の段落冒頭の「通常の申込みがその事実自体によって法律関係——法的権能と責任——を生み出す」という文について補足すれば、そこで言及されているのは、申し込まれた者がもつ、承諾によって契約上の債権債務関係を発生させる法的権能と、承諾がなされた場合にそれに服する申込人の責任だけである。

　だが、申込人の権能とそれに対応する申し込まれた者の責任についてもあえて考えれば、申込人は、申込みによって相手方に上記のような権能を発生させる権能をもっており、その権能が行使された場合、相手方は、自己に承諾によって契約関係を成立させる権能が発生するという法律関係に甘んじる責任を負う、ということであり、ホーフェルドの説明では、こちらの権能責任関係は省略されているのである。

　以上のような法律関係とその発展を、普通は簡単に「両当事者は契約を締結する権能をもつ」と言うが、上にのべたように、細かくみていくと実はも

23　前述第2章78頁参照。

っと複雑な行為の継起からなっていることがわかるであろう。サヴィニー（前掲引用Ⅲ-1参照）は、それに「生き生きとした」という形容詞をつけたがるのだが、つけてもつけなくても法状態の発展自体に変わりはないということも、ここまでくればわかっていただけるであろう。

17. 免除権無能力関係

　第2図式第4列に示された「免除権」と「無能力」の関係の説明に移ろう。その前に、第1図式第3列に目を向ければわかるように、「無能力」は「権能」の否定である。「無権能」のほうが論理的には明確であるが、できるだけ造語をしないという方針をとるホーフェルドは、「権能」の矛盾語（＝否定語）として「無能力」を選んだのである。

　「XはYに対して、Yのある法律関係を変化させる権能をもつ」の否定は、「XはYに対して、そのような権能をもたない（＝無能力をもつ）」である。Yの法律関係の当事者としてXが登場する必要はない。裁判所や行政機関の決定によって、私人間の法律関係が変化する場合がそうである。たとえば、民事裁判の判決を受ける前後で原告・被告間の法律関係は何らかの変化を受ける。裁判所はそのような権能をもっている。

　ついでに第1図式第4列についても触れておこう。この場合、下の項から上の項へと説明したほうがわかりやすいだろう。「YはXの権能行使に服する」の否定は、「YはXの権能行使から免除される」である。それゆえ、「免除権」の矛盾語は「責任」である。したがって、「YはXに対して免除権がない」と「YはXに対して責任がある」とは同値となる。後者はまた、「XはYに対して権能をもつ」という文とともに、同一の法律関係をさすから、この文とも同値である。

　もはや第2図式第4列に現われた免除権無能力関係が何をさすか明らかであろう。「YがX対して、Xの法律関係を変化させる権能をもっていない場合、XはYに対して、Yによって自分の法律関係を変化させられないという免除権をもっている」ということである。

　あえて誤解を招くような書き方をしてみたが、それは、この文のまん中あたりに登場する「場合」の前の文と後ろの文とが（必要かつ十分）条件の関係にあるということを意味するのではない（別の意味では、意味するのだが）、

ということに再度注意を促すためである。前半の文と後半の文は、それぞれ単独で同一の法状態を表しているからこそ、両方の文は同値になるのである。

たとえば、物の所有者Xは、(その物の所有権をもっていない) Yに対して、その物を譲渡されない——譲渡によってXの法律関係を変化させられない——免除権をもっている。逆にいうと、YはX対して、その物を譲渡する権能をもっていない。もしYがXの代理権(という権能)をもつ者であれば話は別である。その場合、XはYの代理権行使によってなされたXの法律関係の変化に服する責任を負う[24]。

18. 無能力と、しない義務は違う

物の所有者Xがその代理人でないYに対してそれを譲渡されない免除権をもっているということ、あるいは、同じことであるが、YがXに対してその物を譲渡する権能をもっていないということは、YはXに対してそのような譲渡をしない義務を負っているというのとは別の事柄である。

ポイントを伝えるため、あえて不正確に言えば、「YはXの物を勝手に譲渡してはいけない」というのと、「Yはそのような譲渡をすることができない」というのは別の事柄である。法律上できないものは、できないのであり、譲渡したようにみえたとしたら、それは法律上無効ということである。「……譲渡してはいけない」の文中の「譲渡」は、現実の世界で起こる出来事をさしており、「……譲渡をすることができない」の文中の「譲渡」は、法の世界で起こる出来事(みたいなもの)をさしている。

私が前述第2章37で、奥野裁判官が用いた「法律上の不利益」という概念について批判的にコメントしたのも、このことと関係している。裁判官や法学者(法哲学者も含む)は、現実の世界で起こる出来事と法の世界で起こる「出来事」とにたまたま同じ言葉が使われることを利用して、奇妙な理屈を

---

24 日本法では、法的な意味での「代理」は、「代理人がした法律行為の法律効果は本人に帰属する」と説明される。そのかぎりで、「代理人がした法律行為の効果に対して本人は責任を負う」ということは、日本の法学教育を受けた人にも容易に理解されよう。ただ日本法では、「責任」は、負担を含意することが多く、利益を意味することはほとんどない。

なお、他人に代理権を授与する権能をもっているのは、いうまでもなく、日本法でもアメリカ法でも本人である。その場合、代理権授与契約(日本法では委任契約の一種とされる)によって代理人になった者は、その責任(代理人の地位にあるということ)に服する。

展開することが時としてあるから、ごまかされないよう気をつけていただきたい。

19. 免除権としての憲法上の自由権

　日本国憲法第19条に「思想及び良心の自由は、これを侵してはならない。」とある。この条文は、日本の「国家」＝「政府」（ここでは、行政府だけでなく、国会および裁判所も含むものとして考える）は、国民一人ひとりの思想および良心を侵してはいけない、という義務を負っているということを意味していると解釈することもできるが、日本国政府は国民の思想および良心の自由を侵すような（法律関係変更）行為をする権能をもっていない、逆にいうと、国民一人ひとりは、そのような政府の行為に対して免除権をもっている、ということを意味していると解釈することもできる。後者の解釈がとられる場合、政府の行為としてとくに念頭に置かれているのは、国会の行為すなわち立法である。

　法学者の間では、人身の自由、幸福追求権、思想および良心の自由、表現の自由、移動の自由、職業選択の自由、財産権など、憲法上の自由権とよばれるものは、政府が国民に対して負っている義務という観点からよりも、政府の無能力＝国民の免除権という観点から理解されることのほうが多い。たとえば、そのような自由権を法律の制定によって変更したり廃棄したりすることはできないということである。事実上変更された状態が存在したとしたら、それは法的には無効だということである。裁判所による立法その他の政府の行為に関する違憲判断の少なくとも一部は、国民が政府に対してもっている免除権に基づいている。

　そのようなこともあり、免除権の例として、憲法上の自由権が挙げられることが実際には多い。だが、他人によって自分の財産を勝手に処分されない「権利」や自分の知らない所で勝手に自分を契約の一方当事者とする契約を結ばれない「権利」もまた、免除権であることに変わりはない。このような種類の免除権は、あまりにも自明であるから、実定法学者があまり注目しないだけである。

　ところで、日本国憲法上の生存権その他の「社会権」はどうして免除権の典型例として挙げられないのだろうか。あまり教えすぎるのもよくないの

20. 「権利」という言葉の多義性

以上でホーフェルド図式に関する一応の解説を終えることにするが、用語上の問題について、一点だけ付言しておく。

「権利」という言葉は、ゆるい意味ではホーフェルドのいう「権利」、「特権」、「権能」、「免除権」のすべてを含みうる。そのため、多くの論者は、ホーフェルド自身の示唆[25]に従って、彼の図式における「権利」、あるいは「最も厳密な意味での権利」、「限定された本来の意味での権利」に代えて、「請求権」(claim)という語を通例用いる（ホーフェルド自身も用いている）。以下、私も、必要に応じて、「権利」と「請求権」の用語を使い分けることにする。

第3節　道徳哲学者の不満

21.「関係的」権利

ホーフェルド図式に対して、法学に造詣の深い道徳哲学（倫理学とほぼ同義）者から向けられる不満の一つに、次のようなものがある。すなわち、ホーフェルドは、権利義務関係その他の法律関係をまさに「関係的」なものとして捉えているが、刑法上の義務の履行を請求する権利を有する個人とはだれかとか、いわゆる社会権に対応する義務はだれが負うのかといった問題を考えてみると、対応する権利が必ずしもない義務とか、対応する義務のない権利といったものも想定せざるをえない可能性が法においてすら存在するのであるから、すべての法的地位を関係のなかに位置づけるホーフェルド図式は、道徳哲学においてはもちろん、法学においてすら不十分である、というのである[26]。

この批判は、ホーフェルド図式が刑法ではなく、私法[27]をモデルにしてい

25　Hohfeld（前掲注5）p. 38参照。
26　Carl Wellman, *A Theory of Right*, Rowman & Allanheld, Totowa, 1985, pp. 17-60参照。
27　公法とは、国家組織内部または国家と国民の法律関係を規律する法であり、私法とは、これと対比して、私人間の法律関係を規律する法である、などと定義されるが、歴史的に成立した概念であるから、厳密に定義することはむずかしい。というよりも、探求目的に応じて定義しないとあ

る点を暗に指摘する点では明らかに正しい。しかし、西洋の近代法および近代法学が私法および私法学、とくに民法学を模範例として発展してきたということは、すべての法学者にとって周知の事実である。

　刑事事件であろうと、民事事件と同様、原告被告の対審構造[28]のなかでまずは理解するべきことは、訴権法の特色を今なお色濃く残す英米法圏諸国においてだけでなく、同様に訴権法的構造をもつローマ法を継受した大陸法圏諸国においても[29]、正しい順序というものであろう。

22. 法学教育の目的

　依頼人の話をきいてすぐに、だれを訴えることができるか、依頼人にはその資格があるのか、という問いに答えることができなければ、その弁護士は信用を失うであろう。しかし、素人は、そのような問いにそう簡単には答えることはできない。検察官が犯罪者を訴えるべきことは決まっている。犯罪者と思しき人を訴えるだけなら素人にもできる。専門的知識と能力を要するのはむしろそれ以外の点にある。

まり意味がない。先の定義によれば、刑法や訴訟法は公法に属するはずだが、六法全書や法学部およびロースクールの科目上の分類では、公法には刑法や訴訟法は含ませず、憲法、行政法を中心として考えるのが普通である。なお、国際（公）法は、公法とされているが、もともとは、私法（自然法）を国家間の関係に応用したものである。

　ともかく、ここまで苦労して読み進んでこられた読者には、刑法と民法が相当違うものだということは理解されたと信じる。私法の代表は民法である。本書の現段階では、その程度の理解ができていれば十分である。

28　英米法では、adversary system という。『英米法辞典』（前掲注21）では、「当事者対抗主義」という訳語が採用されている。adversary とは敵という意味である。英米の裁判は、決闘ないし戦争をモデルとしている。日本の法学では、「当事者主義」ないし「弁論主義」という、この「敵」という意味をなぜか隠そうとする訳語が採用されており、ニュアンスが伝わりにくい（しかし「攻撃」「防御」という戦争用語はなぜか移入されている）。裁判は、法に従った対等な条件のもとでの弁論による戦争なのである。審判のことを裁判官という。英語でいうと judge is judge になってしまうが。後述第8章18も参照。

　なお、松浦『法と比喩』（前掲注22）27頁に、「西洋産業社会では、『理性的な議論は、戦争である』比喩が〔裁判だけでなく〕『議論』〔全般〕に基本的な構造を与えている」という見解が紹介されている。

29　別の観点からいえば、実体法と手続法 adjective law の分離をほぼ完成させた大陸法と同様、英米法でも、第一次的権利と救済的権利というそれに匹敵する区別が今日では確立されている。このようなことをあえて付言するのは、法的権利を分析する道徳哲学者には、それが裁判前において当事者間で働く局面を無視して、権利の実現ないし実行ということを裁判ないし判決の執行に直結させて考える傾向があるように思われるからである。

　なお、「主法・助法（Substantive and Adjective Law）の区別」がベンサムによるものであることについては、穂積陳重『法窓夜話』（前掲第1章注2）第70話258頁に言及がある。

日本国憲法には、すでに例として引用したように、「すべて国民は、勤労の権利を有し、義務を負ふ。」(第27条第1項)、「思想及び良心の自由は、これを侵してはならない。」(第19条)といった普通の人が読んでもそれなりに理解できそうな条文がある。

しかし、そこには、「だれがだれに対して」ということが明言されていないから、普通の人々は、憲法とか法律には、「関係的でない」権利や義務が書いてあり、法とはそういうものだと誤解するかもしれない。関係的な権利や義務は、素人には馴染みがうすく理解しにくい。だからこそ、法律家になるためには、まずは関係的な権利、義務を理解しなければならないのである。

ホーフェルドが彼の図式を提示した論文は主として、ロースクール[30]の学生、すなわち法学の初学者に向けて書かれている。ロースクールの教育の高い目標は、法律に有能で道徳的にも立派な法律家の養成であり、最低限の目標は、ともかくも「法律家のように考える」(thinking like a lawyer) ことができる法律家の育成であろう。

だからこそまずは、くり返すが、債権債務関係のような権利義務関係をしっかりと理解させなければならない。そうして、そのような「だれからだれへ」という方向性をもった関係性がようやく理解できるようになった頃に、権利義務関係と一見類似し、多くの場合「権利」とよばれているが、それとは区別されるべき法律関係もあるのだということも教えなければならない。しかも、そこでも「だれからだれへ」ということをきちんと考えるように、と。

そのようなことを十分に習得していない段階の学生に、実は関係的ではない権利や義務もあるのだと教えることは、たとえその内容が正しいとしても、彼らを素人に立ち戻らせることに貢献するだけだろう。

23. 道徳的思考と法的思考

道徳というものが、洋の東西を問わず、「人を殺してはならない」とか

---

30 アメリカの大学には、イギリスやドイツ、フランス、日本のような法学部はなく、大学における法学教育は、主としてロースクールで行われている。現行の日本のロースクール制度と比較していえば、未修者コースしかないということである。

「約束は守らなければならない」といった、「関係的ではない」(つまり、それを要求する権利がだれにあるかということを考えない、あるいは、考えなくてよい) 義務を中心に考えられてきたことは事実である。

近年では、分配の平等を求める権利とか自己決定権とかいう、だれに対する権利か、だれが義務を負うのかよくわからない権利が道徳的ないし法的権利に属すると考えられようになっていることもまた事実である。

道徳哲学者が先のような不満を漏らす原因は、彼ら自身が道徳というものを、関係性のない義務または権利の概念を中心に考えており、そのような思考習慣を他の分野の人々にも押しつけたいと思っているからかもしれない。いずれにせよ、法的思考がどのようなものかを考えている目下の段階では、道徳哲学者のたんなる思考習慣は、とりあえず無視するのが最善である。思考の押しつけはまた、法哲学の精神に最も反する。

24. 唯名論または個物主義

ホーフェルドは、現実に存在する法律関係が、特定のだれかの特定のだれかに対する関係であり、固有名をもっただれかのだれかへの関係であることを再三にわたって力説している。「法人[31]もある」とか、「社会に対する義務も存在する」とかいった、本筋をはずした疑問を提起する人は、まだ「法律家のように考える」段階に達していない。

「唯名論」(nominalism)[32] あるいは「個物主義」(individualism) に与する

31　株式会社のような社団法人と、日本相撲協会のような財団法人とに区別される。人の集まりまたは財産に、法律によって人為的に法人格が与えられると法人になる。法律行為をすることができるのは、その代表である。代表取締役とか理事長とよばれる。学校法人、国立大学法人といった特殊な法人もある。国家(政府)またはその機関も、法人とみることができる。個々の人間は、「自然人」とよばれ、生まれたときから法人格(権利能力)を与えられている。民法第3条第1項に、「私権の享有は、出生に始まる。」とある。

32　存在するのは個々の事物だけであって、概念はたんなる一般名辞にすぎないという立場。たとえば、プラトンという名前の人間、アリストテレスという名前の人間は実在するが、「人間」という概念あるいは「人間一般」は実在しないという主張である。プラトンは、「イデア(概念の一変種)は実在する」と主張したが、アリストテレスは、エイドス(イデアに相当する)は個々の事物に「内在」するだけで、実在はしないと主張した。リアリズムとノミナリズムの対立はこのように、もともとは「概念」の存在をめぐるものであり、「概念実在論」対「概念名目論」と訳したほうがよいかもしれない。

なお、後述するリーガル・リアリズムは、「法」という概念に関しては、そのようなものは実在しないという立場であるから、法ノミナリズムである。極端なリーガル・リアリストは、法を定義して、「法とは、個々の裁判官が個々の裁判に臨んで、これが法だと言うところのものである」と

ホーフェルドのこのような態度は、リーガル・リアリスト[33]全般に共通するものではあるが、その意図あるいは効果は、中途半端な抽象論の段階に留まる法学生を法律家の側に連れ戻すことにある、と私は考えたい。

もちろん、「社会正義[34]」に貢献するような立派な法律家を養成することも、ロースクールの理想として掲げるべきことであろう。しかし、実際の事件において、だれとだれとがどういう法律関係にあるかがわからなければ、一法律家として、その法律関係を正義にかなったものにするにはどうすればよいかということも考えることができないであろう。

25. 初心者は定義を示されても理解できない

道徳哲学者から向けられる第二の不満に、ホーフェルドは、八つの概念が基礎的なものであると標榜しながら、そのいずれについても、実例を挙げるだけで、言葉による明確な定義を与えていない[35]、というものがある。

しかし、初学者に、言葉による定義を示すことはほとんど無意味である。たとえば、日本の民法学をマスターするには、「法律行為」の概念の習得が不可欠であるが、それを「意思表示中の効果意思が法律効果となって現れるような法律要件」といった定義を示されて、初学者のみなさんは理解できる

言った。これは、「法一般は存在しない」という主張にほかならないから、明らかに法ノミナリストの主張である。リアリズムとよばれたのは、法のルールや法的推論ではなく、裁判の現実（reality）に実際（real）に影響を与えているものは何かに注目する立場だったからである。

33 アメリカの法学界では、20世紀の初めから50年代にかけて、裁判は法のルールに従って行われているのではなく、裁判官のパーソナリティや政治的イデオロギーが判決に決定的な影響力を及ぼすことを強調する学派が（決して法律家の間の多数派ではなかったが）有力となった。そのような立場はリーガル・リアリズム（legal realism）またはリアリズム法学（realist jurisprudence）とよばれた。政治的には、19世紀末から20世紀30年代までの政治的に保守的な連邦最高裁の態度に反対して、司法よりも立法の優位の立場をとって、大統領の主導のもと立法による社会改良をめざす人々が多くそれに属した。

法のルールを疑う（「ルール懐疑主義」とよばれる）だけでなく、裁判における事実認定をも疑う（「事実懐疑主義」とよばれる）立場の代表として、ジェローム・フランク（棚瀬孝雄・棚瀬一代訳）『法と現代精神』（弘文堂、1974年。原著初版は1930年）、同（古賀正義訳）『裁かれる裁判所 上下』（弘文堂、1970年。原著は1949年）参照。フランク（1889-1957）は、情動に動かされやすい事実審裁判官または陪審員による事実認定のあり方を批判し、適切な訓練を積んだ職業裁判官による事実認定制度を提唱した。

34 弁護士法第1条に「弁護士は、基本的人権を擁護し、社会正義を実現することを使命とする。」とある。そこに言う「社会正義」とは何なのだろうか。弁護士だけで「社会正義」が実現できるとでも言うのであろうか。この条文は、義務を定めているようにみえるが、その義務に違反したらどうなるのだろうか。自分で考えてみていただきたい。

35 Wellman（前掲注26）p. 17 参照。

であろうか。そのような定義は、それをすでに理解している者にとってしか意味をもたない。法律行為の例として、各種の契約や相続放棄(「相続財産(債務も含めて)はいりません」と言うこと)などを挙げれば初心者でも不正確ながら理解することができようが。

それゆえ、初学者に理解させるには、手を替え品を替えさまざまな具体例を挙げながら説明し、最終的には自分の力でその概念をつかませるしか方法がない。基礎的な概念であるからこそ、ホーフェルドは言葉による定義を避けたのである。

弁明めいたことを言えば、本書において私も、しばしば定義を示すだけで、理解していただくことへの努力を怠ることがあるかと思う。それは、自分で勉強していただければいつかはわかっていただけるだろうという勝手な期待によるところもあるが、私の能力不足によるところがそれよりも大きい。この場を借りてお詫びしておく。

26. ホーフェルド図式の法理学史上および道徳哲学上の意義

発表当時におけるホーフェルド図式の斬新さは、免除権という、法学者によってすでに知られていたにもかかわらず十分には吟味されてはいなかった概念を、法律関係の統一的な論理的枠組のなかにそれなりに正確に位置づけたという点にある[36]。論理学における非排他的選言(and/or)の発見[37]に匹敵するほどの法哲学上の発見といってよいかもしれない。免除権無能力関係が権能責任関係の不存在を意味することに、それまでだれも気づかなかったのである。

ホーフェルド図式は、実定法(学)上の権利概念の分析と理解にとって有用であったばかりでなく、法哲学者ないし道徳哲学者による権利概念の分析

---

[36] ホーフェルドの著書(前掲注5)11頁におけるクックのコメント参照。

[37] 排他的選言 either or (AかBのいずれかと言うときの「または」) によって論理的関係の構造を美しく示すことは不可能である。これに対して、AかBのいずれか、または、その両方と言うときの「または」(and/or)は、非排他的選言という。レストランで「コーヒーまたは紅茶はサービス」と書いてあるときは、コーヒーだけ、または、紅茶だけなのか、それとも、コーヒーと紅茶の両方とも頼んでもただなのかはわかりにくい。前者が排他的選言、後者が非排他的選言の例である。論理学史については、山下正男『論理学史』(岩波書店、1983年)参照。

なお、自然言語(前掲第2章注30参照)はいい加減で(も伝わるからだが)、英語でも、andと書かれていても、実はand/orを意味することが、法律の条文を含めて多い。

においても、乗り越えられるべき土台として、しばしば使用されてきた。

　近年では、西洋民主主義諸国、とりわけアメリカの、中絶、教育、医療、環境、経済などをめぐる政治、道徳、法を横断する広範な公共的論争において、対立する両陣営がともに権利の名のもとに擁護論を展開し、いわゆる「権利のインフレ」現象が生じているという事情もあり[38]、政治哲学者ないし道徳哲学者が自己の政治的・道徳的主張を展開する前提として、権利概念の解明を不可欠の課題とすることを迫られ、その出発点としてホーフェルド図式を参照することがきわめて多い。実定法学上の論文にして、一世紀近くたった今日でも、他の分野の研究者にこれほどまでに注目される著作を私はほかに知らない。

27．義務論理学

　ホーフェルド図式は、ほとんどの論者によって、法的地位または法律関係を「論理的に」整序したという点が称えられる。しかし、ホーフェルド図式には二人の当事者が登場する。様相論理学ないしその一種としての義務論理学[39]を一人の人を主語にする関係に応用するのは比較的容易であるが、主体が二人となるとその応用が極端にむずかしくなる。したがって、100年近く前のホーフェルドの図式が論理的に完璧であるなどということは考えにくい。

　ここで、一人の人を主語とする義務論理学について説明しておこう。一人の人について、「何々してよい」と言うときの「よい」は、「許可」を表わす義務様相である。したがって、「何々することは許されている」と表現しても意味は同じである。

　その否定はどうなるのだろうか。注意しなければならないのは、否定する箇所が二つあるという点である。「何々してよい」という文全体を否定すると、「『何々してよい』ことはない」であるから、わかりやすく言えば、「何々してはいけない」あるいは「何々してはならない」である。両文は矛盾関係に立つ。後者は義務を表わす文である。しかも、不作為（行為をしな

　38　L. W. Sumner, *The Moral Foundation of Rights*, Oxford University Press, Oxford, 1987, pp. 1-14 参照。

　39　山下『論理的に考えること』（前掲注8）173-186頁、192頁参照。

いという）義務である。もちろん、この義務はホーフェルドのいう関係的義務とは異なる種類のものである。

「何々してよい」という文の「何々して」のほうを否定すると、「何々しなくてよい」となる。両方の文は、論理学でいう「小反対」の関係に立つ。つまり、「何々してもよいし、何々しなくてもよい」ということがある、ということである。

「何々しなくてよい」という文を否定すると、「『何々しなくてよい』ということはない」つまり「何々しなくてはならない」という文になる。これは、作為義務を表わしている。

さきほど登場した「何々してはならない」と、「何々しなくてはならない」とは、互いに否定または矛盾の関係に立っているように見えるかもしれないが、それは間違いで、この対立関係は、論理学では「反対」という関係である。「してはならない」と「しなければならない」が同時に成立することはない[40]が、それぞれの否定、すなわち、「『してはならない』ことはない」と「『しなければならない』ことはない」は両立する（＝同時に真であることがありうる）からである[41]。

論理学の発想に多少は慣れてきただろうか。「『してはならない』ことはない」は、「してよい」と同じであり、「『しなければならない』ことはない」は、「しなくてよい」と同じである。「人を殺してはならない、ことはない」は「人を殺してもよい」ということであり、「人を殺さなければならない、ことはない」は、「人を殺さなくてもよい」ということである。義務と許可という用語で説明すれば、不作為義務の否定は、作為の許可であり、作為義務の否定は不作為の許可である。だが、このように名詞形で覚えると、しばしば間違うので、文の形にしてゆっくり確認しながら考えたほうがよい。

以上でのべたような矛盾、小反対、反対という3種の対立関係に加えて、「含意」という論理的関係もある。「何々しなければならない」ときは、当然[42]「何々してよい」ということになる。このようなとき、前の文は後ろの

---

40 たとえば、「人を殺してはならない」と「人を殺さなくてはならない」を同時に言われた人はどうしてよいか理解不能であろう。
41 矛盾、反対、小反対については、前掲注8参照。
42 当然と言ったが、それは様相語の定義による、あるいは、義務論理学をどのように構成するかによるので、実は「当然」ではない。しかし、ここではさしあたり、「当然」と考えておいてい

文を「含意する」と言う。同様に、「何々してはならない」は、「何々しなくてよい」を含意する。

　もう気づいたかもしれないが、説明の便宜上、「何々してよい」という（作為の）許可の様相から説明を始めたが、実は不作為の許可、作為の義務、不作為の義務のいずれから始めても同じことである。すでに触れたように、「してよい」は「してはならないことはない」に、「しなくてよい」は「しなければならないことはない」に等しいからである。「許可」であるにもかかわらず、「義務」の様相と言われるのはこのためである。

　ここで取り上げた意味での「許可」は、「自由」と言いかえられることもある。しかし、それがホーフェルドの「特権」という意味での「自由」と異なることは、注意するまでもないであろう。

　また、作為義務は「命令」、不作為義務は「禁止」と言われることもある。これらも、義務論理学における特殊な意味であることに注意されたい。

　さらに、ここで言う作為義務を「当為」（漢文では「まさになすべし」と読む）と言うこともある。漢文風の表記法を用いれば、「不当為」は「しなくてよい」ことを、「当不為」は、「してはならない」ことを、「不当不為」は「してよい」ことを意味する。

　ちなみに、英語の must や may も義務様相を表わす助動詞ではあるが、論理語ではないため否定関係が不明確であり、その直後に not をつけると、must（しなければならない）の場合は「反対」（してはならない）を表わし、may（してよい）の場合は矛盾（してはならない）を表わす。残った様相「しなくてよい」を表わすには、do not have to という特殊な助動詞句を用いなければならない。

　以上で説明した四つの様相間の関係については以下の図3-2を参照されたい。

ただきたい。この問題については、三本卓也「ホーフェルドと義務論理——ウリクトとの比較を通じて——」法哲学年報2006『法哲学と法学教育——ロースクール時代の中で——』（有斐閣、2007年）150-157頁参照。

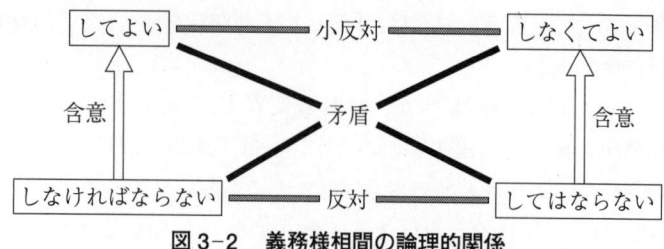

```
   してよい ══ 小反対 ══ しなくてよい
      ↑  ╲        ╱  ↑
    含意   ╲ 矛盾 ╱   含意
      │    ╳     │
      │   ╱  ╲   │
  しなければならない ══ 反対 ══ してはならない
```

図 3-2　義務様相間の論理的関係

第 4 節　サムナーの図式

28. サムナーの第 1 図式

以下しばらく、様相論理を応用して、ホーフェルド図式の再構成を図る道徳哲学者サムナーの見解の要点を紹介しよう。彼は、権利、義務等の法的地位を「方行的」（directional）関係性をもったものとして捉えるというホーフェルドの基本的発想を高く評価している[43]点でも注目に値する。

サムナーはまず、「自由」（ホーフェルドのいう「特権」）、「無請求権」（ホーフェルドのいう「無権利」）、義務、請求権（ホーフェルドのいう「権利」）の関係を次のような図式で論理的に整序している[44]。

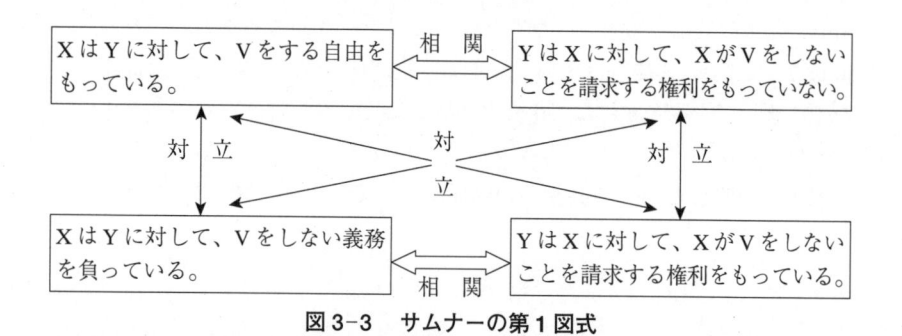

```
┌─────────────────┐  相 関  ┌─────────────────┐
│ X は Y に対して、V をする │ ⇔ │ Y は X に対して、X が V をしない │
│ 自由をもっている。      │      │ ことを請求する権利をもっていない。│
└─────────────────┘        └─────────────────┘
      ↕ 対 立        対       ↕ 対 立
                     立
┌─────────────────┐        ┌─────────────────┐
│ X は Y に対して、V をしない│ ⇔ │ Y は X に対して、X が V をしない │
│ 義務を負っている。      │  相 関  │ ことを請求する権利をもっている。 │
└─────────────────┘        └─────────────────┘
```

図 3-3　サムナーの第 1 図式

この図式における同じ行の左右にある二つの文は互いに相関項であり、同

43　Sumner（前掲注38）p. 24 参照。
44　同書 p. 27 参照。

一の法律関係を表わすから、同値である。同じ列にある上下の二つの文は互いに矛盾関係に立つ。したがって、斜めの関係にある二つの文も、互いに矛盾関係に立つ。Vの代わりにVの否定を代入しても論理構造に影響を及ぼさないから、この図式は、ホーフェルド図式の（第1図式と第2図式の両方を含めて）左半分の関係を余すところなく示している。内容は同じだとしても、サムナーの図式のほうが単純かつ明快であるから明らかに優れている。

29. サムナーの第2図式

サムナーはこの図式を1階の規範的関係を表わすものとした上で、その関係を変化させる（「変化させない」ことも含めて考えることにする）2階の関係を次の図式によって表現している[45]。Rは、Yの法律関係その他の規範的関係を表わす。なお、「規範的」とは、当為の諸様相に属することをさす。サムナーは法律関係だけではなく、道徳上の関係も視野に入れている。

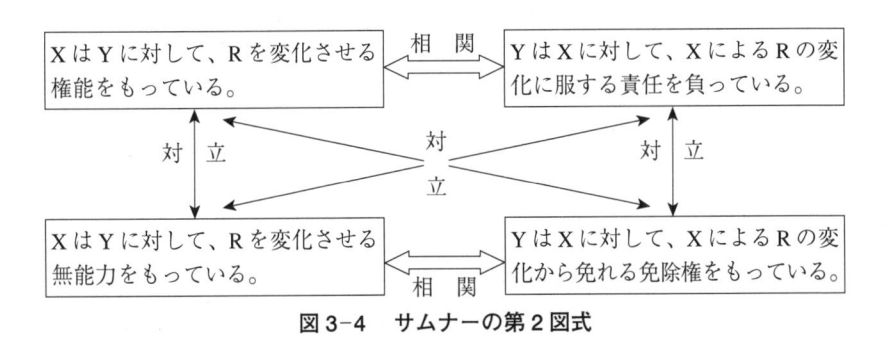

```
┌─────────────────────┐  相関  ┌─────────────────────┐
│ XはYに対して、Rを変化させる │ ←→ │ YはXに対して、XによるRの変 │
│ 権能をもっている。        │      │ 化に服する責任を負っている。│
└─────────────────────┘        └─────────────────────┘
       ↑            ↖    対    ↗            ↑
     対立              立              対立
       ↓            ↙         ↘            ↓
┌─────────────────────┐  相関  ┌─────────────────────┐
│ XはYに対して、Rを変化させる │ ←→ │ YはXに対して、XによるRの変 │
│ 無能力をもっている。      │      │ 化から免れる免除権をもっている。│
└─────────────────────┘        └─────────────────────┘
```

図3-4　サムナーの第2図式

各項の相関関係および対立関係の構造は、サムナーの第1図式とまったく同じであるので、項の間の論理関係の説明は省略してよかろう。また、先と同様の理由で、サムナーの図式のほうがホーフェルドの図式より優れている。

30. 自由と権能、請求権と免除権が平行関係にある

注目するべきは、サムナーの第1図式と第2図式を比べてみると、自由と

45　同書 p. 30参照。

権能、義務と無能力、無請求権と責任、請求権と免除権がそれぞれ対応している点である。これに対して、ホーフェルド自身は、図式（前掲図3-1参照）からも形式的に推測できるように、自由と免除権、請求権と権能がそれぞれ対応関係にあるものと考えていた[46]。この点で明らかに、サムナーは、ホーフェルド図式を大いに改良した。

こうした平行関係は、事実の世界に関する——正確には、真理様相における——「可能」と当為の世界に関する「許可」との平行関係を応用することによって理解することができる。

サムナーの第1図式の左上欄に現われる「する自由をもっている」は、「することができる」に言いかえることができる。第2図式の左上欄に現われる「させる権能をもっている」も、「させることができる」に言いかえることができる。「させる」を「する」にさらに言いかえても、論理的には無害な操作であるから、結局、上の二つの表現は「することができる」に言いかえることができる。前者のそれは許可（permissive）を意味する様相語であり、後者のそれは、可能（possible）を意味する様相語である、という違いがあるにしても[47]。実際、英語のcanは、両方の意味をもっている。「ありうる」ということも、「してよい」ということも意味する。

同様にして、第1図式左下欄の「しない義務を負っている」と第2図式左下欄の「させる無能力をもっている」とは「することができない」という表現で両方とも表わすことができる。前者のそれは、「してはいけない」ということをさすから、「することができない」という表現よりも、「不可」（不許可と不可能のいずれをもさす）という表現のほうが日本語としてよりよいかもしれない。

「無能力」の意味での「することができない」は、事実の世界ですることができないということを意味するのでなく、法律または規範の世界ですることができないということである。権能および無能力は、規範的関係の変更についてのものであるから、問題となっている1階の規範的関係の変更について無能力の者は、実際に何をしても、その規範的関係を変化させることはで

---

[46] 同書 p. 31参照。そこでサムナーは、ホーフェルドが「権能と免除権の全般的な対照的関係は、権利と特権とのそれと同じである」（前掲注5、p. 60）とのべていることを指摘している。

[47] Sumner（前掲注38）p. 31参照。

きない[48]。

　サムナーの図式の右側の欄にある各項は、それと同行にある左の欄と同値だということを利用して理解すればよい。

　サムナーは、二人の人が方向的関係に立つ規範的な関係のすべてを論理的に整序する論理学を提示しているわけではないが、初歩的な様相論理の応用によって、第１図式と第２図式に現れる項間の平行関係をホーフェルドより正確に解明した点は高く評価されなければならない。とりわけ、免除権が「しないことを請求する権利」に対応するという鋭い指摘は、啓発的であるように思われる。それは、両者が混同されて、法学において免除権という概念がなかなか適切に位置づけられなかった原因の一つであろう（前述本章18参照）。

第５節　ハートによる批判

31．片面的「自由」は権利か

　ホーフェルド図式の論理性という問題と多少関連するが、法哲学者・道徳哲学者からその図式に向けられる有力な批判の一つに、ホーフェルドの「特権」を（広い意味での）「権利」の一種とすることに意味があるのか、というものがある。この問題の提起者の一人であるハートは、それに否定的な解答をした。「権利」という言葉の慣用にも反するし、ほとんどの場合役に立たない[49]、というのがその答えである。

　もっとも、ホーフェルドは、「特権」または「自由」が、多少なりとも実体的[50]な何らかの権利論・正義論の観点からみて「権利」の一種とされるべ

48　同書 p. 29参照。
49　H. L. A. Hart, *Essays on Bentham*, Oxford University Press, Oxford, 1982, pp. 173-174.
50　「実体的」とは今日では、文脈に応じて、「内容がある」、「たんなる形式論ではない」、「たんなる手続論ではない」といったことを意味する。もともとは、古代ギリシア哲学で言われた実体、「ウーシア」に由来する。アリストテレスは『形而上学』において、実体とは「主語となって述語とならぬもの」と定義した。つまり個物のことである。概念は実体ではない（前掲注32参照）。アリストテレス（出隆訳）『形而上学　上』（岩波文庫、1959年）1029a1、231頁参照。
　英語では、substance、形容詞は substantial という。「実質（的）」という訳語もある。実定法学では、機械的に「実体的」と訳すことが多い。「実体法」や「実体的デュープロセス」がその例である。倫理学では、内容のある倫理学のことを「実質的倫理学」という。これに対立するのは「メタ倫理学」であるが、無内容であるということではなく、どういう行為が道徳的に正しいかに

きか否かという問いには関心をもっていないから、この種の批判は厳密には、ホーフェルドへの批判とはいえないが。

それはひとまずおき、ハートの答えの理由について説明しよう。彼は、ホーフェルドのいう「特権」が「する自由」か「しない自由」のいずれかであって、「してもよいし、しなくてもよい」という自由ではない、ということを正確に理解した上で、後者の自由──ハートは両面的自由 bilateral libertyとよぶ──はともかく、前者の自由──ハートは片面的自由 unilateral libertyとよぶ──は、「しない義務がない」または「する義務がない」ということを意味するだけでほとんど意味がないと主張するのである。ホーフェルド的自由すなわち片面的自由の概念を採用する場合、「する義務」を負う者は定義上必然的に「する自由」ももつ──たとえば、税金を支払う義務を負う者は支払う自由ももつ──が、そのような「自由」を、あえて「権利」とよぶ意味はないというのである。

32. 権利の選択説と利益説

その背後には、権利の本質は選択である、あるいは、権利が権利であるためには、それを行使するかしないかを選択する自由という要素が含まれなければならないという、「権利の選択説」とよばれるハートの立場がある。

これは前述本章3で引用したⅢ-1冒頭の「そこにはまず、個々の人に帰属する力が姿を現わす。これは、個々の人の意思が支配する、しかもわれわれの賛同をもって支配する領域である。この力をこの人の権利と呼ぶ」というサヴィニーの叙述にも含まれている考え方であり、「権利の意思説」ともよばれる。それは、権利の対象を権利者は意のままに使う──譲渡や放棄を含めて──ことができる、つまり、どう使うかを、使わないということも含めて、選択できるという点に注目するものである。

これに対抗するのが「権利の利益説」で、権利の本質は権利者の享受しうる利益にあるとする考え方である。両者の対立は、主として、だれが権利者かを論じる段階で先鋭化する。たとえば、動物の権利の本質が動物の利益にあるとしたら、動物も権利主体として認めよ、という主張につながりやす

ついては語らず、道徳とはどのようなものかについてしか語らないという意味である。

だが、法および法律学では、その権利がだれの、あるいは何の利益になるかという問題と、その権利をもっているのはだれかという問題は普通区別されるから、権利の利益説だけによって、実定法を説明することはむずかしい。しかし、権利を正当化したり、新しい権利を主張したりする際には使うことができる。たとえば、法律上も男女不平等であった時代に、夫のある種の権利が妻のためにあるというなら、どうして妻自体を権利主体として認めないのか、といったふうに。夫の代わりに親を、妻の代わりに子供を入れれば、現代でも似たような議論ができるであろう。

　他方で、ドイツ流の法学、とりわけ民法学の分野でも、権利の説明にあたって、利益の概念を用いることもある。たとえば、所有権の本質は、その使用、収益および処分から生じる利益を享受することにあり、それが侵害された場合、それは相手方に侵害の中止ないし損害賠償を求める請求権、あるいは、裁判所にその差止めないし損害賠償を認めてもらうために訴える権利に姿を変えると説明されることがある。同様に、債権の本質は、債務者の給付によって得られるであろう債権者の利益を保持することにあり、それが妨げられた場合、債務者に債務の履行を直接求める請求権となり、また債務者がそれに応じなかった場合、それは裁判所に訴える権利に姿を変え、さらに、勝訴すれば、債務者の責任財産（債務の引当になる財産）に対する支配権に姿を変えると説明されることがある。

　そのようなことの説明だけのためならば、「利益保持力」とか「給付保持力」といったむずかしげな利益概念を使わなくても説明できる。だが、権利概念を分析しているだけにみえて、実は実体的な政策論がいつのまにか混入して、正当化論に変容している場合も多い。

　同様の例は、後述本章33および34のハート（は選択説に立つにもかかわらず）の議論にみられるであろう。実定法学者および法哲学者は実際には、各種の権利の説明ないし正当化にあたって、選択説と利益説を適当に組み合わせて用いることが多い。そのかぎりで、選択説と利益説は、あれかこれかという形でつねに対立するわけではない。

33. 保護境界線

ハートの議論にもどると、彼の選択説の立場からすれば、両面的自由には「権利」とよばれる資格がありそうに思われる。

しかし、ハートは、それだけでは十分ではないと考えているようである。彼が挙げている例ではないが、たとえば「散歩する自由」があっても、その行使を直接的に保護する仕組み、または、少なくとも間接的に保護するような仕組みがなければ、散歩の自由が権利であるということにほとんど意味はない。直接保護するものとしては、散歩の妨害を禁止する刑罰法規、散歩する人に低価格でボディーガードを供給する制度等が[51]、間接的に保護するものとしては、暴行や傷害、公道に障害物を置くことを禁止する刑罰法規や不法行為法等が考えられる。実際、ハートによれば、彼が「自由権」(liberty-right) と名づけるもののほとんどは、そのような仕組み——ハートはそれを「保護境界線」(protective perimeter) とよぶ——によって守られているのである[52]。

このようなハートの主張は、ホーフェルド学説との関係ではいくつかの問題を含んでいる。第一に、保護境界線の問題は、基本的に事実問題であるということである。「自由権」者の自由の行使を保護するために、他者にいくつかの義務を課したとしても、その義務が守られなくては保護の機能を果たさない。したがって、純粋に規範的な世界の内部では、ハート的な自由権の問題は完結しないから、ホーフェルド図式との接点がほとんどない。

また、ハート的権利論が方向的関係性を強調するホーフェルド的権利論と異質のものであることはだれにでもわかるであろう。各人の「自由権」は、それを保護するための義務の履行を請求できる人間が自由権者自身である必要はないからである。少なくともそれは、ホーフェルドのいう「請求権」である必要はない。

第二に、第一の点と重なる論点であるが、「自由権」をどのようにして、どの程度保護するべきかは、政策の問題であり、権利概念の分析のみによっては答えが出ない問題である。

---

51 ハートは、そのような保護は他者に刑事上または民事上の義務を課すことによって多くの場合達成されると考えているようにみえるから、ボディーガード供給制度の例はハートの意にそわないかもしれない。

52 Hart（前掲注49）pp. 171-173参照。

34. 政策的結論を権利概念の分析から導く論法

III-5　ホーフェルド『司法的推論で使用される法的基礎概念』[53] 42-43頁

　「原告は、英国臣民としての通常の権利をもっていた。彼は、自分のやり方で自分の生活の糧を自由に稼ぐことができた。そうすることを禁じる特別法を破らないかぎり、また、他人の権利を侵害しないかぎり。この自由は、彼と取引する用意のある他人と取引する自由を含んでいた。この自由は、法によって認められた権利である。その相関項は、この自由の自由な行使を妨げない——各人の行動の自由がそうすることを正当化しないかぎり——という万人が負っている一般的義務である。しかし、人がもっている、他の人々と取引する自由または権利は、他の人々も、そうしたければその人と自由に取引できるということでなければ、役に立たない。その人と取引する他の人々がもつ自由へのいかなる妨害も、その人に影響を及ぼす。」〔Quinn v. Leathem, [1901] A. C., 495, 534, per Lord Lindley. クイン対リーゼム事件、リンドリー卿の意見〕

　法律関係としての「自由」（または、ルースで類的な意味での「権利」）は、もしそれが確固たる内容をもつとすれば、特権とまったく同じものを意味しなければならない。そして、それが、上に引用した文章でその言葉が用いられた最初の3回における、その意味である。次のことも同様に明らかである。すなわち、すでに示唆したように、他人と随意に取引する特権または自由が、一定種類の妨害に関する、「第三者」に対する独特の随伴的権利なしに存在しうることもたしかである。そのような随伴的権利（または請求権）があるべきか否かは、究極的には、正義および政策の問題である。そうである以上、それは、そのメリット・デメリットに基づいて検討されるべき問題である。先の特権または自由によって論理的に含意される相関項は、「第三者」の「無権利」だけである。それゆえ、そのような自由の単なる存在から、「第三者」が妨害しない等の「義務」を負うという結論を導くことは誤った推論である。しかしながら、リンドリー卿からの上記引用文章の真ん中あたりで、用語の突然の、かつ先決問題要求の誤謬を犯した意味転換が起こる。まず、「自由」がいつのまにか「権利」に変わり、次いで、たぶん後者の語の誘惑的影響のもとで、その「相関項」が「妨げないという万人が負う一般的義務」でなければならないと仮定される、等々である。

　論点はただ一つである。何かが「自由」であるから、「権利」であり、権利であるからには、それを保護するために、他人に課される義務があるはずだという論法は、そのような義務を課すべきかどうか、課すとしてどのような義務をか、といった問いに対する答えを先取りしてしまう可能性が高いのである。そのような問題は、権利概念の定義から自動的に答えが出てくるよ

---

[53] Hohfeld（前掲本章注5）参照。原文イタリックによる強調を下線で表した。

うな問題ではなく、解釈論または立法論として別に検討するべき問題である。

にもかかわらず、ハート自身は、ホーフェルドが引用しているのと同じ判例を、保護境界線に関する自己の主張を補強する事例の一つとして引用している[54]。法哲学をここまで学んだ人に、どちらが正しいかを説明する必要はないだろう。

35. ハート説の瓦解

ハート説の第三の問題点は、保護境界線の問題は片面的自由の場合にも生じるのに、なぜかその点を軽視して、片面的自由は権利の名に値しないという結論に飛躍しているようにみえるところである。

たとえば、自己負罪拒否特権は「供述する自由」は含まず、「供述しない自由」しか含まない。しかし、その特権を保護する制度がなければ、ハートの言うとおり、その特権は無意味であろう。だが、そこでは、供述する自由を保護することや、供述するか供述しないかを選択する自由を保護することは問題となっていないのである。

つまり、選択の自由における「自由」（たとえば、供述してもよいし、供述しなくてもよいということ）と、片面的自由における「自由」（たとえば、供述しないことが妨げられないこと）とは、違うレベルの「自由」なのである。ホーフェルドが生きていてハートと対決したならば、その点を強調したことであろう。分析法理学の代表者ハートは、ホーフェルドに比べれば、論理的でも分析的でもない。

36. 高柳賢三によるホーフェルドの評価

本章の目的の一つは、最も筋のよい一般法学ないし分析法理学の実例を紹介することで、法哲学の一分野のあり方を各読者なりに理解していただくことにあった。実定法学と法理学ないし法哲学との境界が、おそらくよい意味で不明確であることもわかっていただけたであろう。

また、その応用範囲が法学ないし法理学という狭い分野にとどまらず、実

---

54 Hart（前掲注49）p. 172, note 53参照。

体的な権利論ないし正義論の分野にまで及ぶ可能性があることについても示唆したつもりである。純粋に形式的な分析であるほうがかえって、実際に「役に立つ」可能性が高いのである。

本章の最後に、英米法の泰斗、高柳賢三の正確無比な評言を引用しておこう。ケルゼンの純粋法学の話が出てくるが、それはまた別の箇所[55]で扱うことになろう。

III-6　高柳賢三『米英の法律思潮』[56] 210-211頁

ホーフェルディアン・システムのさまざまの展開は……、ケルゼン一派の純粋法学による一般法学の理論的展開を想起せしめるものがある。ウイン学派の労作が法の政策的及びその社会学的観点を離れ、純論理学的立場に立って実定法秩序の構造的性格を明らかにせんとしたと均しく、ホーフェルドに発するエイル学派の労作も、やはり法の政策的乃至社会学的問題には立入ることなく、実定法上の法律関係の構造を明らかにせんとする志向をもつものである。ただウイン学派は法規を中心として、根本規範を出立点として、その段階的展開の姿を論理的に明らかにせんとしたのに対して、エイル学派は法律関係ということを中心として、その複雑な現実的機構を論理的に整序せんとするものである。ある意味で、前者が公法の分野における純粋法学であるとするならば、後者は私法の分野における純粋法学であるともすることができるであろう。ウイン学派が抽象的な根本規範から出立するに対し、エイル学派は具体的なＡとＢとの関係から出立することも、両者の異なった特色を示すものである。

55　後述第10章**23**および**24**参照。
56　前掲注３参照。ただし、若干の表記を現代風のものに改めた。

第4章　自然権と国家

本章では、民法を基本とする法律家的思考からひとまず離れ、政治哲学的問題に入って行くことにしよう。

政治哲学の根本問題は、国家（＝政府）は国民各個人との関係で、なぜ存在してよいのか、存在してよいとして、何をするべきで、何をするべきでないのか、という問いである。

そうした問題は、政治思想ないし法思想の歴史においては、「個人が生まれながらにもつ自然権と、政府の役割」という問題設定のなかで伝統的に扱われてきた。近世から近代にかけての自然権思想がどのようなものであるかを説明するには、自然権の厳密な定義を掲げるよりも、その具体例の紹介から始めるほうがよいであろう。

第1節　人権宣言

1．ヴァジニアの権利章典

いわゆる「人権宣言」の歴史をさかのぼれば、高校の世界史の教科書にも名前が載っているイギリスの「権利章典」（1689年）、「権利請願」（1628年）等をへて「マグナ・カルタ」（1215年）にまで行きつく。

だが、近代的な人権宣言の先駆とされるのは、イギリスに対するアメリカの独立戦争（1775年開始）のさなか、植民地の統治機構が崩壊するなかで発せられた「ヴァジニアの権利章典」（1776年6月12日採択）である。以下、その抜粋を掲載しよう（下線は亀本による。以下でも同様）。

Ⅳ-1　ヴァジニアの権利章典[1]

ヴァジニア人民の代表が、完全にして自由なる会議において制定した権利の宣言。そ

の諸権利は、政治組織の基礎として、人民およびその子孫に属するものである。
（1）すべて人は生来ひとしく自由かつ独立しており、一定の生来の権利を有するものである。これらの権利は人民が社会を組織するに当り、いかなる契約によっても、人民の子孫からこれを［あらかじめ］奪うことのできないものである。かかる権利とは、すなわち財産を取得所有し、幸福と安寧とを追求獲得する手段を伴って、生命と自由とを享受する権利である。
（2）すべて権力は人民に存し、したがって人民に由来するものである。行政官は人民の受託者でありかつ公僕であって、常に人民に対して責任を負うものである。
（3）政府というものは、人民、国家もしくは社会の利益、保護および安全のために樹立されている。あるいは、そう樹立されるべきものである。政府の形体は各様であるが、最大限の幸福と安寧とをもたらし得、また失政の危険に対する保障が最も効果的なものが、その最善のものである。いかなる政府でも、それがこれらの目的に反するか、あるいは不じゅうぶんであることがみとめられた場合には、その社会の多数のものは、その政府を改良し、改変し、あるいは廃止する権利を有する。この権利は疑う余地のない、人に譲ることのできない、また棄てることのできないものである。ただし、この［権利の行使］方法は公共の福祉に最もよく貢献し得ると判断されるものでなければならない。
……
（5）国家の立法権および行政権は、司法権から分離かつ区別されなければならない。
……
……　……　……
（12）言論出版の自由は、自由の有力なる防塞の一つであって、これを制限するものは専制的政府といわなければならない。
……
（14）人民は統一した政府をもつ権利を有する。したがって、ヴァジニア政府から分離ないし独立したいかなる政府も、その領域内に設立されてはならない。
（15）およそ自由なる政治を、あるいは自由の享受を、人民に確保するには、ひとり正義、中庸、節制、質素および廉潔を固守し、人権の根本的諸原則を想起すること以外には方法がない。
（16）……すべて人は良心の命ずるところにしたがって、自由に宗教を信仰する平等の権利を有する。お互いに、他に対してはキリスト教的忍耐、愛情および慈悲をはたすことはすべての人の義務である。

ここで「権利」とよばれているものが、18世紀において「自然権」と考えられていたものの典型例である。この文書は、ヴァジニアのイギリス植民地人全員に向けて書かれたものであるから、法律知識があまりなくても、何が言いたいかはだれでもそれなりに理解できるであろう。

1　訳文は、斎藤真訳「ヴァジニアの権利章典」高木八尺・末延三次・宮沢俊義編『人権宣言集』（岩波文庫、1957年）109-112頁による。［　］内は訳者による補い。

自然権の「自然」ということが、「生来の」、「奪うことのできない」、「疑う余地のない」、「人に譲ることのできない」、「棄てることのできない」といった表現によって説明されている。

法律家が「権利」と考えるものは普通、譲渡も放棄も可能である。権利の選択説（前述第3章32参照）によれば、そのような自然権は、権利の名に値しないかにみえる。

権利が不可譲で放棄不能であるというのは、なぜなのだろうか。そのような「権利」という言葉は語義矛盾とは言えないが、少なくともそれは、人に、その権利を譲らない、または棄てない（道徳的）義務を課しているようにみえる。

また、政府が人民の利益、保護、安全という目的にそむく場合に政府を改廃する人民の権利についてのべる（3）のような条文は、アメリカ植民地がイギリス本国から独立しようとしている以上、絶対不可欠な規定であった。

そのような内容の規定があるにもかかわらず、ヴァジニア内部での独立を認めない（14）は、自分勝手な感じがして何とも興味深い。

（16）も、キリスト教徒の内部で相当激しい宗派間対立が存在していたことを示唆しており、興味深い。ところで、すべての人はどうして、キリスト教の教えに従わなければならないのだろうか。

2．アメリカ独立宣言

ヴァジニアの権利章典の採択からまもなく、アメリカでは「独立宣言」が発せられた。「独立」の宣言であるからには、「われわれはなぜイギリスから独立せざるをえなかったか」をヨーロッパの有力諸国に弁明し、その支持を得るのがその目的であった。したがって、政府の存在目的についてのべるヴァジニア権利章典（3）にあたる内容は、必ず入れる必要があった。以下、独立宣言の第2段落を引用する。

> IV-2　アメリカ独立宣言[2]
> 1776年7月4日、コングレスにおいて13のアメリカ連合諸邦（ステイツ）の全員一致の宣言
> われわれは、<u>自明の真理</u>として、<u>すべての人は平等</u>に造られ、<u>造物主</u>によって、一定

---

[2] 訳文は、斎藤真訳「独立宣言」同書114-115頁による。

の奪いがたい天賦の権利を付与され、そのなかに生命、自由および幸福の追求の含まれることを信ず る。また、これらの権利を確保するために人類のあいだに政府が組織されたこと、そしてその正当な権力は被治者の同意に由来するものであることを信じる。そしていかなる政治の形体といえども、もしこれらの目的を毀損するものとなった場合には、人民はそれを改廃し、かれらの安全と幸福とをもたらすべしとみとめられる主義を基礎とし、また権限の機構をもつ、新たな政府を組織する権利を有することを信ずる。

ヴァジニア権利章典の（3）と実質的な内容はほとんど変わりないが、「造物主」すなわち神が明言されている点がキリスト教徒以外の者にとってはとくに注目するべきところである。「生命、自由および幸福追求」を内容とする権利は、人間一人ひとりに平等に神によって付与されたものであるからこそ、譲渡も放棄もしてはいけない義務、および他人から奪ってはならない義務を、人間は神に対して負っているのである。

本当の権利者が神であることがわかれば、実は道徳的義務も、ホーフェルド的請求権概念によって把握可能なものであることもまたわかるであろう。キリスト教徒、とりわけピューリタン（清教徒）は、神の前に一人で立つから、1対1の具体的関係を基礎とするホーフェルド的権利概念はますます適用が容易なものになる。

本当の権利者が神であることは、あまりにも自明であるからか、ヴァジニア権利章典にはたまたま書かれていないだけである。この点は、キリスト教徒やその他の一神教徒の少ない日本の人々にはわかりにくいかもしれない。しかし、キリスト教国の文化を理解する際には、つねに考慮に入れるよう注意していただきたい。

ヴァジニア権利章典（1）から（3）まで、および独立宣言に現われている思想は、清教徒でもあるイギリスの哲学者・思想家ジョン・ロック（1632-1704）が『統治二論』[3]（1690年）で表明した考えを基本的に継承している。

3 　第二論文の邦訳として、鵜飼信成訳『市民政府論』（岩波文庫、1968年）、全訳として、加藤節訳『統治二論』（岩波書店、2007年）、同『完訳　統治二論』（岩波文庫、2010年）、伊藤宏之訳『統治論』（柏書房、1997年）参照。以下の引用は、加藤訳前者の191頁による。ただし、第2段落1行目の「権力および統治権」は、加藤訳では「権力と統治権と」であるところを改めた。
また引用文章中の「権力」は、ホーフェルドの意味での「権能」と訳したほうがよいかもしれない。ただし、ロックは、ホーフェルドのように、事実と法（または規範）を峻別しているわけではない。自然状態論というものは、そもそも、それが事実状態なのか、法状態なのかを曖昧にしたまま説得または納得するための理屈である。峻別する立場からみれば、事実状態ではなく、法状態で

その第2編第4節を引用しておこう。

IV-3　『統治二論』第2編第4節

　政治権力を正しく理解し、それをその起源から引き出すためには、われわれはすべての人間が自然にはどんな状態にあるかを考察しなければならない。それは、人それぞれが、他人の許可を求めたり、他人の意志に依存したりすることなく、自然法の範囲内で、自分の行動を律し、自らが適当と思うままに自分の所有物や自分の身体を処理することができる完全に自由な状態である。

　それはまた、平等な状態であり、そこでは権力および統治権は相互的であって、誰も他人以上にそれらをもつことはない。なぜなら、同じ種、同じ等級に属する被造物が、すべて生まれながら差別なく同じ自然の便益を享受し、同じ能力を行使すること以上に明白なことはないのだから、それらすべての者の主であり支配者である神が、その意志の明確な宣言によってある者を他の者の上に置き、その者に、明示的な任命によって疑う余地のない支配権と主権とを与えるのでない限り、すべての者が従属や服従の関係をもたず、相互に平等であるべきだということはあきらかであるからである。

3．日本国憲法前文の自然権的解釈

　日本国憲法にも、政府の存立根拠を説明する文章がある。それは、日本国憲法前文の冒頭である。

IV-4　日本国憲法前文

　日本国民は、正当に選挙された国会における代表者を通じて行動し、われられとわれらの子孫のために、諸国民との協和による成果と、わが国全土にわたつて自由のもたらす恵沢を確保し、政府の行為によつて再び戦争の惨禍が起ることのないやうにすることを決意し、ここに主権が国民に存することを宣言し、この憲法を確定する。そもそも国政は、国民の厳粛な信託によるものであつて、その権威は国民に由来し、その権力は国民の代表者がこれを行使し、その福利は国民がこれを享受する。これは人類普遍の原理であり、この憲法は、かかる原理に基づくものである。われらは、これに反する一切の憲法、法令及び詔勅を排除する。

　「国政」という言葉の「原語」は、government[4]である。これはすでに触

あることは明らかであるが、そのことを正面から認めないことが、むしろ自然状態論のポイントなのである。それゆえ、自然状態は歴史上存在しなかったなどという批判は、的をはずしている。キリスト教徒に、旧約聖書の冒頭に書いてあることは事実ではないからキリスト教は間違っているなどと批判しても、無意味であろう。

　4　なお、「政府の行為」における「政府」の「原語」も government である。「原語」とあえて」言っているのは、周知のように、日本国憲法の原案は GHQ が作成したものであるからである。日本国憲法の解釈で英訳を参照する意味は、外国の影響を受けた日本の法律を解釈する際に外

れたように（第3章**19**）、行政府だけでなく、立法部および司法部も含む意味で使われている。そこには、「われら」すなわち日本国民は、「政府が国民の厳粛な信託による……」という「原理に反する一切の憲法……」を「排除する」と書いてある。「かかる原理[5]」は、憲法の内容を制限する原理であるから、憲法の上位レベルにある自然権をその内容とするとみることもできる。

しかし、神に関する言及がない[6]ので、日本国憲法には自然権が神によって付与されたという含みがまったくない。それゆえ、それが自然権であるということも曖昧になっている。

というよりも、よく読むと、日本国憲法には、・個・々・人に付与されるものとしての自然権への言及は、実は全然ないのである。日本国憲法と同様、ヴァジニア権利章典とアメリカ独立宣言でも、政府の設立・統制・改廃権能が・集・合・体としての人民にあることが説かれているが、その根拠は、個々人が平等にもつ自由および独立への権利にある。日本国憲法には、この・第・一・次・的権利への言及がないということに注意されたい。

引用した日本国憲法前文は、ヴァジニア権利章典（3）やアメリカ独立宣言の引用部分と内容はそれほど異ならないようにみえるが、日本の文化に合わせて神抜き、かつ個人抜きで書かれているため、自然権に明示的に言及することもできず、その結果、西洋の人権宣言史の文脈からすれば、かなり理解しにくいという宿命を背負わされている。

4．日本国憲法前文の人民主権的解釈

日本国憲法の自然的解釈には無理があることが明らかになった。上に引用した日本国憲法前文については、別の解釈も可能である。自然権は、人間一人ひとりがもっているものであるのに対して、「主権」は、全体としての

国法を参照することがもっている意味とは比較にならぬほど異なる。それゆえ、比較的大きい六法全書では、その英訳が掲載されている。

5　それが「人類普遍の原理」ではないことは明らかであろう。たんなるレトリックである。ローカルな原理であるだけでなく、歴史的にも西洋においてすら、古代においては存在しなかった。当然ながら、日本国憲法には、アメリカ独立宣言と異なり、政府を「改廃する」国民の権能についての言及はない。その理由は、想像がつくであろう。

6　しかし実は、「厳粛な」は英文では sacred であり、「神聖な」という意味である。英文では、神が登場しているのである。

「国民」または「人民」がもっているものである。したがって、日本国憲法前文における「主権」が自然権であることは、定義上ありえない。

その文章は、ヴァジニア権利章典でいえば、その（1）および（3）よりも、少なくとも文面上はその（2）に近いものである。（2）の「人民」も、日本国憲法前文の「国民」も、英語に直せば同じ people であり、（2）の「受託者」も、信託された者をさし、日本国憲法前文と同じ「信託」（もともとは英米法上の概念）という概念を使用している。

しかし、ヴァジニア権利章典およびアメリカ独立宣言においては、「主権」という用語が使用されていないことにも注意されたい。主権という言葉ないし概念は、他の諸国との関係で自国は従属国ではなく、独立国家であるということを示すため[7]には便利な言葉であり、実際、歴史的にはそのような目的のために使われるようになった概念である。しかし、それは、国内関係については必ずしも使う必要がない言葉ないし概念である。

5．主権者

ロックが前述本章2で引用した文章Ⅳ-3で、「神が、……ある者を他の者の上に置き、その者に、……支配権と主権とを与えるのでない限り」とのべているところからも推測できるように、国内的には、国王ないし絶対君主が臣民に対する「支配権」をもっているところではじめて「主権」という言葉は意味をなすのである。そのような国王または君主が国内的には「主権者」である。

主権者が一人であるとき、「主権」という言葉は最も理解しやすい。その場合、「主権」の内容は、一言でいいかえれば「統治権」である。それは、外交・戦争等の対外的な権能と、臣民に対する統治権（能）とからなる。その際、主権者たる国王は、臣民を大事にするべきであると説かれたり、臣民も自分の持ち物であるから、それを大事にするのは他の人々と同様であると説明されたりした。

ところが、国内的に国王に主権があることを否定し、なおかつ、「主権者」をあえてどこかに求めようとすると、国民または人民とよばれる集合体にそ

---

[7] そのかぎりでは、連合国、実質的にはアメリカによる占領下にある日本には、「主権」はなかったという言い方が正しい。

れを求めるしかなくなる。しかし、その集合体に属する個々人が国全体に対して「主権」をもっているわけではない。

　政府の存在しない自然状態において、各個人が自分自身および自分の持ち物に対して「主権をもつ」と比喩的に語ることはできるが、ロック（IV-3）のように「統治権を平等にもつ」という言い方をすると、それが何を意味するのかは容易にはわからなくなる。

　少なくとも、個人が人間である以上生まれながらにもつ自然権という発想と、もともとは一人の主権者について語られた主権概念を国民という集合体がもつ主権概念に転用する発想とが相性の悪いものであることは理解できるであろう。

　しかも、主権または統治権が分割されて、立法権、執行権、司法権に分割され（るべきものとされ）ると、君主主権のもとで「主権」がもっていた主権概念とは似ても似つかぬものになってくる。さらに、議会は、主権者たる国王の諮問機関として、裁判所は、主権者たる国王のもつ執行権の一部門として成立したという歴史的事情が概念的混乱に拍車をかける。

　要するに、「君主に主権がない」と言うことは意味をなすが、「国民に主権がある」と言うことは学問的には意味がなく、「主権」という言葉を使わずに説明できるのであればそうしたほうがよい、ということである。逆にいうと、国民とか議会に主権があるという学者の意見には、学問的な主張以外のものが含まれているのではないかと疑ってかかったほうがよいということである。

　ともあれ、次に、自然権と人民主権の両方に明示的に言及する「人権宣言」を紹介しよう。

6．フランス人権宣言

　IV-5　フランス人権宣言[8]（1789年8月26日採択）

　　人および市民の権利宣言
　　国民議会として組織されたフランス人民の代表者達は、<u>人権の不知・忘却または蔑視</u>が公共の不幸と政府の腐敗の諸原因にほかならないことにかんがみて、一（ひとつ）の厳粛な宣言の中で、人の譲渡不能かつ神聖な<u>自然権</u>を展示することを決意したが、その意図するところは、社会統一体のすべての構成員がたえずこれを目前に置いて、<u>不断にその権利</u>

8　訳文は、山本桂一訳「人および市民の権利宣言」前掲書（本章注1）130-131頁による。

と義務を想起するようにするため、立法権および執行権の諸行為が随時すべての政治制度の目的との比較を可能にされて、より一そう尊重されるため、市民の要求が以後単純かつ確実な諸原理を基礎に置くものとなって、常に憲法の維持およびすべての者の幸福に向うものとなるためである。――その結果として国民議会は、至高の存在の面前でかつその庇護の下に、つぎのような人および市民の権利を承認し、かつ宣言する。

第1条　人は自由かつ権利において平等なものとして出生し、かつ生存する。社会的差別は、共同の利益の上にのみ設けることができる。

第2条　あらゆる政治的団結の目的は、人の消滅することのない自然権を保全することである。これらの権利は、自由・所有権・安全および圧制への抵抗である。

第3条　あらゆる主権の原理は、本質的に国民に存する。いずれの団体、いずれの個人も、国民から明示的に発するものでない権威を行い得ない。

第4条　自由は、他人を害しないすべてをなし得ることに存する。その結果各人の自然権の行使は、社会の他の構成員にこれら同種の権利の享有を確保する以外の限界をもたない。これらの限界は法によってのみ、規定することができる。

第5条　法は社会に有害な行為でなければ、禁止する権利をもたない。法により禁止されないすべてのことは、妨げることができず、また何人も法の命じないことをなすように強制されることがない。

第6条　法は総意の表明である。すべての市民は、自身でまたはその代表者を通じて、その作成に協力することができる。法は保護を与える場合でも、処罰を加える場合でも、すべての者に同一でなければならない。すべての市民は、法の目からは平等であるから、その能力にしたがい、かつその徳性および才能以外の差別をのぞいて平等にあらゆる公の位階、地位および職務に就任することができる。
　……　……

　表題に「人および市民」とあるのは、人間であればだれでももっている権利と、フランスの市民権をもっている人だけがもっている権利とを区別した上で、両方の権利について定められているからである。当然知っておられるとは思うが、当時は、「市民」のなかには、外国人や未成年者だけでなく、女性も入らなかった。念のため。

　自然権が神に由来するものであることは、前文の「神聖な」と「至高の存在」によって暗示されている。

　フランス人権宣言は、先行するアメリカの人権諸文書も参考にしてつくられたが、ロック的自然権の考え方（とくに第2条）だけでなく、『社会契約論』[9]で表明されたルソーの思想の影響も強い。ことにそれは、第6条「法は総意の表明である」に現れている。

9　邦訳として、桑原武夫・前川貞次郎訳『社会契約論』（岩波文庫、1954年）、作田啓一・原好男訳『社会契約論／人間不平等起源論』（白水社、1991年）等がある。

「総意」は、法哲学ないし政治哲学の分野では、普通「一般意志」(volonté générale)[10] と訳される。それは、社会を構成する個人または集団が事実においてそれぞれもつ個別意思のたんなる総計ではなく、個人個人が自分の利益を冷静に考えれば、全員が支持してしかるべき「意志」——なぜなら、権利は法によって全員に平等に与えられるのであるから、自分だけに有利な権利などというものはありえないから、とルソーは考えた——をさす。しかし、その一般意志を発見または認識する方法として、ルソーは多数決を支持しているようにみえる[11]ので、なかなかわかりにくい考え方ではある。

なお、フランス人権宣言およびルソーの言う「法」は、判例法や慣習法は含まず、市民の（全員または）代表からなる議会によって制定される法をさす。しかも、その法は、当時のフランス知識人によって、人間が理性に拠って作成する「合理的な自然法」とみなされた。

日本国憲法は、前文と基本的人権を定めるいくつかの条文（第12、第14条等）とに関しては、フランス人権宣言に文章表現上似ているところが多いのに気づかれるであろう。日本国憲法を自分でじっくり読んで比較し、確認していただきたい。

7．人権と民主主義

個人がもつ自然権と、法＝一般意志とはどのような関係にあるのだろうか。アメリカ型の人権宣言では自然権が優越することははっきりしている。フランス型でも建前上はそうであろう。

自然権の主要内容は、所有や幸福追求等に関する各種の「自由」であるが、どこまで自由が認められるべきかをめぐって必ずどこかで線引きをしなければならなくなる。その線引きは、実際には、主として立法によってなされるであろう（フランス人権宣言第4条参照）。

そうした実定的境界設定において、政府によって保障される（立法が介入

---

10 「一般意思」でもよい。「意思」と「意志」の原語は同じである。法学では「意思」という訳語を使うことが多い。

「一般意志」の概念は、ルソーの『社会契約論』のほとんどあらゆる局面で登場する。とくに、その第1編第6章および7章、第2編第1〜6章参照。

11 長谷部恭男『比較不能な価値の迷路』（東京大学出版会、2000年）第6章参照。ルソー『社会契約論』第4編第2章も参照。

してはならない）憲法上の自由権を狭く限定して行けば、それがもともとは「自然権」であったということは究極的には有名無実になるであろう。ここに、人権と民主主義の対立が生じうる。ここでは問題の指摘にとどめ、その立ち入った検討は後回しにしたい。

第2節　ノージックの国家論
―支配的保護機関と独立人の問題

8．国家の道徳的正当化とアナーキズム問題

　政府の目的が各個人が生まれながらにもつ自然権の保護にあるにしても、そのことだけで、政府は存在しなければならないということにはならない。アナーキズム（無政府主義）でなぜ悪いのか、という問題がなお残る。

　ロバート・ノージック（1938-2002）[12]というアメリカの有名な政治哲学者は、この問題と同一ではないが、似たような問題を探求した。すなわち、国家はだれの自然権も侵すことなく、道徳的に正しい仕方で成立しうるか、と。成立しうることが論証されれば、「いかなる国家も（個人のもつ自然権を侵害するので）道徳的に間違っている」というアナーキストの主張の一つは論駁されたことになる。少なくとも、これに成功するまでは、アメリカ国家の道徳的正しさは、理念の上ですら証明されていないのである。

　ノージックはアメリカ国家の道徳的正統性をテーマにしているのではなく、国家一般のそれをテーマにしている。だが、彼の国家論は、アメリカの建国理念を背後において読むと、非常に理解しやすい。独立宣言（前述本章2）をもう一度読んでいただきたい。

　以下、国家の道徳的正しさを説明しようとするノージックの探求を私なりの関心から追ってみたい[13]。

　12　Robert Nozick, *Anarchy, State, and Utopia*, Basic Books, New York, 1974. 嶋津格訳『アナーキー・国家・ユートピア』（木鐸社、上巻は1985年、下巻は1989年出版であり、その後合本されて一巻本となった）。以下における本書からの翻訳引用は、とくに断らないかぎり、合本版第7版第一刷2004年に従う。その際、亀甲括弧内の嶋津氏による補いも、本章では、とくに断らないかぎり、そのまま採用した。また、以下の叙述では、本書からの引用および参照箇所を細かく注記するが、専門家向けなので、一般読者の方々には無視していただいてかまわない。

　13　以下の叙述は、亀本洋「R・ノージックの最小国家論に関する注釈――独立人への賠償はどのようにしてなされるのか――」研究代表者・田中成明『国際比較からみた日本社会における自己

9．ノージックの国家論の概要

　ノージックの国家論は、かなり細かい点にまで議論が及ぶので、だいたいのイメージをつかんでいただくために、あらかじめその概要をのべておこう。

　ノージックによれば、「国家」（のようなもの）は、個人がもともともっている自己の自然権を実行する権利、すなわち、他人による権利侵害から自己を防衛する権利、権利侵害者から賠償を取り立てる権利、権利侵害者を処罰する権利、これら三者の実行を、各個人が（自己の利益をはかるという意味で合理的であれば[14]）「国家（みたいなもの）」に委任し、その対価として保護料を支払うという私的契約の集積・集中に基づいて、だれの自然権も侵害することなく、いわば自然に成立するとされる。

　その際、「国家」は契約、すなわち個々人の同意のみに基づいており、しかも、「国家」への加入を強制する権利はだれにもない。それゆえ、そのような「国家」への加入を拒否する者、ノージックのいう「独立人」の処遇をどうするかということが、ノージックの国家論が解決するべき最大の課題となる。

　この問題に対するノージックの解決策は、「国家」は「独立人」に対して、全員が本来もっている自分の権利を自分で実行する権利の行使を禁止することができるが、それに対する埋め合わせとして賠償[15]を与えなければならないとした上で、ほとんどの独立人は（合理的であれば）その賠償金を保護料に回すであろうという推定に基づいて、結果的に独立人のほとんども「国家」の顧客の一人になるであろう、というものである。

　このような発想は、国家は保護サービスとういう利益を全員に現に提供しているのであるから、明示的な同意を与えていない独立人にも税金を支払う義務や国家の法に従う義務が当然あるとする有力な考え方（「公正原理」(principle of fairness)[16] とよばれるものに基づく）に比べると、アメリカ独立

決定と合意形成』（国際高等研究所、2007年）103-136頁と（内容は若干修正したが）相当重なっている。

　14　ノージック（前掲注12）168頁に「人々の利己心と合理的行動によって」という文言がある。
　15　原語は compensation。ノージックは、この語を現実に損害が発生しない場合にも使用できる言葉として使っているから、法律家風に「補償」と訳したほうがよいかもしれないが、重要な問題ではないので、本章では嶋津訳に従っておく。
　16　後述193頁参照。

宣言（IV-2）にある「被治者の同意」という考え方にはるかに忠実であり、注目に値する。

だが、独立人に与えられるべき賠償ないし賠償額がどのようなものか、という点については、ノージックの論述は曖昧で、若干説得力を欠くように思われる。以下の論叙において、私の疑問は、とくにその点に向けられている。

なお、以下で解説するノージックの議論において「権利」とよばれているもののほとんどは、自然権またはそれから派生する権利であり、いちいち「自然」という接頭語がついているわけではないので、注意されたい。

10. ロック的自然状態と自然権

自然状態とは、「市民政府」（civil government）すなわち「国家」の成立前の状態である。無政府状態＝アナーキー（anarchy）といっても同じである。これについてホッブズは、「各人の各人に対する戦争状態」である無秩序を想定した[17]。これに対して、ロックは、ほとんどの人は自然法を守って平穏に暮らしているが、少数の悪人、すなわち、自然法を破って他人の自然権を侵害する者がいる状態を想定した。

自然法の内容としては、さしあたり、殺人、窃盗、詐欺などどこの国でも犯罪とされているようなものの禁止と、不法行為、契約不履行、不当利得の「禁止」（刑罰が科されるわけではないが）について定めるものと考えておいていただきたい。細部にわたって決められていない点が、実定法との違いである。

「自然状態」は、それほど空想的な状態ではなく、現在でも、国際秩序は、世界統一政府が存在しないかぎりで国家間の「自然状態」である。国家間の戦争がどこでもいつでも続いてきたわけではないから、ホッブズよりロックの想定のほうが自然であるよう思われる。

自然状態において個人がもつロック的自然権と、個人の同意、そして、他人の自然権を侵害しない義務、これらに基づいて、国家の成立と国家のなすべき事項とについて考察する、これがノージックの国家論の基本構想であ

---

[17] 永井道雄・宗片邦義訳『リヴァイアサン』（世界の名著28『ホッブズ』中央公論社、1979年）第13章、とくに156頁参照。

る。その出発点は、とくに重要であるから、ノージックの文章をそのまま引用しておこう。

IV-6　ノージック『アナーキー・国家・ユートピア』[18] 15-16頁

　ロックの自然状態において、諸個人は「自然法の制限内で、許可を求めたり他人の意志に依存したりすることなく自分が相応（ふさわ）しいと思う通りに、行動を律し財産と一身を処分するについて、完全な自由な状態にある」(『統治二論』[19] 第2編第4節)。自然法の制約は「他人の生命・健康・自由・財産を侵害してはならない」(同第6節)と要求する。これらの制限を越えて「他人の権利に侵入し……相手を害する者がある」と、これに対応して人々は、このような権利侵害者から自分や他人を防衛することが許される(同第3章)。害を受けた当事者と彼の代理人は、「彼の蒙（こうむ）った損害に対する賠償となりうる限度で」侵害者から取り戻すことが許される(同第10節)。また「誰でもその〔自然〕法の侵害者に対して、法の侵害を阻止しうる程度の罰を与える権利を有する」(同第7節)。つまり、個々人は犯罪者に対して、「冷静な理性が命ずる限りにおいて、その者の侵害に比例したもの、つまり〔原状〕回復と〔犯罪〕抑止に資するだけのものを報復する」(同第8節)ことが許され、またそれ以上のことは許されない。
　ロックは、「自然状態には様々な不都合」があり、その「救済策が市民政府であることを私は容易に承認する」(同第8節)という。しかし、市民政府が何に対する救済策であるのかを正確に理解するためには、我々は自然状態の不都合についてのロックのリストをくり返す以上のことをせねばならない。

　なお、リベラリズム（自由主義）とよばれる思想は一般に、ノージックと同様、個人のもつ自然権（その内容は自由権に限られる）、個人の同意、そして、それらを侵害しない義務を重視するが、ノージックほど絶対的に重視する者は多くない。そのような自由主義者と区別するため、ノージック自身、自分のような立場を、「リバタリアニズム」（自由尊重主義）と名づけ、それを支持する人々を「リバタリアン」（libertarian）とよぶ。

11.　支配的保護機関の生成

　自然状態における不都合の一つとして、「個人が自分の諸権利を実行する力を欠いている場合がある[20]」ということ、つまり「自分より強い相手が権

18　前掲注12参照。
19　邦訳については、前掲注3参照。IV-3（前述本章2）で引用したのと同じ部分の翻訳については、嶋津をそのまま採用した。なお、邦訳では、『統治二論』の参照箇所の表記が英文のままであるところ、日本語に直した。
20　ノージック（前掲注12）18頁。

利を侵害した場合にこれを罰したり、そこから賠償を取り立てたりすることが彼にはできないかもしれない[21]」ということがある。

　ノージックによれば、このような事態に対処するため、自然状態における多くの個人は、最初、協会員のだれかから防衛や権利実行の要請があれば全員がこれに応じる相互保護協会をいくつか形成して、それらに加盟し、やがて、権利の保護と実行を専門に請け負ういくつかの「保護機関[22]」が市場に登場し、その保護サービスを購入することになる[23]。

　その場合、同じ地理的区域で活動する異なった二つの保護機関[24]の依頼人相互の間で紛争があり、しかも、その事件の処理につき、二つの機関が異なる裁定に達するといったことが起こりうる。たとえば、一方の機関は自分の依頼人を保護しようと試み、他方の機関はその者を処罰したり、その者に賠償を支払わせようとしたりするかもしれない。するとどうなるか。ノージックによれば、考慮に値する可能性としては次の三つしかない。

IV-7　ノージック『アナーキー・国家・ユートピア』[25] 23-25頁

1　そのような状況では、二つの機関が武力で闘う。この闘いで、常に一方が勝利する。敗れた機関の依頼人たちは、勝った機関の依頼人たちとの紛争では十全の保護を受けられないので、自分たちの機関から脱退して勝者と取引関係を結ぶことになる。

2　一つの機関は、一つの地理的区域に集中した勢力をもち、別の機関は別の区域に勢力をもつ。各々は勢力の中心に近いところでの闘いには勝つという形で、〔勢力の〕勾配が形成される。……

　上[26]のいずれの場合にも、……与えられた地理的区域には一つの保護機関のみが活動している。

3　二つの機関が対等かつ頻繁に闘う。両者は、ほぼ同じ割合で勝ったり負けたりし、両者のメンバーたちは散在していて相互にしばしば取引と争いを行う。それとも闘わないで、または数度の小ぜり合いをしただけで、防止措置を講じない[27]限り、この種の

21　同所。ロック『統治二論』第2編第123節および126節参照。
22　protective agency：警備保障会社のようなもの、または「悪事を働かない」暴力団のようなもの、とさしあたりイメージしていただきたい。
23　ノージック（前掲注12）18-23頁参照。
24　「保護協会」（protective association）という用語は、組合的なもの、相互会社的なものを強調する含みもあるが、ノージックは、それを、外延のより大きな概念である「保護機関」（protective agency）と互換的に使うことも多い。その場合、以下、直接の引用部分をのぞき、「保護機関」で統一する。
25　前掲注12参照。
26　邦訳は縦書きであるため「右」となっている。
27　邦訳は「構じない」とあるが、修正した。

闘争が継続して発生することを両機関が悟ることもある。いずれの場合にも、この二つの機関は、頻発する犠牲の大きい無駄な闘いを回避するために、相異なる裁定に達した事件を平和裏に解決することに、たぶん互いの役員を通して、同意する。両者は、それぞれの裁定がくい違った時に頼ることができるような、第三の判定者または裁判所を設置し、その決定に従う。……異なった機関が複数活動しているとはいえ、そこには、これらの機関をすべてその構成要素とするような、一つの統一された連邦司法制度がある。

　こうして、自然状態すなわち無政府状態から出発して、一つの地理的区域内に一つの支配的保護機関（上の第三のケースの場合には一つの連邦司法制度の下にある複数の保護機関からなる連合――以下、「支配的保護機関」という場合、この支配的連合も含むと考えられたい）が生き残ることになる。
　市場における独占というものは通常、政府の介入によって形成・維持される[28]。それに反し、一つの地理的区域における一つの保護機関の事実上の独占が政府の介入なしになぜ生じるかという点について、ノージックは次のような明敏な説明を提出している。

IV-8　ノージック・『アナーキー・国家・ユートピア』[29] 25-26頁
　……相対的に評価される他の商品とは異なって、競争関係にある複数の最良の保護サービスは両立しえない。そのサービスの性格からして、別々の機関は、顧客のひいきを求めて競争するだけでは足らず、相互に暴力的抗争へと導かれるのである。さらに〔、〕最良のものより劣る製品の価値は、最良の製品を購入する者の数〔の増加〕に応じて比例以上に急激に低下するから、消費者たちがその劣悪品の固定客になることはないだろう。こうして競争会社は下降螺旋に捕えられる。このゆえに、我々は右の三つの可能性を列挙したのである。

　要するに、保護サービスは、他の機関の保護サービスと対立した場合、それに実力（最終的には暴力）で勝たないと十全な保護サービスとならないと

28　経済学の常識によれば、独占している業者がもし非常に儲かっているなら、やがて、他の人々もその事業に次々と参入してきて、競争も激しくなり、価格も下がって、独占は崩壊し、独占による超過利潤もなくなる。もし、そうならないとしたら、独占業者自身が暴力その他の手段によって他の業者の参入を妨害するなどの場合をのぞき、政府が特定の業者を保護したり、参入に政府からの特許または免許を必要とするなどの規制をしていることによるのが通例である。寡占（少数の業者による独占）まで含めれば、その具体例は、現在の日本でも多い。というよりも、そうでない事例のほうが少ないであろう。

29　前掲注12参照。亀甲括弧内の読点は亀本による補い。他は邦訳のまま。

いうこと、そして、加入者の増加に伴う、最大の保護機関の規模と力の増大に伴って、他の弱小保護機関のサービスの内容は比例以上に急低下し（たとえば、顧客の数が半分になると、提供されるサービスの質が半分以下になる）、顧客も急速に減少するということである。大きい業者はますます大きくなり、小さい業者はますます小さくなり、やがて消える、ということである。

　注意するべきことは、第一に、保護機関のシステムが諸個人の自由な取引によって成立する私的なものであるという点（この点をはっきりさせるためには、「保護機関」protective agency を「保護代行業者」とでも訳したほうがよい）、第二に、支配的保護機関による実力の独占は、事実上のものとして生じるのであり、支配的保護機関は、それによる実力行使の独占の正統性（legitimacy）をなんら主張するものではない[30]という点である。

12. 支配的保護機関は国家か──独立人の問題

　次なる問題は、この支配的保護機関は果たして国家か、ということである。国家といえるためには、第一に、その地域において実力行使の独占──ただし、緊急時の正当防衛権の行使は除く[31]──を達成していなければならない。第二に、その領土内のすべての人に保護を提供しなければならない[32]。

　ところが、支配的保護機関は、第一に、「ある人々に自分の権利の実行〔自力救済〕を許すように見える」、第二に、「領土内のすべての個人を保護するわけではないように見える」[33]。

　このいずれも、「私的保護機関のシステム内に居住していながらどんな保護協会にも参加することを拒み、自分の権利が侵害されたかどうかを自分で判定すること、および（もし侵害されたと判定する場合には）侵犯者を処罰したりその者から賠償を取り立てたりする権利を個人的に執行すること、を主張する人々のグループ（または一個人）[34]」の存在を、私的保護機関のシステ

　30　同書170-173頁も参照。なお、そこに登場する「正統性」は、道徳的な根拠がある──具体的には各個人がもつ自然権に由来する──ということを意味する。「正統性」の概念については、前掲2章注46参照。
　31　同書41頁参照。
　32　同書39頁参照。
　33　同書35頁。圏点による強調は亀本による。
　34　同書37-38頁。

第2節　ノージックの国家論　173

ムが（ロック的自然権を徹頭徹尾前提としているがゆえに[35]）許容するということに起因している。そのような人ないし人々を、ノージックは「独立人[36]」とよぶ。

　私的保護機関のシステムのもとにおいても、自然状態においてすべての人がもっている自力救済権を、支配的保護機関は、独立人に対しその者が自分の顧客ではないという理由で否認することはできない。自然権をもっているのは各個人だけであり、保護機関そのものは、何ら独立の、権利も権能ももっていないからである。他方で、支配的保護機関は、保護サービスをその料金を支払っている者にのみ提供する[37]。

　国家の上記必要条件の第一をみたすためには、支配的保護機関は、独立人の自力救済を禁止し、かつ、実際に阻止しなければならない。

　国家の必要条件の第二をみたすためには、支配的保護機関は、料金を支払っていない者に対しても保護サービスを提供しなければならない。その原資は、加入者たちの支払う保護料金であるから[38]、そのかぎりで、一種の「再分配」がなされていることにはなる[39]。だが、この「再分配」は、再分配するべきだという理由とは別の理由から、いわば結果として生じる再分配であり、ロールズなどいわゆるリベラルな正義論者（後述第5章**18**および**19**ならびに第9章参照）が国家のなすべき仕事とする「再分配」とは意味が異なる。この点をノージックはとくに強調している[40]。

　こうして、「支配的保護機関は独立人にどう対処するべきか」ということが、ノージックの国家論が解決するべき最初の、そしておそらく最大の課題

　35　同書85頁に、「ロックは、誰も市民社会への加入を強制されえない、つまり、たとえほとんどの人がそれへの加入を選択しても、それを控えて自由な自然状態に留まる者がいてもよいとした（『統治二論』第2編第95節）」とある。

　36　ノージック（前掲注12）85頁。

　37　ただし、ここでは、ある人への保護サービスの提供が同時にその周辺の人々への保護サービスを提供することになるという、いわゆる「はみ出し効果」(spillover effect)ないし外部経済効果は、問題を単純化するために、あえて無視されている。同書38頁参照。
　しかし、保護サービスの提供、とりわけ安全の提供は、普通は「はみ出し効果」を多少なりとも伴うものである。たとえば、警備保障会社が顧客の家の周りをパトロールすれば、その周辺も多少なりともより安全になるであろう。外部経済効果については、後述第7章**30**参照。

　38　保護機関への出資者の出資なども原資の一部となりうるが、ここでは考えなくてよい。

　39　ノージック（前掲注12）35-39頁参照。「再分配」については、後述本章**33**でも言及される。その定義については、後述第5章冒頭参照。

　40　同書42-43頁、179-180頁参照。

となる。

　ノージック自身は、国家の必要条件の第一はみたすが第二はみたさない制度、つまり、独立人の自力救済を禁じて事実上の実力行使の独占をほぼ完全に達成しているが、保護および権利執行のサービスをその購入者のみに限定する制度を「超最小国家」(ultra minimal state) とよび、第一の条件に加えて第二の必要条件も充足している制度、つまり、独立人の権利の自力執行を禁止するとともに、料金を支払わない独立人にも保護サービスを提供する制度を「最小国家」(minimal state) と定義した上で[41]、問題を私的保護機関のシステムから超最小国家への移行と、超最小国家から最小国家への移行とに一応二分し[42]、だれの道徳的権利も侵害せず、道徳的に正当な仕方で、この両方の移行が成立可能かつ実行するべきものであることを論証しようとしている。

　「一応二分し」といったのは、独立人の自力救済の禁止および阻止と、独立人の最小国家への取り込みとは、後述するように、禁止に対する賠償と、その賠償金の保護料金への（もちろん独立人自身による選択を通じた）振替えという仕方で、一挙に達成されるとみてよいからである。

13. 独立人への対処の概要

　独立人への対処の要点は、次の文章によって示されている。

IV-9　ノージック『アナーキー・国家・ユートピア』[43] 174頁
　(1)もし保護機関が、独立人の権利実行手続の信頼度または公正さが不十分だと考えるなら、保護機関は独立人にそのような自力救済の実行を禁止する。(2)この禁止の根拠は、この自力救済が機関のクライアントに危険を及ぼす虞れがあるという点にある。
　(3)この禁止のために独立人たちは、自分たちの権利を侵すクライアントたちを処罰するぞと威嚇しても効果が期待できなくなるから、この禁止によって独立人たちは、危害から自分たちを守ることができなくなり、日常の活動と生活において深刻な差別的不利益を蒙ることになる。(4)しかし自力救済を含む独立人たちの活動が、〔手続的権利〔の問題〕を別にすれば〕誰の権利をも侵害することなしに遂行されえたということも、十分

41　同書41頁参照。
42　同書83-84頁参照。
43　前掲注12参照。ただし、すぐ上で述べた二つの問題——超最小国家への移行と最小国家への移行——への分割に対応させるため、原文にはない改行を施すとともに、以下でのべる注釈に対応させるため、各文に番号を振った。また、亀甲括弧内は亀本による補い。

ありうることである。(5)第四章で述べた我々の賠償原理に従えば、このような情況では、この禁止を公布するとともにそれから利益を受けている人々は、禁止によって差別的不利益を蒙る者たちに賠償せねばならない。(6)それゆえ保護機関のクライアントたちは、独立人たちが彼らの権利を機関のクライアントたちに対して自力救済として実行するのを禁止されることによって蒙る不利益を、賠償せねばならない。

これは、それに先立つノージックによる諸考察の成果をまとめたものであり、いささか簡潔すぎる。以下、順次、必要最小限の注釈を加えながら、ノージックの考えを説明して行こう。

第3節　超最小国家への移行

14. 危険を及ぼすリスクがある行為をなぜ禁止できるか

前項で引用した文章IV-9中の(1)でのべられているように、保護機関が、信頼度または公正さが不十分だと判断する権利実行手続を使用する独立人に、クライアントに対する自力救済の実行を禁止する主観的理由は、「クライアントを罰する権利を証明する何らかの特定の手続を先に踏まないで彼を罰する者は誰でも、その手続に従えばこの権利を証明できたはずであったことが〔後で〕明らかになるかどうかと無関係に、これを処罰するぞと宣言することによってクライアントに保護を提供するような機関にのみ、人々は保護を委託する気になる[44]」ということにある。

言いかえれば、独立人が保護機関の契約者を自然権侵害として、それに対して自力救済をしようとした場合、実は客が独立人の自然権を侵害していたことが後になって、保護機関の採用する公正で信頼できる判定手続に従って判明したとしても、独立人の用いる自然権侵害判定手続がいい加減なものである場合、そのようないい加減な判定に基づく独立人の自力救済行為を、とりあえず阻止してくれないような機関と契約を結ぶようなお客はいないだろう、ということである。

だが、これは、顧客獲得の動機からする保護機関の行動に関する説明とはなるが、保護機関がそのような禁止をする道徳的な根拠や権利（正確には権能）に直接かかわるものではない。

44　同書88頁。同書159-160頁にも同旨の叙述がある。

道徳的に正当な仕方で最小国家が成立することを論証しようとするノージックにとって、より重要な問題は、禁止の根拠である。IV-9の(2)に、「クライアントに危険を及ぼす虞れ（risk of danger）」とあるが、そのようなリスクを伴う行為であれば、なぜ禁止してよいのだろうか。

ここでノージックが「禁止」ということで意味しているのは、そのような行為をした者に対して被害者への賠償に加えて、（その種の行為を抑止するために）罰を科すことである[45]。

そのような危険な行為をした者に、（リスクが現実化した場合に）損害賠償を科すだけで罰は科さない、つまり、賠償することを条件にそのような行為を許容するという制度も考えられる[46]。

15. 交換利益の分割の不公正さ

ノージックは、不公正なまたは信頼に欠ける判定手続を使用する独立人が保護機関のクライアントに及ぼすかもしれない危険のリスクを理由に独立人の権利実行行為を禁止する根拠の考察に先立って、一般的に、すべての権利侵害行為ないし権利侵害のリスクを伴う行為（保護機関のクライアントに対する独立人による権利実行行為もこれに属しうる）を、被害者への賠償を条件として許容することがなぜ許されないかを検討している。

それが許されない根拠として、ノージックが第一に取り上げているのは「交換利益の分割」の不公正さというものである。それは簡単にいえば、そこで採用されているような賠償観念では被害者に不利であるがゆえに、不公正であるということである。

そのような賠償概念を、ノージックは「完全賠償」（complete compensation）または「全額賠償」（full compensation）とよぶ。「完全」とか「全額」とかいう語は、「十分な」というニュアンスを伴うが、ノージックからすれ

---

45 同書89頁参照。
46 同書89頁に加え、92-93頁も参照。法学でいう民事上の損害賠償の制度がその例である。たとえば、不法行為法は、賠償を条件に不法行為を許容する法とみることができる。契約法についていえば、賠償のために十分な金さえ払えば、契約を破ってもかまわない、ということである。しかし、刑法がある行為を禁じている場合、違反に対する制裁がたとえ罰金刑であっても、同じように理解することはできない。被害者がいる場合、その人への賠償は民事上の損害の回復の問題であり、刑罰は、それに加えて、あるいは、それとは独立に科せられるのである。

もちろん、民事上の賠償と刑罰を峻別せず、連続的に捉える見解も古くからある。

ば、そのような賠償額では一般に少なすぎるのである。
　完全賠償とは、被害者を、もし権利侵害行為がなかったとしたら、その人があったであろう状態にするのに十分なだけの賠償をさし、被害者がそのような行為を自分に対してする権利を事前に加害者に売ったとしたら、被害者の達したであろう状態に、被害者をするのに十分なだけの賠償額に比べると一般に低く、完全賠償額は、後者の取引において成立しうる最低金額である。
　たとえば、交通事故で自分の車を壊された人が、その加害者に自分の車を同じように壊す権利を事前に売ったとしたら、その人は、完全賠償額、すなわち、被害者の状態を事故前の状態へ回復させるために加害者が支払わなければならない賠償額以上の値段でそうした権利を売りたいと思うであろう。被害者が、最低金額に甘んじなければならない道徳的根拠はないとノージックは主張する[47]。
　そのかぎりで、賠償を条件に、権利保持者の同意なしに、すべての権利侵害を許容するシステムは、カントの定言命法[48]に違反するという意味で、他人を手段として利用することを許すシステムということになろう[49]。

16. 一般的恐怖からの議論

　交換利益の分割に関する論拠は、賠償を条件として権利侵害行為のすべてを許容することが許されない一つの根拠であり、権利侵害行為の禁止（＝それをした場合、賠償＋罰）を支持する消極的な根拠とはなりうるが[50]、必ずしもその積極的な根拠ではない。
　少なくともいくつかの権利侵害行為を禁止するべき第二の、より積極的な根拠として、ノージックは、賠償可能な行為が実際に賠償されるとわかって

47　同書99-103頁参照。
48　定言命法の第二定式とよばれるものは、「汝の人格の中にも他のすべての人の人格の中にもある人間性を、汝がいつも同時に目的として用い、決して単に手段としてのみ用いない、というようなふうに行為せよ」である。『人倫の形而上学の基礎づけ』（世界の名著39、責任編集・野田又夫『カント』中央公論社、1979年）274頁参照。
49　ノージック（前掲注12）111頁参照。ただし、ノージック自身はこの論拠を、交換利益の分割の不公正さからの論拠とは一応別のものとして扱っている。
50　消極的な根拠としてはほかに、賠償できないような加害もあるということが挙げられている。同書103頁および111頁参照。

いても、それが恐怖や不安を生じさせることがある、ということを挙げている。ノージックの手になる巧みな比喩をそのまま使えば、たとえば、だれかがXのところに来て、「来月私は君〔＝X〕の腕を折るかも知れない。それをする場合は、私は君に2000ドル〔Xにとって完全賠償以上の金額〕あげよう。しかしもし私が君の腕を折らないと決めれば、君には何もあげない[51]」と言ったとすれば、Xは恐怖を感じ不安になるであろう。

　注意するべきことに、ここで問題になっているのは、特定人の言動ではなく、賠償の支払いを条件に侵害を許容するシステム自体が、いつ自分の大事な権利が侵害されるかわからないという恐怖を不特定多数の人々に対して生じさせるという点である。

　この一般的恐怖は、実際に権利侵害を行った特定個人に起因するものではないから、それを侵害者に賠償させることはできない。また、恐怖を感じてはいるが、たまたま侵害を受けなかった人については、だれがその人に賠償するべきかが容易にはわからない。

　だれかに賠償させることが道徳的にも事実的にもむずかしいことを説明する、このような理由を挙げた上で、やや飛躍があるように思われるが、ノージックは、完全に賠償されるとわかっていてもほとんどの人が恐怖を感じるような行為は、「一般的不安と恐怖を回避するために禁止される」と結論づける。

　もちろん、すべての権利侵害がそのような一般的恐怖を生み出すわけではない——前述の比喩における「腕を折る」の代わりに、たとえば「車を取り上げる」を入れてみられたい——から、そのかぎりで、それらについては禁止する根拠はないとされる[52]。

17. 権利侵害のリスクのある行為

　他人の権利を侵害するリスクのある行為であっても、それが実現して危害を惹起させる確率が非常に低いがゆえに、それ単独では、どんな特定人にも恐怖を感じさせるものではないが、同種の行為が多数行われると恐怖を生じさせる、そのような行為も存在する。

51　同書103頁。亀甲括弧内は亀本による補い。
52　同書103-104頁参照。

この場合、前項で取り上げた「一般的恐怖からの議論」は、全体としてある閾値をこえる、それらの行為の総体を禁止する根拠とはなるが、それに属する個々の行為を禁止する根拠とはならない[53]。逆にいうと、小さなリスクがあるだけの一つや二つの個別行為を許しても、全体の恐怖の度合いにはほとんど影響しないかもしれない[54]。

このことの説明として、ノージックは癲癇症の人に車の運転を禁止するという例をしばしば用いる。「たとえば癲癇症の人のうち誰を取り出しても、その人は一生車を運転しても誰にも危害を与えないかも知れない。彼に運転を禁止しても、他人の蒙る危害を現実に減少させることにはならないかも知れない[55]」。

独立人への対処との関係で問題になるのは、クライアントが自分の権利を侵害したか否かについて不公正なまたは信頼できない判定手続を使用する独立人のクライアントに対する権利実行行為について、それを禁止することができるかどうかという点である。そのような行為は、それ単独では一般的恐怖を生み出さない、単なる権利侵害の（小さな）リスクのある行為であるかもしれないからである。

ノージックは明言しているわけではないが、ここでの一応の結論は、少なくともリスクが相当高い場合[56]、禁止してもよいのではないか、ということである[57]。逆にいうと、単独では一般的恐怖を生み出さないような独立人の（クライアントに対する）権利実行行為を禁止することはむずかしいということである。

---

53 同書114-115頁参照。
54 とくに独立人に関しては、同書140-141頁参照。
55 同書122頁。
56 原著（前掲注12）p. 78, 邦訳122頁に「危険〔risky〕すぎるために」「危険な〔risky〕行為を禁止する」——亀甲括弧内は亀本による補い——とあるのを参照されたい。
57 ちなみに、同書166頁では、「信頼性の低い正義実行手続を使うことによって、恐怖を生じさせない行為を行うことになる者は、事後に処罰されない。もし、彼が手続を適用した相手が実際に有罪であり、取り立てられた賠償が適正であったことがわかれば、現在の情況はそのままにされる。もし彼が手続を適用した相手が無実であったことが明らかになれば、信頼性の低い正義実行者は、その行為について相手に全額を賠償するよう強制されうるのである。他方、信頼性の低い正義実行者が、予期されていれば恐怖を生じさせたはずの諸々の結果をその行為によって惹起させることに対しては、これを禁止することが許される」と明言されている。

18. 手続的権利

そのような事態をもカバーすることができる根拠として、ノージックが提出しているのが「手続的権利」の論拠である。

ノージックによれば、すべての個人は「自分が信頼性があり公正な制度にかけられていることを示してもらう権利」をもっており、「この開示がない場合には、彼は自衛手段をとり、この相対的に未知の制度の適用を受けることに抵抗することができる」。また、開示があった場合でも、個人は、開示情報をもとに「良心的に検討をつくした結果不公正または信頼性がないと彼が判断した制度には抵抗する」ことができる。これらがノージックの言う「手続的権利」の内容であり、個人は、この権利（ホーフェルドの術語を使えば、自衛権能の一部）を保護機関に授権して、その実行を代行させることができる[58]。

注意するべきことが三つある。第一に、この手続的権利は、自分が信頼性があり公正だと承認した手続以外は禁止する権利ではない。ノージックによれば、そのような権利はだれももっておらず——ノージックは説得力のある帰謬法的論拠として、もしそのような権利を個人がもっているとするなら、すべての他人の正義の手続を否認する犯罪者は自分を処罰しようとするすべての者を罰しても正当ということになる、というものを挙げている——、保護機関も、それが個人から授権された以上の権利をもつことはありえないから、そのような権利をもってはいない[59]。

第二に、権利があるからといって、その侵害をつねに禁止、したがって処罰できるわけではないが、不公正または信頼に欠けると自分が良心的に判断する判定手続に抵抗ないし自衛する権利をすべての個人はもっており、これは相手方からの賠償取立て以上のものを当然に含む、したがって処罰を含むとノージックは考えているのである[60]。

この手続的権利を授権された支配的保護機関は、独立人に対し、信頼性がないか不公正である手続を機関のメンバーに適用することを禁止し、この禁止に違反する独立人——ただし、信頼性があり公正な手続を使用すると保護

---

58 同書160-161頁参照。
59 同書160頁参照。
60 自衛において攻撃者に加えることのできる防衛的害悪の限度については、同書97-98頁参照。

機関から事前に認定された独立人にはお咎(とが)めはない——を処罰する[61]。

　第三に、独立人の手続が不公正または信頼できないからといって、独立人の権利を侵害しようとしているか侵害したことにつき本当に有罪のクライアントには、独立人の（不公正なまたは信頼できない判定手続を通じた）権利実行に対し抵抗する資格はないのではないかという疑問に、手続的権利の論拠は一応答えることができる。

　そのような点に関し本当に有罪のクライアントは、独立人に対し賠償するべきであり、また、処罰されるべきである[62]が、有罪無罪の判定を不公正または信頼できない手続によってなされない権利はもっている、と考えられるのである[63]。

　なお、手続的権利の問題ではないが、念のため付言すれば、権利侵害の判定手続が公正で信頼できるものであっても、その手続によって有罪の判定を受けた（が本当は）無実の者は、相手が独立人であれ、保護機関であれ、当然抵抗することができる[64]。無実の者を処罰する権利はだれにもない。

19. 判定手続を実行するための制約

　前項において、「本当に有罪のクライアント」にも「手続的権利」はあるとされたが、「実際に他人の権利を侵害した者に、この事実を公正で信頼できる手続で判定してもらう権利があるのか[65]」、つまり、そのような者には手続的権利はないのではないか、したがって、「有罪であることが明らかになった者を処罰したことについて信頼性のない処罰者〔独立人〕を事後に〔保護機関が〕処罰することが、この場合正当か[66]」という疑問が出てもおかしくはない。

　この疑問に答えるため、ノージックは、「権利侵害者を処罰する権利をだれでももっているが、被処罰者が有罪であることを実行可能な最善の立場に立つことによって確認したのでなければ、その権利を行使できない。そし

　61　同書162頁参照。
　62　保護機関は、そのような独立人のクライアントに対する行為を許容または放置しなければならないとされる。同書164頁参照。
　63　同書169-170頁参照。
　64　同書161頁参照。
　65　同書162頁。
　66　同書167頁。亀甲括弧内は亀本による補い。

て、この禁止に違反する者を処罰することはだれにでも許される。この場合も、処罰者は、被処罰者の有罪を最善の立場にたって確認したのでなければならない[67]」という原理を持ち出す。

この原理を独立人への対処の問題に適用すれば、信頼性のない判定手続を使用する独立人は、上の禁止を犯しているから、有罪者へ権利を実行する権利を行使することは許されない。他方、保護機関は、信頼できる手続によって、独立人のそのような権利実行権利の行使につき有罪を確認したのであれば、そのような独立人を処罰することができる、ということになる。

ノージック自身注意しているように[68]、ここでのポイントは、先のように、手続の適用を受ける側が信頼性のある手続によってしか処罰されない権利をもっているということにではなく、手続が信頼できるものではない場合、その手続の実行者も、手続の対象となっている者が有罪・無罪かを最善の立場にたって確認しているとは言えないがゆえに、その手続の実行を禁止することができる、というところにある。したがって、手続を適用される者に前項でのべた「手続的権利」がないとしても、信頼性のない手続による権利実行を、だれでも禁止することができる、ということになる。

「いずれにせよ、保護機関は信頼性のない手続や公正を欠く手続の使用者が、(クライアントの意志に反して〔クライアントがそのような手続の自分への適用に同意する権能をもっているという裏の意味がある〕)[69]保護機関のクライアントの一員を処罰した場合には、クライアントが実際に有罪であるかどうかにかかわらず、それゆえ、たとえクライアントが有罪の場合でも、その者を処罰することができるのである[70]」。

20. 事実上の独占

これまでのノージックの道徳的論証からすれば、「誰でも未知のまたは信頼性のない手続から自己を防衛してよいし、自分にそのような手続を適用する者または適用しようとする者を処罰してよい[71]」ということになる。支配

---

67 同書168-169頁の要約。
68 同書169頁参照。
69 同書169頁参照。
70 同書170頁。亀甲括弧内は亀本による補い。
71 同書170頁。

的保護機関は（もしそれが道徳的に正しい言動をするとすれば）、そのような権利が独立人を含め、すべての個人にあることを認めており、その権利の独占を主張しているわけではない。

　にもかかわらず、そのような権利をクライアントから授権されて、実際に行使することができるのは、支配的保護機関のみである。前述本章11で触れた保護サービスの商品としての特殊性に関するのと同様の理由で、「その権利の性質からして、一旦支配的力が現れると、それのみが実際にその権利を行使するようになるのである。なぜならこの権利は、他人がそれを誤った風に行使するのを阻止する権利を含んでいるが、支配的力の持主のみが、この権利を他のすべての人々に対して行使することができるからである[72]」。

　独立人の同様の権利行使を禁じる権利は支配的保護機関にはないという意味で、これは、権利上の独占ではなく、権利の性質と実力とによって結果的に生じる事実上の独占である。

　ところで、支配的保護機関が主観的には、欠陥のある手続使用者に対抗して自己の権利を実行ないし代行しているのだと考えて行動しているとしても、独立人からすれば、自分の信頼できる手続に誤った仕方で対抗していると見えるかもしれない。もし、保護機関がその権利を道徳的に誤った仕方で行使しようしていると、従業員など保護機関の側に立つ人が判断した場合、その人はどう対処したらよいのだろうか。

　ノージックの論述[73]からすれば、次のような結論になると推測される。保護機関の従業員が、保護機関の行為が道徳的に誤っていると判断したのなら、その従業員には、保護機関の命令に従わない道徳的（つまり神に対して負う）義務があり、保護機関に対し自己の正当な権利を行使して抵抗する者に対して自衛する権利はない。上司の命令だからということで、道徳的な免責は与えられない。クライアントについても、保護機関の行為につき同様の判断をした場合、保護機関を離脱する等の同様の道徳的義務が生じるであろう。

　ノージックの考えでは（というよりも、少なくともキリスト教徒ならだれでもそう考えるはずなのだが）、道徳的責任は、個人のみが負うことができる。

72　同書172頁。
73　同書157-158頁参照。

それは、個人がどう判断したかということにかかっており、客観的にどうであったかということとは一応独立である。

ノージックの国家論では、各人が、したがって保護機関の従業員やクライアントも、道徳的な責任を果たすという意味で正しく行為するであろうという前提のもとで展開されている[74]。したがって、国家やその役人が道徳的に信用できないといったことは、ノージックの国家論に対する・直・接・の反論にはならない。

21. 超最小国家の成立

以上の14から20で解説した議論、とくに、一般的恐怖を与えるリスクと手続的権利の論拠によって、不公正なまたは信頼できない手続をクライアントに対して用いる独立人による権利の自力救済を保護機関が禁止することが正当化され、かつ、保護機関がその実力によって事実上そのような禁止を相当程度実現する、ということが説明されたとしよう。

そうだとすれば、ここに、当該地域において実力行使をほぼ独占する「超最小国家」（前述本章12参照）が、支配的保護機関から、だれの権利も侵害せずに、道徳的に正しい仕方で生成するということが、その正当化を伴いつつ説明されたことになる。次節では、「最小国家」への移行を解説しよう。

第4節　最小国家への移行

22. 賠償原理

前述本章17で触れた自動車の運転を禁止される癲癇症の人の事例を思い出していただきたい。ノージックによれば、「自動車依存型の我々の社会で誰かに運転を禁止することは、その人に深刻な差別的不利益を与えることになる。この不利益を補う——専用の運転手を雇うなりタクシーを利用するなりして——には金銭的コストがかかるのである[75]」。「この種の理由のためにある行為の遂行を禁止されることにより人が蒙る差別的不利益に対して、人は賠償されねばならない。……〔その際〕自分に及ぶリスクが減少することに

74　同書188頁参照。
75　同書123頁。

より利益を受けた者は、規制された者に対して「埋め合せ」をしなければならない[76]」という主張が、前掲本章13で引用した文章IV-9の文(5)で触れられている「賠償原理」の中核を形成する。

「差別的不利益」の原語は、disadvantage（動詞として使われることも多い）であり、嶋津氏の訳はまことに適訳である。正常な状態または普通の人に比べて不利な立場に立たされるという意味で不利益を受ける、ということである。

普通の人に比べて不利益を受けるということであるから、たとえば、私に向けてロシアンルーレット（リボルバーに一発だけ弾を込めて、順番に自分の頭に向けて、引き金を引いていく命がけの遊び）をして遊ぼうとする人──常識的にみて普通ではない──を、私が自己防衛として制止する場合に、私は賠償する必要はないし、また、効率的ではあるが、危害を発生させるリスクの非常に高い（しかしうまくいけば無害である）工程で製造を行いたいと考えていたが、それを禁止された工場主に対して、付近住民が賠償する必要はない[77]。

ここで、「賠償原理」のノージック自身による定式化を引用しておこう（前掲IV-9の(4)～(6)の文も参照されたい──そこでは、独立人が支配的保護機関に属するクライアントに比べて差別的不利益を受けていると考えられている）。

IV-10　ノージック『アナーキー・国家・ユートピア』[78] 127頁
　あるタイプの行為は広く行われ、人々の生活上重要な役割を演じていて、それをある人に対して禁止すれば、彼は必ず深刻な差別的不利益を受けることになる。……このタイプに属する行為が他人に害を与える可能性があり〔might：実際には与えないかもしれないという含みがある〕、ある人がその行為をする場合には特に危険性が高い〔especially dangerous〕、という理由からその者に対してその行為を禁止する時、自分の安全性を高めるためにこの禁止を行う者たちは、禁止を受けた人に対して与える差別的不利益につき彼に賠償しなければならない。

IV-11　同書179頁
　自分の安全度を高めるため自衛策をとる者は、実際に行ってみれば無害であったかも

76　同書123頁。ただし、亀甲括弧内は亀本による補い。
77　同書123頁参照。
78　原著（前掲本章注12）p. 81. 亀甲括弧内は亀本による補い。

知れぬ[79]危険行為を人に禁止する場合、その相手に対して、自らが与えた差別的不利益を賠償せねばならないのである。

23. 賠償額

次に問題となるのは、どれだけ賠償すればよいのか、という点である。ノージックは、差別的不利益に対する賠償額は、もしその行為を禁止されなかったとしたら、その人が（その行為を控えるというサービスを売ることによって）到達していたであろう状態にするのに十分なだけの金額ではなく、「完全賠償」（前述本章15参照）で足りると言う。

だが、ここでの完全賠償の内容は若干わかりにくい。ノージックは明確な定義を示してくれていない。私なりに考えると、不法行為の場合、完全賠償額とは、それをされなかったら被害者があったであろう状態に被害者を戻すのに十分なだけの金額をさすのに対して、差別的不利益の賠償は普通の人を基準点にしているから、その完全賠償額は、もしその人が普通の人であったとしたら、自分にもともと許されたある行為を禁止という形で売り渡してよいと思う最低金額をさすと思われる。

ノージックは、具体例は挙げてくれている。癲癇症の人の例でいえば、その人が車の運転を禁止されていなかったとしたら到達していたであろう状態にするのに十分なだけの金額までは賠償する必要はなく、車の運転を禁止された結果、余計に支出することになる金額、すなわち、車の運転を禁止されたがゆえに、人並みの生活をしようと思えばかかることになるタクシー代等の費用から、車の運転が許されていたとしたらかかったはずの車の購入費・維持費等の費用[80]を引いたもの、を賠償すればよい、と言う。ポイントは、前述本章15の「交換利益の分割の不公正さ」の議論がここでは妥当しないという点にある[81]。

しかし、そのような賠償額では、禁止により差別的不利益を受けた者よりも、禁止により利益を受ける者たちのほうがつねに得をしている（少なくと

---

[79] 「実際に行ってみれば無害であったかも知れない」というのが、まさに「リスク」の意味である。つまり、「リスク」とは、確率ないし期待値の問題である。

[80] これに、車を自分で運転する費用を加えたほうがよいかもしれないが、車の運転が好きな人にとっては、それはむしろ便益になる。このような瑣末な事情はさしあたり無視してかまわない。

[81] 同書131頁参照。

も損はしていない）ように見える。

　実際ノージックは、やや違う文脈においてではあるが、「予定される禁止によって増加する人々の安全によってもたらされる利益が、禁止を受ける者たちの蒙る差別的不利益よりも小さいなら、禁止する側は十分な額の賠償支払いができないかまたはその気にならないであろう。そのため禁止は行われないことになろうし、それがこのケースでは妥当なのである[82]」として、これを間接的に肯定するようなことをのべている。

　しかし、普通の人々が、癲癇症の人々よりも「得をする」というのは、何か腑に落ちないところがある。みなさんはどうお考えになるであろうか。

24．非生産的取引

　ノージックは、「生産的取引」および「非生産的取引」という概念を導入して、この疑問の少なくとも一部に対して答えようとしているように思われる[83]。非生産的取引の典型は、秘密を暴露されたくなかったら金を払えという、いわゆる「ゆすり」である（金を取るだけの目的で、ロシアンルーレットを向けられたくなかったら金を払えと脅す人も同類と考えてよい）。

　非生産的取引とは、買手がそれをすることによって、買手を、売手とかかわりをもたない場合よりもよい状態におかない取引であり、かつ、売手には、そのような「非生産的な」サービスを売りつける以外の動機がない取引である。生産的取引は、その矛盾概念であり、この二つの条件の少なくとも一つをみたさない取引はすべて、定義上、生産的取引である。

IV-12　ノージック『アナーキー・国家・ユートピア』[84] 134-135頁

　……自発的取引の利益の分配に関する先の議論〔交換利益の分割の不公正さの論拠のこと〕は、適用範囲を狭めて、当事者が双方とも生産的活動の受領者であるという意味で利益を受けるような取引にのみ適用があるようにすべきである。当事者の一方がこの意味で利益を得ず、非生産的な「サービス」を受ける場合には、たとえ相手方が何らかの賠償を当然に受けるとしても、はじめの当事者はこの相手に損害額ぎりぎりの賠償〔完全賠償のこと〕のみを行うのが公正である。

　非生産的取引の二つの条件のうち、最初のもののみが満たされ後のものが満たされな

82　同書129頁。
83　同書131-135頁参照。
84　前掲注12参照。ただし、原文にない改行を施した。亀甲括弧内は亀本による補い。

いケースについてはどうだろうか。即ち、その取引の結果Xは、Yが全く存在しなかった場合より良い立場には立たないが、Yには不実行を売りつける以外の動機が何かある場合である。もしYがある行為を控えることからXが得るものが、自分の境界を侵害される確率の低下のみであるなら（この侵害は故意に行うことが禁止される類の侵害である）、こうした禁止を正当化するだけの深刻なリスクを伴うような行為のみを禁止しうるが、それにつき、Yには彼が蒙る不利についてのみ賠償すれば足りる。

独立人に関係するのは、後半の文章である。独立人が権利侵害リスクのある行為をしないというサービスを売りつけるような取引を保護機関に持ちかけたとしても、彼は、ゆすりを目的としているのではなく、自分の権利を自分で実行するというそれ自体は正当な、全員が本来平等にもっている権利の放棄を売ろうとしているのである。これは、ノージックがそこでのべているとおり、厳密な意味での非生産的取引ではない。したがって定義上、生産的取引である。

にもかかわらず、前半にのべられた十全な意味での非生産的取引の場合と、賠償に関して同じ扱いがなされている、という点に注意する必要がある。ノージックは、都合の悪いときにはお得意の例を引いていないが、これは、癲癇症の人とゆすりに同じ扱いをするということを含意しそうである。

それはうがちすぎかもしれない。ノージックは、「たとえ……賠償を当然に受けるとしても」という慎重な言い回しを用いて、賠償を受ける権利がないことがあることを示唆している。たとえば、ゆすりやロシアンルーレットを弄ぶ者にその行為を禁止する場合、彼らに賠償する必要がないことは、「差別的不利益を受ける者だけが賠償される[85]」という原則から当然のこととされている。ゆすりは賠償されないが、車の運転を禁止される癲癇症の人は、ともかくも賠償されるということである。しかし、ここでも、どこか腑に落ちないところがある。

25．独立人への現物賠償

前述本章13で引用した文章IV-9に続けて、ノージックは次のようにのべている。

85　同書136頁からの要約。

IV-13　ノージック『アナーキー・国家・ユートピア』[86] 174-175頁

　(7)独立人に賠償する最も安価な方法は明らかに、彼らに対して、保護機関に対価を払っているクライアントとの間の紛争状態をカバーする保護サービスを供給することである。(8)この方が、(侵害を行うクライアントを全く処罰しないことにより)彼らを権利侵害から守らないまま放置し、それから権利侵害を受けた(そして無防備のままそれを受ける立場に立たされた)ことによる彼らの損害を事後に支払おうとするよりも、安く済むであろう。(9)もし、その方が安価でなかったなら、人々は〔当初から〕保護サービスなどを買わないで、自分たちの金を貯えておき、たぶん保険の制度によって共同で金をプールすることによって、自分たちの損害をカバーするのにそれを使ったであろう。

　これについても注釈を続けよう。差別的不利益の賠償は、差別された人を差別されない普通の人と同じ状態にするのに十分なだけの賠償であるから、(支配的保護機関からみれば、それが公正さまたは信頼に欠けるという理由で)権利実行行為を禁止され、普通の人々すなわち支配的保護機関のクライアントに比べて不利な立場に立たされた独立人については、彼らにクライアントが受けるのと同様の保護サービス──ただし、クライアントからの保護は含むが、他の独立人からの保護は含まない(当然のことながら、保護機関は独立人相互の争いには介入しない)──を与えれば、彼らは普通の人々と同じ状態にあることになるから、それによって差別的不利益はすでに賠償されていることになる。

　(7)以下の文章で主張されているのは、このいわば現物賠償方式が最も安価なやり方であるということ、およびその根拠である。

　独立人に保護サービスを供給しない場合、独立人はクライアントからの権利侵害に無防備のままさらされ、その損害額は、独立人に保護サービスを供給する(その結果、いくつかの損害の発生が抑止される)のにかかる費用をこえるであろう。このことが、(8)および(9)の文の前提とされている。

　その実体的な原因は、保護サービスの実行によって、とくに、他人の権利を侵害する行為を禁止し、禁止に違反したら処罰すると威嚇することによって、そうしなければ生じたかもしれない損害の発生が抑止されるということ──しかも、保護サービスの費用が保護サービスのない場合に発生する(期待)損害額より小さいということ──にある。しかし、ノージックはここで

86　前掲注12参照。先と同様、各文に番号を振った。

は、そうした実体関係にあえて言及せずに、費用の大小のみに言及する説明に徹している。

文(9)でのべられているのは、保護サービスの費用、したがって保護サービス料のほうが、保護サービスを受けずに他者からの権利侵害に甘んじる費用よりも高かったとしたら、人々はそもそも、保護サービスなど買わないであろうということである。

ノージックの国家生成論は、ほとんどの人が保護機関の保護サービスを買うであろうという仮定に基づいており、この仮定の前提には、ほとんどの人が、保護サービスを買うほうが、(それを買わない結果生じるであろう)他者からの権利侵害に起因する損害に甘んじるよりも自己にとって有利だと判断しているという仮定がある。

もちろん、このような議論は、厳密には、保護サービスの購入量をも考慮してなされるべきものであるかもしれない。一般的には、保護サービスの購入量が増えればその限界効用は逓減し[87]、最適な購入量というものが存在するという可能性もある。しかし、ここでは、そのような「厳密論」を考える必要はないし、考えたところで、議論の本質に影響を及ぼすものではない。

(9)で言及されている保険の話は、人々が危険回避的[88]である場合に、各人が自己の状態の改善のためにさらに取るであろう方策を例示しただけで、今の文脈では重要ではない。

結論的に、保護サービスの現物給付が独立人への賠償方式の最も安価な方法であるという主張とその説明は、ノージックのこれまでの国家論の展開を前提とするかぎり、認めてよいと思われる。

87　サービス1単位あたりの、いわば「ありがたみ」がだんだん減っていくということ。詳しくは、後述第6章21参照。

88　確実な一定額、たとえば確実な1万円をもらうことと、期待値は同じく1万円ではあるが、不確実な1万円をもらうこととを比べて、前者のほうを好む人のことを「危険回避的」な人という。どちらでもよいと言う人を「危険中立的」な人といい、後者のほうがよいと言う人を「危険愛好的」な人という。

危険回避的な人は、1万円を失う確率が100分の1である場合、つまりその期待値が100円であるとき、100円をこえる金額、たとえば120円を支払ってでも、他の人に1万円を失うリスクを負担してもらいたい、つまり、運悪く1万円を失ったとき、1万円を補塡してもらいたいと考える。その「他の人」が保険会社である場合、保険会社は、もし同様に考える人が十分に多い数おり、その人たちも同様の保険を買ってくれるのであれば、大数の法則により、期待値100円がほぼ実現され、平均して儲けが一人当たり約20円出るので、同様の取引に応じるであろう。

そうだとすれば、独立人への賠償は、保護サービスを無償で現物給付するか、その料金と同額を金銭賠償するかすれば十分だということになろう。残る問題は、そこまで賠償する必要があるのかということである。

ノージック自身、独立人に保護サービスの現物給付という方法で賠償を与えるとして、「保護機関のクライアントは、独立人の（対クライアントの）保護サービス料を〔全部〕支払わねばならないのだろうか[89]」——前述本章12および21で触れた超最小国家から最小国家への移行の問題——という問いを立てている。

この問いに対してノージックは、賠償原理の説明に際し用いた、車の運転を禁止された癲癇症の人の例を再度出しながら、「禁止者は、及ぼした不利益の賠償に際して、禁止の不利益を償えるだけの額から、禁止がなければ相手方が負担したはずのコストに相当する額を差し引いたものだけを支払えばよい[90]」と答えている。

これによれば、保護機関ないしそのクライアントたちは、現物賠償方式をとる場合、独立人に、権利の自力執行をクライアントたちに対して行っていたとしたらかかったはずの費用に相当する金額を請求してよい、また、金銭賠償方式をとる場合は、その金額を控除して賠償金を支払えばよい、ということになりそうである。

26. 貧乏な独立人への賠償

ところが、ある種の独立人に関しては、そのような賠償金額では不十分なのである。

IV-14　ノージック『アナーキー・国家・ユートピア』[91] 175-176頁

⑽もし禁止者が禁止を受ける者に、及ぼされた不利益マイナスその活動が許された場合のコスト、に相当する額の金銭賠償を支払うなら、この額は、禁止を受ける者がその不利益を克服しうるには不十分かも知れない。⑾もし禁止された活動を行う際の彼のコストが金銭的なものであったなら、彼は払わずに済んだこの金と賠償金とを合せて、同

89　ノージック（前掲本章注12）175頁。亀甲括弧内は亀本による補い。圏点は邦訳にはないが、原文 pay（p. 111）のイタリックに対応させて、亀本が打った。
90　同書175頁。
91　前掲注12参照。ただし、原文にない改行を適宜施した。先と同様、各文に番号を振った。亀甲括弧内は、最後のものを除き、亀本による補い。

等のサービスを購入することができる。⑿しかしもし彼のコストが、独立人による権利の自助的実行の場合のように、直接には金銭上のものでなく、労力と時間等についてのものであるなら、このように差額を金銭で支払われても〔＝上記のような金銭評価に基づく差額支払いは〕、それだけでは禁止を受けた当事者は、禁止されたものと同等のものを購入することによって不利益を克服することができないであろう。⒀もしその独立人が、差別的不利益を蒙らずに使用することのできる他の金銭的財産をもっていれば、この差額支払いは、禁止を受ける当事者を差別的不利益を受けない状態に留めるに十分なものとなるだろう。⒁しかし独立人がそのような金銭的財産をもっていない場合には、保護機関が自分の最も廉価な保護方式のコスト未満〔邦訳は「以下」となっているが、原文 less に合わせ修正した〕の額を支払うなら、彼には、その機関のクライアントによる違法行為に対して無防備でいるか、保護業務の掛金に達するだけの資金を稼ぐために現金市場で働かねばならないか、の選択肢しかなくなるが、これは許されない。⒂禁止を受ける財政的に窮迫したこの個人のために機関は、その行為が禁止されなかった場合には彼がそれをするため払わねばならなかったはずの金銭的コスト〔つまり、禁止により出費せずに済んで彼の手許に残った金額〕と、与えられた差別的不利益を克服または償うための出費に必要な金額との差を、埋め合せねばならない。

⒃禁止者は、その不利益を克服するに十分なものを、金銭または現物で丸ごと提供せねばならない。

⒄自分で保護を購入しても差別的不利益を蒙らない者に対しては、賠償を提供する必要はない。……

　ここで問題となっているのは、独立人が、クライアントによる権利侵害に対する自力救済を、お金をいっさい使わずに、いわば自分の体と時間（以下、合わせて「労力」という）のみを使って行うつもりであったところ（文⑿参照）、そのような自力救済を保護機関に禁止された場合、そのような労力分を金銭換算して差し引かれた金額だけを賠償金として渡されても（文⑽参照）、独立人が実際にお金をもっていないかぎり（文⒀参照）、保護サービスが買えない（文⒁参照）という点である。

　そのようないわば「貧乏な独立人」に対しては、保護機関は最も廉価な保護方式の料金に相当する金額を提供しなければならない、というのがここでの結論である。ただし、独立人が権利の自力執行に際し、自分の労力のほかに少しでも（銃を買うとか）金銭的出費をするつもりであったとすれば、その金額は賠償金から控除してよい（文⒂参照）。

　このような議論の根本にあるのは、文⒁の後半にのべられているように、「強制労働は許されない」というリバタリアンたるノージックの信奉する根本ドグマ[92]であろう。

このドグマを前提するかぎり、権利の自力執行を禁止されることにより独立人はそのための労働をしなくて済むのであるから、そのような形で節約できた労働を市場で売って（もちろん、別のところでガードマン兼裁判官として雇ってもらえという意味ではなく、節約できた時間を別種の労働に充てることも含む）その賃金を保護サービスの購入費用の一部に充てるべきであるという議論は認められないであろう[93]。

文(16)に「金銭または現物で」とあり、その選択権は差別された独立人側にではなく、差別する保護機関ないしクライアント側にあるかのような表現になっている。保護機関による独立人への禁止措置は、禁止される者の同意なしに、賠償を条件に許される行為として扱われているのである。

現物で無償供給する場合、差別的不利益はそもそも生じないのであるから、選択権が保護機関側にあっても問題はないようにも思われる。だが、料金を一部請求される場合や、保護サービス料金の一部のみを賠償金として渡される場合には、賠償原理が「公正原理」──この原理によれば、利益を受けた人には料金支払い義務がある（法律的には不正確だが、たとえば、NHKの受信料の支払い義務がその番組を見たがゆえに生じるという考え方である）──とは違うのだというノージックの声高な主張にてらしあわせると、何か納得できないものが残る（この問題については、後述本章33でも触れる）。

27. 金持ちの独立人への無賠償

文(17)にある「自分で保護を購入しても差別的不利益を蒙らない者」がどのような独立人をさすのかについては、ノージック自身は具体的に説明していない。だが、それは、熟考に値する問題である。それに該当する独立人としては、次の二つの可能性が考えられる。

1 　自力救済を禁止されなければ、いくばくかの金銭を費やして自力救済

92 　ちなみに、いわゆるリベラルな人々もその命題を表面的には否定しないだろうが、実質的には否定している、というのが再分配的正義論に対するノージックによる批判の一つの論拠である。

93 　それゆえ、ノージック（前掲注12）245頁、注11──後述本章28で引用する文章IV-15中の文(20)に付された注──における、「禁止する側の人々は、〔賠償を現物給付する場合に、〕禁止される側に対して、時間、エネルギー、等々、禁止されていなければその行為を行うについて彼にかかるはずの他のコストを請求してよいだろうか」（亀甲括弧内は亀本による補い。また、邦訳にある訳者による亀甲括弧およびそのなかの文言は省略した。）という読者への問いかけに対する答えは当然ノーであると思われる。

を行い、それによって一定の保護状態に達したであろう独立人であって、その金額で、その保護状態と同等（かそれ以上）のサービスを提供する保護を保護機関から買える人。

　2　自力救済に1の独立人ほど金銭を費やすつもりはなかったが、自力救済を禁止されなければ費やすつもりであった金額（ゼロでもよい）と、他の換金可能な財産を合わせると、禁止されなければ達したはずの一定の（普通の人並みの）保護状態と同等（かそれ以上）のサービスを提供する保護を保護機関から買える独立人。

　1については、保護サービスを自給する場合に使ったであろう金銭よりも安い費用で保護機関から同等の保護サービスを供給されると仮定してよさそうであるから、あまり——それでも・・その保護機関からは買いたくないということはありうるが——問題がない。

　しかし、2については問題が残る。たまたま金を十分にもっているという理由で、賠償を受けられないというのではおかしくはないか（後述本章33も参照）。

　2の極端なケースである次のような独立人のみを考えてみれば十分であろう。すなわち、自力救済を、一銭も使わずに、自分の体のみを使って行うつもりであったが、たまたま「換金可能な他の財産」をもっている独立人であって、その財産の評価額が、自力救済においてその人が達成したであろう保護状態と同等な状態を達成する保護サービスの価格以上であるような独立人。

　ここでは、賠償されない独立人——いわば金持ちの独立人——もいるのだということの確認にとどめ、「差別的不利益を蒙らない」が何を意味するかに関する立ち入った検討は、ノージックの見解をもう少し聞いてからにしたい。

28．現物賠償と金銭賠償

　(17)の文に続けて、ノージックは次のようにのべている。

　IV-15　ノージック『アナーキー・国家・ユートピア』[94] 176-178頁
　　(18)資源の乏しい人々で、その行為が禁止されない場合もそれを行うのに何ら金銭上の

コストを支払わない者に対しては、機関はこれらの人々が差別的不利益を受けることなく蓄えることのできる資源と保護のコストとの差額を提供せばならない。(19)その行為が禁止されない場合にはいくらかの金銭上のコストを支払うことになる人々に対しては、禁止者は、不利益克服に必要な（彼らが差別的不利益を蒙ることなく蓄えることのできる額を越える）金額を追加して提供せばならない。

(20)もし禁止者たちが現物で賠償するなら、その者たちは経済的に窮迫している被禁止当事者に対して、この者がその行為を禁止されなかった場合に負担するはずの金銭上のコストが〔保護サービスという〕商品の価格を越えない限り、そのコストの額まで与えた現物〔保護サービス〕の代金を請求することができる。

(21)支配的保護機関は、唯一の実効性のある供給者として、賠償として、自らの〔サービス〕料金とこの被禁止者が自力救済を実行する場合の金銭的コストとの差額を提供せばならない。(22)保護機関は、〔それらの人々による〕保護業務購入代金の一部として、ほとんど常にこの〔一度支払った〕額を再度受け取ることになるであろう。

……

(23)当然これらの人々は、料金支払いを拒み、それによってこれらの賠償としてのサービスを受けないで済ますこともできる。

(24)もし支配的保護機関が独立人に対しこのような形で保護サービスを提供するなら、人々は、機関のサービスを料金を支払わずに受けるために機関から脱退することになりはしないだろうか。(25)それが大規模に起ることはなかろう。(26)なぜなら、賠償が支払われるのは、自分で保護を購入すれば差別的不利益を受けることになる者に対してだけであり、また、賠償額は、自力的保護の金銭的コストとその者が不自由なく支払える限りの額の合計にそれを加えれば特約の付かない並の保護業務のコストと同じ額に達するだけの額にすぎないからである。

文(18)および(19)には、前項27で触れた「他の財産」が、「差別的不利益を蒙ることなく蓄えることのできる資源〔またはその〕額」（文(26)にある「不自由なく支払える限りの額」も同じものをさす）という形で、より正確な表現を与えられている。この金額は、賠償金から差し引かれてよいとされている。

現物賠償の場合にも同様の扱いをするのが当然だと思われるが、ノージックの叙述は不明瞭である。現物賠償の場合の扱いをのべた文(20)には、禁止されない場合に負担していたであろう金銭的コストの話はあっても、「差別的不利益を蒙ることなく蓄えることのできる金額」の話は出てこない。

現物賠償の場合には（たとえば、現物給付を拒否する権利を独立人に認めていないといった、ノージックがどこにも明言していないが、彼が主張してもおかしくない理由で）、この金額は請求できないとノージックは主張しているのだろうか。しかし、金銭賠償に言及する直後の文(21)でも、「差別的不利益を蒙る

94　前掲注12参照。ただし、原文にない改行を適宜施した。先と同様、各文に番号を振った。

ことなく蓄えることのできる金額」の話は出てこないから、いずれにおいてもたんに省略しただけだとも考えられる。金銭賠償方式に言及する(26)では、「不自由なく支払える限りの額」という形でその金額について触れているから、「たんに省略した」とする後者の解釈が正しいと考えてよかろう。

　結論として、支配的保護機関は、「経済的に窮迫している」(文(20)参照)、あるいは簡単に「貧乏な」独立人に賠償する際、そのような金または換金可能な財産をその人がもっているときは、(禁止されない場合にその人が権利の自力執行に費やしていたであろう金銭的コストに加えて、)それを、現物給付の場合、保護料金の一部として請求してよい、また、金銭賠償の場合、控除してよいということになる。

　文(20)において、「金銭上のコストが商品の価格を越えない限り」という条件文がどこにかかるのかは若干わかりにくいが、それは「そのコストを越えたら代金を請求できない」という意味ではもちろんなく、「そのコストを越えたら」まったく賠償されない、つまり、そのような独立人(前述本章27でのべた1に該当する独立人)は放置してよい、という意味である。

　上の結論においては、現物給付方式と金銭賠償方式は対称的なものとして扱われている。前者をとる場合、いわば「少しは金に余裕のある貧乏な」独立人は、料金の一部を請求される可能性があるにもかかわらず、保護機関による一方的給付を拒否する自由は事実上ないように見える。

　しかし、無償給付されるいわば「極貧の」独立人以外の、一部料金を請求される「少しは金に余裕のある貧乏な」独立人(および料金全額を自発的に支払わなければサービスをまったく給付されない「金持ち」の独立人)については、請求される料金の支払いを拒否することによって、(クライアントからの攻撃に無防備にさらされはするが)保護機関の傘下に入らないという選択肢は一応残っている。無償給付される「極貧の」独立人は、無償なのだから、それを拒否することはあるまいとノージックは仮定しているのであろう。ノージックは明言していないが、このようなことを前提にして、(23)以下の「料金支払いを拒み、……賠償としてのサービスを受けないで済ます」という話を展開していると考えれば一応の筋は通る。

　このような私の解釈が妥当なものであるとすれば、現物給付と金銭賠償という二つの賠償方式に言及するよりも、現物賠償方式は、最安価な賠償額

第4節　最小国家への移行　　197

——独立人が権利侵害者を神がかり的に苦もなく探知できる特殊な能力をもっているといった特別の事情がないかぎり、保護機関の提供するサービスが最も安価だということは規模の経済（供給量が増えるほど単価が安くなること）から考えても尤もらしい仮定である——を発見するための説明手段とみなし、金銭賠償方式で統一的に説明するほうが誤解のおそれが少ない。以下では原則として、金銭賠償方式を前提にして論述を進めたい。

29. 独立人の三類型

　ここで、保護機関の与える賠償との関係で独立人を分類し、ノージックの主張をまとめておくことにしよう。
（ⅰ）　全く賠償されない独立人（金持ちの独立人）：禁止されない場合に費やしたであろう金銭（ゼロでもよい）と、差別的不利益を蒙ることなく蓄えることのできる換金可能な財産（ゼロでもよい）との合計額が、最低の保護サービスの料金以上の独立人。
（ⅱ）　一部賠償される独立人（少しは金に余裕のある貧乏な独立人）：上の合計額が最低の保護サービスの料金未満の独立人。この種類の独立人は、差額を賠償される。
（ⅲ）　全額賠償される独立人（極貧の独立人）：禁止されない場合に費やしたであろう金銭も、差別的不利益を蒙ることなく蓄えることのできる換金可能な財産もゼロである独立人。

　若干注釈しよう。（ⅰ）に「最低の保護サービス」とあるのは、前掲Ⅳ-14における文⑭の「最も廉価な保護方式」および前掲Ⅳ-15における文㉖の「特約の付かない並みの保護業務」に対応させたものである。

　文⑭における「最も廉価な保護方式」は、ある種の独立人に賠償しなければならない以上、賠償額が「最も廉価な」保護サービス（「最も廉価な保護サービス」といっても、それは厳密には一般クライアントの購買可能な最低サービスと同じではなく、それから、他の独立人からの保護業務を除いたサービスであるから、それよりやや安いであろう）未満の金額では、保護を買おうにも買えない、という理由を背景に登場しており、それで十分だという根拠づけはそこでは積極的になされてはいない。したがって、独立人になぜ最低の保護サービス分だけ賠償すればよいのか、ということはなお問題にしうる。

差別的不利益の賠償は、禁止によって不利益を受けた人を普通の人並みにすることによって果たされる。ノージックが普通の人の標準をクライアントの（たとえば）多数派ではなく、最低の保護サービスを買う人に置いている理由は、どこにも書いてなく、根拠不明である。だが、「差別的不利益」という概念を使う場合は、どこかに標準を置かざるをえず、それについて実際には争いがあるのが普通であろう。ノージックは、そのような問題は、差別的不利益の賠償というアイデア自体と比べれば二次的な問題であると考えているのであろう。

もう一つの問題として、最低価格の保護サービスを独立人に与えるのは、十分すぎないか、という先と逆方向の問いを立てることもできる。

前掲IV-14における文(11)および(12)に「同等の」(equivalent)とあるが、これは何を意味するのであろうか。(12)に「禁止されたものと同等のもの」という表現があるところからすると、私が前述本章27においてそう想定したように、「当該独立人が自力救済によって達したであろう保護状態と同等な保護状態をもたらす保護サービス」を意味すると考えるのが妥当であろう。

同じ費用で達成される保護状態は、一般に、独立人の自力救済よりも保護機関の保護サービスのほうが高いと考えられるから、最低価格の保護サービスによって達成される保護状態のほうが、独立人が達成しようとしていた保護状態よりも優っているというのが普通であろう。その場合、最低価格の賠償を受けても、独立人にとっては何の問題もないが、その費用を結果的に負担させられるクライアントの側は不平を言うかもしれない。

逆に、あまりありそうもないことだが、禁止されなければ独立人が達成できたはず保護状態が最低価格の保護サービスによって達成される保護状態より優っているという可能性もないことはない。その場合、独立人の側が不平を言うかもしれない。

こうした不満を完全に解消するには、それぞれの独立人に合わせたオーダーメードの保護サービスを提供した上で（このこと自体に、既製品の保護サービスの提供方式と比べて多くの費用がかかる）、費用の分担を厳密に考えていくしかない。これは、前述の「普通の人の標準をどこに置くか」という問題と重なる問題でもある（これらの問題が生じるということ自体が、「差別的不利益の賠償」という観念だけでは、賠償額が容易に決定できないということを示唆す

る。だからこそ、こうして検討を続けているのである）。

　一番簡単なのは、禁止されなければ独立人が（普通の人であれば）達成したであろう保護状態と、最低価格の保護サービスの達成する保護状態とが同じと仮定する——つまり、後者を標準的な保護状態とみなす——というやり方であろう。ノージックのここでの目的は、厳密な制度論を構築することにではなく、大きな構想を示すことにあるので[95]、さしあたり、そのような仮定を採用してよいと思われる。

30．賠償支払い準備のない独立人

　ノージックは、普通の人には賠償をすることを条件に許されているような、権利侵害の比較的小さなリスクのある行為——たとえば、刑法上の違法行為ではないが、民事上の不法行為であって、かつ、それを故意にする場合は差し止めが認められるようなもの——をする人であっても、賠償する必要が生じたときに、そのための資金をもっていないような人、または、そのような場合に備えてそれをカバーする責任保険[96]に加入していないような人に対しては、そのような行為を禁止してよいのではないか、と主張する。

　「貧乏人」に対するそのような処遇は、ノージックが認めているとおり、彼の支持する個人の自由な活動を尊重する社会のあり方とは対立するが、彼は、賠償支払い準備のない人から権利を実際に侵害された者が事実上賠償されない点に注目し、そのような禁止を支持する論拠として、そのような人にそのような行為を許すとだれかが他人の自由のコストを負担させられることになる可能性を挙げている[97]。

　もちろん、そのような扱いをされた貧乏人は、それによって利益を得る「普通の人々」から差別的不利益を賠償されなければならない。

95　ちなみに、同書181頁に「第4章でその輪郭を示した賠償原理」という表現がある。なお、圏点は亀本が付した。また、同書136頁最終段落にも同旨の叙述がある。

96　損害賠償その他の責任を負わせられる場合に備えて人が入る保険。そういう事態が起これば、契約者が保険料を支払ってきたのと引き換えに、保険会社は、契約で定められた金額（普通は賠償額以下）を保険加入者に支払い、保険加入者は、それを被害者への賠償にあてる。厳密には、保険契約者と、保険の対象となっている人（被保険者）、あるいは、保険金の受領権をもっている人とは必ずしも同じではないが、ここでは単純に同じと考えてかまわない。保険の理屈については、前掲注88参照。

97　ノージック（前掲注12）122頁参照。

このようなノージックの主張を認めてよいとすれば、同じ議論は、支配的保護機関によって、賠償支払い準備がないという理由で、権利の自力執行を禁じられた独立人にもあてはまる。その場合、不公正なまたは信頼できない判定手続を使用するという理由で権利の自力執行を禁じられた独立人のうち、「貧乏な」者のほとんどが賠償金を保護機関からの保護サービスの購入に回すのと同様のメカニズムによって、賠償支払い準備のない「貧乏な」独立人も、賠償金を責任保険の購入に充てるであろう。そうすれば、彼らも、普通の人には許されている程度の危険な行為を結局行うことができるようになる[98]。

さらに、保護機関が保険会社も兼ねるとすれば、「貧乏な」独立人のほとんどは、結局、一つの保護機関の顧客になるであろう。

前項で私が整理した「独立人の三類型」を、「賠償支払い準備のない独立人」との関係も考慮して整理し直すと、次のようになろう。

（I）自力執行を禁止されない場合に費やしたであろう金銭と、差別的不利益を蒙ることなく蓄えることのできる換金可能な財産との合計額が、最低の保護サービスの料金と責任保険の料金との合計額以上の「金持ちの独立人」はまったく賠償されない。しかし、上記（i）に比べると、保険料金の支払いという負担が増加した分だけ、このカテゴリーに入る人数は一般に減少するであろう。

（II）上の前者の合計額が後者の合計額をこえない「少しは金に余裕のある独立人」は、差額を賠償される。このカテゴリーに属する人々も、上と同様の理由で一般に減少するであろう。

（III）上の前者の合計額がゼロである「極貧の独立人」は、保護サービス料と保険料をあわせて全額賠償される。このカテゴリーに属する人々も、上と同様の理由で一般に増加するであろう。

ここで私には、次のような疑問が浮かぶ。上記（I）のカテゴリーに十分入るほどの大きな所得を稼ぐが、お金が入るとすぐに全額使ってしまい、結局（III）のカテゴリーに分類せざるをえないような独立人は、どのように扱われるのだろうか。

98　同書181-182頁参照。

ノージックは、そのような問題を取り上げていない。だが、あえて推測すれば、おそらく、そのようなお金が普通の人並の生活をするために必要な人（たとえば、心身に非常に重い障碍があり、それをカバーする費用が高額になるような人）の場合は、全額賠償されるが、博打(ばくち)に全部使ってしまうような人の場合は一切賠償されずに、クライアントからの攻撃に無防備のままさらされ、普通の人なら許されるような多少なりとも危険な行為を禁止される、ということになるのであろう。

　しかし、前者の場合の扱いには問題がないとしても、後者のような扱いは、人々の生活に少なくとも間接的に介入することになるから、ノージックの信奉する自由尊重主義と両立するのだろうか。大金をはたいて博打をする人が他人を危険にさらすとは普通いえないから、そのような人が、保険料が払えないかぎりで若干の行為を禁止されることは仕方がないとしても、「差別的不利益」の賠償なしでクライアントからの攻撃に無防備のままさらされるというのは理不尽であるようにも思われる。

31. 差別的不利益を蒙ることなく蓄えることのできる財産

　これまであえて詳しく検討しなかった問題がまだ一つ残っている。それは、「差別的不利益を蒙ることなく蓄えることのできる財産」とはどのようなものか、という問題である。それは、「差別的不利益を蒙らずに使用することのできる他の金銭的財産」（前述本章26で引用した文章IV-14における文(13)参照）とも言いかえられており、「蓄える」（原語は spare）という日本語の語感にあまりこだわらないほうがよい。そうした財産に相当する金額を賠償額から控除してよいとされるのであるから、いずれにせよ、これは、賠償額決定にとって重大な問題である。

　まずは、逆方向から、つまり「使用すると差別的不利益を蒙る財産」とはどのようなものか、という問いから迫ってみよう。こちらのほうがわかりやすいと思われるからである。

　それに第一に属するように思われるのは、すでに触れたものだが（本章26参照）、禁止されたおかげでせずにすんだ自力執行にかけるはずだった労働を他の用途に当て、その結果得た賃金である。幸福追求権も自然権に属する以上、独立人は、そのような労働をする代わりに、まったく労働しないこと

もできたのであるから、それを「差別的不利益を蒙ることなく蓄えることのできる財産」に入れてしまうと、ノージックが反対する強制労働を実質的に認めてしまうことになるように思われる。

では、自力救済とは無関係に、独立人が労働して稼いだ金銭は、「保護料金の一部として使用しても差別的不利益を蒙らない財産」なのであろうか。その独立人は、その金銭を他の目的に使うつもりであったかもしれない。そのお金を保護料金支払いに充ててしまえば、同等な幸福状態を達成するには、さらに労働してお金を稼がねばならないかもしれない。そうだとすれば、それもまた、一種の強制労働となるかもしれない。

また、そのような賃金額を賠償額から控除されるとすれば、労働せずに、瞑想にふけるといったまったくお金のかからない自分の趣味に時間を使ったほうが得ではないか（それとも、瞑想にふけるという趣味は「普通」ではないのか）。労働と余暇の割り振り方についても、「普通の人」の概念を導入するという対応策も考えられるが、それでは、個人の生き方を最大限尊重するというノージックの根本信条に反することになってしまう。

今、労働によって蓄えた財産という例を考えたが、上と同じ疑問は、たとえ財産が他人から無償でもらったものであっても成立する。そのようなものまで実質的に取り立てられるとすれば、早いところ使ってしまったほうが得である（どのくらい早く使うと「普通でない」と判断されるのだろうか）。そうすれば、保護機関は全額賠償してくれるかもしれない。

私見によれば、このような疑問をノージック自身よく考えた上で、「差別的不利益を蒙ることなく蓄えることのできる財産」という抽象的かつ曖昧な概念を使用することで、問題を先送りしたのだと思う。

考えてみれば、所得税といった税も、お金を稼ぐ人に不利で、労働せずに時間を自分のために使う人に有利な税制である。それと同じことがノージックの国家論で生じても、それだけでその国家論の決定的な欠陥と非難するのはバランスを失していよう。また、「差別的不利益を蒙ることなく蓄えることのできる財産」の厳密な理論的定義を確定したところで、実際の制度に応用する際には、所得税についてのべたのと同様な難点が必ず生じるであろう。

それゆえ、ここではさしあたり、人並みの生活をするために必要なお金・

資産を除き、独立人の現に所有しているものは、原則としてすべて、「差別的不利益を蒙ることなく蓄えることのできる財産」に入るというふうに、ノージックに有利に考えておくことにしよう。

　結局、ノージックによる保護サービスの費用分担方式は、「税」という、ノージックの国家論の文脈では（保護機関は契約者以外から保護料金を強制的に取り立てることはできないから）不適切な言葉をあえて用いて説明すれば、全員から定額の人頭税をとり（ただし、希望者には高度のサービスを余分の税の支払いと引き換えに提供する）、「貧乏人」には税を免除または軽減する（ただし、免除資格者以外が請求される税を支払わないときはサービスを提供しない）というものであるといってよかろう。

32. 国家への独立人の取り込み過程

　差別的不利益の賠償を受けた上で、請求される税または保護料金を支払わない者が残るとすれば、国家へ全員が取り込まれるわけではない。つまり、超最小国家から最小国家への移行は完成していないのである。ノージックは、この点を一応認めた上で、前述本章28で引用した文章IV-15に続けて、次のようにのべている。

> IV-16　ノージック『アナーキー・国家・ユートピア』[99] 178頁
> 　⑰さらに、機関が賠償としてこれら独立人を保護するのは、独立人がそれに対する自力救済を禁止されるところの、代金を支払っている機関自身のクライアントたちに対する関係においてのみである。⑱ただ乗り〔をする独立〕人が多くなればなるほど、機関から常に保護を受けられるクライアントになることは、それだけ望ましいものになる。⑲この要因が、他の要因とともに、ただ乗り人の数を減少させて均衡点をほとんど全員参加の方向に移動させる働きをするのである。

　この直前の文⑳では、支配的保護機関からの脱退者が僅少である原因として、賠償が支払われるのが「（極貧を含む）貧乏な独立人」のみであること、しかも、賠償額が、すでに詳しく説明したような金額を控除した額であることが挙げられている。これは同時に、賠償金が与えられれば、ほとんどの独立人が支配的保護機関に加入する原因でもあるはずである。

99　前掲注12参照。

だが、ノージックは、後者の原因を説明するとき、「貧乏な独立人のみに、しかも、少しは金のある独立人については、その金額を控除した上で賠償が与えられるから、ほとんどの独立人は、支配的保護機関に加入するであろう」という言い方はしないであろう。それでは、極貧の独立人以外には、加入を躊躇する要因があることを強調する表現になってしまう。

したがって、むしろ、「多少なりとも貧乏な独立人には、たまたま貧乏であるという理由だけでいくばくかの金銭が与えられ、極貧の独立人については、何もしないのに、クライアントが料金を支払っている保護サービスの料金に相当する金銭が与えられる。支配的保護機関は最安価な保護サービスを提供する事実上唯一の存在であるから、ほとんどの貧乏な独立人は、賠償金をその購入に充てるであろう。賠償されない金持ちの独立人も、同様の理由で、結局、そのほとんどが保護機関に加入するであろう」という言い方をするであろう。

どちらの言い方も、賠償に関する同一の方式を前提した上で、強調する側面を変えながら、同一の事態を表現しているにすぎない。しかし、印象はずいぶん変わってくる。ここで、私が指摘したいのは、このようなレトリカルな表現をノージックが用いているということ自体が、ノージックの議論の弱さを自己暴露しているのではないか、という疑惑である。この問題は後回しにして、とりあえず、先へ進もう。

(27)から(29)の文で取り上げられているのは、保護機関が独立人に提供する保護サービス（またはその料金相当額の賠償金）には、他の独立人からの保護のサービスは含まれないから、独立人の人口が増えれば増えるほど、その保護サービスの価値は低くなり、あるいは、各独立人が対独立人用に出費する費用が増大し、結果的に独立人の増加を押しとどめる力が働くということである。

文(29)で主張されているのは、文(26)で言及されているような他の諸要因——たとえば、加入者が増えれば増えるほど、規模の経済により保護サービスの価格は下がるであろうから、ますます加入者が増えるであろう——と、この要因の複合作用によって、独立人の数はゼロに限りなく近いところで安定均衡に達するであろう、ということである。したがって、ほとんど全員が結局、支配的保護機関に加入することになる[100]。

国家であるための二つの必要条件、すなわち、実力行使の独占と全員への保護の提供について、おのおのをどこまで充足すればよいかに関する明確な基準はないし、それを厳密に論じることにあまり意味があるとは思われない——たとえば、国家であるために必要な条件の充足度をきわめて高く設定すれば、現在、「国家」とだれもが思っている存在でさえ、「国家」ではないということになってしまうだろう——から、上のような均衡に達した支配的保護機関は、ノージックが言うとおり、最小国家と認定してよいだろう[101]。

第5節　最小国家のもつ含意

33. 貧乏人への賠償と金持ちへの無賠償の非対称性

　以下では、独立人への賠償原理の適用方式および賠償額に主たる関心を抱きつつ、これまで行ってきたノージック国家論の解明の過程で私がずっと抱き、すでに折に触れて（前述本章30、31、32参照）漏らしてきた大きな疑問を一つ、より明瞭な形で提示しておきたい。

　ノージックの提出した賠償原理の適用方式の最大の特徴は、貧乏人と金持ちとで扱いを異にする点にある（以下、話を単純にするため、「貧乏人」を「極貧者」と同一視し、「少しは金に余裕がある貧乏人」は無視して考えることにする）。

　結論的に貧乏人を優遇するという点は、リベラルな拡張国家論者——ノージックは彼の言う「最小国家」の業務を超えて、所得や財産の再分配を目的とする業務も行う国家を「拡張国家」とよび、それに断固反対する[102]——からも多くの支持を得ることができよう。

　差別的不利益を受けた貧乏人に賠償を与えるという結論とその理由づけには相当の説得力がある。公正原理（のみ）によるならば、貧乏人であっても利益を受けた以上、税金を支払うか、そのために労働する必要があるという

---

[100]　ノージックの最小国家生成論において、「保護を金で買ったり、他の人々と一緒になって保護の事業を営んだりすることを禁ずるような宗教をもつ人々や、他人と協力したり他人を雇ったりすることを一切拒絶する人間嫌いの人々」等特殊な心理をもつ人々が除外されていることについては、同書206頁参照。

[101]　同書178-186頁参照。

[102]　同書第2部参照。

結論になりそうなだけに、ノージックの所論は、いっそうの注目に値する。

ところが、それと対照的に、金持ちについては、差別的不利益を受けているとしても——ノージック自身は、差別的不利益を受けていないと考えているようにも思われるが——いっさい賠償されないという結論とその理由は、私にはどうしてもよく理解できなかった。

自分の財産を、差別されなかったとしたら使うつもりであった目的とは違う目的に使用させられる金持ち——体を張って自分の権利を自力執行するつもりであったが、保護機関から危険と認定されて、それを禁止され、その結果、同一の保護状態を得ようとすれば、支配的保護機関から保護サービスを買う以外事実上選択肢のない金持ちの独立人志望者のことを考えてみよ——は、差別的不利益を受けていないとなぜいえるのか。

たしかに、普通の金持ちとの違いは、独立人たらんとするか、クライアントになってもよいと考えるかという点にしかない。しかし、個人の別個独立性を強調する[103]リバタリアンからすれば、この違いは大きくないか。にもかかわらず、両者を同じに扱うのはおかしくないか。もし、そのような変わった独立人志望者の志望は、普通の人と異常に異なるものだから、無視してよいと考えるのならば、少なくとも金持ちについては、問題自体が生じなくなる。そのような金持ちの独立人志望者は、私に向けてロシアンルーレットで遊ぼうとする人と同類なのか。

また、車の運転を禁止される癲癇症の人のうち、貧乏人は賠償されるが、金持ちは賠償されないということではおかしくないか。ノージック自身、そのような主張をどこにものべていないではないか。

結局、独立人への賠償支払いに際し、金持ちと貧乏人の扱いを異にする理由は、両者がそれぞれ、金持ちであり、貧乏人であるという理由しかないように思われる。そうだとすれば、それは、差別的不利益を問題にする賠償原理とは・独・立・の理由であり、リバタリアニズムとは直接関係のない、古くからある多くの人が支持しそうな道徳的教義にほかならないのではないか。そうだとすれば、「純粋に自由尊重主義的な道徳原理[104]」によって最小国家が生

---

103 同書52頁参照。

104 原語は solid libertarian moral principles である。「純粋に」という訳語は、ややずれている感じもある。いずれにせよ、具体的には、差別的不利益の賠償をめぐって提出または適用された諸原理をさす。原著（前掲注12）p. 115, 邦訳182頁参照。

成するというノージックの主張を額面どおり受けとるわけにはいかない。

　この疑問の解消の手がかりは、すでに触れたように「差別的不利益を蒙ることなく蓄えることのできる財産」という観念の解明にあるが、ノージック自身、それを先延ばしにしている（前述本章31参照）。

　若干飛躍するが、私自身は、賠償原理は、いわゆる社会的弱者が何らかの行為を法律によって禁止されているわけではないが、事実上禁止されているのと同等の状態にあることを理由に、その差別的不利益の賠償として、彼らに各種の優遇措置を与えるために応用されうるのではないかと考えている。ノージック自身が、賠償原理を実はリバタリアニズムと無関係な仕方で応用しているとすれば、そのような飛躍的応用も許されるのではあるまいか。

34. 最小国家の脆弱さ

　これまでの考察の副産物として、私がノージックの最小国家論から学んだその含意の一つについて、付言しておきたい。

　ノージックは、個々人の自発的行動と同意によって、最小国家がだれの自然権も侵すことなく、どのようにして成立するかについて、相当に説得力のある説明を提出している。その際、支配的保護機関が、正確には、その経営者や従業員が道徳的に正しく行動することを仮定している（前述本章20参照）。

　しかし、彼らがもし道徳的に正しく行動しなかった[105]としたらどうなるか、ということについても、ノージックの国家論はかなり明確な含意をもっているように思われる。一言でいえば、その場合、支配的保護機関の地位は実力にのみ依存するから、横暴を止めるものは何もなくなるであろうということである。そのような事態が十分起こりそうであれば、拡張国家が正当化されないのはもちろん、最小国家ですらも正当化されない、ということになりそうである。

　ここで私がのべたのと同様の疑問を提起するものとして、ジョナサン・ウルフ（森村進・森村たまき訳）『ノージック』（勁草書房、1994年）116-118頁参照。

　[105] 主観的には道徳的に正しく行為していると思っていて――その判断が良心的になされているかぎり、神から見て間違った判断であったとしても、そうした判断をしたことにつき過失がなければ、キリスト教道徳上は非難されない――、本当は道徳的に誤って行動している場合のほうがいっそう深刻ではあるが。

くり返しになるが、ノージックの論証は、実際にはまずみたされそうもない特殊な条件のもとでは、国家がいかなる個人の自然権も侵すことなく成立するというものであり、そのかぎりでノージックは、国家は必ず個人の自然権を侵害すると主張する個人主義的アナーキストと共通の土俵の上にいる[106]。

国家の道徳的正当化の問題ではなく、現実の国家の「正当化」――かぎ括弧で括ったのは、正当化が道徳的正当化に限られないことを示唆するため――の問題を考えるにあたっては、ノージックやアナーキストの問題設定自体がおかしいのではないか、ということも考える必要がある。

現実に生きる人々に与えられた選択肢は、少数の邪悪な人びとが存在する自然状態と、そのような少数の邪悪な人々が政府の内外に存在する国家状態のさまざまな制度的形態とではなかろうか。

そうだとすれば、われわれが実行可能な選択肢のなかから最善の国家形態を選んだとしても、不可譲の自然権を保護するために必要とされ、またそのような保護を提供するかぎりで正統化される政府は、その運営に携わる何人かの邪悪な人々の手を通じて必ずや、諸個人が有する自然権のいくつかを侵害するであろう。

ここで、社会主義に反対する点ではノージックと近い立場に立つ経済学者ミーゼス（1881-1973）の見解を紹介しておこう

IV-17　L. v. ミーゼス『経済科学の根底』[107] 120-122頁

人間を他のすべての動物よりも高めているのは、分業の原則の下での平和的協業が、生命を維持し、不安感を除去するためには、自然が与える希少な生存手段の分配を巡って、無慈悲な生物学的競争をするよりも、優れた方法であるという認識である。この洞察に導かれて、すべての生物の中で人間のみが、哲学者が自然状態とか、万人の万人に対する闘争 bellum omnium contra omnes（ホッブズ著『リバイアサン』に出てくる言葉）とか、ジャングルの法則と呼んだものの代わりに、社会的協業を置くことを目指している。しかしながら、平和を維持するために、すなわち、国内の暴力団であろうと、外敵であろうと、いかなる侵略も暴力によって抑圧する備えが人間には不可欠である。したがって、繁栄と文明の前提条件である平和的な人間の協業は、強圧と強制という社会的

106　ハートも同旨の指摘をしている。Hart, *Essays on Bentham*（前掲第3章注49）p. 15参照。
107　村田稔雄訳、日本経済評論社、2002年。原著初版は1962年。

装置、すなわち政府がなければ存在することができない。
　……すべての人が常に道徳の力によって行為し得るならば、強圧と強制の社会的装置を設ける必要はないだろう。国家が悪なのではなく、人間の心と性格の弱点が、警察力の行使を絶対に必要とするのである。政府と国家は決して完全ではあり得ない。……
　……警察力が暴虐化するのをいかに防止するかが、重要な政治課題である。……西洋文明の本質的特徴が、東洋の抑圧され硬直した文明と異なるのは、国家からの自由に対する関心であったが、現在でもそれに変わりはない。西洋の歴史は、ギリシアのポリスの時代から今日の社会主義へのレジスタンスに至るまで、本質的には、公務員の侵犯に対する自由のための戦いの歴史である。
　……無政府主義者は、この問題をあえて無視し、人類の無国家組織を提案した。彼らは人間が天使でない事実を、愚かにも見落としていた。……

35. 民事上の違法行為と刑事上の違法行為の違い

　ノージックの国家論に関するこれまでの考察から得られたもう一つの副産物についても、ここで触れておきたい。

　ノージックは、他人の自然権を侵害するおそれのある危険な行為を、損害賠償を条件に許されるものと、それをすれば刑罰が科されるという意味で禁止されるものとに分けている。

　その際、禁止の最も重要な根拠は、損害を賠償されるとわかっていても、そのような行為が一般的恐怖——つまり、そのような行為がいつ自分に対して行われるかわからないということから全員が抱く恐怖——を生じさせるということであった（前述本章16参照）。

　このことは、行為に対して刑罰を科すためには、それによって引き起された損害額がいかに大きかろうと、特定（諸）個人に損害が発生したということだけでは不十分であるということを含意する。ノージックは、さらに必要な条件として一般的恐怖を挙げたのだが、それ以外のものも考えられるかもしれない。

　しかし、いずれにせよ、それは第一に、全員にかかわるという意味で「一般的」なものでなければならない。だからこそ、ロックの言うとおり（前掲Ⅳ-6参照）、自然状態では、だれでも犯罪者を処罰することができるのである。

　また、それは第二に、「恐怖」でなくてもよいかもしれないが、犯罪が実現されなくても、したがって、特定個人への損害が実際に発生しなくても、

発生するようなものでなければならない。この面からいえば、「被害者なき犯罪[108]」のほうが、「被害者がある犯罪」よりも、犯罪の禁止にとって本質的である。これはまた、未遂犯を処罰することのできる根拠の一つとしても使うことができる。

ノージックの見解の法哲学的にみて注目するべき点は、犯罪と個々に発生する実害は関係ないとするにもかかわらず、一般的恐怖を全員に対する一種の損害とみなし、その抑止（一般予防）を刑罰の目的としているところである。ノージックが、行為を禁止する根拠の一つとして、一般的恐怖以外に、損害が賠償されない可能性やだれに賠償させるべきかわからないことなどを挙げていることも、刑罰の目的を損害発生抑止にみるこうした見方と深くかかわっている。

刑罰の目的を応報とみなし、犯罪と刑罰が何らかの仕方で釣り合うことを求める立場（たとえば「目には目を」といった同害報復の立場）をとると、どこかに処罰の上限が設定されるから、その上限をこえて処罰しないと抑止効果が不十分ということが起こりうる。また、この立場からは、被害が生じない場合でも処罰をすることを根拠づけるのはむずかしい。

いずれにせよ、「犯罪は道徳的に悪いから処罰される」とか「犯罪とは国家が犯罪と定めるものである」といった正しいかもしれないが素朴な見解や、「刑罰の目的は一般予防である」としつつも、どうして一般予防なのかを根本的に問わない（一部の）刑法学者の見解と比べて、ノージックの犯罪と刑罰の見方のほうが法哲学者の興味をいっそう引くことは間違いない。

ここでの目的は、上に例示したような問題を深く探求することではなく、政治哲学と法哲学が密接にかかわることを示唆することにすぎないから、このへんで考察をやめておこう。

36．奴隷の話

ノージックの最小国家は、個人の自然権および同意、ならびに若干の道徳的要請または制約が「自然な」事実的プロセスと結びついて成立する。そこには民主主義の登場する余地はない。したがって、本章の最初で取り上げた

---

[108] もちろん、これは、ストリップ劇場での猥褻や成年者どうしの真正な合意に基づく売春が「被害者なき犯罪」とよばれるのとは、意味が（重なることもあるが）異なる。

人権文書にみられるような「人権と人民主権または民主主義との関係はどうなるのか」という疑問（とくに前述本章7参照）は生じない。最小国家は、人民の全員一致または多数決の合意によって成立するものではない。ノージックの立場からすれば、国家は、民主主義や人民主権と無関係に成立し、また運営されうるのである。

だが、ノージックが民主主義についてどう考えているのか、もっと知りたい読者もいるかもしれない。そのような要望に応えるため、関連する部分を引用しておこう。最後に提出された問題については、自分自身でその答えを考えていただきたい。

IV-18　ノージック『アナーキー・国家・ユートピア』[109] 472-474頁

次の一連の事象を考察し、それがあなたのことだと想像していただきたい。これは奴隷の話と呼ぶことにする。

1　全く野蛮な主人の気の向くままにされる奴隷がいる。彼はしばしば残酷にも殴られたり、真夜中に呼び出されたり、等される。
2　主人はもっと情け深く、彼の決めたルールの違反（仕事の割当を完遂しない、等）が告げられる場合にだけ、その奴隷を殴る。彼は奴隷に、いくらかの自由時間を与える。
3　主人は何人かの奴隷を持っていて、奴隷達の間でのものの分配を、必要性、資格等々を考慮して、適切な根拠に基づいて決める。
4　主人は奴隷達に、一週間に四日は自分達の土地で働くことを許し、三日間だけ彼の土地で働くことを求める。それ以外の時間は、奴隷達の時間である。
5　主人は彼の奴隷達に、町に行って賃金を得るために働くことを許す。彼は奴隷達に、賃金の七分の三を彼に送ってよこすことだけを求める。彼はまた、何か緊急の事態が起こって彼の土地が危険になる場合に奴隷達をプランテーションに呼び戻したり、彼への移転を要求される七分の三を上下する権利を留保する。さらに彼は、彼の金銭的実入りを危うくさせるような一定の危険な活動、たとえば、山登り、喫煙、などを奴隷達が行うのを禁止する権利を留保する。
6　主人は、あなたを除く一万人の奴隷に投票を許し、その者達全員によって共同決定がなされる。彼らの間で公開の討論等々があり、そして彼らは、あなた（そして彼ら）の収入のうち何パーセントを取り上げるかを思いのままに決め、それを何に使うか、どんな活動を合法的にあなたに禁止するか、等々を決定する権力をもつ。

……もしその主人がこの権力移転の契約を、自分でそれを破棄できないようなものにするなら、あなたは主人が交代したことになる。今やあなたは、一人の主人の替わりに一万人の主人、というより一万の頭をもつ一人の主人、をもつのである。この一万人は、あるいは事例2の主人よりも情け深いかも知れない。それでも彼らは、あなたの主

109　前掲注12参照。

人なのである。しかし、もっと先に進めることもできる。(事例2のような)情け深い主人が、彼の(一人または多数の)奴隷に、自分の意見を言って彼に何らかの決定をするよう説得することを許すかもしれない。一万の頭をもつ主人もまた、これをすることができる。

7　あなたにはまだ投票権はないが、一万人との討論に参加して、様々な政策を採用したりあなたや彼らを一定の仕方で処遇するよう、彼らへの説得を試みる自由があ(り、その権利が与えられてい)る。その後で彼らは、その広範な権力範囲に属する諸政策を決定する投票に移る。

8　あなたの有益な議論を評価して、一万人の人達は、彼らが膠着状態になった場合にあなたの投票を許す。彼らはこの手続に言質を与える。議論の後に、あなたは紙に自分の投票を書き込み、彼らは投票に移る。たまたま彼らが何かの論点で、五千が賛成五千が反対の可否同数に分かれた時、彼らはあなたの投票を開けて、それを集計に加える。この事態はこれまで発生したことがなく、彼らにはあなたの投票を開けて見る機会がなかった。(単独の主人も、彼の奴隷に関する問題で主人がまったく無差別な〔どちらでもよい〕ものであれば、どんなものでも奴隷が[110]決めてよい、という言質を与えるかも知れない。)

9　彼らはあなたの投票を、自分達の投票と一緒にする。もし彼らがぴったり可否同数であれば、あなたの投票がその争点を通過させる。そうでない時は、それは投票結果に何も差をもたらさない。

　問題は、事例1から事例9に至る推移のうちどれが、これを奴隷の話ではなくするのか、である。

37．ノージックに洗脳されないために

　本章では、自然権論と人民主権論の妥協によって国家(=政府)を正当化するのではなく、もっぱら自然権論のみに依拠して国家を正当化しようとする、極端ではあるが緻密なノージックの試みを検討した。

　その目的の一つは、政治哲学および法哲学の課題ならびに両者の関係を例証することにあった。法哲学者としての私自身の思考も、その例証に含まれるから、私のノージック理解がたとえ間違っているとしても、本章におけるこの目的は達成されうるであろう。第1章22頁で引用したランドの文章Ⅰ-11をもう一度読み直していただきたい。

　ノージックの見解をあまりに詳しく紹介したので、ノージックに洗脳された人も出たかもしれない。念のため、アダム・スミス(1723-1790)から引用しておこう。スミスもまた、ノージックに近い立場に立つ人ではあるが。

110　邦訳は「奴隷に」となっているが、修正した。

IV-19　アダム・スミス『国富論Ⅲ』[111] 40頁

　政府は、財産の安全のために設けられるかぎりでは、そのじつ、貧者にたいして富者を防衛するため、あるいはいくらかの財産をもつ人々を、まったくの素寒貧(すかんぴん)にたいして防衛するために設けられるのである。

---

[111]　大河内一男監訳、中公文庫、1978年。ちなみに、『国富論』原著の初版が公刊されたのは、本章で先に取り上げたヴァジニア権利章典およびアメリカ独立宣言が出たのと同じ1776年である。

第5章　政府の役割

　前章で取り上げたノージックの「最小国家」は、その果たすべき役割の点では、西ヨーロッパおよび北米における19世紀の「古典的自由主義」の時代に「夜警国家」(night-watchman state) とよばれたものと等しい。その種の国家においては、国家の役割は、主として、すべての市民を暴力・窃盗・詐欺等から保護する役割と、私人間の契約を（不履行の際の損害賠償も含めて）強制的に実現する役割とに限定されていた[1]。

　「夜警国家」はやがて、その役割を次第に拡張し、ヨーロッパでは19世紀末頃から、曖昧かつ広い意味で「福祉国家」とよばれるものに変容して行く。ノージックのいう「拡張国家」は、定義上はすべての種類の福祉国家を含むが、実質的には、所得格差の縮小のための再分配それ自体を目的とする「福祉国家」すなわち、時代的に最も後の福祉国家をさしている。（なお、「再分配」という用語は、市場を通じた（第一次的）分配、勤労者についていえば、彼らおのおのが働いて得た各自の所得を、課税や補助金、社会保険等の政府の施策を通じてもう一度分配するということをさす用語である。）

　本章では、「政府の役割」というものについて、20世紀はじめのアメリカの有名な判決である「ロックナー事件」判決を読者とともに読みながら考えてみたい。それと同時に、その事件で表明された裁判官の意見を、第2章の補充および復習もかねて、そこで用いられたレトリックに注目して分析するという作業も行ってみたい。

1　ノージック『アナーキー・国家・ユートピア』（前掲第4章注12）41頁参照。

第1節　アダム・スミスにおける政府の役割

1．アダム・スミスにおける政府の役割

　ロックナー事件に入る前に、その事件から約100年前の見解ではあるが、政府の役割に関するアダム・スミスの見解を取り上げておくことにしよう。古典的自由主義の元祖とされるアダム・スミスが『国富論』のなかでのべた政府の役割は、実は、夜警国家が果たすべきとされた役割よりも大きい。彼の所説は、ロックやノージックのように自然権論に依拠しているわけではないが、政府の役割を考えるにあたって、今日でもなお、基本となる考え方である。そのさわりの部分を紹介しておこう。

　　V-1　アダム・スミス『国富論』

　主権者の第一の義務は、その社会を、ほかの独立社会の暴力と侵略から守るということだが、これは軍事力によってのみ果すことができる[2]。

　主権者の第二の義務は、その社会のどの成員をも、同じ社会の他の成員の不正や抑圧から、できるかぎり保護する、あるいは裁判の厳正な実施を確立するという義務である……[3]。

　主権者または国家の第三の、そして最後の義務は、つぎのような公共施設と公共事業を起し、維持することにある。それらは、規模の大きな社会にとっては最高度に有益たりうるにもかかわらず、個人または少数の個人では、いまだかつてそういう事業からの収益で費用を償うことができなかったし、それゆえ、なんぴとにせよ、個人または少数の個人が、それらを起し、維持することは期待できない性質のものである。……

　社会の防衛のため、および裁判の運営のために必要な公共施設と公共事業については、ともにすでに述べたところであるが、そのほか、それらに次ぐこの種の事業および施設としては、社会の商業を助成するためのものと、人民の教育を振興するためのものが、そのおもなものである。教育のための施設には二種あって、青少年教育のためのものと、あらゆる年齢層を指導するためのものとがある。……[4]

　社会を防衛する経費と元首の尊厳を保つための経費とは、ともに社会全体の一般的利益のために支出されるものである。したがって、それらは、社会のそれぞれの成員みんなが、各自の能力にできるだけ比例して出すというかたちで、社会全体の一般的醵出(きょしゅつ)によってまかなわれるのが理にかなっている。

　司法行政費もまた、疑いもなく社会全体の利益のために支出されるものと考えられる。したがって、これを社会全体の一般的醵出によってまかなうことには、なんの不穏

2　アダム・スミス『国富論III』（前掲第4章注111）3頁。
3　同書32頁。
4　同書53-54頁。

当な点もない。ただしかし、この経費を使わせる原因をつくった人々というのは、なんらかの不正をはたらいたために、［被害者をして］裁判所に救済あるいは保護を求めざるをえないようにさせた連中なのである。一方、この経費によって、もっとも直接に利益を受ける人々というのも、裁判所からその権利を回復してもらうか、保全してもらうかする人々である。だから、司法行政費を、それぞれの場合の必要に応じ、これら性格の違った二つのグループのどちらか一方、あるいは両方の個別的な醵出によって、つまり法廷手数料によってまかなうのは、まことに当を得ている。……

　その利益が一地方または一州にとどまるような、地方的あるいは州の経費（たとえば、ある特定の一都市または一地区の治安のために支出される経費）は、その地方または州の収入によってまかなわれるべきであって、社会の一般収入に負担をかけるべきではない。ある経費のもたらす利益が社会の一部分に限られるのに、その経費を社会全体が醵出しなくてはならぬ、というのは公正でないからである。

　よい道路や交通機関を維持する経費は、疑いもなく社会全体の利益になり、したがって、社会全体の一般的醵出によってまかなっても、少しも不当ということになるまい。しかしながら、この経費からもっとも直接に、すぐさま利益を受けるのは、ある場所から他の場所に旅行したり、財貨を運んだりする人々と、そういう財貨を消費する人々である。……通行税とよばれる税は、この経費を、すべて受益者のこれら二種のグループに負わせ、それによって、社会の一般収入から、いちじるしく重い負担を取り除いている。

　教育施設と宗教上の教化施設の経費も、同じく、社会全体の利益になることは疑いないし、したがって、社会全体の一般的醵出でまかなっても、不当ということにはなるまい。しかしながら、この経費を、教育や教化から直接に利益を受ける人々によって、つまり、教育か教化かを必要と考える人々の任意の醵出ですべてまかなっても、おそらく同じように穏当であり、いくらかの利点さえともなうかもしれない。

　社会全体の利益になる諸施設や公共事業が、もっとも利益を受けるその社会の特定成員の醵出だけでは、全然維持できそうにないものであるか、あるいは、現に全然維持されていないときには、不足分は、たいていの場合、社会全体の一般的醵出によって埋められねばならない。……[5]

　アダム・スミスは、以上の引用からうかがわれるように、軍事・防衛と司法・警察の役割に加えて、商業を助成するための役割と、教育を振興するための役割とを政府に割り当てている。これは、国民全体を豊かにするためには、最後の二つの役割が、必要かつ有効と考えたからである。

　経済学者らしく、スミスの関心は、それらの役割を果たすための経費の醵出の仕方にある。軍事費は別として、他の役割遂行のための経費は、その運営・管理または教育の任にあたる人々が（そのサービスを受ける人からみて）

---

[5] 同書205-207頁。［　］内の補いは邦訳者による。アダム・スミスは、大河内一男監訳『国富論Ⅱ』（中公文庫、1978年）511頁においても、以上で触れられた三つの義務について、「自然的自由の制度」における「主権者が配慮すべき義務」として要約的に論じている。

よい仕事をすればするほど所得がふえるように、自由競争と受益者負担の原則によるべきだとした上で、それが無理な場合にのみ社会全体の一般的醵出によるべきだというのが彼の基本的な考え方である。

　政府の役割だからといって、それを政府の一般収入から拠出するべきであるということには必ずしもならない。この点は、本章よりもむしろ次章で扱うべき事柄ではあるが、重要な知見であるから覚えておいていただきたい。また、独立採算でするべきだとされている公共事業が政府の役割とされているのは、その仕事をする役人や裁判官を任命したり、民間人に特許を与えたりするのが主権者（国王）の仕事となるからである。

　ここでは、スミスの時代にあっても、政府が果たすべき役割としては、ノージックのいう「保護サービス」に相当する軍事と夜警のほかに、若干の役割が政府の果たすべき「正統な」役割として認められていたということを最低限確認しておいていただきたい。

第2節　ロックナー事件

2．ロックナー事件の概要

　一応の準備がすんだところで、ここからは、「ロックナー（対ニューヨーク）事件[6]」とよばれる1905年のアメリカ連邦最高裁判決に入って行くことにしよう[7]。

　すでに触れたように、この事件を取り上げることには、二重の目的がある。すなわち、第一に、判決で展開される裁判官の法的思考を分析すること、第二に、そこで展開される内容を参照して、本章の主題である政府の役割について考えることである。前章（とくに 7 および 36）で触れた自然権と民主主義の関係にかかわる問題も登場する。

　この事件で被告人（上告人）となった製パン業者は、製パン業従事者の労

6　Lochner v. New York, 198 U. S. 45.『英米判例百選［第3版］』（有斐閣、1996年）74-75頁（宮川茂雄）参照。

7　以下における私の論評は、*Richard H. Gaskins, Burdens of Proof in Modern Discourse*, Yale University Press, New Haven and London, 1992に主として依拠する、私の論文「法のレトリックからダイアレクティックへ」亀本『法的思考』（前掲第1章注41）271-294頁と一部重なっている。

働時間を制限する州法（ニューヨーク労働法110条）違反を理由に、第一審裁判所で罰金刑を受けたが、これを不服として、州の第二審、第三審に上訴し、いずれも敗訴した後、最終的に、同法の合衆国憲法違反を理由に連邦最高裁に上告した。連邦最高裁において、同法は、5対4で違憲と判断され、原判決は破棄され第一審に差し戻された。

なお、ここで「連邦」federal と言われているのは、「合衆国」United States と同じ意味である。アメリカ合衆国は、連邦制を採っているので、州法によって裁判する各州の裁判所と、連邦法によって裁判する連邦裁判所とが存在する。合衆国憲法の解釈が問題となる訴訟は、最終的に連邦最高裁判所に係属する。憲法解釈をめぐる合衆国最高裁の判決は、日本のそれに比べれば、アメリカでははるかに大きな政治的影響力をもっている。

本事件の関連法規を以下に掲げる。

V-2　合衆国憲法第14修正[8]第1節[9]

　合衆国に生まれ、または帰化し、その管轄権に服するすべての人は、合衆国およびそれぞれの居住する州の市民である。いかなる州も、合衆国の市民の特権または免除権を縮減する法律を制定し、または執行してはならない。いかなる州も、人から法のデュー・プロセスによらずに生命、自由または財産を剥奪してはならない。また、いかなる州も、その管轄内にある何人に対しても法の平等な保護を否定してはならない。

V-3　ニューヨーク労働法110条［製パン所および菓子類製造施設における労働時間］

　いかなる被用者も、ビスケット、パンもしくはケーキの製造所または菓子類製造施設において、1週60時間、1日10時間をこえて労働することを要求され、または許されてはならない。

以下、判決に現れた各裁判官の意見を順次紹介する。ほとんどの部分は、判例集からそのまま忠実に翻訳したが、適宜要約または省略した部分も若干ある（とりわけ、先例の引用については、内容上とくに重要な少数のものに限定

---

[8] アメリカ合衆国憲法の改正は、「修正」というかたちで原典に付加して行うという仕方で行われる。したがって、現在までの歴史的変遷が文面上に残る仕組みになっている。

[9] 訳文は、松井茂記『アメリカ憲法入門〔第6版〕』（有斐閣、2008年）358頁を参照したが、必ずしも同じではない。

した)。また、そのため原文の段落に必ずしも対応していないが、翻訳文章の各段落の冒頭に番号を振った。さらに、法律論上またはレトリック上、私が注目する部分に適宜下線を引いた。だが、最初に読むときはあまり気にしないでいただきたい。

アメリカの憲法判例の多くは、日本の裁判所の判例よりも素人にとってわかりやすい（だが、約百年前の事件だということは念頭において、時代背景を想像しながら読んでいただきたい)。したがって、第2章におけるのと異なり、最初から細かく注釈することはここではせず、長い意見を一人で読んでいただいた後に、私なりの見方をのべることにしたい。裁判官の意見について自分なりに理解できたと思うまでは、私のコメントは見ないようにしていただきたい。

3．ペッカム裁判官の法廷意見

> （1）本件で提出されたいかなる意見のなかにも、この条文を、「要求され」という文言が使用されていることから、被用者の労働を確保するために行使される物理的力に言及するものと解釈するものはない。すべての意見は、この問題に関するかぎり、「要求され」と「許され」という二つの言葉の間に実際上の相違がないと想定している[10]。「いかなる被用者も、労働することを要求され、または許されてはならない」という同法の命令は、1日当たり10時間をこえて、「いかなる被用者も、労働することを契約または同意してはならない」という法律と実質的に同値である。しかも、特別な緊急事態に対する留保がないゆえ、この法律は、すべての事件で強制力がある。これは、法定一日労働を構成する時間数を定めるだけの法律ではなく、雇用者がいかなる事情のもとでも、彼の施設において10時間をこえて労働がなされるのを許すことを禁じる絶対的な禁止法である。被用者は、規定された時間をこえて働くことから得られる余分のお金を稼ぎたいと望むかもしれないけれども、この法律は、雇用者が被用者にそれを許すことを禁じている。
>
> （2）この法律は、雇用者の製パン所で被用者が労働する時間数に関して、雇用者と被用者の間で契約を結ぶ権利に必然的に干渉する。みずからの仕事に関して契約を締結する一般的な権利は、連邦憲法第14修正によって保護された個人の自由の一部である（アルゲイヤー対ルイジアナ事件)。この規定のもとでは、州は、法のデュー・プロセスによらずに、人から生命、自由または財産を奪うことができない。労働を売買する権利は、この権利を排除する理由がないかぎり、この修正によって保護された自由の一部であ

---

10 何が言いたいのか、わかりにくいかもしれないが、問題の条文は、物理的実力による威嚇のもとでの労働の強要といった、明らかに人身の自由に反する行為を禁止しているのではなく、条文にあるような契約を禁じているだけだ、ということが言いたいのである。前者のような内容であるなら、違法であることは明白だが、後者については必ずしもそうではないからこそ、条文が合憲か違憲かをめぐって争いが生じるのである。

る。しかしながら、連邦のなかでの各州の主権に含まれる一定の権能——やや漠然と警察権〔police power ポリス・パワー〕とよばれるもの——がある。これらの権能は、公衆の安全、健康、道徳および一般的福祉に関係する。財産と自由の双方が、州の統治権が警察権の行使にあたって課してよい合理的な諸制約に服すると考えられており、第14修正は、そうした諸制約に干渉する意図で制定されたものではなかった。

（3）したがって、州は、個人がある種の契約を結ぶことを防止する権能を有しており、その種の契約に関しては、連邦憲法はいかなる保護も提供しない。もし当該契約が、州がその警察権を正当に行使して禁止する権利をもっているところの契約であれば、州はそれを禁止することを第14修正によって妨げられない。連邦政府の法律であれ、州政府の法律であれ、法律に違反する契約、またはみずからの財産を不道徳な目的に利用させ、もしくは、その他の違法な行為を行う契約は、人身または自由な契約の自由に該当するものとして受ける連邦憲法からの保護を享受することができない。したがって、州がその立法部を通じて、その警察権の行使と想定されるものにおいて、労働する権利または生計の手段に関して契約を結ぶ権利を深刻に制限する法律を可決した場合、自分の選択した時間どおり労働する個人の権利と、個人が法定時間をこえて労働することまたは労働する契約を締結することを妨げる州の権利とのいずれが優先するべきか、ということの決定がきわめて重要となる。

（4）当裁判所は、境界事例にあたる多くの事件で、州の警察権の存在を承認し、その行使を支持してきた。そして、当裁判所は、連邦憲法によって保障された権利を侵害することを理由にそのような法律の無効が主張された一連の事件で、この問題の決定にあたり非常にリベラルなルールによって導かれてきた。このルールの適用は、無数の事例において、そのように攻撃された州法の効力を支持するという結果に落ち着いた。

（5）当裁判所により州法が支持された比較的最近の事件の一つは、ホールデン対ハーディ事件である。そこではユタ州議会の法律が検討された。それは、すべての地下鉱山または地下現場での雇用を、「生命または財産が差し迫った危険にさらされている緊急事態を除き」1日8時間に制限する法律であった。同法はまた、鉱山や金属の濃縮・精錬を行う精錬所その他の施設での労働時間を同様の緊急事態を除き1日8時間に制限した。この法律は、州の警察権の有効な行使と判断された。鉱山業、精錬業等々の雇用の種類とそのような種類の労働に従事する被用者の性質とが州による介入を合理的かつ適正なものにする、と考えられたのである。この事件で当裁判所は、次のような原審の陳述を追認した。すなわち、「問題の法律は、地下鉱山や精錬所での労働に伴う特異な条件および結果に就業上さらされるクラスにしか適用されない。したがって、立法部が他の職業における労働時間を定めることができるか否かを議論する必要も、決定する必要もない。」と。

（6）その労働クラスに関してすら、ユタ州の法律は、緊急事態の場合、同法の規定は適用されないとしている、と言われるだろう。当裁判所で問題になっている法律は、緊急条項を含まないから、同法がもし有効だとすれば、同法の規定にほんのわずか違反しただけの場合でも、それが無罪とされる状況も緊急事態も存在しない。ホールデン対ハーディ事件には、本件と重なるものは何もない。アトキン対カンザス事件も、本件と関係しない。アトキン事件で決定されたのは、州内の自治体の公共事業が州により許可されるための条件を定める、州の権利についてである。

（7）警察権にかかわるもので、当裁判所によって決定された最新の事件は、ジェイコ

ブソン対マサチューセッツ事件である。この事件は、強制予防接種に関係するものであった。その法律は、公衆の健康に関する警察権の適切な行使と判断された。意見のなかで次のようにのべられた。すなわち、これは「外見上完璧に健康で、予防接種に適した成人であったにもかかわらず、同人が当該社会に留まりながら、危険な病気の存在によって明白に危殆に瀕していた公衆の健康および安全を保護するための法律および規制に従うことを拒否した」事件である。この事件も、本件とは決して重ならない。

(8) もちろん、州による警察権の有効な行使に限界があることは容認されねばならない。この一般的な命題に関しては争いがない。さもなければ、第14修正は実効性を何らもたず、州の立法部は無拘束の権能をもつことになるであろう。そして、いかなる立法も、州民の道徳、健康または安全を保持するために制定されたと言うだけで十分である、ということになるであろう。憲法上の制約があることについては争いがない。したがって、当裁判所に来る事件であって、こうした性格の立法にかかわり、また、連邦憲法による保護が求められているあらゆる事件においては、次の問いが必然的に生じる。すなわち、これは、州の警察権の公正で合理的で適切な行使であるのか、それとも、個人が有する、人身の自由に対する権利、または、自分自身と家族の扶養のために適当もしくは必要と自分に思われる労働契約を結ぶ権利に対する不合理で不必要で恣意的な干渉であるのか。

(9) これは、当裁判所の判断を立法部の判断に代えるという問題ではない。法律が州の権能内であれば、当裁判所の判断がその法律の制定に全面的に反対するとしても、その法律は有効である。しかし、次のような問題がなお残る。すなわち、それは州の警察権の範囲内にあるか。この問いは、当裁判所によって答えられねばならない。

(10) この法律が純然たる労働法として有効か否かという問題は、ほんの数語で片づけることができよう。製パン業従事者という職業のなかには、労働時間を定めることによって人身の自由または自由に契約する権利に干渉するための合理的な根拠を何ら見出せない。クラスとしての製パン業従事者が他の商工業に従事する者と知性および能力の点で同等でないという主張も、製パン業従事者は彼らの判断と行為の独立に干渉する州の後見的保護がなければみずからの権利を主張し、みずからの面倒を見ることができないという主張も存在しない。彼らはいかなる意味でも、州の被後見人ではない。健康問題に無関係の純粋な労働法の観点からみる場合、われわれは、われわれの前にあるような法律が公衆の安全にも道徳にも福祉にも関係せず、公衆の利益はそうした法律によっていささかも影響されないと考える。その法律は、もしそれが支持されるとすれば、製パン業従事者という職業に従事する個人の健康にかかわる法律として支持されねばならない。その法律は、その職業に従事している者以外の公衆に影響するものではない。清潔で滋養のあるパンの提供は、製パン業従事者が1日10時間だけ、または、1週60時間だけ働くかどうかにはかかっていない。労働時間の制限は、公衆の健康の保護を根拠とする警察権の範囲には含まれない。

(11) これは、二つの権能または権利――州の立法権と、個人の人身の自由および契約の自由への権利――のいずれが優先するべきかという問題である。この問題が、遠く離れた関係であるにしても公衆の健康に関係するというだけの主張は、その制限法を必ずしも有効にしない。その法律は、目的に対する手段としての、もっと直接的な関係をもっていなければならないし、その目的自身は、適当で正統なものでなければならない。こうした要件がみたされてはじめて、個人が人身において、また、みずからの労働に関

して契約する権能において自由であるという、個人の一般的権利に干渉する法律が有効とされる可能性が出てくるのである。

(12) われわれは、本件では、警察権の限界がこえられていると考える。われわれの判断では、これが、公衆の健康または製パン業に従事する諸個人の健康を保護するべき健康法として必要または適当なものであると考える合理的な根拠は皆無である。もしこの法律が有効であるとしたら、したがって、連邦憲法の規定の保護のもとで独自の個人が雇用者または被用者として有する被用者の労働について契約する権利を否定する正当な根拠が立証されるとしたら、そうした性質の立法が及ばないような範囲はないと思われよう。

(13) われわれが考えるに、公平にみて、製パン業それ自体は、労働する権利と個人の自由な契約の権利とに干渉する権限を立法部に与える不健康な業ではない、ということに疑いはありえない。すべての業と職業に関する統計を通覧すると、製パン業は、若干の他の業と比べればそれと同じほど健康的であるとは思われないが、それら以外の業と比べれば格段に健康的である、というのが真実であろう。普通の理解では、製パン業が不健康とみなされたことはない。たしかに、医者は、病気の治療として、製パン業その他の業に携わることを勧めはしないだろう。しかし、われわれが考えるに、もし、当該職業が絶対的かつ完璧に健康的なものであるわけではないというだけの事実の主張が政府の立法部に、そこでの労働時間を監督し統制する権利を付与するとすれば、立法部のそうした権能に入ってこないものなどない。ほとんどすべての職業は健康に多少なりとも悪影響を与える、ということが問題なく肯定されよう。立法部による自由の侵害を正当化するには、わずかの不健康性の可能的存在という事実以上のものがなければならない。

(14) 不幸にして、労働は、どのような部門のものであっても、不健康の種を恐らく伴う、というのが真実である。しかし、だからといって、われわれはすべて、議会の多数派のなすがままであるのか。もしそうだとすれば、印刷屋、ブリキ職人、またはほとんどどのような種類の店員や事務員もすべて、立法部の権能の範囲に入ることになろう。いかなる業、いかなる職業、いかなる生業も、この包括的な権能から逃れることができないだろう。そして、すべての雇用において労働時間を制限する立法部の法律が、そのような制限が自分と家族を扶養する労働者の能力に大打撃を与えるかもしれないとしても、有効となるであろう。

(15) これと同じ論調で、次のようにも主張されている。州民が強健であることは州の利益であり、それゆえ、人々を健康にすることに資すると言ってよいどのような立法も、警察権の範囲内で制定された健康法として有効でなければならない、と。もしこれが、この種の立法のための妥当な論拠であり正当化であるとすれば、第14修正によって与えられる、人身の自由および契約の自由に対する不当な干渉からの保護は、法律が警察権の有効な行使として正当化されようとするところではどこでも画餅に帰する。そのような想定に逃げることができないような法律はほとんどない。契約はもちろん、経営とよんでよいものも、州議会の規制の支配のもとに入るであろう。被用者の時間だけでなく、雇用者の時間も規制されてよいことになるだろうし、プロ・スポーツの選手や職人だけでなく、医者、弁護士、科学者等すべての専門職に従事する人々も、長時間の仕事によって脳と体を疲れさせるのを、州の戦闘力が損なわれることがないよう禁じられてよいことになろう。

(16) われわれがこうした極端な事例に言及するのは、先の主張が極端であるからである。われわれは、この法律を是認する見解が健全だとは思わない。反対に、われわれの考えでは、このような法律は、警察権の行使と称して、また、公衆の健康または法律で指定された被用者の健康に関係するものとして、議会を通過したものではあるが、警察権の範囲内になく、よって無効である。この法律は、健康法ではなく、個人が自分が最善と考える条件で、または、自分が相手方と合意する条件で労働契約を結ぶ権利、個人が有するそうした権利への違法な干渉である。いま審査している法律と同じ性質をもった諸法律は、知性をもった成人が生計を立てるために労働する時間を制限するものであり、個人の権利に対するたんにおせっかいな干渉である。それらの法律が、警察権の行使として、個人の健康を主要目的として可決されたという主張によって非難を免れるのは、労働時間が短縮されなければ公衆の健康または被用者の健康に対する重大な危険があると言うための公正な、それ自体で合理的な根拠があるかぎりにおいてである。この条件が明白にみたされないかぎり、みずからの権利がそうした立法部による干渉の対象とされている諸個人は、彼らの人身および契約の自由に関する連邦憲法上の保護のもとにあるのであり、州議会は、そうした諸個人の権利をこの法律で提案されたような仕方で制限する権能をいっさいもたない。

(17) その法律がなしてよいすべてのことが、その法律によって、同法の他の条文の規定を通じてすでになされている。これらのいくつかの条文は、製パン所が営まれる家屋の検査について規定しており、検査項目に入るものとしては、適切な洗面所および便所の設置ならびに適切な排水・配管・塗装の具備がある。それらの条文は、これに加えて、天井の高さ、床のセメントの塗り方やタイルの張り方等についても規定している。改造についても規定されており、検査官の意見において改造が必要とされる場合は、同法の規定を遵守するために、改造が行われなければならない。これらさまざまな条文は、賢明かつ有効な規制であろう。そして、それらが、製パン所が営まれる場所の清潔さおよび健康さを可能なかぎり提供することを、その限界まで要求するものであることは確かである。これらすべての要求に加えて、1週間に一定時間数をこえて製パン所で労働する契約の締結をどのようなものであれ禁止することは、われわれの判断では、適切で合理的で公正な規定の対象からまったくはずれており、連邦憲法に規定されたかの人身と自由な契約の自由に違背する。

(18) さらに、次のようにも主張された。製パン業従事者の場合、労働時間の制限は有効である。なぜなら、人は働きすぎないほうが清潔である傾向が大きいから、それは労働者の清潔さに資するし、もし彼が清潔であれば、彼の「産出する物」が清潔である確率もより高いからである、と。われわれは、こうした論法が、主張されているそのような干渉権を正当化するのに十分であるとは認めない。その主張では、個人のあらゆる行為に対する監督者または家父長の立場を州が引き受けることになろう。われわれの判断では、製パン業従事者が製パン所で働く労働時間とその労働者によって造られるパンの健康的な性質との間の関連を発見することは実際のところ不可能である。そうした関連は、万一存在するとしても、州議会による干渉を正当化する論拠を構成するにはあまりにも薄弱である。その人が1日10時間働くのは結構であるが、10時間半ないし11時間働くと彼の健康は危うくなり、彼が造るパンも健康に悪いものになるだろう、それゆえ、彼がそうするのは許されるべきでない。われわれが考えるに、これは不合理であり、まったく恣意的である。

(19) われわれが以上で言及したような主張が、その法律は「健康法」であるという主張にもっともらしい根拠を与えるために必要となるとき、立法部を支配した動機には、公衆の健康または福祉の保持という目的以外の動機があったのではないか、という疑念が少なくとも生じる。
(20) いくつかの州の立法部による普通の商売および職業への介入は増大を続けているように思われる。ニューヨーク州の裁判所で1904年に決定された事件で問題となった法律は、馬の蹄鉄業を規制し、そのような商売を営む人に試験を受けること、および試験委員会からの合格証明書を得てそれと同じものを当該郡の事務官に提出することを要求するものであったが、個人の自由と私的財産に法のデュー・プロセスによらずに恣意的に干渉するものとして無効と判示された。それを健康法として正当化しようとする試みがなされたが、成功しなかった。これと同種の法律が、1904年12月にワシントン州最高裁によって無効と判示された。イリノイ州最高裁もまた、蹄鉄業者の規制と免許について定めるこれと同じ性質の法律を、みずからが選ぶ職業を採用または遂行することにおける個人の自由に反し、違憲と判示した。
(21) こうした性格の法律の多くが、公衆の健康または福祉を保護するための警察権と称するもののもとで可決されたにもかかわらず、実のところ、他の動機から可決されているという事実に目を閉ざすことはわれわれにとって不可能である。われわれがそう言うことが正当化されるのは、法律の性格と規制対象とからして、公衆の健康または福祉がその法律ときわめて遠い関係しかもっていないことが明白であるときである。法律の目的は、使用されている文言の事実的および法律的な効果から決定されなければならない。そして、法律が合衆国憲法に違反するか否かは、その種の法律が実施される際の事実的効果から決定されなければならないのであって、法律の名目上の目的からではない。
(22) ニューヨーク労働法110条で規定されているような労働時間の制限が、被用者の健康に対して、われわれがその条文を本当は健康法であるとみなすのを正当化するような直接の関係も実質的な効果も全然もっていないということは、われわれには明白である。われわれには、本当の対象と目的は、道徳にとっていささかも危険でなく、被用者の健康にとっても現実的で実質的なほどに危険ではない私的な業における、労働時間を規制することにほかならなかったように思われる。

第3節　ロックナー事件の反対意見

4．ハーラン裁判官の反対意見

（1）当裁判所は、いわゆる州の警察権の正確な範囲を確定しようと試みたことはないが、そうした権能が存在することは、連邦の裁判所によっても州の裁判所によっても一様に承認されてきた。すべての判例は、この権能が、いかなる市民によるものであっても彼自身の権利の有害な行使に対して公衆の生命、健康、安全を保護することに少なくとも及ぶことについて一致している。
（2）一般的にいえば、州は権能を行使するにあたって、万人に属する生来の権利を享受するために必要不可欠である、契約を結ぶ権利に不当に干渉してはならない。そうし

た生来的権利の一つは、「自分のすべての能力を自由に享受し、それらをすべての合法的な仕方で自由に使用し、自分の欲する所で生活し働き、どのようなものであれ合法的な職業で生計を立て、どのような生業または副業でも追求できる」権利である。この権利が宣言された当の判決（アルゲイヤー対ルイジアナ事件）において、次のことも容認された。すなわち、州の内部で人身および財産に関して契約する権利または商売を行う権利が、「当該契約または商売が州の法律に含まれる州の政策に抵触する場合、規制され、ときには禁止される」こと。

（3）同様に、ホールデン対ハーディ事件では、次のように言われた。「しかしながら、こうした契約の権利そのものは、州がその警察権の行使において合法的に課す一定の制限に服する。この権能はすべての政府に固有のものではあるが、過去1世紀の間、その適用範囲は疑いなく大幅に拡大してきた。これは、危険なまたは被用者の健康にとって有害な職業の数が増えたことによる。当裁判所は、いくつかの事件で、警察権は抑圧的で正義に反する立法の口実として提出することはできないと判示してきたけれども、公衆の健康・安全・道徳の維持または公害の排除のために、警察権に合法的に訴えてよい場合がある。そして、公衆の利益のために何が必要かだけでなく、そうした利益の保護のためにどのような措置が必要かも決定する大きな裁量権が必然的に立法部に与えられている。」と。州によって労働時間に課せられた制限に言及しつつ、同じ事件で裁判所は次のようにのべた。「これらの仕事があまりにも長時間続行される場合、それは被用者の健康にとって有害であると州議会は判断した。そして、これがそのとおりであると信じる合理的な根拠があるかぎり、この問題に関する州議会の決定は、連邦裁判所によって審査されえない。」と。

（4）私は、いわゆる契約の自由が一定の限界内で、一般的福祉の増進または公衆の健康・道徳・安全の保護を意図してなされた規制に服する、という法理はしっかりと確立されたものだと考える。そうだとすれば、直接的な立法的制定という裁可のもとでさえ侵害されえない契約の自由があることを認める一方で、われわれが確立された法と考えたものに従って、そのような契約の自由が、州が共通善と社会の福祉のために合理的に規定する規制に服すると想定するとき、司法部がそのような規制は立法権をこえており無効だと宣言するための条件は何か。この点に関しては論争の余地がない。というのは、連邦によるものであれ、州によるものであれ、立法部による法律制定は、それが明白かつ明瞭に立法権を踰越(ゆえつ)するということに疑問の余地がないものでないかぎり、決して破棄され、または無効とされることはない、というルールが普遍的に通用しているからである。ジェイコブソン対マサチューセッツ事件でわれわれは、一般的福祉に影響を及ぼす事項に関する立法行為を審査する権限が裁判所に存するのは、次の場合のみであるとのべた。すなわち、「公衆の健康、公衆の道徳または公衆の安全を保護するために制定されたと称する法律が、そうした目的と現実的もしくは実質的な関係をもっていないか、または、基本法によって保障された権利の明白明瞭な侵害であることに疑問の余地がない」場合。したがって、法律の効力に関して疑いがある場合、その疑いは、その効力に有利に解決されねばならず、裁判所は謙抑し、賢明でない立法に対して責任を果たすことを立法部に任さねばならない。立法者が実現しようとする目的が立法者の権能の及ぶものであるならば、その目的のために使用される手段が最も賢明なものでも最もよいものでもないにしても、法によって権能を与えられていないと明白かつ明瞭に言えるほどのものでなければ、裁判所は介入することができない。換言すれば、ある法律の

効力が問題となっているとき、いわゆる証明責任は、それが違憲であると主張する側にある。

(5) 以上の原理を本件に適用してみよう。問題の法律が、製パン所や菓子類製造施設で働く人々の肉体的健康を保護するために制定されたことは明白である。この法律の起源の一部は、そのような施設の雇用者と被用者とが平等な立場に立っておらず、被用者がその窮状のため、不当に課せられた重労働に服することをしばしば強いられる、という信念にあった、ということであろう。もしそうだとすれば、この法律は、一般に、そして平均的な人の場合、そのような施設での１週60時間をこえる労働が労働者の健康を危うくする、というニューヨーク州民の信念を表現するものと受け取られねばならない。これが賢明な立法であるか否かを詮索することは、当裁判所の領分ではない。われわれの統治制度のもとでは、裁判所は立法の賢明さまたは方針にはかかわらない。したがって、当裁判所は、契約の自由に干渉する権能を決定するにあたり、州によって考えられた手段が合法的に達せられうる目的にとって適切で、かつ、製パン所や菓子類製造施設に就労する男女の日々の労働にかかわるものとしての健康の保護と現実的または実質的な関係を有するか否かのみを問うてよい。しかるに、私は、本件の場合、州によって使用される手段と州によって達成されようとする目的との間に何ら現実的または実質的な関係がないと言うことは普通の経験にてらして不可能であると考える。その法律が、各州がその市民に対してそれを果たす義務を負っているところの健康の保護と適切または直接的な関連をもっていないとも、その法律が、問題となっている被用者の健康を増進しないとも、州によって定められた規制がまったく不合理で異常または完全に恣意的であるとも、私は言うことができない。いわんや、その法律が基本法によって保護された諸権利の明白かつ明瞭な侵害であることに疑問の余地はない、と言うことも私にはできない。したがって、私は、当裁判所がこのニューヨーク州法をもし無効と考えるなら、当裁判所はその役割を踰越することになると申し上げたい。

(6) この法律がすべての種類の業に適用されるものではないということが想起されねばならない。それは、製パン所と菓子類製造施設にのみ適用されるのであり、そのような施設では、周知のように、労働者が恒常的に呼吸する空気は、他の施設または屋外でのそれと同じほど純粋で健康的なものではないのである。

(7) ハート[11]教授は、「労働者の疾病」に関する論文のなかで次のようにのべている。「パン焼職人の労働は、想像しうる最も困難で骨の折れる労働の一つである。なぜなら、それは、それに従事する人々の健康にとって有害な条件のもとで遂行されねばならないからである。それがきつい、きわめてきつい仕事であるのは、それが、加熱された仕事場で限度をこえた長い時間、多大の肉体的興奮を要求するからであるばかりでなく、もっと大きな理由は、公衆の気まぐれな需要のためである。これがパン焼職人に労働の大半を夜間に遂行することを強い、その結果、彼から休息と睡眠の機会を奪うことになるのである。」と。別の著者も次のようにのべている。「床のほこりの恒常的吸引は、肺炎と気管支炎の原因となる。すべてのパン焼職人が受けさせられる長時間の苦役は、リューマチ、痙攣および脚の腫れの原因となる。仕事場での酷暑は、さまざまな器官のいくつかの疾病のもう一つの原因となる。ほとんどすべてのパン焼職人は、血色が悪く、他の職業の労働者より虚弱であるが、これは主として、彼らの過酷な労働と不規則で不自

---

11 いうまでもなく、法理学者のH. L. A. ハートとは別人である。

然な生活様式によっており、このために、病気に対する抵抗力が大きく減じられているのである。パン焼職人の平均寿命は、他の労働者のそれを下回る。伝染病流行期においては、パン焼職人は概して、その伝染病に倒れる第一位である。1720年にペストがフランスのマルセイユ市を襲ったとき、同市のあらゆるパン焼職人がこの伝染病に倒れ、これは、近隣の都市に相当の動揺を引き起こし、パン焼職人の公衆衛生上の保護のための措置に結果した。」と。

（8）ニューヨーク州労働統計局による第18回年次報告では、栄養物摂取を阻害する条件にさらされる職業の一つにパン焼職人の職業が入っている。同報告にはまた、「労働時間の短縮は、より高い水準の安楽とより真っ当な家庭生活を可能にすることを通じて、賃金労働者階級の産業上の効率を高めることを約束する」とのべられている。

（9）統計は、各国の労働者の平均一日労働時間が、オーストラリアでは8時間、イギリスでは9時間、アメリカでは9時間45分、デンマークでは9時間45分、ノルウェーでは10時間、スウェーデン、フランスおよびスイスでは10時間半、ドイツでは10時間15分、ベルギー、イタリアおよびオーストリアでは11時間、ロシアでは12時間であることを示している。

（10）われわれは、労働者が継続的に労働するべき時間数の問題が、長い間、そして今でもなお、教養ある人々の間での、また、健康の法則について特別の知識を有する人々による、真剣な考察の課題であったことを知っている。法律が、製パン所での1日8時間をこえる労働を禁止したとしよう。<u>私の考えでは、そうした法律を制定する州の権能についてだれも争うことはできない。しかし、われわれの前にある法律は、極端なケースでも例外的なケースでもない</u>。それは、労働時間に関して中間的な地点を占めていると言ってもよい。公衆の健康の、立法による正統な保護と契約の自由との間で州がとるべき真の立場が何であるかは、容易に解決される問いではないし、絶対確実な答えがある、あるいは、ありうる問いでもない。政治経済学には、完全な確実性が予言されうるような問いはごくわずかしかない。「国家がその市民の産業上の自由に干渉してよい仕方、場面および程度は、社会科学の最も異論が多い難問の一つである。」（ジェヴォンズ[12]）

（11）私は、この経済的問題に関する何らかの特定の見解が、より健全な理論を提供するのかどうかということを考察するのをやめない。正確な事実が何であるかを言うことはむずかしいかもしれない。だが、<u>その問いが論争と誠実な異論の余地がある問いであるということで本件の決定には十分であり</u>、また、そのことを知ることで当裁判所には十分である。製パン所または菓子類製造施設で毎週毎週、1日10時間をこえて間断なく働くことは、万事を勘案してみると[13]、労働者の健康を危うくし命を縮め、ひいては彼らが州に奉仕し家族を扶養する肉体的・精神的能力を減少させる、という理論を支持する多くの理由、しかも人類の経験に基づいた重い実質的な性格をもった理由がある。

（12）もしそのような理由が存在するとすれば、そのような理論がこの事件の最終地点

12　当時のイギリスで第一級の経済学者。後述第6章7以下でも取り上げる。

13　原語は all things considered である。日本で法学教育を受けた人は、同じことを「総合的に判断すると」とか「以上を総合して」と言う。理科系の教育を受けた人には意味不明であろう。何をどう考慮したのかがが正確にはわからないからである。「比較衡量」といった法学用語も同じ機能を果たす。それらは、落とし所のセンスみたいなものに依存して使われるが、落とし所の範囲については業界内に漠然たるコンセンサスが実はあるので、部外者にはますますわかりにくい。

であるべきである。けだし、州は、その立法に関して司法部に従う義務はない。そのような立法が合衆国憲法と<u>明白かつ明瞭</u>に矛盾することに疑問の余地がないものでないか<u>ぎり</u>。われわれは、ニューヨーク州が不誠実に行為した推定するべきではない。われわれは、同州の立法部が正当な審議を<u>へ</u>ずに行為したと想定することも、それがこの問題を入手可能なすべての情報に基づいて共通善のために<u>決定しなかった</u>と想定することも<u>できない</u>。われわれは、州が理由<u>なしに</u>行為したと言うことは<u>できない</u>し、州の行為は見せかけにすぎないという想定から出発するべきでも<u>ない</u>。われわれの義務は、その法律を連邦憲法に抵触しないものとして支持することである、と私は申し上げたい。その理由は、そして、これはまったく十分な理由であるが、その法律が連邦憲法と<u>明白かつ明瞭に矛盾することが証明されていないから</u>である。州の純粋に州内的な事項の運営については州に任せよ、州が連邦憲法に違反したということが疑いもなく明らかでないか<u>ぎり</u>。この見解は、州民の健康と安全は第一に州が守り保護するべきものであるという原理から<u>必然的に帰結する</u>。

(13) 例のニューヨーク州法が、ここで問題となっている細目に関して第14修正に抵触すると考えることは、同修正の範囲をそのもともとの目的の範囲をこえて拡大しないか<u>ぎり</u>、そして、州立法部にもっぱら属するとこれまで考えられてきた事項を当裁判所の監督下に入れないかぎり、<u>できない</u>。

(14) 当裁判所が、公共事業の請負人がその被用者にその事業で1日8時間をこえて労働することを許し、または要求することを犯罪とするカンザス州法の合憲性の問題を扱ったとき、同法は、被用者、雇用者双方の自由を棄損するものだと主張された。さらに、このカンザス州法は、有害な傾向があるとも主張された。当裁判所は、その問題を公共事業にかかわるものとしてのみ処理したけれども、ともかく、同法は第14修正のもとでも無効ではないと判示した。しかし、当裁判所がその機会にのべたことは、ここでくり返してよい。すなわち、「それゆえ、責任は立法者にあるのであって、裁判所にはない。そのような立法から生じるいかなる害悪も、<u>司法部が万一、基本法によって割り当てられた領域を無視して立法の領域に立ち入り、人民の代表の裁可を受けた法律をたんに正義や理性や賢明さの根拠に基づいて無効にする場合にわれわれの統治制度が被る害悪に比べれば、影響の射程が大きくない</u>。われわれは、市民の憲法上の権利をたんに恣意的な権力から守ることが事件に直面した裁判所の厳粛な義務であることを弁護人によって想起させられている。しかし、立法部による法制定が、<u>明白かつ明瞭に疑いなく憲法の基本法に違反しないかぎり</u>、人民の意思を具現するものとして裁判所により承認され実施されることもまた同様に真実である。実際、公共の利益がそれをいやおうなしに要求する。」(アトキン事件)。

5．ホームズ裁判官の反対意見

(1) 本件は、わが国の大部分が受け容れていない経済理論に基づいて決定されている。私がその理論に同意するか否かが問題だとしたら、私は、自分の立場を決める前に、それをさらに突っ込んで長く研究することを望むだろう。しかし、私は、それが自分の職務だとは考えない。なぜなら、私がそれに同意するかしないかは、人民の多数派が彼らの意見を法に具現する権利と無関係である、と私は強く信じるからである。<u>州の憲法と</u>

第 3 節　ロックナー事件の反対意見　　229

州の法律は、多くの仕方——われわれが立法者ならいま問題となっている法律と同じくらい無分別、あるいは専制的と考えられるかもしれない仕方や、問題の法律と同様、契約の自由に干渉する仕方を含む——で生活を規制してよい、このことが当裁判所のさまざまな判決によって確立されている。日曜日就業禁止法や利息制限法が大昔からの実例である。もっと現代的な実例は、富くじの禁止である。他者の同様な自由を侵害しないかぎり、自分のしたいことをする市民の自由は、何人かの有名な著者たちの合言葉であったが、この自由は、学校法規、郵便局、および、市民のお金を望ましいと考えられる目的のために市民が好むと好まざるとにかかわらず取り上げるあらゆる州または地方自治体の機関によって干渉されている。第14修正は、ハーバート・スペンサー[14]氏の社会静学を制定するものではない。先日もわれわれは、マサチューセッツの予防接種法を支持した（ジェイコブソン対マサチューセッツ事件）。契約の自由を連携して縮減する合衆国および州の法律および判決は、当裁判所によく知られている。2年前われわれは、カリフォルニア憲法における、株式を証拠金を差し入れて信用売りすること、または、将来の引渡を約して売ることの禁止を支持した。坑夫のための8時間労働を支持する判決は、つい最近のものである（ホールデン対ハーディ事件）。

（2）以上の法律のいくつかは、裁判官たちも共有しそうな確信または偏見を具現するものである。しかし、憲法というものは、パターナリズムと市民の国家に対する有機体的関係とからなる経済理論であれ、レッセ・フェールの経済理論であれ、特定の経済理論を具現することを意図されていない。憲法は、根本的に異なった見解を有する人々のために制定されているのであり、われわれが一定の意見をたまたま、自然で周知のものとみるか、それとも新奇なものとみるか、そして、衝撃的なものとさえみるか、こういった偶然事が、そうした意見を具現する法律が合衆国憲法に抵触するか否かという問題に対するわれわれの判断を結論づけるべきではない。

（3）一般命題は、具体的事件を決定しない。その決定は、いかなる明確な大前提よりももっと微妙な判断または直観に依存するだろう。しかし、前段落の最後にのべた命題は、もしそれが受け容れられるなら、われわれを最終地点に向けて連れて行ってくれるだろう、と私は考える。私が考えるに、第14修正における「自由」という語は、それが支配的意見の自然な結果を妨げると考えられるとき曲解される。ただし、合理的で公正な人であれば、提案された法律はわれわれの人民およびわれわれの法の伝統によって理解されてきた根本原理に違反すると必然的に認めるであろう、と言うことのできる場合は別である。問題の法律に対して、そのような全面的な有罪判決を下すことができないということを示すために研究の必要はない。合理的な人なら、それは健康に関して適切な措置であると考えるであろう。不合理だと私がとても言えそうにない人々なら、それを、労働時間の一般的規制の一つとして支持することだろう。

　アメリカの裁判官も、日本の裁判官と似たような諸論法を多用していることに気づかれたであろうか。法体系の相違にもかかわらず、法律家的思考と

14　前掲第1章注29参照。『社会静学』（*Social Statics*）の出版は1855年。スペンサーは、自由放任を支持した。

いう点では、それほど大きな違いはないのである。その点も頭の片すみに置きながら、判決で使用された法律家的論法の検討に移ることにしよう。

第4節　判決における法律家的議論の検討

6．無知からの論法

　ホームズ裁判官の反対意見はひとまずわきにおき、ペッカム裁判官の法廷意見（とくに第3、8、9、11段落）とハーラン裁判官の反対意見（とくに第1、2、4段落）とを対比して読めば、法律上の争点が、憲法によって個人に保障された契約の自由と、州のもつ州民の福祉のための警察権行使の限界をめぐるものであったことがわかるであろう。

　両裁判官とも、契約の自由と州による正統な規制という二つの競合する原理の存在を認めた上で、その間の線引き問題をめぐって結論を異にしているだけである。そこには、実体的法律問題をめぐって争っているようにみえる部分も多々ある。

　しかし、その際の議論の仕方に注目すると、実は、「敵側の正当化ないし証明は不十分であるから、その主張は認められない。よって、私が正しい」という論法がむしろ決定的な役割を果たしているように思われる。

　ガスキンズというアメリカの政治哲学者[15]は、これを「無知からの論法」とよんでいる。だれもどちらが正しいかを知らないのだから、相手方にその主張を証明する責任を課し、相手方がその責任を果たせなければ自分の勝ちだとする論法である。こちらとしては、その責任の程度をあらかじめできるだけ高く設定することが勝つためのポイントである。

　ペッカム裁判官の論法についていうと、彼は、あらかじめ契約の自由に有利な推定を与え、州による規制が合理的なものでなくてはならないという一応の基準を提示した上で（第10、12、16段落）、規制を主張する側に証明責任を課している。

　しかし、課されている証明責任が、事実上それを果たすことができないほど重い、という点に注意しなければならない。ペッカム裁判官は、「当該職

15　前掲注7参照。

業が絶対的かつ完璧に健康的なものであるわけではないというだけの事実」(第13段落)では不十分で、「立法部による自由の侵害を正当化するには、わずかの不健康性の可能的存在という事実以上のものがなければならない」(第13段落)と言う。さらに、かさにかかって、「われわれの判断では、製パン業従事者が製パン所で働く労働時間とその労働者によって造られるパンの健康的な性質との関連を発見することは実際のところ不可能である。そうした関連は、万一存在するとしても、州議会による干渉を正当化する論拠を構成するには、あまりにも薄弱である」(第18段落)とのべている。

　州側の提出した主張および証拠が警察権行使の合理性の正当化として不十分だと言いながら、その口の端も乾かないうちに、「いくらやっても無駄ですよ」と言っているようなものである。

　もちろん、このような論法は、証明責任の観点からではなく、「合理性」の内容が非常に厳しくなっているのだとして、普通の法学者ならするように実体的な観点からも理解できないことはない。しかし、いくらやっても無駄だと裁判官は事実上のべているのであるから、合理性基準のレトリックを実体的基準の提示とみなすことは、的はずれであるように思われる。実際、二つの原理と合理性基準とを認める点については、二人の裁判官の間で争いはなかったのである。

7．証明責任の転換

　以上のことは、証明責任が転換されれば、結論が逆転することを示唆する。実際、ハーラン裁判官は、その意見の第4段落において、証明責任について明言しつつ、次のようにのべている。再び引用しておこう。

> ……立法部による法律制定は、それが明白かつ明瞭に立法権を踰越するということに疑問の余地がないものでないかぎり、決して破棄され、または無効とされることはない、……。……法律の効力に関して疑いがある場合、その疑いは、その効力に有利に解決されねばならず、裁判所は謙抑し、賢明でない立法に対して責任を果たすことを立法部に任さねばならない。立法者が実現しようとする目的が立法者の権能の及ぶものであるならば、その目的のために使用される手段が最も賢明なものでも最もよいものでもないにしても、法によって権能を与えられていないと明白かつ明瞭に言えるほどのものでなければ、裁判所は介入することができない。換言すれば、ある法律の効力が問題となっているとき、いわゆる証明責任は、それが違憲であると主張する側にある。

ハーラン裁判官は、このような理屈を本件に適用して次のようにのべている。

> ……私は、本件の場合、州によって使用される手段と州によって達成されようとする目的との間に何ら現実的または実質的な関係がないと言うことは普通の経験にてらして不可能であると考える。その法律が、各州がその市民に対してそれを果たす義務を負っているところの健康の保護と適切または直接的な関連をもっていないとも、その法律が、問題となっている被用者の健康を増進しないとも、州によって定められた規制がまったく不合理で異常または完全に恣意的であるとも、私は言うことができない。(第5段落)
> ……正確な事実が何であるかを言うことはむずかしいかもしれない。だが、その問いが論争と誠実な異論の余地がある問いであるということで本件の決定には十分であり、また、そのことを知ることで当裁判所には十分である。(第11段落)

ハーラン裁判官も、ペッカム裁判官と同様、敵に対して「いくら証明責任を果たそうとしても無駄ですよ」と言っているのである。別の言い方をすれば、デフォルト（初期設定）が「私の勝ち」となっているのである。したがって、「異論の余地がある」と主張するだけで私の勝ちになる。異論は私が出せばよいし、利用可能な他の権威者の議論があれば、それを援用すればますますよい。実際、彼らは、先例や学者の権威をそれぞれ自分の都合のよいように解釈しながら補強的な論拠として使っているのである。

このようなレトリックの表現上の特色は、上の例でも、また、意見の引用において私が適宜下線を施しておいた例からもうかがわれるように、「…ないかぎり…ないことは…ない」といった、二重否定、三重否定といった否定の多用と、「疑問の余地がない」、「明白」、「必然的」、「不可能」、「絶対的」、「異常」といった過度に強調する語の多用を伴う、もって回った言い回しにある。そのような表現は、法哲学者にはありがたいことに「用心せよ」という信号を送ってくれる。

レトリックの内容について、「合理性」という一見実体的な用語を使って説明すれば、ペッカム裁判官は、「完璧に合理的でないかぎり合理的でない」という基準を、これと対照的にハーラン裁判官は、「完璧に不合理でないかぎり合理的である」という基準を採用したのである。しかし、いずれの合理性基準もほとんど内容がない、ということがわかっていただけただろうか。

この観点からみれば、ロックナー判決でのべられた合理性基準の内容を定式化しようとする法学者は、ないものを求めていることになる。

実は、先の第2章で取り上げた利息制限法の解釈をめぐる判例において展開された議論の一部も、証明責任の設定および転換という観点から分析することがきる。これは、読者への宿題として残しておくから、各自挑戦していただきたい。当事者の意思に有利な推定を与える裁判官と、社会立法に有利な推定を与える裁判官がいたことは覚えておられるだろう。それ以外にも、さまざまな推定がひそかに導入されていたにちがいない。

8．司法の中立性

ホームズ裁判官も、「合理的で公正な人であれば、提案された法律はわれわれの人民およびわれわれの法の伝統によって理解されてきた根本原理に違反すると必然的に認めるであろう、ということのできる場合は別」（第3段落）にして、という言い方で立法に有利な推定を与えることによって、ハーラン裁判官と同様な論法を用いて、同じ結論に達している。「必然的」という修飾語を使うことで、敵側に事実上充足不可能な証明責任を課している点でも同様である。

しかし、その前にホームズ裁判官は、次のようにのべている。

> ……憲法というものは、パターナリズム[16]と市民の国家に対する有機体的関係とからなる経済理論であれ、レッセ・フェールの経済理論であれ、特定の経済理論を具現することを意図されていない。憲法は、根本的に異なった見解を有する人々のために制定されているのであり……（第2段落）

これは、彼がどういう意図でのべたのか、なかなか解釈のむずかしい発言である。ペッカム裁判官は、パン焼職人もほかの職業人と同様、れっきとした大人であり、政府という後見人の手を借りなくても、どのような仕事をするかについて判断する能力があるのだから、彼らがどのような雇用契約を結ぶかは彼らに任せるのが筋であり、任せても州民の福祉を損なうところは全

---

[16] さしあたり、本人の意思に反しても、本人の利益のために介入し、場合によっては強制する思想と定義しておく。より詳しくは、後述第10章**10**参照。

然ないという見解をのべた（第10から18段落）。

これに対して、ハーラン裁判官は、パン焼業は大変な仕事であり、労働時間の規制をしてでも政府が保護してやらないと健康を害するほどのものであり、そのような規制をしないとそれは州民一般の福祉にも悪影響を及ぼすおそれがあると主張した（第7から11段落）。

ホームズ裁判官がいう「パターナリズム……経済理論」はハーラン裁判官の意見を、「レッセ・フェール[17]の経済理論」はペッカム裁判官の意見を暗にさしている。つまり、ホームズ裁判官は、どちらの意見にも与(くみ)しないし、与するべきではないと宣言しているのである。これは、後代の裁判官たちによって、価値の問題は政治部門に委ねられるべきであり、司法は政治に対して中立的な立場をとらなければならない、ということを意味するものと解釈され、ホームズの名声とあいまって、たびたび援用された。

これは、結果的には立法部に有利な推定を与えるものであるが、連邦最高裁の多数派が保守派から進歩派に変わった1937年以降、「合憲性の推定」の法理、つまり、社会立法に関しては、立法部に有利な推定を与えて司法部は介入を控えるべきであるという法理として確立された。

もちろん、「司法の中立性」や「合憲性の推定」の法理の実践は、その利用の仕方いかんにかかっているのであるから、価値中立的なものではなく、進歩的な立法部を進歩的な司法部が支援するためにも、保守的な立法のもとで司法部内の保守派が進歩派に対抗するためにも利用できるものである。

第2章で取り上げた日本の利息制限法をめぐる諸判決では憲法問題は論じられなかったが、社会立法のなかに保守的な条文が含まれているという、もっと複雑な事件であった。そこでは、第2の判例で債務者保護という目的を強調することで「元本充当説」を確立し、第3の判例で「元本なくして利息なし」というドグマを援用することによって、それまで争われていた線引き問題、すなわち、債務者と債権者の「衡平」をいかにしてはかるかという問題を忘れたかのような形で利息制限法の適用が巧みに回避された。これもまた、中立性の外観を達成する一つの方法の例である。

---

17 「自由放任（主義）」と普通訳される。「レッセ・フェール、レッセ・パセ」(leissez faire, laissez passer)と言われることもある。『経済表』(1758年)で有名なフランスの経済学者ケネー(1694-1774)に率いられたフィジオクラート（重農主義学派）に由来するとされる。アダム・スミスも、フィジオクラートから大きな影響を受けている。

念のため付言しておくが、ここで私は、中立性を標榜する司法部が信用できない、などということが言いたいわけではない。というのは、外観にすぎないとしても、中立的であるかに見せようと努力する場合とそうでない場合とでは、司法の実態が変わってくるはずだからである。むしろ、ここから法哲学的考察が始まるのである（ここでは、それに立入ることはできないが）。

9．ホームズはなぜ偉大か

　ホームズ裁判官は、その意見の第3段落で「一般命題は、具体的事件を決定しない」とのべている。これは、彼が名著『コモン・ロー』[18]でのべた「法の生命は、論理ではなく経験であった。」ほどではないが、きわめて有名な彼の発言である。

　「一般命題、すなわち法のルールは、事件を決定しない」と言われれば、ほとんどの法律家はそのとおりだと思うだろう。法のルールがありさえすれば、答えが簡単に出るのであれば、そもそも裁判で法律問題をめぐって激しく争われるということはないだろう。

　しかし、裁判所はまた、既存の法のルールまたは原理に基づいて判決しているのだと標榜せざるをえない。そうでなければ、司法の中立性どころか、「法の支配」の理念そのものが崩壊してしまう。少なくとも英米では、「法の支配」の理念は、「法はあるのだ」と信じる裁判官および法律家の信仰に依存している。これは、いわゆる「自己実現的予言」の一種であり、人々が「法がある」と思って行動すると、法は実際存在するようになるのである。

　後に、リーガル・リアリスト[19]たちは、この点を逆手にとって、「法のルールなどないのだ」として、ルール中心の法および法の見方を徹底的に攻撃した。そして、彼らの多くは、裁判官の法であるコモン・ローの権威を失墜させ、立法部の法である public law（かりに「公法」と訳しておく。その多くは社会経済的立法）の優位を主張したのである。

　だが、よく考えてみると、「一般命題は、具体的事件を決定しない」といった、それこそ「一般命題」は、どうにでも解釈できるものであり、進歩派も保守派も利用できるほとんど無内容なものである。その一方でホームズ

18　O. W. Homes, *The Common Law*, Boston, 1881, p. 1.
19　前掲第3章注33参照。

は、法における一般命題の知識たる法理学は有用であり、それによって「予言のための真の基礎を見抜く[20]」ことができるようになるとさえ示唆しているのである。

だからこそ、その種の意味深長にみえる言葉を使って巧みに定式化する才能に長けたホームズの意見は、後の裁判官および法学者たちに多大な影響を与えたのである。法律家は勝つためには何でもしなくてはならない。自分に有利に使えるものは何でも利用しなければならない。実際、本件で対立した裁判官は、同一の先例を、それぞれ自分に有利なように引用している。訴訟は、暴力ではなく、弁論を用いた戦争のようなものである。

「一般命題は、具体的事件を決定しない」という命題を本件についてのホームズ裁判官の意見の文脈に当てはめて解釈してみると、彼は、保守派のペッカム裁判官が「州による警察権の有効な行使に限界がある」（第8段落）という一般命題を、進歩派のハーラン裁判官が「契約の自由が一定の限界内で、一般的福祉の増進または公衆の健康・道徳・安全の保護を意図してなされた規制に服する」（第4段落）という一般命題を、それぞれデフォルトとして採用したことをさしながら、「どちらもだめですよ」と暗示しているのである。

ホームズ裁判官は、他の二人の裁判官ほどは価値判断を表に出さずに——後二者はともに裁判所が判断できるのは警察権の及ぶ権能の範囲についてだけだと言いつつ、かなり露骨に、あるいはむしろ正直に、自分の実体的判断を表明している——意味深長な表現を用いて、「よほどのことがないかぎり立法に従いましょう」と言っているだけである。そして、そのような一見中立的な言い方が後代の裁判官と法律家たちに歓迎されたのである。

もちろん、うがった見方をすれば、ホームズは、実は反民主主義者である[21]のに（あるいは逆に、社会主義者であるのに）、そのことを隠す不誠実なやつだとか、上から物をみる不遜なやつだとか、単なる日和見主義者だとかいう意見も出るであろう。しかし、アメリカ法史において偉大な法律家を一人だけ挙げよ、というアンケートを現在のアメリカの法学者にすれば、おそら

---

20 前述第1章7頁のホームズからの引用文章I-4参照。

21 ホームズ裁判官の意見は、「ばかな大衆が何を決めようと、よほどのことがないかぎり、救いようがないから、ほおっておくしかない」と言っているのだ、といったうがった解釈も可能である。

くホームズが一番になるであろう。偉大な法律家は、今も昔も、世間の嫌われ者なのであろうか[22]。

10. 帰謬法を使用する帰結主義論法、「極端ではない論法」等

　ロックナー事件においても、利息制限法判例でたびたび使われた論法がいくつも登場している。敵の主張を論破するために、もし敵の主張が正しいとすると、こんな不合理なことが生じてしまうと主張する論法、すなわち、帰謬法と結合した帰結主義論法がたびたび使われていることには容易に気づかれたことであろう。

　たとえば、ペッカム裁判官は、第12から15段落で、もしパン焼職人に関する労働時間規制が認められれば、経営者でも、医者でも弁護士でも、プロ野球選手でも、ほとんどありとあらゆる職業の労働時間規制が許されることになってしまうという議論を展開している。その際、表現上の特色は、仮定法と否定を多用する大げさな言い回しにある。必ずしも、それに該当するすべての論法に下線を施しているわけではないので、自分でゆっくり確認していきたい。

　また、いちいち指摘しないが、私が「極端事例論法」とよんだものや、それと対をなす「必ずしもそうではない」論法もたびたび併用されていることにも気づかれたであろう。ロックナー事件では、「極端事例論法」と対をなすと思われる、もう一つの論法も使われている。それは「極端ではない」論法とでも名づけるべきものである。

　たとえば、鉱山労働等の労働時間を規制する法律が緊急事態を除外する規定を含んでいたのに対して、本件で問題となっている法律はそのような規定を含まないから極端だという点をペッカム裁判官が強調した（第１および５段落）のに対して、ハーラン裁判官は巧みに論点をずらし、本来なら８時間に規制してもよいくらいなのに10時間の規制だから極端ではないという論法を展開した（第10段落）。

　これもその一例だが、両裁判官は、利息制限法判例における奥野健一裁判

22　たとえば、穂積陳重『法窓夜話』（前掲第１章注２）364-365頁、スウィフト（平井正穂訳）『ガリヴァー旅行記』（岩波文庫、1980年。原著は1726年）177頁、186頁、349-352頁、別冊宝島Real 28号『モンダイの弁護士』（宝島社、2002年）参照。

官および横田正俊裁判官と同様、たがいに相手の問題設定に乗らないよう終始一貫努めている。もちろん、その最大のポイントは、契約の自由と州の警察権の行使のいずれを原則とするかという点にあった。法律家的思考においては、原則と例外は、適当な理由を持ち出してつねに置換可能なものであるから、結局水かけ論に終わるのである。

11. 先例の「説明」と「区別」

ついでながら、英米法に特有な先例解釈の方法についても解説しておこう。

英米法では、裁判官は、過去の判例（「先例」という）を引用しつつ自分の意見をのべる。その際、敵が「先例ではこういう原理（またはルール）がのべられている。本件でも、その原理（またはルール）は妥当するから、それを適用してこう解決するべきである」と主張した場合、「いや、本件の事実は、これこれこういう点で、先例の事例とは異なるから、本件にその先例は適用されない」という論法を裁判官はしばしば用いる。

このような手法を、英米法では、先例の「区別」(distinguishing) と「説明」(explanation) のテクニックという。説明のテクニックは、先例と本件とが区別できない、つまり基本的に同じであるから、先例の原理またはルールが妥当すると主張する場面でも用いられる。

たとえば、ペッカム裁判官は、契約の自由対警察権が争点となっているかぎりで類似する事件でも、鉱山労働と製パン業は、仕事の性質が異なり、また、緊急事態除外条項を含むか含まないかでも違いがあるから、先例は本件と重ならないと主張し、州による公共事業の許可にかかわる先例や強制予防接種にかかわる先例も同様に無関係であると主張した（第5から7段落）。

制定法の条文は、一般性または抽象度の高い文言で書かれているから、解釈にあたって、鉱山業、製パン業、公共事業、強制予防接種、あるいは撹乳器[23]といった比較的具体的なレベルで解釈論を展開することはむずかしい。

しかし、判例法では、先例の抽象化のレベルを後の裁判官が比較的自由に操ることができる。たとえば、同じ先例を、契約という一般性の高いレベル

---

23 前述第1章7頁のホームズからの引用文章参照。

で把握することもできるし、雇用契約というレベルに落とすこともできるし、もっと、落としてそれがどのような職業かというレベルまで落とすこともできる。

　前の二つの段階までなら、日本も含む大陸法系制定法体系の概念構成でも処理できるが、英米法における先例の説明は、今挙げた第3段階よりももっと落とすことすらできる。たとえば、労働者が男か女か、年齢はどうか、学歴はどうか、等々やる気になればいくらでもできるのである。それをするのは、もちろん、先例を援用する後の裁判官である。結果的に、先例で意見をのべた裁判官が自分の事件の事実について考えていたのと違う解釈になることも大いにありうる。

　このようなやり方は、うまくいけば判例法の柔軟な発展を可能にする。失敗すれば、恣意的な判決につながる。しかし、先例というものは、後の裁判官がたびたび引用するからこそ生き残って行くのであるから、個々の裁判官の恣意性を長期的にはそれほど心配する必要はない。

12．先例の役割

　日本の最高裁の最新判例は、あたかも法律の条文と同じであるかのように大半の法律家によって実際上理解されているから、この点では、事情が異なるであろう。また、判例が法源ではないとされていることから、「判例の事実上の拘束力」とかいう、アメリカの法律家からみれば奇妙な論点も学者によって論じられたりしている。

　英米法において先例の果たす機能はただ一つ、参考にするということにつきる。この点は、日本法を学んだだけではなかなか理解できないから、是非覚えておいていただきたい。

　参考になる先例があって、それが自分の主張を支える論拠として使えるならば使えばよいのである。それがどこの裁判所のものであるかは関係ない。下線を引いておいたが（ペッカム裁判官の意見の第20段落）、連邦最高裁は、堂々とニューヨーク州、ワシントン州、イリノイ州の先例を引いている。イギリスの先例は、引用されて当然であるが、旧英連邦諸国の先例でも、多くはないが時には引用される。原理的には、日本の判例を引くことすら判例法の精神に反するものではない。

同様にまた、結論的に自分の主張に反する意見でも、意見中に自分にとって使えると思われる陳述があれば、それを引用して使えばよいのである。実際、ハーラン裁判官は、そのようなことを何度か行っている。法廷意見だけでなく、反対意見も引くことができる。

イギリス法では1966年まで「先例拘束法理」(Stare Decisis) すなわち、裁判所は自己（すなわちその裁判所）の過去に出した先例（多数派の意見）に拘束されるという法理が建前上妥当していた。しかし、それは時代によって強さが変わる原理であり、アメリカでも、自己が過去に出した先例の重みは時代によって変わっている。

もちろん、自己が過去に出した先例が、参照するべき例として、それ以外の先例より比較的重いというのは事実である。しかし、先例拘束法理が建前上厳格な拘束力をもっていたとしても、区別と説明という技術を駆使すれば、その拘束は巧みに回避できるのである。

13. 手続的審査のテクニック

ロックナー事件の判決を法律家的に理解するための注意点をもう一つだけ挙げておこう。

ペッカム裁判官は、「これは、当裁判所の判断を立法部の判断に代えるという問題ではない。……しかし、次のような問題がなお残る。すなわち、それは州の警察権の範囲内にあるか。この問いは、当裁判所によって答えられねばならない。」（第9段落）とのべている。この点は、ハーラン裁判官およびホームズ裁判官も当然の前提として肯定していた。したがって、建前上の基本的争点は、問題の州法が司法審査の対象となるかどうかだったのである。審査基準として、目的とその手段である立法の関係の合理性が挙げられ、立法がその基準をみたすかどうかが争われた。ハーラン裁判官は、みたしていないということに異論があるかぎり、みたしていると推定するべきであると主張した。

法律の専門家の多くですら、ホームズの巧妙なレトリックに惑わされ、この判決をレッセ・フェールの経済理論を押しつけたものだと評価しているのであるから、素人がよく理解できないのは仕方がないが、法廷意見を書いたペッカム裁判官の立論を額面どおり受け取れば、本判決は、法律の実体的内

容を問うているのではなく、それが司法審査の範囲に入るか否かのみを判断しただけなのである。

このような、実際には実体審査に入りながら、建前上は、手続審査、形式審査を標榜するテクニックは、国を問わず裁判官がよく用いる技術であるから、知っておいていただきたい。

このテクニックは多くの場合、司法の介入範囲を実質的に広げるために利用される（狭めるために用いられることもある）。日本の法律家なら、根拠条文がいるはずだと思うかもしれないが、実はそうでもない。法律に書いてあろうとあるまいと、裁判所の介入範囲を決めるのは裁判所自身だからである。最高裁判所の司法審査を司法審査する裁判所は定義上存在しない。アメリカ合衆国の裁判所がもつ違憲審査権も、裁判所自身によって確立された。当時のマーシャル主席裁判官が書いた判決文の一部を引用しておこう。

V-4　マーベリ対マディソン事件[24]（1803年）

　もし、……裁判所が憲法を尊重するべきであり、憲法が立法部のいかなる通常行為〔立法等をさす〕よりも上位にあるとすれば、そのような通常行為ではなく、憲法こそが、憲法と通常行為の双方が適用される当の事件を支配するものでなければならない。
　ところで、憲法は裁判所において永久法とみなされなければならないという原理を争う者は、裁判所は憲法に目を閉ざし、法律のみに目を向けなければならないと主張することを余儀なくさせられる。
　この法理は、すべての成文憲法のまさに基礎を破壊することになろう。その法理は、われわれの統治の原理と理論によれば完全に無効であるはずの行為が、にもかかわらず、実際上は完全に拘束力をもつと宣言していることになるのである。その法理は、文言で明示的に禁じられていることを立法部が万一したら、そのような行為は、明示の禁止にもかかわらず、実際には有効であると宣言していることになる。それは、立法部の権能を狭い限界内に制限すると宣言した口の端も乾かないうちに、立法部に実際上の、そして現実の全能を与えることに等しい。それは、限界を定め、同時に、その限界は随意に越えてよいと宣言していることになる。

　この意見は、裁判所は、通常法律の違憲について、手続的審査だけではなく、実体的審査も可能であることを含意しうるので、手続的審査の例として

---

[24] Marbury v. Madison (1803) 1 Cranch137.『英米判例百選［第3版］』（前掲注6）4-5頁（畑博行）参照。訳文は、マコーミック『判決理由の法理論』（前掲第2章注34）139頁による。亀甲括弧内は亀本による補い。実際には、政争絡みの判決であり、そこに書いてあるほど、きれいごとではなかった。

は適切ではないかもしれない。だが、司法部は、立法部が立法権能の範囲をこえているかどうかを判断できると主張しているかぎりで、一種の手続的審査の主張ではある。そして、くりかえすが、憲法上の明文の根拠なしに、連邦最高裁がこのような主張を展開したという点がとくに注目するべき点なのである。

そもそも、裁判官の法たるコモン・ローというものは、明文の根拠なしに発展するものであり、その主たる守備範囲は私法、ことに民法であるが、その伝統的な思考法は憲法および行政法の分野にも及ぶのである。

上記引用部分V-4は、帰謬法と結合した帰結主義論法の典型例でもある。それについては、もはや解説する必要はないであろう。また、たんに「無効」という法的効果を生じるにすぎない場合に「禁止」という強い表現を用いている点も、日本の利息制限法判例における奥野健一および五鬼上堅磐裁判官のレトリック[25]を彷彿させ、興味深い。

さらに興味深いのは、日本の裁判官は、法令等についての違憲審査権能について定める日本国憲法第81条がないとしても、約200年前のマーシャル裁判官のように、自分で違憲審査権をつくりだしたかどうかという問いである。読者のみなさんには、憲法を勉強する機会など、折に触れて考えてみていただきたい。そのような問題に憲法の授業で明示的に言及する先生は明らかに、法哲学者も兼ねる憲法学者[26]である。

第5節　政府の役割という観点からの検討

14. 警察国家

ここからは、政府の役割という本章の中心テーマの観点からロックナー判決を見てみることにしよう。

ロックナー判決に登場する「警察権」police power とは何であろうか。そこでいう「ポリス」が、警察官や警察署という場合の「警察」より意味が広い、ということはわかるであろう[27]。解明の手がかりとして、まず、日本

25　前述第2章28参照。
26　前述第1章21頁参照。
27　ドイツ公法学から日本の行政法学に導入された「警察行政」という場合の警察概念と比べても、より広い。それは、国民の自由を制限するという目的の消極性と手段の権力性とによって定義

の行政法の大家である田中二郎（1906-1982）の教科書から引用しておこう。

V-5 　田中二郎『新版　行政法　上巻　全訂第 2 版』[28] 18-19頁
　　法治国家思想は、もともとは政治的原理の表現又は政治的要求の標語として唱えられた。近代国家におけるこの主張には、二つの面がある。
　　一面においては、近世初期に、国家の目的を国民の幸福の実現におき、このために個人の生活のあらゆる領域にわたって国家の介入を無制限に認める専制的警察国家（Polizeistaat）を現出し、強力な国家権力によって国民を支配したのに対し、自然法的な自由主義の思想を背景として、国家の職能を、内容的に、国民の自由・平等を確保し、社会秩序と法秩序を維持することに限定すべきである、という政治的原理の表現または政治的要求の標語として、法治国家の観念が用いられた。
　　これに対し、他面においては、国家の職能を内容的に限定するに止まらず、むしろ方法的に、国家権力の行使は、常に法に基づき法に従ってされるべきであるという意味において、法治国家の観念を立て、近代国家は、この意味での法治国家でなければならぬことが主張された。
　　前者は、国家権力の及ぶ範囲または国家権力の内容を実質的に制限しようとする要求であり、後者は、国家権力の行使の方法を形式的に制限しようとする主張である。……

　この叙述は、法治国家思想の展開についてのドイツ国法学・公法学流の把握であり、「法の支配」、すなわち、法があるという裁判官および法律家の信仰に基づく（前述本章 9 参照）英米法流の把握――しかもアメリカの場合、憲法典のないイギリスと異なり、それが合衆国憲法および建国の理念と強く結びついている点に特徴がある――とは若干のずれがある。
　上記引用文章V-5 の第 2 段落のはじめに「近世初期」とあるが、高校の世界史で「絶対主義」の時代（16〜18世紀）とよばれるものにだいたい対応する。イギリスではその絶頂期は、エリザベス 1 世（在位1558-1603）の時代であり、フランスではルイ14世（在位1643-1715）の時代である。国王が富国強兵策を遂行して、常備軍と官僚制を備えた中央集権的な「国民国家」を確立した時代である。イギリスでは17世紀末名誉革命の頃にその時代は終わり、フランスでは18世紀末フランス革命の時期に絶対主義は終焉を迎えた。
　これらの先進国と比べるとドイツの絶対主義化は遅れ、1701年に成立した「プロイセン王国」がフリードリヒ大王（フリードリヒ 2 世）の治世（1740-

---

される。日本のアメリカ法研究者は、この日本法上の（今日では消滅しつつある）概念との混同をきらうためか、「ポリス・パワー」という訳語を好む。しかし、後述するように、起源をさかのぼれば同一のものに行き着く。

28　弘文堂、1974年。ただし、わかりやすくするため、原文にない改行を施した。

1786）を迎える頃になってはじめて、その絶対主義は全盛期を迎える。啓蒙専制君主の代表とされる彼による改革は、英仏と同様の政策を多く採用したにもかかわらず、基本的に「上からの改革」である点では英仏と対照をなす。領邦国家ドイツの統一はさらに遅れ、19世紀の1871年になってやっと、ビスマルク（1815-1898）の率いるプロイセン主導のもとでドイツ帝国が成立した。ドイツの場合、自由主義的な改革も含め、すべて上からのものであったから、19世紀を通じて、絶対主義の時代がずっと続いていたとみることもできる。

ポリツァイ（Polizei）[29]というものは、ドイツ特有の観念であり、田中二郎からの引用文章V-5にあるように、君主からみた「国民の幸福の実現」のために、君主は、国民の生活（いわゆる私生活も含めて）にも介入してよい、あるいは介入するべきであり、それを制約する自然権などは認めないという思想の表現である。要するに、警察権とは、絶対主義体制下の専制君主がもつ内政面の全権能をさす言葉である。

大日本帝国憲法にも、Polizei ポリツァイに相当する内容の記述がある。その第1条に「大日本帝国ハ万世一系ノ天皇之ヲ統治ス」とあり、第9条に「天皇ハ……公共ノ安寧秩序ヲ保持シ及臣民ノ幸福ヲ増進スル為ニ必要ナル命令ヲ発シ又ハ発セシム」とある。「公共の安寧秩序の保持」、「臣民の幸福の増進」が警察権の内容である。

くり返しになるが、警察権は、ヨーロッパの絶対主義時代の統治体制に由来する。それは、国王または君主が自分のいわば所有物である臣民を統治するためにもっていた内政面の権能である。自然権論における政府の目的と、内容はほぼ同じであっても、国民各個人のために存在するものではない点に注意する必要がある。原理上は、警察目的のために必要であれば、臣民はどのように処遇されてもよい。もっとも、君主側からは、国民は君主の子供みたいなもの（日本では「天皇の赤子」とよばれた）であるから、君主がそれを大事にしないわけがないという擁護論もしばしば提出されたが。

警察権は、国王または君主のもつ権能であるから、定義上、臣民[30]たる各

---

[29] これを研究対象とする官房学ないし警察学の歴史的展開については、西村稔『知の社会史――近代ドイツの法学と知識社会』（木鐸社、1987年）195-206頁参照。

[30] subject という英語は、まことによく感じが出ている。sub は「下」を、ject は「投げる」を意味する。

個人に免除権はない[31]。警察権の行使によって、国民に新たな義務が課せられたなら、国民はそれに服する責任を負う。

それゆえ、ペッカム裁判官がありえないとして批判しているような「州民が強健であることは州の利益であり、それゆえ、人々を健康にすることに資すると言ってよいどのような立法も、警察権の範囲内で制定された健康法として有効でなければならない」(その意見の第15段落) という考え方のほうが、警察権のもともとの意味にむしろ近いのである。

本章冒頭で触れた「夜警国家」とよばれるものは、絶対主義の後の時代のものであり、すでに触れたように、国家権力は国民各人のもつ自然権的自由権を保護するためにのみ存在するという思想と結びつくと同時に、国内交易だけでなく国際貿易を含めて、経済的自由主義とも結びついている。だが、ドイツの場合、こうした政治面、経済面での自由主義が警察権的絶対主義の思想とも結びついていたという点がイギリスなどとの違いである。

上記田中二郎からの引用V-5の第2段落に「自然法的な自由主義の思想」とあるが、これはおそらく、ロックまたはフランス人権宣言にみられる「自然権」思想をさすものと思われる。だが、ドイツ圏では、トマジウス (1655-1728)、クリスティアン・ヴォルフ (1679-1754)、カント (1724-1804)[32] と続く「自然法」思想は、英米仏のように個人のもつ自然権を強調するものではなく、国家の権能の優位を説く、まさにドイツ的なものであった。自然権を軽視するからこそ、国民個人のもつ自由と君主のもつ統治権との妥協をはかるものとして、個人にあっては実定法への服従を道徳法則への服従の一含意と説明し (カント)、国家 (=政府) にあっては国家制定法への服従を説く独特の道徳=法思想——いわばドイツ的な自由主義思想——が生まれたのである。英米流の自然権論からすれば、立法府も政府の一部であるから、立法府の立法による自己拘束によって自然権たる自由が守られるというのは奇妙な考え方である。このような歴史的経緯と考え方の根本的な違いとにこだわるかぎりでは、ドイツ型法治国家思想と英米法型法の支配とを単純に比較することはできない。

31　前述第3章**19**参照。
32　ミヒャエル・シュトライス編 (佐々木有司・柳原正治訳)『一七・一八世紀の国家思想家たち——帝国公 (国) 法論・政治学・自然法論——』(木鐸社、1995年) 参照。

ここでロックナー事件にもどると、何よりも興味深いのは、ポリツァイという特殊ドイツ的観念が20世紀はじめのアメリカにおいて生き残っている点である[33]。もちろん、そこでは、警察権は、「公衆の安全、健康、道徳および一般的福祉」（ペッカム裁判官の意見の第2段落）のために国（＝州）が行使できる権能とされ[34]、定義としてはドイツのそれとほとんど変わりがないものの、権能者が君主ではなく州政府にあるとされている点、ならびに、自然権あるいは憲法上の権利による制約を受けることが明示的に認められている点でドイツ的警察権とは異なっている。にもかかわらず、ハーラン裁判官の意見から明らかにうかがえるように、当時のアメリカの進歩派が、警察権による国民生活への介入を積極的に認めている点は注目される。ペッカム裁判官が、絶対主義（アメリカからみれば独立戦争当時のイギリス政府もこれに含まれるであろう）からの解放の根拠となった自然権の優位を説く古い理屈を持ち出したのに対して、ハーラン裁判官は、啓蒙専制君主ならぬ啓蒙民主州政府の警察権をもって対抗しているかのようである。

アメリカは英仏と異なり、警察国家から夜警国家へという経路をとらず、出発点から実態としては夜警国家に近いものであったから、なおさらわかりにくい。アメリカは、夜警国家から警察国家の変種へ向かったのであろうか。あるいは福祉国家に向かったのであろうか。

15. 福祉国家

福祉国家という概念も、多義的で非常にわかりにくい。絶対主義国家または警察国家も、国民全般の幸福・福祉の実現をめざしたという点を強調すれば「福祉国家」の一種である。しかし、そこでめざされたのは、あくまで国民全般の福祉の実現であり、ミッシェル・フーコー[35]が強調するように、貧

---

[33] 当時のほとんどすべての学問の先進国ドイツへのアメリカの学者や役人の留学またはドイツ語文献の参照を通じてもたらされた事態だと推測されるが、不勉強のため、私にはよくわからない。

[34] 根拠条文は、合衆国憲法第10修正（1791年）「この憲法によって合衆国に委ねられておらず、また憲法によって州に禁じられていない権能は、それぞれの州または人民に留保されている」である。訳文は、松井（前掲本章注9）356-357頁による。ただし、前述第3章の用語法にあわせ、松井訳の「権限」は「権能」に改めた。

[35] ミシェル・フーコー（田村俶訳）『監獄の誕生——監視と処罰——』（新潮社、1977年）、ミッシェル・フーコー（神谷美恵子訳）『精神疾患と心理学』（みすず書房、1970年）、M・フーコー編（岸田秀・久米博訳）『ピエール・リヴィエールの犯罪』（河出書房新社、1995年）等参照。日本

民、犯罪者、同性愛者、伝染病患者、精神異常者等を排除し、彼らから社会を防衛するという思想[36]および政策と一体となっていた。刑事政策と直結する「骨相学」や「優生学」[37]、あるいは精神医学の一部も、そのような思想と結びついている。

　福祉国家の理解を何よりもむずかしくしているのは、現代の福祉国家においてすら警察国家的福祉国家の社会防衛論の実践が消滅しているわけではないという点である。現在の日本でも、ホームレスの人々の扱いを観察すれば、そのことはだれにでもわかるであろう。そこにみられる事実は、一方的な保護の提供と引き換えに社会から排除するという政府（地方自治体）の実践と、それを支持する国民多数派の願望である。

　このような法哲学上重要な問題をわきにおけば、「福祉国家」の最も普通の定義は、第２次大戦終結前後のイギリス労働党の「揺籠から墓場まで」という政策スローガンに象徴されるようなものであり、累進課税を通じた貧富の格差の解消、労働者の権利の保障、財政金融政策を通じた完全雇用の実現、社会保険・年金等による社会保障の充実等をめざす国家のことである。だが、その先駆は、1880年代のビスマルクによる社会保険の実行とされるので、ここでも警察国家の影が付きまとう。

　さらに、20世紀的福祉国家とよぶためには、社会保険（労災保険、失業保険、健康保険、年金等）についても、軍人や公務員、鉱山労働者といった限られた職業についてだけでなく、労働者全般または国民全員にまで社会保険ないし社会保障の対象が広がらないと、十全な意味での「福祉国家」とはみなさないのが通例である。

　福祉国家については、これらの定義と並んで、国民総所得に対して社会保障関係費の占める比重の大きさによって定義するという方法もある[38]。これらの「普通の」定義のいずれによっても、ロックナー事件当時のアメリカは

の法哲学者によるフーコー論として、関良徳『フーコーの権力論と自由論　その政治哲学的構成』（勁草書房、2001年）参照。

　36　英語ではsocial security「社会防衛」という。今日では同じ言葉が「社会保障」という意味で使われるから、ますますわかりにくい。

　37　最近の日本の法哲学者による、優生学の新動向の紹介検討として、桜井徹『リベラル優生主義と正義』（ナカニシヤ出版、2007年）がある。

　38　以上の３段落については、クリストファー・ピアソン（田中浩・神谷直樹訳）『曲がり角に来た福祉国家——福祉の新政治経済学』（未來社、1996年）とくに第４章参照。

「福祉国家」とは言いにくい。アメリカ合衆国が普通の意味での「福祉国家」に移行するのは、早くても1930年代のニューディール期以降である。

16. ロックナー事件当時のアメリカの世論

連邦国家アメリカは、連邦政府の権能と州政府の権能との対立が建国当初からあり、福祉国家への発展は、きわめて複雑である。ロックナー事件の背景をアメリカ憲法史家M. L. ベネディクトに拠って見ておこう。

> V-6　ベネディクト『アメリカ憲法史』[39] 119-123頁
> 「レッセ・フェール」の主張には経済的側面と倫理的側面があった。経済的主張としてのレッセ・フェールとはつぎのように要約できる。経済は、政府が介入しないときに最も効率的に機能する。……
> レッセ・フェールの倫理的主張とは、つぎのようになる。レッセ・フェールの信奉者は、物価や賃金はすべて需要と供給の法則によって決定されると信じていた。……自由な取引によって当事者が同意した価格は、その内容がどうであれ、公正な価格である。
> ……この経済システムは、人々の自由に取引する権利を政府が保障してはじめてうまく機能する。したがって、ある会社が他の会社の市場参入を妨害したり、二つの会社が共謀して商品の供給を操作しようとすることは違法とされねばならない。同様に労働者の団体が共謀して、他の労働者がより低い賃金で働こうとするのを妨害するのも違法とされねばならないのであった。
> レッセ・フェールを主張する人々は、このシステムの下では、才能があり、勤勉で、志操堅固な人は成功し、これらの美徳を欠く者は没落すると信じていた。したがって、裕福になった人々はもともとそれに値する人々だったのであり、貧困は人格の欠陥の結果とみられたのである。貧しい人々は非道徳的な行為に走り、犯罪を犯し、不潔で不健康な生活を送っていると考えられた。……
> レッセ・フェール論者によれば、民主主義には、無知で怠惰で非道徳的で貪欲な連中が、政府の力を使って、自由な市場では得られない有利な取引をもくろむという重大な危険があった。「怠惰な」労働者は、一日の労働時間を八時間に制限する法律を制定させることによって、もっと長時間働こうとする人々から職を奪おうとしている。これは、同じ賃金でもっと多くの労働を得られたはずの使用者の権利と、自らの勤労意欲を十分発揮できなった勤勉な労働者の権利をともに侵すものであった。したがって、「八時間労働」法は、あるクラス（共通点を持つ一定範囲の人々）の犠牲の下に他のクラスの利益を図る「特殊利益立法（special legislation）」ないし「クラス立法（class legislation）」なのである。このような立法は、政府は国民全員の利益を平等に保護しなくてはならないという原則をないがしろにしていた。レッセ・フェール論者たちは、とくに社会主義、共産主義に敵対的であった。……

---

[39] 常本照樹訳、北海道大学図書刊行会、1994年。引用にあたっては、途中の見出しは省略した。

1870年代から1900年ごろまで、このようなレッセ・フェール思想が国民の間に広く浸透していた……。

　社会の改革を主張する人々はレッセ・フェールの打倒をめざした。彼らは、新しい産業国家においては人々が公正に取引することは不可能になっていると主張した。大企業はその力によって商品の供給や労働の需要を操作することができる。もはや自由な取引などというものは存在しないのである。……

　改革者たちは、貧困の責任は貧しい人々自身にあるという考えに与しなかった。不道徳な行為や犯罪が貧困を生むのではない。貧困こそが病気や犯罪、不道徳な行為を生み出すのだというのが彼らの見方であった。犯罪や病気、不道徳な行為を減少させることは社会全体の利益になるのであるから、貧困を救済するための法律は「クラス」立法ではない。このような立法は一般の福祉を増進するものである。この立場に立つ人々は、「一般福祉国家」を実現すべきだと主張したのであった。

　以上の引用からもわかるように、ホームズがみてとったとおり、ペッカム裁判官とハーラン裁判官は、当時の世論をそれぞれ代表していたのである。後者のほうが少数派ではあったが。なお、「一般福祉国家」という用語は、州がもつ警察権の内容が「一般（＝州民全員）の福祉」の実現であるということにかけて用いられている用語であると同時に、それが、州だけでなく、連邦政府も含めて、(萌芽的ではあるが)「福祉国家」の一種であるという含みもある用語である[40]。

17．革新主義の時代

　その後、ニューディール期に至るまでレッセ・フェールの思潮が続いたかというと、話はそう簡単ではない。

> V-7　ベネディクト『アメリカ憲法史』[41] 129-135頁
>
> 　1896年の大統領選挙においては保守主義が明らかな勝利を収めたにもかかわらず、1890年代末から1919年ごろまでの期間は「革新主義の時代」と呼ばれる。一般の福祉の増進をめざした立法が盛んに行われた、はじめての時代である。
>
> 　……革新主義者は、国民全員に平等な機会が保障されるべきであり、「クラス立法」は誤りであるとする点では、伝統的な考えを共有していたのである。しかし、近代的産業社会においては、そのような平等な機会が確保されるように政府が積極的に行動しなくてはならないと彼らは主張した。……すべての人々の機会が真に平等になるまでは、国の富の一部を富める者から貧しい者に移転することこそが、社会全体の利益になるの

40　同書160頁参照。
41　前掲注39参照。ただし、亀甲括弧内は亀本による補い。

だ、というのが革新主義者の主張だったのである。
……　……
　これらの法律はすべて「一般福祉国家」の哲学を反映していた。これらの法律の多くは、自由市場による配分とは異なった富の再配分を行うものであった。このことは、最低賃金や労働時間を定めた労働関係立法において最も顕著であったが、他の規制立法についても同じことがいえた。……
　革新主義の諸立法は、政府にも大きな変化をもたらした。合衆国大統領と州知事の持つ行政権が大きく増大した。行政部内においてその長が法案を準備するようになったのもこのときからである。大統領や知事には法案提出権がないため、友好的な議員がこれらの法案を議会に提出する。……
　〔シオドア・〕ローズヴェルト大統領は、大統領制についての「スチュワード・シップ理論」を提唱した。連邦議会は地元の選挙民を代表しているだけなのに対して、大統領は全国民を代表している、とローズヴェルトは主張した。したがって、大統領は、国民の福利を保護する特別の責任を負っているのである。……
　もう一つの重要な展開は、州および連邦政府における多くの行政委員会の成立である。これにより、政府がより積極的に経済の規制を行うことが可能になった。連邦議会や州議会も、一般的規制立法を行い、それから行政委員会にその法律の執行に際して細部を決定させることができるようになった。……
　連邦政府の権限〔＝権能〕は、革新主義の時代に劇的に増大した。それには主として二つの理由がある。第一に、全国規模の市場と運輸システムの発達により、規制対象となるビジネスが激増したことがある。鉄道や銀行は明らかに州際通商にかかわっているので、連邦政府の規制対象となる。第二に、全国規模の経済システムが発達したことによって、州がこれを効果的に規制することが困難になったのである。……
　市民の安全、健康、道徳を守るための連邦権限、すなわち「連邦ポリス・パワー」がこうして発達した。しかし、合衆国憲法のどこを見ても、連邦政府に対してそのような規制立法を行う明示的権限を付与した規定はない。……

18. リベラルと保守の対決の1920年代

V-8　ベネディクト『アメリカ憲法史』[42] 147頁

　最高裁内部の多数派と少数派の対立は、国全体における同様の対立を反映していた。1920年代は、アメリカにおいて相異なる社会観が鎬を削った時代だったのである。一方の「保守主義者」は、アメリカ社会についての旧来の見方に固執し、個人の成功または失敗はひとえに本人の責任であると信じていた。……他方には、このような考え方は絶望的に時代錯誤だとみる人々がいた。大都市で勢力を有していた彼らは、社会構造はいまやきわめて複雑になり、人々が自分の生活をコントロールすることはできなくなってしまっているのだから、貧乏や堕落を彼らの責に帰すことはできないと信じていた。彼らは、社会の多くの問題は貧困を追放することにより解決されうると確信し、そのために富める者から貧しい者に富を移転するような立法、すなわち最低賃金法、労働時間制限法、年金法、労働組合法などを支持したのである。彼らはまた、このような革新的な

42　前掲注39参照。

考えを法律で抑圧し、人々に特定の道徳律を強制しようとする保守主義者の動きに反対した。人々が自ら望むことを信じ、望むように行動する自由についての寛容な態度のゆえに、これらの人々は「自由主義者」〔liberal リベラル〕と呼ばれるようになった。

　アメリカにおけるリベラリズムは、この引用文章V-8で説明されているような、富の再分配と道徳や表現に対する寛容な態度との結合であり、アメリカの保守派、すなわち道徳的・宗教的非寛容とレッセ・フェールの結合に対抗する概念である。古典的自由主義とよばれるものは、寛容とレッセ・フェール（正確には、伝統的な民法や刑法のルールのもとでの自由な交換）の結合であるから、アメリカ的リベラリズムは、特殊アメリカ的なものである。にもかかわらず、リベラリズムのアメリカ的用語法が、20世紀以降、世界を席巻している。

　日本で使われている「福祉国家的リベラリズム」という法哲学ないし政治哲学の専門用語は、再分配に注目する用語であり、道徳的寛容にかかわるアメリカ的対立については含意がはっきりしない。プライバシーの権利や妊娠中絶に関する女性の自己決定権なども道徳的寛容の一帰結と考えることができ、そこまで言えば、「福祉国家的」リベラリズムという用語を漠然と使っている日本の法哲学者のほとんども、道徳的寛容がアメリカ的意味でのリベラリズムに含まれていることを認めると思う。しかし、他方で、アメリカの保守派は、道徳的に不寛容な者たちを含むと同時に、自由企業体制を支持し、選択の自由を強調する者たちをも含んでいる。選択の自由と自己決定権とは、概念的に区別することがむずかしいだけでなく、どちらも寛容から導くことができる。このような次第で、リベラリズムという言葉が何をさすのかは、個々の論者の説明をきかないとにわかにはわからないものとなる。

　リベラリズムのもともとの意味を知るため、ミーゼスの文章を引いておこう。

V-9　ミーゼス『経済科学の根底』[43] 114-117頁

　　啓蒙思想の政治的所説において重要な点は、国王の専制政治を代議政治に替えることであった。スペインの憲法闘争〔1820年〕において、ブルボン・フェルディナンド〔正しくはフェルナンド〕七世の絶対主義者の野望に対して戦っていた憲法制度支持者たち

43　前掲第4章注107参照。亀甲括弧内は亀本による補い。

は、自由主義者と呼ばれ、国王体制支持者たちは奴隷主義者と呼ばれた。間もなく、自由主義（リベラリズム）という名称が、ヨーロッパ全域に広まった。

……自由主義者は、すべての国の人々の繁栄と精神的物質的福利の順調な発展を確保したいと願っていた。彼らは貧困と窮乏の絶滅を望んだ。そのような目的を達成する手段として、国際的ならびに国内的平和の下で、すべての市民を協力へ向かわせる制度を主唱している。彼らは……現代文明の正に基盤である市場経済は、平和的協業を包含し、人々が商品とサービスを交換する代わりに戦い合うと、バラバラに崩壊することをよく理解していた。

他方で、自由主義者たちは、支配者の権力は物力に依存しているのではなく、思想に依存していることをよく理解していた。デイヴィド・ヒュームが……指摘したように、統治者は常に人々の中での少数派である。彼らの支配下にある無数の多数派に対して服従を求める彼らの権威と権力は、彼らの首長への忠誠心と、彼らの命令に従うことによって、自分たちの利益に役立たせるという後者の世論から生じている。もしこの世論が弱まると、多数派は早晩反乱を起こすだろう。……平和のそのような暴力的騒乱とその致命的な結果を回避し、経済体制の平和的協業を擁護するために、自由主義者たちは、多数派による代議政治を主唱する。……

国民の多数決による統治を主唱した十九世紀の自由主義者たちは、多数者、すなわち多数派の知的道徳的完全性について、いかなる幻想も抱かなかった。……

これらの自由主義者たちは、いかなる人間の無謬も、また多数派の無謬も信じていなかった。彼らが未来について楽観的であったのは、知的エリートが多数派を説得して望ましい政策を承認させることができると期待していたからである。

過去数百年の歴史を見ると、これらの希望はまだ実現していない。……ともかく、大衆が知的道徳的に優れており、したがって無謬であるという所説が、「進歩的な」政治宣伝の基本的ドグマとなったのは事実である。それをさらに論理的に発展させて、多数派が社会の政治的経済的組織について立案した計画は、すべて成功するという信念を生み出した。人々は、干渉主義ないし社会主義が、その主唱者たちの期待する効果を挙げ得るか否かを、もはや問うことをしない。投票者の過半数がそれを求めているという事実だけで、それが成功することの論破不可能な証拠であると考えている。……

しかし、真理の規準は、それを認める者が誰一人いなくても、役立つということである。

もともとのリベラル（自由主義者）もアメリカのリベラルと同様、貧困の絶滅をめざしたが、そのための最善の手段として再分配ではなく、市場を通じた分配を考えていたのである。それぞれの時代の豊かさの違いといえばそれまでではあるが。国が全体として貧しければ、国内での再分配など主張する者は、独裁者を除けば、出てこない。やれば餓死者が増えるだけである。逆にいえば、再分配の主張が有力ということは、国がそれなりに豊かな証拠でもある。

また、リベラリズムと民主主義が不可分の関係にあると考えている点でも新旧のリベラルは同じであったが、大衆への信頼度については、アメリカのリベラルのほうが大きかったように思われる。いずれにせよ、V-9の最後の2段落からうかがわれるように、ミーゼスなら、ホームズ裁判官の反対意見のようなものは不可知論、かつ無責任と決めつけるであろう。

19. 社会主義から福祉国家へ

　以上のベネディクトおよびミーゼスの引用文章からも示唆されるように、福祉国家について理解するためには、社会主義の運動と思想についても知る必要がある。ヨーロッパと比べればアメリカでは社会主義の運動は弱かったし、社会主義革命の脅威は、空想的なものとしてはともかく、現実的なものとしては全然存在しなかった。アメリカのリベラリズムは、ヨーロッパや日本で相当の支持者を得たマルクス主義ないし社会主義の代替物とみることができる。アメリカでいうリベラリズムは、ヨーロッパでいう「社会民主主義」に相当すると説明されることも多い。ここで、社会主義に断固反対するハイエク（1899-1992）の見解をきいてみよう。

　　V-10　ハイエク『自由の条件〔Ⅲ〕福祉国家における自由』[44]　4-15頁
　　　……後世の歴史家はおそらく1848年の革命[45]から1948年頃までの期間をヨーロッパ社会主義の世紀とみなすであろう。
　　　この期間には、社会主義はかなり正確な意味と明確な綱領をもっていた。すべての社会主義運動の共通の目的は「生産・分配および交換手段」の国有化であって、それゆえすべての経済活動はある社会的正義の理想に向かう一つの包括的な計画にしたがって指導されることになるはずであった。……社会主義は、生産手段の共同所有と「これを利潤のためではなく使用のために用いること」を意味した。
　　　過去〔この本の出版年1960年から数えて〕10年間に起こった大きな変化は、社会的正義を達成するための一つの特殊な方法としてこの厳密な意味での社会主義が崩壊したことである。……

44　気賀健三・古賀勝次郎訳、〈新版ハイエク全集第Ⅰ期第7巻〉春秋社、2007年。原著は、F. A Hayek, *The Constitution of Liberty*, London and Henley, Routledge & Kegan Paul, 1960. 第2段落の引用符内の「使用」は、邦訳では「有用性」となっているが、改めた。原文は "employment for use, not for profit" である。以下、本書からの引用にあたっては、とくに必要のないかぎり、上記邦訳に原著頁の指示があることもあって、原著の該当箇所は省略する。なお、亀甲括弧内は亀本による補い。下線も亀本による。

45　ウィーン体制を崩壊させた、フランスの二月革命、ならびにオーストリアおよびプロイセンの三月革命等をさす。

この変化の理由はさまざまある。……しかし、ソビエトの経験は一般的にはマルクス主義型社会主義の信用をなくしたものにすぎなかった。社会主義の基本的方法についての一般の幻滅感はより直接的な経験にもとづいている。

幻滅をもたらす役割を果たした主要な要素はおそらく三つあろう。一つ目は生産の社会主義的組織が私企業よりも生産的でないどころか、はるかに劣るという認識が進んだこと。二つ目はより大きな社会的正義に導くと考えられていたものをもたらすどころか、社会主義的組織は新しい専断と以前よりもまぬがれがたい階層秩序を意味するという認識が一段と明白なったこと。三つ目は〔社会主義的組織は〕約束されたより大きな自由の代わりに、新たな独裁政治を意味するであろうという実感である。

…… ……

しかし、集産主義的社会主義の特徴的方法〔生産手段の国有または公有と、中央当局からの指令〕を擁護する者は西側にはほとんど残っていないものの、その究極の目的は魅力をほとんど失ってはいない。社会主義者はもはや目標がいかにして達成されるべきかに関して明確な計画をもっていないが、依然として社会的正義についての概念と一致する所得の分配がおこなわれるように経済を操作したいと願っている。……

……さらに〔,〕古い社会主義者の多くは、時代がすでに再分配的国家の方向に大きく進んだので、いまや信用を失った生産手段の社会化を迫るよりも、再分配国家の方向へいっそう押し進むほうがはるかに容易であることに気がついたのである。〔名目上は〕民間産業として残っているものに対する政府の統制を増大させることにより、かつては剥奪といった人目をひく政策の実質的目的であった所得再分配を容易に達成することができることに気づいたように思われる。

……

社会主義とは異なって、福祉国家の概念はなんら正確な意味をもっていない。その言葉はときどき、法と秩序の維持以外の問題に何らかの形で「関心をもっている」国家をあらわすのにもちいられている。一部の理論家のなかには、政府の活動を法と秩序の維持に限定すべきことを要求してきた者がいるけれども、そのような立場は自由の原則から見て正当化することはできない。政府の強制的手段だけはきびしく制限する必要がある。すでに（第15章で〔その表題は「経済政策と法の支配」〕）明らかにしたように、広い分野にわたり政府の非強制的活動がまぎれもなく存在し、その活動の資金を税金によってまかなうことが明らかに必要である。

……あらゆる現代の政府は窮貧者、不運な者および障害者対策をおこない、健康問題と知識の普及に注意を払ってきた。これらの純粋な奉仕〔serviceサービス〕活動が富の成長とともに増加すべきでないとする理由はなにもない。集合的行動によってのみ満たしうる、しかも[46]、個人的自由を制限することなく提供しうる共通のニーズがある。豊かになるにつれて、自らの面倒を見ることができない人びとに共同社会がつねに提供してきた生存の最低限度、そして市場の外で提供しうるその限度はしだいに上昇し、政府が有効かつ害を及ぼすことなくそのような努力を援助し、またさらにはそのような努力を率先しておこなってよい[47]ということはほとんど疑問の余地がない。政府が社会保険および教育のような分野においてなんらかの役割を演じてはならぬとか、主導権をとってはいけないとか、あるいは一時的にある実験的開発を補助すべきでないとする理

---

46 邦訳にある「それゆえ」を削除して、改めた。
47 原文 may に対応して、邦訳には「おこなうことがある」とあるが、改めた。

第5節　政府の役割という観点からの検討　*255*

由はほとんど存在しない。<u>ここでの問題は政府活動の目的よりもむしろその方法にある</u>のである。
　……国家は法と秩序の維持に関連しない問題についてはなにもすべきでないとする立場は、国家を一つの強制装置とみなすかぎり論理的であるように思われる。けれども、国家を一つのサービス機関としてみなすならば、おそらく他の方法ではむずかしい目的の達成を支障なく援助することができるということは認めなければならない。それゆえ、政府の新しい福祉活動の多くが自由にとって脅威となる理由は、それらが単なるサービス活動として提供されるとしても、実際には政府の強制力の行使を含み、〔一定分野で〕排他的な権利を要求することにもとづいているということにある。
　……　……
　……さらに保障〔security〕の問題、全員に共通する危険にたいする保護という重要な問題もある。その場合、政府はしばしばこれらの危険を減少させるか、あるいは危険にたいする人びとの備えを援助することができる。しかしながらここで、二つの保障概念を区別することが重要である。その一つはある限度の保障で全員にとって達成可能ないかなる特権ともならないものと、もう一つは絶対的な保障でそれは自由社会において全員にとっては達成不可能なものとである。前者はきびしい物質的欠乏にたいする保障、すなわち全員にたいする一定の生活最低限度額の保障であり、後者はある一定生活水準の保障で、個人あるいは集団の享受する水準とほかの人びとあるいは集団のそれとを比較することによって決定される。したがってその差異は、全員にたいする等しい最低所得の保障と、ある個人が受けるに値すると考えられている特定の所得の保障との区別である。後者は福祉国家をあおる第三の主要な野心、すなわち財のいっそう均等な分配もしくは公正な分配を保障するために政府の権力をもちいたいという願望と密接に関連している。これによって特定の人びとが特定のものを得ることを保障するために政府の強制力をもちいるべきであることを意味するかぎり、それは異なった人びとにたいするある種の差別と不平等な扱いとを必要とするもので、自由社会とは両立しない。「社会的正義」を目的とし、「第一義的に所得再配分者」となるのはこうした福祉国家である。それは必然的に社会主義とその強制的かつ本質的に恣意的な方法へ逆もどりすることになる。
　福祉国家の目的の・一部・は、自由を害する方法によって・のみ・達成しうるものではあるが、その目的・すべて・をそのような方法によって追求することもできるかもしれない。今日の主要な危険は、政府のある目的がひとたび正統[48]なものとして受け入れられると、つぎには自由の原則に反する手段でさえ正統に利用しうると想定されることである。
　……　……
　市民のある種の必要が単一の官僚的機関の独占的事業となった場合に、その機関を民主的に管理すれば市民の自由を効果的に保護することができると考えるのはまったくの幻想である。個人的自由の保持に関するかぎり、単にあれこれをなすべきであるとする立法府と、これらの指令を実行する排他的権力を与えられる行政装置とのあいだの分業は、考えられうるもっとも危険なやり方である。あらゆる経験の確証するところであるが、とくにイギリスとアメリカの経験から十分明白であるように、「行政機関がその眼前にある当面の目的を達成しようとする熱意は、自らの任務を狂わせることになり、憲

48　邦訳は「正当」であるが、原文 legitimate は、すべて「正統」と訳し直した。

法上の限界と保障された個人の権利も、政府の至高の目的とかれらがみなすものを達成する熱心な努力の前に、道を譲らなければならないと想定させるにいたる。」
　今日、自由にたいするもっとも大きな危険は、現代の政府においてもっとも必要でもっとも有力な人たち、すなわち公共の利益とみなすものに独占的にたずさわっている有能な専門行政官から生じるといっても誇張ではないであろう。……

　ハイエクとアメリカの保守派との最大の違いは、ハイエクが、ある程度豊かな社会では、最低保障は政府によって提供されるべきだとする点である[49]。また、以上の引用には現れていないが、ハイエクは、寛容については、アメリカのリベラルに勝るとも劣らず重視する[50]。政府の果たすべき役割全般についても、アダム・スミス以上に寛大である。
　だが、ハイエクの見解で最も注目するべき点は、「ここでの問題は政府活動の目的よりもむしろその方法にある」という下線を引いた部分にある。本章の表題はあえて「政府の役割」としたが、ハイエクからすれば、そのような問題設定自体が間違っているということである。ロックナー判決も、政府が何をどこまでしてもよいかという問いかけに終始している。そこでは、目的手段関係についても触れられてはいるが、実際上は、それが警察権の範囲に入るか否かという問いの形で政府の目的しか検討していないように思われる。ハイエクは、再分配的リベラル派の問題点は、目的よりも、その方法つまり、自由の原則を侵害するような方法で国家の強制権力を用いざるをえない点にあると批判しているのである。
　田中二郎が紹介しているような自由主義的法治国家とか、社会的法治国家といったドイツ的分類図式は、法学的には意味があるかもしれないが、専門家としての行政官僚の実態を研究せずしては法哲学的には空虚である。遺憾ながら、私にも研究能力はないが。

20.「福祉国家」の概念の由来

　福祉国家概念の歴史的経歴についても、ハイエクは簡潔かつ正確に説明し

---

[49] しかし、よく読むと、その積極的根拠がほとんど挙げられていない点にも注意されたい。ハイエクは、「してはいけない理由はない」という論法をくり返しているだけである。これも「無知からの論法」の一種である。
[50] F・A・ハイエク（西山千明訳）『隷属への道』（新版ハイエク全集第Ｉ期別巻、春秋社、2008年）10頁参照。また、「保障」の問題については、同書第９章も参照。

てくれている。

V-11　ハイエク『自由の条件〔III〕』[51] 217-218頁

「福祉国家（welfare state）」という用語が英語として使われるようになったのは比較的新しく、おそらく25年前〔1935年〕にはまだ知られていなかったであろう。ドイツでは福祉国家（Wohlfahrtsstaat）という言葉が長い間使われ、それが描く制度が最初に発達したので、英語の福祉国家という用語はたぶんドイツ語からきたものであろう。次のことは注目に値する。すなわち、ドイツ語の福祉国家という用語ははじめから、警察国家[52] police state（Polizeistaat）の概念の一変種を記述するために用いられていた――19世紀の歴史家たちによってはじめて、18世紀の政府の〔その歴史家たちからみて〕より都合のよい側面を記述するために――ということである。福祉国家の現代的概念をはじめて完全に展開したのは、ドイツの大学の社会政策家〔学者〕Sozialpolitiker、あるいは「講壇社会主義者」で、それは1870年以降であり、最初に実践したのがビスマルクであった[53]。

　イギリスにおける同様な展開は、フェビアン主義者たちやA. C. ピグー、L. T. ホブハウス（L. T. Hobhouse）などの理論家たちによって構想され、ロイド・ジョージ（Lloyd George）やベヴァリッジによって実行に移されたが、しかし、少なくともその初期においては、ドイツの先例に〔強い〕影響を受けた。「福祉国家」という用語が受け入れられたのは、ピグーや彼の学派が提供した理論的基礎が、「厚生経済学（welfare economics）」として知られていた、という事実によっても助けられた。

　F. D. ローズベルトが、ビスマルクやロイド・ジョージの跡を継いだ時までに、アメリカでも同様な基盤がほとんど用意されていた。1937年[54]以来、最高裁判所が、合衆国憲法の「一般的福祉」条項を用いてきたことが、当然、他の国ですでに使われている「福祉国家」という用語の採用を導いたのである。

51　前掲注44参照。邦訳をごくわずか修正した。
52　邦訳の「治政国家」を改めた。
53　現代のドイツの学者や知識人が、「福祉国家」という用語の代わりに、「社会国家」、「積極国家」、「介入主義国家」といった用語を使う背景には、このような事情と、なによりも、ナチス・ドイツも明らかに「福祉国家」であったという事情とがある。英語や日本語と違い、「福祉」というドイツ語は、悪いニュアンスを背負っているのである。日本でも、厚生省は、特高警察と同じく、もともと内務省の一部門にすぎないとフーコー流に強調すれば、イメージを悪くすることができるかもしれない。誤解されないよう付言しておくが、これは冗談ではない。ハイエクが言うとおり、「福祉国家」という用語はあまりに多義的で無内容なので、少なくとも法哲学の学術用語としては、消去したほうがよいと思う。もちろん、それに代わるドイツ語の代用語も同時にだが。
　日本の法哲学者が、その言葉を聞いたときの情緒的な反応としては、よいと感じる人と悪いと感じる人が半々くらいではないかと推測する。普通の日本人なら90パーセント以上がよい感情を抱くであろうが。ここ10数年来厚生省関係者が使うノーマライゼーション normalization という言葉には、彼らの意図がどうであれ、私は嫌悪感に近いものを感じる。どうしても、20世紀まで「福祉国家諸国」がやっていた（ナチス等を除き性犯罪者に対してだけだが）断種を思い出してしまう。
54　ローズヴェルト大統領の政治的圧力により、連邦最高裁内の保守派の一部が態度を変え、リベラル派が多数派となり、連邦および州の社会経済立法に反対しなくなった、いわゆる「憲法革命」をさしている。本章8において、すでに触れた。

私が、ポリス・パワーについて、意図的に「警察権」という由緒ある訳語を採用した理由がわかっていただけたであろうか。私のなかでは、こうしてやっと、ロックナー事件とつながったのである。

　上の引用の最後から2行目に「一般的福祉」条項とあるが、合衆国憲法に明文の規定はない。修正第10条[55]が州のポリス・パワーすなわち一般的福祉権能についての規定であることについては法律家の間でのコンセンサスが古くからあったが、前述本章17で引用したV-7の最後でベネディクトがのべているように、連邦政府の「一般福祉」権能についての明文規定はなく、そのためには、連邦議会がもつ州際通商を規制する権能、課税権能、支出権能が拡張解釈されて援用された（合衆国憲法第1条第8節）。そこに、「連邦議会は次の権能を有する。合衆国の債務を支払い、共同の防衛及び一般的福祉のために支出する目的で、税、関税、賦課金及び消費税を課し徴収すること。[56]」とある。ハイエクは、おそらくこれをさしていると思われる。

　フランクリン・ローズヴェルト大統領以降、連邦の権能は州の権能を圧倒し、アメリカは、本格的な福祉国家に向かった。その傾向は、第二次大戦の戦時統制経済をへて、1970年代まで続くことになる。大きな政府への批判が高まり、世論が小さな政府を支持し始めるのは、1980年にロナルド・レーガンが大統領選挙に勝ったころからである[57]。

　なお、「大きな政府」、「小さな政府」という言葉は、政府の大きさについて学術的定義を与えた上で使われる用語ではなく、再分配的福祉と増税か、それとも規制緩和と減税かといった政治的宣伝文句にすぎない。軍事（費）の問題も大きいので、福祉や市場規制だけとって論じることに政治学的、経済学的、そして法哲学的意味はあまりない。

21. 歴史を勉強しよう

　ロックナー事件から始めて、アメリカの政治史に中途半端に立ち入りすぎたきらいあり、読者のみなさんにかえって混乱を与えたかもしれない。法学上、政治哲学上の概念の多くは、歴史的来歴を背負っており、それを知らず

55　前掲注34参照。なお、「修正第10条」といっても、「第10修正」といってもよい。
56　訳文は、松井（前掲注9）349頁による。ただし、松井訳の「権限」は「権能」に改めた。
57　ニューディール以降のアメリカの福祉国家政策の詳細については、新井光吉『アメリカの福祉国家政策——福祉切捨て政策と高齢社会日本への教訓——』（九州大学出版会、2002年）参照。

第5節　政府の役割という観点からの検討　　259

に、現在の用法だけで考えていると、緻密な思考ができないおそれがあることを注意したかっただけである。無責任な言い方ではあるが、私は歴史の専門家でもなんでもないので、正確な歴史については、各自自分の興味にしたがってよい書物を選んで、深く細かく学んでいただきたい。

　また、第一次大戦から第二次大戦にかけて、戦争が総力戦に近づくにつれて、戦時には計画経済ないし統制経済が採用されるようになり、戦後（とくに第二次大戦後）も、その影響が統治の機構と生きた行政官僚を通じて、福祉国家体制の発展に及んだことについては、綿密な歴史的研究が必要であり、法哲学者としての私の能力をこえることもあって、説明を省略した。しかし、現実の福祉国家を考える上では重要な論点であるので、各自勉強してみていただきたい。

　社会的正義の問題にかかわるかぎりでの福祉国家問題については、以下の諸章（とくに第9章）でも扱うので、本章はこの辺で終わりにしておこう。念のため付け加えておくが、本章（だけではないが）の狙いは、ロックナー判決等の引用文章を読んで自分で考えていただくということであるから、くれぐれも、私のコメントを暗記するなどという無益なことは（する人はまずいないと思うが）しないでいただきたい。

第6章　市場と競争

　後述の第9章では、「分配の正義」の問題を中心に、現代正義論とよばれる法哲学の一分野を扱う。そこでは、「分配の正義」という観念を認めないハイエクやノージックのような人々は劣勢で、「市場」による所得の分配が正義にかなっていないとして、政府による「再分配」を通じた平等の実現を説く論者が優勢である。

　しかし、そのような再分配支持論者たちは、彼らが「市場による分配」を批判する際、そこにいう「市場」が何をさすのかを、法哲学者にとって十分なほど明確に語ってはいないように思われる。したがって、本章および次章では、分配の正義をめぐる法哲学上の諸問題を取り上げるための準備作業として、経済学から学んで、「市場」が何をさすのかを明らかにしておきたい。

　本章で私が導きの糸としたのは、カール・メンガー（1840-1921）の経済学である。彼の著作は、経済学史の専門家を除き、今日では経済学の専門家がだれも読まないような代物である。社会科学のなかで最も成熟した科学として、経済学は、クーンの言うとおり、「自らの過去を破棄する」、したがって、古典のほとんどは「地下倉庫送り」となる[1]。

　しかし、私はメンガーから、「市場」や「競争」について多くのことを学ぶことができた。メンガーの経済学は、現代の経済学者であれば1秒で理解し、1分で教えるような内容を、「遅々として進む」あるいは「鈍重かつ独創的」という表現がまさに適切であるような仕方で粘り強く考え抜いて出来上がったものである。それだけに素人の私にとっては、納得できる点が多かった。

　法哲学者の多くは、経済学上の諸定理は「ひととおり」知ってはいても、

---

[1] 前述第1章26頁参照。

経済学的なものの見方をよく知ってはいないように思われる。必要ならばどのような分野も勉強しなければならない法哲学の研究者と学習者にとっては、それぞれの学問分野の細かい内容よりも、まずはその分野のものの見方あるいは「精神」を理解することが肝要である。

第1節　経済学における普通の説明

1．価格メカニズムについての普通の説明

　メンガーの経済学に入る前に、ほとんどすべての教科書に書いてある（競争的）「市場」における価格決定（価格メカニズムとよばれる）についての普通の説明を紹介しておこう。

　図6-1のグラフをご覧いただきたい。ある財の価格が縦軸に、その財の需要量または供給量が横軸にとられている。Dは需要曲線とよばれる（図に描かれているのは直線であるが、当面の問題にとって、右下がりか右上がりかだけが問題となるときは、直線で代用してかまわない）。Dが右下がりであるのは、価格が下がれば下がるほど、市場の需要量（買手たちがその財を、その価格でなら買ってもよいと思う量）が増加するという事実を反映している。Sは、供給曲線とよばれる。それが右上がりであるのは、価格が上がれば上がるほど、市場の供給量（売手たちがその財を、その価格でなら売ってもよいと思う量）が増加するという事実を反映している。市場におけるその財の価格は、

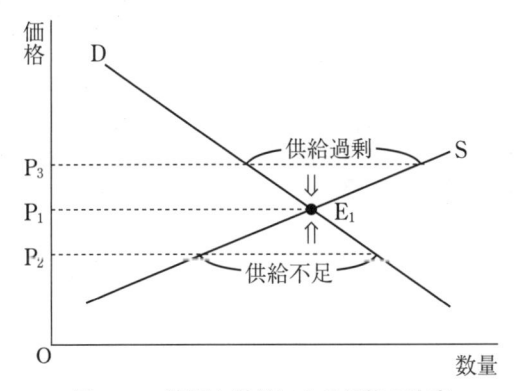

図6-1　需要と供給による価格の決定

最終的に、DとSの交点E_1に対応するP_1に定まるとされる（E_1は均衡点、P_1は均衡価格とよばれる）。

市場で実際に取引される価格が均衡価格より低い（たとえばP_2）と、需要量が供給量を上回って、供給不足が生じ、買手たちはやがて値上げ競争を始め、価格は均衡に向かうであろう。逆に、市場価格が均衡価格より高い（たとえばP_3）と、需要量が供給量を下回って、超過供給（売れ残り）が生じ、売手たちはやがて値下げ競争を始め、価格は均衡に向かうであろう。いずれの場合も、均衡点に向かわせる力が働き、市場価格は、最終的に、P_1に落ち着くとされる。

2．需要の変化

今度は、図6-2をご覧いただきたい。D_2は、D_1に比べ、何らかの原因（たとえば消費者の嗜好の変化）によって、需要が減少した場合の需要曲線である。この場合、需要曲線は下または（同じことだが）左にシフトする。すると、図からわかるように均衡価格は低下する。需要減少の原因が、たとえば財に消費税が課せられたことにあるとすれば、その影響を同じグラフを使って分析することができる。また、需要がD_2からD_1に変化したと考えれば、需要の増加の影響についても同様に考察することができる。

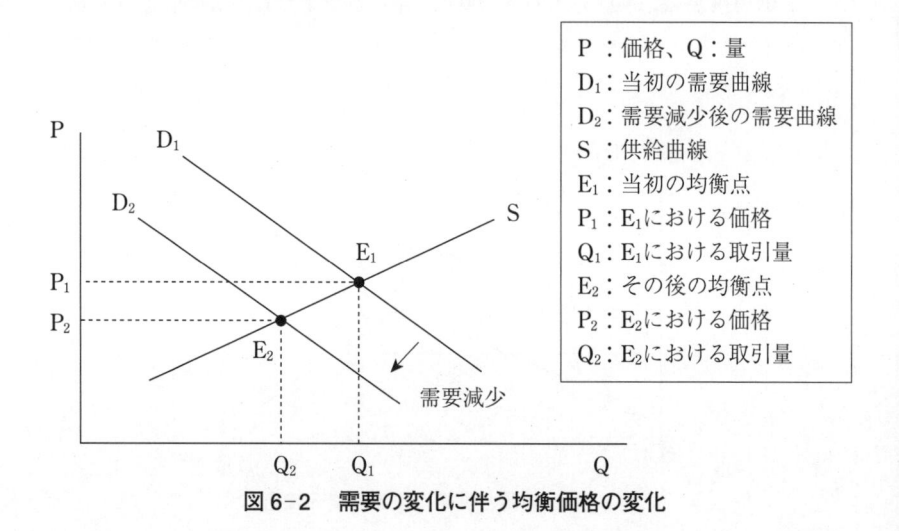

P：価格、Q：量
D_1：当初の需要曲線
D_2：需要減少後の需要曲線
S：供給曲線
E_1：当初の均衡点
P_1：E_1における価格
Q_1：E_1における取引量
E_2：その後の均衡点
P_2：E_2における価格
Q_2：E_2における取引量

図6-2　需要の変化に伴う均衡価格の変化

なお、需要量と需要とが異なるものであることに注意していただきたい。需要の法則、つまり需要曲線が右下がりであるということにおいては、同一の需要のもとで、価格が下がれば需要量が増えるという、価格の変化と需要量の変化との関係が問題となっているのに対して、需要の変化とは、需要曲線自体の変化をさすのである。

　以上の説明で、みなさんはよく理解できたであろうか。わからなくても気にすることはない。以下の叙述は、よくわからない人のためのものだからである。

第2節　市場とは何か

3．理念としての市場

　そもそも、経済学者のいう「市場(しじょう)」とは何なのだろうか。現代経済学に直結する経済学の創始者の一人であるワルラス（1834-1910）は、次のようにのべている。

VI-1　ワルラス『純粋経済学要論』[2]（初版第一分冊1874年、第二分冊1877年）26頁

　　交換は市場において行なわれる。ある特殊な交換が行なわれる場所を特殊な市場と考える。たとえば、ヨーロッパ市場、フランス市場、パリ市場などという。ル・アーヴルは綿花市場であり、ボルドーは葡萄酒の市場である、食品市場といえば果実、野菜、小麦その他の穀物の市場であり、証券取引所は商業証券の市場である。

「特殊な市場」についてのこの説明は具体的であり、「市場とは何か」という問いに答えてくれているかにみえる。しかし、ワルラスは他方でまた、次のようにものべている。

---

[2] 久武雅夫訳、岩波書店、1983年。以下の引用においても、歴史上重要な文献については、原著の出版年を括弧内に付記する。ワルラスは、初心者にはむずかしい。その優れた解説として、根岸隆『ワルラス経済学入門』（岩波書店、1985年）がある。

VI-2　ワルラス『純粋経済学要論』[3] 30頁

……確かなことは、物理数学的科学は狭義の数学と同様に、その概念のタイプを経験に借りるけれども、それ以後は経験から離れるということである。これらの科学は現実のタイプから理念的タイプを抽象してこれを定義する。そしてこの定義を基礎として彼らの定理と証明の全構造を・先・験・的・に構築する。そしてその後に経験に立帰るが、それは経験を確認するためでなく、これを応用するためである。幾何学を多少でも学んだ者は誰でも、円の半径が互いに相等しいことや、三角形の内角の和が二直角に等しいことは、抽象的理念的な円または三角形においてしか真でないことをよく知っている。実在はこれらの定義や証明を近似的にしか確認しない。しかしこれらの定義や証明は豊かな応用を可能ならしめる。この方法に従って、純粋経済学は交換、供給、需用、市場、資本、収入、生産用益、生産物などのタイプを経験に借りなければならない。これらの現実のタイプから、純粋経済学は定義によって理念的タイプを抽象しその上に推理を行なうのである。現実に帰るのは科学が成立した後であり、応用を目的としてでなければならない。かくして、理念的市場において理念的な需要と供給とに密接な関係をもつ理念的な価格が得られる。その他についても同様である。

この文章は、歴史学者・社会学者のマックス・ウェーバー（1864-1920）の有名な「理念型」とよく似た考え方[4]に立っている。科学内部で理念型を作るために現実を参照するが、それに正確に対応する現実はどこにもない——その意味で「純粋[5]」である——、にもかかわらず、純粋理論は、幾何学と同様、現実に応用できるという趣旨である。

この考え方は、「理論の真偽が経験にてらしてテスト可能でなければ、それは科学理論としての資格がない」といった、ワルラスより後の時代の経済学方法論[6]にほとんど関心がない現在の普通の経済学者にとっても、比較的

---

[3] 前掲注2参照。圏点は邦訳のまま。以下、本章における他の引用についても、とくに断らないかぎり、同様とする。

[4] マックス・ヴェーバー（富永祐治・立野保男訳、折原浩補訳）『社会科学と社会政策にかかわる認識の「客観性」』（岩波文庫、1998年）とくに111頁以下参照。ただし、よく似ているだけで、まったく同じではない。ウェーバーが、ワルラスやメンガーの経済学の性格をまったく理解できていなかったことについては異論の余地がない。ドイツの歴史学派経済学の背後にある新カント派の影響が新しい経済学の正確な理解を妨げたのである。J. A. シュンペーター（東畑精一・福岡正夫訳）『経済分析の歴史（下）』（岩波書店、2006年）128-130頁参照。

[5] ケルゼン（前掲第1章注33参照）の純粋法学における「純粋」も、同様な観念とみてよいが、それは、「どのような内容の法も法でありうる」という意味で一切の実体的内容を欠くがゆえに、実定法学への応用が一切きかない——きくとすれば、ケルゼンに忠実な意味での純粋法学ではなくなる——点で、ワルラスのいう意味での「純粋」とは微妙に異なる。これに関する私見については、亀本洋「ケルゼンの純粋法学の不純性」同『法的思考』（前掲第1章注41）416-425頁参照。

[6] M. フリードマン（佐藤隆三・長谷川啓之訳）『実証的経済学の方法と展開』（富士書房、1977年）3-44頁参照。また、G. J. スティグラー（南部鶴彦・辰巳憲一訳）『価格の理論［第4

素直に理解できるものだと思われる。実際、現在の経済学者のほとんどは、ミクロ経済学の基本的定理が経験によってテストされるかどうかといった問題にはあまり興味がなく、それらをひたすら使って研究に励んでいる。

なお、ミクロ経済学とは、社会全体の経済がそれに参加する個人の行動に還元できるという想定に拠って立つ経済学であり、個人行動との直接的関係を不問に付して社会の経済の集計量——国内総生産、国民所得、失業率等——を扱うマクロ経済学と区別される。本章では、マクロ経済学には言及しない。

4．定型としての市場

ワルラス（および後述のジェヴォンズ）とともに、経済学史上で後に「限界革命」または「主観革命」とよばれるようになった経済学の大革新を、同時期に独立になし遂げ、かつオーストリア学派[7]の創始者となったメンガーも、興味深い深いことに、経済学の科学としての性格について、ワルラスと似たような趣旨のことをのべている。

VI-3　メンガー『経済学の方法』[8]（1883年）20-21頁
　……一定の現象が大なり小なりの正確さでくり返され、事象の変化のなかに反復することは経験の教えるところである。われわれはこのような現象形態を定型と名づける。同じことは具体的現象間の関係についてもいえる。……すなわち、われわれが定型的と名づける関係を観察することができる。たとえば、購買、貨幣、需用・供給、価格、資本、利子は国民経済の定型的現象形態であり、供給増加の結果としてのある商品の価格の規則的な低下、流通手段増加の結果としての諸商品価格の上昇、いちじるしい資本蓄積の結果としての利率の低下などは国民経済の現象間の定型関係と見られる。われわれが一般的現象と個別的現象、または現象の一般的認識と個別的認識と名づけるもの、との対立は上述したところから完全に明確となるはずである。
　……定型的関係を認識しないと、……現実世界のより深い理解ができないばかりでなく、たやすく認められるように、いっさいの、直接の観察を超える認識、すなわち、事物のいっさいの予見と支配もできないだろう。事物のいっさいの人間的予見および間接

版]』（有斐閣、1991年）第1章も参照。
　7　比較的最近の解説書として、尾近裕幸・橋本努編著『オーストリア学派の経済学——体系的序説——』（日本経済評論社、2003年）参照。なお、すでに取り上げたミーゼスとハイエク、後述するシュンペーターも、オーストリア学派に属する。また、ハイエクによる鋭い論評として「経済思想史におけるメンガー『原理』の地位」、F. A. ハイエク（田中真晴・田中秀夫編訳）『市場・知識・自由——自由主義の経済思想——』（ミネルヴァ書房、1986年）165-186頁参照。
　8　福井孝治・吉田昇三訳、吉田昇三改訳、日本経済評論社、1986年。

的には事物のいっさいの恣意的な[9]構成はわれわれがさきに一般的と名づけたあの認識を前提としているのである。

メンガーにとっても、経済学上の概念としての「市場」は、「定型」の一つであって、直接の観察に正確に対応するものではない。しかし、それは、現実の具体的経済現象を深く理解し、予見し、支配するために有効な認識道具なのである。

5．市場の役割

メンガーはさらに、「市場」について、次のようにのべている。

VI-4　メンガー『国民経済学原理』[10]（1871年）209-210頁
　市場、メッセ、取引所、定期的に開催される公開競売……、その他このような公的施設は、商品の価格形成に際してすべての有力な利害関係者を永続的または定期的に1地点に集合させ、それにより価格形成を経済的なものにする〔＝費用のよりかからないものにする、安くする〕目的をもっている。したがって、そのために規則的な市場が成立しているような商品は、その所有者により、その時々の一般的な経済状態に対応する価格で容易に販売できるが、その取引が不規則であるような商品は、不規則な価格で持手を変えることもあれば、時としてまったく販売できないことすらある。……たとえば有価証券の取引所への登録、いわゆる上場は、この証券の取引にさいして経済的な〔＝売主にとって、より高い〕価格を形成するのに大いに役立つのであり、また、この事情がその証券の持主に経済的価格での販売を保証するために、その販売力の増大にいちじるしく貢献するのである。

ここでのメンガーによる「市場」の説明は、「交換が行われる場所」というワルラス的説明をこえて、市場の役割にまで及んでおり、「市場」には、価格形成の費用を削減するという機能が与えられている。このような説明と対照的に、今日のミクロ経済学教科書の初歩の段階では、価格は所与として、つまり、すでに決まっているものとして説明が展開される。だが実際

9　法学でいう「意思的」と同義であり、「自分の欲するように」ということ。要するに、このあたりは、将来を法則に従って予測する能力がないと、欲望満足のために将来を予見して行動することもできなくなるだろう、ということ。

10　安井琢磨・八木紀一郎訳、日本経済評論社、1999年。ただし、亀甲括弧内は亀本による補い。父と同名の息子によって編集された第2版（1923年）の邦訳として、八木紀一郎・中村友太郎・中島芳郎訳『一般理論経済学1，2　遺稿による「経済学原理」第2版』（みすず書房、各1982年、1984年）がある。

は、価格を決めたり、価格が決まったりするためには、費用がかかるのである。

たとえば、小売業では、価格を決めるのは普通、売り手である。スーパーでは、各商品にすでに値札がついている。ある商品の小売業者は、その価格を、自分が最ももうかるようなものに設定したいと思うであろう。つまり、その商品の売上げから費用を引いたものが最も大きくなるような価格を付けようとするであろう。そのような価格づけ自体にも費用がかかるのである。だが、そのような費用は、普通の経済学では無視されている。以下しばらく、売手からみた価格の決定の仕方について、普通の経済学に従って説明しよう。

普通の商品に関しては、価格を上げれば、売れる（＝買手が買ってくれる）量は減り、価格を下げれば、売れる量が増えるという関係が成立している。本章2ですでに触れたように、これを「需要の法則」という。

売上げは、価格×量（あるいは個数）である。経済学では、価格を変えていった場合に、売れる量がどれだけ変化するかという関係を表す関数を需要関数といい、それを、縦軸に価格、横軸に量をとって[11]座標上に表したもの

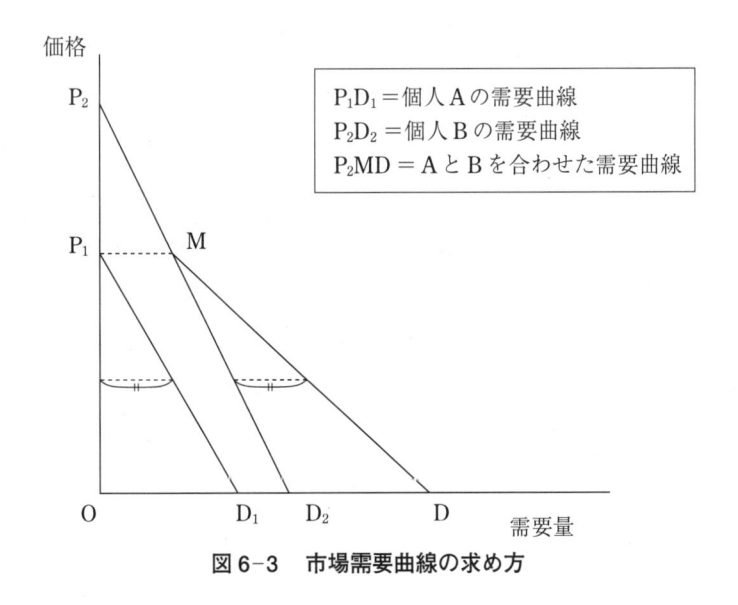

図6-3　市場需要曲線の求め方

P_1D_1＝個人Aの需要曲線
P_2D_2＝個人Bの需要曲線
P_2MD＝AとBを合わせた需要曲線

11　当然ながら、縦軸と横軸を逆にしてもよい。

需要曲線

売手の設定する価格 P
売上＝長方形 OPDQ
仕入れ値の単価＝C で一定
費用＝長方形 OCC_1Q
収入＝上の長方形－下の長方形
　　＝長方形 $CPDC_1$
P を変えると、この面積は変化する

図6-4　収入の計算方法

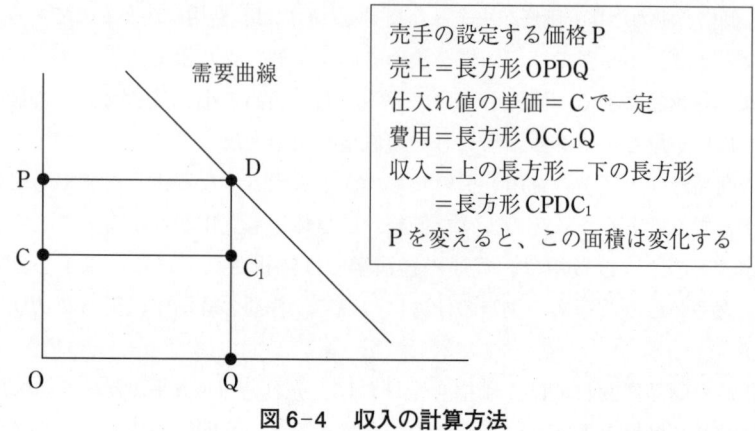

を需要曲線という。価格が下がれば需要量（売れる量＝買ってくれる量）は増えるから、需要曲線は右下がりである（前掲図6-1、6-2および6-3参照）。

　ミクロ経済学では、ある商品に対する各個人の需要曲線を全員について「横に足せば」、その商品についての当該市場の需要曲線が得られると考える。「横に足す」とは、各価格に対応する各個人の需要量を全員について合計するということである。（需要者が2人しかいない最も単純な場合の合計方法を図6-3に示しておいた。）

　売手は、利益をあらかじめ計算するためには、各価格での売上げを知っているか、少なくとも推測することができなければならない。収益（「収入」ともいう）を計算するためには、費用の額も知っていなくてはならない。だが、卸価格がほぼ一定の商品を売っている小売店のような場合を想定すれば、費用については既知だと仮定してよかろう。したがって、売手は、収益を最大化する価格を設定するためには、少なくとも、市場の需要曲線を推測するための情報を必要とする。（収入の計算方法を図6-4に示しておいた。）

　売手はまた、競争相手がいれば、競争相手たちがどのような価格を付けているのか、あるいは付けるだろうかということに関する情報も必要とする。競争相手より、高い価格をつければ、商品1単位あるいは1個あたりのもうけは増えるだろうが、売れる総量は減るだろうし、場合によっては（たとえば、ある商品の買手のすべてが、どの売手が最も安く売ってくれるかを知ってい

るのに、売手が、それより高い価格をつけた場合）まったく売れなくなるであろう。

このように、売手が収益の最大化をめざして価格を決めようとする場合、需要や価格に関する情報が不可欠になる。同種の商品の売手や買手が一か所に集まって取引をしている場合、つまり、メンガーのいう「市場」（実は「いちば」と読んだほうがよい）が存在する場合、そのような情報を収集する費用は安くなり、それは「市場」での取引に参加する全員にとって得になる（ここでは、市場を設立し、運営する費用およびその分担の問題は無視する）。さらに、その市場で得られる価格情報を、その市場の外で同種の商品を取引しようとする人々も安価に入手することができるとすれば、そのような人々もまた、価格設定をより安価に行うことができるようになるから、その市場は、市場外にいる人々の一部にも恩恵を与えることになるであろう。メンガーは、「市場」に、そうした価格形成費用の削減機能を認めているのである。

6．同一の市場

潜在的な——というのは、実際に売買が成立するとはかぎらないから——売手および買手の一地点への集中と組織化の程度という市場形態と、価格形成という市場機能とに着目するメンガーによる市場の位置づけに全面的に反対する経済学者はほとんどいないと思われる。だが、それは、市場の一般的定義としては通例のものではない。

たしかに、綿花の市場とか、フランス市場とかいう言い方は、何を交換するか、どこで交換するか、つまり交換の対象や地域を表しているかぎりで、多少なりとも内容をもつ。しかし、ワルラスのように、市場とは「交換が行われる場所」であるというだけでは、「交換が行われる」ということとほとんど同義であり、市場そのものについては何も語っていないに等しい。このことは、経済学の普通の教科書のなかに、市場の説明がほとんどないことの理由の一つである。

したがって、以下では、多くの経済学者が採用していると思われる、多少なりとも内容のある「市場」の通例の定義に目を転じてみよう。

VI-5　スティグラー『価格の理論』[12] 91頁

　経済学の大家たちによると、市場とは、輸送費を別にした場合、ある商品の価格が均一化する領域のことである。すなわち、2つの地域はそこでの価格が輸送費の分だけ異なっているとき、ある商品にかんして同じ市場であると見なすことができる。

　ある買手が欲する同品質の商品を、隣接する場所で——したがって、買手の交通費＝商品の輸送費[13]はどちらの店で買っても同じとみてよい——売っている二つの店ＡとＢがあって、Ａはそれを100円で売り、Ｂはそれを120円で売っているとすれば、しかも、そのことを買手が知っているとすれば、買手はＡからそれを買うであろう。これはすべての買手について成立するから、Ｂが少しでも売りたいのであれば、ＢはＡと同一の価格で販売せざるをえないであろう。その場合、ＡとＢは、同一の市場に属していることになる。

　これに対して、ほとんどありそうもない事態ではあるが、買手がＡ店の存在に気づかなければ、その買手はＢから120円でその商品を買うであろう。その場合、Ａが属する市場と、Ｂが属する市場とは別のものになる。だが、その場合、買手が欲する商品をＡ店から100円で買い、100円以上120円未満で買手に売ろうとする者——経済学では「裁定者」という——がやがて現れるかもしれない。買手がもともと120円でも買う気があるとすれば、その裁定取引は成立するであろう。だがさらに、ほかにも裁定者が出てきて裁定者間の競争が始まれば、価格は次第に下がり、最後には、価格はほとんど100円になるであろう。そして、市場は結局一つになるであろう。

　ここで再び、上記スティグラー（1911-1991）の文章Ⅵ-5をよく読んでみると、そこでのべられているのは、「市場」の定義というよりも、価格がなぜ同じになるかの説明を伴った「同一の市場」の定義であることがわかる。引用文章中の「輸送費」の後に、たとえば「および価格形成費用」を加えても、「同一の市場」の定義の本質は変わらない。それらの費用は、「同一の市場」であるにもかかわらず、価格が異なる諸原因の一つにすぎない。ちなみ

12　前掲注6参照。
13　交通費と運送費が等号で結んであるのは、買手が自分で買いに行っても、配達してもらっても商品を入手する点では同じであるからである。買手は、二つの方法のうち、費用の安いほうを選ぶであろう。

に、同一の市場において価格が均一化することを、経済学では普通、「一物一価の法則[14]」という。

7. 経済学の大家たちによる市場の定義

「経済学の大家たち」（前掲VI-5参照）は、市場についてどのように説明しているのであろうか。今から約1世紀前に出版されたものであるが、その後の経済学教科書の模範となったアルフレッド・マーシャル（1842-1924）の教科書から引用しておこう。

VI-6 マーシャル『経済学原理 第三分冊』[15] 3-4頁

需要と供給が相互に関係づけられて語られる時には、言及される市場は同一でなければならないことはいうまでもない。クールノーの言っているところによれば、「経済学者が市場という言葉によって理解しているのは、財が売買される特定の場所ではなく、売手と買手が相互に自由に接触し合うことによって、同一の財の価格が容易に迅速に同一になるような地域全体のことである[16]」。またジェボンズ[17]のいうところによれば——「市場は元来は、食料品やその他の対象が売られるために並べられた市中の公認の場所であった。しかしこの言葉はのちに一般化され、任意の商品に関して、広範囲にわたる取引が行われる人々の集団を意味するようになった。一つの大きな都市には、重要な取引分野が存在している数だけの市場が包含されていることがある。これらの市場のなかには、特定の地点に位置しているものと、そうでないものがあり得る。市場の中心点は、取引者が集って取引をすることにしている、公認の取引所、市ないしは競売所である。ロンドンには株式市場、小麦市場、石炭市場、砂糖市場その他多数の市場が、はっきりした場所を持っている。マンチェスターには綿花市場、くず綿市場その他が存在する。しかし、場所がそのようにはっきり決まっている必要はない。取引者たちは全都市や田舎の地域に散在していてもよい。それでも、市や会合や公表された価格表や郵便その他の方法で、相互に密接な交流が存在しているならば、一つの市場を形成する[18]」

---

14 ジェヴォンズは、「無差別の法則」とよぶ。ジェヴォンズ（小泉信三・寺尾琢磨・永田清訳）『経済学の理論』（日本経済評論社、1981年）70頁参照。原著初版は1871年。著者生前最後の版である第2版は、1879年。邦訳は、第4版（1911年）からのもの。

15 永沢越郎訳、岩波書店、1985年。原著初版は1890年。邦訳は、著者生前最後の版である原著第8版（1920年）からのもの。なお、Alfred Marshall, *Principles of Economics*, 9th (variorum) edition with annotations by C. W. Guillebaud, Volume 1 (Text) and Volume 2 (Notes), Macmillan and Co Limited for the Royal Economic Society 1961の復刻版が1997年にOverstone Press (Bristol)および極東書店から出ている。以下では、適宜これを参照した。

16 クールノー（中山伊知郎訳）『富の理論の数学的原理に関する研究』（日本経済評論社、1982年。原著は1838年）40頁、岩波文庫版（1936年）82頁参照。

17 本書の地の文では、William Stanley Jevonsをジェヴォンズと表記するが、ここでは邦訳に従った。

18 ジェヴォンズ（前掲注14）65-66頁参照。

それゆえ市場が完全に近づけば近づくほど、同一の時期においては、市場のすべての部分において、同一物に対して同一の価格が支払われる傾向が強くなる。しかし、市場が広大であるならば、それぞれの買手に財を配達する費用に対して考慮が払われなければならないことはいうまでもない。彼らは、それぞれ市場価格に加えて、配達のための特別の費用を支払うものと考えなければならない。

前項で引用したスティグラーによる市場についての説明（VI-5）は、クールノー（1801-1877）およびジェヴォンズ（1835-1882）を引用しつつなされている、上のマーシャルによる叙述と基本的に等しい。彼らによる市場の説明の眼目は、市場の同一性、したがって価格の同一性にあるのである。

たしかに、マーシャルがVI-6のなかで引用している、ジェヴォンズの文章の最初の文にある「市場は……対象が売られるために並べられた……場所」という表現は、集中によって価格形成費用が安くなるという点を考慮すれば、メンガーによる市場の説明（前掲VI-4）につながりうる。だが、同じジェヴォンズからの引用部分の最後から2番目の文にある「場所が……決まっている必要はない」という点に注目すればわかるように、ジェヴォンズの説明の重点が価格の同一性にあることは明らかであろう。実際、彼自身、「クールノーは久しい以前から極めて簡単正確に・市・場なる語の経済学的用途を定義しているが、しかし内容は本書の定義と全く同じである[19]」とのべている。

VI-6におけるジェヴォンズからの引用文章の第2文にある「取引が行われる人々の集団」、すなわち売手たちと買手たち、という記述については、「同一の市場」と直接関係がないのではないか、というもっともな疑問を抱く読者もいるかもしれない。だが、複数の売手と複数の買手への言及は、それぞれの集団の内部での競争の存在を暗にさしており、競争は、後述するように、「完全市場」のもとで同一の価格が成立するための条件の一つなのである。たとえば、品質が同じ商品を1個100円で売っている人がいれば、隣の売手が同品質の商品を1個120円で売ることはできないであろう。そこでは、売手間の競争によって価格が同一となるのである。

---

19 同書66頁。

8．交換

前掲VI-6におけるジェヴォンズからの引用文章中最後の「取引者たちは……散在していてもよい。……市(いち)や会合や公表された価格表や郵便その他の方法で、相互に密接な交流が存在しているならば、一つの市場を形成する」という部分は、何を意味するのだろうか。ジェヴォンズの見解をもう少し聞いてみよう。

> VI-7　ジェヴォンズ『経済学の理論』[20] 66頁
>
> 　私は市場とは、2つまたは2つ以上の貨物〔＝commodity 商品〕を取引する2人または2人以上の人々があって、これらの貨物のストックと交換の意思とが全員に知悉されている場合、これら人々を意味するものと考えたい。
> 　これと共に、いかなる2人の間の交換比率も他の全員に知られることが必要である。市場の広狭はこの情報伝達の範囲如何(いかん)のみによって定まる。現にいかなる交換比率が行われているかを知らない人々、または情報の欠如によって在庫品を利用しえない人々は、市場の一部とは見なされるべきでない。同じく秘密または未知の在庫品も、それらが秘密または未知のままでいる限りは、市場の埒外(らちがい)と見なされねばならない。

この引用文章の第1段落では、市場における交換が成立するためには、①2人以上の人が存在し（1人では交換できないから当然である）、②交換しようとする双方の人がそれぞれ、相手方がもっていない商品（または諸商品）をいくばくかもっており、③各人が自分のもっている諸商品のどれだけの量を交換に供するつもりであるかについて全員が知っていなければならない、ということがのべられている。

最も単純で小規模な交換は、市場に、商品Xをx単位（個、グラム、リットル等々）の範囲内で何か別の商品と交換したいと思っている人Aと、商品Yをy単位の範囲内で何か別の商品と交換したいと思っている人Bしか存在しない場合に成立しうる交換である。これを「市場における交換」とよんでみても、あえて「市場」という言葉を付加する意味はほとんどない。「交換がどこそこで行われる」と言えばすむ話である。

買い手や売り手の数が増加し、交換される商品の種類や量が増加するにつれて、交換は次第に規模を大きくし、複雑になる。しかし、最も単純な交換

---

[20] 前掲注14参照。ただし、わかりやすくするため、原文にない改行を施した。亀甲括弧内は亀本による補い。

に「市場における」という修飾語をつけることにほとんど意味がないとすれば、規模や複雑性が増しただけで、交換の発生原因および基本構造——すなわち、人々は交換しないよりも交換したほうが得だと判断すれば、そして、そのかぎりで交換する——が変わらない交換に、「市場における」という修飾語を付加することもまたほとんど無意味である、と言ってよいであろう。

　上記引用文章VI-7の第2段落冒頭では、全員が知っている必要のあるもう一つの条件として、交換比率が挙げられている。

　商品Xのx単位と商品Yのy単位が交換される場合の交換比率はx：y、分数で表わせばx/yである。貨幣も商品の一種とみなしてよいなら、1個100円の缶コーヒーの交換比率は、100対1である。ふつう価格とよばれているものは、Xを円（ドルその他の貨幣でもよい）とした場合の交換比率のことである。したがって、価格と交換比率の間に本質的な違いはない。物々交換ではなく、貨幣を媒介にして交換が行われているところでは、交換比率を価格と読み換えたほうがわかりやすいであろう。

　同様に、経済学的にみれば、交換と売買の間にも本質的な違いはない。交換される対象の一方が金銭である場合に、売買という用語が一般に使われるというだけである。実際、日常語でも、円とドルを交換する場合はふつう売買という用語が使われている。法ないし法学では、取引の一般的に想定される状況、条件、形態、性質等と、それらの違いに応じて要請される法的取扱いの差異とに注目して、各種の交換形態を、売買、消費貸借、賃貸借、交換、請負等々に区別して扱っている。だが、経済学的な見方によれば、それらはすべて交換の一種である。

9．完全市場

　前項で引用したジェヴォンズの文章VI-7の第2段落に再び目を向けてみよう。くり返すが、そこではまず、交換が「市場における交換」とされるためには、市場に参加する全員が前述の③、すなわち、各人が何をどれだけ交換しようとしているかという情報に加えて、各商品がどれだけの交換比率ないし価格で交換されているかに関する情報ももっていなければならない、ということがのべられている。

　経済学では、これらの正確な情報を市場参加者の全員がもっている市場を

「完全市場」という。「完全市場」という概念に含まれる「完全な情報」とは何に関する情報かというと、それは、ここで価格の決定が問題となっているかぎり、交換の成立に影響を及ぼすすべての事情である。そのなかで最も重要なものが、ジェヴォンズが挙げている、さまざまな取引地点での需要および供給ならびに価格の現状に関する情報である。

そのほかに、商品または品質を区別するための情報も不可欠である。たとえば、米であっても、おいしい米とまずい米を普通の人は区別し、前者のほうに高い値をつけるであろう。そのような区別をするための情報がないと、ある一つの商品に関して「同一の市場」について語ることはできない。

「完全な情報」の共有は、一物一価の法則が成立するために必須の条件である。そのような情報を共有しない人々は、別々の市場に属することになる。先に挙げた、同じ商品をより安い価格で売っている店が隣にあるのに気づかない買手は、その一例である。

一言注意すれば、「完全市場」は、完全情報の共有のもとで交換が行われるということを意味する用語にすぎない。したがって、「市場」という言葉は（あったほうがおそらく便利だが）、ここでも、なしですませることができる。

10. 市場の範囲

ジェヴォンズは、完全情報が共有される人々が存在する地理的範囲によって市場の広狭を定義している。だが、ある商品について完全情報が共有されていても、価格が同一になるとはかぎらない。たとえば、映画館の当日入場券（券そのものに区別はないとする）が子供1000円、大人2000円として売りに出されたとしても、それが売り切れるということはあるであろう。市場の同一を価格の同一によって定義する現代の経済学では、市場の範囲に関して、完全情報の共有のみを基準とするジェヴォンズ的定義は採用されていない。

経済学で「市場が広い」とか「市場が狭い」と言われるとき、それは、商品を買ってくれる人々が住んでいる地域が広い、または狭いということを意味することが多い。つまり、需要面に注目して、あるいは売手からみた、市場の広狭について語っているのである。

市場が広いと、商品を遠隔地まで運ぶ費用が一般に大きくなるから、経済

学者は昔から、交換が成立するための費用の一部として輸送費の大きさに注目してきたのである。スティグラー（前掲VI-5）の言うとおり、マーシャルは実際、市場の同一性を定める際、輸送費を控除して考えるよう注意を促している（前掲VI-6最終段落参照）。

あまり多くはないが、市場の広さを買手からみる場合もある。その場合、買手がほしい商品の多くの売手が、買手の地点から広い範囲にわたって存在するとき「市場は広い」と言うことができる。

市場が広い場合、狭い場合に比べて、取引量も多いのが普通であるから、市場の広さと「市場の大きさ」があまり区別されずに使われることも多い。「市場が大きい」とは、買ってくれる人が多い、正確には、買われる（＝売れる）総量が多いということである。これに対して、売ってくれる人や量が多い場合に「市場が大きい」とは普通は言わない。

市場の範囲は、以上のように、買手や売手の場所とか、彼らがもっている情報などによって定まるから、ここでも、「市場」という言葉は（便利だが）、使わずにすますことができる。「市場」の代わりに、「買手」とか「売手」という言葉を使えばよいだけである。

11. 競争

ジェヴォンズは、前掲VI-7に続けて、次のようにのべている。

VI-8　ジェヴォンズ『経済学の理論』[21] 66-67頁
　……各個人は彼自身の必要または私利の念のみから交換を行ない、かつ完全なる自由競争が行われて各人はいかにわずかでも利益が得られると思えば何びととも交換を行なうものと仮定せねばならない。不自然な交換比率を生ぜしめるために策を弄して供給を独占し制限するようなこともあってはならない。……
　完全市場の理論的概念はある程度までは実際に実現している。広汎な市場において交換を組織し、かくてすべての売買を商況の最も十分な知識をもって行なわしめるのは、仲買人の業務である。……広汎にして不断の情報を得ることは商業の要諦である。しからばすべての商人が需要供給の、ひいてはその結果である交換比率の、完全なる知識を得た場合のみ、市場は理論的に完全となるのであって、このような市場においては……一定時一種の貨物については1個の交換比率しかありえないのである。

21　前掲注14参照。

この文章の第1段落では、交換が「市場における交換」とされるためには、市場に参加する全員が独立して、自己の利益を最大化するために「自由に」(つまり、暴力等による強制によって妨げられずに) 競争するという条件がみたされなければならない、ということがのべられている。

　競争は売手の間、または買手の間で行われる。売手と買手の間での価格をめぐる駆引きのことを一種の競争と考える人もいるかもしれないが、経済学では、売手と買手の間の競争ということは意味をなさない。

　競争は一般に、競争に参加するすべての人がほしいものを配分[22]するために行われる。配分の基準は競争によって異なる。オリンピックの100メートル競争では、一番早くゴールに到達した選手に金メダル、二番目の選手に銀メダル、三番目の選手に銅メダルが与えられ、8位までには、入賞という賞が与えられる。この例では、賞の配分の基準は、到達順位または到達時間である。賞が一等賞しかない場合、つまり、一人が全部取りする場合でも、競争は競争である。逆に、敗者が一人しかいない場合も、競争は競争である。

　大学入試は、入試の得点を基準として、合格者という資格の配分をめぐって争われる競争である。得点上位の者から合格させていき、大学が定める合格者の人数をこえる順位の者は、競争に敗れ、分配にあずかれない、つまり不合格になる。この場合、「大学と受験者が競争している」と言う人はいないであろう。大学どうしが、受験生たちが求める教育・研究水準の高さ、就職率、世間からの評価等々を基準として、優秀な受験生の分配をめぐって競争しているのである。

　売買 (すでに説明したように、「交換」といっても同じ) における競争は、売手または買手が、金銭または商品を手に入れるために提示する商品量または金額を基準として行われる。商品の売手は、ほかにも売手がいる場合、より多くの顧客を獲得し、より多くの量を売るために、値下げ競争をするであろう。他方、買手は買手で、ほかにも買手がいる場合、その商品をほしいだけ手に入れるために値上げ競争をするであろう。オークションや市場での競り

22　経済学を勉強したことのある人は、以下の文章で「配分」と「分配」を明確に区別していない点に違和感を抱くかもしれない。だが、ここでは、競争的市場による「配分」または「分配」について論じているのではなく、市場と無関係な競争も含めて、競争一般による「配分」または「分配」について論じているのであるから、経済学に特有な意味での「配分」と「分配」の区別は妥当しない。したがって、日常的な用法に従うここでの用語法は、経済学的にみても正しい。

の場面を想像されたい。

12. 完全競争市場

　ジェヴォンズが前項で引用した文章VI-8の最後にのべているように、完全市場のもとで完全に自由な競争が行われると、一つの商品の価格は同一となる。そのような「市場」を経済学では、「完全競争市場」という。

　しかし、それは、ジェヴォンズ自身断っているように、理論上の話である。実際には、同一の商品が店によって違う価格で売られている事態を、ほとんどすべての人が毎日のように目にしていよう。それゆえ、経済学に不案内な人々は、「完全競争市場」という純粋理論上の概念に何かしっくりこないものを感じるだろう。だからこそ、ジェヴォンズは、それに近い市場が現実にも存在するのだということをあえて強調しているのである。

　付言すれば、「完全市場」と「完全競争市場」とは異なる概念である。前者は、完全情報の参加者全員による共有を意味し、後者は、それに加えて「競争」の存在も意味しているからである。完全市場ではあるが、非競争的な市場というものもありうる。

　ジェヴォンズが上記引用VI-8の第2段落冒頭でのべている「完全市場」という言葉は、やや曖昧である。仲買人ないし商人が商況の伝達において果たす役割が強調されている点からすると、それは厳密な意味での「完全市場」をさしているのかもしれない。しかし、それは、全体の文章からすると、市場が「競争的」であるということをも含んでおり、「完全競争市場」を意味するものと解釈するほうがよかろう。実際、現代の標準的な教科書でも、完全市場と完全競争市場はセットになって登場するのが普通である。

　たとえばスティグラーは、初学者に向けて、「競争的市場は、完全市場としてとらえたときはじめて容易に定義される。それは、個々の売手や買手が、その購入や販売を通じて価格に何らの影響をも与えないような市場である[23]」と説明している。したがって、完全競争市場では、同じ商品の価格は、同一であり、売手や買手にとって所与となる。同じことだが、「プライ

　23　スティグラー（前掲注6）96頁。ただし、圏点は亀本が付した。また、マーシャル『経済学原理　第四分冊』（前掲注15参照。邦訳の全分冊につき、訳者、出版社および出版年は同じ。）55頁に「完全競争は市場状態の完全な知識を要求する」とある。

ス・テイカー」（価格受容者）という言い方もある。

　完全競争市場という概念は、初心者にとって、それほど理解が容易な概念ではない。さすがに現代の「経済学の大家」スティグラーは、「完全競争というのは、日常生活の概念の中から経済学者が取り上げて理論的展開を行い、ほとんどその本来の意味とは無関係なものにしてしまった１つの典型的な例である[24]」と注意している（「完全競争」の後に「市場」という言葉が付いていない点にも注意されたい）。

　オークションにおいて、一番高い値を付けた者がその商品を獲得するとか、買手が一人しかいない商品の販売をめぐって売手たちが競争している場面において、一番安い値をつけた売手が顧客を獲得するといったこと（もちろん、経済学はこのことも認めている）は、日常的な「競争」の概念からして理解しやすいであろう。日常的な競争概念は、勝敗概念と不可分に結びついており、これらの例では、だれが勝者でだれが敗者かはだれにでもわかるからである。

　しかし、競争によって価格が同一となるということは、たんなる勝敗以上のことを含意しており、経済学の素人の理解の閾をこえているように思われる。勝敗に関していえば、取引できた人が勝者で、取引できなかった人が敗者なのではあるが。ともかく、次節以下では、読者のみなさんが、そのようなことの理解に少しでも近づけるよう努力してみたい。

　本節の一応の結論は、これまで見てきたかぎりでは、普通の経済学において「市場」という言葉はなしですますことができる、ということである。（なお、「市場」という言葉の必要性ないし有意味性の論証は、第7章に持ちこす。）

第３節　財とその価値

13. メンガーの経済学

　現代の経済学の発展に数学の応用が非常に大きな貢献をしたことを否定する経済学者は一人もいないであろう。しかし、皮肉なことに、経済学の初心者がつまずく原因の一つは、経済学教科書に、高校レベルのものであって

---

[24]　スティグラー（前掲注6）97頁。圏点は亀本による。本文中で「さすがに」と言ったのは、そのようなことに言及する教科書は少ないからである。

も、ともかく数式や図形による説明が登場するということにあるように思われる。

したがって、1870年代[25]の「限界革命」に始まる現代的な経済学の創始者の一人でありながら、数学の利用に否定的であったカール・メンガー[26]の見解を参照することから始めるのは、上のような点を考慮すれば、よい方法であろう。数学が全然出てこないということはないが、四則計算の能力と数の大小を比べる能力があれば十分である。

メンガーの主著『国民経済学原理』(1871年) は、次の文章から始まる。

VI-9　メンガー『国民経済学原理』[27] 3-4頁

あらゆる物は因果の法則に支配されている。……

……したがってわれわれ人間がある状態から異なる他の状態へ移行することも、因果の法則に従うものとして以外には考えることができない。したがって、われわれ人間が欲望をもつ状態から欲望を満足させた状態へ移行するとすれば、そのためには十分な原因が存在しなければならない。……

人間の欲望満足と因果的な連関におかれうる物をわれわれは効用物 (Nützlichkeiten) と呼び、われわれがこの因果連関を認識し、同時にそれらの物をわれわれの欲望を満足させるために実際に用いる力が備わっているかぎり、それを財 (Güter) と名づける。

メンガーは、「人間の経済の複雑な諸現象を、そのもっとも単純で、なおかつ確実に観察しうる諸要素に還元し[28]」た上で、そのような諸現象がどのような因果法則によって生じるかを研究することを経済学の課題とする。

14. 財

経済学の教科書には、「財」という言葉が頻出する。だが、小麦とかシャツといった具体例は数多く挙げられていても、「財」の厳密な定義が挙げら

25　ハイエクは、メンガーの思想が経済理論全般に影響を与え始めたのは1880年代なかばからであることを指摘している。70年代というのは、ジェヴォンズ、メンガー、ワルラスの主著が公刊された年代にすぎない。ハイエク『市場・知識・自由』(前掲注7) 180頁参照。

26　社会法・労働法研究者の間で有名なアントン・メンガー (1841-1906) は、カールの弟である。アントンは、オーストリア・マルクス主義法学者の代表の一人であり、各人は自分の労働の全生産物への権利をもつと主張した。残念ながら、その説によれば、大きな資本を利用する産業で働く労働者が有利になる。

27　前掲注10参照。

28　同書「序言」iv頁。

れていることはまれである。これに対して、メンガーは、上記引用Ⅵ-9の最後の段落にみられるように、「財」という概念にかなり厳密な定義を与えている。

　人間の欲望を満足させるのに役立つはずのものであっても、そのことを人が知らないとか、知ってはいても、もつことができないということがありうる。メンガーは、この点に留意して、効用物と財とを区別している。「効用物」という用語は、経済学者が使う「効用」という多義的な用語と紛らわしいので、「欲望の満足に資する物」という意味で、「有用物」という訳語[29]を採用したほうがよいかもしれない。

　メンガーによれば、ある人にとっての財とは、その人にとって有用であり、かつ、そのことをその人が認識しており、かつ、その人が支配可能な（＝自由に使える）物である。これらの条件が一つでも欠ければ、その物は財としての性質を失う。いうまでもなく、第一の条件、すなわち、その人の欲望の満足に資するということが最も基本的な条件である。その人がほしいとは思わない物、それに対する欲望がそもそもない物は、財ではありえない。普通の教科書では、その点は当然の前提として、いちいち言及されることはない。

　現代の経済学教科書では、「財」という用語は、「財またはサービス」として「サービス」とセットで登場したり、「サービス」をも含む意味で、略して「財」と記述されたりすることが多い。メンガーも（というより、歴史的影響関係は逆なのだが）、広義の財を、「物財」と「有用な人間的行為または不行為」とに区別している[30]。後者は、経済学で今日、「サービス」または「用益」とよばれるものにほぼ等しい（法学では「役務(えきむ)」と訳される）。

　ただし、「サービス」または「用益」という経済学の専門用語は、人間の行為（または行為しないこと）だけでなく、物が人に対してもっている働きをさすためにも用いられる。たとえば、シャツは、保温や吸湿といった「サービス」を人に与える。もちろん、そのような「サービス」が不要な人、あるいはシャツにそのような機能があることを知らない人にとっては、シャツ

29　ハイエク『市場・知識・自由』（前掲注7）172頁では、その訳語が採用されている。
30　メンガー（前掲注10）8頁参照。メンガーが挙げている「有用な不行為」の例は、独占的市場に新たに参入しないとか、他人の知的財産権を侵さないといったものである。

は財ではない。また、食べ物などと異なり、シャツや機械、建物などの財は、一定期間「サービス」を人に提供し続けるから、「耐久財」とよばれる。

15. 第1次財と高次財

　メンガーは、財のなかで、欲望を直接満足させるものを「第1次財」、「享楽財」（今日では「消費(者)財」とよばれる）または「享楽手段」とよび、間接的に満足させるものを「高次財」または「生産手段」（今日では「生産財」または「生産要素」ともよばれる）とよんでいる[31]。

　たとえば、パンは、それを食べると人の食欲が直接みたされるから第1次財である。小麦粉は、パンの原料になることによって、人の食欲を間接的にみたすことができるから第2次財である。パンを造るには小麦粉だけでなく、塩その他の材料、パン焼き器その他の設備、それに、パンを生産するという人間の行為、すなわち労働用益等も必要であろう。その場合、塩、パン焼き器（正確には、それが与える「サービス」）、労働用益等は小麦粉の、また小麦粉は塩、パン焼き器、労働用益等の「補完財」とよばれる。塩、パン焼き器、労働用益等も、パンを第1次財とすれば、小麦粉と同じく第2次財である。小麦粉は、小麦とその補完財とから生産されるから、パンを第1次財、小麦粉を第2次財とすれば、小麦およびその補完財は第3次財である。

　このような生命および福祉の維持に向けられた消費と生産の連鎖は、その時に知られ、用いられている生産技術に応じてどこまでも続く（図6-5参照）。ただし、労働用益（略して、たんに「労働」という場合も多い）は、すべての生産活動において必要であるから、すべての生産物の生産要素である。なお、「生産物」とは、生産された物をいい、「生産財」とは、生産物を生産するために投入される財をいう。

16. 生産と消費

　生産とは、メンガーの用語を使っていえば、相互に補完的ないくつかの高次財の諸量の組み合わせを、1段低次の（諸）財に変形することである。また、同じ高次財の組み合わせから生産される財が複数ある場合を「結合生

31　詳しくは、同書第1章および第2章参照。

第3節 財とその価値　283

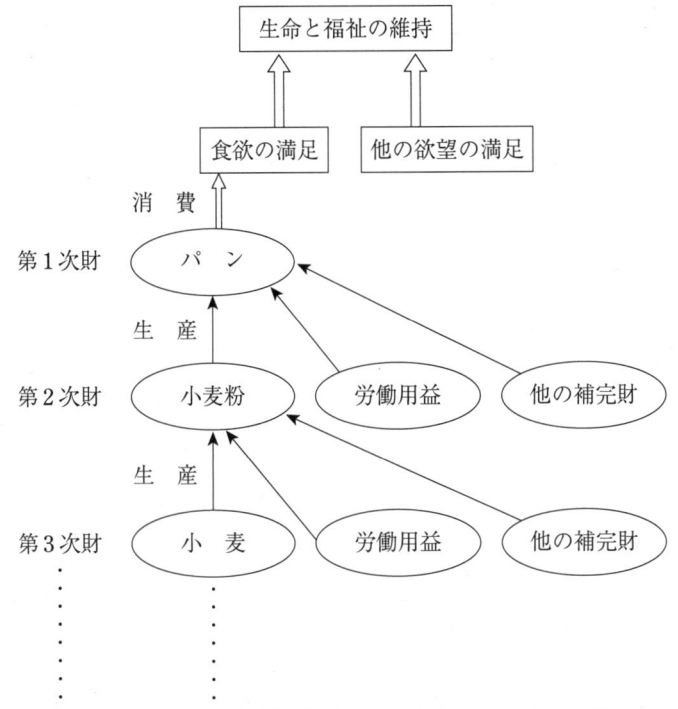

```
                    ┌─────────────┐
                    │生命と福祉の維持│
                    └─────────────┘
                      ⇧         ⇧
              ┌───────────┐  ┌───────────┐
              │ 食欲の満足 │  │他の欲望の満足│
              └───────────┘  └───────────┘
         消　費      ⇧
第1次財        （ パン ）←──────←──────
                  ⇧     ⇧         ⇧
         生　産
第2次財   (小麦粉) (労働用益) (他の補完財)
             ⇧        ⇧          ⇧
         生　産
第3次財   ( 小 麦 ) (労働用益) (他の補完財)
           ⋮
```

図6-5　生命と福祉の維持に向けた消費と生産の連鎖

産」という。牛の解体から牛皮と牛肉が生産される場合が、結合生産の最も有名な例である。

　メンガー自身の考え方ではないが、消費も、生産の一種とみなすことができる。その場合、やや奇妙な言い方だが、「消費は、欲望満足または効用を生産する」と言うことができる。しかし、「消費によって、欲望の満足度としての効用が増加する」と言ったほうがわかりやすいであろう。「効用」と生産または消費との関係を知るために、マーシャルの説明をきいてみよう。

VI-10　マーシャル『経済学原理　第一分冊』[32] 89-90頁
　　人間は物的な財を創造することはできない。……物的な財を生産するというときには実際には効用を生産するだけのことである。換言すれば人間の欲求の満足により適する

32　前掲注15および23参照。ただし、圏点は亀本による。

ように人間の努力と犠牲によって財の形や配置を変更するという結果をもたらすだけのことである。……

　商人は生産しないといわれる。たとえば家具製作者は家具を生産するが、家具商はすでに生産された財を売るだけであると言われる。しかしそのような区別は何ら科学的な基礎を持つものではない。両者とも効用を生産するのみで、どちらもそれ以上のことはできない。家具商は財が以前おかれていた状態よりもより役立つようにそれを移動させ再配置する。家具製作者もそれ以上のことをやっているわけではない。……

これが経済学的なものの見方というものである。注意するべきことに、マーシャルは、上の文章に続けて、次のようにものべている。

VI-11　マーシャル『経済学原理　第一分冊』[33] 90頁
　消費は負の生産と見ることができる。人間は効用を生産できるに過ぎないのと同じように、効用を消費することしかできない。人間は用益や非物的な生産物を生産し、それらを消費することはできる。しかし、物的な生産物の生産が実際には新しい効用を与えるような物質の再配置以上のことではないのと同じように、物的な生産物の消費もまた効用を減少させるか破壊させる再配置にすぎない。

「負の生産」という言い方もわかりにくいが、消費は「効用を破壊する」という表現もまたわかりにくい。VI-11では、「消費は、物を破壊し、物の効用を減少させる」と言ったほうがよかったように思われる。食べ物を食べる行為は、そのような意味での消費の典型例であろう。

　マーシャルは、VI-10およびVI-11において、効用を、それと人間の欲望との関係を十分認識しつつも、基本的に物の属性としている、という点に注意していただきたい。その点に、人の欲望、認識および力と物との関係において経済現象を徹底して捉えようとするメンガーの主観主義的態度との決定的な違いがある。

　上記引用文章VI-10およびVI-11においてマーシャルが言っている「効用」は、メンガー（前掲VI-9）の「効用物」における「効用」とほぼ同じ意味である。つまり、欲望の満足に資する性質ということである。この意味での「効用」は、人の欲望の満足度という意味での「効用」とは異なる。後者の意味での「効用」なら、財の消費は、「効用を生産する」（＝満足度を高める）という表現（本項の前述第2段落参照）も許されよう。

33　前掲注32参照。ただし、圏点は邦訳のまま。

経済学では、「効用」はいずれの意味でも用いられる。両者を明確に区別したい場合、前者を「物の効用」、後者を「その人にとっての効用」といった言い方をすればよい。経済学ではまた、消費（または保有）される財の量とその人の「効用」の大きさとの関係を表す関数を「効用関数」という。そこにおける「効用」は、もちろん後者の意味での効用である。マーシャル自身、この意味での「効用」をいたるところで用いているし、現代の教科書でも、その意味で「効用」という言葉が使われるのが普通である。

17．所有財

メンガーは、彼以外に使う経済学者がほとんどいない「所有財」という言葉も使用している。

> VI-12　メンガー『国民経済学原理』[34] 27-28頁
> 　人間の欲望は多様であり、そのただ1つを満たす手段だけがいかに豊富であっても、彼の生命と福祉は保証されない。……欲望満足の一定の調和が、人間の生命と福祉を維持するために、ある程度までは絶対的に必要である。……ただ1つの欲望をいかに完全に満足させても、われわれの生命と福祉とを維持することができないのはやはり明らかである。
> 　この意味において、1経済主体が支配しうる財のすべてが、その財としての性質において、相互に制約されているといっても不当ではないであろう。なぜなら、あらゆる財が奉仕すべき全体目的である生命と福祉の維持は、個々の財によって単独に実現されるのではなく、もっぱら残余の財との協同によって実現されるからである。……
> 　1経済人が自分の欲望の満足のために支配する財の総体を、われわれは彼の所有財と名づける。したがって、この所有財は恣意的に結びつけられた諸財の数量ではなく、彼の欲望の反映として、そのいかなる重要部分も、それの奉仕する全体目的の実現に影響を与えずには増減できないような1つの構成的全体として現れるのである。

「福祉」という言葉は、「幸福」とほぼ同義の言葉であるが、いずれにしても漠然としすぎて、わかりにくいかもしれない。メンガーにおいて何度も登場する「人間の生命と福祉の維持」とは、程度問題ではあるが、「健康で文化的な生活」を意味するものとさしあたり考えておいてよい。

上記引用文章VI-12で主張されているのは、各人が生命と福祉の維持という最終目的を達成するためには、その人がもつ各種の欲望がバランスよく満

---

[34]　前掲注10参照。

足させられねばならず、したがって、各欲望の満足に資する諸財もバランスよく所有されるだろう、ということである。

ところで、現代の経済学の入門者向け教科書の最初のほうで必ずといってよいほど登場する問題として、次のようなものがある。すなわち、各財の価格と自分の予算とを所与として二つの財を買うとき、人は、その「厚生」（＝「福祉」）を最大化するために、それぞれの財をどれだけ買うであろうか、というものである。この問いは、「予算制約下での２財購入量の最適化問題」とよばれる。その標準的な解法については省略するが、結論は要するに、人はバランスよく購入する、というものである。購入されうる財の数が増えても、この理論および結論は、基本的に同一である。

これは、注目するべきことに、メンガーによる所有財の説明と基本的に一致している。所有財は第一に、上の問いにおける「予算」と解釈することができる。初心者向け教科書では、予算は貨幣額で表記されるが、にもかかわらず、「貨幣」が何を意味するのかの説明は普通ない。しかし、そこにいう「予算」ないし「貨幣」は、普通の人が考えるような「貨幣」ではなく、メンガーのいう所有財のように多種多様の財からなると考えるほうが、経済学的には正しい。

所有財は第二に、当初の予算、つまり自分の所有する多種多様な財の集合から、交換（または生産）を通じて、厚生のより大きい別の財集合に変換されたものと解釈することもできる。上記引用文章VI-12の最終段落にある「恣意的に結びつけられた諸財の数量ではなく……」に注目すれば、そういうことになろう。

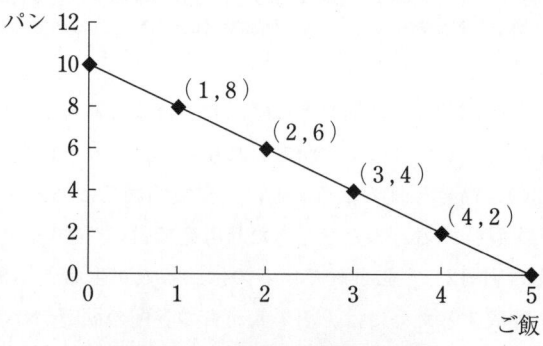

図6-6　2財購入量最適化問題

2財についての最適化問題を（メンガーがしているわけではないが）メンガー流に解説してみよう。図6-6を見ていただきたい。

横軸にご飯の量（単位は杯）、縦軸にパンの量（単位は個）がとられている。ご飯x杯とパンy個との組み合わせを(x, y)と表記することにすると、点$(0, 10)$から、点$(1, 8)$、点$(2, 6)$、点$(3, 4)$、点$(4, 2)$をへて点$(5, 0)$に引かれた直線は、「可能的所有財」とよぶべきものを表している。その傾きがマイナス2であることは、ご飯1杯とパン1個の市場交換比率が1対2であることを表している。わかりにくければ、市場において、パンが1個100円、ご飯が1杯200円で売っていると考えてもよい。

今かりに、その人の欲望の満足が問題になっている人の所有財の構成がご飯1杯とパン8個、すなわち点$(1, 8)$にあったとしよう。その人は、自分の所有するパン2個と、他人が所有するご飯1杯を市場で交換することにより、点$(2, 6)$の状態に移行することができる。そのほうが、自分の食欲（さしあたり、食欲以外の欲望は無視することにする）の満足がより大きくなると判断すれば、その人はそうするであろう。同様にして、点$(2, 6)$より点$(3, 4)$のほうが満足が大きければ、その人はそうするであろう。

ところが、点$(3, 4)$から点$(4, 2)$へ移行すると、その人の満足は小さくなるとしよう。この場合、その人は点$(3, 4)$における所有財の構成が最善だと判断し、そこにもどり、かつ、そこに留まるであろう。

グラフ上の直線は、今日では「予算線」とよばれるが、それはメンガーの（可能的）「所有財」に相当する。予算1000円、ご飯200円、パン100円といった形で、「貨幣」を導入する必要がないこともわかっていただけたであろうか。

「所有財」という今日ではだれも使わないような概念をあえて取り上げたのは、メンガーの経済学が現代に通じるものであるということの一端を示唆したかったからである。

18. 厚生

ここでメンガーからいったん離れ、「厚生」という用語について、項を改めて説明しておこう。「厚生」と「福祉」の原語は、実は同じ（Wohlfahrt, welfare）である。この二つの用語の違いは、メンガーが用いているような

「福祉」はもともと、「健康で文化的な生活」といった何らかの内容がある言葉であったのに対して、「厚生」はむしろ、何が福祉か、何が幸福かは人によって考え方が異なるという点にこだわって、そのような実体的内容を捨象するために考え出された専門用語であるという点にある。

この観点から「厚生」をあえて定義すれば、その最大化をめざして人間が行為するところのもの、ということになろう。しかし、普通の経済学では、「人間は厚生の最大化をめざして行為する」と仮定されているから、そのかぎりで、「厚生」の専門的定義は、現実については何も語らない。「人が（欲望満足に向けて）行為する」という文と、「厚生が最大化される」という文が同義であることを意味するだけである。

そのような無内容な定義では素人にはわかりにくいので、「厚生」は、「欲望の満足」と言いかえられることもある。しかし、「厚生」は、「福祉」と同様、衣・食・住に対する欲望などさまざまな欲望が満足させられる結果達成される何かである。したがって、あえて「欲望」という言葉を用いるなら、「厚生」は、諸欲望の満足にかかっているところの、メタレベル（＝一段上のレベル）[35] の欲望満足と言うほうが正確である。

「厚生」と同じ意味で「効用」という言葉が用いられることも多い。たとえば、「厚生最大化行動」と言う代わりに、「効用最大化行動」と言うのが普通である。だが、前述本章16で触れたように、「効用」は、経済学上の専門用語として、「厚生」と異なり、下位レベルの欲望の満足度についても用いられる。「1個のパンの消費から得られる効用」とか、「その人にとって、パン2個から得られる効用と、ご飯3杯から得られる効用はどちらが大きいか」といった文における「効用」を、食欲の満足度と解釈する場合がその例である。

この意味での「効用」も、「厚生」と同じ意味での「効用」と同じく、空虚な概念である。人がある物より別の物を選ぶとき、経済学者はそれを観察して、「前者より後者のほうが効用が大きい」と言う、というだけである。したがって、「効用」に「欲望の満足」といった解釈を与える必要はない。逆にいうと、そのような解釈を与えたほうがわかりやすければ、そうすれば

---

35 前掲第3章注11参照。

よい。

「効用」という日常語のもつ本来の含みからすれば、それは、パンや野球観戦などの第1次財、消費財について使われるべき言葉ではあるが、経済学用語としてはそもそも無内容なものであるから、生産財、たとえば原子力発電の燃料としてのウランの「効用」についても語ることができる。その場合、メンガー的な見方からすれば、ウランは発電の燃料になり、電気によってパン焼き器が作動し、パン焼き器によってパンが造られ、最終的に、そのパンを食べることによって人の食欲が満足されるからこそ、ウランには、われわれの欲望を直接満足させるものではないにもかかわらず、「効用」がある、ということになる。

19. 経済財

メンガーにもどろう。

VI-13　メンガー『国民経済学原理』[36] 29頁、31頁
　1人の人がその欲望満足のため必要とする財の数量をわれわれは彼の需求（Bedarf）と呼ぼう。……

　したがって、自分の欲望満足にたいする人々の配慮は将来の期間の財需求の充足に向けられた先慮（Vorsorge）となり、先慮が向けられる期間内の欲望を満足するに必要な財数量が、このようにして、その人の需求と名づけられる。

ここでメンガーが「需求」とよんでいるものは、経済学でいう「需要」とほぼ等しいように見える。だが、「需要」が経済学では普通、価格との関連で使用されるのに対して、「需求」は、将来を予想した主観的必要との関係で定義されている点に注意する必要がある。「需求」とは、わかりやすくいえば、価格を度外視した必要量のことである。

ある財への需求と支配可能な財数量との関係については、前者が後者より大きい場合、小さい場合、同じ場合の三つがある。第一の数量関係にある財をメンガーは「経済財」と名づける[37]。「経済財」とは、わかりやすくいう

36　前掲注10参照。
37　同書47頁参照。

と、もっと欲しいのだが、まだ十分にもっていない財のことである。それは、現代の経済学で「希少な財」とよばれるものと同じものをさすが、個人の欲望と支配可能数量との関係に着目して定義しているところにメンガーの独自性がある

　ただし、メンガーは、社会全体の需要というものも考えている。メンガーによれば、ある財に対する社会全体の需要、すなわち、各個人の需要を全員について足したものが、社会における支配可能数量より大きい場合、「各人は他人を排して自分の需要を可能なかぎり完全に充足しようと努めるであろう[38]」。

　メンガーは、そのような財の所有者を「他人の暴力行為から社会的に保護する必要」に、「所有権の基礎となるいわゆる占有保護（Besitzschutz）の経済的起源[39]」を認めている。したがって、「所有権の制度を廃止することは、……社会のすべての成員の需要が完全に充足されるほど一切の経済財の支配可能数量を増加させるか、あるいはその支配可能数量で欲望を完全に満足させられるほど人間の欲望が減少するか、のどちらかの事態を生みださなければ不可能である[40]」ということになる。いうまでもなく、メンガーはここで、財数量の獲得競争の手段として暴力行為を排除することを当然の前提としている。

　「非経済財」とは、経済財とは逆に、その需要が支配可能数量より小さい財である。これも、個人についてと同様に、社会についても定義できる。メンガーにおいて、経済財、非経済財という用語は、各個人の需要との関係を基礎とするものではあるが、実際には、社会全体の支配可能数量との関係で語られることが多い。

　驚くべきことに、今日「公共財[41]」とよばれているものについても、メンガーは、経済財ないし非経済財の観点から定義している。

38　同書49頁。
39　同書49頁。
40　同書50頁。アナーキストまたは共産主義者を意識して語られていることは言うまでもない。
41　さまざまな定義があるが、現代の標準的な経済学では、普通の財（私的財）と異なり、対価を支払っていない人も利用可能で、かつ、1人の人が利用しても、それによって他人が利用することが妨げられない財のことをいう。詳しくは、適当なミクロ経済学または公共経済学の教科書を参照されたい。

VI-14　メンガー『国民経済学原理』[42] 55-56頁

　特別な学問的興味をひくのは、そこで現れる現象に関し経済財と非経済財との中間的地位を占めるような財である。
　文化が高度に発達したところで、その特別な重要性のために社会の側からきわめて多量に生産されて公共の利用に委ねられ、その結果、もっとも貧しい社会成員でもそれを好む量だけ用いることができ、そのため消費者にとっては経済的性格をもたないような財が、まずこうした財に数えられる。
　たとえば文明国では小学校教育が通常この種の財である。……低度の文化段階では教師の指導はこの指導を必要とするものにとっては経済財であるが、高度に発達した文化段階ではこの財は社会の先慮の結果その国の各住民にとって非経済財となる。同様に多くの大都市では、良質で衛生的な飲料水が、かつては消費者にとって経済的性格を有していたにもかかわらず、現在では非経済財となっているのである。

20．財価値

　ある人にとって経済財である財、すなわち、その需要に比べて支配可能数量が少ない財は、その人にとって「価値」をもっている。

VI-15　メンガー『国民経済学原理』[43] 68頁、75頁

　価値とは、具体的な財または具体的な財数量が、われわれにたいして獲得する意義、自分の欲望を満足させることがこれらの支配に依存していることをわれわれに意識させることによって、それらがわれわれにたいして獲得する意義である。

　……価値は、財に付着するもの、財の属性でもなければ、独立してそれ自身存立する物でもない。価値は、自分の支配下にある財が自分の生命および福祉の維持に対してもつ意義に関し経済人が下す判断であり、したがって経済人の意識の外部には存在しない。……けれどもその性質上まったく主観的な財価値を客観化することは、経済学の基礎をはなはだしく混乱させたのである。

　財の価値についてのこれらの説明ではわかりにくいかもしれないので、メンガーが挙げている具体例も引用しておこう。

VI-16　メンガー『国民経済学原理』[44] 71頁

　原始林の居住者が数十万本の樹木を支配しながら、その木材需要を完全に充足するには年々約20本もあれば足りるとすれば、山火事のために約1,000本の樹木が消滅したとしても……彼はその欲望満足が傷つけられたとは決して考えないであろう。だから、こうした事情の下では、彼の欲望のいかなるものの満足も、樹木の1本1本の支配には依

42　前掲注10参照。
43　前掲注10参照。ただし、圏点は亀本による。
44　前掲注10参照。

存しておらず、その結果、これらの樹木は彼にたいしてなんらの価値ももたない。これに反して、この原始林になお10本の野生の果樹があり、その果実を先の居住者が食べるが、この果実の支配可能数量は彼の需求より大ではないという数量関係が成立しているとすれば、この果樹の1本が枯れたとしても、そのために彼は飢えに悩む果実にたいする欲望を以前よりも不完全にしか満足できなくなるであろう。したがって、このような果樹は、どの1本もみな、彼にたいして価値をもつであろう。

　樹木の少なくとも20本は、彼の需求を満たすことができるのに、数十万マイナス約1000本の樹木のうちどの1本も価値がないという説明は、経済学の初心者にはわかりにくいかもしれない。これを理解するには、「物が役に立つ」ということと、「物に価値がある」ということとを区別することができなければならない。

　もちろん、山火事によって残った樹木が20本未満になれば、どの1本もその原始林居住者にとって価値をもつ。支配可能数量が財需求にみたないということは、経済財の定義であると同時に、財に価値が生じるゆえんである。だが、樹木が19本だけ残った場合と、10本だけ残った場合とで、樹木1本の価値は、同じなのだろうか、異なるのだろうか。異なるとすれば、どう異なるのだろうか。

　これに関するメンガーの見解を聞く前に、「価値」に関して、メンガーと一見違うが、本質的には同じ見解を、メンガーよりも若干早く提示したジェヴォンズの見解を聞いてみよう。

21. ジェヴォンズによる「価値」ないし「効用」の説明

　ジェヴォンズは、価値という語の用法には、使用価値＝全部効用、尊重＝最終効用度、購買力＝交換価値＝交換比率の三つがあるが、混乱を招くので、「価値」という語は使わないほうがよいと主張している[45]。多義的な言葉はできるだけ避けた方がよいということは、すべての学問分野で言えることであるから、それはそれでよい。だが、そこで言われている「全部効用」と「最終効用度」とは何をさすのだろうか。

　ベンサム（1748-1832）の功利主義[46]を支持するジェヴォンズは、「快楽を

45　ジェヴォンズ（前掲注14）61-63頁参照。
46　ベンサム（山下重一訳）『道徳および立法の原理序説』責任編集・関嘉彦『ベンサム　J. S.

極大ならしめることが経済学の問題である[47]」として、効用について、「諸物のもつなんらかの仕方で人間に役立ちうる能力」というセー[48]（1767-1832）による定義を引用しつつ、「快楽を生じ、または苦痛を防ぎうるものは、いかなるものでも効用を有しうる[49]」という一応の説明を与える。その上で、効用は「物の質ではあるが、内在的な質ではない。それは、人間の要求に対するその関係から起る物の状況と説く方がよい[50]」と補足して、「効用物」に関するメンガーの説明（前掲VI-9）とほとんど同じものに到達している。

「効用物」は、ジェヴォンズでは「貨物」commodityとよばれる。「貨物」は「財」と言いかえてもよいが、ジェヴォンズは、メンガーのように「支配可能性」を「貨物」の定義に入れず、いきなり、「貨物」の消費量の増加または減少にともなって「効用」がいかに変化するかを問題にする。

その際、ジェヴォンズは、「1貨物より生ずる全部効用と、そのいずれかの特定部分に付着する効用とを区別しなければない[51]」ことを強調し、続けて次のようにのべている。

VI-17　ジェヴォンズ『経済学の理論』[52] 35頁

かくて、われわれの食べる食物の全部効用は生命の維持ということにあり、無限大と

ミル』（世界の名著49、中央公論社、1979年）参照。罪刑法定主義の提唱者として有名なベッカリーア（1738-1794）は、ベンサムに大きな影響を与えた。同（風早八十二・五十嵐二葉訳）『犯罪と刑罰』（岩波文庫、1959年。原著初版は1764年）参照。同書19-20頁に、「自由人どうしの間の自由な契約であるはずの法律というものが、じっさいはほとんどつねに小数者の欲望の道具であるか、あるいは気まぐれな一時的必要から生れた産物でしかなく、人間性の賢明な観察者——多数の人間の活動を「最大多数の最大幸福」という唯一最高の目的に導くことを知っている者——によってつくられたものではないことがわかる。」とある。最新のベンサム研究に依拠する、日本の法哲学者によるベンサム論として、戒能通弘『世界の立法者、ベンサム——功利主義法思想の再生——』（日本評論社、2007年）参照。

47　ジェヴォンズ（前掲注14）29頁。なお、圏点は邦訳のまま。以下についても、とくに断らないかぎり同様とする。
48　「供給はそれ自らの需要を作り出す」という「セー法則」で有名なフランスの経済学者。主著『経済学概論』は1803年に出版。詳しくは、喜多見洋「ジャン=バティスト・セー——習俗の科学から実践経済学へ——」鈴木信雄責任編集『経済学の古典的世界1』（日本経済評論社、2005年）281-330頁参照。
49　ジェヴォンズ（前掲注14）30頁。
50　同書34頁。
51　同書35頁。
52　前掲注14参照。

図 6-7 効用の逓減

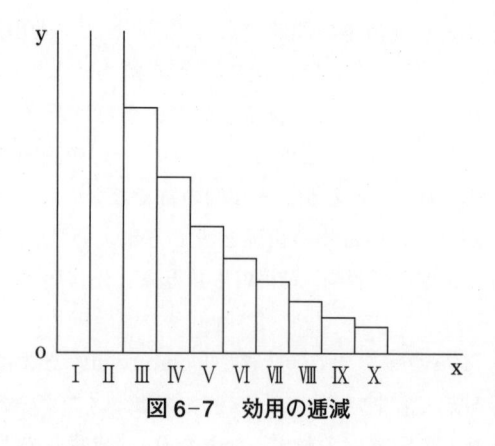

考えられうべきものであるが、われわれが日々食べるものから10分の1を控除するとしても、われわれの損失はただ些少に過ぎないであろう。われわれはたしかに食物のわれわれにとっての効用全体の10分の1は失わぬであろう。

　彼は、このことを図 6-7 [53] を用いて説明している。 I から X は、ある人が平均24時間中に消費する食物の全量を10の等しい部分に分けたものである。食物の10分の1が控除されると、まず X の上にある面積の効用が失われることになる。もう10分の1控除されると、IX の上にある面積の効用が失われることなる。以下同様である。II および I の上にある図形が長方形をなしていないのは、「食物のこれらの部分は生命にとって不可欠であり、したがってその効用は無限に大きい[54]」からである。縦軸を無限に長くとれば長方形が見えてくると考えてもよい。

　食物の部分量（10分の1）を控除して行った場合、効用は、右から左へと増大しているが、左からみると、つまり部分量を加算して行った場合、効用は次第に減少している。食物全体の効用は、すべての長方形の面積を足したものである。それが、その食物全体の「全部効用」である。だが、たとえば I から V までの合計を考えて、その全部効用──これが、前述本章 **16** の最後で言及した「効用関数」における「効用」の意味──というものも考える

53　同書36頁参照。
54　同書36頁。

第3節　財とその価値　*295*

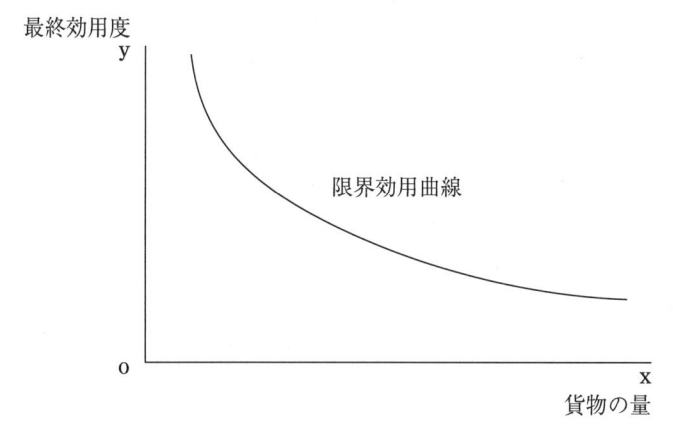

図6-8　限界効用逓減の法則

（縦軸：最終効用度 y、横軸：貨物の量 x、曲線：限界効用曲線）

ことができる。

　各部分量の効用の強度は、そこにおける長方形の高さによって測られる。それに横幅（つまり10分の1の量）をかければ、その部分量の効用が出る。部分量を無限に小さくして行けば、連続的曲線を描くことができる（図6-8[55]参照）。横軸は貨物の量を表し、縦軸は効用の強度を表わす。効用の強度は、たんに「効用度」ともよばれる。

　「最終効用度」とは、貨物の消費量を次第に増やしていった場合の最後の増量に対応する効用度のことである。これが、後に「限界効用」とよばれるようになったものである。図6-8のグラフの右下がりの曲線（限界効用曲線）によって示されているのは、「限界効用逓減の法則[56]」（消費量が増えると効用度が減少するということ）とよばれるものである。「逓減」とは、減少のことである。

　ジェヴォンズのいう「最終効用度」は、後述するところを先取りしていえ

55　同書37頁参照。
56　限界革命の三人の先達であるにもかかわらず、ジェヴォンズとワルラスによって再発見されるまで、経済学者のだれからも注目されなかったゴッセン（以下に挙げる主著は1854年に出版）にちなんで「ゴッセンの第1法則」ともよばれる。命名者は、オーストリア学派の第二世代の一員として、メンガーの経済学を受け継いだヴィーザー（1851-1926）である。ゴッセン（池田幸弘訳）『人間交易論』（日本経済評論社、2002年）7頁、14頁参照。なお、この法則は、ほとんどの人について、いくつかの財のある消費局面においてしばしば観察される経験則にすぎない。この法則が観察されない人、財、または局面も数多く存在する。その例は、各自見つけていただきたい。

ば、メンガーが樹木1本、あるいは財の部分量に認める「価値」に相当する。その場合、限界効用逓減の法則は、「価値逓減の法則」と言いかえることができる。

22. 財価値の差異の原因その1――欲望満足の意義の相違

「価値」に関するジェヴォンズの見解を確認したところで、前述本章20の最後に提起した問題にもどろう。残り19本の場合と10本の場合とでは、樹本1本の価値はどう違うのだろうか。もっと一般的にいって、財の部分量の価値の大きさの差異は、何によるのだろうか。

メンガーによれば、財価値に差異が生じる原因の第一は、具体的欲望満足が異なるに応じて、それが人に対してもつ意義、重要さが異なるということにある。衣食住、とくに食欲の満足の意義は、「快適な寝台の支配や将棋盤の支配[57]」によってもたらされる欲望の満足の意義などと比べてはるかに高いであろう。このことは、欲望の種類の重要度の違いから生じる欲望満足の意義の差異に関する説明とはなる。だが、もっと重要なのは、同一種類の欲望において、個々の具体的な消費行動が欲望満足に対してもつ意義の差異に関する説明である。メンガーはこの点について次のようにのべている。

VI-18　メンガー『国民経済学原理』[58] 79頁

……食欲を満足する個々の具体的行為が人間にたいしてもつ意義にも、非常な差異がある。食欲の満足は、それによって生命が保証される点までは、だれにとってもその生命の維持の全意義をもっている。それ以上の消費は、ある点まで人間にとってその健康、すなわち持続的福祉の維持という意義をもっている。なおこれをこえる消費は人間にとり、観察によって知られるように、単にますます逓減していく享楽の意義しかもたず、最後にある限界[59]に達すれば食欲の満足はすでにきわめて完全であって、もはやそれ以上の食物の摂取は……彼にとってどうでもよいこととなり始め、さらに消費を続けるときには苦痛を生じ健康を損ね、最後には生命をも傷つけるに至る。

同じような観察は他のいかなる人間の欲望についても、その満足の完全さの大小に関して試みることができる。……

57　メンガー（前掲注10）78頁。
58　前掲注10参照。
59　「限界効用」における「限界」とは無関係である。ゴッセン（前掲注56参照）のいう「飽和」のことである。

このような事態をメンガーは、後に「メンガー表」とよばれるようになった表によって説明している（表6-1[60]参照）。

表6-1　メンガー表

I	II	III	IV	V	VI	VII	VIII	IX	X
10	9	8	7	6	5	4	3	2	1
9	8	7	6	5	4	3	2	1	0
8	7	6	5	4	3	2	1	0	
7	6	5	4	3	2	1	0		
6	5	4	3	2	1	0			
5	4	3	2	1	0				
4	3	2	1	0					
3	2	1	0						
2	1	0							
1	0								
0									

　ローマ数字のIからXは、欲望満足の種類を表す。各ローマ数字の直下にある10から9のアラビア数字の横列は、Iが欲望満足の意義が一番大きく、IIがその次、……Xが最低、という形で意義が次第に減少して行くことを表している。たとえば、Iは食欲、IIは衣服への欲望、IIIは住居への欲望等々と考えればよい。
　各ローマ数字の下のアラビア数字の縦列は、その欲望満足が完全になるにつれて、それを満足させることの意義が次第に低下していくことを表している。限界効用逓減または価値逓減の法則に対応するのは、これである。

60　同書81頁。ただし、罫線を補った。以下で引用するメンガー作製の表についても同様にする。

VI-19　メンガー『国民経済学原理』[61] 80-81頁

　度盛Ⅰは、すでに成就された満足の程度に応じて逓減する食欲の満足の意義を表し、度盛Ⅴはある人の喫煙にたいする欲望の満足の意義を表すものと仮定すれば、ある程度の完全さに達するまでは食欲の満足が喫煙欲の満足よりもこの人にとって決定的により高い意義をもっていることは明らかである。けれども食欲がすでにある程度の完全さにいたるまで満足させられていて、したがってたとえば食欲をこれ以上満足させることは、この人にとって6の数字〔Ⅰの列の6をみよ〕をもって表された意義しかもたないとすれば、このかぎりにおいてすでに喫煙はこの個人にとりこれ以上の食欲の満足と同一の意義〔Ⅴの列の一番上の6をみよ〕を獲得しはじめるであろう。このようにして、彼はこのとき以来タバコに対する彼の欲望の満足を食物にたいするそれと均衡させようと努力するであろう。つまり、食欲の満足は一般的にはその個人にとって喫煙欲の満足よりも比較にならないほど高い意義をもっているにしても、食欲を満足させることを続けていくならば、やがて、それ以上の食欲の満足行為は、一般的には重要さにおいて劣るがまだまったく満足させられていない喫煙欲の最初の満足行為〔Ⅴの列の一番上の6をみよ〕よりも小さい意義しかなくなる段階〔Ⅰの列の5以下をみよ〕に達することは、この表から明らかである。

　予算制約にこそ触れられてないが、この叙述は、後に「限界効用均等の法則[62]」とよばれるようになったものにほとんど到達している。やや不正確にいうと、各欲望をバランスよく満足させるとき、全体の欲望満足あるいは「厚生」は最大化されるということである。

23. 財価値の差異の原因その2——個々の欲望満足の具体的諸財への依存性

　人が特定の財を一つしか支配しておらず、しかも、それが他の欲望満足には使えない場合、その財の価値は、その欲望満足の意義によって決定される。「たとえば近眼の人がある孤島に流れつき、また彼が救い出した諸財のうちに眼鏡がただ1つだけあり2つはないとすれば、疑いもなくこの眼鏡はこの人にとって彼が鋭い視力に付与する意義の全体をもつことになる[63]」。

　このような場合は、財の価値の決定は容易である。価値の決定がむずかしいのは、ある同一の財の数量がいくつかの具体的欲望をみたしうる場合である。メンガーが挙げているのは、次のような例である。

61　前掲注10参照。ただし、亀甲括弧内は亀本による補い。以下の引用においても同様とする。
62　「ゴッセンの第2法則」ともよばれる。ゴッセン（前掲注56）16頁、40頁、56頁参照。
63　メンガー（前掲注10）83頁。

VI-20　メンガー『国民経済学原理』[64] 83頁

　孤立して経済を営む1人の農夫が、豊作の結果200メッツェン〔昔の量の単位。1メッツェンは3.44リットル〕の穀物を支配しているとしよう。その一部は次の収穫にいたるまでの彼とその家族の生命の維持を保証し、他の一部はその健康の維持を、第3の部分は次の播種のための種子を保証し、第4の部分はビールやブランデーの醸造その他の奢侈目的のために、第5の部分は彼の家畜の飼養のために用いられることができるが、なお残存する部分の彼がもはや一層重要な欲望満足のために使用することができないものは、この穀物をなおいくらかでも利用する目的から、愛玩動物の飼育にあてられるとしよう。

　問題になるのは、穀物の一定部分量（たとえば1メッツェン）がその農夫に対してどのような価値をもつかである。

VI-21　メンガー『国民経済学原理』[65] 85頁脚注

　ある財がさまざまな種類の欲望を満足させることに役立ち、そのさい個々の欲望満足の行為が、その欲望がすでにどの程度の完全さで満足させられているかによって次第に減少する意義をもつとすれば、この場合にも経済人〔＝欲望を可能なかぎり完全に満足させようと努力する人〕は、その財の支配可能数量を、まず、当面の欲望満足行為のうち欲望の種類を問わず最高の意義をもつもの〔＝メンガー表でいえば、アラビア数字の値の一番大きいもの〕の確保に使用し、次にその意義において第1のものに次ぐ具体的欲望満足に残りを使用し、その後にこれよりも重要さの小さい欲望の確保に残りを用いるのである。この進み方の結果、もはや満足させられなくなった具体的欲望のうち最も重要なものは、上に述べた一切の種類の欲望に関してつねに等しい意義をもつことになり、したがってあらゆる欲望はその具体的行為が等しい程度の重要さをもつところまで満足させられることになる。

　これこそ、1財がさまざまな種類の欲望をみたしうるときのその財数量の最善の配分の仕方であり、前項で触れた「限界効用均等の法則」の正確な内容である。それが最善の配分の仕方であるのは、1財の全数量の部分量を順次さまざまな欲望満足に配分していくとき、その最後の部分量を、ある欲望満足に配分する場合と別の欲望満足に配分する場合とでその意義に大小差があれば、その部分量のさらに小さな部分をとって、これを意義の相対的に小さい欲望満足から意義の相対的に大きい欲望満足に移せば、全体の満足はよ

64　前掲注10参照。
65　前掲注10参照。

り大きくなるからである。

「欲望を可能なかぎり完全に満足させる」ということを逆からみて、メンガーは先の問い、すなわち「穀物の一定部分量は、その農夫に対してどのような価値をもつか」を、「もしその経済主体がこの部分量を支配できないならば、言いかえれば、もし彼がその全支配量からこの部分量を控除した残額だけしか支配下にもたなくなるとすれば、どの欲望満足が実現されなくなるだろうか」という問いに転換する。

その答えは、「どんな経済人もこのような場合にはつねに、なお残存する財数量をもって比較的重要さの小さい欲望を後回しにして比較的重要さの大きい欲望を満足させるであろう。したがっていままで確保されていた欲望満足のうちで、彼にとって最小の意義しかもたないものだけが達成されないことになるであろう[66]」というものである。したがって、「支配可能な財数量の一部分量の価値は、この人にとっては、全数量によって確保され、また同一部分量をもってもたらされうる複数の欲望満足のうちで、最も重要さの小さなものが彼に対してもつ意義に等しい[67]」ということが結論である。

もちろん、支配可能な財数量が減少すればするほど、その一部分量の価値は上昇する。これは、限界効用ないし価値逓減の法則を逆から言ったものにすぎない。したがって、山火事で19本の樹木が焼け残った場合と、10本が焼け残った場合とを比べると、樹木1本の価値は、後者の場合のほうが大きい。

メンガーのいう「財数量の一部分量の価値」は、ジェヴォンズのいう「最終効用度」(または、それをその量において積分したもの＝そこまでの消費量における最後の長方形の面積)に相当するが、同質の財がさまざまな用途、したがって（それぞれの用途における）「効用」をもちうる点を考慮している点でメンガーのほうが慎重である。ジェヴォンズの「効用」は、彼が「快楽の最大化」というベンサム的立場を採用した時点ですでに均質化[68]あるいは無内容化されているのである。

これに対して、メンガーは、「欲望満足」という一見類似した見地を採用

66　同書85頁。
67　同書86頁。ただし、邦訳にある圏点は省略した。
68　メンガーにおいては、説明の便宜上、メンガー表に比較可能なアラビア数字を配置した時点ではじめて、このことが行われている。

しながらも、欲望満足の種類を区別している。現代の経済学で使われる「代替財」という観念を理解するためにも、欲望満足に注目するメンガー的見方のほうが適切であるように思われる。「代替財」をメンガー流に定義すると、同一の欲望満足に資するが、その欲望満足にとっての質を多少なりとも異にする財ということになる。その欲望満足にとっての貢献度がまったく同じであれば、物理的・化学的性質を異にする財も、経済的には同一の財である[69]。

24．高次財の価値

VI-22　メンガー『国民経済学原理』[70] 119頁
　1つの具体財または1つの具体的財数量の価値は、これを支配する経済主体にとり、彼がこの財または財数量を支配できない場合になしですまさなければならない欲望満足の意義に等しい。

このことは、これまでもっぱら第1次財すなわち消費財を念頭において説明されてきた。高次財の価値はどのようにして決定されるのだろうか。高次財は通常、同レベルの他のいくつかの補完財といっしょになってはじめて低次財を生産することができるから、その一つの高次財の価値を決定することはむずかしいように思われる。しかし、メンガーの結論は、消費財についてのものと基本的に変わらない。

VI-23　メンガー『国民経済学原理』[71] 122頁
　ある高次財の具体量の価値は、……われわれの支配しうる諸高次財の総体を経済的に使用するとして、その価値が問題となっている高次財の数量をわれわれが支配する場合に実現される欲望満足の意義と、そうでない場合に実現される欲望満足の意義との差に等しい。

生産物（低次財）が、相互に補完的ないくつかの生産要素（高次財）から生産されるにしても、同量の生産物を生産するために必要な諸高次財の量は一つに確定しているわけではない。

69　メンガー（前掲注10）100頁参照。
70　前掲注10参照。
71　前掲注10参照。ただし、圏点は亀本による。

VI-24　メンガー『国民経済学原理』[72] 120頁

　穀物を生産するためには、土地用益、種麦、労働用益、肥料、農業用具の用益その他が用いられる。しかしながら、たとえ肥料がなく農業用具の大部分が用いられなくとも、穀物生産に必要な残りの高次財でこれを償うだけのより多くの数量が支配できるかぎり、一定量の穀物が生産されることは誰も否定できないであろう。

　要するに、低次財を生産するための高次財の組み合わせは柔軟なのである。ある高次財の具体量（＝部分量）の価値は、引用文章VI-23にあるように、他の補完財の総量が固定されているとして、その具体量が欠けた場合にあきらめなければならない価値である。その場合、他の補完財の一部があまってしまうことがありうるが、その場合は、より質の劣る生産物または別の生産物の原料に転用するなりして、それらを欲望満足にとって最善の用途に使うということが「諸高次財の総体を経済的に使用する」ということの意味である。

　驚くべきことに、メンガーは、低次財・高次財の生産理論を通じて、今日「限界（価値）生産力」とよばれるものにまで到達しているのである[73]。こうして、消費と生産は同一の価値論によって一貫して説明されることになる。交換についても同様である。

　交換についての解説はまだしていないので、やや先走りすぎだが、ここで博覧強記の偉大な経済学説史家シュンペーター（1883-1950）から引用しておこう。

VI-25　シュンペーター『経済分析の歴史（下）』[74] 303-304頁、306-307頁

　……彼ら〔ジェヴォンズ、メンガーおよびワルラス〕の理論はすべて――ゴッセンの説をも含めて――同一の目標を狙ったもので、それは限界効用の原理[75]が、競争市場

72　前掲注10参照。
73　しかし、後代の経済学者には注目されなかった。ハイエク（前掲注7）175頁参照。
74　前掲注4参照。ただし、亀甲括弧内は亀本による補い。
75　ワルラスに私淑するシュンペーター自身、この原理を当時のドイツ経済学の歴史学派に理解させようとして、25歳で処女作『理論経済学の本質と主要内容』（1908年）を書いた。大野忠男・木村健康・安井琢磨訳『同（上）（下）』（岩波文庫、各1983年、1984年）参照。これは、現代の教科書なら数頁ですませそうな内容について、可能なかぎり譲歩しつつ、大変苦労して説得に努めている労作であり、ドイツ歴史学派経済学の頑固さが想像できる感動的な書物である。しかし、彼らに対して効果はなかった。なお、シュンペーターは、広い意味での「交換」を純粋経済学の基本的対象とみている。それは、市場での「交換」だけでなく、主体的均衡をめざす所有財内部の

において確立されるべき諸商品間の交換比率と、一意的に決定される交換比率に代わって可能なさまざまな交換比率の幅が生まれるべき条件とを、導出するのに充分であることを証明しようとするところにおかれていた。換言すれば、彼らはアダム・スミス、リカードウ、およびマルクスが不可能だと信じていたこと、すなわち交換価値が使用価値[76]にもとづいて説明されうること、を確立したのである。……しかし、……そのこと自体だけであれば大したものを意味しない。……本質的たるべきところは、まさに「新」交換理論において限界効用分析が、経済問題に一般的に適用されうる分析用具を創造したということにこそあるのである。
……

限界効用および全部効用の両概念は消費者の欲望に関連するものである。したがってこの両概念は、利用することから消費者の欲望の満足が生まれてくる財もしくは用益に関連してのみ、直接の意味を帯びることになる。ところがメンガーは生産手段――もしくは彼のいわゆる「高次財」――もまた、消費者の欲望を直接満足させるものの生産を助けることにより、間接的にではあるが消費者の満足を生むという事実のために、経済財の概念のなかに含まれると言いつづけた。……この工夫はわれわれをしてたとえば鉄とかセメントとかあるいは肥料とかを――それからまた直接には消費されない自然要因や労働のあらゆる用益とかをも――、不完全な可消費財としてとり扱うことを可能とし、そのことによって限界効用の原理が妥当する範囲を生産および「分配」の全領域に拡大するものである[77]。

第4節　交換が起こるための条件

25. 交換性向

アダム・スミスは、分業による利益を強調したことであまりにも有名であ

「交換」、トレード・オフをも含む。
　メンガーもまた歴史学派と対決した。同『経済学の方法』（前掲注8）参照。なお、経済学の歴史学派は、経済が国や文化によって異なることを強調し、普遍的な経済学、ワルラスの言葉でいえば「純粋経済学」、シュンペーターの言葉でいえば「理論経済学」の意義を否定した。

76　ここで「使用価値」といわれているものは、メンガーの文脈でいえば、「個人の欲望満足に対する意義」というべきものである。メンガー自身は、当然ながらアダム・スミスないし古典派経済学の使用価値・交換価値の定義および区別を否認している。メンガーによれば、ある財の具体量を自分が使用する場合と交換する場合とを比べて、自分の欲望満足に対する意義が高いほうが、その具体量の経済的価値である。メンガー（前掲注10）185-194頁、とくに190頁参照。にもかかわらず、シュンペーターの表現は、事柄の本質を言い当てており、きわめて適切である。

77　シュンペーターはこの文脈で、メンガーを高く評価しているのであるが、日本にあって経済学の発展に多大な貢献をした安井琢磨は、「ローザンヌ学派〔ワルラスのこと〕とオーストリア学派とのこの接合は、……私には不幸な接合であったとしか考えられない。」（後掲書502頁）と言う。「この接合」とは、メンガーの低次財・高次財の消費・生産理論に由来する「帰属理論」（生産用益の価値関数を享楽財のそれから導出しようとする理論）と、ワルラスの一般均衡理論（すべての財の市場における需要と供給の均衡によって価格が同時に決定されると考える）との接合をさしている。シュムペーター『理論経済学の本質と主要内容（下）』（前掲注75）「訳者あとがき」501-504頁参照。

る。その際、分業の原因を人間の交換を好む本性、すなわち「交換性向」に求めている。ここで『国富論』から長い引用をしておこう（後に取り上げる諸問題も意識して、注目するべき部分に下線を引いた）。

VI-26　アダム・スミス『国富論Ⅰ』[78] 24-30頁

　こんなにも多くの利益を生むこの分業は、もともと、それによって生じる社会全般の<u>富裕を予見し意図した人間の知恵の所産ではない</u>。分業というものは、こうした広い範囲にわたる有用性には無頓着な、人間の本性上のある性向、すなわち、ある物を他の物と取引し、交易し、<u>交換しようとする性向</u>の、緩慢で漸進的ではあるが、<u>必然的な帰結</u>なのである。

　……犬同士が、一本の骨を別の骨と、公正に、しかも熟慮のうえで交換するのを見た人はだれもいない。……動物は、人間または他の動物からなにかを得たいと思うときには、それをしてくれる相手の好意に訴えるよりほかには説得の手段をもたない。……人間も、自分の仲間に同じ技巧を用いることがある。そして、<u>自分の思い通りにかれらを動かす方法がほかに見つからないときには、あらゆる卑屈な媚</u>（こび）<u>へつらいの動作で、かれらの好意をかちえようと努める</u>。けれども人間には、いちいちこういったことをする時間のゆとりがない。<u>文明社会では、人間はいつも多くの人たちの協力と援助を必要としているのに、全生涯をつうじてわずか数人の友情をかちえるのがやっとなのである</u>。……人間は、仲間の助けをほとんどいつも必要としている。だが、その助けを仲間の博愛心にのみ期待してみても無駄である。むしろそれよりも、もしかれが、自分に有利となるように仲間の自愛心を刺激することができ、そしてかれが仲間に求めていることを仲間がかれのためにすることが、<u>仲間自身の利益にもなるのだということ</u>を、仲間に示すことができるなら、そのほうがずっと目的を達しやすい。他人にある種の取引を申し出るものはだれでも、右のように提案するのである。<u>私の欲しいものを下さい、そうすればあなたの望むこれをあげましょう</u>、というのが、すべてのこういう申し出の意味なのであり、こういうふうにしてわれわれは、自分たちの必要としている他人の好意の大部分をたがいに受け取りあうのである。<u>われわれが自分たちの食事をとるのは、肉屋や酒屋やパン屋の博愛心によるのではなくて、かれら自身の利害にたいするかれらの関心による</u>。われわれが呼びかけるのは、かれらの博愛的な感情にたいしてではなく、かれらの<u>自愛心</u>（セルフ・ラブ）にたいしてであり、われわれがかれらに語るのは、われわれ自身の必要についてではなく、かれらの利益についてである。同胞市民の博愛心に主として頼ろうとするのは、<u>乞食</u>（こじき）をおいてほかにはいない。乞食ですら、それにすっかりたよることはしない。……

　……人はだれでも、<u>自分自身の労働の生産物のうち自分の消費を超える余剰部分を、他人の労働の生産物のうちかれが必要とする部分と交換することができるという確実性</u>によって、特定の職業に専念するように促される。またその特定の業務にたいしてもっている才能や天分がなんであれ、それを育成し完成させるように力づけられるのである。

78　大河内一男監訳、中公文庫、1978年。

人それぞれの生れつきの才能の違いは、われわれが気づいているよりも、実際はずっと小さい。さまざまの職業にたずさわる人たちが、成熟の域に達したときに、一見他人と違うようにみえる天分の差異は、多くの場合、分業の原因だというよりもむしろその結果なのである。……取引し、交易し、そして交換するという性向が人間になかったなら、だれでも、自分の求める生活の必需品と便益品とをことごとく自分で調達しなければならなかったにちがいない。

　この性向こそが、さまざまな職業に従事する人たちのあいだにこんなにはっきりした才能の違いをつくりあげるのであるが、この同じ性向がまた、その才能の違いを有用なものにするのである。……マスチフ犬の力の強さは、グレイハウンド犬のすばやさからも、スパニエル犬の利巧さからも、シェパード犬の従順さからも、助けを借りることはぜんぜんない。交易し、交換しようという力や性向が欠けているために、そうしたさまざまな天分と才能の効果は、ひとつの共同の資財にすることができず、かれら種族の生活の条件と便宜を向上させるうえに少しも貢献しない。……これに反して人間のあいだでは、はっきり違った天分がたがいに役に立つのである。すなわち、取引し、交易し、交換するという一般的性向のおかげで、人間のそれぞれの才能が生み出すさまざまな生産物は、いわばひとつの共同の資財（ストック）となり、だれでもそこから、他の人々の才能の生産物のうち自分の必要とするどんな部分でも購入することができるのである。

26. 交換が起こるための条件

　メンガーは、人間にみられる交換しようとする傾向という意味での「交換性向」を正面から否認しているわけではない。しかし、交換が交換そのものの喜びに起因するというアダム・スミスの考えは、はっきりと否定している。

VI-27　メンガー『国民経済学原理』[79] 132頁

　というのは、交換がそれ自体1つの喜び、したがって自己目的であり、往々にして労苦の多い、また危険と経済的犠牲とを伴う行為ではないとするならば、……人々が交換を無限に続けないのはなぜかということを実際に理解することができないからである。しかもわれわれが実生活のいたるところで看取できるのは、経済人がいかなる交換をも前もって熟考したうえで行い、また最後には与えられた各時点にたいしもはやそれ以上は2人の人間が交換しあわないという限界が到来することである。

　交換が起る根本的な原因は、1財の数量の自分のための諸用途への配分の場合（前述本章23参照）と同様、経済人が、その「欲望を可能なかぎり完全に満足させようと努力する」からである。それは当然のこととして、メンガーによれば、交換が起こるためにはさらに三つの条件、すなわち「経済的交換の基礎」が必要である。

79　前掲注10参照。

VI-28　メンガー『国民経済学原理』[80] 136-137頁

　a)　ある経済主体の支配下にある財数量が、彼にとって、いま1人の経済主体の支配する他の財数量より価値が小さくなければならず、他方、後者においては、同一財の価値評価にこれと逆の関係〔＝前者の支配下にある財数量が、後者にとって、自分が支配する他の財数量より価値が大きいという関係〕が成立している。
　b)　双方の経済主体はこの関係を認識するにいたらなければならない。
　c)　彼らは上の財交換を実際に遂行する力をもたなければならない。

　a) は、交換が双方にとって得になるということである。同一の財に対する評価が双方で異なるからこそ交換が起こる、ということは当たり前のことだと思う読者も多いかもしれない。だが、アダム・スミス以来、リカード[81]（1772-1823）をへてJ. S. ミル[82]（1806-1873）にいたる古典派経済学のもとでは、客観的意味で「等価な交換」という、古代以来の「等価交換」の観念の変種が生き残ってきたのである。そのため、生産と交換と分配の理論はそれなりに発展することができたが、消費（者）の理論は十分に発展しなった。価値は主観的であるとする主観革命によって消費者理論発展の基礎が築かれたのである。おそらく、それに理論上最も貢献したのはメンガーであった[83]。

　後述の正義論との関連で付言すれば、客観的意味での「等価交換」という観念が主観革命以降の経済学では無意味であるということは是非覚えておいていただきたい。価値はあくまで、それぞれの当事者がそれぞれの時点で、財の部分量（たとえば1個）について判断するものなのである。

　b) の条件は、完全市場の仮定のもとでは当然にみたされている。c) は、交換には費用がかかることを示唆するが、現代の標準的な経済学では軽視さ

80　前掲注10参照。

81　リカードウ（羽鳥卓也・吉澤芳樹訳）『経済学および課税の原理　上巻・下巻』（岩波文庫、1987年。原著初版は1817年）第1章参照。リカードは、財の交換価値の源泉を、その生産に必要な労働量に求めた。

82　ミル（末永茂喜訳）『経済学原理（一）～（五）』（岩波文庫、1959～1963年。原著初版は1848年）参照。

83　ただし、メンガーの『国民経済学原理』は、ワルラスやジェヴォンズは別にして、当初はあまり知られておらず、経済学の普通の専門家にその業績が広く知られるようになったのはかなり遅い。メンガーの業績は、ベーム＝バヴェルク（1851-1914）、ヴィーザーなどのオーストリア学派の第二世代を通じて間接的に広まった。ハイエク（前掲注7）180頁参照。なお、「限界効用」Grenznutzen＝marginal utility という用語を経済学にはじめて導入したのは、ヴィーザーである。

れている。その結果、現代の標準的な経済学は、この両条件に注目しない（なお、この点は次章でも詳しく検討する）。このようなことをあえて付言するのは、現代の経済学のあり方を批判する意図からではない。物理学が天文学をモデルにして摩擦のない状態をまずは仮定したように、条件を単純化して考えるということは科学にとって有意義な方法である。しかし、どのような方法を用いるにせよ、最終的に「現実」に接近するというのが、すべての科学の目標である。

27．経済的交換の限界

次に、2人の人が異なる財をある数量ずつ支配しており、それらを交換する条件が当初は備わっていたとして、その交換はどこまで続けられるかという問題、すなわち「交換の限界」の問題に向かおう。メンガーは、次のような具体例を提出している。

> VI-29　メンガー『国民経済学原理』[84] 139頁
> 　ある原始林に人里離れて2人の丸太小屋所有者が住んでおり、2人はお互いに平和に交際し、その諸欲望はその範囲からいっても強度からいってもまったく同様であると仮定しよう。
> 　両人とも自分の土地を耕すために各々数頭の馬を必要とするが、そのうち1頭は自分と家族のための食物の必需量を生産するのに絶対に不可欠であり、いま1頭はこれ以上の余剰すなわち自分と家族に十分に栄養を与えるに必要なだけの食物を生産するのに欠くことができないとしよう。必要な建築用材や薪を森林から丸太小屋まで運ぶために、土砂その他を運搬するために、最後に、自分と家族が必要とする若干の享楽手段をもたらす土地を耕作するために、各農夫は第3頭目の馬を使用することができ、さらに第4頭目の馬は娯楽用に用いることができるが、第5頭目の馬は単に他の馬が働けなくなった場合の予備としての意義しかもたず、第6頭目の馬にいたっては両人ともこれをその経済の中で用いる術(すべ)を知らないとしよう。
> 　その上2人の丸太小屋所有者はいずれも牛乳および乳製品にたいする需要を充足するために5頭の牝牛(めうし)を必要とし、しかもこの点に関する欲望の重要さは前と同様な等級を有し、その結果第6頭目の牝牛にはもはや使い道がないとしよう。

この文章の第1段落にある「その諸欲望は……まったく同様である」は、現在であれば、両人の「効用関数（または厚生関数）が同じ」、あるいは「嗜

84　前掲注10参照。ただし、原文は1段落であるところ、説明の便宜上、三つの段落に分割した。

好が同じ」と簡単に表現されるものを表している。同じ段落の前半は、交換に影響する人物が2人以外にいないということ、そのかぎりで「競争」はないということ、すなわち、後に「双方独占」とよばれるようになった状態にあることを示唆している。(そのような経済学的に重要な事項を周到に考えた上で、メンガーは具体例を与えているのである。彼が挙げるすべての具体例について言えることだが、彼は、鋭い観察の上に、「定型」あるいは「概念」によって具体的に考えているのである。そのような能力がないと偉大な学者になることはできない。)

引用文章VI-29の第2段落および第3段落でのべられている1頭目から6頭目の馬または牝牛の価値の等級に、メンガーは説明の便宜上、50、40、30、20、10、0という数値を割り振っている。その上でメンガーは、最初、Aは馬6頭と牝牛1頭を所有し、Bは馬1頭と牝牛6頭を所有している、と仮定して、交換の限界に関する説明を開始する。表6-2は、この最初の状態を表している。

この場合、Aにとって、現在もっている馬1頭の価値は(どの馬についても言える、という点に注意されたい。以下についても同様である。)0、新たに1頭加わった場合の牝牛1頭の価値は40であり、Bにとって、新たに1頭加わった場合の馬1頭の価値は40、現在もっている牝牛1頭の価値は0であるから、Aの馬1頭とBの牝牛1頭とが交換されるであろう。これによって、お互いに欲望満足が向上することは疑いない。実際、40ほど価値が増加している。交換後の状態は、表6-3に示されている。

この場合、Aにとって、現在もっている馬1頭の価値は10、新たに1頭加わった場合の牝牛1頭の価値は30であり、Bにとって、新たに1頭加わった場合の馬1頭の価値は30、現在もっている牝牛1頭の価値は10であるから、同様にして第2の交換がなされるであろう。交換後の状態は、表6-4に示されている。

同様にして、馬と牝牛1頭ずつの交換をさらに続けるとどうなるであろうか。メンガーは、それらの状態も表で示している(表6-5～6-7参照)。

第3の交換は、AおよびBにとって価値20の馬と価値20の牝牛との交換であるから、双方とも損もしなければ得もしない。本性的な交換性向がないとしたら、そのような交換は行われないであろう。

最初の状態

A		B	
馬	牝牛	馬	牝牛
50	50	50	50
40			40
30			30
20			20
10			10
0			0

表 6-2

第1の交換後の状態

A		B	
馬	牝牛	馬	牝牛
50	50	50	50
40	40	40	40
30			30
20			20
10			10

表 6-3

第2の交換後の状態

A		B	
馬	牝牛	馬	牝牛
50	50	50	50
40	40	40	40
30	30	30	30
20			20

表 6-4

第3の交換後の状態

A		B	
馬	牝牛	馬	牝牛
50	50	50	50
40	40	40	40
30	30	30	30
	20	20	

表 6-5

第4の交換後の状態

A		B	
馬	牝牛	馬	牝牛
50	50	50	50
40	40	40	40
	30	30	
	20	20	
	10	10	

表 6-6

第5の交換後の状態

A		B	
馬	牝牛	馬	牝牛
50	50	50	50
	40	40	
	30	30	
	20	20	
	10	10	
	0	0	

表 6-7

　第4の交換は、価値30の自分の物と価値10の相手方の物との交換であり、双方とも状態が悪化するから決して起こらないであろう。第5の交換以下についても同様である。要するに、一方のもっているある財の数量のうちに、他方のもっている別の財の数量の部分の価値を下回る部分がなくなったとき、交換は行われなくなる[85]。

85　以上については、一連の表も含め、同書139-145頁参照。

第5節　価格の形成

28. 価格についてのメンガーの見方

　ワルラスやマーシャルに始まる現代的な経済学においては、価格がいかに決定されるか――「価格メカニズム」の解明――ということがミクロ経済学の主要な関心である（前述本章1参照）。したがって、ミクロ経済学の別名を「価格理論」という。ところが、メンガーは、価格について現代経済学の標準的な立場からすれば特異な見方をとっているように見える。だが、以下で紹介するように、彼の関心が普通の価格理論とは異なるところにあるという点がわかれば、メンガーの見方が、経済学にとって異様なものではないということもやがてわかるであろう。

VI-30　メンガー『国民経済学原理』[86] 149-152頁

　　価格、いいかえれば交換において現れる財の諸数量は、たとえそれがわれわれの感覚に鮮明に訴えるために科学的観察のもっとも慣行的にとりあげられる対象をなしているにせよ、決して交換という経済現象にとって本質的なものではない。本質的なものはむしろ、両交換者の欲望満足のための交換によってより良好な先慮がもたらされるということのうちに横たわっているのである。……ここにあって価格は単に偶然的な現象、人々の諸経済間の経済的均衡の徴候にすぎない。

　　……しかし、価格は全過程のうち感覚的に知覚できる唯一の現象であり、その高さは厳密に測定され、また日常生活のなかでわれわれが不断に注視させられているものであるから、価格の大きさを交換の本質的なものと見なす誤謬が生じ、さらにこの誤謬の帰結として、交換において出現する財の諸数量を等価物（Aequivalente）と見なす誤謬が、ともすれば生じたのである。……

　　……等価物（言葉の客観的意味における）と名づけることができるのは、与えられた瞬間において随意に取り換えられ、そのため1つが提供されるならこれにたいして他が獲得される（またはその反対）というような諸財の数量だけである。ところが、人間の経済生活においてはこのような等価物はどこにも存在しない。すなわちもしこの意味での等価物が存在するならば、なぜあらゆる交換が、景気の変動がないとした場合、もとに戻せないかを理解することができないであろう。……

　　……一般に本書で遵守された方法にしたがい、われわれは最も簡単な現象形態における価格形成の観察からはじめ、次第にその一層複雑な現象形態に移っていくであろう。

86　前掲注10参照。

29. 孤立的交換における価格形成

メンガーはまず、「2人の経済主体のあいだでの財の交換が、他の人々の経済的活動から影響されずに行われるもっとも簡単な場合[87]」、彼のいう「孤立的交換」、普通は「双方独占」とよばれるものの具体例として、次のようなものを取り上げる。

VI-31　メンガー『国民経済学原理』[88] 158頁

　……経済人Aにとっては彼の支配下にある1頭の馬は、新たにその支配下にはいる10メッツェンの穀物以上の価値をもたず〔これが「1頭の馬が彼にとって10メッツェンの穀物と同じ価値をもつ」ということの正確な表現の仕方である〕、他方穀物を豊富に収穫したBにとっては80メッツェンの穀物でようやく彼の所有財に付加される1頭の馬に等しい価値をもつとすれば、まず明らかなのは、AとBがこの関係を認識し、またそれらの財の交換を実際に遂行する力をもっているかぎり、Aの馬とBの穀物とを経済的に交換する基礎が存在している、ということである。

　だが次のこともまた同様に確実である。それは、馬の価格は穀物の10メッツェンと80メッツェンという広い限界内で形成されうるが、価格がどちらかの端により接近したからといって、交換からその経済的性格が失われるのではないことである。

メンガーによれば、要するに、馬1頭の価格は、双方にとって、それと同一の価値をもつ穀物数量の間で定まる。そのかぎりで不確定である。

30. 単一の不可分的独占財をめぐって多人数の競争がある場合の価格形成と財の分配

次にメンガーは、馬1頭の所有者は依然Aだけであるが、Bの側では競争者が出てきた場合について考察する。たとえば、先の例におけるB（馬1頭を80メッツェンの穀物と評価している）をB_1とし、その競争相手B_2は、馬1頭を穀物30メッツェンと評価するとしよう。

VI-32　メンガー『国民経済学原理』[89] 159頁

　……B_1は、もし彼がAの馬をめぐる競争においてB_2に穀物29メッツェンの価格でこ

---

[87] 同書156頁。
[88] 前掲注10参照。ただし、わかりやすくするため、段落を2つに分割した。
[89] 前掲注10参照。

の馬を入手することを許せば、明らかに不経済的に行動したことになるであろう。というのは彼は30メッツェンおよびそれ以上の穀物をAの馬のために手わたしてB₂をこの交換取引から経済的に排除するときでも、彼の経済的利益はなお依然としてかなり大きいからである。

「Aは、もし彼が最高の価格を提供しうる競争者にその独占財〔馬1頭〕を譲渡しないならば、いかなる場合でも不経済的に行動したことになるから[90]」、AとB₁の間で交換取引が成立し、馬の価格は穀物30メッツェンと80メッツェンの間に定まる。一般的にいうと、Bの側に他の競争者が出現した場合、価格は、Aの独占財を最も高く評価する競争者の次に高く評価する競争者にとっての財の等価物と、最も高く評価する競争者にとっての等価物との間に定まる。

なお「分配」とは、ここでは、（交換の結果）だれが何をもっているかということをさす用語である。上の例では、馬1頭がAからB₁に移動し、30メッツェンと80メッツェンの間で定まる穀物量がB₁からAに移動することになる。競争に敗れたB₂、B₃等の「分配」は、当然ながら以前と変わらない。

今日では、（市場における）交換を通じた財または「資源」——本来は生産要素をさす言葉であるが、「消費も効用を生産する」と考えれば（前述本章**16**参照）、消費財や貨幣を含めて「経済財」全般をさすと考えてもよい——の分配のことは「配分」とよぶことが多い。「配分」は、いずれかといえば、そのプロセスに注目する用語であり、「分配」はその結果に着目する用語である。また、政府による「再分配」等、市場交換を通じない資源の配分については、もっぱら「分配」という用語が使用される[91]。

31. 1独占財の諸数量をめぐって競争がある場合の価格形成と財の分配

次にメンガーは、「一方には1独占財の諸数量を支配する1人の独占者と他方には他の1財の諸数量を支配する多数の経済主体とのあいだに経済的交換取引の基礎が同時に存在する場合[92]」の検討に向かう。具体例として、次のようなものが挙げられている。

90　同書160頁。
91　前掲注22も参照。
92　同書162頁。

第 5 節　価格の形成　313

		I	II	III	IV	V	VI	VII	VIII	メッツェンの穀物
B_1にとって	新たに彼の所有下に入る第1、第2……の馬の価値は次のものに等しい	80	70	60	50	40	30	20	10	〃
B_2 〃		70	60	50	40	30	20	10		〃
B_3 〃		60	50	40	30	20	10			〃
B_4 〃		50	40	30	20	10				〃
B_5 〃		40	30	20	10					〃
B_6 〃		30	20	10						〃
B_7 〃		20	10							〃
B_8 〃		10								〃

表6-8

VI-33　メンガー『国民経済学原理』[93] 162-163頁

　　多量の穀物を支配しているが1頭の馬ももたない農夫B_1にとっては、彼の所有下に入る1頭の馬〔上の表6-8のIの下の縦列をみよ。ローマ数字は馬の頭数を表す。アラビア数字は穀物の量を表す。〕は彼の穀物の80メッツェンに等しい価値をもち、第2の農夫B_2にとっては彼の所有下に入る1頭の馬は70メッツェンの価値をもち、B_3にとっては60、B_4にとっては50、B_5にとっては40、B_6にとっては30、B_7にとっては20、B_8にとっては単に10メッツェンの穀物の価値をもつが、2頭目の馬は、これらの農夫が一般にそれを必要とするかぎり、彼らの各々にとって最初の馬より価値は10メッツェンだけ少なくなり、また3頭目の馬は2頭目のそれよりなお10メッツェンだけ価値が少なくなる、以下同様にして新たに付け加えられる馬はこれに先立つ馬より10メッツェンだけ少ない価値をもつ〔横の列をみよ。これが限界効用の逓減を表している。縦列は、人による馬の価値評価の違いを表しているにすぎない。〕とすれば、こうした経済状態はその本質的な諸点において次の表〔表6-8〕をもって示される。

　「独占者Aがただ1頭の馬しか市場に出さないならば、……B_1がこの馬を、しかも穀物70メッツェンと80メッツェンのあいだで定まる価格で、買い求めることは確実である[94]」。ここでの問題は、Aが2頭以上の馬を競争者たちに売りに出した場合どうなるか、ということである。メンガーは、たとえば3頭売りに出された場合は、価格は、70メッツェンと60メッツェンの間に定まり、B_1が2頭、B_2が1頭手に入れることになるという。結論は、経

93　前掲注10参照。
94　同書163頁。

済学的にみて正しいが、メンガーは普通の経済学と比べてかなり変わった説明を提示している。

表6-8からわかるように、1頭目の馬をB_1は80メッツェン以上の価格で、B_2は70メッツェン以上の価格で買うことはない。2頭目の馬については、B_1は70メッツェン、B_2は60メッツェン以上の価格で買うことはない。

馬の独占者Aは、買手が自分の評価より高い価格を提示してくれるかぎり馬を売る経済的動機をもっているが、独占しているのであるから、できるだけ高く売りたいと考えているはずである。独占者にとっての馬1頭の価値は明示されていないが、たとえば、0ないし5メッツェンとして、買手が1人しかいない場合はすべてのBと交換取引が成立するとさしあたり仮定しておけばよい。

他方B_1は、メンガーによれば、馬の価格が「与えられた情勢の下でできるだけ低く定まることについて、B_2と共通の利益をもつ[95]」。具体的には、B_2とともに70メッツェン未満で買えるのであればそのほうがよい、ということである。しかし、彼らが60メッツェン未満の価格を提示すると、1頭目の馬を60メッツェンと評価する競争者B_3が馬を手に入れてしまう可能性が出てくる。その場合、馬を買いそこなったB_1もしくはB_2は、経済的な損失を被る。B_1とB_2は、そのような事態を避けようとするであろう。したがって、価格は、70メッツェンと60メッツェンの間で定まり、B_1が馬を2頭、B_2が1頭手に入れる、ということになる。他の競争者は、馬の獲得競争に敗れることになる。

ただし、このような事態が成立するためには、メンガーは明言していないが、競争者B_1およびB_2が他の競争者の評価額、すなわち表6-8の各欄の数値を知っていなければならない。完全市場であるために必要な情報の重要部分を知っていなければならない、ということである。

メンガーによれば、表6-8で表された状況において、Aが6頭の馬を売りに出すと、B_1が3頭、B_2が2頭、B_3が1頭購入し、価格は50メッツェンと60メッツェンの間に定まり、10頭の馬を売りに出すと、B_1が4頭、B_2が3頭、B_3が2頭、B_4が1頭購入し、価格は40メッツェンと50メッツェンの

---

[95] 同書164頁。

馬の価格	馬の需要量
80	1
70	3
60	6
50	10
40	15
30	21
20	28
10	36

表6-9　需要表

間に定まるとされる。そのメカニズムをメンガーにならって、自分で考えてみていただきたい[96]。

　表6-8から、表6-9のような需要表[97]を作ることができる。馬の需要量は、B_1からB_8の需要量を合計したものである。価格については、メンガーが強調する価格幅をあえて無視して、現代風に一番高い価格で代表させることにした。主観的な等価物との交換は起こらないとメンガーは主張するが、たとえば、80メッツェンとは、79.99メッツェンのことだと考えれば経済的に重要な差は生じないだろう。

　表6-9の需要表をグラフ（便宜上、なめらかな曲線を描いた）にしたのが図6-9である。ここでは、馬の独占者が市場に出す馬の頭数は決まっているから、買手は垂直の供給曲線に直面することになる。なお、供給曲線が直線となるのはまれな場合であるが、直線も曲線の一種と考えられたい。

32. 独占者の販売政策

　当然ながら、売りだされる独占財の量が増えれば増えるほど、一般に価格は安くなる（図6-9参照）。だが、魚のようにすぐに腐ってしまうような商品

---
[96] 以上については、同書162-166頁参照。表6-8において、斜めの数値がそろうところに注目されたい。
[97] これは、各個人の需要から「市場」（買手集団）の需要を導くものだが、個人の需要を直接に知ることは大変むずかしい。

316 第6章 市場と競争

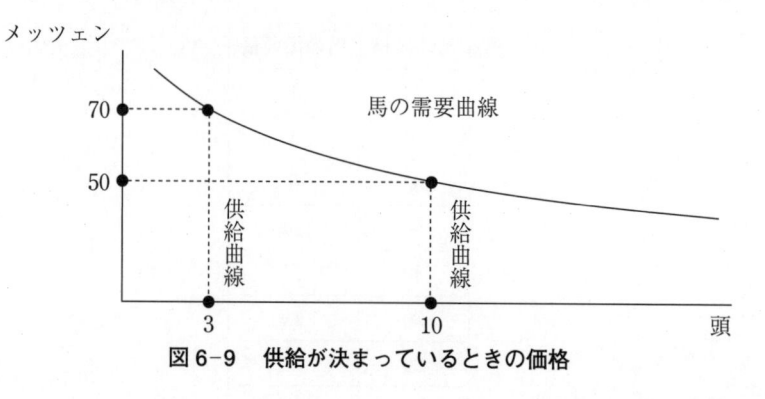

図6-9 供給が決まっているときの価格

縦軸: メッツェン (70, 50)、横軸: 頭 (3, 10)
馬の需要曲線、供給曲線

でない場合は、価格を買手の競争に任せるのではなく、独占者のほうが価格をあらかじめ決めて売りに出すのが普通である。その場合、買手は、「独占財の1単位が、彼らにとって上の提供財の独占価格によって表される数量の等価物となる点〔の直前〕まで独占財数量を入手するであろう[98]」(これは、独占者によって決定された価格で売られている財の買手における限界効用均等の法則の現れにほかならない)。その場合、売りに出した独占財が売れ残ることが起こりうる(たとえば、図6-9において、1頭70メッツェンで馬10頭を売りに出した場合)。

以上にみてきたように、「独占者は、彼が独占財の一定量を売りつくそうとするかぎり、同時に価格を任意に決定することができない。その上独占者は、彼が価格を決定するかぎり、この価格で売却される数量を同時に定めることができない」。しかし、逆にいうと、「この独占財の交易される数量か価格かのどちらかを随意に決定しうる[99]」ということである。その際の独占者の政策についてメンガーは、次のようにのべている。

VI-34　メンガー『国民経済学原理』[100] 172頁

……彼〔=独占者〕の経済政策は、その支配する独占財数量から可能なかぎり最大の収入(Erlös)を獲得することに帰するのである。したがって彼は彼の支配する独占財

98　同書169頁。
99　同書170頁。
100　前掲注10参照。

第5節 価格の形成　317

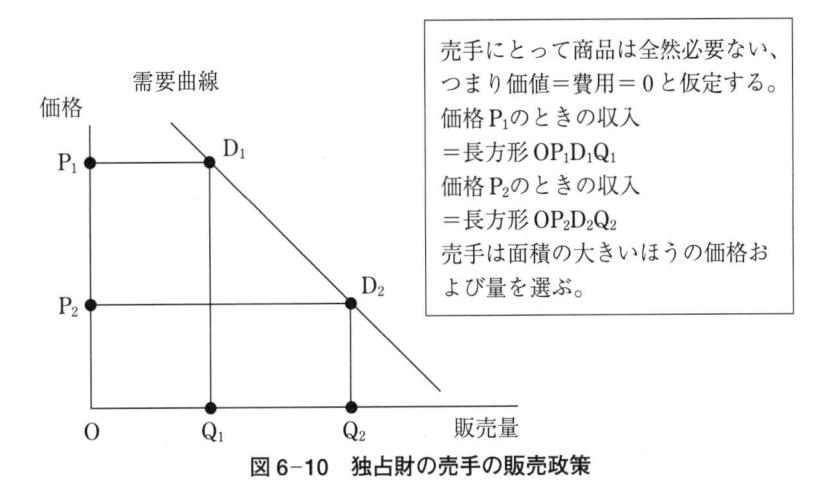

> 売手にとって商品は全然必要ない、つまり価値＝費用＝0と仮定する。
> 価格 P_1 のときの収入
> ＝長方形 $OP_1D_1Q_1$
> 価格 P_2 のときの収入
> ＝長方形 $OP_2D_2Q_2$
> 売手は面積の大きいほうの価格および量を選ぶ。

図6-10　独占財の売手の販売政策

の全数量を競売に出すのではなく、予期される価格形成の下でそれを売却すれば最大の収入が得られると思われるだけの数量を競売に出すのである。彼は独占財数量の全部を売却しうるだけの高さに価格を定めるのではなく、彼に最大の収入をもたらしうるようにこれを定めるのである。

前述本章5で掲げた図6-4にもう一つ長方形を加えて、上の内容を図6-10に示しておいた。単純化するため、費用は0と仮定した（たとえば、その商品を大量に所有している場合、欲望満足にとっての意義はゼロに近い）。つまり、売手からみた供給曲線は、横軸と同じである。費用がかかるときは、総費用の部分を控除して二つの長方形（またはそれに近い形）の面積の大きさを比較すればよい。図から明らかなように、価格が決まれば販売量は決まり、また、販売量が決まれば価格が決まる。

これは今日、独占ないし不完全競争の理論において、独占財の価格および販売量についてのべられていることと本質的に同一である。むしろ、興味深いのは、競争があっても価格は一つに確定せず、競争が激しくなるにつれて価格の幅が狭くなるだけだと一貫して主張するメンガーが、独占財の販売に限っては、現代の標準的経済学と一致して、独占者にとって最も経済的な販売価格および販売量が一つに確定することを明言している[101]点である。

101　同書174頁参照。

33. 双方に競争があるときの価格形成

　今日の経済学の教育では、競争的市場における価格形成のメカニズムを教えた後で、独占的市場におけるそれを教えるのが普通である。しかし、注目するべきことに、メンガーの順序は逆である。メンガーからすれば、独占のほうが「単純」であるからである。これに対して、現代の経済学者は、「価格が所与」のほうが単純だと考える。メンガーの見方のほうが素直であるように思われる。

　驚くべきことに、メンガーは、供給者側に競争があっても、先にみた独占の場合と結論は同じだと主張する。しかし、よく読めばわかるが、彼は経済学的に間違ったことを言っているわけではない。前掲の表6-8と同じ表を使って、彼は次のようにのべている。

VI-35　メンガー『国民経済学原理』[102] 177-179頁

　さてまず2人の供給競争者 A_1、A_2 が存在し、彼らは合わせて3頭の馬を（A_1 は2頭、A_2 は1頭）を売りに出すと仮定しよう。この場合農夫 B_1 が2頭の馬を、農夫 B_2 が1頭の馬を、しかも70メッツェンと60メッツェンのあいだで形成される価格で買い求めることは、先に述べたことから明らかである。
　……
　同じことは商品が一定価格で供給されるところでも見てとることができる。……この商品が（このように定められた価格で）単一の経済主体によって市場に持ちだされるか、それとも多数の経済主体によって市場に持ちだされるかは、全体としての販売数量の上に、また個々の経済人の入手する数量の上に、決して直接的で必然的な影響をおよぼすものではない。

　前項で触れたように、独占財の供給者は、すぐに腐ってしまうような財でないかぎり、通常は供給量を自分で決定できる。しかし、メンガーは、複数の供給者がいるにもかかわらず、彼らの意向ないし事情の結果、供給量がすでに定まったものとして議論を進めているのである。

　そのような想定には問題があるように見える。だが、供給者が複数いる場合、独占の場合と異なり、全体の供給量が、どの供給者の意のままにもならない、ということも事実である。全体の供給量を減らしたほうが、供給者全員のトータルでみると収入がより多くなる可能性もあるが、ここでは、自分

102　前掲注10参照。圏点は亀本による。

が供給を控えても、他の競争者がその分多く供給すれば何の意味もなくなるし、それどころか、もっと供給していれば得たはずの収入を失うことにもなるので、各供給者は結局、手持ちの財を全部、もっと正確にいえば、財1単位を自分の評価額より少しでも高く評価する買手がいるかぎり、その財を全部売ることが経済的だと想定されているのである。

価格についても同様であり、供給者の一人がもっと高い価格で売りたいと思ったとしても、全員で談合して価格に関する（しかも信用できる）取り決めでも結ばないかぎり[103]、他の供給者がもっと安い価格で売ることに成功するのなら、自分もその価格以上で売ることはできない。

自分たちより評価の低い潜在的買手を排除する云々といった、前述本章31で取り上げた買手間の競争についてのメンガーの説明よりも、供給者間の競争に関するメンガーの暗黙の前提のほうが、現代経済学における「競争」の概念にはるかに近い。要するに、経済的に行動するかぎり、自分で価格を決定することができないということである。彼らは、価格受容者なのである。

なお、完全な独占の場合における財の買手も、価格受容者といえば価格受容者ではあるが、現代の経済学では、価格受容者の概念は完全競争市場と結びつけて考えられるのが普通である。

第6節　均衡

34. 競争市場における均衡

これまで解説したメンガーの経済学からもわかるように、財の価格は、売手の独占市場においては、供給量または供給価格と需要との一致によって決まる。しかし、現代の経済学では、前項で触れたように、まずは、完全競争市場における需要と供給の一致による価格の決定から説明する。

---

[103] しかし、経済学的に正確にいえば、協定を結べば寡占的販売者の全員がより儲かるのであれば、協定がなくても、全員が暗黙の協力をして、販売量または価格を調整するということも十分ありうる。その場合、価格は不確定である、あるいは「不安定な」均衡しか存在しない。メンガーにみられる需要者間競争における勝者間の協力という発想（前述本章31参照）も、同様の事態を想定しているように思われる。価格をつねに不確定とするメンガーの経済学がハイエクをはじめとする一流の経済学者に大きな示唆を与える理由の一つは、このような点にある。

市場における需要とは、価格と関係づけられないメンガーの「需求」と異なり、各価格に対応する買手全員の需要量の合計を意味するのであるから、それが、同様に各価格に対応する売手全員の供給量の合計と定義される供給と一致するとき、価格が定まるのは当然といえば当然であろう。前述本章 1 でのべたように、一致する点を均衡点、一致する価格を均衡価格という。（なお、「市場価格」という用語は、市場における理論上の均衡価格をさして使われることもあるが、それと多少なりとも乖離する、市場において時々刻々変化するそのときどきの実際の価格をさすことも多い。）

　しかし、「競争によって均衡価格に到達する、あるいは、競争によって均衡価格が維持される」ということは、なおわかりにくい。「均衡」というのは、ある種の静止であり、「競争」という「動き」を含意する概念とは相性が悪いからである。これまで、「競争における均衡」という経済学的概念を理解する目的もあって、メンガーの経済学を長々と取り上げてきた。にもかかわらず、結論をいえば、その概念を、経済学の初心者が正確に理解することはきわめてむずかしい。

35. 均衡、静学、動学

　その理由の一端を説明するものとして、ゲーム理論の創始者ノイマン（1903-1957）およびモルゲンシュテルン（1902-1977）の文章を見てみよう。

VI-36　J. フォン・ノイマン、O. モルゲンシュテルン『ゲームの理論と経済行動 I 』[104] 59-60頁

　　交換比率の不確定性の幅は、参加者が少数の場合にはたしかに存在するのであるが、経済学の文献の中には、この幅が参加者の数の増加とともにせばまり、ついにはなくなるということを証明していると称する理論的な議論がよくみうけられる。もしそうだとすれば、自由競争の理想的状態（参加者がきわめて多数の場合）に連続的に移ってゆくことが保証され、そこではあらゆる解が、厳密にしかも一意的に決定されるということになるであろう。この主張が十分一般的に成り立つことが示されるのは望ましいけれども、これに類した主張で、これまでに明確に証明されたというものは 1 つも存在しない。自由競争のような大数の極限の場合に、問題の性格が変わるということについてな

104　銀林浩・橋本和美・宮本敏雄監訳、阿部修一・橋本和美訳、ちくま学芸文庫、2009年。原著初版は1944年。なお、コンピュータと水爆で有名な「天才科学者」ノイマンの伝記として、ノーマン・マクレイ（渡辺正・芦田みどり訳）『フォン・ノイマンの生涯』（朝日新聞社、1998年）参照。

んらかのことが証明される前に、まず参加者が少数の場合について問題が定式化され、解決されそして理解されねばならないのであって、それ以外に出口はないのである。

　上の文章は、メンガーのような研究の方向性が基本的に正しいことを主張しており[105]、興味深い。

VI-37　ノイマン、モルゲンシュテルン『ゲームの理論と経済行動Ⅰ』[106] 128-129頁

　……動態理論のほうが疑いもなくより完全であり、したがってより好ましい。しかし、静態的側面が十分解明されない限りは、いくら動態理論を築き上げようとしても無駄であることは、科学の他の諸部門で十分立証されている。……静態理論とは均衡を扱うものである。均衡の本質的特徴は、それが変化の傾向をもたないということ、つまり動態的発展に導く要因がないということである。こうした特徴を分析しようとすれば、ある種の初歩的な動態的概念を利用しなければならないことは明らかである。その場合、使われる動態的概念が、あくまでも初歩的であるという点が肝要である。いいかえれば、一般に均衡点から遠く離れた運動を正確に研究する本来の動学にとっては、こうした動態的な現象に関するはるかに深い知識が要求されるのである。

　この文章は、物理学から借用された用語である、経済学における静態理論ないし静学と、動態理論ないし動学との区別とその意義についての説明である。シュンペーターは、経済静学を「瞬間写真」の比喩によって説明している[107]が、実際には動いている経済をあえて静止させて考えるという点がその本質である。入門レベルの経済学教科書の叙述は、ほとんど静学に属し、いくつかの注目する「事象」が起こったとき、均衡がどう変化するかを調べる作業、すなわち「比較静学」が中心である。

　しかし、専門的な経済理論にとって重要な点は、ノイマン、モルゲンシュテルンと一致して、以下の引用文章でスティグラーも指摘しているとおり、静学が均衡ないしその近傍に理論の射程が限定されるにしても、均衡の安定性、すなわち、それからはずれたときにもとに戻る力が働くかどうかを調べるためには、動学的理論が必要となるという点である。均衡の安定性が保証されないかぎり、メンガーのいう「経済的交換の基礎」が存在し、かつ、撹

105　前掲注103も参照。
106　前掲注104参照。
107　シュムペーター『理論経済学の本質と価値（上）』（前掲注75）294頁参照。

乱要因がないとしても、価格が確定するとはかぎらない[108]。

VI-38　スティグラー『価格の理論（上）』[109] 21-22頁、26-28頁

　均衡とはそこから動く余力（net tendency）が全くないような状態のことである。ここで"余"力という言葉を使ったのは、均衡が必ずしも不活発な状態を示すものではなく、強い諸力が相殺された結果であることを強調するためである。……
　均衡条件とは、もしそれがみたされれば均衡を決定するような条件のことである。この条件は、問題において作用している諸力とこれらの諸力の最終的な帰結とをすべて包含している。したがって、形式的な経済分析の問題は、一度均衡条件が完全に設定されれば、解決するのである（ただし、経済学者の仕事はここから始まるのでもないし、ここで終わるのでもない）。

　もっとも単純ではあるが重要な経済問題はつぎのようなものである。与件（たとえばある商品に対する供給表〔供給曲線を表で表したもの〕および需要表）が与えられているもとで、ある"事象"、たとえば課税や人口の増加、が均衡状態に及ぼす影響を求める問題がそれである。この問題は単純である。なぜなら、与件は（"事象"の影響によるものを除いて）変化しないからである。それはまた重要である。なぜなら、多数の商品の供給表および需要表はかなりの期間を通じて安定しているからである。経済学者は現実性と単純性とを両立させるために与件が定常的[110]であるような問題に注意を集中してきた。
　しかし静学的な問題は、供給表および需要表をのんきに取り扱っている場合から想像されるほど単純なものではない。……
　静学的問題においてさえも、最終的な均衡あるいはそこに到る径路――経済動学の問題――について、供給表および需要表以上の情報がないかぎり、確実な答えをだすことはできない。……
　もちろん動学的な要素もいくらかは伝統的な価格理論に含まれている。……価格形成に関する短期と長期の区別は本質的に動学的なものであろう[111]。……
　最後に、経済問題の与件はそれ自体変化することに注意すべきである。すなわち人口は成長するし、新しい発明は行われるし、嗜好も変化する、等である。与件の変化の分析を発展の理論[112]とよぶことにしよう。

　108　均衡については、ノイマンとモルゲンシュテルンが前掲VI-36で示唆しているように、均衡解が一つではなく、複数ある可能性に関する問題、すなわち均衡の一意性の問題もある。
　109　内田忠夫・宮下藤太郎訳、有斐閣、1963年。原著は1953年。亀甲括弧内は亀本による補い。
　110　同書29頁注6によれば、定常状態とは、「趣好・資源・技術が時間を通じて変わらないような経済である」。
　111　たとえば、マーシャル『経済学原理　第三分冊』（前掲注15参照）194-196頁参照。なお、短期と長期の区別については、後述第7章**21**参照。
　112　たとえば、経済発展にとっての企業者と新結合の役割の重要性を指摘したことであまりにも有名なシュムペーター（塩野谷祐一・中山伊知郎・東畑精一訳）『経済発展の理論（上）（下）』（岩波文庫、1977年）参照。このような経済理論を、動学に含める場合もあるが、現在では、経路を問題にする狭義の動学をさして動学とよぶことが多い。スティグラーは、前掲書（前掲注109）29頁注7において、例によって、皮肉とウィットに富んだ次のような注意をしている。「とくに動学

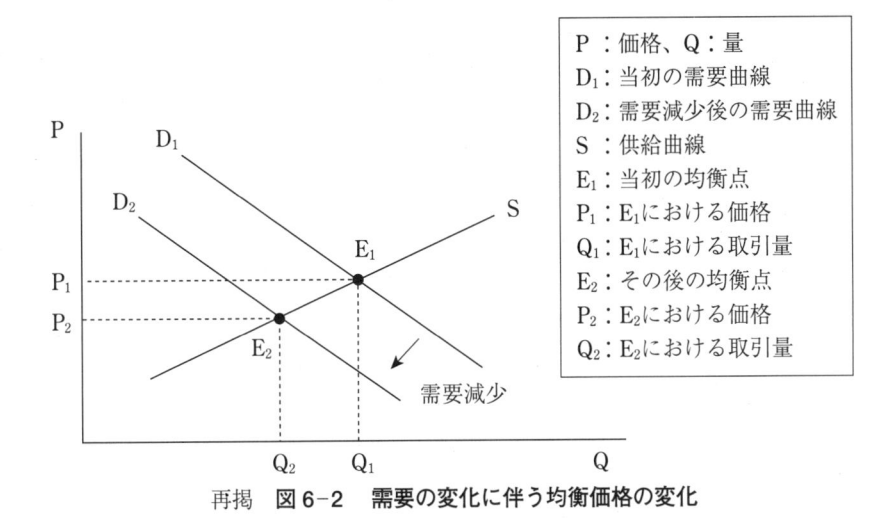

再掲 **図6-2 需要の変化に伴う均衡価格の変化**

凡例:
- P：価格、Q：量
- D_1：当初の需要曲線
- D_2：需要減少後の需要曲線
- S：供給曲線
- E_1：当初の均衡点
- P_1：E_1における価格
- Q_1：E_1における取引量
- E_2：その後の均衡点
- P_2：E_2における価格
- Q_2：E_2における取引量

36. 競争的均衡における水平の需要曲線と供給曲線

ここで、本章の2で取り上げたグラフを再び掲げておく。それを見ながら、本章の第1節でのべた内容を復習していただきたい。

入門者レベルの比較静学的分析において、競争的均衡の安定性の問題を深く考えなくてもなんとかやっていけるのは、それがほとんどもっぱら均衡点だけを考察の対象とするからである。競争的均衡において、個々の売手や買手は、市場全体の取引量に占める自己の取引量の割合がごくわずかであるので、価格に影響を与えることができず、各人にとって価格は所与である。

ということは、均衡ないしその近傍では、個々の売手は水平の需要曲線に直面しているということ（これに対して、独占的供給者は右下がりの需要曲線に直面している。前掲図6-4および図6-10参照）、他方、個々の買手は水平の供給曲線に直面しているということを意味する。その場合、限界分析によれば、売手は、自分にとって次第に増加する財1単位の価値が均衡価格と同じになるまで、その財の数量を売れば、満足または効用（厚生）が最大化される。買手も同様に、自分にとって次第に低下する財1単位の価値が均衡価格

という言葉は、(1) どんなものでも生命をもつものを叙述するために、および (2) 自分の業績の特色を内容以上にみせるために、使われることが多い」と。(2) は、ケルゼンのそれをはじめとして、法哲学上の理論のいくつかについてもあてはまる。

と同じになるまで、その財の数量を買えば、満足または効用（厚生）が最大化される。逆にいえば、競争的均衡においては、その価格で交換して得だと思う売手は、それに相当する量を売り、その価格で交換して得だと思う買手は、それに相当する量を買うのである。

　個々の取引で、買手が得した価値（価格×数量－費用）を「消費者余剰」という。同様にして、「生産者余剰」も定義できるが、あまり使わないほうがよい。価値は、メンガーが強調するように、各個人の欲望満足にとっての意義によって決まるからである。消費まで行かないと、欲望満足にとっての意義について語ることができない。

　消費者余剰の概念を拡張して、均衡点を頂点として、市場の需要曲線と価格を表す直線とで囲まれた面積をさして「消費者余剰（の合計）」という場合がある。だが、そのような概念も、一般に使わないほうがよい。

　比較静学の考察が均衡点の近傍に限定されているということに加えて、個々人によって異なる主観的価値を合計するということに意味を与えることがむずかしいからである。微積分の用語でいえば、一般に、微分を使うことには問題がないが、広い範囲にわたって積分しようとする場合は、それにどのような経済学的意味があるかを慎重に考える必要がある。たとえば、市場に参加する買手がそれぞれ、馬との交換の結果、穀物を客観量として10メッツェン分得したと思ったとしても、その10メッツェンが各人の欲望満足にとってもつ意義は異なる、あるいは、比較できないと考えるべきである。

　「法と経済学」と称する教科書のなかには、図6-2と同じような図を示して、均衡において消費者余剰（の合計）（あるいは、プラス生産者余剰の合計）が最大化される点を強調して、「市場経済」のメリットを説く理解しがたい説明がみられるから、注意していただきたい。目下の文脈では、「市場」は、売手や買手（および、彼らに関する事項）をさすだけで、それ以上の意味はない。したがって、「市場経済」のメリットについて語ることは、まだできない。

37. 価格理論における「市場経済」の意味

　実際、個人が自由に競争する「市場経済」——彼は「自由企業制度」(enterprise system)[113]とよぶ——を支持するスティグラーも、競争に必要な

条件として三つを挙げて、以下のようにのべている。

VI-39　スティグラー『価格の理論（上）』[114]
　1．各経済単位〔家計と企業等のこと〕は十分に小規模であり、価格に対して目にみえるほどの影響を与えないこと[115]。
　2．政府も私的団体も産業間における資源の流出入に障害を設けず、また経済単位が受け払いする価格に規制を加えないこと[116]。
　3．企業家は価格したがって利潤について完全な情報をもっている[117]。

　……原則的には、上述の条件は国営工場が建設され、それが政府に雇われたものにより運営される社会主義経済でもみたされる。……競争の形式的理論の一部は他の〔＝自由市場経済以外の〕型の社会にも適用できるであろう。……[118]

　残念ながら、法哲学者にとって関心のある、このような事柄に言及する経済学の教科書はほとんどない。そのため、普通の読者は、それが「市場経済」について書かれていると誤解してしまう。純粋理論の文脈では、「市場経済」と言うよりも「（競争的な）交換経済」と言うほうが正確である。私が、「市場」という言葉に、異様にこだわる理由がわかっていただけたであろうか。価格メカニズムの経済理論は、市場という制度にはほとんど関心がないのである。せいぜい、価格メカニズムが働く前提として、所有権制度や契約の遵守・執行に関する常識的な制度を漠然と想定しているにすぎない。一言でいうと、需要曲線と供給曲線にしか関心がない。
　しつこいかもしれないが、「自由競争」が純粋経済学にとってもつ意味に関するシュンペーターの文章も引用しておこう。

113　スティグラー（前掲注109）6頁。
114　前掲注109参照。ただし、亀甲括弧内は亀本による補い。
115　同書18頁。
116　同書19頁。これは、「生産要素の限界生産物の価値はすべての用途において等しくなる」というのと同じことである。同書28-29頁参照。ある財1単位が、ある低次財の生産に追加的に使用されたとき増加する生産物の量の「価値」（さしあたり、それを市場で売って得られる金額と考えてよい）が、同じ財を別の低次財の生産に使用するとき増加する生産物の量の価値よりも低ければ、その財1単位は、前者の生産から後者の生産へ転用されるであろう。その移動は、限界原理によれば、その財1単位の価値が（自家消費を含め）すべての用途で等しくなるまで続くであろう。これは、ある財の獲得ないし使用をめぐって、複数の低次財生産市場の生産者（売手）がその生産要素の買手として競争していることを意味している。
117　同書20頁。
118　同書21頁。

VI-40　シュンペーター『理論経済学の本質と主要内容（上）』[119] 319-321頁

　これ〔＝純粋理論おける「自由競争」の意味〕に反して古典学派においては……「経済的諸力の自由な働き」に重点が置かれている。相互的価格切下げ——「競争の戦い」——、経済的以外の動機の欠如、自己責任、等々が発展の目標をなす正常状態として設定せられる。それが意味するのは国民経済の特定の状態、経済人のある一定の精神的習性に外（ほか）ならない。

　ところで彼らはさらに一歩進めて、そうした状態を望ましい状態と呼ぶ。そこから自由放任や自由貿易等々の要求へと導く思考過程は明らかである。こうして自由競争は一つの要請となり、それをめぐって党派が形成されるとともに、経済学はあらゆる種類の統制的干渉、あらゆる色彩の社会主義と対立させられる。また競争はすべての欲望の最高の満足に、つまり理想的な状態に導くと主張される。……しかし、われわれは右の軌道を辿るものではないことを、ここで読者にはっきり言っておかねばならない。「経済の自然法則」は決して自由競争を要求せず、それをもたらすような傾向を有しない。経済的自由の長短については、たぶん別な議論を用いて論ずることもできよう。たとえば、経済的自由は個人により大きな努力の余地を与えるとか、それは個人を強制して最善を尽さしめるとか、主張することができるが、これに対しては、人は他の同じく周知の議論で反論するかもしれない。しかしそれは純粋経済学の与（あずか）り知るところではない。……「……経済的世界は不変の法則によって……支配されており、その法則はこの世界の秩序を維持し、その存在と進歩とを保証する……障害は取り除くべきであり、自然的独占は破壊されねばならず、人為的独占を作ってはならず、そして自由に放任しなければならない。」社会＝および経済政策の全鋼領はこの言葉のうちに含まれている。だがわれわれ〔＝純粋経済学者〕はこれらの政策とは関わりがない。

　シュンペーターが明言しているとおり、価格の純粋理論は、自由競争を勧めるものでも否定するものでもない。そのことは、「純粋」という概念にすでに含意されている。純粋経済学そのものは、イデオロギー的には中立である。しかし、すべての財について、需要曲線と供給曲線をすべて知っている人が万一いるとすれば、間違いやすい諸個人の自由な競争に任せるよりも、すべての経済運営を全知全能の神のようなその人に任せた方が全員にとってよりよい、と考える人が出てきても不思議ではない。需要曲線と供給曲線の交点としての均衡点は、所与の条件のもとで全員の満足が最大化される点であるからである。

　実際、価格メカニズムについては同一の理論を支持しつつも、社会主義的中央指令型計画経済を支持する経済学者と分散的な「市場経済」を支持する経済学者とが存在しうるし、実際存在した。そこには何の矛盾もない。

119　前掲注75参照。亀甲括弧内は亀本による補い。

しかし、そのような計画経済を実際に実施する上では、財の数が増えると計算が困難になる[120]など、いくつもの障碍がある。だが、その最大の困難は、個人の需要を正確に知ることがほとんど不可能といってよいほどむずかしいという点にある。当局が財の生産量を勝手に決める場合、各個人は、自分の需要を正確に表明するのではなく、どのような需要を表明すれば得になるかを考えて表明する（あるいはしない）であろう[121]。経済活動の枠組としての経済システムと、そこに登場する諸個人の一般的メンタリティとを考慮せずに、「市場経済」およびそのメリット・デメリットについて語ることに学問的な意味はない。（これらの点については、後述第7章でいっそう立ち入って検討する。）

38．競争と協力

交換は、交換者双方の欲望満足の状態または効用（厚生）が改善されるからこそ起こるのであるから、それは双方が協力していることを意味する、といった説明がある[122]。このことは、競争的市場における交換についても（独占的市場に比べいっそう）妥当するから、競争は協力の一形態だと考えることもできる。

そうした言明自体は、「協力」という言葉の意味しだいでは、必ずしも間違いではない。しかし、競争が売手と買手の間の競争ではなく、売手間または買手間の競争をさすという点が不分明になるという点は別にしても、「協力」という言葉は、当事者の意図した協力に限定して使い、結果的な「協力」には使わない方がよい。そのような言辞は、その発言者が暗に、制度としての「市場経済」を支持していることを意味し、聞き手にそのような意味での「市場経済」を支持するよう説得する目的で発せられることが多い。少なくとも、純粋理論としての価格理論とは関係のない事柄である。

にもかかわらず、経済に関する制度のよしあしを考える場合には、結果的

120　塩沢由典『市場の秩序学』（ちくま学芸文庫、1998年）第8章参照。
121　後述第7章**36**参照。
122　著者の意図は多少異なるが、ポール・ヘイン（木村憲二・鈴木多加史・福井南海男訳）『経済学入門──経済学の考え方──』（ピアソン・エデュケーション、2003年）1-10頁参照。この本は、私が読んだなかでは、経済学の入門者向け教科書として、最も優れたものである。また、前掲V-9のミーゼスの文章（前述252頁）にも、同様の含みがある。

な協力、意図せざる協力を考慮に入れることは決定的に重要である。国家権力による強制や、不安定で（教育）費用もかかる道徳等によって結果的協力を求めたりするよりも、各人が自己利益または「自己愛」（前述本章25におけるアダム・スミスからの引用Ⅵ-26参照）に基づいて行動する結果、結果的に協力していることになるのなら、そのようなことを自然にもたらす制度がそうでない制度に比べて優れていることは明らかであろう。制度の設計や改善にあたって、「自己愛」を利用する、現代の経済学者流にいえば、「インセンティブを考慮する」ということは不可欠な点である。

　価格メカニズムの理論を離れて、なおかつ経済学的にみると、「自由な市場」というものが、全員にとっての利益を比較的安い費用で達成する手段であることは間違いない。制度を考えるとき、費用とインセンティブを考慮するという点は、職業的経済学者の習性というべきものであり、法哲学者がそこから学ぶべきことは実に多い。

　なお、アダム・スミスの言う「自己愛」や経済学者一般が使う「自己利益」という言葉は、経済学者が素人に向けてたびたび弁明しているように、利己主義や利他主義とは無関係な概念である。自己の利他的欲望の満足の増大に向けて、人が交換その他の経済的行動を行うとしても、純粋理論は一切影響を受けない。

第7節　費用とは何か

39. 供給曲線と限界費用

　ここで、前掲の図6-2または6-1に描かれた供給曲線に目を向けていただきたい。市場の供給曲線はなぜ右上がりなのだろうか。それは、市場の供給曲線を構成する売手一人ひとりの供給曲線が右上がりであるためである。売手個人の供給曲線が右上がりであるのは、メンガーのモデルで考えれば、その財を手放す量が増えれば増えるほど、その財1単位の価値が増大するからである。1単位の財を供給する、したがって手放すときの、その財の価値が限界費用にほかならない。このように、売られる財の供給は、その財の（1単位当たりの）価値、したがって需要と密接に関係している。メンガーの低次財・高次財の理論によれば、需要曲線だけで、原理的には、すべての財の

価格が説明できる。

　需要曲線が当該市場の買手全体の価値曲線であるのと同様、供給曲線は、当該市場の売手全体の限界費用曲線である。限界原理によれば、売手は、売る財の限界費用と買手からもらう財の価値とが等しくなるまでの量を売るであろう。

　これと同様のことは買手にもあてはまり、買手は、買う財の価値と、それと引き換えに売手に渡す財の価値すなわち限界費用とが等しくなるまでの量を買うであろう。いずれにせよ、受け取る価値＝限界費用となる点において、各人の満足の最大化、すなわち主体的均衡が生じる。

40．費用

　英語の cost（コスト）という単語の意味からも明らかなように、「費用」には「犠牲」という意味がある。経済学における「費用」概念の本質も、「犠牲」ということにある。財の買手は、自分のもっているものを失うという犠牲を払って、売り手から欲しいものを手に入れる。その失ったものが「費用」である。

　財の売手も、自分のもっているものを失うという犠牲を払って、買手から自分の欲しいもの（穀物や金銭）を手に入れるという点では同じである。しかし、それでは、売手が、前段落の説明における買手と入れ替わったにすぎない。だが、売手は、その財を自分で消費ないし使用するとか、別の市場で売ることもできたかもしれない。その際に得たであろう価値、逆にいうと、実際に選んだ売買のために失った価値がその売買にとっての費用である。

　「同じ財を別の市場で売る」ということはわかりにくいかもしれない。労働用益を例にとって考えよう[123]。前掲図6-2の供給曲線Ｓが、コンピュータ産業の求人需要に対応する供給曲線を表すとしよう。その場合、比較的左側（価格が相対的に安い）の曲線を構成するのは、失業者とか、ほかの産業ではあまり賃金をもらえない人々の労働供給（単位は時間）であろう。右側に行くほど、他の仕事に就くほうが多く稼げる人々の労働供給の構成部分が多くなって行くであろう。あるいは、供給量が増えるほど、長時間労働する

123　ヘイン（前掲注122）214-216頁参照。

人たちの供給部分が多くなると考えてもよい。つまり、人は、その産業に自己の労働を供給することによって、その労働を他の部門に供給すれば（あるいは働かずに、労働時間を余暇にあてれば）得たであろう賃金または価値を失うことになる。そのような形で失う価値または賃金等が、経済学でいう「費用」の意味である。

　費用を定義するのに、「価値」の代わりに「便益」という用語が使われることもある。「便益」という言葉を「主観的」な言葉として使うときは、「価値」とほぼ同義と考えてよい。

　価値という言葉には、現代の経済学にとって基本的な「主観的」価値という含みがあり、理論的には正確な用語である。しかし、財の「価値」ということには、その大きさを、適当な他の財を選んで各時点での主観的な等価物としてしか客観的に示せないという弱点がある。その場合、何とかして各人の主観的価値を比較・合算する尺度を求め、それによって、諸財がもつ集団や社会にとっての「価値」を計測したいという願望が生じてくる。そのような場合に「便益」という概念が使われることがある。適当な市場の財価格に拠ることができるときは、財価値と市場価格を対応させても問題が少ないかもしれないが、そうでない場合は、その財の価値を個人間で「客観的に」比べることはきわめてむずかしい。いずれにしても、便宜的尺度にならざるをえないが、その意義は、探求や実践の目的によって判断するしかない。

　ある資源、たとえば石油をいくばくかすでにもっているとして、それがさまざまな用途に使われることがある。この場合も、それを別の用途に供給したら得られたであろう売り上げ（あるいはその価値）が、それをある用途に供給する場合の費用である。限界費用は、「最後の1単位」の費用について考えればよいだけである。この場合も、限界原理によれば、すべての用途において、限界費用（＝限界価値生産力）が同一となるような配分がなされるとき、その財の総体の価値は最大化される[124]。

　上の場合において、石油の費用は、それを買った金額ではないか、と思う人もいるかもしれない。それは、石油を買う時点では、経済学的に正しい言明である。石油を買うことによって、そのお金を別の用途に使ったら得られ

---

[124] 前述本章24および前掲注116参照。

たであろう価値を失っているからである。

しかし、すでにもっている石油をこれからどう使うかを考える場合は、過去がどうであったかを考えるのは経済的ではない。ジェヴォンズがのべた言葉のなかで最も有名なものとして、「すんだことは、永久にすんだこと」というものがある。正確には、次のような文章である。

VI-41　ジェヴォンズ『経済学の理論』[125] 122頁
　……商業においては過去は永久に過去であって、われわれは将来の効用を念頭において事物の価値を判断しながら時々刻々常に新たなる第１歩を踏み出しているのである。

少し前、ある官庁の天下り組織が、多大の税金を投入して建造した施設を特定企業に簿価に比べてはるかに安い価格で売ろうとして、世間から非難されたことがあった。しかし、民間企業の優れた経営者なら、過去の取得価格を考慮して、現時点でそれを売るか売らないか、いくらで売るかを決めることはないであろう。証券取引などで言われる「損切り」も、同様の事例である。将来を考慮して、現時点で最も経済的な（と思う）行動をとる、ということが経済人の意味である。もちろん、世間からの非難も、費用の一部ではあるが。

経済学でいう「費用」、すなわち、その経済行動をとることによって失った価値または便益のことを「機会費用」ということもある。そこでは、経済行動とは、いくつかの可能な選択機会から、最善の機会を選ぶ行動であると考えられている。選択されなかった行動のうち、その人にとって最も価値の高い行動の価値、あるいは、その行動をとったとすれば得られたであろう便益が、実際に選択された行動の「機会費用」である。

経済学上の「費用」とまったく同じ意味であるから、「機会費用」という言葉を使用することには何の問題もない。だが、いくつかの選択肢からの選択という経済行動にとって本質的な要素を示唆する点に「機会費用」という用語の意義があるのであるから、その用語を使うのなら、そこではどのようなものが選択肢として考えられているかを明示するほうがいっそうよい。経済理論家は、経済分析の目的に応じて、さまざまな費用をあえて無視して考

125　前掲注14参照。

えるからである。しかし、問題になっている選択肢を明示すれば、結局、「機会」という言葉を付加する意味はなくなるから、「機会費用」という用語は、結局不要なものになる。

それはともかく、ここで強調しておきたいのは、経済学でいう「費用」の概念の習得は、法哲学を学ぶ人たちにとって非常に役に立つということである。法学者や倫理学者など、社会を改善するために制度の改革を提案する善良な人々は、その費用を軽視することがあまりにも多いからである。何もしない、という選択肢も含めて、他の選択肢をとった場合の便益を考慮に入れなければ、学問的な議論はできない。

ややずれるかもしれないが、ここで、ノイマンとモルゲンシュテルンから再度引用しておこう。

VI-42　ノイマン、モルゲンシュテルン『ゲームの理論と経済行動』[126] 42-43頁

どのような科学においても偉大な進歩が生ずるのは、究局の目標に比べて控え目な問題を研究してゆくなかで、のちにますます拡張されてゆくような方法が開発された時期である。自由落下はまったくありふれた日常的な物理現象であるが、力学が生み出されたのは、まさに、この実に単純な事実の研究の結果であり、それを天文学のデータと比較考量したおかげであった。

経済学にもこれと同じ控え目という基準を適用すべきであると、われわれは考える。経済のあらゆる現象を、しかも《体系的に》説明しようなどとしても徒労である。まずはじめに、ある限られた分野の知識をできる限り精密にし、それに完全に精通してから、つぎにそれより多少広い他の分野にというふうに進んでゆくのが健全なやり方というものである。またこのようにすれば、理論がまったく歯の立たないような経済改革や社会改革に、いわゆる《理論》なるものを適用しようとする、あの有害無益な実践行為からまぬがれることにもなるであろう。

われわれは個人の行動やごく単純な交換形態について、できる限り多くのことを知る必要があると考えている。この観点は、限界効用学派の創始者たちによって実際に採用されて、著しい成功を収めたものであるが、それにもかかわらず一般にはあまり受け入れられていない。経済学者たちは、はるかに大きな、より《緊急の》問題にしばしば言及するが、それらの問題に関する命題を作る妨げになるような事柄は一切無視してしまうようである。このような短見は、《緊急》の問題の解決を遅らせるのはもちろん、一般に進歩をいたずらに遅らせるだけである。……近道があると考える理由はどこにもないのである。

126　前掲注104参照。

41. 効率的契約違反

　法学者系統[127]の「法と経済学」が扱う論点のなかに、先のジェヴォンズの言葉を誤解したのではないかと思わせる論点がある。それは、「契約を守ることは効率的か」、「契約は場合によっては破ったほうが経済的に望ましいのではないか」という問題である。「効率的」というのは、多義的な概念であるが、ここでは、先に本章36で使わない方がよいと注意した消費者余剰の合計のようなものを想定して、それを貨幣額で表し、それが大きくなるほど「より効率的」となる[128]、ということだと理解しておいてよい。

　具体例として、実際にアメリカで起こった事件を挙げておこう[129]。地表近くに石炭を埋蔵するある土地の所有者が、石炭の露天掘り事業を企てている会社に、5年後に元通りにして返すという約束でその土地を賃貸した。5年後、土地を返す段になると、会社は、土地を元に戻すことはしないと所有者に通告した。そこで所有者は、当初の契約どおり、土地を元に戻すことを求めて裁判所に訴えた。被告会社は、土地を元通りにする費用が29,000ドル、土地を元通りにした場合の土地価格の上昇分が300ドルであることを示す証拠を提出した上で、300ドルの利得を得るために29,000ドル費すことは社会的資源の浪費であるから、契約違反は許されるべきであると主張した。裁判所は、土地を元に戻さないのが効率的であるという被告の主張を大筋で認めて、被告に対して300ドルのみの損害賠償を命じた。

　これを常識的で正しい判決だと考える読者も多いであろう。それはそれで、一つの考え方である。しかし、「効率的契約違反」という問題の立て方は間違っている。なぜなら、「効率性」の考え方は、契約と無関係であるからである。

　効率性の判断は、どこかの時点に「現在」をとって、その時点で将来に向けてどうするのが効率的かを判断するものである。そのかぎりで、「すんだことは永久にすんだこと」である。

127　私は、「法と経済学」を、経済学の専門家が経済学的関心から行うそれと、法学者が実定法学的関心——つまり、解釈論や立法論に利用するということ——から行うそれとに区別している。後述第7章参照。

128　正確には、「カルドアの規準」とか「カルドア＝ヒックス効率」とよばれるもの。

129　事件名は、*Peevyhouse v. Garland Coal & Mining Co.*, 382 P.2d 109 (S. Ct. Okla., 1962). Robin Paul Malloy, *Law and Market Economy, Reinterpreting the Values of Law and Economics*, Cambridge University Press, Cambridge, 2000, pp. 144-145に拠って紹介した。

これに対して、契約は、契約締結時たる現在の行為によって将来の行為を拘束する制度である。契約が履行されるべき将来の時点を「現在」とすれば、過去の行為によって現在の行為を拘束する制度である。したがって、過去に契約したという事実を無視して、現在どうするのが「効率的」かを問えば、結果的にたまたま、契約違反になるような行為をすることが最善ということは十分起こりうる。ここで採用されているような「効率性」の見方によっては、「契約」の問題をそもそも扱うことはできないのである。

第 7 章　市場と法

　前章に引き続き本章でも、「市場」とはどのようなものなのかという背景的かつ根底的な関心から、引き続き経済学の知見から学びたい。本章では、「取引費用」の概念の発案者として有名なロナルド・コース（1910-）の経済理論を中心に検討することにしたい。現代の標準的な経済学のなかで異端とみなされるかもしれない、コースの理論をとくに取り上げる理由を手短にのべておこう。

　前章で詳しく説明したように、標準的な経済学教科書で言及される「市場」という言葉は、売手と買手が競争的または非競争的条件下で、何らかの財を別の財とある比率で交換するということしか意味しない。そこでは、経済システムのなかで「市場」が現に果たしている経済的役割、あるいは、「制度」としての市場についての説明は一切ない。たとえば、価格形成費用の削減[1]というメンガーが注目したような市場の機能には目が向けられていない。

　メンガーが、市場についての説明と、交換の分析とを切り離して論じていたことを思い出していただきたい。現代の教科書は、「市場」および「貨幣」という使わないほうがよい言葉を未説明のまま用いて、完全競争下での物々交換の分析から解説を始める。このため、初心者に無用の誤解を生じさせる。メンガーを読めばわかるように、価格形成の問題の解明を、競争下での交換の分析から始める必要はない。メンガーがしているように、独占下での分析から始めるほうが、前章で示唆したように、ある意味でより正しい態度である。経済学者であって、このことを認めない者はいないはずである。

　需要・供給・価格・競争に解消されない「市場」そのものの経済的機能に

1　前述第 6 章 5 における引用VI-4 参照。

ついて説明しないという態度が、大学生レベルの教科書のなかで見られるだけであれば、問題は少なく、経済学教育の一つのやり方として許されるものであろう。しかし、現代の標準的な経済学研究においても、需要・供給・価格・競争の観点から「市場」について形式的かつ厳密に考察するだけで、制度としての市場そのものには目を向けないという態度が大勢を占めているのである。そのような現代経済学のあり方を「黒板経済学」として徹底して批判しているのが、ほかならぬコースである。

法哲学者からみて彼が注目に値する第一の理由は、彼は標準的な経済学の外部に立って、それを批判しているのではなく、標準的な経済学の基本的手法を用いて、まさにその内部からそれを批判していることにある。コースによれば、経済システムにおいて「市場」その他の制度が果たす役割は、「取引費用」——交換にかかる費用——の観点から分析することができる。コースの経済理論は、標準的な経済学と矛盾するどころか、分析に際し用いられている基本的な方法は伝統的な「限界分析」であり、標準的な経済学に受け容れられてしかるべきものである。

しかし、実際は、クーンが物理的諸科学について示唆しているのと同様に[2]、経済学においても、保守的である経済学者全般は、「取引費用」を軽視し、「取引費用」の主流派経済理論への影響をできるだけ少なくするため、コースの理論を継子扱いしてきた。これはこれで、科学ないし学問のあり方をも研究対象とする法哲学者には興味深い。

法哲学者からみてコースの理論が注目に値する第二の理由は、市場での取引において採用され、従われているルールが、法のルールも含め、「取引費用」の削減という観点から説明されうるという主張をそれが含んでいることにある。

コースが注目に値する第三の理由は、彼が、経済学の内部で1960年代に専門化し始めた「法と経済学」という分野の代表的論客の一人であることにある。1970年代になると、法学者の一部もまた「法と経済学」に取り組み始めた。今日では、日本法ではまだそれほどでもないが、アメリカ法においては、法学者によって担われる「法と経済学」は、契約法、不法行為法等の伝

---

2 前述第1章第1節における引用 I-6 および第4節における引用 I-14参照。

統的なコモン・ローの分野においてだけでなく、経済法（その中心は独占禁止法）、会社法その他の商法分野を中心に隆盛をきわめ、実定法学にも大きな影響を及ぼしている。だが、法学者の行なう「法と経済学」は、法学なのであろうか、経済学なのであろうか。そのような問いにも、法哲学者は答える必要があるように思われる。

以下、第1節では、「法と経済学」の性格と意義を見定めるために、法学と経済学の教育・研究上の異同について検討する。第2節では、読者のみなさんに、法哲学をする上で必要な「経済学的なものの見方」を習得していただくために、前章では詳しく触れることができなかった「代替」およびそれに関連する諸概念について補完的に説明しておきたい。以上の準備作業をへて、第3節以下では、コースの経済理論を「市場と法」への背景的関心から立ち入って取り上げることにしたい[3]。

第1節 法学と経済学

1 法学と経済学の違い

1．「法と経済学」の二つのタイプ

Ⅶ-1　ロナルド・H・コース『企業・市場・法』[4] 30-31頁

　経済政策がかかわりをもつのは、代替的な社会的諸制度の間の選択である。そして、これらの社会的制度は、法によってつくられているか、法に依拠している。大多数の経済学者は、問題をこのような観点からみようとはしない。彼らはまず、理想的な経済システムの構図を描く。次いでそれを、彼らが観察したもの（あるいは観察したと信じているもの）と比べ、この理想的な状態に達するには何が必要かを、それがいかにしてなされうるかをあまり考慮することなしに、処方するのである。分析の運びはきわめてすば

　3　なお、以下本章の論述は、亀本洋「法哲学教育の標準化」法哲学年報2006『法哲学と法学教育──ロースクール時代のなかで──』（有斐閣、2007年）115-127頁、同「ロナルド・コースのリアリズム経済学──コース理論検討のための覚書──」法学論叢164巻1-6号（2009年）134-146頁、同「法，法学と経済学──コースの理論を手がかりにして──」法哲学年報2008『法と経済──制度と思考法をめぐる対話──』（有斐閣、2009年）79-95頁、同「スンマとシステム──法学的思考と経済学的思考の比較──」研究代表者・亀本洋『スンマとシステム──知のあり方──』（国際高等研究所、2011年）9-35頁と大幅に重なっている。関連箇所の注記は省略する。

　4　宮沢健一・後藤晃・藤垣芳文訳、東洋経済新報社、1992年。原著は、R. H. Coase, *The Firm, the Market, and the Law*, University of Chicago Press, Chicago and London, 1988. 以下、本書から引用する場合には、訳文は、原則として邦訳に従ったが、多少変えたところもある。また、原著の該当頁は省略する。

らしいものであるが、それは宙にただよっている。それは私が言うところの「黒板経済学」(blackboard economics) にほかならない。そこでは、経済が現実にどのように働いているかについて、ほとんど調べられない。

　私の考えでは、「法と経済学」には、二つのタイプのものがある。一つは、コースが提唱したタイプのものである。それは、法システムが経済システムの運行に及ぼす影響を研究するものある。これは、経済学の一分野としての「法と経済学」、あるいは経済学者系統の「法と経済学」とよぶことができる。経済学者が法について検討する場合、当然ながら、あくまで経済学的関心からそれを行うのである。（コースによって「黒板経済学」と批判される標準的な経済学の態度の検討は後回しにする。）

　第二のタイプは、法学者によって行われるもので、「経済学的なものの見方」を身につけて、それを法の理解や解釈に役立てようとするものである。これは、法学の一分野としての「法と経済学」、あるいは法学者系統の「法と経済学」とよぶことができる[5]。その関心は、当然ながら、基本的に法律家的なものである。

　以下、本節では、「法と経済学」の二つのタイプがそれぞれ、どのような意義をもつのか、あるいはもたないのかについて、法学と経済学の教育上および学問上の性格の異同に注目しつつ説明したい。

2．法学者にとっての経済学の効用

　ある経済理論が、考慮してしかるべき価値や費用を無視しているという批判は、経済学の門外漢によっても可能である。しかし、その経済理論が解明しようとしている問題が何であるのかを理解せずに、そのような批判をしても無駄であろう。関心がすれ違っているだけだからである。他のすべての科学理論と同様、経済学上の理論も、現実に生じる現象のすべてを解明しようとするものではなく、関心の焦点を絞って問題に解答しようとするものである。したがって、その理論家がさしあたり所与と仮定した要素、あるいは、問題にとって重要でないと判断した要素は、考慮の外におかれることになる。

5　Coase, *Essays on Economics and Economists*, University of Chicago Press, Chicago and London, 1994, pp. 45-46参照。

もちろん、経済政策について論じる経済学者が、経済学的にみて重要な要素をその経済理論のなかに取り込んでいなかったり、取扱い方が経済学的にみて稚拙であったりするとき、他の経済学者は、その点を批判することができる。上記引用Ⅶ-1でコースがしている批判は、その一例である。他方で、経済学者でない者も、経済学者が提案する経済政策を非経済学的観点から批判することができるし、批判してよい。しかし、そのような批判が、政治的には有意味である一方で、学問的には不毛であることもまた確かである。

　法学の研究者と学習者は、経済学者の提案する政策を批判する前に、「経済学的なものの見方」を学ぶことが肝要かつ得策である。そうすれば、法と経済のかかわりに関する理解がいっそう進み、解釈論や立法論の構築にあたって役に立つことは疑いない。とりわけ、さまざまな費用や価格を考慮するセンスが磨かれるであろう。

　そのことを理解していただくために、いくつか例を挙げておこう。普通の人は、「価格」や「費用」といえば、貨幣価格で表示されるものと考えている。だが、経済学を学べば、刑罰が犯罪の価格または費用の一部であり、店や病院で順番を待つさいの行列や待ち時間もまた、価格または費用の一部とみることができる、ということがやがてわかるようになるであろう。希少な財を手に入れるためには、貨幣が使われるか、使われないかにかかわらず費用、すなわち、それと交換に放棄される財（または機会）の主観的価値がかかるのである（前章40参照）。以下の二つの項では、これらの点について補足しよう。

3．非貨幣的費用

　財の貨幣価格が政府の規制等によって強制的に固定された場合、一般に、貨幣以外で支払われる費用、すなわち「非貨幣的費用」が増加する。価格統制の代表例は、家賃、賃金、運賃、電気料金等の政府による規制である。

　ほとんどの経済学教科書に書いてあるように、法律によって（貨幣で支払われる）家賃が安く固定されれば、賃貸住宅の供給不足が生じる（前章1および図6-1参照）だけでなく、家主は貸家を補修しないとか最初から上質の家を賃貸用に建てないといった対策を講じ、提供される財である住宅サービスをより費用のかからないものにする傾向も生じる。

同種の他の例も挙げると、運賃が高く固定されれば、航空会社は、食事その他の機内サービスの質を上げることで競争する。法律上の最低賃金が上がれば、企業はそれ以上の賃金では元が取れない従業員を雇わなくなるか、従業員を訓練して、訓練費用も考慮した上で、彼らを法定最低賃金以上の賃金に見合う能力をもった労働者にするよう努力するであろう。もっとも、これらの貨幣以外のものによる競争ではなく、貨幣価格による競争が、普通は、相対的に費用のかからない、あるいは「効率的な」競争であることもまた確かではあるが。

もちろん、そのようなことは、正確にいえば、事実を調べてみるまではわからない。コースが「黒板経済学」として批判しているのは、事実と無関係に成立するような「理論」を提示するだけで、現実がどうであるかに関心を抱かない、現在でも多数派の経済学者の研究態度である。

注意するべきことに、国家が価格統制によって、市場価格に意図通りの影響を与えることは容易ではない。したがって、たとえば、利息という貨幣使用の対価を統制する利息制限法が正義にかなっているかどうかを検討する前に、それが人々の経済的行動にどのような影響を与えるかをある程度知っていないと、学問的に有意味な議論はできない。

4．経済学における行列

前述の非貨幣的費用としての行列や待ち時間についても補足しておこう。そのような非貨幣的費用は一般に、経済学者がいう「死重費用」(deadweight cost)、すなわち、買手が負担するが、その費用は売手に移転しない費用になる[6]。買手のもつ（たとえば時間という）資源の浪費であるから、社会全体として、経済的に無駄といえば無駄である。したがって、需要の増加に対して貨幣価格の変更によって対応したほうが「効率的」であるように見える。

しかし、行列のできるラーメン屋が値段を上げて行列を解消するなどの方策をとらないことには、需要に応じて価格を最適なものに変えるには相応の費用がかかるという理由もあるが、それに加えて、重要な理由の一つは、行

6　ヘイン『経済学入門』（前掲第6章注122）106頁参照。

列が宣伝の効果を果たしているという点にある。その場合、客は宣伝費用の一部を負担し、その利益は売手に移転していることになる。そのかぎりで、それは死重費用ではない。客は、知らぬ間に宣伝の供給という生産活動に従事させられているとみてもよい。

行列に並ぶ買手は買手で、人と雑談したり、本を読んだりして、その時間を他のことに使うことで損失をできるだけ抑えようとするであろう。それは、時間を資源とする、効用の結合生産の一種とみることもできる。また、戦時中や社会主義国（だけではないが）でよくみられる配給に並ぶ行列には、その機会費用が比較的低い人、すなわち普通は、仕事のない主婦や高齢者などが並ぶであろう。世間の注目をあびる裁判の傍聴席の獲得のために、多くのアルバイトが動員されるときにも同様の現象が観察されるであろう。貨幣価格が固定されている場合、経済人は、それに対応してさまざまな行動をとることで自己の欲望を最大限満足させようとするのである。

経済学を「ひととおり」マスターすれば、上に説明したようなことを即座に思いつくことができるようになるであろう。経済学の門外漢がともすれば誤解するように、経済学がお金の問題のみを扱う、などと決めつけないようにしていただきたい。当面の説明に際してたんに便利であるという理由で、貨幣金額を代表的な価格の指標として使っているだけである。

前章で取り上げた、さまざまな事実的諸条件を捨象した物々交換をモデルとする価格の純粋理論は、いわゆる「貨幣」を最初から特別視するわけではない。貨幣については、純粋理論のなかでも、制度論とからめて別途その経済的機能を慎重に考察することが必要となる。私が、いわゆる「貨幣」を価格メカニズムの説明に導入することを、経済学の標準的な教科書と異なり、極力避けてきたのはそのためである。初心者が無用の誤解や偏見に陥ることを、私としてはできるだけ防ぎたかったのである。

5．法哲学者にとっての経済学の効用

ここで、前述第4章15で取り上げたノージックの「交換利益の分割の不公正さ」に関する議論に立ち戻ってみよう。それは、不法行為をされない権利（＝不法行為をする権利）の価格を法律によって完全賠償（＝最低補償）額に公定することは、通常の自由な取引と比べ、買手である不法行為者に一方的

に有利な点で不公正である、という主張を含んでいただけではない。それはまた（そこでは明示的には触れなかったが）、事前交渉ができるとすれば、買手は売手である潜在的被害者から、「不法行為をされる」というサービスをもっと高く買ったかもしれないのに、その点を無視することは経済的にみて資源の無駄使い——その意味で「非効率」——だということをも、経済学上の当然の前提として含んでいたのである。また（この点も明示的には触れなかったが）、そのような価格公定を正当化する経済学的論拠の一つとして、ノージックは、不法行為をしたいと思う人が、被害者になる可能性のある人すべてと事前にいちいち契約を結ばなければならないとしたら、そのための費用——後述の「取引費用」の中心部分——が膨大になるであろうということをも考慮していた[7]。第4章では、あえて細かく触れなかったが、ノージックの『アナーキー・国家・ユートピア』のなかには、これら以外にも、経済学的発想が随所にみられる[8]。

　もちろん、ノージックの国家論は、政治哲学であって、たんなる経済学の応用ではない。だが、その主張を正確に理解するためには、少なくとも初歩的な経済学の知識が不可欠なのである。ノージックの政治哲学は、一例にすぎない。私が法哲学の教科書のなかで、一見無関係にみえる経済学の議論を延々と取り上げる意図がわかっていただけたであろうか。経済学的なものの見方は、法哲学においても、その思考の道具として必要である、あるいは少なくとも、知っていたほうが明らかに有益なのである。

6．法学における教科書の役割

　法学ないし法哲学にとっての経済学の効用については理解していただけたとしても、「法と経済学」を二つのタイプに分けることの意味はなおわかりにくいかもしれない。第一のタイプのものであれ、第二のタイプのものであれ、一般の法学者が、その結論を法解釈のために参照するという点では同じように見えるからである。「法と経済学」の二分法を理解していただくためには、法学と経済学では大学生向きの教科書に与えられている意義ないし役

---

　[7]　ノージック『アナーキー・国家・ユートピア』（前掲第4章注12）112頁参照。
　[8]　たとえば、同書189-197頁では、ゲーム理論を用いて、最小国家の成立過程を経済学的に説明している。

割が異なるという点をまず指摘しておかなければならない。

「体系書」とよばれる実定法学の教科書では、民法、刑法等のある分野の全体について、法律の条文の解釈、それに関する最高裁判例および学説の現状を解説すると同時に、その分野を扱う全体的視角および若干の細かな重要問題について著者自身の見解が提示されている。法学の教科書は、それを読めば、ほとんどの法律問題について、人によって多少の見解の差は出るだろうが、ほとんどすべての法律家が許容する範囲内で、それ相応に解答できるようになることを意図したものである。「体系書」は、少なくとも、最高裁に係属するような法律問題については、読者がそのような自分なりの解答を得ることができるようになることを狙っている。

ところが、実際に最高裁に出てくる法律問題は、かなり複雑で専門家の間で意見の分かれることも多い。もちろん、法学においても、すべての学問と同様、法律的な観点から事件の注目するべき特徴と、無視するべき特徴とを区別する。その際、メンガーのいう「定型」（前章4のVI-3参照）に相当する「教科書事例」も、もちろん登場する。だが、それに正解できるだけでは、最高裁にかかるような法律問題、たとえば、第2章で取り上げたような難事件に答えるには通常不十分である。

その際、実定法学者の第一の関心は、事件の法律上の帰結にあるため、普通の人にとってはどうでもよいと思われる特徴が重要なものと考えられたり、逆に、普通の人が重要であると思う特徴が軽視されたりする。さらに、わかりにくいことに、同じ法学分野のなかでも、ある場面ではある特徴が重視され、別の場面では、それと同じ特徴もあるのに、別の特徴のほうが重視されたりする。

どうしてそうなるのだろうか。簡単にいうと、法律家は、当該事件またはそれと同種の事件において、だれにどのような権利があり、本件ではどちらが勝訴するかという裁判の帰結に関心があり、帰結に関する自分の評価的判断から逆に法律論を組み立てているからである。このことは、第2章で引用した裁判官の意見および弁護士の上告理由を参照すれば明らかであろう。

7．経済学における教科書の役割とその標準化

これに対して、経済学では、経済活動にかかわる要素として、それぞれの

理論において何を考慮し、何を考慮していないかということは、よく読めば明確であり、さまざまな経済的要素からなる具体的な経済活動について、そのすべてを説明しようとするものではない。ノイマンとモルゲンシュテルンがのべているように（前章40のⅥ-42参照）、まずは単純なケースについて膨大なデータを収集した上で、理論的にも徹底して考察しなければならない。これに対して、法学では、単純に見えるケースは、文字通り単純に扱われることも多い。

　前章で取り上げたメンガーの『国民経済学原理』は、教科書というより研究書ではある。だが、それからも想像できるように、経済学の教科書は、まずは「定型」としての単純な事例を取り上げ、次第に複雑な事例を取り上げて行くという順序で進む。現代の教科書は、道具として必要な数学的知識の水準も考慮して、初級、中級、上級というふうに標準化されている。前の段階の教科書は、次の段階に行くための準備のためのものであり、現実の経済問題に十分な解答を与えることは必ずしも意図されていない。高校までの学校教育で使われる教科書の役割と基本的に同じである。

　これに対して、法学の準備のための教育は、国語の読み方を除き、高校までの学校教育では皆無に等しい。初等中等教育における日本国憲法の学習が、国民の常識としてはともかく、法律家になるための学習としてはまったく役に立たないということは、大学法学部またはロースクールで法学を学習した経験のある人ならだれにでもわかるであろう。

　注意するべきことに、経済学教科書では、経済理論を経済現象の事実に当てはめる訓練をすることまでは要求されていない。単純なまたはそれなりに複雑な理論上の「教科書事例」に応用できればそれでよいのである

　たとえば、教科書には、個人の効用関数から需要関数をどうやって導くかということに関する厳密な数学的論証は書いてあっても、需要表を実際にどうやって調査して作るかについては触れられていない。初心者は、教育の便宜上、需要曲線が「所与」であるかのように教えられるが、実際にはそれは「所与」ではない。

　ミクロ経済学の教科書的建前をうのみにして、個人の需要を合計すれば市場の需要になる[9]と信じている人がいるかもしれない。だが、規模の大きな「同一の市場」への参加者の一人ひとりに直接あたって全員について実際に

需要を調べて、市場全体の需要を求めた人を私は知らない。参加者の非常に多い「同一の市場」において、個人の需要を単純に合計すると全体の需要になるなどということは、科学的にみてきわめて安易な仮定である。その仮定が現実に正しいかどうかを確かめるには、理論とデータと判定センスが必要である。そのような仮定を真実だと言い張る者がいれば、「あなたはどうしてそれを確かめたのですか」と問うてみればよい。その道の専門家以外は、的確な答えを教えてくれないはずである。

いずれにせよ、経済理論を現実の問題に応用するのは、最終段階である。そのため、経済学を軽率に学んだ人は、教科書と現実が同じだと誤解してしまうおそれがある。

もちろん、教科書には「教科書事例」しか書いてなくても、よい先生について、経済学をきちんと勉強した人は、経済理論のどれがどこまで、当該の経済現象に適用できるかを考慮して、経済現象を解釈することができるようになるであろう。理論の射程またはそれが妥当するための条件を正確に理解することが肝要である。完全競争市場といった「理想的な」状態を想定する教科書レベルの知識は、現実がそれと必ずしも一致しないことを観察して、それがなぜかを経済学的に考えるのに使えばよい。「だから経済学は役に立たない」という速断は禁物である。大学レベルの教科書では、まだ研究としての経済学の内部には入っていないと考えたほうがよい。

このような経済学のあり方と比較して、法学では、理論の射程は、求められる結論に応じて伸縮する。それは場合によっては、「法学の発展」とよばれるが、「発展」の仕方が経済学とは異なるのである。法学では、倫理学と同様、法学者の理想と現実とが異なれば、その原因を調べるのではなく、現実のほうを法律的制約の範囲内で理想にあわせさせることがよしとされる。

司法試験レベルの法学も、教科書事例に解答できればそれでよいのかもしれない。だが、実定法学の先生方の多くは、法学の学生に対して、判例を読

---

9 前述第6章5の図6-3参照。ちなみに、このような純粋経済学の方法に、「方法論的個人主義」という名前を与えたのはシュンペーターである。シュムペーター『理論経済学の本質と主要内容（上）』（前掲第6章注75）第1部第6章、とくに170-171頁参照。同170頁において彼は、「自由が他の何ものにもまして人間の発展と全体的福祉とに貢献するという」政治的個人主義との違いを強調して、「両者は相互に、いささかも共通点をもたない」とのべている。だが、ノージックの正義論・国家論は、両者を巧みに組み合わせて構成されていると言うことができる。

むことを推奨されるであろう。判例を読まないと、条文の事実への当てはめ方が本当はよくわからないからである。法学の教科書には、判例を実際に読まないと本当はよく理解できないことが実はたくさん書いてある。前述第2章と第5章で長々と引用した判例を読んでいただけた読者のみなさんには、そのことは了解していただけるであろう。

8．法学と経済学における正解の背景

　先に、法学の教師は学生に「自分なりに考える」ことを要求するとのべた（本章6参照）。これに対して、経済学を軽率に学ぶと、教科書と現実を同一視するおそれがあるとのべた（本章7参照）。なにやら大学における法学教育の水準は高く、経済学教育の水準は低い、といった印象を与えかねない表現である。そのような言い方は、ある意味で正しいかもしれないが、誤解を与えるといけないので、もう少し補足しておこう。

　まず、算数ないし数学から考えてみよう。四則計算を中心とする小学校で習う数学が、日々必要な実用目的に直接役立つことについては説明する必要はあるまい。中学校で習う方程式になると、実用目的にも使えることはわかるが、どのような場面で実際に使うのかということを離れて、数学のための数学という色彩が強くなっていることに気づくであろう。高校に入ると、その傾向はますます強くなり、微積分が面積の計算に使えるということくらいはわかるが、集合論、整数論、対数、行列に至っては、実用目的のためにどういう場面で使うのか、普通の高校生には想像がつかないであろう。

　数学（および論理学）は、仮にそれが「科学」の一部とみなされるとすれば、科学のなかで特殊な地位を占めており、現実への応用を度外視した純粋数学の世界が当然に成立する。というより、それが本来の数学分野である。ところが、数学は他の諸科学において、その道具という役割を果たしており、高校までの数学は、将来いわゆる「理科系」（経済学も含む）の道に進んで、数学を道具として用いる人たちのための準備教育という側面も多分にもっている。純粋数学の道に進む人はほとんどいないのであるから、実際上、そちらの側面のほうが強いと言ってよいかもしれない。

　高校でも、ニュートン物理学を習うと、微積分を知っていると理解が早いということを実感する生徒も出てくるだろう。だが、大学で理科系の専門分

野に進むと、微分方程式だけでなく、高校時代は実用価値が意味不明であった集合論や対数、行列等々を実際に使わないと解けない問題の数々に出くわして、道具としての数学の価値にいやでも気づかされるようになる。関数や微分についても、数学ないし応用数学の専門家から高度な定義を習ったりして、改めてそのより正確な意義がわかったりするであろう。

　そのような数学ないし応用数学の学習に際して、先生方は学生に、法学の教師がいう意味で「自分なりに考える」ことを決して要求しないであろう。少なくとも、「自分で数学理論を作る」という意味ではそう言うはずがない。まずは、自分なりに理解して、教科書に載っているような問題につねに正しく答えることができるようになれば十分である。法学の教科書と異なり、その解答に専門家の間で異論の出るような問題は、教科書には載っていない。

　もちろん、経済学をはじめ、数学を不可欠な道具として利用する諸分野でも、研究者が従事している最先端の研究においては、学者によって見解の相違がある問題が数多い。だからこそ、研究者は研究していると言ってもよい。教科書は、そのような高度の研究のための準備教育のために存在する。最終段階では、現実との照合が当然必要になる。だが、そのための準備段階では、教科書と現実を同一視しようがしまいが、学習成果にあまり変わりはないだろう。

　それどころか、経済学学習の準備段階では、教科書と現実を同一視したほうがよいくらいである。普通の初学者は、経済理論によってうまく説明できる「現実」に、それによってはうまく説明できない「現実」よりも、まずは目を向けたほうがよい。

　観察力のある学生、あるいは「自分なりに考える」力のある学生は、教科書には、最適な価格は限界費用（最後の1個を生産するためにかかる費用）と限界生産物の価値（最後の1個から得られる価値）を比べて、両者が等しい点に決まると書いてあるが、実際には企業は普通、生産にかかった金銭的費用に適当な利潤を上乗せして価格を決めている（コスト・プラス・マークアップ方式[10]とよばれる）という事実に気づいて疑問を抱くかもしれない。経済学の教師は、そのような疑問をよしとするだろうが、それに答える前に、もっ

10　ヘイン（前掲注5）221-222頁、243-244頁参照。

ともっと上級の経済理論を学ぶことを勧めるであろう。

　要するに、経済学を含む科学の教科書段階では、教科書問題で出題者が予定した唯一の答を出すため以上に「自分なりに考える」ことは要求されないのである。この点は、大学入試レベルの数学問題とも性格が違うところである。その比較的高度な問題では、解き方がいくつもある問題があり、数学者は最も「美しい」仕方で解いた解答者を、数学に向いているという意味で最も高く評価する。だが、大学学部学生レベルの経済学では、そのようなレベルまでは要求されないであろう。

　もっとも、前章で取り上げた、ジェヴォンズ、メンガー、ワルラスは、ほとんど同一の問題を、本質的には共通しつつもそれぞれ個性的な仕方で解いた、と言えるであろう。しかし、彼らは当時最先端の経済学研究をやっていたのである。今となっては、彼らの理論は、個性を薄めた形で「標準化」されて教科書に載っているが。

　それはともかく、法学においても、司法試験の短答式問題のように、正解が一つしかなく、「自分なりに考える」ということが経済理論の教科書レベルの学習とほとんど同じ意味しかないように見える問題もある。

　しかし、正解が一つになる原因が、経済学と法学ではかなり違うように思われる。経済学では、少数の基本的理論を似たような場面に適用する、というよりも、経済学的にみて本質的に同じ場面に応用するから正解が一つになる。経済学において、利息制限法第2条をめぐって争われたような「類推適用[11]」ということは意味をなさない。まったく同じか、違うかのいずれかである。

　短答式レベルの法学において正解が一つになるのは、それが、法律家のその時点で共有する確立された「しきたり」に依存しているからである。「しきたり」を構成するのは、法律の条文の法律家的読み方、判例・学説の広範な一致などである。

　「自分なりに考える」ことが多少なりとも要求されるのは、そのような「しきたり」を原則として所与とした上で、なおかつ学説に争いがある、あるいは、法律家が争ってよい、争うべきだと考えるような問題についてであ

11　前述第2章8参照。

そのような場面で法律家からみて可能な解釈のうちどれを取るべきかについては、それによる他の法律条文の解釈への影響を考慮するといった法学的要素と、普通の人ももっているような「正義観」からなる常識的要素との法律家的綜合によって解答が下される。解答には、「しきたり」の制約内でバラエティがあってよい。司法試験の論文式試験で問われるのは、そのような「しきたり」がよくわかっているかどうかであって、可能なバラエティのオリジナリティや「正義」の観点からみたよさではない。

　法学において、法律家のほとんどが共有する明確な綜合方式は存在しない。だからこそ、学生も「自分なりに考える」ことができる。それが要求されるとき、法学の知識レベルは多少低いとしても、学生は、裁判官や法学者が直面するのと似たような難問に似たような仕方で挑戦することを求められている。

2　法学の道具と思考

9．解釈の規準 (canon)

　法律の解釈にあたって、「自分なりに考える」ための道具としては、さまざまな解釈方法など、法学にもいくつかある。だが、幸か不幸か、どの場面でどれをどう使ったらいいかを統一的に教えてくれるようなマニュアルはない。

　その例証として、リーガル・リアリスト[12]の代表であるルウェリン（1893-1962）が収集した、アメリカ法における制定法の解釈方法[13]——やや技術的な解釈ルールであり、canon（大陸法でも同じ言葉）とよばれる——を紹介しておこう。英米法に特有な規準も若干あるが、大半は大陸法系の法律家も実際上使っているものである。表の一番右に、注釈[14]を入れて補った。

12　前掲第3章注32および33参照。
13　カール・N・ルウェリン「上級審判決の理論および制定解釈のルール、あるいは規準について」（松浦好治訳、中京法学11巻3・4合併号、1976年、29-56頁）、原著 Karl N. Llewellyn, Remarks on the Theory of Appellate Decision and Rules or Canons about How Statutes Are to Be Construed, 3 *Vanderbilt Law Review*, 395 (1950). 一覧表は、pp. 401-406にある。訳文は、松浦訳40-45頁に依拠したが、読点を若干増やし、表現も若干修正した。
14　日本法の解釈方法については、そのすべてを説明したわけではないが、前述第2章の関連する箇所および脚注（とくに注30、39および45）を参照されたい。

表7-1　アメリカ法における制定法解釈ルール

	こう言えば	ああ言う	注釈
1	制定法は、その文言を超えることはできない。	制定法は、その目的を達するためには、その文言を超えて補足されてもよい。	文理解釈と目的論的解釈の関係。下でのべる、コモン・ローが一般法で、制定法は例外ということとも関係している。
2	コモン・ローを損じるような制定法は、解釈によって拡張されることはないだろう。	そのような制定法は、その性質がコモン・ローの欠陥を治癒するようなものであれば、ゆるやかに解釈されるだろう。	コモン・ローすなわち法律家の法が一般法であるという原則のもとで、制定法はコモン・ローの世界をできるだけ侵すべきでないという原則と、制定法はコモン・ローの欠陥を補うために登場したのであるから、その点を考慮するべきであるという例外の相克。後者の規準は、mischief rule（弊害準則）とよばれる英米法に特有の解釈方法。
3	制定法は、コモン・ローの光をあてて読解されるべきであり、コモン・ローのルールを肯定する制定法は、コモン・ローに一致するように解釈されるべきである。	コモン・ローは、それと衝突する制定法に道を譲る。制定法がある対象に適用可能な法全体の改正として企画されているとき、その制定法は、コモン・ローにとって代わる。	
4	他州の制定法が採用される場合、その制定法が解釈されたことがあれば、その解釈もまた採用されている。	採用しようとする州の制定法の明らかな意味に抵触する場合、あるいは他州の判決が理由づけにおいて不満足な場合、また他州における解釈がそれを採用する州の法の精神や政策に調和しないとき、そのような解釈は拒否されてもよい。	コモン・ローの管轄権は、アメリカ合衆国では、各州にある。しかし、イギリスや他州のコモン・ローを参照して解釈することも多い。他州の制定法に倣って同様の制定法を当該の州が制定した場合、その解釈について他州の裁判所に倣うのが原則であるが、自分の州法の方針と合致しないときは、倣わなくてもよい。
5	さまざまな州がその制定法をすでに採用している場合、母体となった州に従う。	他の諸州の解釈が調和しないものである場合、そのような制約はない。	
6	同じ事柄や対象に関する制定法は統一的に解釈されなければならない。	制定法の範囲または目的が異なっていれば、また以前の法律の一般的目的や政策から離れようという立法府の意図が明らかである場合には、制定法は同じ事柄や対象に関するものではない。	日本の旧利息制限法と昭和29年制定の利息制限法との関係がこの好例（前述第2章参照）。
7	刑罰、没収、責任を新たに設けたり、新たに権利を剥脱したり、また新しい訴訟の権利を創設したりする制定法は、遡及効をもつように解釈されることはないだろう。	治癒的な制定法は、ゆるやかに解釈されるべきであり、遡及的解釈が正義の諸目的を推進するならば、制定法にはそのような解釈を与えるべきである。	被告（人）に不利な法律は、制定前の事件に遡って適用されてはならないという原則と、コモン・ローを改善する法律については遡及的適用も許されるという例外との相

第1節　法学と経済学

			克。被告人に不利な刑事法についても遡及適用が認められる場合がある。
8	企図がはっきりとのべられている場合には、解釈の余地は残されていない。	裁判所は、表向きの目的とは異なった真の目的を探求する権能を有する。	条文中に目的が明言されていても、ほかに真の目的があると裁判所が判断する場合には、後者に従ってもよい。
9	解釈条項のなかの定義と解釈のルールは、その法律の一部であって、拘束力をもつ。	制定法中の定義と解釈のルールは、それらが必要な趣旨を超えて拡張されることはないし、別の仕方で明確に表明された意図を挫折させることは許されない。	法律のなかに、その法律で用いる語の定義や解釈の仕方を定める条文が含まれているとき、それに従うべきであるという原則と、立法者または法律の意思のほうを優先するべき場合もあるという例外との相克。
10	ゆるやかな解釈を求める制定法の規定は、その制定法の明瞭な要件の無視を意味するものではない。	解釈のルールが制定法それ自体のなかに規定されている場合、そのルールが適用されるべきである。	
11	法令名は、意味を規律しない。前文は、法令の範囲を拡張しない。節の見出しは、本文に変化を与えない。	本文に疑問や曖昧さがあるとき、法令名は指針として参照されてよい。前文は、理由づけを決定し、用語の真の解釈を決定するために参照されてよい。節の見出しは、制定法自体の一部として注目されてよい。	法令名、見出し、前文の意義。どちらかというと、コモン・ローを一般法とする英米法に特有の観点。
12	文言が平明で、曖昧さがないなら、それには効果が付与されなければならない。	逐語的解釈が不合理な、あるいは誤った結論に導いたり、明瞭な目的を歪曲したりする場合には、その限りでない。	文理解釈、とくに「文字通りに読むべし」という原則にかかわる。
13	法律になる以前に裁判所によって解釈されたことのある文言や句は、その解釈に従って理解されるべきである。	制定法がそれらの文言や句に、それとは異なった意味をもつようにと明らかに要求しているときは別である。	コモン・ローが一般法であるという原則からすれば、コモン・ロー上の用語は、それを制定法が採用する場合、コモン・ローの伝統に従って解釈されるべきだが、例外もある。
14	立法後は、特定の用語や句の解釈については裁判所の決定が通用する。	行政官の実務的解釈は、真の意味に関する有力な証拠である。	制定法上の用語の解釈権限は原則として裁判所がもっているが、行政法については行政官が現に行っている解釈も採用されうる。
15	言葉は、専門用語や技術的用語ない限り、日常的な意味で理解されるべきである。	日常的な言葉は専門的な意味を、また専門用語は日常的な意味をもつことがある。それらの言葉は、明	文理解釈と目的論的解釈の関係。

		確な制定法の意図に合致するように、あるいは制定法がうまく働くように解釈されるべきである。	
16	あらゆる文言と文節には、効果が付与されなければならない。	不注意に挿入されたり、その制定法の残りの部分と矛盾したりするならば、それらの文言や文節は、余分だとして拒否されてもよい。	拡張解釈と縮小解釈と同様の論点。表現と真意の誤差の修正の問題。
17	同じ脈絡において繰り返し使われている同じ文言は、その制定法を通じて同一の意味をもつと推定される。	制定法を首尾一貫したものにするために異なった意味を与えることが必要な場合には、この推定は無視されるだろう。	体系的解釈(一つの法律全体、または諸法律からなる法体系全体の整合性をめざす)にかかわる論点。
18	文言は、制定法における文言の配列の正しい文法上の効果に従って解釈されるべきである。	文法のルールは、それを厳格に遵守すると目的を挫折させる場合には無視されるだろう。	文理解釈と目的論的解釈の関係。文理、目的にも、いろいろなレベルがある。
19	設けられていない例外を読みとることはできない。	文字は「樹皮」にすぎない。法の理性のなかにあるものは何でも、法そのものの内にある。	一般的な表現が用いられていても、例外がある場合がある。法律意思説に近い発想。
20	1つのことの明示は、他のことを排除する。	例示によっていくつかのものだけが明示的にのべられている場合、その文言は、当然のことながら、多くの異なった事例を包摂するだろう。	1つの事項だけが明言されている場合、それを反対解釈するべきか、類推解釈するべきかという論点。
21	一般的用語には、一般的解釈が施されるべきである。	一般的用語は、それらが連関している特殊な用語や制定法の範囲と目的とによって限定されるだろう。	普通名詞は、その前に「すべての」を補って理解するべきか、文脈や目的によって限定的に解釈するべきか、という論点。
22	列挙のあとに一般的な文言がくるとき、それらは、特定的にのべられた同じ一般的な種類や部類の人やものにだけ適用されると理解されるべきである。それが解釈の一般的ルールである。	一般的な文言は、なにかあるものについて作用しなければならない。さらに、同じ一般的な種類や部類ということは、意味をつかむ上での助けであるにすぎず、元来意図されていたよりも狭い範囲内に制定法の作用を制限することを保証するものではない。	「A、Bその他のC」という表現は、AおよびBを典型例として含むC(AまたはBより一般性が高い概念)の範囲に限定されるというのが原則であるが、もう少し広げてもよい場合も例外的にある。
23	条件をつけたり、制限を加えたりする言葉や文節は、そのすぐ前にある文言と照らし合わされるべきである。	明瞭な感覚と意味とが別の解釈を要求するときは別である。	表現を限定する語句がついているにもかかわらず、それを軽視してよい場合もある。
	制定法が2通りに解釈されうるとき、句読点のつけ方が決	句読点は、言葉の平明で明瞭な意味を左右しないだろう。	関係詞やand等の前後にコンマがあるかどうかで読み方

24	定的となる。		が変わってくる場合もあるが、こだわらないほうがよい場合もある。英米法に特有な読み方。裁判所が、立法者の意図にかかわらず、制定法をできるだけコモン・ローの伝統を侵さないように解釈しようとする傾向があるとき、制定法の文言はやたら細かくなる傾向がある。
25	言語は、文法的適切さを十分考慮して選択されており、単なる憶測でもって言い換えうるものでないと推定されなければならない。	「and（及び・並びに）」と「or（又は・若しくは）」との読みかえは、制定法を意味あるものとし、有効なものにすることが必要なときはいつでも、そのような互換性をもって読解されてよい。	自然言語の文法は所詮柔軟である。andとorは一例。どちらの語もand/or（その前後の言葉のいずれか一つ、または両方）を意味しうる。
26	許可的な言葉と命令的な言葉とは、はっきりと区別される。	許可を伝える言葉を命令的なものとして、命令を伝える言葉を許可的なものとして読むことは、そのような解釈が明瞭な意図や人々の権利によって必要とされるときには許される。	「しなければならない」が「することができる」を意味し、「することができる」が「しなければならない」を意味することもある。日本の法律条文でも、その例は多い。
27	但し書は、直前の条文に条件をつける。	但し書が、もっと広い範囲をもたせようと明らかに意図されていることもある。	但し書が、直前の文を超えて適用される場合もある。
28	立法的な条項が一般的なものであるときには、但し書は厳格に解釈される。	但し書を拡張して、人々や事件を但し書のもつ衡平さの範囲内に含めることが必要な場合には別である。	但し書は、限定的に解釈する、つまり類推解釈しないのが原則であるが、例外もある。

　この表は、原則と例外が羅列してあるだけであり、法学の初学者がこれだけをみると、「なんでもあり」のような印象を受けるかもしれない。しかし、法律家は英米法においても大陸法においても、現行法に関する広範な専門化的コンセンサス、「しきたり」(convention) を前提にして解釈を行うので、解釈の幅は、実際は大幅に狭くなる。

　解釈規準は、道具として使えるが、どのように使ったらよいかは、現行法の内容についての知識が十分にないとなかなかわからないのである。日本の法学教育において、このような解釈規準が事細かに教えられることはないが、その理由の一つはこの点にある。いずれにせよ、経済学における（最大

化原理を伴う)「限界原理」などと比べれば、法学における解釈方法は、その使い方の習得には骨が折れるのである。

10. 職人芸、実践知としての法的思考

それゆえ、難事件の法律問題において後に多くの法律家によって賞賛されるような解釈は、法律家の職人芸のなせるわざとなる。

経済学には、経済現象の広い分野にわたって適用できるような少数の使い勝手のよい理論があり、また、それを背後で支える道具としての数学もある。これらの道具がとりあえず使いこなせれば、次により上級の教科書段階に進んで行ける。職人芸は、あるとしも、教科書の学習が終わったところではじめて始まる。これに対して、法学では、教科書段階で、職人芸の模倣に近いところまで要求されるのである。

要約すると、研究者になるまでの経済学の学習は、道具の学習であり、法律家になるまでの法学の学習は、道具の使い方を教えてくれる道具のない、道具の使い方の学習である、と言ってよいだろう。

法律家的思考の根底には、勘やセンスのようなものがある。だが、法律だけでなく、経済学を含め、さまざまな職業分野にもまた、マニュアルには正確に記述しつくせないような専門家的センスが存在するということは、多くの職業人が認めるであろう。

法学は初級段階でも、マニュアル学習(の分量も実は相当多いのだが)では手に負えない部分が今のところ、諸科学に比べて多い、と言ってよいだろう。そのことをさして、「実践知」とか「実用知」という言葉が使われる。ちなみに、英語でそれに相当する単語は、jurisprudence(法理学または法学)の一部をなす prudence である。

経済学がある意味でわかりやすいのは、「限界原理」といった少数の原理によって、消費、生産、分配の全分野が統一的に説明されるためである。これに対して法学では、「教科書事例」とはいっても、それはだいたい条文——立法のしきたりとさまざまな偶然的事情によってその場所にたまたま書かれた文章——ごとに作られており、少なくとも日本の法学の初歩的学習においては、ある分野全体を包括する一つまたは少数の原理といったものはないと考えたほうがよい。

たとえば、民法や商法をはじめ「取引法」の分野では、「契約の自由」、「静的安全」（真の所有者や真の意思の保護）、「動的安全」（取引の相手方の信頼の保護）といった原理がある。しかし、法律解釈が問題になる実際の難事件では、事件に応じて登場したりしなかったりするさまざまな原理の比較衡量に基づいて結論が下され、比較衡量に関しても、「バランスよく」という感覚はすべての法律家に共有されているものの、何がバランスがよいかを決定する基準として、「限界原理」のように明確なものは存在しない。

第2章で取り上げた利息制限法判例にみられるように、法律が妥協の産物であるのに、解釈にあたって、一つの目的だけを強調することも多い。「目的論的解釈」といっても、「具体的妥当性」というだけでは、解釈者になんら指針を提供しない。

法律家になることをめざす初心者は、法学者がいう解釈方法論[15]等に惑わされずに、まずは、法律上の「しきたり」にそった解釈ができる、ということを到達目標とするべきであろう。

③ 「法と経済学」

11. 実用法学の使命と経済学的思考のつまみ食い

難事件において法律家が学説や理論を使う場合、法律家は実際上、自己の結論を支えるために使えるものは何でも使うという方針に従う。しかし、そうした方針で法律家が経済学を使うと、経済理論のいわば「つまみ食い」になる可能性が高い。

それぞれの理論の射程を正確に理解し、事実の経済学的解釈を正しく行った上で、正しく応用しないと、経済学でも何でもないものの素人的応用、たんなるイデオロギー、あるいは「好み」の表明になってしまう。

---

15 これが、解釈の規準（canon）等の解釈テクニックを意味する場合、それは、よい法解釈を行うための道具とその使い方からなる。これに対して、法哲学者の行なう法学方法論の一部として含まれる「法解釈方法論」は、よい解釈をするにはどうすればよいかを直接に問題とするものではなく、法律家その他の人が行う法解釈の仕方について検討するものである。大工さんは、大工道具の使い方についてよく知っているだろうが、その物理学的原理については詳しくないだろう。この比喩でいえば、法哲学者は物理学者に当たる。大工さんはまた、入門者に対して、習うより慣れろ、と言うだろう。日本法学が継受したドイツ法学における「法解釈方法論」のほとんどは、実定法学者でもある法哲学者がその主要な論者であったこともあり、その二種類を峻別しない中途半端なものである。

私は、経済学のそのような「つまみ食い」は、今ここでの事件をともかくも解決するという、実定法学の究極の実用目的からは正当化されると考えている。しかし、法哲学者が取り組むような、いわば純粋理論としての「法と経済学」においては、応用している経済理論がどこまで使えるのかをよく考えるべきである。

　このことは、一見したところ、実定法学者がやるタイプの「法と経済学」には要求されないように思われる。しかし、そのようなタイプの「法と経済学」であっても、それが経済理論の応用であるかぎり、経済学的なものの見方を十分に習得した上で、それを行ったほうがよいことは明らかであろう。

12. 中途半端な「法と経済学」

　ところが、実際に目につく法学者系統の「法と経済学」は、自分のよく知る法学分野を経済学者に劣る経済学上の知識でもって説明したり、自分の支持する法学上の主張を似非経済理論によって正当化したりしようとする類のものである。前章の最後に取り上げた「効率的契約違反」が、その典型的な例である。それは、契約という制度を扱う能力のない経済理論でもって契約違反を正当化しようとしていた。契約について論じるには、別の経済理論をもってこなければならないのである。

　その種の「法と経済学」には、「中途半端」という形容詞が最もふさわしい。法学者系統の「法と経済学」者の多くは、経済学の常識である「比較優位」の原則（自分が得意な分野の生産に従事したほうが本人にとって、したがって社会全体にとっても、有利であるということ）[16]すら理解していないように思われる。すべての学問分野と同じく、専門化が進んだ今日、経済学も片手間で研究できるような分野ではすでにないのである。

　もちろん、経済学を多少なりとも知らないと、法学と経済学、あるいは、法現象と経済現象がどこでどうかかわるのかについてよくわからないから、

16　外国貿易に関するリカードの比較生産費説として有名で、分業の有利さの経済学的根拠である。リカードウ『経済学および課税の原理　上巻』（前掲第6章注81）188-193頁参照。だが、生産における比較優位の原理は、むずかしく考えなくても、「経済人は費用の安いものを選ぶ」という経済原理の系にすぎない。比較優位の原理は、明示的に言及しはしなかったが、前述第6章**40**や本章**4**などでもすでに何度か登場している。それが正確にどこで登場しているかは、自分で確かめていただきたい。

そのような関連が顕著な部分をとくに取り出して扱い、経済学的知見を応用する「法と経済学」というものがあってよいかもしれない。これは、第二のタイプに属する「法と経済学」の一種とみてよい。

しかし、そのような取扱いには、す・べ・て・の・法現象は、データと分析道具さえ十分に整えば──これが実は最も困難な課題で、まさにそのために第一のタイプの「法と経済学」者は仕事をしていると言ってよい──経済学的に分析できる、という決定的に重要な点（後述本章とくに**40**参照）を忘れさせるという欠点がある。

第一のタイプの「法と経済学」は、法を対象として、それを経済学的に分析したり、法制度が経済システムに与える影響を研究したりするものである。そのためには当然、法制度および法律家的思考の実態をよく知っている必要がある。法学者は、その面で法の経済分析に貢献することができる。そのためには、経済学を中途半端に勉強する必要はなく、実定法を日々研究して法学上の論文を発表すればよいだけである。そこで明らかにされた法の実態を経済学的にどうみるかは、経済学者の仕事である。法の経済学的分析は、最終的には経済学の専門家によってなされるほうが一般に優れており、経済学者が法学を十分学んだあかつきには、法学者はご用済みになるであろう。

「法と経済学」の二つのタイプに関する私の結論は、第二のタイプの「法と経済学」、法学者系統の「法と経済学」は不要である（そして、後述するように、場合によっては有害である）、ということにつきる。すでにのべたように、経済学的なものの見方の習得が法学者にとって有益であることは決して否定できない。だが、経済学を学ぶのなら、中途半端な「法と経済学」者から学ぶよりも、経済学の専門家から学ぶほうがよいのは明らかであろう。

13. イデオロギー的な「法と経済学」

にもかかわらず、中途半端な「法と経済学」が（とくにアメリカ法学界において）いまだに生き残っている──というよりも、事実としては栄えている──のはなぜなのだろうか。それは、実用法学の使命、あるいは法律家の習性を考えれば明らかである。自己の法的主張を支えるために、それが使える（と思い込んでいる）からである。

経済学が市場経済を支持するものと誤解されることが多いのと同様、「法と経済学」も「市場経済」を支持する、と誤解されることがある。というよりも、第二のタイプに属する「法と経済学」者自身がそのような誤解を広めるのに積極的であることも多い。しかし、真実をいえば、前章37でのべたように、理論経済学は、イデオロギー的に中立であり、計画経済と比べて市場経済を支持するということなどありえない。理論経済学を応用する「法と経済学」も、本来はそれと同じはずである。

法学者系統の「法と経済学」においては、「市場経済」——実際には、初歩的な経済学の教科書で説明されているような交換経済。これは経済学の学習のためのモデルにすぎず、そもそも擁護や批判の対象ではないのだが——を擁護する際、「効率性」という概念が使われることが多い。交換が各人の欲望の満足を（少なくとも改悪はせず）改善するかぎりで、「市場」における交換は、全体として「効率的」——「パレート効率的」または「パレート最適」[17]とよばれる——と言うことができよう。前章の最初に掲げた図6-1のようなグラフをもち出して、自由な交換は「効率的」であると説明され、政府による規制その他の自由な交換を阻害する要因は撤廃されるべきであると主張されることもある[18]。

しかし、よく考えていただきたい。そもそも、個人の経済的行動とは、さまざまな制約下での欲望満足最大化の行動である。そこには予算制約だけではなく、それ以外にも、さまざまな障碍、制約がある。そうした制約があったとしても、個人は自己の欲望の満足の最大化のために行動する。その点では、「自由な」市場であろうと、「自由でない」市場であろうと変わりはない。自由な市場が効率的であるというなら、自由でない市場も効率的である

---

[17] 社会（個人の集合）の現状から出発して、だれの厚生も低下させることなく、だれか一人以上の厚生が改善される社会状態に移行することを「パレート改善」という。パレート改善となる社会的選択肢（個人の選択肢を要素とする選択肢集合）が存在しない社会状態をパレート最適またはパレート効率的という。だれかの厚生が悪化する社会的選択肢しか残っていない状態は、パレート最適な状態である。そのような社会状態は通常、無数にある。「最適」という日常語からイメージされるものとはまったく異なるので注意されたい。

なお、「カルドア＝ヒックス効率」（前掲第6章注128参照）とは、社会的状態の変化によって、改善された人々から改悪された人々に補償を行えば（実際に行う必要はない）、パレート効率となる場合も「効率的」とする考え方である。

[18] 以下の議論は、適当な変更を加えれば、規制が「効率的」であるとして、それを正当化する逆のタイプの法学者系統の「法と経済学」にも当てはまることに注意されたい。

はずである。それとも、中途半端な「法と経済学」者は、「自由な市場」には制約がないとでも言うのであろうか。そう考えているのかもしれない。しかし、そうだとすれば、それは、そのなかで経済システムが機能するところの「制度としての市場」について何も考えていないということの自白にほかならない。経済学は、「自由でない市場」も分析するし、そこにおいて「経済学的なものの見方」自身が変化することはない。

市場を「効率性」の観点から擁護する（第二のタイプの）「法と経済学」者の代表は、リチャード・ポズナー[19]である。彼によれば、自由な市場経済は、経済学によって当然に支持されるかのようである。シュンペーターがのべているとおり（前章37の引用VI-40参照）、フランスのフィジオクラートやアダム・スミス以来のイギリス古典派の大部分の経済学が経済的自由主義のイデオロギーと渾然一体であったことは歴史上の事実である。しかし、今日、ハイエクにせよ、ミルトン・フリードマン[20]（1912-2006年）にせよ、自由市場経済体制を支持する一流の経済学者であって、市場が「パレート最適」の意味で「効率的」であるということをその擁護論の決定的な論拠として提出する者は一人もいない。

まともな経済学者なら具体的な「市場」を取り上げて、政府の介入に伴うさまざまな費用と便益を具体的に示した上で議論を展開するであろう。市場擁護論（あるいは市場否定論）は、経済学を「ひととおり」勉強した上で、それから多少なりとも独立して、法哲学、政治哲学ないし経済哲学において扱うべき問題である。

ちなみに、ポズナー自身は、経済学がイデオロギーを含意しないということを実はよく知っており、経済学を自己のイデオロギーを正当化する手段として意図的に使っているふしがある。しかし、そのことを自白すると、「科学としての経済学」を援用する意味がなくなるので、もちろん経済学的に当然そうなるという論法を多用する。それは、説得のための「レトリック」と

19　邦訳書として、リチャード・A・ポズナー（馬場孝一・国武輝久監訳）『正義の経済学』（1991年、木鐸社）がある。彼の経済理論から学ぶべきものはほとんどないが、法哲学者としては、きわめて優れている。遺憾ながら、本書ではそれについて解説する余裕がない。

20　同（村井章子訳）『資本主義と自由』（日経BP社、2008年）、M&R・フリードマン（西山千明訳）『選択の自由　自立社会への挑戦』（日経ビジネス文庫、2002年）、M.フリードマン（西山千明監修、土屋政雄訳）『政府からの自由』（中公文庫、1991年）参照。

しての「法と経済学」[21]とよぶべきものである。

　私としては、ポズナーの手法は、法律家としては、その実用目的からいって当然許されるべきものと考える。しかし、それはあくまで法実践であって、理論としての経済学ではない。彼の本に「法の経済分析[22]」という題名がついているからといって、誤解しないようにしていただきたい[23]。

4　経済学の理論と適用

14．理論知と実践知

　先に、法学の実践知としての性格についてのべた（本章10参照）。これに対して、経済学は、たんなる理論知なのであろうか。決してそうではないことについては、すでに触れた（本章7参照）。だが、もう少し補足しておこう。

　どのような場合に理論が適用できるかを事実にてらして的確に判断することが経済学の研究者のわざである。経済学の教科書を表面的に読んで、法学が実践知であるのに対して、経済学はたんなる理論知だなどと速断しないでいただきたい。相違は、教科書に「しきたり」上たまたま明示的に記述される知の範囲だけにある。

　しかし、第二のタイプの「法と経済学」に与する者たちの圧倒的部分は、経済理論が、事実の綿密な調査と職人的「直観」——ただし、これは必ずしも信用できない[24]——なしに、そのまま単純に適用できると思い込んでいるふしがある[25]。

　21　亀本洋「レトリックとしての「法と経済学」——R. P. マーロイ『法と市場経済』の紹介——（一）」法学論叢148巻1号1-10頁参照。これと対照的に、経済学のレトリックを積極的に評価した上で分析するものとして、ドナルド・N・マクロスキー（長尾史郎訳）『レトリカル・エコノミクス』（ハーベスト社、1992年）参照。
　22　Richard. A. Posner, *Economic Analysis of Law*, 5 th ed., Aspen Law & Business, 1998.
　23　ポズナーのものも含め、法学者系統の「法と経済学」の代表的教科書への批評を含む次の本は、経済学者の手になるものであるだけに私にとって有益であった。常木淳『法理学と経済学　規範的「法と経済学」の再定位』（勁草書房、2008年）。
　24　一例として、後掲Ⅶ-3のスティグラーからの引用文章第2段落参照。
　25　その責任の一端は、門外漢にも経済学の性格を的確に示唆してくれるような著作が現代ではあまりにも少ないかぎりで、経済学者にもある。それゆえ、私は仕方なく、100年以上前のものを含め、一流の経済学者が書いた古典ばかりに依拠してきたのである。それは、経済学に比べればはるかに「未成熟な」学問としての法哲学の流儀でもあるが。
　ちなみに、根岸隆『ワルラス経済学入門』（前掲第6章注2）5頁によると、「古典であるためには、もう一つ資格が要る。それはあまり読まれないということです」。また、ウィリアム・パウンドストーン（松浦俊輔ほか訳）『囚人のジレンマ　フォン・ノイマンとゲームの理論』（青土社、1995

法哲学者を含め法学者のなかには、経済学は法学に欠けている理論知だからすばらしいと判断する者と、実際には使えない理論知だから役に立たないと判断する者とがいる。どちらも間違っている。人は、自分の専門分野については知識が豊富で、外からお前の分野はああだこうだと言われると不寛容にもいちいちそうではないと反論するのに、他人の分野についてはなぜ軽率に判断するのであろうか。

15. コミュニケーション手段としての数学

　法学者が経済学を誤解する原因の一つに、数学の利用ということがあるように思われる。メンガーは驚嘆するべきことに、ワルラスやジェヴォンズと異なり、数学とりわけ微積分を使わずに現代経済学の基礎を独力で築いた。

　本章で中心的に取り上げるコースも、数学に習熟していることは明らかであるが、現代経済学しかもミクロ経済学では異例中の異例というべき方法で、つまり、数学を使わず、概念モデルだけを用いてノーベル賞をとった。これもまた、驚くべきことである。

　これらの例は、数学なしでも経済学は可能だということを示唆する。しかし今日、天才ではなく、普通の人にとって、経済学において数学を利用しないことは、ハンディキャップにはなっても決して有利にはならない。

　数学用語と数式が並んでいる経済学の本や論文を見れば、多くの法学者は、経済学は法学と明らかに違うと速断するだろう。しかし、理論とコミュニケーション手段とを区別することが肝要である。「理論」そのものは、いずれの分野でも、プラトンのいう「イデア」（純粋観想）のような世界に属する。

　数学者には、数式をその応用を度外視して純粋数学の世界で考える能力が求められる。しかし、経済学においては、たとえそれが純粋経済学とよばれる分野のものであっても、数式を現実と関連づけて考える能力が求められる。数式に現実との関連で「解釈」を与えて理解することが大事なのである。

年）63頁には、「フォン・ノイマンとモルゲンシュテルンの『ゲームの理論と経済行動』は、20世紀最大の、影響力をもちながらほとんど読まれていない本の一つである。……ほとんどの経済学者は、まだそれを読んでいなかった（その後も読まない）。多くの経済学部の図書館では、蔵書にさえ入っていなかった。」とある。現在の日本の法哲学研究者の間にも同様の傾向があるように思われる。

数学および論理学以外の他の諸科学と同様、経済理論で利用される数学は、専門家の間でのコミュニケーションを容易にするための便利な道具にすぎない。それによって、無用な混乱や誤解を避けることが可能となる。ここで、ケンブリッジの数学科出身のマーシャルから引用しておこう。

VII-2　マーシャル『経済学原理　第一分冊』[26]初版（1890年）序文7-8頁

　経済問題における純粋数学の主な用途は、自らの思想のある部分を自らの利用のために迅速に、簡潔に、かつ正確に書き下すことを助けることと、また結論に対して十分な、そしてちょうど十分なだけの前提を持つこと……を確かめることにあるように思われる。しかし、非常に多数の記号を用いなければならないときには、記号は筆者自身を除いたすべての読者にとってきわめて退屈なものになる。……しかし自分自身で書いたものでない経済学説の数学への長たらしい翻訳を読むことが、時間のよい利用法であるかどうかは疑わしいように思われる。しかし私自身にとって最も有用であることが明らかになった数学の言葉の応用の少数の見本を付録に付け加えておくことにした。

どういう了見か知らないが、付録のしきたりだけは、現代の経済学の著作の多くにおいて受け継がれている。

16. 概念の解釈と言葉の解釈

　法学においては、コミュニケーションの道具として、日常言語を多少なりとも加工した使い勝手の悪い自然言語しか存在しないというだけである。法律家は、言葉の解釈については、日常業務として行っているので、容易に理解できるが、「概念の解釈」、「理論の解釈」ということについては、実際にはそれと意識せずに行っているにもかかわらず、容易には理解できない。

　「成熟した」諸科学では、利用される数学の意味自体について争われることはないから、科学における「解釈」は、当該科学内部の概念、理論、モデルについてのものである。

　これに対して、法学においては、理論ないし学説の解釈すなわち応用に先立って、あるいはそれと同時に、条文や判例が自然言語で書かれていることから、言葉自体の解釈が争われることになる。その結果、法学では、あまりにも多くの、しかもレベルを異にする情報が情緒とともにいっぺんに伝達・

26　前掲第6章注15および23参照。

交換されるので、混乱や無用の論争がどうしても多くなる。

　私は、これはこれで仕方がないことだと考えている。「科学」に飛びついたり、憧れたりするのは早計である。むしろ、その事実を冷静に受け止め、その原因を追究し、「未成熟な」学問としての法学の性質と機能を考えるのが法哲学者の仕事である。実際、これまで法哲学者は、科学と法学の違いとして、事実と規範、経験科学と規範科学、理論と（価値判断を主として意味する）実践の違いを強調するなど、的はずれな見方を強調しすぎてきた。

第2節　代替の概念

17．経済学における「代替」の概念

　後述するように（本章22の引用Ⅶ-5参照）、経済学は、「代替的用途をもつ希少な手段」を自己の目的のために利用または消費する人間行動を研究対象とする。希少性については、前章でかなり詳しく説明したつもりであるが、代替については、代替財についてごく簡単に触れた（前章23末尾参照）だけである。以下では、コースの理論に入るための準備作業もかねて、経済学において「希少性」と並んで死活的に重要な概念である「代替」について説明しておこう。

　メンガーの『国民経済学原理』にしばしば登場した代替的用途をもつ財の例としては、まず穀物が挙げられよう。穀物は、自分や家族が食べるためにも、家畜のえさとしても、パンを作るためにも用いることができる。また、労働用益は、生産において最も広範な代替的用途をもつ手段である。同じ人がさまざまな仕事をすることができる。嗜好および生産技術、需要・供給を所与として、代替的用途をもつ財の最も経済的な配分について考察することがミクロ経済学（価格理論）の主要な課題である。

　一つの資源が多様な代替的用途をもっているだけでなく、一つの目的を実現するためにも多様な手段がある。たとえば、食欲をみたすための手段としては、いろいろなものがある。消費者は、所得の範囲内でさまざまな食料を——栄養学的にではなく、経済的にみて（栄養学は所与とされる「技術」の問題）——バランスよく購入するであろう。その際、似たような機能を果たす米とパンについて、何らかの原因のために、米の価格が上がれば、米の購入

量は減り、パンの購入量が増えるであろう。パンの価格が上がれば、逆のことが起こるであろう。このような関係にある財を相互に「代替財」という。

　もっと一般的にいうと、メンガーのいう「所有財」の価値あるいは「欲望満足にとっての意義」を最大化するために、経済人はその構成する財を交換によって変えて行くことができ、その際、人はある財を少し増やして、別の財を少し減らすという作業を相互の価値（限界効用）が等しくなるまで続ける（前章17参照）から、それらの財はすべて、個人の全体の欲望満足にとって相互に代替財である、と言うことができる。世の中に存在する各種の財が、市場全体の需要においてどの程度相互に代替財の関係にあるかを研究することもまた経済学者の関心である。

　コーヒーと紅茶が代替財の関係にあるということなら素人でもわかるが、原理的にはすべての財が代替関係にあるという理論において、経済学的にみて重要な代替関係とそれほどでもない代替関係を区別して分析するのがプロの仕事である。同一の財とは、そのすべての部分量が完全な代替関係——つまり経済的にみてまったく同じもの——にある財のことである。

　注意するべきことに、代替財という考え方は、財の分類自体とも深くかかわっている。コーヒーと紅茶は違うといえば違うが、食後よく飲む飲料という点では同類である。コーヒーや紅茶自体にも、さまざま質やブランドのものがある。食料品という項目を選べば、非常に多くの種類の商品が一括して同類として取り扱われることになる。いずれにせよ、それぞれの価格および需要は異なるだろうが、同種の商品の個々の価格および需要が、他の似たような諸商品の需要の変化によって変化することは容易に予測できよう。そのような傾向のとくに強いものが、「同一の産業または業界」の生産物とみなされるのである。

　ここで、代替性の概念を簡単にわかったような気持ちにならないために、スティグラーの教科書から引用しておこう。

Ⅶ-3　スティグラー『価格の理論』[27] 31頁

　代替性にかんしては、簡単な"技術的"尺度は存在しない。異質のものについての比較は困難なだけでなく（ラジオは、劇場や新聞にとってよりも、テレビのよき代替財といえ

27　前掲第6章注6参照。ただし、亀甲括弧内は亀本による補い。

るであろうか)、代替性は環境とともに変化する(トラクターは、農民にとっては馬のよき代替財であるが、乗馬学校にとってはそうではない)。

　これは、経済学者が正式な証拠なしに、あるいは検証に供しうるような測定可能な概念すらなしに、一般的主張をなすに至った多くの例のほんの1つにすぎない。……反トラスト部がデュポン社に対して、向こう10年間にゼネラル・モーターズ社の株、約2,200万株を売却するよう命令したとき、ほとんどの経済学者は、ゼネラル・モーターズの株価に与える影響は微々たるものであろうと確信したが〔経済学者は、特定の財の供給が増えたからといって、その価格が下がるなどと単純には考えないことに注意されたい〕、これは、ゼネラル・モーターズの株式は他の"優良株"の十分な代替株であったという単純な理由からであった〔スティグラーからすれば、このような経済学者の発想自体も安易すぎるのである〕。代替性にかんするこの種の直観的推定は、経済学の文献にしばしば現れる。したがって、読者に与えられる唯一の健全な忠告は、これらの推定が正しいときにはそれを受け入れること、そして唯一の有用な忠告は事実を調査せよ、である。

　いかにもスティグラーらしい言い方である。法哲学者は、このような普通の教科書には書いてないような真実に注目する。代替財の概念が結構いい加減であること、何を相互に代替財と考えるか、あるいはどのような財を同種の財に含めるかは恣意的であること、結局、事実をきちんと調べるしかないことが指摘されており、啓発的である。しかし、代替の概念自体は、事実を調べるにあたっての観点を提供してくれる点でなお有用なのである。

　スティグラーの文章には、経済学者の推定がしばしば「直観」に依存している、すなわち、事実を調べていないがゆえに、あまり信用するなという裏の主張が含まれている。だが、素人の私としては、それでも多くの経済学者の直観は、理論的な概念に依拠しており、そのかぎりでは、「経済学的なものの見方」を学ぶ上では大いに参考となる、ということを付け加えておきたい。

18. 弾力性の概念

　経済学者が一般に、政府による規制または保護に支えられたもの以外の「独占」をあまり問題視しない[28]のは、すべてのものには代替財があるからである。人々は、価格が高ければ、買う量を減らすであろうし、高い独占価格が続けば、長期的には、同じ財または同様の用途をもつ同種の財をより安

28　前述第4章注28参照。

く供給する者が現われて、独占利潤はやがて消滅するからである。

しかし、そのような業者の新規参入までは普通時間がかかる。一般的にいうと、生産者は、その生産物の需要の変化や生産要素の供給価格の変化に応じて生産調整をすみやかに行うことはむずかしい。消費者は、高ければ買う量を減らし、安ければ買う量を増やせばよいだけだから、一般に、供給側と比べると、調整はすみやかである。それでも、買手にとって「死活的な財」——いわゆる「必需品」。そのようなものはない、というのが上にのべた独占を問題視しない経済学者たちの思想であるが——は、独占や供給不足によって価格が上昇しても、購入量がそれほど減らないかもしれない。普通の商品は、価格が上がると、需要量が相応に減る。独占者の収益ついて説明したところ（前章5および32）で、このことはすでに前提していた。

マーシャルは、価格が上がると需要量がどれだけ減るかという関係を表す概念を開発し、それを経済の説明に際し、広範に手際よく用いた。それは、「弾力性」という概念である[29]。それは、需要曲線の性質を表す概念にすぎないから、万一すべての財の需要曲線が所与（すなわち既知）であれば、なしですませることもできる。

しかし、弾力性概念は、初心者のための説明には非常に便利な概念であると同時に、経済学が実際の経済の理解に役に立つことを実感させる概念でもある。マーシャルが『経済学原理』の読者として想定したビジネスマンは、需要曲線の正確な形状は知らないとしても、自分の供給する商品の価格を上げれば、どの程度需要量が減るか（＝売れなくなるか）ということは経験的にある程度知っているであろう。くり返すが、日々のビジネスにおいて需要曲線は「所与」ではない。

「需要の価格弾力性」という概念は、需要曲線上の各点において、価格が1パーセント変化（増加または減少）したときに、需要量が何パーセント変化するかを表す概念である。換言すれば、需要量の変化率を価格の変化率で割ったものである。普通の財については、価格が上がれば需要は減る（需要の法則）[30]、つまり、価格の変化と需要量の変化は逆方向であるので、正確に

---

29 マーシャル（前掲注26）第三篇第四章参照。
30 スティグラー（前掲注27）28頁によれば、「特定の市場における特定時点で、この法則が成立しないことを実際に証明できた」経済学者は一人もいない。ただし、需要の法則は、馬や自動車、新聞などを考えれば明らかであるように、財1単位がある限度以上に細かく分割できないこと

は、需要の価格弾力性にはマイナスの符号がつくが、絶対値で表すことも多い。絶対値でみて、その値が1より大きいとき、その財は「価格に対して需要が弾力的である」といい、1より小さいとき、「価格に対して需要が非弾力的である」という。

同様の考え方で、「供給の価格弾力性」、つまり、価格が変化したとき、供給量がどの程度変化するか、というものも観念することができる。同様に、「需要の所得弾力性」、つまり、所得が変化したとき、需要量がどの程度変化するか、という概念もよく使われる。所得が増えれば、人々は一般に財の購入量を増やす、あるいは、少なくとも減らさないであろうが、その増やし方は財によって異なるであろう。普通の人が「必要度」とか「好み」とかいう観念によって漠然と把握しているものを、「弾力性」概念を使うことで正確に認識することが可能となる。

独占が非難されるのは、需要が非弾力的な財、つまり購入量を容易には減らせない財についてである。価格を高くすれば、安い代替財がほかにあるので、あるいは、なくても我慢できるので、だれも買わなくなるような財については、独占といってだれも非難しないであろう。

下に弾力的な需要と、非弾力的な需要を表すグラフ例[31]を描いておいたので参考にしていただきたい。図7-1の矢印は、価格が少し上がっただけで、需要量が大幅に減ることを表す。矢印の向きを逆にして、価格が少しでも下

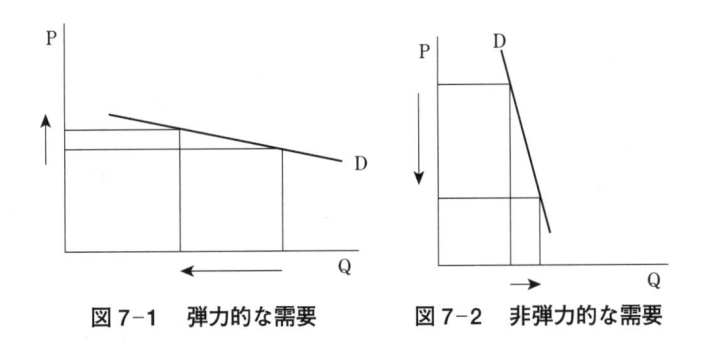

図7-1 弾力的な需要　　**図7-2 非弾力的な需要**

を考慮して、正確には「価格が下がれば、購入量は減ら・ない・」と表現される。
31　ヘイン（前掲注6）48-49頁に拠る。

がると需要量が大幅に増える、と言っても同じことである。図7-2の矢印は、価格が大幅に下がっても、需要量はあまり増加しないことを表す。ただし、弾力性は、需要量の変化率と価格の変化率の比と定義されるので、各点における曲線の傾きと同じではないということに注意されたい。傾き自体は、座標の単位をどうとるかでどうにでもなる。

適当な代替財がある財の弾力性は、一般に大きい。適当な代替財が少ない財の弾力性は、一般に小さい。だが、価格が高くても、あるいは安くても、必要量（＝メンガーのいう需要）が決まっているような財も、一般に非弾力的である。中国と日本との紛争で一時期新聞をにぎわしたレアアースなどは、そのような財であろう。しかし、レアアースの独占が万一続いて価格が高くなれば、長期的には、他の国がその供給に参入したり、代替財を供給する者が現れたり、それを使用しないで同一の生産物を生産する技術が開発されるなどして、需要および供給の調整が生じ、レアアースの需要はやがて弾力的なものになるであろう。

19．連関財

さまざまの財の需要量は、問題としている財の価格だけでなく、他の財の価格および人の所得に依存している。消費者個人の需要関数は、数学用語を用いて次のように表記することができる[32]。

$$x=f(p_x, p_y, p_z, \cdots\cdots, R)$$

x は財 X の需要量、p_x は X の価格、$p_y, p_z, \cdots\cdots$ はそれぞれ他の消費財の価格、R は消費者の貨幣所得（＝メンガーのいう所有財）である。f は、消費者個人の「嗜好」または「選好」とよばれるものに対応する。

一つの特定の財に注目して、その価格の変化と需要量の関係をみようとするとき、つまり、（価格）需要曲線を描こうとするときは、他の要因は変わらないと仮定しなければならない。つまり、上の方程式において、x と p_x は変数、他の要因はパラメーターとして扱われる（数値や範囲が当面固定される可能的変数を、数学ではパラメーターという）。所得と購入量に注目して、他の要因を一定とすれば、「所得需要曲線」（所得が変化したとき、その財の需要

---

[32] スティグラー（前掲注27）27頁参照。

量がどう変化するかを表す）を描くことができる。

さらに、Y の価格と X の購入量 x の関係に注目すれば、「交差需要曲線」を描くことができる。この曲線の弾力性すなわち「交差弾力性」によって、経済学者は、二つの財の間の「代替性」を判断する。この代替性の定義は、財の性質や「効用」（＝有用性）からさしあたり分離されているので、現代の経済学者が愛好する形式的な議論になじむ。

交差需要曲線の弾力性が正でかつ大きければ、つまり、一方の財の価格が少し上がったとき他方の財の需要量が急激に増えれば、一方は他方の強い代替財と判断される。これとは逆に、一方の財の価格が少し上がると、他方の財の需要量が急激に減るとき、つまり、交差弾力性が負で、その絶対値が大きいとき、一方は他方の強い「補完財」と判断される。メンガーが生産要素間の実質的技術的関係に注目して定義した「補完財」（前章**15**参照）も、ほとんどの場合、現代経済学でいう「補完財」の一種となるが、後者においては、判断基準が形式的で経済学内部のテクニカルなものになっていることに注意されたい。

このような代替性または補完性の強弱は、前述本章**17**で触れたように、財の分類に依存する。「似たような財」は、交差弾力性が高いから、代替性が大きい。しかし、左の靴と右の靴は、「似たような財」に見えるかもしれないが、これらは相互に、交差弾力性が非常に小さい財、したがって非常に強い補完財である[33]。ある財の代替財または補完財を「連関財」または「関連財」というが、いずれにせよ程度問題である。

20．水平または垂直な直線

需要曲線または供給曲線の極端な場合として、水平の直線と垂直の直線を考えることができる。財の数量にかかわらず価格が一定であれば水平の直線になり、価格にかかわらず数量が一定であれば垂直の直線になる。

弾力性の概念を使っていえば、水平の需要曲線は、弾力性が無限大、つまり、価格が少しでも変化するとだれも全然買わなくなることを意味し、垂直の需要曲線は、無限に非弾力的、つまり、価格のいかんにかかわらず一定量

---

[33] 同書35頁参照。

が購入されることを意味する（いわゆる「必需品」の形式的定義）。水平または垂直の供給曲線についても同様に考えればよい。たとえば、垂直の供給曲線は、価格がいくらであれ、売手が全部売り切る以外の選択肢をもっていないことを意味する。

しかし、これらの極端な場合は、そもそも経済および経済学の対象を定義する因子として最も重要な「希少性」という考え方に反している。したがって、水平または垂直の曲線は存在しないと考えるべきである。にもかかわらず、前章36で私は、プライス・テイカーは、均衡において水平の直線に直面しているとのべた。価格が所与であるという完全競争市場の含意を素直に受け取れば、それでよいようにも思われる。

しかし、均衡の近傍において需要曲線が万一水平だとすれば、その時点での供給量（さしあたり一定と仮定してよい）と比べて、需要量の不足または過剰が生じた場合、価格を上下に微調整することで需給を一致させようとする力が働かない。よって、そのような均衡は存在するとしても、きわめて不安定な均衡である。

競争均衡という概念の理解が初心者にはむずかしいと私が言った（前章34参照）理由は、このような事情に関係している。初級レベルでは、需要曲線はつねに右下がりであるが、競争均衡においてプライス・テイカーは、需要曲線ないし供給曲線があたかも水平であるかのように行動すると考えておけばよい。その際、「競争」という日常語のもつ意味は忘れたほうが理解しやすい。本当は、需給の過不足に応じて価格づけを変えることで、売手たちと買手たちはそれぞれの内部で競争していると想定されているのだが。

21. 長期と短期

先に本章18において、需要、供給、価格の変化に対応して生産者や消費者が行動を変化させるには時間がかかることについて触れた。標準的な経済学で使われる「長期」と「短期」という用語は、このことに関係している。財の価格ないし需要・供給が変化すれば、消費者および供給者は、それに対応する経済的行動——メンガー流にいえば、自己の欲望の満足を可能なかぎり完全にする行動——をとる。何度も触れたが、財の価格が上がれば、消費者または生産者はその購入量を減らし、供給者は供給量を増やすであろう。経

済学では、そのための調整がすべて終わった段階を「長期」という。それ以外の段階をすべて「短期」という。

「長期」と「短期」は、時間に関係した概念ではあるが、日常の時計の時間とは関係がないことに注意されたい。しかも、需要と供給を表すグラフの座標には明示的には登場しない。そのかぎりで、パラメーターである。取引量を変化させるには時間がかかり、長期、短期は時間に関係した動学的概念ではあるが（前章35参照）、にもかかわらず、比較静学的分析を中心とする初歩的経済学では、時間は変数として明示的には登場しない[34]ので注意されたい。すでに触れたように、短期の曲線は、長期の曲線より、すみやかな対応がむずかしいから、一般に弾力性が低い。

「長期」においては、短期的に生じうるさまざまな「撹乱要因」を無視してよい、という経済学上の「しきたり」もある（撹乱要因を無視した長期的市場価格のことを後期スコラ学派から古典派にかけて「自然価格」とよんだ）。実際に調べたわけではないが、当面の考察対象となっていない変数については、それらの影響が互いに打ち消し合って「長期的には」無視してよいものとなると仮定することで理論を単純化しているのである。それゆえ、実際に「長期」に対応するものは、現実の世の中には存在しない。くり返すが、「だから経済学は役に立たない」と速断しないように。

生産の理論においては、便宜的に、固定費用がある場合を「短期」、ない場合を「長期」ということがある。その生産を行うために、生産量の多少にかかわらず必要な費用を固定費用という。たとえば、会社経営において、事務所を借りる費用や設備の費用である。これらに関しては、仕事が少ないからといって、すぐに減らすことはむずかしい（減らすためにかかる費用が減らすことで節約される費用よりも大きい[35]）。これに対して、原料のように、生産

34　経済学においては、現在において将来のことを考えて行動する場合、将来の利益または費用はすべて、現在（もしくは特定の一時点）に引き直して考えられる。たとえば、将来得られるであろう収益は、「割引率」（利率を逆からみたようなもの。金銭消費貸借において貸し手が現在の1万円と将来の1万1千円を交換するように、将来の1万1千円は、現在の貸手にとって1万円の価値しかないと考えられる。）を使って、その現在価値に直される。ここでは、「時間」は考慮されていない。

35　こうした経済学的にみて当然のことは、教科書には書かれていない。しかし、その点を考えると、長期、短期の概念にとって日常的な意味での「時間」が本質的なものでないことがわかるであろう。スティグラーが各所で注意しているように、経済学者が日常言語から借用した用語は、日常語とほとんど無関係なはずだという先入観をもって経済学を勉強したほうがよい。法学でも同様

量の増大に伴って使用量を適宜変えることのできる生産要素にかかる費用を可変費用という。

　長期的には、あまりもうからないと判断すれば、事業規模を縮小したり、転業したりするなどの選択肢もあり――「生産要素（資源）を他の用途に転用する」という――、そうした調整がおわった段階の供給曲線が長期の供給曲線である。

　長期においては、すべての生産要素の費用が可変的となる。短期においては、部分的なさまざまな調整が可能であるから、それに応じてさまざまな供給曲線がありうる。長期にせよ、短期にせよ、現実の経済は、ありとあらゆる要因が動いているから、長期も短期も、理論上の概念である。単純なモデルにおいては、生産技術その他の外生的な項目を所与かつ不変と仮定して考えるのである。しかし、比較的安定した生産については、長期の分析も、十分適用することができる。

　中途半端に経済学の内容に立ち入りすぎたきらいがあるが、前章および本章のこれまでの叙述によって、コースの経済理論に入る一応の準備が整った。次節では、それに入って行こう。

第3節　経済学についてのコースの見方

22. 経済学者による経済学の定義

　本章の最初の引用Ⅶ-1をもう一度読んでいただきたい。そこでコースは、現代の経済学のあり方に根本的な疑問を投げかけている。そこで、経済学者自身が経済学というものについてどう考えてきたか、これをまず確認しておきたい。

　　Ⅶ-4　マーシャル『経済学原理　第一分冊』[36] 2頁
　　　政治経済学 Political　Economy または経済学 Economics は人生の日常の実務 business における人間の研究であり、人間の個人的、社会的行為のうちで、福祉の物的条件〔material requisites of wellbeing〕の獲得と利用にもっとも密接に結びついた部分を考察の対象とする。

であろう。

36　前掲注26参照。ただし、圏点および亀甲括弧内の原語表示は、亀本による。

このように、経済学の対象を物的ないし物質的なもの、あるいはアダム・スミスのいう「富[37]」に限定する考え方を採用する経済学者は今日ではいないであろう。経済学者の間で現在もなお、最も有名かつ有力な経済学の定義[38]は、約80年前のものだが、ライオネル・ロビンズ（1898-1984）によるものであろう。

Ⅶ-5　ロビンズ『経済学の本質と意義』[39]（1932年）25頁

　経済学は、諸目的と代替的用途をもつ希少な諸手段との関係としての人間行動を研究する科学である。

ちなみに、「法と経済学」者とされるポズナーも、一見似たような定義をのべている。

Ⅶ-6　ポズナー『法の経済分析』[40]　1頁

　経済学とは、資源が人間の欲求に比して限られている世界における人間的選択の科学である。経済学は、人間は人生における自分の諸目的、諸満足——われわれが『自己利益』とよぶことにするもの——を合理的に最大化する者であるという仮定の含意を探求し、検証する。

　37　アダム・スミス『国富論Ⅰ』（前掲第6章注78）6頁に、「社会の真実の富である土地と労働の年々の生産物」とある。
　38　「経済学とは、経済学者のすることである」という別の意味で有名な定義もある。だが、これは、経済学者が実際に何を行っているかを言わなければ無意味な定義であろう。Coase（前掲注5）p. 35参照。
　39　中山伊知郎監修、辻六兵衛訳、東洋経済新報社、1957年。邦訳は、原著第2版（1935年）からのものである。「異なった個人の異なった満足を総計したり比較したりするのは、事実の判断ではなく価値の判断を含んでいるということ、および、かような判断は実証科学の範囲をこえるものであるということ」（「第二版への序言」ix-x頁）を主張した名著である。現在では、経済学者の常識になっていることを主張したにすぎないが、今日でも越権行為をしたがる「経済学者」は多い。カルドア＝ヒックス効率は、そうした制約を回避しようとする理論上の試みの一つであるが、それを政策論に応用することは経済学的にみて不可能である。それを応用する具体的政策の実現にどのような費用がかかるかを、本書を最後まで読った後に考えてみられたい。
　40　Richard A. Posner, *Economic Analysis of Law*, Little, Brown and Co., 1973, p. 1.　前掲注22に掲げたものの初版。第5版 p. 1では、「経済学は、資源が人間の欲求に比して限られているわれわれの世界における合理的な選択の科学である。……」となっているが、内容は同一である。一部の政治学者はよく使うが、慎重な経済学者はあまり使わない「合理的選択」という誤解を招きやすい用語を使っている点で、推奨できない。ロビンズが（マーシャルも、その他一流の経済学者ならだれでも）「合理的」などという曖昧で多義的な言葉を用いていない点と比較されたい。何を「合理的」選択と考えるかは、経済学のなかでも専門分野、たとえば、ゲーム理論を用いる経済学、公共選択理論、社会的決定理論等によって微妙に異なる。

しかし、この文章の後半とロビンズの見解とが正確に同じかどうかは微妙である。

VII-7　ロビンズ『経済学の本質と意義』[41] 37-38頁

　経済学は、所与の諸目的を達成するために諸手段が希少であるということから生じる、［人間］行動の側面を取扱うものである。このことの当然の帰結として、経済学は諸目的の間では全く中立的であることとなる。……それゆえ、どのような目的にせよ、その目的自体が「経済的である」というのは、全く人を惑わすものである、という点が明らかにされねばならぬ。経済学者のある種のグループの間に広く行われている、「経済的満足」を論ずる習慣は、経済分析の中心的な目的とあいいれないものである。満足というものは活動の最終結果であると考えられねばならぬ。満足それ自体はわれわれの研究している活動の一部ではない。

　ロビンズは、経済学において「目的」は所与、つまり経済の「外から」与えられるということを強調している。その含意の一つとして、経済学が、利己主義の含みをもつ意味で「自己利益」の追求を分析対象とするというのは誤解である、ということがある。経済学者としては引用する価値のないポズナーからあえて引用したのは、私が彼をレトリカーとみ、経済学者とはみない理由の一端を例示するためである。彼は、経済学的に間違っているとは言いにくい、このような微妙なレトリックの積み重ねによって、信じやすい読者を市場経済信奉者に誘導することを狙っている。

　ロビンズの定義にもどると、それは経済学の定義として広すぎるのではないか、という異論が生じうる。その定義は、通常のミクロ経済学が扱う全項目をカバーすると同時に、政治的行動その他の、主体の目的序列または選好順序を所与として行われる資源希少下でのあらゆる種類の選択行動にも経済学的アプローチが応用可能であることを示唆するからである。応用可能であるということと、応用可能なもののすべてに対して現に応用しているということとは異なる。実際、コースは、ロビンズの定義を次のように批判している。

---

[41]　前掲注39参照。引用にあたっては、圏点は省略し、邦訳者による［　］内の補充はそのままとした。

第3節 経済学についてのコースの見方　375

VII-8　コース『経済学および経済学者論集』[42] 41頁
　そのような定義は、経済学を人間的選択の研究にするものである。それは、経済学者の行っていることの記述としてならば、明らかに広すぎる。経済学者は、すべての人間的選択を研究していない。いや少なくとも、そのようなことはまだしていない。

　事実の記述としては、コースの主張のほうが正確であろう。だが、にもかかわらず、ロビンズ流の定義を全面的に否定する経済学者は今日、ほとんどいないであろう。
　ロビンズ的定義はまた、経済学が「市場経済」以外の経済システムをも扱いうることを示唆する。理論経済学（＝純粋経済学）の意義を強調するロビンズは、「市場経済」という多義的な用語ではなく、「交換経済」というより正確な用語を用いた上で、次のようにのべている。

VII-9　ロビンズ『経済学の本質と意義』[43] 31頁
　交換経済外の行動も、交換経済内の行動と同様に、目的に比して手段が限られているということによって制約されており、……価値論についての一般法則は、交換経済における人間行動に適用されうるのと同様に、孤立人ないしは共産主義社会の執行当局の行動にも適用されうるものである。……交換関係が存在するということは技術的な付随事項にすぎない。

　前章（とくに37）を読んでいただいた読者はすでに理解しているはずのことをのべているにすぎない、このような文章をあえて引用したのは、最後の文、「交換関係が存在するということは技術的な付随事項にすぎない」に注意を促したかったからである。そのような理論経済学の暗黙の前提に、理論経済学者の一人として、コースは反旗を翻している。

23. 経済学の現状と制度としての市場の軽視
　その理由を一言でいえば、交換の成立には費用がかかる、ということである。費用を考慮に入れるべき経済学において、交換関係が付随事項であってよいはずがない。コースは、「選択の論理学」としての経済学の現状に対して、次のような否定的な評価をのべている。

42　前掲注5参照。
43　前掲注39参照。なお、圏点は邦訳のまま。

VII-10　コース『企業・市場・法』[44] 4-7頁、10頁

　……経済学者は、どの財・サービスを購入するかの決定における消費者の選択が、消費者の所得と、購入される財・サービスの価格とによって、どのように決定されるかを研究している。また、生産者の決定、つまり生産要素の価格、最終製品への需要、そして、生産物と使用された要素の量との関係〔「生産関数」という〕が与えられたとき、生産者が、どの生産要素を用いるか、どの製品やサービスをどれだけ生産し販売するかをいかに決定するかの問題もまた、経済学者の研究の課題である。この分析は、二つの仮定によって支えられている。すなわち、消費者は効用（それは、おそらく昔の物理学におけるエーテルと同様の役割を演ずる、<u>実在しない存在</u>であるが）を最大化するという仮定と、生産者は利潤または純所得（これらが存在することについては多くの証拠がある）を最大化するという仮定である。こうした消費者の決定と生産者の決定は、交換の理論によって調和のもとにおかれる。

　……<u>この理論の本質的な性格は、選択の分析である</u>。……

　経済学者がこのようにもっぱら選択の論理学の問題にばかりとらわれているということは、法学、政治学、社会学の再活性化に最終的には貢献するかもしれないが、にもかかわらず、経済学それ自身には、私見によれば、深刻なマイナスの影響を及ぼしてきた。このように理論がその研究対象と切り離されていることの一帰結として、経済学者がその意思決定を分析しているところの存在が、研究の対象とはなってこず、実体を欠くという結果をもたらした。そこでは、消費者とは、人間ではなく、整合的な選好の集合である。経済学者にとって企業とは、……「実質的には費用曲線および需要曲線として定義され、その理論は、最適な価格づけおよび投入要素組み合わせの論理学にすぎない」。<u>交換は、その制度的な状況をなんら特定することなく生じる</u>。われわれに与えられるのは、人間性のない消費者、組織のない企業、そして極めつきは、市場のない交換である。

　経済理論に登場する合理的な効用最大化者は、普通の人々とは似ても似つかぬものである。……

　……当分の間は、……人間の集団については、ほとんどすべての状況において、いかなるものについても、より高い（相対）価格は需要量の減少につながる〔＝需要の法則〕という知識で満足しておくほかない。このことは、貨幣で測った価格についてだけでなく、<u>最も広い意味での価格</u>についても妥当する。あるレストランに行くために、危険な通りを横切って歩くことが合理的か否かはさておき、それが危険度を増せば、そのようなことをする人は少なくなるだろうということは確かである。そして、危険のより少ない他の選択肢、たとえば歩道橋が利用できるようになれば、通りを歩いて横切る人の数が普通減少すること、また、通りを渡ることによって得られるものが魅力的なものであればあるほど、渡る人の数が増えること、これらを疑う必要はない。このような知識を一般化したものが価格理論を構成している。私には、<u>人間は合理的な効用最大化者であると仮定する必要はない</u>ように思われる。それは、人々がなぜそのような選択をしたかをわれわれに教えるものではないのだ。……

　……経済理論の主流をなす考え方においては、ほとんどの場合、<u>企業と市場は存在するものと仮定されており</u>、それら自体は分析の対象とはなっていない。その結果、企業

44　前掲注4参照。ただし、亀甲括弧内の補いおよび下線による強調は、亀本による。

においてなされる諸活動と市場においてなされる諸活動の決定における、法の果たす重要な役割は、ほとんど無視されてきた。

現代の教科書では、分析は市場価格の決定を取り扱うものであり、市場それ自体についての議論はまったく消え去っている。

だが、コースは、「選択の論理学」に集中する既存の経済理論を全面的に否定しようとしているのではない。彼は、その同じ「経済理論を用いて、企業、市場、そして法が、経済システムの働きのなかで果たす役割を検討していく[45]」ことを自己の課題としている。彼は、「取引費用」の概念の再発見の発端になった論文のなかで、次のようにのべている。

Ⅶ-11　コース『企業・市場・法』[46] 39-40頁
　わたしは、次のような企業の定義が得られることを望んでいる。それは、現実の世界で企業という言葉で意味されているものに対応する点で現実的であるのみならず、マーシャルによって開発された経済分析における最も強力な二つの分析道具、すなわち限界の概念と代替の概念、およびこの二つをあわせた限界における代替という概念によって取り扱うことができる、そうした企業の定義である。

第4節　取引費用

24. 取引費用の概念と「市場」

「限界と代替」という経済学の伝統的な概念道具を用いて、コースが取り組んだ最初の問題は、次のようなものである。すなわち、標準的な経済学によれば、生産にあたって必要な財は、いつでも「市場」で入手可能なはずなのに、なぜ「企業」は存在するのか。

このような問題に立ち向かうなかで、その解答の試みにおいて決定的な役割を果たしたものこそ、「取引費用」(transaction cost) の概念である。この概念ははじめ、「なぜ専門化された交換経済において企業がそもそも生まれてくるのか[47]」という問いに答える過程で発見された。

45　同書7頁。
46　前掲注4参照。引用したのは、論文「企業の本質」(初出は1937年) の序文の最後の段落にある文章である。
47　コース（前掲注4）43頁。

コースの与えた解答は、そのエッセンスだけのべると、生産者は、生産に必要な要素を手に入れたり、生産物を売ったりするために、「市場」ないし価格メカニズムを利用することもできるが、その費用が企業の内部に取引を組織化するための費用よりも高いときに企業は発生する[48]、換言すれば、「取引費用」がいわば「組織化費用」より高いとき組織としての企業が発生する、というものである。このメカニズムは当然、「限界における代替」の概念を用いて説明することができる（あえて説明しないから、自分で考えていただきたい）。

「取引費用」は当初、「価格メカニズムを利用するための費用」、「公開市場で交換によって取引を実行するための費用」、あるいは「マーケッティング・コスト」とよばれたが、後の論文「社会的費用の問題」[49]では、「市場取引の費用」と言いかえられ[50]、さらにスティグラーによってたんに「取引費用」と簡単化され[51]、今日まで、この名称が流通している。

取引費用の概念内容の詮索に向かう前に、なぜ「現代の教科書では市場それ自体についての議論がまったく消え去っている」（前掲Ⅶ-10の最後の文）のか、その原因について触れておくのがよいであろう。短刀直入にいうと、それは、現代の教科書では、たいていの場合、取引費用が無視されているからである。以下に、コースの叙述を引用しておこう。前章第2節「市場とは何か」で引用したワルラス、メンガー、ジェヴォンズ、マーシャル、スティグラーらの見解と読み比べていただきたい。

---

48 詳しくは、同書39-64頁、簡潔には、同書8-9頁参照。コースはさらに、収穫逓減（ここでは、企業の規模を大きくしていくと次第に、必要な財・サービスの調達・配置費用が増加するということ）を仮定した上で、「企業の〔規模の〕限界がどこで画されるかといえば、それは、取引を組織化する費用が、それを市場を通じて実行する場合の費用と等しくなるところである。」（同書9頁）とのべている。この見解が標準的な経済理論と無理なく接続することは、前章を読んでいただけた読者には明らかであろう。

49 Coase, "The Problem of Social Cost," *The Journal of Law and Economics* 3 (October 1960), pp. 1-44. これは、コース『企業・市場・法』（前掲注4）に収録されている。この訳書に収められた邦訳と並んで、原論文からの邦訳もある。新澤秀則訳「社会的費用の問題」松浦好治編訳『「法と経済学」の原点』（木鐸社、1994年）、11-73頁。

50 コース（前掲注4）8頁参照。

51 George J. Stigler, *The Theory of Price*, 3rd ed., Macmillan Co., 1966, p. 113. 『価格の理論〔第4版〕』（前掲注27）141頁も参照。また、コース（前掲注4）179頁も参照。

第4節 取引費用 379

Ⅶ-12 コース『企業・市場・法』[52] 10頁

　市場とは、交換を促進するために存在する制度である。つまり市場は、交換取引を実行する費用を減ずるために存在している。取引費用は存在しないと仮定している経済理論[53]においては、市場は果たすべき機能をもっておらず、そのため、森のはずれで木の実とりんごを交換する個人やその類の仮想の設定について細やかな分析を行うことで交換の理論を展開しても、それはまったくもっともなこと、ということになろう。この分析は、確かに、なぜ取引により利得が発生するのかという点を示すことはできる。しかし、それは、どの程度に取引がなされるか、どの財が取引されるかといった点を決定する諸要因は取り扱っていない。そうして経済学者が市場構造に言及するとき、それは制度としての市場とはまったく異なるものであって、語られているのは、企業数、製品差別化とか、その他のそういった類のものである[54]。交換を促進する社会的諸制度の影響は、そこでは完全に無視されている。

　コースにとって、「市場」とは、完全競争市場のようなたんなる理論上の概念ではなく、現実に機能を果たす制度であり、実体のあるものである。そのかぎりで、まずは、市とか市場を思い浮かべたほうがよい[55]。たとえば、築地市場とか東京証券取引所をイメージしたほうがよい。

　通常の経済学では、豆腐を豆腐市場——そのようなものはおそらく存在しないが、なぜ存在しないかも取引費用によって一部は説明できるだろう——で買うのと、回ってきた行商人——これも、今では皆無だろうが、戸別訪問するセールスマンならたくさんいる——から買うのと、豆腐屋で買うのと、スーパーで買うのと、たまたま豆腐を自分で作った隣の人から買うのとは区別されない。取引費用がゼロならば、市場は（そして企業も）、存在する必要がない。実際、取引費用を考慮しない経済理論においては、「市場」は、言

52　前掲注4参照。
53　ちなみに、シカゴ大学の同僚であるスティグラーは、コースの主張が多くの論者によって誤解・曲解されたなかにあって、それを最も好意的に理解した数少ない経済学者の一人である。以下では、しばしばスティグラーに言及するが、それは、彼ですらコースの主張の真意を正確に理解しているとは私には思えないからである。
　スティグラーはまた、情報の経済学の分野において、最低価格を探索するための費用に注目したことでも知られている（前掲注27で挙げた教科書の第14章参照）が、これは取引費用の一部を構成するように思われる。だが、スティグラーもコースも、そう明言していない点がかえって興味深い。この点については、Coase（前掲注5）p. 204参照。
54　たとえば、前述第6章6で引用した「同じ市場」に関するスティグラーの定義（Ⅵ-5）を参照されたい。管見によれば、コースの専門分野である「産業組織論」に携わる経済学者の多くは、今でも、取引費用を無視して、「そういった類のもの」を研究している。意味がないと言っているのでは決してない。
55　コース（前掲注4）10-11頁に、いくつかの具体例が挙げられている。

葉があるだけで、内実がない。

25. 取引費用の概念の意味と意義

「市場」と同じく、取引費用の概念も、コースにとって、実体のある概念である。コース自身は、次のようにのべている。

Ⅶ-13　コース『企業・市場・法』[56] 131頁、44頁

　市場取引を実行するためには、次のことが必要となる。つまり、交渉をしようとする相手が誰であるかを見つけ出すこと、交渉をしたいこと、および、どのような条件で取引しようとしているのかを人々に伝えること、成約に至るまでにさまざまな駆け引きを行うこと、契約を結ぶこと、契約の条項が守られているかを確かめるための点検を行うこと、等々の事柄が必要となるのである。こうした作業はしばしば膨大な費用を必要とする。その費用があまりにも高いため、価格システムがコストなしで機能する世界では実行されるはずの多くの取引を、実行不可能にしてしまうほどになることも稀ではない。

　価格メカニズムを通じて生産を「組織する」ためにかかる最も明白な費用は、その生産に関連する諸価格を発見するための費用である[57]。

取引費用の内容について、このような一応の説明を与えた上で、コースは、「探索と情報の費用、交渉と意思決定の費用、契約の実行を監視し実行させるための費用[58]」という別の経済学者のより特定化された解釈を引用している[59]。

私自身は、取引費用の概念には発見的な機能が大きく、それに経済学の専門家でない者が、詳細な定義を与えてもあまり意味がないと考えている。交換取引がただでは成立しないということは、言われてみればだれにでもわかることであろう。取引費用という観点をもつことによって、具体的にかかる費用が理論的に分類され、モデルが作られ、他方で取引費用の大きさを実際に計測する実証的研究が進展し、経済学がより実り豊かになればそれでよいのである。

取引費用の概念を細かく分割して、過度に詳細で具合性をもった定義を与

56　前掲注4参照。
57　同書71頁にも同旨の叙述がある。
58　Carl J. Dahlman, "The Problem of Externality," *The Journal of Law and Economics* 22, no. 1 (April 1979), p. 148.
59　コース（前掲注4）9頁。

えると、その細かい概念ないし言葉が独り歩きし、本来はコース理論における取引費用ではなく、別の新しい（または古い）理論の観点からは別のカテゴリーに属するとみられるべき費用が、本来の取引費用と混同されるおそれすらあろう。何よりも、最終的には、取引費用の大きさを計測すること、そのための理論と技術を作ることが経済学にとって死活的に重要であるということが忘れられるおそれがある。

経済学の専門家ではない私があえてこのようなことを言うのは、「取引費用とは、情報費用と交渉費用と契約の監視・執行費用をいう」などといった説明を与えると、取引費用の背後にある理論を理解せずに、たんなる言葉を「現実」あるいは「現実もどき」に当てはめただけで、取引費用が高いとか低いとかを云々するおそれが大きい、とりわけ、法の解釈・適用とは法律上の文言を事件の事実に「具体的妥当性」を考慮して当てはめることだといった法学理解を身につけた一部の法律家および法哲学者に、そうしたおそれが大きいと思うからである。このことは、法学者系統の「法と経済学」の意義をほとんど否定する、前述の私の主張と重なっている（本章11から13および16参照）。

「第二のタイプの法と経済学」から具体例を挙げよう。交換によって両当事者の欲望満足または厚生の水準が前よりも改善されるにもかかわらず、利得の取り分をめぐって対立が生じ、取引が永久に、したがって取引費用ゼロでも、成立しないことがありうる。コースの理論を援用して、このような場合を「交渉費用が禁止的に高くつく」と言う者[60]がいる。そこでいう「交渉費用」は、コースのいう取引費用の一部なのであろうか。

コースは、取引費用がゼロだとしても双方独占の場合には双方にとって有利なはずの合意が成立しない可能性がある、というサミュエルソン（1915-2009）の異議に反論する文脈において、その理論的な可能性を認めている[61]。そうだとすれば、交渉費用の概念が、取引費用の概念に完全に包含されると考えることは、正確さを欠くことになろう[62]。

---

60 たとえば、私のことである。平野仁彦・亀本洋・服部高宏『法哲学』（有斐閣、2002年）262-263頁参照。
61 コース（前掲注4）181-185頁、とくに183頁参照。
62 別の論点であるが、コースは、同書185頁において、サミュエルソンがコースの理論への批判に際し、契約曲線上で合意が成立するかどうかという最終結果の不確定性を問題にしていること

別の例を挙げれば、コースは、「市場取引にコストがかからないのであれば、問題となるのは（衡平[63]の問題は別として）、それぞれの当事者の権利を適切に定義して、訴訟の行方を予測しやすくすることだけである[64]」とのべている。この文脈では、「権利の設定費用」は、そこで言及されている「取引費用」には入らないことになる。

いずれにせよ、「取引費用」という言葉が多くの法学者に知られている今日、それが経済学上の概念であり、モデルに応じてその位置するところが異なることに、法学者および法哲学者は注意するべきである。

26. 取引費用概念の法哲学にとっての意義

法哲学者が注目するべきことに、取引費用の観点は、市場と規制ないし法との関係にも新たな光を与えてくれる。

商品取引所や株式市場は、完全競争市場の近似的な具体例として、経済学の教科書でしばしば言及される。だが、それは、取引時間、取引対象、参加者の責任（＝義務または不利益の負担）、決済の条件等について高度に規制された市場である。コースがのべているように、このことは「完全競争に近いものが存在しうるには、通常、入り組んだ規則や規制の体系が必要である」ことを示唆する。

コースによれば、「交換に関する規制について、経済学者はそれを、独占力の行使であり、競争を制限する目的をもっているとみなすことが多い」。しかし、むしろ「これらの規制は、取引費用を削減し、それにより取引量を増加させるために存在している[65]」のである[66]。そうであれば、市場の自己

について、不確定性の存在が結果の非最適性を意味しないこと、不確定性の問題は双方独占の場合だけでなく、すべての交換取引において生じることを経済学の常識として指摘している。そのとおりであるから（前掲VI-36参照）、サミュエルソンに追随する多くの経済学者は、コースの反論を聞いて震え上がるであろう。事実としては、コースの著作は経済学の古典であるから、読んでいる経済学者はほとんどいない、ということであろうが。

63 現代正義論で問題となる「正義」（justice）ないし「分配の正義」のこと。経済学者は、法哲学者とは違う意味で、それに「衡平」equity という語をあてる。「衡平」の「法における常識」的意味については、前述第2章**25**参照。

64 コース（前掲注4）136頁。

65 この引用部分およびその直前の引用部分、ならびに前段落における引用およびその他の叙述については、同書11頁参照。

66 だが、具体的な実際の規制について、それが競争制限効果をもつ規制か、取引促進効果をもつ規制かを判断することはむずかしいことが多い。また、両方の効果を分離することが非常にむず

規制は、たしかに市場参加者たち自身の利益にもかなう。それゆえ、自己規制の費用より、利益のほうが大きければ、彼らはそれをみずからの費用で行うであろう。さらに彼は、次のようにのべている。

VII-14　コース『企業・市場・法』[67] 12-13頁
　今日存在しているような市場が機能するためには、単に売買がなされる物理的な施設を準備するだけでは十分ではないことは明らかである。さらに必要とされるのは、そのような施設のなかでなされる取引を行う人々の権利や義務を律する法的なルールを制定することである。そのような法的ルールは、ほとんどの商品取引所の場合がそうであるように、市場を組織する人々によってつくられるかもしれない。このような取引所が法を制定する際に直面する主要な問題は、取引所のメンバーの同意をとりつけることと、そのルールを遵守させることにある。商品取引所の場合には、合意を得やすい。なぜなら、メンバーが同じ場所で出会い、限られた種類の商品について取引をするからである。また、ルールを遵守させることも可能である。なぜなら、取引所で取引を行う機会それ自体がきわめて価値の大きいものであるため、取引を行う許可を差し止めるという罰則の存在は、ほとんどの取引業者に取引所のルールを守らせるに十分の効果があるからである。
　他方、小売や卸売の場合がそうであるように、物理的な施設が分散し、きわめて異なる利害関係をもつ非常に多くの人々によって所有されている場合には、私的な法体系を制定し運営することは、きわめて困難であろう。それゆえ、このような市場で営業している人々は、国家の法体系に依存せざるをえないのである。

　先に、「まずは、……東京証券取引所をイメージしたほうがよい」とのべたが（本章24参照）、ここでは、「制度としての市場」には、取引所タイプのものだけでなく、豆腐屋タイプのものもあることが示されている。
　集中的に行われる取引所での取引も、卸売市場での取引も、問屋を介する取引も、分散的に行われる小売業での取引も、「市場」での取引といえばみなそうである。それらの取引形態の相違は、取引費用の大きさに大きく依存しているのである。そこでの「市場」は、抽象的な売手と買手、あるいは、

かしいことも多い。身近なものとして、法曹とくに弁護士に関する、その資格制限を含め、各種の規制について考えてみていただきたい。
　コースによれば、経済学者が一般に取引促進効果を軽視してきた理由は、「独占や、関税のような通商への障害は、通常の価格理論によって取り扱うことが容易であるのに対し、通常の価格理論には取引費用の概念が取り入れられていないために、取引費用の削減の効果を分析に取り込むことが困難であるからである」（同書12頁）。実際、価格理論の多くの教科書は、取引費用を無視した、課税の比較静学的分析であふれている。
　67　前掲注4参照。ただし、原文にはない改行を施して2段落に分けた。

たんなる供給曲線および需要曲線と同視できるものではなく、いわば、生身の人間が登場する、形と重さと広さと密度をもったものとして、たしかに存在している。

メンガーは、価格形成費用の削減の観点から市場の機能に注目した（前章5の引用VI-4参照）。ジェヴォンズはまた、商品の価格情報の観点から、市場と商人の役割に注目した（前章8の引用VI-7参照）。コース自身は明示的には言及していないが、いずれも、コースの取引費用の理論に対する先駆形態とみなすことができる[68]。

また、その明示的概念こそなかったが、交換手段としての「貨幣」が取引費用を非常に節約する機能をもっていることは、経済学者の間で古くから知られていた[69]。貨幣がない取引、つまり物々交換がどれほど不便（＝取引費用が高い）で、実際にはまれな状況でしか起こらないということはだれにでもわかるであろう。価格の純粋理論は、貨幣という特殊な商品の性質によって理論的混乱が生じることを避けるため、あえて物々交換をモデルとしたのである。

これらの先駆的観念と比べて、企業の機能との対比で発見されたコースの取引費用概念は、より根本的で包括的な概念であり、取引費用の実態調査とそのための理論開発の端緒を開くものとして、経済学的にみて明らかに画期的である。

もう一つ注目するべきことに、上記引用文章VII-14においては、交換取引の費用を削減する効果をもちうる私的法体系の確立の費用——それが私的契約の集積によって成立するとすれば、「取引費用」の一種とみることができる——が、その利益に比べて高い場合には、市場の規制は、参加者自身によって行われるのではなく、むしろ国家によって行われるだろうということが、いわば目に見える形で説明されている。

非国家法が国家法に先行するのは、法の歴史の常識である。しかし、法哲

---

68 ちなみに、マーシャルも「現代の代表的な市場は、製造業者が卸売商に財を売る市場であるが、その価格には取引のための経費〔trading expenses〕がほとんど入っていない。……」という文脈で、「取引費用」と似た表現を用いている。だが、その内容は、コースの「取引費用」と異なり、輸送費その他の物的財以外の生産要素の費用として、従来の経済学でも考慮されてきたものである。マーシャル『経済学原理 第三分冊』（前掲第6章注15）25-26頁参照。

69 Coase（前掲注5）p. 9参照。

学者はみなその事実は知っていても、国家法だけではなく、なぜ「私的法」も存在するのか、あるいは、もっと正確にいえば、「私的法」だけでなく、なぜ国家法も存在するのか、その原因の説明としてそれなりの満足を与えてくれる理論を今までもっていなかったように思われる。コースの取引費用概念は、そのような問題の解明に手がかりを与えてくれる。

ここまでくれば、経済学がなぜ法に関心をもつべきであるのか、そして、法哲学者もそのような経済学になぜ関心をもつべきであるのか、ということは理解していただけたと思う。

残念ながら、市場について論じる際、コースや取引費用や法に言及する経済学教科書はあまりみたことがない[70]。

コースによる説明は、標準的な経済学による「市場」の説明、すなわち「市場」は扱わない説明と──接点がないがゆえに──全然矛盾しない。だが、標準的経済学には、なぜ「市場」のタイプが上に説明したように異なるのか、そして、それが法とどう関係するのかについての説明がまったくないのである。

27. 標準的経済学における法と制度の扱い

純粋経済学においては、法と制度は、経済活動にとって所与とされ、そもそも分析の対象とはならなかった。もちろん、経済学者たちは、たとえ純粋経済学、理論経済学を専門とする者であっても、いわゆる「市場経済」が法を含む制度的背景のもとではじめて円滑に機能することは十分わかっていた。彼らは、経済学の教科書のなかで明示的に触れるかどうかは別にして[71]、私的所有権の制度、契約の自由、企業設立の自由、営業の自由等については、少なくとも漠然と、暗黙の前提としていた。

しかし、彼らの扱いは結局、法や制度をたんなる「ゲームのルール[72]」として、したがって所与として、分析の対象からはずしたということにつき

70　私が見つけたほとんど唯一の例外は、たびたび参照してきたヘインの入門者向け教科書（前掲注6）である。

71　企業設立の自由その他の制度的背景に少しは言及する数少ない現代経済学の教科書の一例として、フリードマン（内田忠夫・西部邁・深谷昌弘訳）『価格理論』（好学社、1972年）2-3頁参照。

72　ヘイン（前掲注6）13-15頁参照。

る。メンガーのように、「所有権」制度を経済とのかかわりでともかくも説明しようとした（前章19参照）経済学者は、現代ではほとんどいない。

もう一つの扱い方は、経済を、法と制度と人間を含む文化的なもののなかに位置づけようとする方向であり、現代でもその分派は数多い[73]。だが、それらは結局のところ、メンガーやシュンペーターが対決したドイツ歴史学派を源流とするものである。

一つの立場として、現代経済学のなかでも、そのような立場の存在意義は否定できないであろう。しかし、基本的な概念および理論を共有しないそのような立場と主流派の経済学との接合を図ることは非常にむずかしい。経済学の専門家があまり強調しないので、くり返すが、「限界」と「代替」の概念に依拠するコースの理論の経済学上の長所は、その点での有利さにあるのである。

28. 取引費用とスティグラーの教科書の変遷

ところで、スティグラーはかつて『価格の理論』の旧版（1953年）[74]で、「自由企業制度における経済の機能」という名の第1章をあえて設け、その冒頭で次のようにのべた。

Ⅶ-15　スティグラー『価格の理論（上）』[75] 1頁

　経済学は、諸々の経済組織の働きを研究する。経済組織とは、経済的な財およびサービスの生産および分配を扱うための社会的な（そして、まれには個人的な）制度のことで

73　代表的なものを一つだけ挙げれば、アメリカの異端の経済学者ヴェブレン（1857-1929）に始まる「制度学派」がその一例である。ヴェブレン（小原敬士訳）『有閑階級の理論』（岩波文庫、1961年）参照。ヴェブレンは、有閑階級すなわち金持ちの男たちが、その奥方に、役に立たない高価なだけの贅沢品をもたせたがることを（俺は金持ちだぞという）「みせびらかしの選好」という概念によって説明した。鋭いといえば鋭い、しかも素人受けする分析である。そのような品物に対する金持ちの需要量は、品物が高価になるほど増えるから、需要の法則が成立しないかに見える。しかし、貨幣で表示された価格自体が品質の主要部分を構成すると考えれば例外とはならない。
　ここでは立ち入らないが、マクロ経済学の観点から、T. ヴェブレン（小原敬士訳）『企業の理論』（勁草書房、1965年。原著1904年）を高く評価するものとして、宇沢弘文『ヴェブレン』（岩波書店、2000年）参照。また小原敬士『ヴェブレン』（勁草書房、1965年、新装版2007年）、佐々木晃『ソースタイン・ヴェブレン——制度主義の再評価——』（ミネルヴァ書房、1998年）参照。

74　*The Theory of Price*, revised ed., Macmillan, 1953, G. J. スティグラー（内田忠夫・宮下藤太郎訳）『価格の理論（上）』『価格の理論（下）』（有斐閣、各1963年、1964年）。邦訳上巻については、前掲第6章注109ですでに掲げた。

75　前掲注74参照。次の引用文章も含め、訳文は、若干変えた。

ある。

そして、その教科書の分析対象について次のように締めくくった。

同6頁
　　現代の経済組織は、諸目的の達成のために、中央当局が社会の個人に対しその機能を果たすよう指令する組織と、非人格的なメカニズムすなわち価格システムに頼る組織とに分類される。本書は、主として後者のタイプの経済、すなわち自由企業型経済における、価格システムの役割を分析する。

　このように格調高く宣言したスティグラーが、1966年の第3版[76]以降、その章も、そのような文章も全面的に削除したという事実は、まことに興味深い。それは、東西冷戦下において、ソ連型社会主義経済がまだ厳然として存在していたということとも関係があるかもしれない。しかし、それに加えて、シカゴ大学におけるコースの同僚として、その理論の最もよき理解者であった彼に、取引費用の考え方が少しは影響を与えたとは言えないであろうか。

　私がそのような推測をするのは、経済学者として、取引費用のことを真剣に考えれば、「組織」を大雑把に、共産主義的指令経済か、自由企業体制かに二分してすむような話ではないからである。自由企業体制にも、「市場」と並んで、その名のとおり「企業」は存在する。国家は、きわめて大きな「企業」にほかならない。共産主義国家は、そのまた最も大きなものにすぎない。「福祉国家[77]」もまた、巨大企業の一つである。経済学者は、これらの「企業」の費用を、「市場を利用する費用」と比較して研究しなければならない。

29. 取引費用概念と制度化費用

　すでに触れたように（本章25参照）、コースは、ある文脈では、だれがどのような権利をもっているかを最初に定める費用、いわば「権利の初期設定費用」は、取引費用の概念に入らないかのような叙述をしている。同様のもの

76　前掲注51参照。
77　その概念の歴史と不分明さについては、前述第5章**19**および**20**参照

として、次のような叙述がある。

Ⅶ-16　コース『企業・市場・法』[78] 13頁
　ある特定の周波数にいくら支払われるかを具体的に決めるには、その周波数およびそれに隣接した周波数を使用する人々、あるいは使用するかもしれない人々が所有する権利を、何らかの形で特定化しないかぎり、不可能である。

同120頁
　損害を与えている事業が、その引き起こした損害の賠償責任を負うか負わないかについては知る必要がある。なぜなら、この当初における諸権利の境界画定が確立されないうちは、それらの権利を交換し、それらの組み合わせを変えるための市場取引は存在しえないからである。

　要するに、交換取引に先立って権利が定まっていないと、そもそも交換が始まらないという趣旨である。しかし、注目すべきことに、別の文脈では次のようにものべている。

Ⅶ-17　コース『企業・市場・法』[79] 195頁
　……取引費用がゼロのときには、いっそう詳細な契約を結ぶことにしても、費用はかからない。そうだとすると、法的状況の変化〔たとえば裁判所による不法行為法上のルールの変更〕に応じて特定額の追加的支払いをすることを定めるような契約が結ばれよう。

　この文章は、将来の法的状況（法的ルールまたは法的権利義務関係）のあらゆる変化に備えて事前に詳細な契約を結ぶ費用も、取引費用に含まれることを示唆している。そこでは、最初の権利設定にかかる費用以外の、当事者にかかるいわば「法的費用」（契約内容の決定にかかる費用）はすべて、取引費用に含まれることが、むしろ肯定されている。そうだとすれば、取引費用がゼロのときは、最初の権利設定の内容はどのようなものでも、結果に変わりがない（後述本章第5節参照）。したがって、取引費用を分析し、計測するために、交換取引の前提として、私有財産制度等を仮定する必要はない[80]。

78　前掲注4参照。
79　前掲注4参照。
80　同書17頁参照。

というよりも、仮定してはいけない。もし、現実の世界について意味のある発言をしようと思えば、経済学者は、どういう制度が実際に前提されているかを、関心対象について個別的に調査しなければならない。もちろん、これは、分業を否定する趣旨ではない、つまり、他の経済学者による調査・研究を利用してよい。

それはともかく、権利の初期設定がどのようなものでもよいということを、法哲学者流に極端にまで推し進めると、初期状態をホッブズ的アナーキーすなわち、事実上の無法状態と仮定することができる。そうだとすれば、アナーキーから、実力行使やさまざまな駆引きによって、ともかくも権利が定まるまでにかかる費用も、「取引費用」の一種とみてよいのではなかろうか。そのような費用を「制度化費用」とよぶことにしよう。

ただし、権利の交換、あるいは再分配が個人間の契約を通じて行われるというコースの理論の前提をみたすためには、「制度化費用」も個人間契約において各個人が負担する費用を基礎として考えるか、あるいは少なくとも、暴力闘争等によって各人の初期権利が事実的に定まる場合に各人が負担する費用を基礎に考えなければならない。

アナーキーから取引または暴力を通じ権利が定まるということは、実際には机上の空論である。しかし、制度化費用が問題になるのは、つねに既存の制度からの変更の場合である。限界原理によれば、変更による便益が変更にかかる費用よりも大きければ、変更は実現され、逆であれば、実現されないであろう。権利に関する初期状態は事実上つねに存在し、問題となるのは実際には、それからの変更のみであるから、権利の初期状態が成立するための費用は、実は考える必要がないのである。

多くの場合、制度化すなわち権利の設定・変更は、実際には全員一致の合意に基づいて行われるわけでないから、制度化を国家や社会のレベルで、つまり、同業者仲間の範囲をこえて考える場合は、「制度化」を個別的取引の集積と考えるのでは不適切となるであろう。しかし、「取引費用概念」を「制度化費用」にまで拡張すること自体[81]は、法哲学的に有望であると思われる。

---

81 経済学者によるそのような試みとして、Steven N. S. Cheung, *Will China Go 'Capitalist'?*, Institute of Economic Affairs, 1982, pp. 30-47参照。

第5節　コースの定理

30. 外部性と相互性

　すでにのべたように、取引費用の概念は、それが取り上げられる場合、市場の項目ではなく（前述本章26参照）、「外部性」を扱う項目のなかで取り上げられる。しかし、有名なコースの定理（後述）は、遺憾ながら経済学者のほとんどは理解していないが、外部性という発想自体の批判の上に成立したものなのである[82]。

　外部性は、「ある人の意思決定が、その意思決定にかかわっていない誰かに影響を与える場合のその影響[83]」という、その意味を正確に伝えることがきわめてむずかしい経済学上の概念である[84]。

　というのは、経済学はそもそも、企業や消費者の活動が経済システム全体に及ぼす影響を研究する科学であるからである。独立した主体の経済活動が、直接関係しない他の主体の経済活動に、いわば間接的にどのように影響を及ぼし、相互に調整されるのかを経済学者は主として研究している。それゆえ、上のような定義の意味での「外部性」ということを言い出せば、「市場」のありとあらゆる局面で「外部性」は登場してくるはずである。

　たとえば、失業している人が就職活動するのも、他の就職活動者に、普通は負の外部性を与える（就職できる確率が下がる）であろう。スーパーが値札をつけたり、レストランがメニューを表に出したりするのも、それを見た潜在的買手やたんなる価格情報収集者に、普通は正の外部性を与えるであろう。もちろん、スーパーやレストランは、実際には客にはならない人にも費用を自分で負担して情報を公開しても、結果的には、それによる売り上げの増加が費用を補って余りあると判断しているからこそ、そうしているのである。しかし、注意するべきことに、こうした事態を経済学的に説明するため

---

[82] コース（前掲注4）29頁参照。

[83] 同書26頁。

[84] 影響を受ける人にとって、それが好ましい場合、正の外部性、好ましくない場合、負の外部性という。外部効果、外部経済・不経済といった類似の概念もある。「金銭的外部効果」といった奇妙な概念もある。本文で後にのべる理由のゆえにあまり意味がないので、これ以上立ち入らない。後述本章37も参照。詳しいことが知りたい人は、適当なミクロ経済学の教科書を参照されたい。

に「外部性」という概念は必要ない。「人は経済的に行動する」という仮定だけで十分である。

標準的な経済学で「市場」を単純に分析する場合、それらの「外部性」が相互に打ち消しあってゼロになると、あるいは何も考えずにたんにゼロと、事実を調べずに——「黒板経済学者」にとって「市場」は頭のなかにあるだけだから、事実を調べる必要はないし、調べることもできない——仮定しているのである。

それはともかく、自分の経済活動が他人に直接影響する場合と間接的に影響する場合の境界線をどこに引くのだろうか。それは「権利」（所有権的に把握された権利）による、といってよいであろう。この意味での「権利」は、自己の領域と他者の領域の境界を定め、他者に領域侵犯をしない義務を課すものとされ、同時に、権利者の同意によって他者への移転が可能なものと普通考えられている。

（負の）外部性のわかりやすい例として、公害がもち出されることが多い。たとえば、工場の煤煙によって、付近の住民は被害を受けるかもしれない。しかし、ありうるすべての資源について、権利および権利者が定まっているとすれば、すべての影響は直接的なものとなるから、外部性は存在しない[85]。

先の例でいえば、煤煙を出す権利——この権利は、普通の土地所有権が土地を使用する権利と使用させない権利とを一体として含んでいるように、煤煙を出させない権利とセットになっていると考えることにする——は、工場における生産の生産要素の一つであり、その権利は、工場（の所有者）がもっているか、付近の住民がもっているか、それともそれ以外の人がもっているか、これらのいずれかである。

もちろん、すべての資源について権利および権利者が定まっているわけではないからこそ、外部性は存在するのだと考えることもできる。事実は、そのとおりかもしれない。しかし、権利の初期状態（アナーキーの場合も含む）から出発して、すべての資源について権利が定まるための費用（制度化費用

---

[85] スティグラー（前掲注27）383頁（訳文は邦訳に必ずしも従っていない）は、「ほとんどの経済取引は売買契約によって行われるが、外部効果は定義上、売買契約の対象とはならない。外部効果が交渉の対象となるなら、もはやそれは契約当事者にとって外的なものではない。」とのべている。これは、定義によって逃げているが、そのこと自体、スティグラーは、普通の経済学者と異なり、さすがに問題の本質をつかんでいたことを示唆するように思われる。

を含む広義の取引費用）が——事実に反し——ゼロだとすれば（前述本章**29**参照）、すべての権利が最初から確定しているのと経済学的には同じになるから、その場合は、（少なくともここで問題にしている意味での）「外部性」は存在しないことになる。

　標準的な経済学は、取引費用はゼロと仮定しているから、外部性は存在しないはずである。コースの取引費用理論は、「外部性」をめぐる黒板上の空論のなかには居場所がないはずである。しかし、実際には外部性の話がコースの名前とともに教科書には書いてある。この点が、コースの理論が大半の経済学者によって理解されていない最も明白な証拠である。いうまでもなく、法学者系統の「法と経済学」者もこれに追随している。それは同時に、彼らが「外部性」の概念を真剣に取り扱っていない証拠でもある。

　公害の費用をだれが負担するべきかという問題は、取引費用が正であるからこそ生じる。取引費用がゼロならば、公害を出す権利をだれがもっているかは、すでに定まっていると考えてよいからである。そこに「外部性」という曖昧な概念をもちだすのは、議論を混乱させるだけである。

　このような事情もあって、コースは、公害やそれと類似のものについて、外部性という不明確な用語は避け、「有害な影響」（harmful effects）[86]という事実的な概念を使用している。そこでコースは、「有害な影響」を権利問題とはいったん切り離して考え、「有害な影響」を事実問題とみなした上で、有害な影響の量は「生産物の価値の最大化」に向けてどのように調整されるかという、経済学者にはなじみ深い問題設定のなかでそれを捉える。

　あらかじめのべれば、有害な影響量の取引を通じた調整が、取引費用ゼロの世界では、有害な影響を及ぼす権利または及ぼさせない権利がだれにあるかにかかわらない、というのが次項で扱う「コースの定理」の意味である。

　工場と住民の例において、有害な影響はなぜ発生するのだろうか。工場が煤煙を出すからだと多くの人は答えるだろう。たしかに、工場が操業しなければ煤煙は発生しない。しかし、付近に住民がだれもいなければ被害は発生しない。したがって、有害な影響も生じない。それゆえ、有害な影響の原因は、工場の操業と住民の存在の両方にあると考えるほうが科学的であろ

86　コース（前掲注4）111頁。

う[87]。しかし、多くの人々は有害な影響の責任は、工場にあると考えるだろう。工場は、住民に損害を賠償しなければならない、としよう。その場合、今度は工場が損害を受けることになる。

VII-18　コース『企業・市場・法』[88] 112頁

　通常、AがBに対して損害を与えている状況がとりあげられ、Aの行動をいかにして抑制するべきか、この点を決定しなければならないという形で、問題は考えられてきた。しかし、問題のこうした捉え方は間違っている。われわれは相互的性質をもつ問題を取り扱っているのである。Bに対する損害が抑えられたならば、今度はAが損害を受けることになるだろう。決定されるべき真の問題は、AはBを害することを許されるべきか、それとも、BはAを害することを許されるべきか、ということである。問題は、より大きな害のほうを避けることなのである。

　後にのべるように、これは、工場が生産にあたって、住民にかかる費用を考慮に入れていない、という一方的な問題ではない。住民も、工場にかかる費用を考慮に入れていないという方向からも考えなければ、経済学的な発想にはならない。なぜか、多くの経済学者は、「公害」のような問題については、経済学的というより法学的な発想――「当然、工場が賠償するべきである」――をするのだが。

　（上に説明したような「相互性」という見方が、後述本章33および34で扱うピグー的課税の批判につながる。）

31．コースの定理

　取引費用がゼロならば、法的状況――つまり、だれがどのような権利をもっているか――は、資源配分に影響せず、生産物の価値は最大化される[89]。

---

　[87]　同書127頁では、「限界原理によれば、以下の点は明らかである。つまり、責任は両者のいずれにもあったこと、両者のいずれも、煙を発生させる活動を続けるかどうかを決定する際に、煙の生む生活面での快適さの損失を、費用として算入するべきであったこと、である」（圏点は亀本による）とのべられている。「責任」はresponsibleの訳語で、liableつまり義務という意味での「責任」とは明確に区別されているが、前者は、普通は原因といわれるものをさすと考えたほうがわかりやすかろう。

　[88]　前掲注4参照。

　[89]　同書180頁。普通の教科書では、「生産物価値の最大化」というよりも、（パレート）効率的と言われることのほうが多い。しかし、コースは、効用理論へのきわめて低い評価（Coase前掲注5、p. 43では「不毛」とさえのべている。前述本章23の引用VII-10第1段落も参照。）からか、効率的という用語を、パレート効率ないし改善の意味ではなく、生産物の価値の増大という意味で

これがコースの定理である。

資源配分とは、各人が自己に有利な取引をくり返していけば、最終的に資源、つまり生産要素がだれのところに行き、どうやって使われるか、ということである。その際、生産要素となる財やサービスは、むしろ権利と考えたほうがよい。しかも、権利は、日本法における所有権がそうであるように、通常はより細分化された権利の束からなる[90]。たとえば、豆腐の生産のために大豆を買う人は、大豆を買っているというよりも、大豆への各種の権利を買っており、そのなかには通常、大豆を原料にして豆腐やおからやガソリンを製造する権利、大豆を食べる権利、大豆を捨てる権利、大豆を転売する権利等々も含まれている。抽象的にまとめれば、物または人から生じうる諸サービスを利用する権利（利用しない権利や利用させない権利も通常は含む）と、それらの権利を譲渡する権利（＝権能）ということである。

資源配分の問題とは、そうした資源への権利が取引を通じ、最終的にだれのものになり、どのように使用されるか、という問題である。これに関するコースの見解は、標準的な経済学の説明と基本的に異ならない。

VII-19　コース『企業・市場・法』[91] 14-15頁

行為を遂行する諸権利が売買可能な場合、それらの諸権利は、生産もしくは享受のために、それを最も高く評価する人によって取得されることになろう。この過程で権利は、取得され、分割され、結合されるが、それは、市場で最大の価値をもつ成果をもたらす行為の遂行を許すような形で行われるだろう[92]。

資源への権利は、市場取引を通じ、その価値の最大化――すなわち、それを最も高く評価する人のところへ行く――の方向に向かって配分され、最初の権利の所有者がだれであったかは関係ない、ということである。これは、取引費用をゼロと暗黙裡に仮定している標準的な経済理論から当然に導かれる。

有害な影響を及ぼす権利と及ぼさせない権利も（もし、それらの権利が確定

一貫して使用している。ほとんどの場合、実質的に同じものを意味するが。

90　コース（前掲注4）13頁、172頁参照。

91　前掲注4参照。

92　同書91頁にある「……設定された価格は、すべての生産要素を最も高い価格をつけた者のところへいくことを許すものでなければならない」も同じ趣旨である。

第5節　コースの定理　　*395*

されたとすれば）、資源への権利の一種であるから、「負の外部性」などという不明確な用語を用いて、それらを特別扱いする根拠はない[93]。つまり、その価値を最も高く評価する者に配分されるのである。

　コースの定理は、標準的な経済学の内容に何も付け加えていない、とすら言えよう。コースの貢献はむしろ、現実には取引費用がかかる、それゆえ、コースの定理が成立しないことを強調した点にある。前述本章29で触れたように、取引費用ゼロの世界では、私有財産制度すら前提する必要がない。にもかかわらず、標準的な経済学は、それを漠然と前提している。

　コースの経済学者に対する主要なメッセージは、「取引費用を調べろ」ということなのである。「取引費用」を低下させるためには、どのような法制度が最善かを理論的に問う、などという意味不明な、あるいは少なくとも非経済学的な関心は彼にはない。どのような制度が最善かについて経済学的に意味のあることを言うためには、まずは事実にあたって、その制度化費用を調べなければならない。

　コースの取引費用理論の主な含意を列挙すれば、第一に、「市場で最大の価値をもつ成果」すなわち「生産物の価値の最大化」へ向けた権利の交換のための費用が、交換の結果生まれる価値の増分より大きい場合は、そのような交換取引は行われない[94]。第二に、それゆえ、取引費用を低下させる方向で——それにも制度化費用がかかるが——、取引慣行や取引のための制度が生成する[95]。第三に、社会の総生産物の価値の最大化ということを当面の目標とした場合[96]、それに大きな影響を及ぼすのは、取引費用、権利の初期設定と再設定、そして権利の交換である[97]。

　したがって、これらに密接にかかわる法および法制度の研究は、経済学にとって必須の課題となる。その際、法が生産物の価値の最大化に対してどの

93　典型的なコースの定理の説明の一例として、西村和雄『ミクロ経済学入門　第2版』（岩波書店、1995年）228-229頁参照。同書447頁の用語解説では、コースの定理は、「所得分配の問題を別にすると、外部不経済の発生が被害者に貨幣を支払うことにしても、逆に被害者が発生者に貨幣を支払って外部不経済を減らしてもらうことにしても同じであるというもの」とされている。もちろん、コースはそのような説明をどこでも行っていない。
94　コース（前掲注4）14-15頁。
95　同書9頁。
96　同書29頁。
97　同書15頁。

ように影響するかは「直観的には明らかなものではなく、各々の特定のケースにおける事実関係に依存する[98]」から、それに関する経済学的実証研究が不可欠となる。

32. 権利分配の変化は富の分配の変化を通じ資源配分を変化させるか

コースの定理の眼目は、すでにのべたように、それが現実の世界では成立しないという点にあった。

VII-20　コース『企業・市場・法』[99] 197頁

　取引費用がゼロの世界は、しばしばコース的世界と言い表されてきた。……それは、現代経済理論の世界なのであり、私としては経済学者たちにそこから離れるように説得したいと思っていた世界なのである。

しかし、他の経済学者からのコースへの批判は、コース的世界、つまり黒板経済学の世界での「出来事」――「不在事」とでも言うべきか――に向けられた[100]。これに対して、コースは次のように反論している。

VII-21　コース『企業・市場・法』[101] 193頁

　取引費用がゼロの制度下では、法的状況が有害な影響に対する責任をどのように規定していようが、資源配分は不変に留まる。多くの経済学者は、しかしながら、この結論が誤りであると主張してきた。……つまり、取引費用がゼロの制度下でも、法的状況は富の分配に影響を与える。富の分配のこうした変化は、財・サービスの需要の変化を生み出すだろう。そして――この点が核心なのだが――これらの財貨のなかには、有害な影響を発生させる活動で生産された財貨や、その影響を受けた活動で生産された財貨が含まれる。

コースの反論のポイントは、普通の教科書に書いてある説明と正反対に、「責任ルールの変化が富の分配の変化を惹起することはないのであって、それゆえ考慮すべき需要への影響がそれに続いて生じることもない[102]」とい

98　同書202頁。
99　前掲注4参照。
100　同書18頁参照。
101　前掲注4参照。
102　同書194頁。

うものである。コースの理論にとって、瑣末な争点ではあるが、誤解されることがあまりにも多い[103]ので、以下、彼の反論の要点[104]を紹介しておこう。

　概念的な教科書事例として、次のような事態を想定しよう。牧場主と農家が隣接して、生産活動を行っており、牧場主の飼い牛が農場に紛れ込んで農作物に損害を与えている。牧場主の生産活動で使用される生産諸要素のうち、「牧場」という土地だけがレントを生み、農家の生産活動で使用される生産諸要素のうち「農場」という土地だけがレントを生むと仮定する。土地は、いずれも同一人の所有者から借入されているとする。

　レントとは、「ある生産要素が、論議されている活動のもとで生み出す収益と、そうでない場合に生み出す収益との差額分[105]」である。たとえば、牧場主が、その借入地を牧場での生産に使用した場合の収益と、牧場以外の次善の用途に使用した場合の収益の差額――当然、前者の収益は後者の収益より大きい――が、牧場のレントである。「機会費用」（前章**40**参照）とよく似た考え方である。

　レントに関する先の仮定は、土地以外の生産要素はレントをもたらさない、したがって、他の生産に転用しても損も得もしないとして、話を単純化するため導入されている。レントをもたらす生産要素を用いているということは、その分だけ、その生産活動が、それ以外の生産活動に比べて有利であることを意味している。

　さらに話を単純にするため、飼い牛が与える損害は、牧場と農場のレントのいずれよりも小さいと仮定する。したがって、この場合、牧場主に損害賠償責任があっても、なくても、両方の生産活動がともに続けられることになる（つまり、資源配分には影響しない）。賠償責任がある場合、牧場主は、レントから賠償額を引いた金額がプラスであるから、なお生産を続ける。賠償責任がない場合も、もちろん生産を続行する。その場合、農家は、レントか

---

[103]　これは、ほとんどのミクロ経済学の教科書で無視され、反対の説明がなされている論点である。経済学以外の教科書における一例として、平野仁彦・亀本洋・服部高宏『法哲学』（前掲注60）267頁参照。コースの主張とは完全には一致しないが、比較的正確な説明の一例として、スティグラー（前掲注27）141-142頁参照。また、後掲注125およびそれに対応する本文も参照。
[104]　コース（前掲注4）193-197頁参照。
[105]　同書186頁。

ら損害額を引いた金額がプラスであるから、生産をなお続行する。賠償責任が牧場主にある場合は、農家は、当然生産を続行する。

ここでの問題は、牧場主と農家がそれぞれ土地所有者と結ぶ契約において賃借料は、牧場主に損害賠償責任があるかどうかで、どのように異なってくるか、ということである。

牧場主に賠償責任がある場合、牧場主が土地の借入れのために支払ってよいと考える金額は、賠償責任がない場合に比べて、賠償額分だけ低くなるだろう。同じ責任ルールのもとで、農家が土地の借入れのために支払ってよいと考える金額は、牧場主に賠償責任がない場合に比べて、賠償額分だけ多くなるであろう。

したがって、賠償責任のいかんにかかわらず、牧場主と農家の富（＝いわゆる所得）は同一である。土地の借入額によって、生産から得られる利潤が、賠償責任の効果を相殺するように調整されるからである。

責任ルールがあらかじめ知られているなら、土地の賃借料は、賠償責任がある場合は、ない場合に比べて、牧場ついては、賠償額分だけ少なめに決まり、農場については賠償額分だけ高めに決まるであろう。結局、土地所有者の富にも変化はない。以上の結論は、牧場のレント、農場のレント、損害額の間の大小関係がどのようなものであっても、変わらない。自分で確かめていただきたい。

以上の説明は、責任ルールが変化する場合には妥当しないという異論も出るかもしれない。しかし、取引費用がゼロということは、前述29で引用した文章Ⅶ-17にあるように、将来のルール変更に備えて、いくらでも詳細な契約を結ぶことにも費用がかからないということを意味する。したがって、先の結論に影響を及ぼすものではない。

コースが、富の分配が異なる可能性をわずかに認めているのは、「前もって認知されていない権利」が登場する場合だけである。そのような権利についてまで、無限に詳細な契約事項のなかに含めるのには無理があるとコースは考えたからである。彼がそのような権利の例として挙げているのは、新たに割り当てられる一定周波数の電波の使用権、あるいは、その隠喩としての「新たに発見された洞穴の所有権」である。

VII-22　コース『企業・市場・法』[106] 196-197頁

「洞穴の使い途として、銀行の取引書類をしまっておくためか、天然ガスの貯蔵庫としてか、それとも、マッシュルームを育てるためか、これらのどれに利用するかは、財産法がこれを決定するのではない。それを決定するのは、銀行、天然ガス会社、およびマッシュルーム生産者のうち誰が、洞穴の利用のために最も多額の支払いをする用意があるか、にかかる」。この結論を書いたとき、私の念頭には、次の限定事項はまったく入っていなかった。すなわち、もし洞穴の所有権を主張できる人々のマッシュルームに対する需要がそれぞれ違っていて、かつ、もしマッシュルーム（または銀行サービスもしくは天然ガス）に充てる支出が彼らの予算のなかで重要な項目であり、かつ、もしこれらの生産物の彼らによる消費が総消費の重要部分を占めているとすれば[107]、新たに発見された洞穴の所有権に関する決定は、銀行サービス、天然ガスおよびマッシュルームの需要に影響を与えることになろう。需要変化の結果として、銀行サービス、天然ガスおよびマッシュルームの相対価格は変化するだろう。こうした変化は、問題の各企業が洞穴を利用するために進んで支払ってもよいと考える金額に影響を及ぼすかもしれない。そして、これにより、洞穴の利用のされ方にもおそらく影響が及ぶだろう。このようなわけで、前もって認知されていない権利の割当基準の変更が需要の変化を引き起こし、この変化がさらに資源配分の変化を引き起こすとする考えを否定し去ることはできない。ではあるが、奴隷制度の廃止のような激変的な出来事を別にすれば、こうした影響は一般に大きいものではなく、したがって、<u>これを無視してもまず問題はない</u>[108]。

　ここで、主張されているのは、未知の権利の分配により富の分配の変化が生じることはありうるが、それが需要の変化を通じ資源配分に影響するのはきわめて例外的なケースに限られるだろうから、そのかぎりでコースの定理を修正する必要はない、ということである。だが、取引費用ゼロという世界は存在しないので、きわめてわかりにくい世界についての話ではある——かに見える。

　しかし、実は、権利の新設の結果としての富の分配の変化が、関連する需要の変化を通じて資源配分に影響を及ぼすことはまれであるというコースの主張は、現実の世界についてのものである。

　実際、特定の財・サービスへの権利が新たに設定・分配されたとしても、

106　前掲注4参照。ただし、下線は亀本による。
107　本項で先に引用した文章Ⅶ-21中の「この点が核心なのだが」以下を、再度読まれたい。コースは、所得の変化が、需要の変化に実際につながるかどうかが核心的問題だと主張しているのである。黒板経済学者ではない、本物の経済学者らしい「ものの見方」である。
108　下線を引いたこの部分が、本物の経済学者にとって必要なセンスである。理論上ありうるということと、それが経済学上重要かどうかは別の問題である。法学者および法哲学者は、本物の経済学者から学ばなくてはいけない。

その財・サービスを生産要素として生産される財・サービスの需要が、権利を付与された者または付与されなかった者の所得の変化に由来する消費行動の変化によって大きく影響され、その結果、その権利に価値を認める者たちの評価が変わり、結果的にその資源の利用の仕方に変化が起こるなどという事態は、理論上はありうるが、その具体例はあるとしても非常に少ないであろう。したがって、上のコースの主張は、取引費用がゼロでなく、正であっても、特殊な場合を除き、実は妥当するのである。

いずれにせよ、需要曲線の形状——定性的な形状のみを問題にし、大きさを伴う実体的な形状を問題にしない——が「これこれ云々」の場合には、コースの定理は成立しないといった類の批判[109]は、現実の需要曲線についての実体的主張を伴っていないかぎり、経済学的には無意味である。たとえば、地球上の経済に関心がある者にとって、弾力性が無限大か、ゼロか、正か負かではなく、それがどれくらいの大きさであるかが重要なのである。地球以外の世界での経済を研究するのは、個人の自由といえば自由ではあるが。

コースが無意味な批判にあえて答えているのは、取引費用ゼロという無意味な世界に取り組んできた経済学者たちに対して、その世界についてすら正確な把握ができていないのであるから、いい加減にして、現実の世界に目を転じたらどうか、という趣旨であったのであろう。現実の経済システムについてなら、捉え間違うにしても、決して無意味ではないであろう。

第6節　ピグー的課税

33. ピグー的課税への批判

コースの定理にかかわる今一つの有力な批判は、「いわゆるピグー的課税が必ずしも最適でない」というコースの主張に向けられている。

今日、「競争経済における効率性の実現には、負（正）の経済効果を生み出す財貨に対する課税（補助金）が要求される。このことは、経済学の確証された一帰結である」[110]というピグー[111]（1877-1959）以来の主張を否定する

109　一例として、ハル・ヴァリアン『入門ミクロ経済学［原著第5版］』（勁草書房、2000年）513-514頁参照。

経済学者は皆無に近い。

　そうした主張は、分配の正義に関する立場のいかんにかかわらず、「効率的であること」あるいはコースの実体的表現によれば、「総生産物の価値が最大化されること」はよいこと――なぜなら、再分配のための原資が「増える」から――だから、その実現のために、課税と補助金の分配を通じて政府が介入することはよいことだという主張を含意しうる。それゆえ、この主張は、政府の役割を問題にする法哲学において、詳しく取り上げるに値する[112]。

　工場が周辺住民へ煙害の被害を与えている場合、住民側にその被害額と同額の賠償を請求する権利がなければ、工場はその費用を無視して生産を続けるから、生産は過剰になるであろう。これを解消するには、その費用分、つまり損害額を工場に課税すればよい。これがピグー的課税とよばれるもののエッセンスである。

　これに対するコースの批判は、次のようなものである。そのような課税がなされると、工場は、課税負担を避けるため、煤煙防止装置を設置するなどして損害を小さくする手段を講じようとするだろう。その費用が課税額＝損害額より低い限り、そうし続けるだろう。

　付近住民の数が増加したとすると、損害額も増加するから、その上昇した課税額を回避するため、工場は、煤煙を防止するために、以前より多額の費用を進んで負担することになろう。

　しかし、住民は、その費用を考慮しないだろう。結果的に、付近住民の人口が過剰になるおそれがある。なぜなら、住民は、他の場所へ転居するなどして、工場の負担する煤煙防止費用よりも低い費用で、損害を減らすことができたかもしれないのに、上述のピグー的課税方式には、そのような行動を誘うインセンティブがまったくないからである[113]。

　大事なところなので、コースが用いる具体的数値を用いて、再度説明しよ

110　コース（前掲注4）202-203頁参照。
111　気賀健三ほか訳『ピグウ厚生経済学　Ⅰ、Ⅱ、Ⅲ、Ⅳ』（東洋経済新報社、各1953年、1954年、1954年、1955年）参照。経済的厚生の最大化というピグーの考え方の淵源は、後述**38**で引用するマーシャルの言葉にある。
112　以下の叙述は、コース（前掲注4）202-209頁による。
113　同書208頁参照。

う。工場に課せられる税額は、損害の価値（マイナスだが）に等しいと仮定する。工場の煤煙によって年間100ドルの損害が住民に発生する。だが、工場は、煤煙防止装置を年間90ドルの費用で設置することもできる。これらの仮定のもとでは、工場は、煤煙を発生し続けるのではなく、煤煙防止装置を設置することで年間10ドルを節約するであろう。

「ところが、この状況は最適でないかもしれない[114]」。損害を被っている人々が、年間40ドルの費用がかかる措置——たとえば転居としよう——を講じることで、この損害を避けることができるという仮定を新たに設けると、工場が課税されず、煤煙を排出しながら生産を続けることで、生産物の価値は、50（＝90−40）ドル上昇する。もちろん、工場に課税されても、取引費用がゼロならば資源配分に変わりはなく、工場は40ドルを負担して生産を続ける。だが、取引費用は、資源配分の撹乱要因の一つであって、ここでは考察の焦点になっていない[115]、という点に注意されたい。

問題は、課税額を損害額と等しくし、工場のみにそれを負担させることの経済的効果にある。その場合、住民は、自分が付近に住むことを一因として発生する費用を一切負担しないから、それを多少なりとも負担する場合と比べて、人口が過剰になり、煤煙防止費用または転居費用の増大に伴って、生産物の価値も低下するであろう。この場合、住民が住んでいる工場付近の土地とその代わりに住民がすんでよいと考える土地（という生産要素あるいは資源）のいずれもが、工場のみへの損害額の課税という制度によって無駄に使われている——もっとよい代替的用途があるのに、それに使用されない——ことになるのである。

読者のなかで、住民が40ドルで被害を回避できるというのはたんなる仮定

---

114 同書203頁。
115 この点も、とくに法学者系統の「法と経済学」においては、誤解されている。彼らは、住民が負担する40ドルは、全員の合計負担額であって、それをどう分担するか、あるいは、均等に分担するにしても、そのような企てに参加するかしないかをめぐる決定について取引費用がかかるという点に注目して、コースの主張を捉えがちである。たとえば、そのような場合、住民にかかる交渉費用は、煤煙を出す企業にはかからないから、取引費用を節約するためには、企業に責任を課したほうがよい、あるいは「効率的」であると言う。コースの定理と矛盾する理解＝誤解ではないが、取引費用概念の起源である「企業にも費用がかかる」ということを無視している点で致命的である。何度も言うが、費用を具体的に調べないと有意味な発言はできないのである。またもやくり返すが、それは、結論を支持するために利用できるものは何でも利用するという法学者的発想の現れの一例にすぎない。

第6節　ピグー的課税　　403

である、という批判を思いついた人がいるかもしれない。その着想は、なかなかよいが、目下の文脈では、残念ながら的をはずしている。工場は、損害を放置すると課税されるので、その費用を小さくするにはどうすればよいか、ということを考え、その実現手段を見つけようと努力するだろう。しかし、住民には、そのような努力を促すインセンティブが一切働かないので、偏った資源の利用のされ方になる、少なくとも、よりましないくつかの選択肢が選択されなくなるだろう、という点が問題なのである。

　これよりもましな制度として、コースは次のようなものを提案している。

Ⅶ-23　コース『企業・市場・法』[116] 168頁（または204頁）
　　工場所有者が、生じた損害に等しい額の税を支払わねばならないのであれば、その場合には二重の税体系を設けることが明らかに望ましい。つまり、損害を避けるために、この地域の住民にも課税して、工場所有者に……賦課される追加的費用に等しい金額を支払わせるのである。

　先の例では、工場所有者に賦課される追加的費用は年間90ドルであるから、この二重課税制度のもとでは、住民たちは、年間40ドルを負担して、転居するであろう。その場合、工場は、煤煙を出して生産を続け、生産物の価値は増大することになる。なお、この制度のもとでは、工場が、改良された煤煙防止装置を年間80ドルで使用できるようになれば、住民への課税額も同額に低下する。住民たちが同じ価値の土地に転居する費用が年間40ドルのままで、煤煙防止装置の費用が年間30ドルになれば、住民たちは転居をやめるであろう。この場合も、生産物の価値は増大している。

　コースは、上のような二重課税制度を推奨しているのではなく、「もし損害をベースとする税が存在するのであれば[117]」そのような税制のほうがましである、と主張しているだけである。

34．ピグー派からの反批判への応答
　コースによるピグー的課税批判は、例によって、ピグー派の経済学者ボー

116　前掲注4参照。
117　同書205頁。圏点は原典による。

モル（William J. Baumol）[118]から誤解された。誤解の原因は、コースは「課せられる税は生じた損害に等しくなければならないと仮定したが、ボーモルの税はこの損害には等しくない[119]」ところにある。

ボーモルによる批判の対象となった論文「社会的費用の問題」のなかで、コースはすでに次のようにのべていた。

VII-24　コース『企業・市場・法』[120] 168頁（または205-206頁）
　生産者だけに損害発生の税を課す税体系のもとでは、損害防止の費用が過度に高められる可能性がある。もちろん、この事態を避けるには、課税ベースを、発生した損害の額ではなくて、煤煙の排出で発生する（最も広い意味での）生産物価値の低下分におけばよい。しかしながら、そうするためには、個人の選好についての詳しい知識が必要になる。私には、こうした税制に必要となるデータがどのようにして収集されるのか、想像することができない。

　コースの黒板経済学批判の意味を理解するためには、最後の文が最も重要である。コースの経済分析も、企業の規模が市場を利用する費用と企業の組織化費用の「限界における一致」によって決まるとする理論の表面的内容や、コースの定理の定式化のみに注目すれば、黒板経済学者の理論と大差ないように見える。

　しかし、彼は、その論文を一読すればわかるように、事実を調べた上で、理論が現実に適用できる可能性にプロの経済学者のセンスでもってつねに配慮しているのである。理論上は可能だが、実際上は不可能、つまり、その費用が世界の国民総生産を全部合わせてもなお足りないほどかかるような制度が可能かつ理想的と主張しても意味はないだろう[121]。というよりも、最も経済的でない提案以外のなにものでもない。経済学者は、そのような提案に反対するためにだれよりも貢献できるのである。残念ながら、最近では、このような比較優位を利用せず、「衡平」がどうのこうのといった黒板上の議論を正義論の分野で展開する経済学者も増えてきたが。

　本筋にもどろう。理想的なピグー的課税方式のもとで、「（最も広い意味で

118　同書211頁注19参照。
119　同書205頁。圏点は原典による。
120　前掲注4参照。
121　同書209頁参照。また、前述第1章23頁で引用したクックの文章 I-12も参照されたい。

の）生産物価値の低下分」、いわば「真の損害」に対応する課税額を決定するには、まず、煤煙の排出の（マイナスの）価値を表す需要表のようなものを煤煙の現実の被害者および潜在的被害者の全員について作成しなければならない。つまり、ありうるすべての排出量について、何ドルもらえれば、それを我慢するかというデータを全員について集めなければならない。各個人は、被害量を減らす手段がある場合は、それを利用するほうが得であるかぎり、自分で費用を払って、それを利用するであろうから、それも考慮して、まず、個人の需要表のようなものを作り、それを全員について集計して、全体の需要表（グラフにしても同じ）のようなものを算出しなければならない。

課税額は、この需要表のようなものに従って決定される。工場所有者は、それをみれば各煤煙排出量における課税額を知ることができ、それをもとに、生産方法と煤煙排出量とを選択することになる。言うまでもなく、ここでも、限界費用＝限界価値生産力（「限界生産物の価値」ともいわれる）となるとき、価値は最大化あるいは、その意味で「最適化」されるという限界原理の発想が使われている。

「工場所有者は、煤煙排出の減少に必要な追加的費用〔煤煙防止装置を利用することに伴う費用だけでなく、端的に工場の生産量を減らすことによって利潤が減少するという（機会）費用なども含みうる〕が、それによって節約できる税の額よりも少ないかぎり、煤煙の排出を減少させるだろう[122]」。続けて、コースは、次のようにのべている。

Ⅶ-25　コース『企業・市場・法』[123] 206頁

課税額は、煤煙で生じる他のどこかの生産物価値の減少分に等しく、さらに、生産方法の変更に伴う費用増加分は、煤煙発生活動の生産物価値における減少分を表現する。こうしたわけで、工場所有者は、追加的費用を負担するか税を支払うかの選択にあたって、生産物価値を最大化する決定を行うことになる。ピグー的課税制度が最適であると言われるのは、このような意味においてである。

この場合、工場所有者は、「（最も広い意味での）生産物価値の低下分」、「煤煙で生じる他のどこかの生産物価値の減少分」、あるいはいわば「真の費

122　コース（前掲注4）206頁。
123　前掲注4参照。

用」を計算に入れて、自分の利潤が最大となるように、生産量および煤煙排出量を決定するから、工場の生産物の価値が最大化されると同時に、社会全体でも総生産物の価値が最大化されることになる。

　このことをピグー的厚生経済学では、「社会的（限界）生産物の価値と私的（限界）生産物の価値が一致する」とか、同じことだが費用面に注目して、「社会的（限界）費用と私的（限界）費用が一致する」という。

　実際、スティグラーは、コースの定理を「完全競争のもとでは、私的費用と社会的費用とは等しい[124]」ということを意味するものと解釈している。この解釈は厳密にいうと、「完全競争のもとでは」は、余計なので間違っている[125]。取引費用がゼロだとすれば、自己に有利な取引は、完全競争であろうとなかろうと、ただで即座に完遂できるからである。

　もっと直截にいえば、取引費用ゼロは、（「外部性」や「完全競争」、「私的費用と社会的費用の乖離」等について論じるまでもなく、）生産物の価値の最大化──現代風の空虚な言い方では「効率的」──を含意する、ということである。

35. 取引費用ゼロの破壊力

　「コース的世界」が、どれほど恐るべき世界か、わかっていただけたであろうか。これを理解すれば、経済学者の業績の相当部分が「無意味」であることが判明するから、彼らの多くがコースの理論を経済学の周辺──たとえば、コースの理論の妥当範囲を「外部性」の項目に限定するという戦略──になんとかして追いやろうとして、瑣末な抵抗──たとえば曲線の形状云々──をしばしば試みるのも理解できるというものである。

124　同書16頁。スティグラー（前掲注27）141頁参照。
125　実は、私もかつて、スティグラーについては不勉強で知らなかったが、彼とよく似た間違いをした。亀本洋「レトリックとしての『法と経済学』（一）」（前掲注21）6頁に、「取引費用の本質は、交渉費用などではなく、完全競争市場があったと仮定した場合の価格と、当事者がきまってしまっている事故または相対取引の場合の価格との差額の観点から説明されなければならない」とあるが、スティグラーと同程度に不正確な理解である。逆にいうと、正解にかなり近い。
　ちなみに、第6章において経済学を説明するのに、私があえて、相対取引または双方独占を競争的取引に先行して分析するメンガー的な枠組を採用したのは、このことと関係している。取引費用がゼロだとすれば、相対取引と競争市場下での取引を区別することは意味がなくなる。競争が「正常」で、独占は「異常」だといった印象を素人に与えがちな標準的説明では、このことが理解しにくい。経済学において、「独占」概念が多義的で曖昧であるのも、このことと関係している。

いうまでもなく、理想的なピグー的課税も、取引費用がゼロならば「可能」である。コースは、前項で引用した文章Ⅶ-25に続けて、次のようにのべている。

> Ⅶ-26　コース『企業・市場・法』[126] 207頁
> 　状況は、しかし、これよりもはるかに複雑である。……
> 　……非常に複雑なプロセスを高度に単純化した説明でしかないが、しかしこの説明により、ピグー的課税方式の実現のためになされなければならない事柄について、ある程度の理解は得られるだろう。
> 　煤煙で影響を受ける地域のすべての住民（ないし、これらの人々から選び出した適当な大きさの標本）は、つぎのような情報を公開しなければならないだろう。すなわち、彼らは煤煙からどのような損害を被っているのか。その損害を避け削減するためにどんな措置を講じようとしているのか。工場からのさまざまな煤煙排出パターンのもとで煤煙はどれほどの費用を彼らに対して賦課するのか。さらに同じ質問は、この地域に暮らしてはいないが、煤煙の排出水準が抑制されるときここに移住してくるかもしれない人々に対してもなされなければならないだろう。……これら多数の人々から求められるべき情報は、かりに彼らがその情報をもっていたとしても、彼らにとっては公開しても利益にはなり得ない情報である。また、ほとんどの場合において、知ろうとも思わない情報である。このようなわけで、思うに、ピグー的課税方式に必要となる情報を収集する方法は存在しないのである。

結論は、理想的なピグー的課税を実行するために必要な情報を集めることは事実上できないということである。この点については、ほとんどすべての経済学者が同意するであろう。つまり、どうしたら必要な情報を集めることができるかについて実行可能な方策を挙げることができる人はいない、ということである。

36．市場経済あるいは商業社会のメリット

私は上のコースの叙述を読んで、中央指令型統制経済と比べて、いわゆる「市場経済」、すなわち、スティグラーのいう「自由企業制度[127]」あるいはアダム・スミスのいう「商業（的）社会」が優れている最大の点は、人々が、より多くの場面で、自らの選好情報を開示するインセンティブをもっていることにある、ということに改めて思い至った。アダム・スミスは、次の

126　前掲注4参照。
127　前述第6章**37**参照。

ようにのべている。

VII-27　アダム・スミス『国富論Ⅰ』[128] 39頁

　分業がひとたび完全に確立すると、人が自分自身の労働の生産物によって満たすことのできるのは、かれの欲望のうちのごく小さい部分にすぎなくなる。かれは、自分自身の労働の生産物のうち自分自身の消費を上回る余剰部分を、他人の労働の生産物のうち自分が必要とする部分と交換することによって、自分の欲望の大部分を満たす。このようにして、だれでも、交換することによって生活し、いいかえると、ある程度商人となり、そして社会そのものも、まさしく商業的社会とよべるようなものに成長するのである。

　いくらでどのくらい買いたいか、売りたいかという情報を相手方に開示することは、商売の駆引きの点では、必ずしも得策ではないかもしれない。しかし、全員がつねにそう考えて行動すれば、両方にとって得になる取引は一つとして成立しないであろう。しかし、実際には、両方にとって得になる取引は、圧倒的多くの場合、実際に成立している。

　このことは、「市場経済」という制度下に生きる人々が、アダム・スミスのいう「自愛心から」（前掲第6章25の引用VI-26参照）、多少なりとも選好情報を他人に開示し、しかも、それが多くの場合、あるいは「長期的には」有利だとして行動するような人間であり、「市場経済」ないし「商業社会」は、そのような人間タイプないしエートスを涵養するような制度である、ということを意味するように思われる。

　コースが別の文脈でのべているように、「正常な人間は……『双方が歩み寄って妥協点を見つけよう』とする意志をもつものだ[129]」ということは、事実上真理であろう。したがって、共産主義体制でも、人間の性格は、もともとは同じようなものであろう。だが、そのような体制において、当局によって、生産と分配が決められれば、真の選好情報を開示して得になる場面はどうしても少なくなる。当局が選好を調査して生産や分配の割当を決めることがわかっているときは、むしろ、自分にとって最も有利な虚偽（または真実）の情報を開示する（あるいは開示しない）インセンティブが働くことにな

128　前掲第6章注78参照
129　同書184頁。

る。場合によっては、計画経済にとって必要な自己の選好情報を知ってもまったく得にならないので、本人に質問してもまったくわからないということも起ころう。

　ジェヴォンズが商人について強調し（前章11の引用VI-8参照）、後に取り上げるハイエクも強調しているように[130]、需要だけでなく生産に関する情報も含め、情報の有効利用という点が「市場経済」の最大のメリットと言ってよいであろう。

　もちろん、「市場経済」を採用する諸国でも、たとえば「有害な影響」の量を最適化するための情報を「市場」を通じて集めることができないときは、どれも（日常的な意味で）最適ではないいくつかの社会的選択肢のなかから、最もましだと思われる対策をやむをえずとらざるをえないこともまた確かではあるが。「外部性」という、曖昧で不必要な概念を用いて理論を作っても、状況が改善されるわけではない。

37.「外部性」という専門用語

　例によってスティグラーは、「外部性」という専門用語の発見の経緯について、皮肉を込めて、次のように解説している。

> VII-28　スティグラー『価格の理論』[131] 143頁
> 　……ピグー教授にその"厚生経済学"におけるごたまぜになった外部性の事例をどこで見つけたか尋ねることができたら、彼の答えは（適切に解釈して）次のようなものになると私は信ずる。「ほとんどのものは、標準的な文献から入手した。たとえばアルコールについては、そのアイデアをバーナード・ショから得た。ある企業がそのライバルに与える影響については、それをマーシャルから得た——不運にもそれを直接手に入れるわけにはいかなかったが。火炎、煤煙その他のことは誰でも知っていることだ。私は外部性を科学的研究から演繹した。果樹園へ受粉する蜜蜂については、ほかの誰か（ミードかな？）の名をあげなければならない。」
> 　このように原典になっているものほとんどに共通するのは、それらは結局のところ経済分析の成果ではないということである——それらは社会にいる非経済学者——立法者であれ、社会改革者であれ、また自然科学者や（別の？）偏執的傾向のある人々——によって提出された事例である。

130　後述第10章**19**および**21**参照。
131　前掲注27参照。

このような解説を書かせた背景には、事実を自分で調べようとしないピグーの研究姿勢を徹底的に批判する同僚コースとの日々のやり取りがあったのかもしれない。コースは、ピグーの思考の性格について、次のようにのべている。長い引用だが、コースの学問の精神をよく表す文章であるので、じっくり読んでいただきたい。

Ⅶ-29　コース『企業・市場・法』[132] 22-26頁

　ピグーの基本的立場は、……経済システムの働きに欠陥が見いだされた場合、これはなんらかの政府の行動を通じて正される、という立場である。……

　……ピグーは、……われわれは「自由な私企業の調整の不十分さを、経済学者が書斎で想像しうる最適な調整とくらべる」べきではないと指摘しておきながら、結果的には（ほとんど）完全に機能する公的組織の存在を想定することにより、まさに、すべきでないことを行ってしまっているのである。

　……ピグーは、完璧な政府組織の形態を発見するにいたり、それゆえ、次のような状況を検討することを回避してしまうこととなった。つまり、公的介入のあり方に欠陥があり、公的介入がむしろ事態をいっそう悪化させてしまう状況の吟味である。ピグーの独立した規制委員会の利点に対する信念は、今日、われわれにとってばかばかしいものに思われるが、これは1912年の『富と厚生』において最初に表明され、さらに『厚生経済学』のすべての版にまったく変更を加えられることなく繰り返されている。ピグーは、これらの委員会に対する彼の楽観的な見解が、その後の40年間（1952年のリプリントが新たな内容を含む最後の版である）の出来事によって裏づけられているのかどうか、この点を検討する必要があることをまったく考慮することがなかったように思われる。すべての版において、州際通商委員会のことを州際鉄道委員会と述べており、この組織のことを1887年に創設されたにもかかわらず、いつも「最近に発展をみた」と形容している。これらのことは、彼がこの問題になんら真剣な関心を寄せていなかったことを示している。

　……「……現実に適応可能な厚生理論を書くにあたって」、彼は経済制度の働きについて、なんら詳細な研究を行っていない。彼のなんらかの特定の問題についての議論は、彼が読んだいくつかの本や論文にもとづくものと思われ、彼が依拠している二次的な文献のレベルを出るものではない場合もしばしばである。彼の研究のなかに見いだされる例は、まさに彼の見解を例証するだけのものばかりで、その見解を基礎づけるようなものではない。……たとえば、私は「社会的費用の問題」のなかで次のような状況を指摘した。すなわち、鉄道の機関車の火花が鉄道に隣接する土地の森に火事を起こしても鉄道会社は森の所有者に補償を支払う必要がない（これはピグーが著作を著わしていたころのイングランドの法制下ではそうなっており、ピグーもおそらく知っていたであろう）という状態は、政府が行動をとらなかったからではなく、政府の行動の結果として〔つまり、伝統的なコモン・ロー上の責任を鉄道会社には免責する制定法を「福祉国家」が立法することによって〕、もたらされているのである。

132　前掲注4参照。ただし、圏点は原典による。亀甲括弧内は亀本による補い。

現代の経済学者は、その大半がピグーと同じアプローチを用いる。ただし、用いる用語はいくらか異なっており、また現実世界からの遊離はいっそう大きくなっている。サミュエルソンは、『経済分析の基礎』（1947年）……のなかで、ピグーの立場を、とくに異論をはさむことなく、次のように要約している。「……彼の理論は、競争下の閉鎖経済の均衡は、技術的外部経済ないし不経済が存在する場合を除くと、理論にそったものとなると主張している。この除外された事態が存在する場合には、各個人の行動が他者に影響を与えてしまうが、各個人は意思決定を行う際それ考慮に入れないので、一見したところ明らかに介入が必要なケースである。しかし、これは技術的な要因（煤煙による被害など）の場合にのみ当てはまる……。」近年の議論との唯一の違いは、「外部経済ないし不経済」という語句が最近では、「外部性」(externality) という言葉に置き換えられていることである。……

サミュエルソンからの引用部分についてだけ、補足説明しておこう。経済活動の外部効果が関連する財の価格に比較的わかりやすく反映される場合と、そうではない場合がある。多少の煙害はあるが法的には賠償されない場合、そのような土地の価格は、そうでない場合に比べてその分だけ下がるであろう。このような場合に「金銭的外部性」という奇妙な用語が使われる。そして、黒板経済学者は、金銭的外部性の場合は、市場価格がつくのであるから、競争市場を前提とする標準的な経済理論に影響を及ぼさないと考えるのである。

他方で、煙害自体を取引する「市場」は普通存在しないから、前述本章34および35で説明したように、煙害の価格を発見することは非常にむずかしい（「金銭的外部性」を調査すれば、ある程度は推測できるが）。そのようなものに、「技術的外部性」という用語が与えられる。

すべての財・サービスの価格は、経済学的意味での「技術的」要因に依存しているから、「技術的外部性」という言葉が奇妙な用語であることは確かである。取引において、自分の選好を開示するのも、「技術的外部性」になるであろう。新たに物を買いに行ったり、それを思いとどまったりするのも「技術的外部性」に分類されることになろう。そうだとすれば、そのような分類に何の意味があるのだろうか。取引費用がゼロだとすれば、技術的外部性と金銭的外部性の区別も、したがって、それらの概念自体も無意味になる。

読者のなかには、私がこれほどまでに「外部性」という用語にこだわる理

由がわからない人がいるかもしれない。一言でいえば、法律学は、通俗的な意味での「負の外部性」の処理を担当する分野であるからである。不法行為や刑法の場合は、すぐにそうだとわかるであろう。もう一つの重要なパターンは、本当に悪い──専門的には「責任がある」という──奴はいるのだけれども、そいつが逃げたり、もはや無一文だったりして、それほど悪くない残った二人の間で損失をどのように負担したらよいか、もっとありていに言えば、だれに泣いてもらうか、ということが問題となる場合である。民事事件では、後者のパターンが多い。

それらの場合を法的に解決しようとする際、法学者が「負の外部性」に関する経済学者の諸理論をつまみ食いする危険は非常に大きいだろうし、実際、つまみ食いしている。前述本章11でものべたように、実用法学の使命からして、それを私は否定的に評価するつもりはない。しかし、法哲学者には、何が真実かを明らかにする使命があると思う。

38. 課税の費用

課税の話にもどろう。課税について、最も根本的な問題は、課税自体にも費用がかかるということである。その費用が高い場合、国家が何もしないという選択肢もある。前項の引用文章Ⅶ-29のなかでコースも指摘しているように、市場の失敗は、経済学的に（つまり生産物の価値の最大化という観点から）みて、政府の介入を必ずしも正当化しない[133]。

さまざまな経済政策の選択にあたっては、考えられるすべての選択肢──課税・補助金、直接規制、私的権利の改編を通じた間接規制、放置、政府自身による経済活動等──と、その費用を（できる限り実証的に調査した上で）考慮しなければならない、というのがコースの基本的なメッセージである。

ところで、マーシャルは、課税について次のようにのべている。前半の2段落は飛ばして、まずは、後半の2段落から、読み始めていただきたい。

---

[133] コースは、政府組織が行う経済活動に関するこれまでの経済学者の議論の弱点について、「第一に、推奨されている政策が現実にどのように働くかについて、真剣な検討がなされなかった。政府の行動を正当化するには、『市場』──あるいは私企業といったほうがたぶんより正確だろうが──が、最適な結果を達成するのに失敗することを示せば十分とされたのである。第二に、提案されている政府行動の結果もまた、最適なものからは距離があるかもしれないという点は、ほとんど検討されなかった。その結果、得られた結論は、公共政策を評価するのにほとんど役に立たなかったのである。」（同書78頁）とのべている。同旨の指摘として、Coase（前掲注5）pp. 60f. 参照。

第6節 ピグー的課税　413

VII-30　マーシャル『経済学原理　第三分冊』[134] 212-213頁

　それゆえに収穫逓増法則の作用のいちじるしい商品の場合には、換言すれば、生産される量の増大につれて正常供給価格が急速に低下する商品の場合には、はるかに低い価格で大幅に増大した供給を喚起することができる、補助金を提供するために負担される直接の失費は、その結果としての消費者余剰の増大に比べて、はるかに少ないであろう。またもし消費者の間で一般的な同意が得られるならば、消費者にも差し引きして大きな利益を残すと同時に、生産者に対しても十分な報酬を与えるような条件を準備することが可能かもしれない。

　社会が自らの所得に対してか、または収穫逓減の法則に従う財の生産に課税し、その税収を、収穫逓増の法則が顕著に作用する財に対して補助金として与える、という単純な計画が考えられる。

　しかし、そのような方法の採用を決定する前に、現在われわれが問題としている一般的な理論の領域内にはないが、重大な実際上の重要性をもつ問題を取り上げなければならないであろう。

　租税を徴収し、補助金を管理する、直接間接の費用を考慮しなければならない。さらに、課税の負担と補助金の恩恵が公平に分配される確保することの困難、虚偽や腐敗の機会を開くこと、また補助金を得ている業種や補助金を得ようと希望している業種において、人々が、その精力を自らの仕事の管理から、補助金を支配する人々を管理することに振り向けようとする危険を、考慮しなければならない。

　最終段落に挙げられている諸項目については、普通の人なら経験上知っているだろう。あるいは少なくとも、他人の立場にたって考える能力が多少なりともあれば——自分が租税と補助金の分配を左右できる立場にあったとすればどう行動するか想像してみよ——、すぐにわかることであろう。いずれにせよ、それらが課税の費用の例である。課税と補助金の分配の公平など、貨幣に換算することがむずかしい費用項目も含まれているので、経済学者が、課税の費用の全部を扱わなければならないということにはならない。

39．産業への課税と補助金を通じた経済的厚生の増大の可能性

　前項で引用した文章VII-30の第1および第2段落でのべられているのは、産業に対する課税・補助金政策を通じて、国民が「豊かになる」可能性についてである。マーシャルはきわめて慎重な言い方をしているものの、ケンブリッジ大学でマーシャルの後を襲ったピグーは、これらの叙述をヒントに、

134　前掲注68参照。ただし、第2段落以下は、原著は1段落であるところ、わかりやすくするため、三つに分割した。

国民の経済的厚生の改善をめざす「厚生経済学」を創始したのである。

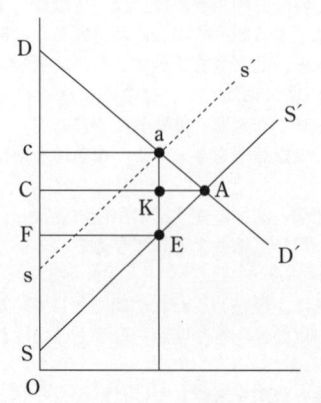

```
DD´：需要曲線
SS´：課税前の供給曲線
ss´：課税後の供給曲線
A：課税前の均衡点
a：課税後の均衡点
aE：1単位あたりの課税額
cFEa：課税総額＝国民の総受領額
cCAa：課税による消費者余剰の損失
課税による全体的効果：
cFEaとcCAaの差＝CFEKとaKAの差
```

図7-3　収穫逓減産業への課税

図7-3に、「収穫逓減の法則に従う財の生産に課税」する試みを表すグラフを、図7-4に、「収穫逓増の法則が顕著に作用する財に」「補助金」を与える試みを表すグラフを描いておいた[135]。

まず、図7-3からみていただきたい。「収穫逓減」とは、マーシャルの用語法[136]では、現代の経済学での用語法と異なり、結局のところ、供給曲線が右上がり、つまり、生産量が増えるほど限界費用が上昇する、ということを意味するものと考えてよい。つまり、「普通の」供給曲線のことである。

同様に、「収穫逓増[137]」とは、図7-4からわかるように、右下がりの供給曲線を意味すると考えてよい。そのような「普通でない」供給曲線が生じる原因にはさまざまなものがあるが、目下の文脈では深く考えなくてよい。マーシャル自身は、「収穫逓増」、すなわち生産量が増えるほど限界費用が減少

---

[135] 同書206頁の図31および208頁の図32に依拠し、できるだけ単純化して作成した。

[136] マーシャルは、「われわれは、資本と労働の投入の増加に対して自然が与える原料生産物の追加収穫量は、他の事情が等しいかぎり、結局において逓減する傾向があることを見た」とのべる。同『経済学原理　第二分冊』（前掲第6章注15および23参照）261頁。

[137] マーシャルは、同書266頁で次のようにのべている。「生産において自然の果す役割は収穫逓減の傾向を示し、同じく人間の果す役割は収穫逓増の傾向を示すといってよいであろう。収穫逓増の法則はつぎのようにのべることができる——労働と資本の増大は、それらの果す仕事の能率を増大させる、改善された組織に導かれると。」。マーシャルは、理論経済学者があまり関心をもたない、あるいは、彼らが「技術的」とよんで、経済学の外に出す、生産の自然的、機械的、あるいは人間的なメカニズムに大きな関心を寄せている。

するような局面にある産業は、それが「成長しつつある産業[138]」である証拠とみている。

図7-3に再び目を向けていただきたい。生産物に課税すると、その分だけ生産費が上昇するから供給曲線は、上にシフトする。図でいえば、課税後の供給曲線 ss′ は、課税前の供給曲線 SS′ より、生産物1単位当たりの課税額 aE 分だけ上方にある。課税後の生産量は ca であるから、課税総額は、cFEa の面積に相当する。この金額を政府、したがって国民が受け取ることになる。

課税前の消費者余剰は DCA の面積であり、課税後の消費者余剰は、価格の上昇のため Dca の面積に減少する。減少分は、図からわかるように cCAa の面積である。この図では、課税による国民の受領額は、消費者余剰の減少分より大きい。国民と消費者全体は一致すると考えてよいから、この場合、課税による差引勘定は、国民全体についてプラスということになる。

図7-4に目を転じていただきたい。生産物に補助金を出すと、供給曲線は下にシフトする。補助金交付後の生産量は CA であり、補助金額は、1単位当たり TA であるから、補助金総額、したがって国民の支出総額は、RCAT の面積である。補助金による消費者余剰の増加分は、cCAa の面積である。図では、後者のほうが前者より大きいから、トータルではプラスである。

外国との貿易その他の経済関係を捨象し（＝「閉鎖経済」を仮定し）、かつ、国内のすべての収穫逓減産業の需要曲線および供給曲線が図7-3に描いたような形状をとり、かつ、国内のすべての収穫逓増産業の需要曲線および供給曲線が図7-4に描いたような形状をとるとすれば、収穫逓減産業からの税収を収穫逓増産業への補助金に回すことで、国としては「豊かになる」かもしれない。

これについては、事実を調べてみなければ何とも言えないというのが真実である。思考錯誤的に試みるという方法もあるが、課税と補助金のシステムの変化が、人々のインセンティブ構造に強い影響を及ぼすから、何が現状よ

---

138 マーシャル『経済学原理　第二分冊』（前掲注136）208頁。シュンペーターないしスティグラーのいう「発展の理論」（前述第6章**35**の引用VI-38および同章注112参照）にもかかわるので、現代の経済学では受け容れられにくい考え方であろう。マーシャルのいう「外部経済」は、この文脈で登場する。同書193-194頁ほか各所参照。

416　第7章　市場と法

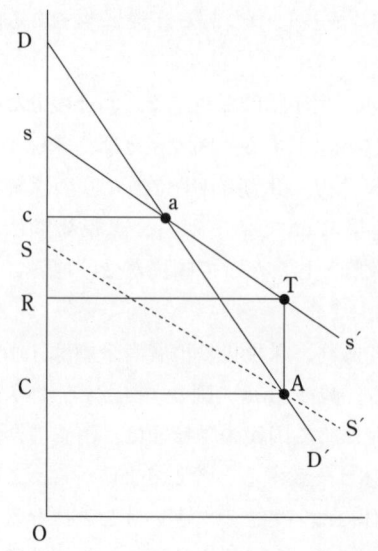

```
DD′：需要曲線
ss′：補助金交付前の供給曲線
SS′：補助金交付後の供給曲線
a：補助金交付前の均衡点
A：補助金交付後の均衡点
TA：1単位あたりの補助金額
RCAT：補助金総額＝国民の負担
cCAa：補助金による消費者余剰の増大
補助金の全体的効果：cCAa と RCAT の差
```

図7-4　収穫逓増産業への補助金

りましな政策であるかさえ、それを見つけることはきわめてむずかしい。

さらに、何度も言うが、曲線は、実際には所与ではない。これは、成長をも考慮するマーシャル流の収穫逓増曲線についてとくに当てはまる。マーシャルが、「単純な計画」についてほのめかすだけで、決して言質を与えていない背景には、以上のような理由があったのである。マーシャルは、黒板経済学者ではない。

第7節　コースの経済理論の含意

40．コースの理論の法哲学にとっての意義

ここまでで、第6章から続けてきた「経済学において市場とは何なのか」という疑問の探求は、一応の終着を迎えることができた。その答えは、標準的経済学が前提とする取引費用ゼロの世界に「市場」は実体としては存在しない、ということである。「市場」は、取引費用を考えてはじめて、経済学のなかにその位置を占めることができるのである。

これ以外の、コースの理論に関する以上の検討から明らかになった、法哲

学にとって重要な知見をまとめておこう。

第一に、私的法と国家法の生成を取引費用の観点から説明することができる。

第二に、それと関連するが、いわゆる「公共財」すら、私人または私的団体によって供給されうる。

第三に、問題があっても、国家が何もしないということが最善であることがありうる。とくに、制度化費用が莫大であることが多い。必要な立法や判例変更がなかなかなされないという不満を耳にすることがある。そのような場合、制度化費用がきわめて大きいことが多い。

第四に、国家も経済活動を行っている。これは国営企業等のことをいっているのではなく、国家が財源を調達してサービスを提供している以上、そのほとんどすべての活動が経済分析の対象となるということである[139]。

公共財については、取引所や市場というその具体例は挙げたが、それ以上の説明はしていない。次節では、その点の補足をすることにしよう。

41. 経済学における燈台

標準的な経済理論では、公共財の性格をもつ財・サービス、つまり、その財・またはサービスの便益を、それを買った人にだけ与えることがむずかしい財・サービスについては、相当の需要があっても、費用を支払うインセンティブが低下し、実際に便益を受ける人から費用を徴収することが困難であるから民間では供給されないという常識がある。そのような財の典型が燈台であり、それぞれの時代の有力な経済学者が昔から取り上げてきた。

コースは、論文「経済学における燈台」[140]のなかで、17世紀以降イギリスの燈台に関する文献資料の徹底した調査に基づいて、次のような事実を明らかにしている。すなわち、その初期の歴史においては、燈台サービスは私企

---

[139] コース（前掲注5、p. 62）の診断あるいは推測によれば、国家（アメリカ合衆国または先進国の福祉国家を念頭においていると思われる）は現在、限界生産物がマイナスの段階に入っている、という。政府の生産活動に資源を投入すればするほど国民は損をするということである。このような主張をするかぎりで、コースをシカゴ学派的市場主義者の一人に加えてもよいが、彼の理論自体は、イデオロギーから中立的である。したがって、たとえば、コースは、無政府資本主義者ではありえない。国家、企業、市場の最適な役割分担を求めるのがコースの目標だからである。それが、どのようなものであるかは、事実がどのようなものであるかにかかっている。

[140] コース（前掲注4）213-242頁。

業によって供給されていたこと、やがて燈台の供給は、公的義務を負った水先案内人協会に委ねられたが、業務に必要な財源は、以前と同じく便益を受ける船舶から料金として徴収された——19世紀末以降現在まで通じる基本的な制度の要点を具体的にのべれば、料金は、イギリスの商港に出入港するすべての船舶から航海ごとに純トン当たりいくらで徴収され、国内交易船の場合、1年のうち10回目以降の、外国交易船の場合は6回目以降の料金は免除される。商船でない船舶については減額ないし免除の規定がある——ことを明らかにしている。

それによれば、政府による一般税による資金調達はイギリスでは1度も試みられたことはない。コースがとくにこの点を強調するのは、一般税による資金調達が、サミュエルソンの勧める方式だからである。

普通の経済学者が燈台使用料の徴収の困難さを政府による供給の根拠にするのに対して、サミュエルソンは、私企業が利用者の全員から料金を徴収することが可能だとしても、船舶の追加的一隻に燈台サービスを利用させるための追加的費用はゼロであるから、プラスの価格を支払わねばならないためにその水域に入ることを思いとどまる船があるとすれば、それは社会的にみて経済的損失だと考えている。

この点に関するコースの異論は単純であり、料金を、利用しない者からも徴収すれば、政府の他の部門の仕事と同じく、一般的に非効率になるだろうということである。政府制度を利用する費用の高さを軽視しているということである。

しかし、コースのこの論文の中心的な主張は、そのような論争的な点よりも、むしろ研究の態度にあった。すなわち、燈台の運営を政府がやったほうがよいかどうかを論じる前に、現実に燈台がどのように運営されてきたかを綿密に調べないと、その経済学者が何を言っているのか意味不明になり、提言された経済政策の価値も下がるという点を明らかにすることにあったのである。

42. 現代経済学における悪徳の栄え

Ⅶ-31　ディアドラ・N・マクロスキー『増補　ノーベル賞経済学者の大罪』[141] 34-39頁

第 7 節　コースの経済理論の含意　419

　いま経済学の内と外の両側にいる人々に対して語りかけるに当たり、まず私が経済学は真に社会科学の女王であると考えていることをはっきりと表明しておきたい。それは知的な分析道具の驚くほどすばらしい集合体で、実用知〔prudence〕の研究なのだ。
　……
　経済学の素晴らしさは、社会学、政治学、あるいは法学という他の学問分野の学者たちが、経済学に対して見せる敬虔な態度からも窺い知ることができる。経済学が砂場遊びへと変容して行った、ちょうどその時期に他の学問分野に対する経済学の影響力は増大したのだった。いまではどの法科大学院にも経済学者は雇われているし、政治学部にいたっては経済学部のイミテーション(模造品)へと変身してしまっている。各種の合理的選択モデルに対して、社会学者が強い関心を示すのは当然のことだし、哲学者たちも正義とは何かという古くからの難問を解決するのにこのモデルを役立てようとしている。……経済学は本当に立派に見える。
　……　……
　私が経済学者の「悪徳」と呼ぶのは、ローレンス・クライン、ポール・サミュエルソン、それにヤン・ティンバーゲンという1940年代の3人の偉大な指導者のおかげで、現代の経済学が身に染めた三つの知的悪習のことである。つまり、観察、想像力、それに社会政策に関する彼らの信念が生み落とした悪徳である。
　一つが、「統計的有意性」(statistical significance)という言葉を、技術的(テクニカル)な意味で使用しながら、「科学的重要性」(scientific significance)と同一視したクラインの確信。
　二つが、黒板上で「存在証明」(proof of existence)がなされれば、それが科学的な真理であるとするサミュエルソンの確信。
　三つが、疑似科学(pseudo-science)の右の二点、すなわち統計的有意性と黒板上での証明の二つは、経済政策の策定に応用できるとするティンバーゲンの確信。一種の「社会工学」(social engineering)で、実践的な視点からはもっとも重大であり、右の二つの悪徳を正当化する。
　三人のうちでいちばん偉大なのはティンバーゲンであり、三つのなかで最大の悪徳は社会工学である。……三人の男たちは天才であり、いずれもノーベル経済学賞受賞の栄誉に輝いている……。……
　しかし、長らく私自身もそうだったが、師匠たちと比べはるかに能力の劣る弟子たちの手にかかると、1940年代の輝かしいアイディアは、たちまち少年たちの遊戯に堕してしまった。……ただし、工事(遊戯)の現場はあくまでも砂場の中に限られている。
　……

　法哲学上の必要性から経済学を勉強してきたかぎりでの私の乏しい知見からすると、ここに表明されている経済学に対する見方は、基本的に正しいと思う。著者マクロスキーは、揶揄的表現を多用しているにもかかわらず、インサイダーとして、経済学をすこぶるまじめに考えている。
　第二の悪徳、すなわち「黒板経済学」については、本章でかなりの部分を

141　赤羽隆夫訳、ちくま学芸文庫、2009年。亀甲括弧内は亀本による補い。

説明したつもりである。第三の悪徳については、福祉国家または再分配的国家と個人自由との関係について論じる、後述の第9章および第10章の関連箇所でも折にふれて扱われるであろう。第一の悪徳については、「福祉国家」のあり方を考察するためには、その研究が不可欠であるにもかかわらず、いまだ勉強不足で、本書では論じることができない。

　マクロスキーによると（私の異分野の研究者たちとの交流体験とも一致するが）、物理学者が統計的有意性の誤用、濫用をすることはまずなく、それが著しいのは、経済学、社会学、そして医学の分野だということである[142]。統計的有意性は、標本数が限られていることや、どうしてもノイズが紛れ込むことに関係している。

　相関関係を統計的に有意でなくする一番簡単な方法は、標本数を少なくすることである。相関関係を否定する目的のために、統計的に有意でない統計はいくらでも作ることができる。専門家はごまかせないが、素人はだまされるかもしれない。

　素人として、なによりも銘記するべきことは、統計的に有意でない相関は、科学的に重要でないことを意味しないし、まして、われわれにとって重要でないことも意味しない（逆もまたしかり）、ということである。

---

[142] 同書第2章、261-265頁ほか各所参照。最近の統計的有意性の流行は、世論調査機関の発達や計算ソフトの低廉化とも大きく関係している。

第8章　正義の概念

　本章では、西洋の倫理学の最初の確立者としてアリストテレスを取り上げ、彼の正義論を中心に、その倫理思想を概観することにする。道徳上のさまざまな徳目について系統的に論じる彼の倫理学のスタイルは、その後、19世紀にいたるまで、倫理学のモデルとなった。

　彼が正義という徳の本質を「等しさ」においたことは有名である。等しさという観点から、彼は「配分的正義」と「矯正的正義」を規定した。しかし、第三の特殊的正義観念として、アリストテレスは、「応報的正義」を提出した。だが、応報的正義と矯正的正義の異同については、きわめてわかりにくい。その点ついては、シュンペーターの解釈に拠りながら、なんとか私なりの解答を提示した。

　次いで、アリストテレスのテキストを手がかりに、法と正義の関係について手短に言及した後、法の分野に特有の正義観念として「手続的正義」を取り上げた。これは、最近の政治哲学上の正義論において取り上げられることの多い概念であるあるだけに、法律家の間で、それがもともとどのように考えられてきたのかの説明に重点をおいた。その政治哲学上の応用については、分配の正義を取り上げる次章でより詳しく扱う。現代正義論上の分配の正義の基本的な考え方についても、そこで触れることにする。

第1節　アリストテレスの倫理学

1．「卓越主義」という言葉

　今日、政治哲学の分野で「卓越主義」とよばれている倫理思想は、アリストテレスに由来する。関連箇所を引用しておこう。

VIII-1　アリストテレス『ニコマコス倫理学』1103a[1]

　かくして卓越性（徳）には二通りが区別され、「知性的卓越性」「知性的徳」（ディアノエーティケー・アレテー）と、「倫理的卓越性」「倫理的徳」（エーティケー・アレテー）とがすなわちそれであるが、知性的卓越性はその発生をも成長をも大部分教示に負うものであり、まさしくこのゆえに経験と歳月とを要するのである。これに対して、倫理的卓越性は習慣づけに基づいて生ずる。「習慣」「習慣づけ」（エトス）という言葉から少しく転化した倫理的（エーティケー＝エートス的）という名称を得ている所以である。
　……これらの倫理的な卓越性ないしは徳は、だから、本性的に生れてくるわけでもなく、さりとてまた本性に背いて生ずるのでもなく、かえって、われわれは本性的にこれらの卓越性を受けいれるべくできているのであり、ただ、習慣づけによってはじめて、このようなわれわれが完成されるにいたるのである。

　「卓越主義」という言葉は、英語でいう perfectionism という言葉の翻訳語である。徳ないしアレテー（卓越性、優秀性）に対応する英語は virtue ないし excellence であるが、virtuism や excellentism といった単語はないので、perfectionism が当てられているのであろう。それを直訳すれば、「完成主義」である。

　なお、英語の virtue は今日でも、倫理的な徳だけでなく、優れている点や長所を意味する言葉として一般的に用いられており、倫理的含みの強い「徳」という日本語ではその意味がうまく伝わらない。アリストテレスも、「アレテー」という言葉を、倫理的卓越性だけでなく、知性的卓越性をも意味する言葉として用いている。

　アリストテレスの哲学ないしは、自然学、動物学等を含めて、その学問を全体としてみれば、物事を「運動」のなかで捉え、万物がそのあるべきところ（「目的」（テロス）、「形相」（エイドス）、「完成態」（エネルゲイア）といわれる）に向かって動くとみる傾向が強い。したがって、倫理学においても、運動の極致としてのある種の「完成」が「卓越性」であると解釈できないこともない。

　しかし、他の分野において一般に、「運動」が一方向的なものと考えられているのに対して、倫理学においては後述のように、「運動」は、両極端か

1　邦訳として、高田三郎訳『ニコマコス倫理学（上）（下）』（岩波文庫、各1971年、1973年）、加藤信朗訳『ニコマコス倫理学』アリストテレス全集13（岩波書店、1973年）。後者も参照したが、とく断らないかぎり、以下、前者から引用する。ただし、亀甲括弧内は亀本による補い。以下の引用においても同様とする。引用箇所は、同書（上）第2巻第1章、55-56頁。1103a とあるのは、ベルリンのアカデミー版の大体の頁数（邦訳に拠った）。以下も同様とする。

ら真ん中へ向かうと考えられており、しかも、「運動」に明示的に言及されているわけでもない。したがって、徳の「完成」ということも「常識的に」、つまり、行為の習慣づけによって、徳が向上し、最後は最善のもとのなる、というふうに理解しておいてよいであろう。

アリストテレスの倫理学も、その師プラトンと同じく、「よく生きる」あるいは「幸福に生きる」ということの探求であった[2]。その「よく」の名詞形が「善」であり、善の探求が倫理学の課題となる。ただし、「よく生きる」ためには単なる学問的な知識では不十分であること、したがって、「習慣づけ」と、徳と行為の不即不離の関係とを強調した点がプラトン倫理学・国家論・正義論と比べた場合のアリストテレス倫理学の特徴である。

プラトンは『国家』において、ソクラテスをして、「正義とは強者の利益」であると強弁するトラシュマコスをやり込めさせ、次のように語らせている（ソクラテス、トラシュマコスの順で対話が続いている）。

Ⅷ-2　プラトン『国家』353E-354A[3]

「ところでわれわれは、〈正義〉は魂の徳（優秀性）であり、〈不正〉は悪徳（劣悪性）であることに意見が一致したのだったね？」
「一致した」
「してみると、正しい魂や正しい人間は善く生き、不正な人間は劣悪に生きる、ということになる」
「そうなるようだね」と彼は言った、「あんたの説によれば」
「しかるに、善く生きる人は祝福された幸せな人間であり、そうでない人はその反対だ」
「どうしてもそういうことになる」
「したがって、正しい人は幸福であり、不正な人はみじめである」
「そうだ、としておこう」と彼。

2　たとえば、藤沢令夫訳『国家（上）（下）』（岩波文庫、1979年）参照。
3　『国家（上）』（前掲注2）第1巻97-98頁。353E-354A とあるのは、ステファヌス版全集の大体の頁数（邦訳に拠った）。以下も同様とする。
　シュンペーターの言葉（後述本章4の引用Ⅷ-6参照）を借りれば、プラトンは、「幸福を社会哲学の中心に据えた」点で、すでに「原罪を犯している」。
　ちなみに、ロースクール教育において語られることがある「ソクラテス・メソッド」（プラトニック・メソッドというほうが正確）がもともとどのようなものであったのかを知るためにも、プラトンの対話編を読むことをお勧めする。それは、誘導尋問の一種である。初等教育では使ってもよいと思われるが、大人を相手にするリベラルな大学教育において使うべき手段ではない。実際、プラトンは全篇を通じ、国民を小学生扱いしているのである。プラトンが描くソクラテスが道徳的によい人、正しい人とは、私には思えない。

「しかるに、みじめであることは得になることではなく、幸福であることが得になることだ」
「それはそうだとも」

2．倫理学と政治学

　アリストテレスの倫理学の主要な関心も、プラトンのそれ同じく、「ポリスのなかで、ポリスの市民としてよく生きる（＝幸福に生きる）」ということにあった。したがって、倫理学は、ポリスについての学すなわち「政治学」の一部門となる。

　ポリスは「共同体」であると同時に「国家」であった。今日、政治哲学上の正義論において、「卓越主義」が、「アリストテレス的」という形容詞をしばしば伴って、「共同体主義」（communitarianism）の一主張として唱えられるのはこのためである。関連する部分を引用しておこう。

Ⅷ-3　アリストテレス『政治学』1252b-1253a[4]

　……二つ以上の村からできて完成した共同体が国〔＝ポリス〕である、これはもうほとんど完全な自足の限界に達しているものなのであって、なるほど、生活のために生じてくるのではある[5]が、しかし、善き生活のために存在するのである。それ故にすべての国は、もし最初の共同体〔＝家〕も自然に存在するのであるなら、やはり自然に存在することになる、何故なら国はそれらの共同体の終局目的であり、また自然が終局目的であるからである。何故なら生成がその終局に達した時に各事物があるところのもの——それをわれわれは各事物の、例えば人や馬や家の自然と言っているからである。さらに或る事物がそれのためにあるところのそれ、すなわち終局目的はまた最善のものでもある、しかし自足は終局目的であり、最善のものでもある。

　そこでこれらのことから明らかになるのは、国が自然にあるものの一つであるということ、また人間は自然に国的動物であるということ、また偶然によってではなく、自然によって国をなさぬものは劣悪な人間であるか、あるいは人間より優れた者〔＝神々〕であるかのいずれかであるということである、……

　……何故に人間は凡ての蜜蜂や凡ての群居動物より一層国的であるかということも明らかである。何故なら……動物のうちで言葉をもっているのはただ人間だけだからであ

　4　山本光雄訳『政治学』（アリストテレス全集15、岩波書店、1969年）6‐8頁。同じ訳者によるものとして、『政治学』（岩波文庫、1961年）もある。訳文がほとんど同じであることもあり、以下では、出版年の新しい前者から引用する。ただし、〔　〕内は邦訳者による補い。

　5　プラトンは、『国家（上）』（前掲注2）第2巻131頁（369B）において、ソクラテスに次のように語らせている。「ぼくの考えでは、そもそも国家というものがなぜ生じてくるかといえば、それは、われわれがひとりひとりでは自給自足できず、多くのものに不足しているからなのだ。……」と。

る。声なら、これは快・苦を示すしるしであるから、従って他の動物もまたもっている……、しかし、言葉は有利なものや有害なもの、従ってまた正しいものや不正なものをも明らかにするために存するのである。何故ならこのことが、すなわち独り善悪正邪等々について知覚をもつということが、他の動物に比べて人間に固有なことであるからである。そして家や国を作ることができるのは、この善悪等々の知覚を共通に有していることによってである。
　しかしまた自然には[本性上は]、国は家やわれわれ個々人より先にある、何故なら全体は部分より先にあるのが必然だからである。……
　……人間は完成された時には、動物のうちで最も善いものであるが、しかし法や裁判から孤立させられた時には、同じくまた凡てのもののうちで最も悪いものであるからである。……正義の徳は国に密接な関係をもつ。何故なら、裁判は国的共同体を秩序づけるものであり、そして正義は何が正しいことであるかを決定するものであるからである。

　アリストテレスの想定していた古代ギリシアの都市国家(ポリス)とまったく異なる、今日の規模の大きな「国民国家」(nation-state)にアリストテレス的政治哲学を当てはめようとするのは、イデオロギーというよりも、カテゴリー・ミステイク(名称は同じだが実体がずれていること)だと私は考える。だが、それについては、これ以上ここでは触れない。
　それよりもここで再度注意を喚起しておきたいのは、アリストテレスにおいては、倫理学が政治学の一部門であった[6]——つまり「ポリスのなかで、ポリスの市民として」ということが決定的に重要であった——ということである。これに対して、現代、とくにアメリカ(そしてその影響下にあると思われる日本)の政治哲学では、政治学が倫理学の一部門であるかのような傾向が強くみられる。第4章でノージックの政治哲学を取り上げた意図の一つは、その例証にある。それは、次章で取り上げるロールズも含め、「社会的正義」について論じる現代の正義論のほとんどに共通する傾向である。
　そのような倫理学風の政治哲学の見方は、「道徳的に正しければ、政治的にも正しいのか」という政治哲学のおそらく最も重要でむずかしい問題の回避に通じることになる。本当は、道徳的に必ずしも正しくない選択肢のなかから、最もましなものを選ばざるをえないところに政治のむずかしさがあ

6　たとえば、『ニコマコス倫理学(上)』(前掲注1)第6巻第8章冒頭231頁(1141b)の「棟梁(とうりょう)的な立場からの認識は、これを政治学(ポリティケー)といってよいが、それは、知慮(フロネーシス)というのと同一の「状態」なのであり、ただ、両者は、その語られる観点を異にしている。」以下を参照されたい。

る。政治を「政治的に」みるのではなく、「道徳的に」みるのであれば、固有の意味での「政治」哲学は、その存在意義を失うであろう。

　政治と倫理の包摂関係をキリスト教的政治哲学と逆に考えていたにしても、アリストテレスもまた、理想的な国制を論じる際、倫理学風の政治哲学を展開していることは確かである。しかし、アリストテレスの政治学には、諸国の国制に関する綿密な社会学的比較研究に基づいて、それらの実行可能性を検討した上で最善の国制を模索するという、よい意味で妥協的、現実主義的な態度も含まれており、その点で、あまりにも「哲学化」されている現在優勢な政治哲学と大きな違いがある。いくつかの単純な公理を措定して道徳的＝政治的に「正しい」結論を導くという方式でいいのであろうか。政治学全体が経済学の「イミテーション」になり、政治哲学でさえ「黒板政治哲学」へ向かっているかのようにみえる[7]。あろうことか、（私も含め）法哲学者はさらに、それを「つまみ食い」する。（この最後の点が言いたいだけで、他分野の現状をとくに非難するつもりはない。）

3．「状態」としての徳

　アリストテレスの倫理学にもどろう。「徳」は、次の引用にあるような特殊な意味で「状態」とされ、行為は、これまた特殊な意味で「活動」とよばれる。

　　Ⅷ-4　アリストテレス『ニコマコス倫理学』1103a-b[8]

　　　さらに、およそ本性的にわれわれに与えられていることがらの場合にあっては、われわれはあらかじめそういった活動に対する可能性を賦与されており、しかるのちにその活動を現実化するのである。（このことは感覚について見るならば明らかであろう。……。）

　　　倫理的な卓越性ないしは徳の場合にあっては、これに反して、まずそうした活動を行なうことよってわれわれはその徳を獲得するにいたるのであって、それは、もろもろの技術（テクネー）の場合に似ている。……たとえばひとは建築することによって大工となり、琴を弾ずることによって琴弾きとなる。それと同じように、われわれはもろもろの正しい〔＝正義にかなった〕行為をなすことによって正しいひととなり、もろもろの節制的な行為をなすことによって節制的なひととなり、もろもろの勇敢な行為をなすことによって勇敢なひととなる。

7　前章の最後の引用Ⅶ-31参照。
8　『ニコマコス倫理学（上）』（前掲注1）第2巻第1章56-58頁。ただし、2番目の改行は原文にない。わかりやすくするため施した。

もろもろの国において行なわれているところもこのことを立証する。けだし、立法者は習慣づけによって市民たちをして善たらしめるのであり、……。
　……これを一言に要約すれば、もろもろの「状態」は、それに類似的な「活動(エネルゲイア)」から生ずる。……つとに年少のときから或る仕方に習慣づけられるか、あるいは他の仕方に習慣づけられるかということの差異は、僅少ではなくして絶大であり、むしろそれがすべてである。

　もろもろの徳は、その徳に従った行為をくり返すことによって習得され、その徳を習得すれば、それに従った行為をするようになる、といういささか同語反復的な説明ではある。だが、アリストテレスの伝えようとするところは理解できるであろう。「状態」とは、行為につながる、心のある種の「習慣[9]」と考えておけばよい。「習性」という日本語のほうがわかりやすいかもしれない。
　徳は、エートス（人柄）、したがって人について、それをもっているとか、もっていないとか、どの程度もっているとして語られる概念である。徳にかなった行為については、当該徳を表す名詞の形容詞形が用いられる。

4．徳と快楽

　アリストテレスは、ベンサムのように快楽即幸福としたわけではない。むしろ、その反対である。だが、快楽と善ないし徳との結びつきも認めている。一言でいえば、「しかるべき仕方で快苦を感じるようになる」ことが徳の完成である。

Ⅷ-5　アリストテレス『ニコマコス倫理学』1104b[10]

　……倫理的な卓越性すなわち徳(アレテー)は、快楽と苦痛とにかかわるものにほかならない。事実、われわれは快楽のゆえに劣悪な行為をなしたり、苦痛のゆえにうるわしき行為を避けたりする。プラトンのいうように、まさに悦びを感ずべきことがらに悦びを感じ、まさに苦痛を感ずべきことがらに苦痛を感じるよう、つとに年少の頃から何らかの仕方で嚮導されてあることが必要である所以である。事実、これこそが真の教育というものであろう——。
　さらにまた、徳は行為(プラクシス)と情念(パトス)にかかわるものであり、あらゆる情念や行為には、し

9　ギリシア語の ἕξις（ヘクシス）は、ラテン語では habitus と訳された。これは、英語の habit のもとになった言葉である。トマス・アクィナス（高田三郎訳）『神学大全1』（創文社、1960年）318頁、訳者註23参照。
10　『ニコマコス倫理学（上）』（前掲注1）第2巻第3章61-62頁。

かるに、快楽と苦痛が随(したが)うのであってみれば、この点からしても徳は快楽と苦痛にかかわるものといいうるであろう。また懲戒が、苦痛を与えることによって行なわれるということも、このことを示している。事実、懲戒は一種の医療であるが、医療は反対的なものを通じて行なわれるという本性を有しているのである。

……それゆえ、倫理的な卓越性すなわち徳(アレテー)とは、快楽と苦痛について最善の仕方で行為しうるような「状態」であり、悪徳(カキア)とは、同じく快楽と苦痛についてその反対の「状態」であることは確実だといえよう。

アリストテレス倫理学と功利主義の違いを過度に対照的に捉えないために、ここで、経済学者シュンペーターの鋭い指摘も引用しておこう。

VIII-6　シュンペーター『経済分析の歴史（上）』[11] 98頁注2。

……彼〔＝アリストテレス〕は当時のギリシャにおいて地歩を固めつつあった、行動についての快楽苦痛説に同意することを拒絶したのである。とはいえ、なるほど彼は幸福についての功利主義的定義を与えはしなかったけれども、なお彼が幸福という概念を彼の社会哲学の中心に据えたことは動かしがたい。このようになす者は、何びとであれ決定的な一歩を踏み出したのであって、すでに原罪を犯したのである。したがって、彼が徳と悪徳とを強調しているのかそれともまた快楽と苦痛とを強調しているのかといった問題は、むしろ第二義的なものにすぎない。――一方から他方への移行は易易(やすやす)たるものである。

5．中庸

アリストテレスの倫理学の実体的内容を貫く最も根本的な考え方は、哲学では一般に「中庸」と訳される「真ん中」という観念である。もっとありていに言えば、「バランスがとれているのがよいことだ」という常識的で平凡な考え方である。

そもそも、倫理学というものは、人々の「常識」に訴える学問分野である。あるいは、そのようなものとして、倫理学を打ち立てたのがアリストテレスその人なのである。つまり、「そうでもありえ、そうでないこともありうる」領域において、こちらのほうがよりよいという説得[12]をするのが倫理

11　東畑精一・福岡正夫訳、岩波書店、2005年。圏点による強調は、亀本による。Joseph A. Schumpeter, *History of Economic Analysis*, edited from Manuscript by Elizabeth Boody Schumpeter and with an Introduction by Mark Perlman, Routledge, 1994（原著初版は1954）も参照した。

12　説得の技術が「弁論術」である。アリストテレス（戸塚七郎訳）『弁論術』（岩波文庫、1992年）参照。「そうでもありえ、そうでないこともありうる」領域における「論理」すなわち「弁証

第1節　アリストテレスの倫理学　429

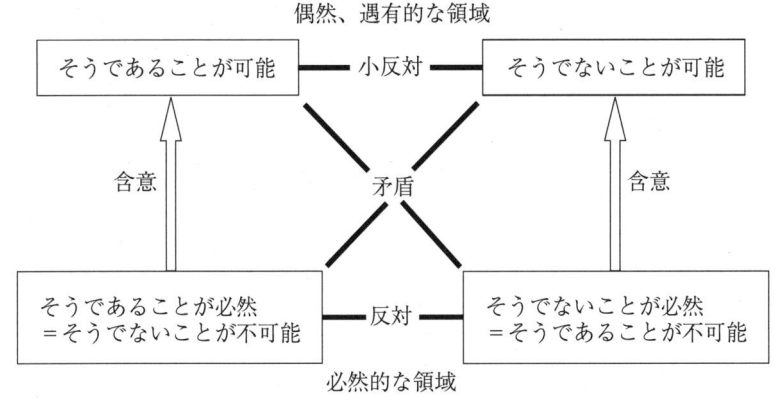

偶然、遇有的な領域

```
   そうであることが可能 ─ 小反対 ─ そうでないことが可能
          ↑          ╲    ╱          ↑
         含意          矛盾           含意
                    ╱    ╲
   そうであることが必然 ─ 反対 ─ そうでないことが必然
   ＝そうでないことが不可能      ＝そうであることが不可能
```

必然的な領域

図8-1　偶然と必然

学の役割である。これに対して、「必ずそうである」あるいは「必ずそうでない（＝不可能）」という物事を扱うのが、形而上学（第一哲学）、幾何学、自然学その他の「厳密な学」である。

　可能と必然の論理的関係は、図8-1のように図示される。これは、前述第3章27の図3-2で示した義務様相間の論理的関係と同型である。

　普遍的、一般的なものを対象とする厳密な学における知が「学知」（エピステーメー＝スキエンチア＝サイエンス）とよばれるのに対して、倫理学、政治学等における個別の行為のよさに関する知は、「賢慮」（フロネーシス＝プルーデンス）とよばれる[13]。

　学問論については、これ以上深入りせず、中庸に関するアリストテレスの文章を引用しておこう。

術的推論」を扱うのが「トピカ」である。村治能就訳『トピカ』（アリストテレス全集2、岩波書店、1970年、所収）参照。
　なお、「必然的なもの」および「不可能なもの（＝そうでないことが必然であるもの）」を対象とする厳密な意味での「論理」は、（井上忠訳）『分析論前書』（アリストテレス全集1、岩波書店、1971年、所収）で扱われる。ついでに言えば、（加藤信朗訳）『分析論後書』（同全集1所収）は、科学方法論を扱う。
　13　詳細は、『ニコマコス倫理学（上）』（前掲注1）第6巻参照。なお、「フロネーシス」の訳語としては、「賢慮」のほか、「思慮」「知慮」などもある。prudence という英訳語は、道徳的に立派な事柄に限定されず、金儲けや身の安全等のために「賢い」、「合理的」という意味でも使われる。

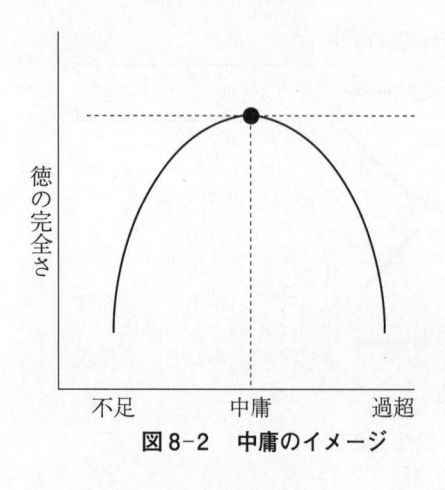

VIII-7 アリストテレス『ニコマコス倫理学』1106a-1107a[14]

　すべて連続的にして可分割的なものにおいては、われわれは「より多き」(プレイオン) をも、「より少なき」(エラットン) をも、「均しき」(イソン) をも取ることができる。そしてそれも、ことがらそれ自身に即してであることもできるし、またわれわれへの関係においてであることもできるのである。

　「均」とは、過超と不足との何らかの意味における「中」(メソン) にほかならない。いま、ことがら自身についての「中」とは、両極から均しきだけを離れているところのものの謂いであり、(この意味における「中」は万人にとって同一である、) われわれへの関係における「中」とは、これに対して、多すぎず不足しないものの謂いである。これは一つでなく、万人にとって同じではない。

　たとえば、もし10では多いが2では少ないというとき、ことがらに即して「中」をとるならば6が「中」である。それは均しきだけを超過しまた超過されているからであり、すなわち算術的比例における「中」項にあたる。だがわれわれへの関係における「中」はそんなふうにして決定されることができない。けだし、もしそうだとするならば、10ムナでは食べすぎであるが2ムナでは足りないという場合、体育指導者は6ムナの食物を命ずればいいことになるであろう。実際はしかし、6ムナでは、おもうに、それを取るべきひとによって或いは多く或いは少ない。……

　かくして、徳とは「ことわりによって、また慮あるひとが規矩とするであろうところによって決定されるごとき、われわれへの関係における中庸」において成立するところの、「われわれの選択の基礎をなす(魂の)状態」(プロアイレティケー・ヘクシス) にほかならない。

　中庸 (メソテース) とは、だが、二つの悪徳の、すなわち過超に基づくそれと不足に基づくそれとの間における中庸の謂いである。……徳 (アレテー) は、それゆえ、その実体に即していえば、またその本質をいい表わす定義に即していえば「中庸」(メソテース) であるが、しかしその最善性とか「よさ」に即していうならば、それはかえって「頂極」(アクロテース) にほかならないのである。

　アリストテレスはあずかり知らぬところではあるが、前2章で学んだ経済学的なものの見方を応用すれば、最後の段落で言われる「中庸」は、図8-2

図8-2　中庸のイメージ

（縦軸：徳の完全さ　横軸：不足　中庸　過超）

14　同書第2巻第6章69-72頁。わかりやすくするため、最初の3段落につき、原文にない改行を施した。

のような図でイメージされるのではないかと思う[15]。なお、上の文章に登場する「算術的比例」については、後述本章 9 で説明する。

6．徳と悪徳の例

　徳が中庸だといっても具体例がないとなかなか理解しにくい。『ニコマコス倫理学』第 2 巻第 7 章と、徳の倫理学のいわば各論である第 3 巻第 6 章～第 5 巻の叙述[16]を参考にして、表 8-1 にまとめておいたので参考にしていただきたい（一番左の列は、各徳がかかわる事柄を表す。また、空欄は、適当なギリシア語またはアリストテレスの造語がない場合）。大体の内容は、だれでも理解できるはずであるから、詳しくは解説しないでおく。『ニコマコス倫理学』の該当個所をぜひ自分で読んでいただきたい。

　訳者は、原語の意味をできるだけ正確な日本語にして伝えようと苦労しておられるので、あまり使わない言葉も出てくる。むずかしいと思われる言葉についてだけ、補足説明しておこう。

　「勇敢」は、兵士や戦争の場面に主としてかかわる徳であり、怯懦（きょうだ）は、おびえすぎ、ひるみすぎ、臆病であることを意味する。

　ここでの「快楽」は、食欲と性欲を含む触覚の快楽をさす。放埒（ほうらつ）は、快楽をほしいままにすることを意味する。

　寛厚は、お金その他の財貨に関する「気前のよさ」ということである。

　「豪華な人」という言い方はあまりしないが、豪華とは、大金がかかるような物事について、適切な出費をすることである。これに対して、寛厚は、小さな金額の事柄についても使う。

　「名誉」が、大きいそれと小さいそれに区別されている場合、前者は、共同体全体にかかわる事柄、つまり、主として、政治における「名誉」（役職を含む）ということをさす。「名誉職」という言葉が今でもあるように、古代ギリシアの民主制においては、裁判官を含め、役人の地位には、市民が輪番かつ無給で就くのが原則（例外もある）であった。これも、現代の民主制国家と、専門化の進んでいない民主制ポリスとを単純に比較できない理由の

　15　本書の校正段階で、畏友高橋文彦氏（法哲学者）から、同様の図をすでにニコライ・ハルトマンが描いていることを教えていただいた。Nicolai Hartmann, *Ethik*, 4., unveränderte Auflage, Walter de Gruyter & Co., Berlin, 1962, S. 571参照。

　16　『ニコマコス倫理学（上）』（前掲注1）73-77頁、107-214頁。

表 8-1 倫理的な徳と中庸

	不足	中庸	過超
平然	怯懦	勇敢	無謀
恐怖			怯懦
快楽（と苦痛）	無感覚	節制	放埓
財貨の贈与（出費）	けち	寛厚	放漫
と取得	放漫		けち
財貨の壮大な消費	こまかさ	豪華	派手・粗大
（大きい）名誉と不名誉	卑屈	矜持	倨傲
小さな名誉	名誉心がない		名誉心が強い
怒り	意気地なし	穏和	怒りんぼ
自分に属することについての真	卑下	真実	虚飾
諧謔における快	野暮	機智	道化
快き人	いや・不愉快	親愛	機嫌とり
羞恥（但し徳ではない）	恥知らず	恥を知る	内気
他人の成功についての苦痛		義憤	嫉視
と他人の不幸を悦ぶ快楽			悪意
配分または回復における均等	不正義	正義	不正義

一つである。後者は、戦争をする点を除き、現代の規模が大きく、お互いの顔が見えない「大衆民主主義社会」ないし「行政国家」よりも、町内会、隣組、業界団体、学会等にむしろ近い。

「真実」という言葉は、ここでは自分のことについて、それをどの程度「正直」に表に出すかにかかわる。

「義憤」とは、他人について、その人がもっと厚遇されてもよいと思うのに、そうではない現実に対してしかるべき苦痛を感じるという徳である。「嫉視」とは、他人の幸運、幸福、成功をねたむ心持である。「悪意」は、他人の不幸を悦ぶ心持である。言葉はどうであれ、このあたりは、自分の心を内省してみれば、だれにでも理解できるであろう。

「正義」については、次節で詳しく扱う。なお、この表から省略した徳として、ギリシア的意味での「愛」がある。

戦(いくさ)、金、名誉、快楽、見栄(みえ)、怒り、憤り、機智、ねたみ、正義など、政治とからむ事柄ばかりが取り上げられており、このことからも、倫理学が政治学のなぜ一部なのか、理解できるであろう。文章を読んで頭のなかだけで考える前に、アリストテレスにならって、自分自身を含めて現実をよく観察していただきたい。

第2節 アリストテレスの正義論

7．適法的正義と均等的正義

アリストテレスは、正義を、すべての徳が他人との関係においてみられるときに語られる「正義」または「正しい」と、もろもろの徳の一つとしての「正義」とを区別する。前者は、「広義の正義」、「一般的正義」または「適法的正義」とよばれ、後者は、「狭義の正義」、「特殊的正義」または「均等的正義」とよばれる。

アリストテレスは、現代のリベラルな道徳と異なり、徳を命じ悪徳を禁じることが法の役割と考える——そのかぎりで倫理と法は一体であった——がゆえに、前者の正義は、「適法的（または遵法的）正義」ともよばれるのである。これに対して、特殊的正義の中心観念は、「均等」ないし「等しい」ということである[17]。関連する部分を引用しておこう。

VIII-8 アリストテレス『ニコマコス倫理学』1129a[18]
......不正なひと（アディコス）であると考えられるものには、一方では「違法的なひと」（パラノモス）があり、他方では過多をむさぼりがちな「不均等的なひと」（アニソス）があるのであって、したがって、正しいひと（ディカイオス）とは、「適法的なひ

---

17 アリストテレスの倫理学ないし正義論の解説書は多々あるが、私がとくに教えられた邦語文献は、以下のものである。加藤新平『法哲学概論』（有斐閣、1976年）437-448頁、山下正男「正義と権利——西欧的価値観の歴史——」上山春平編『国家と価値』（京都大学人文科学研究所、1984年）1-139頁、とくに5-9頁、岩田靖夫『アリストテレスの倫理思想』（岩波書店、1985年）。外国語文献では、次のものが最良だと思う。W. F. R. Hardie, *Aristotle's Ethical Theory*, 2nd ed., Oxford University Press, Oxford, 1980, esp. ch. 10. 以下、これらの文献の細かい参照箇所の挙示は、原則として省略する。

18 『ニコマコス倫理学（上）』（前掲注1）第5巻第1章171頁

と」(ノミモス)、ならびに「均等を旨とするひと」(イソス)であることは明らかであろう。

同1129b-1130a[19]

……われわれが正しい行為と呼ぶところのものは、一つの意味においては、国という共同体(コイノーニア)にとっての幸福またはその諸条件を創出し守護すべき行為の謂(モリ)いにほかならない。

法は、しかるに、勇敢なひとに属すべき行為（たとえば隊伍を離れたり逃走したり武器を投げ捨てたりしないこと）とか、節制的なひとに属すべきそれ（たとえば姦淫したり驕奢(きょうしゃ)に流れたりしないこと）とか、穏和な人に属すべきそれ（たとえばひとを打擲(ちょうちゃく)したり罵倒したりしないこと）とかをも命じており、同じくまた、その他のあらゆる徳と非徳にわたって或いは行為を命じ或いは行為を禁じているのである。ただしくつくられた法はただしい仕方で、また杜撰な法律はあまりよくない仕方で——。

このような意味での正義は、それゆえ、完全な徳（テレイア・アレテー）にほかならない。ただし、無条件的に同じものではなくして、対他的な関係におけるそれなのである。……それがことさらに完全であるというのは、これを所有するところのひとは徳を他に対してもはたらかせることのできるひとであって、単に自分自身だけにとどまらないというところに基づいている。事実、自分かぎりのことがらにあっては徳のはたらきを発揮することができても対他的なことがらにあってはそれのできないひとびとが多いのである。……

以上のような意味での正義は、かくして、徳の或る一つではなくして徳全般であり、またその反対たる不正義も悪徳の一部ではなくして悪徳全般である。……

同1130a-b[20]

ここでわれわれの考究するのは、これに対して、徳の一つとしての「正義」にほかならない。……同様に……「不正義」も、やはり特殊な意味でのそれである。……

……狭義の不正義は名誉とか財貨とか身の安泰とか……にかかわり、利得に基づく快楽をその目的とするものなるに対して、広義の不正義はおよそよきひとのかかわるごときあらゆることがらにかかわっているのである——。

くり返すが、広義の正義ないし「適法的正義」が、「完全な徳」とか「徳全般」とされるのは、それが、（特殊的正義を含め）各種の徳が「対他的な関係において」働く場面に注目するからである。

---

19 同書第5巻第1章172-174頁。下線による強調は亀本による。
20 同書第5巻第2章174-176頁。

8．配分的正義

「特殊的正義」、あるいは、その内容に即して言えば「均等的正義」は、さらに「配分的正義」と「矯正的正義」に二分される。前者について、アリストテレスは次のようにのべている。

Ⅷ-9　アリストテレス『ニコマコス倫理学』1131a-b[21]

（1）……「均等的」ということは少なくとも二つの項の間において成立する。「正」とは、だからして、「中」であり、「均等」なのであって、それが「中」であるかぎり何ものかとの（つまり「過多」と「過少」との）「中」なのであるし、「均等」であるかぎり二つの項の間における「均等」であるべきであるが、しかし、また「正」であるかぎり、それは当事者たる一定のひとびとの間における「正」でなくてはならない。してみれば、「正」ということは、必ずや少なくとも四つの項を予想するものでなくてはならぬ。そのひとにとってまさにそれが「正」たるべき当事者が二、そこにおいて「正」が示現されるべきところのもの、つまり問題のものごと（プラグマタ）が二だからである。そして、これらのひとびととものごととにおいて同一の均等性が存するであろう。

（2）　換言すればそこでは、ものごとの間におけると同様の関係がひととひととの間にも存するわけである。すなわち、もし当事者が均等なひとびとでないならば、彼らは均等なものを取得すべきではないのであって、ここからして、もし均等なひとびとが均等ならぬものを、ないしは均等ならぬひとびとが均等なものを取得したり配分されたりすることがあれば、そこに闘争や悶着（もんちゃく）が生ずるのである。

（3）　さらに、「価値に相応の」という見地から見てもこのことは明らかであろう。けだし、配分における「正しい」わけまえは何らかの意味における価値（アクシア）に相応のものでなくてはならないことは誰しも異論のないところであろう。ただ、そのいうところの価値なるものは万人において同じではなく、民主制論者にあっては自由人たることを、寡頭制論者にあっては富を、ないしはその一部のひとびとにあっては生れのよさということを、貴族制論者にあっては卓越性（アレテー）を意味するという相違がある。

（4）　してみれば、「正」ということは「比例的」（アナロゴン）ということの一種にほかならない。……比例（アナロギア）[22]とは、すなわち、比と比との間における均等性であり、それは少なくとも四項から成る。……

21　同書第5巻第3章178-180頁。ただし、わかりやすくするため、原文にない改行を増やした上で、各段落に番号を振った。

22　ちなみに、発音からもわかるように、「アナロジー」、「類比」、「類推」という言葉は、「比例」に由来する。いわゆる「類推」もまた、アリストテレスにあっては、物事と物事の単なる類似性ではなく、比と比の同一性、つまり、AとBとの関係が、CとDとの関係と類似しているという関係であった。詳しくは、M. ヘッセ（高田紀代志訳）『科学・モデル・アナロジー』（培風館、1986年）第3章「アリストテレスのアナロジーの論理」参照。

これに対して、法律学における「類推解釈」においては、要件（または事実）と法律効果の関係が、他の要件とその法律効果の関係と類似しているかどうかを問うことなく、要件（または事実）間の類似性のみを問題にして、その点での類似性があれば、同じまたは「類似の」法律効果を導いてよいとされることが多い。前述第2章8参照。

```
A : B = C : D
A : C = B : D
A : B = A+C : B+D
```

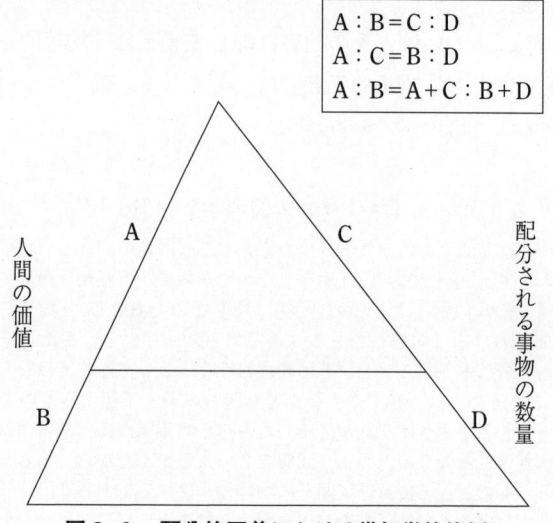

図8-3　配分的正義における幾何学的比例

（三角形図：左辺に「人間の価値」、右辺に「配分される事物の数量」、頂点付近にA・C、底辺付近にB・D）

　（5）「正」ということも、だから、少なくとも四項から成り、その比が同一なのである。すなわち、人間と人間の間、配分さるべき事物と事物の間の区分の仕方が同様なのである。だからしてAがBに対するはCがDに対するごとくであるだろうし、だからまた、これを置換すれば、AのCに対するはBのDに対するごとくであるだろう。したがって全体の全体に対するもまた同様である。全体とは配分を受けてそれと結合された全体を意味する。もしかような仕方で付加が行なわれたならば、それが正しい結合の仕方なのである。かくしてAをCに、BをDに組み合わせるということが配分における「正」なのであり、この場合の「正」は比例背反的なものに対する「中」にほかならない。……
　（6）このような比例を数学者は幾何学的比例（アナロギア・ゲオーメトリケー）と呼んでいる。……

　以上の文章とくに（5）を図示すれば、図8-3のようになろう。幾何学的比例は、幾何学における二つの三角形の相似に典型的に現われる。
　（3）で触れられているように、どのような「価値」に応じて事物を比例的に配分するかについては争いがあり、配分的正義は、どのような価値に拠るべきかを特定するものではない。また、配分される事物は、「名誉とか財貨とかその他およそ国の公民〔＝市民、市民権をもっている者〕の間に分た

れるところのもの[23]」である。

9．矯正的正義

Ⅷ-10　アリストテレス『ニコマコス倫理学』1131b-1132b[24]

　残りのいま一つの種類は、もろもろの随意的ならびに非随意的な人間交渉において、ただしきを<u>回復</u>するための矯正的（ディオルトーティコン）なそれである。……これもやはり一種の「均等」（そして「不正」は「不均等」）ではあるが、それはしかし……算術的比例（アナロギア・アリトメティケー）に即してのそれである。けだし、よきひとがあしきひとから詐取したにしてもあしきひとがよきひとから詐取したにしても、また、姦淫を犯した者がよきひとであるにしてもあしきひとであるにしても、それはまったく関係がない。かえって、法の顧慮するところはただその害悪の差等のみであり、どちらかが不正をはたらきどちらかがはたらかれているということ、どちらかが害悪を与えどちらかが与えられたということが問題なのであって、法は彼らをいずれも均等なひとびととして取扱う。したがって裁判官が均等化しようと努めるところのものは、こうした意味における「不正」――「不均等」がそこに存するのだから――にほかならない。詳しくいうならば、一方が殴打され他方が殴打する場合とか、ないしはまた一方が殺し他方が殺されるという場合にしても、<u>する</u>と<u>される</u>とで不均等に区分されることになる。だからして、裁判官は、一方から利得を奪うことによって罰という損失でもってその均等化を試みるのである。かような語を用いるのは、もろもろのそうした場合についてこれを単純化して語らんがためである。或る場合においては<u>利得</u>という名称はもとより適切でない。……被害者にとっての<u>損失</u>というごときもまた然りである。だが、被害が計量される場合ならば、事実、一方は<u>利得</u>、他は<u>損失</u>と呼ばれる。そういうわけで、過多と過少の「中」が「均等」ということであるのに対して、「利得」と「損失」は、それぞれ反対的な仕方における「過多」と「過少」にほかならない。（善の過多であり悪の過少であるのが利得。その逆が損失。）……かくて<u>矯正的</u>な「正」とは、利得と損失との「中」でなくてはならない。

　紛争の生じたときにひとびとが窮余裁判官に訴えに赴くのもこのゆえである。……裁判官は均等を回復するのであるが、彼はいわば一つの線分が不均等な両部分に分たれている場合に、大きな部分が全体の半分を超えているそれだけのものをそこから取り除いて、小さいほうの部分へ付け加えてやるのである。そして全体が切半されたものになるにいたったとき、「自己のものを得た」といわれる。均等なものを得るのだからである。「均等」とは、ここでは、算術的比例に即しての、多と少との「中」にほかならない。……

　詳しくいうならば、均等な二者の一方からＸが奪われて他の一方に加えられたならば、後者はＸの二倍だけ前者を超えることとなる。……

この文章を図示すれば、図 8-4 のようになろう。なお、幾何学的比例が、

23　『ニコマコス倫理学（上）』（前掲注 1）第 5 巻第 2 章177頁（1130b）。
24　同書第 5 巻第 4 章181-184頁。下線は亀本による。

> 事前には均等な物の所有者、甲と乙が事後において、
> それぞれAB、BCをもっているとする。
> 線分AC（＝AB＋BC）における
> 小さい部分AB
> 大きい部分BC
> 中点M　∴AM＝MC
> BCにおけるBMを取り除いて、それをABに加える。
> BMはいわば不当利得。
> BC－MC＝AM－AB（＝BM）
> MC＝AMであるので、これは
> a－b＝b－cという連続的算術的比例の式をみたす。
> bは平均あるいは等差中項。

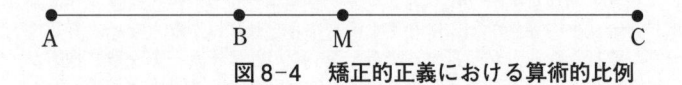

```
●――――――●―――●――――――――――●
A          B    M              C
```

図8-4　矯正的正義における算術的比例

A：B＝C：Dという式で一般的に表現できるのに対して、算術的比例は、a－b＝c－dと表現される。また、幾何学的比例における連続的比例（連比）がA：B＝B：Cであるのに対して、連続的な算術的比例はa－b＝b－cと表せる。上記の説明においてアリストテレスが利用しているのは、最後のものである。

なお、上記引用文章Ⅷ-10の「法は彼らをいずれも均等なひとびととして扱う」というくだりに注目して、これを現代風の「法の前の平等[25]」と同一視する解釈は、慎むべきであろう。アリストテレスがのべているとおり、矯正的正義においては、不正な状態からの回復が問題なのであって、どのような人が不正を働いたかは問題とならないから、そのかぎりで、法は人々を平等に扱うと考えれば、それでよいように思われる。

実際、配分的正義においては、人々を（矯正的正義の意味で）平等に扱うのではなく、価値に応じて扱うのであるから、そうした非歴史的な解釈は、つじつまが合わない。現代的に読むのなら、アリストテレスが「等しくない

25　これは、西洋では「神の前の平等」という表現を連想させるものとして使用されるが、日本国憲法第14条では「法の下の平等」という。

者は等しくなく扱うべきである」（前述本章8で引用した文章Ⅷ-9の（2）参照）と明言しているところにむしろ注目するべきである。アリストテレスが、現代的な意味での平等主義者でないことは、彼の『倫理学』または『政治学』を少しでも読めばだれにでもわかる。

どのような解釈が本当は正しいにせよ、意識せずに、現代の観点から過去の文章を読むことは、学ぶところが少なくなるので学問的に稚拙な読み方である。わからないなら、わからないままにしておくほうが賢明である。

10. 矯正的正義の解釈と適用範囲

矯正的正義は、「平均的」正義または「均分的」正義と訳されることもある。それは、「交渉」の当事者が当初同じ価値のものを所有していた場合、つまり、連続的算術的比例における中項 b が a と c の平均である場合にはふさわしいが、そうでない場合には不適切な訳語となるように思われる。

アリストテレスは、古代ギリシアの数学、音楽、芸術の分野で一般に高く評価された「比例[26]」を正義論に応用して説得力を高めようとするあまり、矯正的正義についても連続的算術的比例を無理に援用したため、苦しい説明となったのだという解釈も可能である。配分的正義についても、「価値は逓減する」といった発想を思いつかず、幾何学的比例を（現代人からみれば）根拠なく援用しているのにも、同様の背景があるように思われる。

ともかく、連続的算術的比例を援用する、前項で引用した文章Ⅷ-10ないし図8-4は、交渉の2当事者が事前に等価値の物をもっていた場合についての説明であり、そうでない場合については十分に語られてはいないように思われる。当事者のもっていた物が「均等でない」場合も、「二者の一方からXが奪われて他の一方に加えられたなら、後者」からそのXを奪って前者に戻すことが矯正的正義にかなうことであると理解するべきであろう。

しかし、矯正的正義の内容についての結論は同じだが、もう一つの解釈も

---

26 ちなみに、ギリシア数学では、自然数と自然数の比すなわち分数を「合理的な数」、「有理数」という。「無理数」とは、自然数の比で表せない数である。古代ギリシア人は、ピタゴラスの定理（三平方の定理）からもわかるように、平方根すなわち無理数が存在することは知っていた。だが、それは、占いと一体であったピタゴラス学派からすれば不吉な数であったので、それを表に出すことをできるだけ避けようとした。そのための方法が、数学を代数ではなく幾何学で行うことであった。ユークリッド幾何学は、代数的関係を図形によって表現した。

可能である。上記引用Ⅷ-10をよく読むと、「均等な者」とされているのは人間であって物ではない。したがって、当事者が当初、何をどれだけもっていたかをアリストテレスは問題にしていない、つまり、矯正的正義の説明はそのいかんにかかわりなく成立する、と解釈することもできる。その際、算術的比例を使った矯正的正義の説明（図8-4参照）において、人間の（等しい）価値と物の量を同じ線分上で足し引きしているのは奇妙に見えるかもしれない。しかし、その点は、幾何学的比例を使った配分的正義の説明（図8-3参照）において、人間の価値と配分される事物の価値とを平気で加算している（$A:B=A+C:B+D$）のと同様である。たとえば、自由人であるという価値と財貨の数量とを足すことができる、ということになる。人間の価値と財貨の数量とを通算することに、アリストテレスは違和感をもっていなかったと推測される。

　いずれにせよ、矯正的正義は、加害者の利得＝被害者の損失を加害者から被害者に事後的に移転させて、元の状態に回復することを求める。そのような意味で、それは「裁判官の正義」ともよばれる。アリストテレスにあっては、裁判官の仕事が、配分的正義の実現ではなく、「原状の回復」すなわち矯正的正義の実現にあるとされている点は注目するべき点である。

　現代の法学でいえば、「不当利得」の場合が矯正的正義の典型的な適用事例である。債務不履行や不法行為の場合、あるいは損害賠償一般においても、矯正的正義の考え方は適用されると考えてよい。刑法上の犯罪と刑罰（プラス損害賠償）との関係については、アリストテレス自身が認めているように「利得」と「損失」という言葉は不適切ではあるが、矯正的正義が適用される[27]。

　しかし、契約当事者が「普通に」、つまり、詐欺、強制、錯誤等を伴わずに合意して成立した売買その他の交換一般における債務不履行以外の場合について、給付と反対給付の不等価を根拠に、矯正的正義が適用されるのかどうかについては古くから争いがある。この問題は、後述の「応報的正義」な

27　なお、原始的法体系ないし古代法一般がそうであるように、古代ギリシアにおいても、現代日本法と異なり、民事法と刑事法は峻別されていない。また、現代においてさえ、不法行為に対する損害賠償と、犯罪に対する刑罰との区別の根拠を挙げることは、法学者の常識に反し、ノージックの試み（前述第4章35参照）が示しているように、容易なことではない。私的制裁から公的制裁への進化に関する一つの説明として、穂積陳重『復讐と法律』（前掲第1章注30）参照。

いし「交換的正義」に関するアリストテレスの文章をどう解釈するか、ということともかかわっている。

たとえば、人の物を泥棒した人は、それを返すべきであるということ、そして、それが矯正的正義の適用される典型的ケースであることに異論はない。双務契約における債務不履行についても、一方だけ履行し、他方が履行しない場合に矯正的正義が適用され、履行または損害賠償が要請されることに異論はない。問題は、詐欺等がない自発的な「普通の」交換において、交換される二つのものが等価ではなかったということを根拠に矯正的正義を働かせてよい、とアリストテレスが考えていたかどうかという点にある。

「矯正的正義」（ディオルトーティコン・ディカイオン）は、現代法学でいう「不当利得」（ただしここでは、債務不履行や不法行為等もそれに含めて考えることにする）の事後的回復であるという解釈をとる者は、それに「事後的にただす」という含みの強い「矯正的」または「匡正的」正義という訳語をあてる傾向があるように思われる[28]。

これに対して、「矯正的正義」は、当事者間では「普通に」合意されたが、事後からみて、事前における「不等価な」交換をも「ただす」ものだという解釈をとる者は「調整的正義」あるいは「規制的正義」[29]という訳語をあてる傾向があるように思われる。

11. 「交換的正義」という言葉

不随意な交渉を排除するので、明らかに狭すぎるが、等価交換ということを含意する傾向の強い「交換的正義」という言葉が「矯正的正義」の訳語として採用されることもある[30]。前項の最後に触れたような解釈の余地を残す

---

28 『ニコマコス倫理学（上）』（前掲注1）276頁注23において訳者高田三郎は、そのような解釈を示す。

29 加藤信朗訳『ニコマコス倫理学』（前掲注1）第2章の訳注2、401-402頁参照。そこで、訳者は、ギリシア語の「矯正的」（ディオルトーティコン）は、「匡正的」（エパノルトーティコン）よりもはるかに広い意味をもつ単語であり、取引前であれ取引後であれ「調整」することを意味する、というバーネット（J. Burnet, The *Ethics of Aristotle*, edited with an Introduction and Notes, reprinted edition, Arno Press, New York, 1973（原著は1900））の注釈を重視する旨表明している。他方、高田三郎訳『ニコマコス倫理学（上）』（前掲注1）277頁訳注34では、「匡正的」と「矯正的」とは同じ意味に用いられているとされている。私自身は、バーネットに反対するHardie（前掲注17）pp. 192-195に従う。

30 加藤新平（前掲注17）445-446頁参照。

原因となった文章を引用しておこう。

Ⅷ-11　アリストテレス『ニコマコス倫理学』1131a[31]

……〔特殊的正義の〕他の一種は、もろもろの人間交渉において矯正の役目を果たすところのそれである。そして後者〔＝矯正的正義〕はまた二つの部分に分たれる。

けだし、人間交渉というなかにも、随意的なものもあれば、不随意的なものもある。たとえば、販売・購買・貸金・質入・貸与・寄託・雇傭のごとき性質のものは随意的であり（随意的と呼ばれるのはこれらの交渉の持たれる端緒が随意的であることに基づく）、不随意的に持たれる交渉には、たとえば窃盗・姦淫・投毒・誘拐・奴隷誘出・暗殺・偽証のごとく隠密のうちに行なわれる性質のものと、たとえば侮辱・監禁・殺人・強奪・残害・罵言・虐使のごとく露骨に暴力的な性質のものが存する。

同1132b[32]

この「損失」ならびに「利得」という名称は、随意的な交易に由来する。たとえば売るとか買うとかその他およそ法の容認のもとに行なわれる取引において、自分に属する以上を得ることが利得、最初自分に属していたよりも少なくしか得ないのが損失と呼ばれる。そして、もしこれに対して、過多でも過少でもなくまさしく自分のものそれ自身が与えられた場合には、ひとびとは「自己のものを得た」となし、損だとか得だとかいわないのである。

だからして、「正」とは、ここでは一方の意に反して生じた事態における或る意味における利得ならびに損失の「中」であり、事前と事後との間に均等を保持するということにほかならない。

下線を引いた「意に反して」という文言に注目すれば、事前における給付と反対給付の不等価性の事後における是正ということを、矯正的正義の適用事例として、アリストテレスは考えていなかった、というのが素直な解釈であるように思われる。もちろん、「事前には意に反して」いなかったが、不等価に気づいた「事後には意に反した」ものとなった取引を、アリストテレスは矯正されるべき対象から排除していないと解釈する余地もある。そのかぎりで、そのことは、決め手にはならないかもしれない。

いずれにせよ、すでにのべたように、「矯正的正義」は、「等価なもの」の交換以外の場面、すなわち非随意的交渉にも適用されるから、「交換的正義」という訳語が誤解を招くものであることは確かである。しかも、私見によれ

31　『ニコマコス倫理学（上）』（前掲注1）第5巻第2章177-178頁。下線は亀本による。
32　同書第5巻第4章184-185頁。下線は亀本による。

ば、矯正的正義における「等しさ」ということで注目されているのは、利得と損失の等しさであり、交換される物と物の間の等しさではない。

ここで、中世から現代にかけて、「矯正的正義」イコール「交換的正義」と考える解釈者が多く存在する大きな原因となった文章を引用しておこう。

Ⅷ-12　トマス・アクィナス『神学大全』第21問第1項[33]
　　正義に二種ある。一つは相互的な授受 mutua datio et acceptio において成立するそれであり、例えばものの売買とか、その他こうした諸々の交渉 communicationes 乃至は交換 commutationes において成立するごときそれである。これは、アリストテレスが『倫理学』第5巻において、「交換の正義」iustitia commutativa 乃至は「交換とか交渉に対する規整の正義」iustitia directiva commutationum sive communicationum と呼ぶところのものにほかならない。

さらに混乱させることに、「交換的正義」という言葉は、矯正的正義を扱う『ニコマコス倫理学』第5巻第4章の次にくる第5章で取り上げられる「応報的正義」の訳語としても採用可能である[34]。実際、「応報」という犯罪と刑罰の関係を示唆する言葉が用いられているにもかかわらず、それは『ニコマコス倫理学』の文脈では、主として、交易ないし交換におけるある種の「等しさ」をさしているのである。その結果、矯正的正義の意味での「交換的正義」と応報的正義の意味での「交換的正義」とが明確に区別されず、後代の倫理学者や法学者の間でさえ曖昧なまま理解される傾向が生じた。

12. 応報的正義

アリストテレスは、特殊的正義は二種であると明言しつつも、両者と多少なりとも異なるように見える、いわば「第三の特殊的正義」を取り上げている。関連する部分を引用しておこう。

Ⅷ-13　アリストテレス『ニコマコス倫理学』1132b-1133b[35]
　　（1）　だが一部のひとびとにあっては、「応報をえている」（アンティペポントス）と

33　高田三郎訳『神学大全2』（創文社、1963年）214頁
34　岩田靖夫（前掲注17）285頁の注109参照。
35　『ニコマコス倫理学（上）』（前掲注1）第5巻第5章185-188頁。各段落に番号を振った。ただし、最後の段落は、原文にない改行を施した。また、注目するべき箇所に下線を引いた。

```
        A大工              C家屋
            \            /
             \          /
              \        /
               \      /
                \    /
                 \  /
                  \/
                  /\
                 /  \
                /    \
               /      \
              /        \
             /          \
            /            \
        B 靴工             D 靴
```

図8-5 応報的正義における対角線的関係

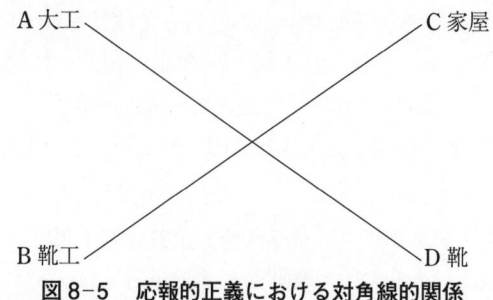

いうことが、そのまま、「正」ということにほかならない、と考えられている。……だが、単純に応報的というのであっては、配分的な「正」の場合に適合せず、矯正的な「正」の場合にもやはり適合しない。彼らは、

　なしたところをなされてこそ
　まがりのない
　正義の審き（ディケー）というもの[36]

といったふうの、彼らのラダマンテュス的な「正」[37]を、特にこの後者の意味〔矯正的な「正」〕で言っているのであろうけれども――。……しかしながら、交易的な共同関係においては、やはりこのような「正」がその楔(くさび)となっていることはあらそえない。もちろんそれは、比例に基づく応報的な「正」であって、単なる均等性に即してのそれではないが――。

　（2）　実際、国の維持されてゆくのは比例的な仕方でお互いの間に「応報」の行なわれることによってなのである。けだし、ひとびとはあしきことがらに対しては、やはりあしき仕方で応じようとする。然らざればそれは奴隷的な態度だと考えられている。また、よきことがらに対しては、彼らはやはりよき仕方で応じようとする。さもなくば相互給付ということは行なわれず、ひとびとは、しかるに、相互給付という楔によって結ばれているのである。……

　（3）　比例的な対応給付が行なわれるのは対角線的な組み合わせ(アンティドシス)による。Aは大工、Bは靴工、Cは家屋、Dは靴〔図8-5参照〕。この場合、大工は靴工から靴工の所産を獲得し、それに対する報償として自分は靴工に自分の所産を給付しなくてはならない。それゆえ、まず両者の所産の間に比例に即しての均等が与えられ、その上で取引の応報（アンティペポントス）が行なわれることによって、いうところの事態は初めて実現されるであろう。もしそうでないならば、取引は均等的でなく、維持されもしない。事実、一方の所産が相手方の所産以上のものであるような事例は充分ありうるのである。……

　（4）　詳言すれば、かような共同関係の生ずるのは二人の医者の間においてではなく

36　同書278頁訳注39によれば、「ヘシオドスからの断片」。
37　同書278頁訳注40によれば、「ラダマンテュスはゼウスを父としエウロペを母とし、クレータ島の伝説的な王ミノスの兄弟。彼は死人の審判者の一人とされた。「眼には眼を」というような、直接的に同一なものをもってする報復が彼の審判の原理である」。

して、医者と農夫との間においてであり、総じて異なったひとびとの間においてであって、均等なひとびとの間においてではない。かえってこれらのひとびとは均等化されることを要するのである。交易されるべき事物がすべて何らかの仕方で比較可能的たることを要する所以(ゆえん)はそこにある。こうした目的のために貨幣は発生したのであって、それは或る意味においての仲介者（メソン＝中間者）となる。事実、貨幣は、あらゆるものを、したがって過超や不足をも計量する。それは、だから、幾足の靴が一軒の家屋に、ないしは一定量の食品に等しいかということを計量するのである。……あらゆるものが或る一つのものによって計量されることを要するのである。この一つのものとは、ほんとうは、あらゆるものの場合を包むところの需要にほかならない。けだし、もし必要が少しも存在しないか、ないし双方に同じような仕方において存在しないならば、交易は成立せず、ないし現在のような仕方での交易は成立しえないであろう。しかるに、申しあわせに基づいて、貨幣が需要をいわば代弁する位置に立っている。さればこそまたノミスマという称呼をそれは有しているのである。それは本性的(フユシス)ではなくして人為的(ノモス)であり、すなわち、これを変更することや、これを役に立たないものにすることはわれわれの自由なのだからである――。

（5）　かくして、<u>農夫の靴工に対するごとくに、靴工の所産が農夫の所産に対すべく均等化された場合</u>、取引は応報的となるであろう。もちろん彼らが交易を行なったあげくにこれを比例のかたちに導くのではいけない〔それでは回復をこととする矯正的正義の問題になってしまう〕のであって（でなければ当事者の一方がＸの二倍だけの過超利得を得ているかもしれない）、かえって、<u>双方が自己の所産を手放さないあいだにこれを比例のかたちに導く</u>のでなくてはならない。以上のような仕方においてのみ、彼らは均等的であり共同関係的である。……Ａは農夫、Ｃは食糧、Ｂは靴工、Ｄは彼の均等化された所産。……。

　（5）でのべられている例について、私の解釈を図8-6に示しておいた。それに目をやりつつ、以下しばらく読んでいただきたい。

　後代「矯正的正義」の内容とされることの多い、「相互給付」あるいは「給付と反対給付」の等価性ということは、（2）にあるように、実は、この「応報的正義」の文脈で語られている。

　（3）にある対角線的組み合わせ（図8-5参照）とは、図8-6でいえば、農夫は、自分の生産したある量の食糧と引き換えに、靴工の生産した靴を何足か受け取るということである。靴工かみれば、靴工は、自分の生産した何足かの靴と引き換えに、ある量の食糧を農夫から受け取るということである。

　靴1足が、ある食糧1単位の2倍の値打ちをもっている（図8-6におけるｘが2）とすれば、2単位の食糧と靴1足を交換するのが「応報的正義」にかなっていることになる。同じことだが、Ｃの1単位とＤの1単位の値打

446　第8章　正義の概念

```
比例：A：B＝C：D
反比例：C：D＝1：x
xは競争市場における
交換比率。
単純化のため靴1足
との交換を考えた。
```

人間の価値（労働費用）

A 農夫　　C 食糧1単位

B 靴工　　D 靴1足＝xC

生産物の価値

交換される物の等価性

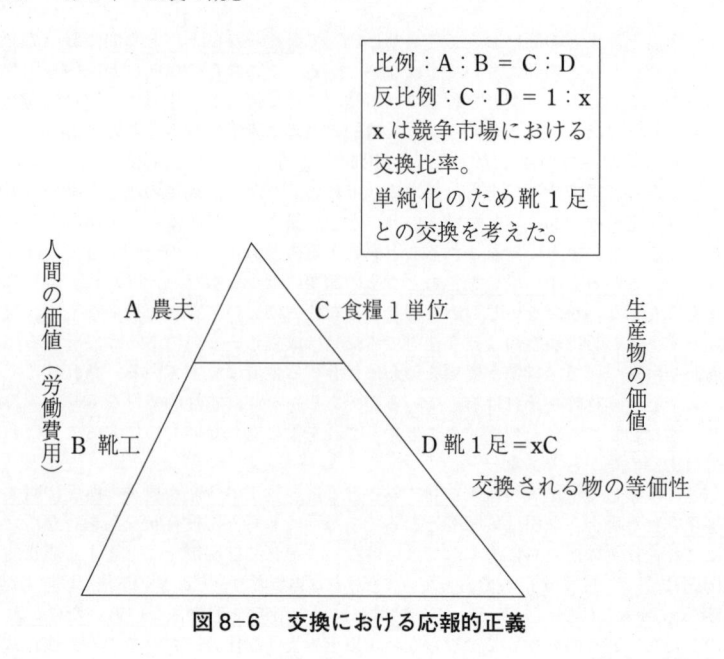

図8-6　交換における応報的正義

ちの比が1対2だとすれば、交換比率は、Cの2単位対Dの1単位ということになる。交換されるそれぞれの物一個の価値×数量が一定（つまり等価）ということである。つまり、価値と数量の間に反比例の関係が成立する。（1）にある「比例に基づく応報的な「正」」および（3）にある「比例に即しての均等」とは、このことを意味する。

　すると、応報的正義で言及される「比例」とは実は反比例である、と結論づけてよいように見える[38]。それで間違いではない。だが、応報的正義には、実はもう一つの比例関係が登場している。それは、（5）の「農夫の靴工に対するごとくに、靴工の所産が農夫の所産に対すべく均等化された」という文から読み取ることができ、A：B＝C：DまたはA：C＝B：Dという関係である。これは、配分的正義に登場したのと同じ幾何学的比例、すなわち「価値に応じた等しさ」である。「応報的正義」には、比例と反比例の両

38　これに対する異論として、高田三郎訳『ニコマコス倫理学』（前掲注1）278-279頁の訳注41参照。高田は、「「比例的」を「それぞれの場合に応じて」という……日常的な意味に解しておく」という。本文中でのべるように、私はこの解釈に賛成しない。

方が登場しているのである。図8-6では、反比例の関係は D＝xC という等式で表しておいた。

13. 交換的正義についてのシュンペーターの解釈

「応報的正義」の意味でのアリストテレスの「交換的正義」について、シュンペーターは、経済学的観点から以下の引用文章Ⅷ-14のようにのべている。

一読してわかるように、経済学史の大家らしくあまりに大胆かつ鋭い解釈である。アリストテレス学者は、古代ギリシア語とギリシア文化ないし哲学に関する豊富な知識をもってそのテキストで使用される文言表現を手がかりに、アリストテレスを解釈するであろう。だが、そのような能力だけでは各分野の学説史は書けないということを見事に例証する文章でもある。法哲学すなわち法哲学史を学ぼうとするものにとって、裨益するところの多い文章である。

シュンペーターは、アリストテレスは真実こう考えたのだとレトリカルにあえて断言しているが、学説史を読む者にとって、実は、それが真実であるかどうかはたいして重要ではない。

Ⅷ-14　シュンペーター『経済分析の歴史（上）』[39] 103-104頁

　　アリストテレスはその経済分析を、正しく欲望とその充足の基礎の上に立って行った。自足した家計の経済から出発して、彼は分業と物々交換を導入し、さらに直接の物々交換の困難を克服する手段として貨幣を導入した。……経済理論に関するかぎりは、以上……が、ギリシャの遺産を形づくっているものである。われわれはその消長をアダム・スミスの『国富論』にいたるまで辿ることになるであろう。『国富論』の最初の五章は同一方向の推論が発展した姿にほかならない。……

　　アリストテレスは、後代のいかなる著作家に比べても見劣りのしないほど<u>使用価値と交換価値をはっきり区別していた</u>し、そればかりではなく、<u>後者の現象が何らかの方で前者から導かれることをも認識していた</u>[40]。しかし、そのこと自体としてみれば、これは常識たるのみならずまた平々凡々事であり、しかも彼はそれ以上には進まなかった。彼がなしえなかった点は後の〔＝後期〕スコラ学者たちによって補われ、彼らはアリストテレスが展開したとは言いえない価格の理論を展開した功績を享受した。これは

39　前掲注11参照。下線による強調および亀甲括弧内は、亀本による。以下の引用においても同様とする。

40　『政治学』（前掲注4）第1巻第9章23頁（1257a）に、「靴には靴としてはくという用と交換品としての用とがある。両者いずれも靴の用である。……」とある。

そもそも彼が価格形成における正義——「流通」〔＝交換 commutative〕の正義——という倫理的問題に没頭していたために、現実の価格形成についての分析問題から関心を逸らされたことによる、といままで言われてきた。しかしこれほど真相から遠いものはない。価格形成の倫理学に没頭することは、後期スコラ学徒の例が充分に示すように、むしろ人が現実の市場機構を分析にするために持ちうる最も強力な動機の一つなのである。事実の問題として、アリストテレスがこれを試みようとして失敗したのを示す若干の章句がないとは言えない。

同104頁注1
　これらの章句のうちもっとも特徴的なのは『倫理学』〔第〕5〔巻〕(1133) に現われているものであるが、それを私は次のように解釈する。「農民の労働が靴屋の労働と比較されるように、農民の生産物は靴屋の生産物と比較される」。少なくとも私はこれ以外の意味を、原典の章句から引き出すことができない。私にして正しければ、アリストテレスは、明示的には述べえなかったものの、価格についてある種の労働費用説を手探りしていたのであった。

　上の最後の段落のかぎ括弧内の文章は、古典学者あるいは哲学史家による「農夫の靴工に対するごとくに、靴工の所産が農夫の所産に対すべく均等化された」（前述本章12で引用した文章Ⅷ-13の（5）参照）という通常の翻訳と同じ原文に対応するものである。両者の違いを味わっていただきたい。
　その後に続く「私はこれ以外の意味を、原典の章句から引き出すことができない」という文は、大いに異論があることを承知の上で、専門家としての自信を誇示するレトリックである。もちろん、これは、史上最高の経済学説史家であることに専門家の間でほとんど異論がないシュンペーターだからこそ重みをもつ発言である。並の学者が言っても、相手にされないであろう。
　ポイントは、「労働」ということを補って解釈した点にある。労働の費用、たとえば[41]、その労働をすることで失った余暇の時間を考えれば、前掲図8-6におけるA：Bを、農夫がその食糧1単位を生産するためにかけた時間と靴工が靴1足を生産するためにかけた時間の比と解釈することがき、食糧1単位と靴1足の価値の比もそれと等しくなるのである。アリストテレス注釈者たちは、そのような解釈をする能力に不足していたからこそ、テキストの文言にこだわって、「応報的正義」と「比例」の関係について、何百年にも

41　いわゆる再生産費説を考えてもよい。それは、労働の価値を、労働を再生産するための費用、簡単にいえば生活費で測る考え方である。

わたって、ああでもないこうでもない、という論争を展開してきたのである。「概念ないし理論の解釈と言葉の解釈とは異なる」(前述第7章**16**)ということを思い出していただきたい。

シュンペーターからの引用文章Ⅷ-14の最後の文中の「手探りしていた」という表現からもわかるように、アリストテレスのテキストに「労働費用説」を読み込むことは素人には至難のわざである。しかも、「試みようとして失敗した」点に注目する解釈など、経済学史の専門家であっても、最高度のわざである。素人は、成功した点、つまり今でも認められる点ばかりに注目しがちなのである。

テキストの言葉だけを頼りに、経済学史——法哲学史等ほかの分野の学説史や歴史一般についても同じ——を書くことはできない、ということを銘記されたい。何らかの観点を企投しないかぎり、学説史にとって有益な解釈を行うことはできない。技倆の差は、どのような観点を企投するかというところに出る。企投の仕方に相応の説得力があるかぎりで、いくつかの「歴史」があってよい。

14. 自然価格＝公正価格

上記引用文章Ⅷ-14に続けて、シュンペーターは次のようにのべている。

Ⅷ-15　シュンペーター『経済分析の歴史（上）』104-106頁[42]

けれども彼は**独占**（Monopoly）の場合を考察していたのであって（『政治学』〔第〕1〔巻〕、〔第〕11〔章〕および『倫理学』〔第〕5〔巻〕、〔第〕5〔章〕）、これを定義して、以来つねになされてきたのと同様、独占とは市場における**単一の売手**……という状況にほかならないとした。そして彼はそれを「不正義」として斥けたのである[43]。

42　前掲注11 参照。
43　例によって、明白だという調子で書いてあるが、アリストテレスが「独占を不正義として斥けた」という解釈に到達することはそれほど容易ではない。アリストテレスは『政治学』第1巻第9章から第11章において、「取財術」を、善く生きるために必要不可欠なものを利用し、あるいは入手するためのものと、金儲けないし利殖そのものを目的とする商人的なものとに分け、前者は自然にかなっているが後者はそうではないとした上で、自然に反する後者の取財術のうちの最も巧妙なものとして売手独占を挙げている。「自然に反する」ということは、非徳を意味するから、シュンペーターが「不正義」とのべているのは、広義の正義の意味においてである。

ちなみに、『政治学』（前掲注4）29頁（1258b）に、「憎んで最も当然なのは高利貸しである」とある。また、『ニコマコス倫理学（上）』（前掲注1）第4巻第1章138頁（1121b-1122a）の「けち」に言及する文脈で、「僅かばかりの金銭を高い利子で貸しつけるひとびとのごとき……に共通

これらの事実は若干の価値理論史家を悩ませてきた一つの問題の解決をもたらすように思われる。アリストテレスは疑いもなく価格形成における正義の基準を探求し、これを人が与えるものと受けとるものとの「等価性」（イクイヴアレンス）のなかに見出した。ところで物々交換もしくは売買の行為においては、両方の側がそれぞれこの行為の行われる前に見出した自己の経済状況よりも、この行為の行われた後の状況のほうを選好する——そうでなければ物々交換や売買を行う動機は存在しないであろう——という意味において、両者は必然的に利益を得ることになるのであるから、当然、交換される諸財の「主観的」価値ないし効用価値のあいだや、あるいはまた財とそれの代わりに授受される貨幣のあいだには、何らの等価性もありえないことになる。さらにアリストテレスは何らの交換価値ないしは価格の理論をも提供しなかったのであるから、これらの理論史家たちは、アリストテレスが心のなかに、事物に本来内在し、状況とか人間の評価や行動とかからは独立している、何らかの神秘的な客観的もしくは絶対的価値を思い浮かべていたにちがいないと結論するのである。このような形而上学的実体は哲学的趣向を持つ人にはもっとも歓迎されるべきものであろうが、より「実証的な」タイプの人にはもっとも不愉快なものであろう。しかし上記の結論のように言えないことは確かである。交換価値の説明に失敗したからと言って、交換価値の現象を一個の事実として認識すること失敗したとは言えない。したがってアリストテレスは、交換価値によって測られたある種の神秘的な価値実体よりも、むしろ単純に貨幣という尺度で表わされた市場における交換価値を考えていたのだと想定するほうがはるかに合理的である。しかしこのことは、彼が現実の商品価格を彼の流通の正義の標準として容認し、そうすることによって価格の正義不正義を表明する手段を放棄してしまったことを意味しないであろうか。いや、そのようなことはない。われわれは前に彼が独占価格を非難したことを見てきた。アリストテレスの目標にとっては、独占価格を、個人もしくは個人の集団が自分たちの利益のために設定した価格と同一視することは、決してこじつけではない。個々人が自由にこれを動かしえず、ただ与えられたものとして受けとるほかはないような価格、すなわち正常な条件の下で自由市場に現れる競争価格は、彼の非難するところとはならない。ゆえにアリストテレスが正常的競争価格をもって流通の正義の標準と考えたであろうと推測すること、あるいはいっそう正確に言って、彼がそのような価格で行われている個人間のいかなる取引をも「正当」〔just〕なものとして進んで容認しようとしていたと推測することは、——これは事実上スコラ学者が明示的になすべきこととなったものであった——何ら奇妙なことではない。もしこのような解釈が正しいならば、商品の公正価値〔just value〕という彼の考え方はまことに「客観的」なものであるが、しかしそれはただいかなる個人もこれを自分自身の行動によって変更しえないという意味において、そうであるにすぎない。さらにまた彼の公正価値はとりもなおさず社会的価値[44]……であ

的なものは、きたない利得欲である」とある。古来、あらゆる地域で、高利貸しは庶民から憎まれてきた。キリスト教は、キリスト教徒に利息付金銭消費貸借を禁止したが、高利貸し（あるいは低利貸し）への嫌悪、軽蔑、差別は、どこにでも見られる偏見である。経済学を学ぶ意義の一つは、高利貸し、ひいては商業一般に対するそのような偏見を解消する点にある。第2章で利息制限法をめぐる法律家の考え方を取り上げた理由の一つもそこにある。アダム・スミスのいう「文明社会」（＝「商業社会」）に到達するには、きわめて長い時間がかかるのである。おそらく今でも、人類はそれに完全には到達していない。

ったが、これもまた、それが一群の合理的な人間の行動の超個人的結果にほかならないという意味においてそうであるにすぎない。いずれにせよ、これらの価値は、商品の数量にその正常的競争価格を乗じたもの以上に形而上学的なものでもなければ絶対的なものでもないのである。……

　実は、応報的正義の意味での「交換的正義」に関する私の解釈は、このシュンペーターの大胆な解釈に基本的に従っている。中世以来、何が正義にかなった価格かということについては争いがあった。だが、後期スコラ学派以来、「正常な条件の下で自由市場に現れる競争価格」自体が「正義にかなった価格」として認められるようになった。それは「自然価格」ともよばれる（前述第7章21参照）。そこでも、「自然な」ことは、アリストテレスと同様、「よいこと」、「正しいこと」とされた。

　シュンペーターは、等価性を素朴に信じるアリストテレスが価格メカニズムの説明に失敗したにもかかわらず、彼が独占価格を否定的に評価していることを反対解釈――つまり、「競争価格」を肯定的に評価していると――して、彼を「自然価格」＝「公正価格」の学説の先駆者とみているのである。テキスト上の根拠が薄弱であるにもかかわらず、見事な解釈としか言いようがない。

　矯正的正義を、等価交換を要求する「交換的正義」と誤解した場合でも、自由競争下で成立した随意的交換に矯正的正義が適用される余地はない、と考えるべきであろう。少なくとも、そのような随意的交換に矯正的正義が適用されることを明示的に肯定する文章はアリストテレスのテキストには見当たらない。

　また、前述本章12で引用した文章Ⅷ-13の（4）にある「需要」という言葉に、シュンペーターがあまり注目していない点にも注目されたい。価格と数量との関係を表す経済学的意味での「需要」という概念をアリストテレスがもっていなかったことには疑問の余地がない。それゆえ、シュンペーター

44　シュンペーターは、ここに注を付して次のようにのべている。「この観念〔＝社会的価値〕は何代もの時代をつうじて現われつづけた。……しかしある人々には強くアピールしたように見えるとはいえ、これには重要なものがほとんど含まれていない。すなわち、およそ社会主義でない社会がそれ自体で商品の評価をなすと断言することには、何らの現実的な意味も存しないのである。ただし社会的影響が個人の主観的評価を形づくり、それが個人の行動を左右して、価格と「客観的価値」とを生ぜしめると言うのなら、それはもちろん正しいことである。」（同書106-107頁注3）。

は、まともに扱うことに経済学的意味がない「需要」や「必要」というアリストテレスの言葉にこだわるのはやめて、端的に「貨幣という尺度で表わされた市場における交換価値」のことを考えていたと読んでいるのである。

これは、経済学的にみてきわめて優れた解釈であるが、古典の解釈に莫大な能力が必要である理由は、これは同時に、経済学的にみ・な・く・て・も・優れた解釈だからである。経済学を知らないから、アリストテレスの「経済学」はわからないという弁明は、古典学者だけでなく、法哲学者にも許されるものではない。法哲学者は、必要なら何でも勉強しなければならない。私は今、経済学史をやっているのではなく、法哲学史をやっているのである。

ところで、理解力の優れた読者のなかには、シュンペーターがアリストテレスのテキストに読み込んだ「労働費用説」は、労働価値説の一種であり、それは「神秘的な価値実体」ではないのかという鋭い疑問を抱く人もいるかもしれない。

アダム・スミスは、すべての商品を労働の産物とみ、すべての商品の交換価値を通分する尺度として「労働」をおいた[45]。イギリス古典派経済学の傍流に属するマルクスも基本的にそれに従った。「労働」は見方によっては、神秘的な価値実体となりうる。だからこそ、シュンペーターは、「労働価値説」ではなく、より正確に「労働費用説」と表現したのである。たとえば、労働の質は無視して、単純に費用を労働時間で測る場合、神秘的なところは何もなくなる。

15. 応報的正義の要点

くり返すが、労働費用説的解釈は、応報的正義の説明において、アリスト

45　古典派が労働価値説をとったにもかかわらず、消費理論を除き、生産と交換の分野でそれなりの成功を収めえた理由は、実際には、需要と供給によって商品の価格が決まるという考え方を採用していたからである。マルクスでさえそうである。労働が商品の価値の源泉であると強弁しても、だれも欲しがらないものを生産する労働に価値を認めることは困難であるから、マルクスは、「社・会・的・に・必・要・な・労働」という曖昧な概念を採用せざるをえなかった。これは、アリストテレスのいう「需要」ないし「必要」という概念に近い。マルクス（向坂逸郎訳）『資本論（一）』（岩波文庫、1969年）第1篇第1章74-75頁参照。その点への批判として、ノージック『アナーキー・国家・ユートピア』（第4章注12）424頁参照。

いずれにせよ、アリストテレスの考え方が、主観革命まで、二千年以上生き延びた事実に驚かざるをえない。もっと驚くべきことに、経済学をきちんと勉強しない正義論者の間では現在もなお平然と生き延びている。本書で2章もかけて、経済学を扱った意図を了解していただきたい。

テレスが生産者の価値に比例した生産物の価値という考え方を採用しているがゆえに必要だったのである。反比例の考え方、すなわち「商品の数量にその正常的競争価格を乗じたもの」が交換者の間で等しいということは、これと、注目する点が異なる。

　応報的正義の項目におけるアリストテレスの主要な考え方は、反比例の考え方にある。だが、アリストテレスが「比例」という言葉を、反比例をさす場合にも使っているために、どこで正比例が登場するのかややわかりにくい。そのような事情を考慮して、私は、前掲図8-6を、あえて正比例の説明のほうに重点をおいて表現した。

　また、矯正的正義と応報的正義の決定的な違いは、アリストテレス自身が前述本章12で引用した文章Ⅷ-13の（5）で明言しているように、加害者の利得に等しい被害者の損失の事後的回復か、事前における反比例の意味での等価かの違いにある。後者は、裁判官の正義ではない。むしろ、「よきことがらに対しては、……よき仕方で応じようとする」（Ⅷ-13の（2）参照）ものである。

　ちなみに、「あしきことがらに対してあしき仕方で応じる」という「応報」の普通の意味への言及があるのは、その文の二つ前の文（およびⅧ-13の（1）の詩の引用に続く部分）においてだけである。アリストテレスの文章を素直に読めば、犯罪と刑罰（ただし刑罰と損害賠償は未分離）の関係にかかわるのは、矯正的正義であるが、彼のいう「応報的正義」をあえて犯罪と刑罰の関係に適用するとすれば、前掲図8-6における反比例の関係は登場せず、犯罪間の反価値の比と刑罰間の比とを等しくする比例のみが残ることになろう。刑罰は、ある意味で「犯罪の価格」ではあるが、人と人との間での刑罰と刑罰の交換という事態をアリストテレスは想定していないからである。

　アリストテレスが応報的正義の項目で犯罪と刑罰に言及せず、もっぱら交換に話を限定した理由の一つは、この点にあるように思われる。これは、応報的正義における主眼が反比例関係にあるという解釈の正しさの傍証となる。

　また、アリストテレスの意に反して、応報的正義を犯罪に適用する場合でも、そこで幾何学的比例が使われているからといって、罪刑の応報的正義は、アリストテレスのいう「配分的正義」に吸収されてしまうわけではない

ことにも注意されたい。後者は、ポリスの市民の間で共同のものの配分にかかわるからである。刑罰が共同のものの配分にかかわると考える人はいないであろう。

16. アリストテレスにおける正義と法の関係

前述本章7で触れたように、アリストテレスにとって、法と道徳は未分離で、法は、広義の正義を命じるもの、つまり、有徳であること、または徳に発する行為を命じるものであった。しかも、それは、前述本章2で触れた「ポリスにおいて」という、普遍宗教であるキリスト教の道徳には見られない決定的に重要な限定を伴うものであった。このことは、アリストテレスが政治学ないし倫理学に関連する文脈のいたるところでくり返すところである。その一例を引用しておこう。

> Ⅷ-16　アリストテレス『ニコマコス倫理学』1134a[46]
> ……われわれの探求の主題をなしているものは、無条件的な意味における「正」であるとともに、それは現実の市民社会的（ポリティコン）な「正」でもあることをわれわれは看過してはならぬ。市民社会的な「正」とは、自足ということの成立のために生活の共同関係に立っているところの、自由人たる身分を有しており、比例的にまたは算数的に均等であるひとびとの間における「正」なのである。したがって、およそこうした規定の該当しないひとびと〔＝奴隷、外国人、女性、未成年者等〕にとっては、お互いの間に市民社会的な「正」は存在しないのであって、単に何らかの、すなわち類同性に基づく転用的な意味での「正」が存在するにすぎない。「正」ということは、およそお互いの関係を規定する法の存在しているごときひとびとにとってのみ存在するものなのである。
> ところで、法の存在するのは不正義の存在するひとびとの間においてである。……すなわち、ひとびとは自分へは、無条件的な意味での善を過多に、また無条件的な悪[47]を過少に配するということが現にあるのである。われわれが人間をして支配せしめないで「ことわり」をして支配せしめるのもこのゆえである。……

「ポリティコン」に対して「市民社会的」という訳語が採用されているが、「ポリス的」、「ポリスにおける」、「政治的」といった訳語を採用することも

46　『ニコマコス倫理学（上）』（前掲注1）第5巻第6章192頁。
47　「無条件的な善、悪」は、たとえば、利得と損失をさす。しかし、利得を過多に損失を過少に受け取ることは不正であり、それが不正義という非徳に発する場合、その人にとっては無条件的な善であるにもかかわらず、いわば「条件つきの」（つまり徳の倫理からみて）悪となる。

できる。
　「ことわり」とは、「法」というロゴス（＝言葉、理性）のことである[48]。そこにいう「法」には、制定法だけでなく、慣習法・不文法も含まれる。そのような考え方は、いわゆる「法の支配」に近い発想のようにも見える。だが、そのような理解は私の経験からして間違うことが多いので、断定も推測も、あえてしないでおきたい。同一の観念によって理解できるからといって、それが歴史的に同一の意味をもっていたかどうかはわからない。
　アリストテレスには、自然法対実定法の対比図式もすでに現われているように見える。

Ⅷ-17　アリストテレス『ニコマコス倫理学』1134b[49]
　　市民社会的な「正」にも自然法的（フュシコン）なそれ[50]もあるし、人為法的（ノミコン）なそれもある。自然法的なそれは、いたるところにおいて同一の妥当性を持ち、それが正しいと考えられているといなとにかかわらない。これに対して、人為法的なそれは、こうであってもまたはそれ以外の仕方であっても本来は一向差支えを生じないのであるが、いったんこうと定めた上は、そうでなくては差支を生ずるごときことがらである。……だが、「それ以外の仕方においてもありうることがら」のうち、いかなる性質のものが自然本性によるものであり、いかなる性質のものがそうではなくして人為法的であり契約によるものであるのだろうか、ともに同じく変動的なものでありながら——。

　ここにみられる自然法対実定法の対比は、古代ギリシアに古くからある自然と人為の対比[51]を法に応用しただけだとも言える。だが、自然法的「正」の内容が変動するにもかかわらず、「自然本性」によるという説明はわかりにくい。上で引用した文章の直後に、アリストテレスは、「自然本性的には

　48　『ニコマコス倫理学（上）』（前掲注1）280頁の訳注53による。ただし、「法という」という文言を補ったほうがよいかどうかは微妙である。同書第2巻第2章58頁（1103b）に、「われわれの行為は「正しきことわり」（オルトス・ロゴス）に従うものたるべきだということは、〔倫理学〕全般に共通したことがらであり、このことをわれわれはわれわれの〔倫理学の〕論述の基礎に置かなくてはならぬ。」とある。
　49　同書第5巻第7章194-195頁。
　50　同書280頁の訳注58によれば、「自然本性的な正」とも訳せる。同注にみられる「正」を「権利」とする解釈には、アリストテレスに中世的ないし近代的意味での「権利」の観念がなかったことは明らかであるから、まったく賛成できない。
　51　たとえば、F. ハイニマン（廣川洋一・玉井治・矢内光一訳）『ノモスとピュシス』（みすず書房、1983年）参照。

右手のほうが強い」とのべているので、現代人には、何が「自然本性による」かも、何がそこで「正しいと考えられているか」ということによるのではないか、という彼が否認しようとしている疑問を呼び起こすように思われる。

アリストテレスの「自然法」が、ヘレニズム期以降に登場するストア派に見られる、人間を超えた「宇宙の自然法則」としての自然法という考え方とは異なるという点をさしあたり確認しておけばよい。アリストテレスにおいて「自然法」は、他の仕方でもありうる人間的なものである。決して永遠不変のものではない。実定法も、ポリスの市民間の約束事と考えられている。キリスト教における自然法論には、アリストテレス的自然法論とストア的自然法論の両方が流れ込んだ。

正義の一種としての「衡平」については、第2章25ですでに説明した[52]。ここでは、関連する文章をアリストテレス自身から引用しておこう。

Ⅷ-18　アリストテレス『ニコマコス倫理学』1137b[53]

問題の根源は、しかしながら、「宜」〔エピエイケイア＝衡平〕は「正」であっても、それはしかし法に即してのそれではなく、かえって法的な「正」〔ノミモン・ディカイオン〕の補訂にほかならないというところに存する。そしてこのことの因がどこにあるかというに、法はすべて一般的なものであるが、ことがらによっては、ただしい仕方においては一般的規定を行ないえないものが存在する。それゆえ、一般的に規定することが必要であるにかかわらず一般的なかたちではただしく規定することのできないようなことがらにあっては、比較的多くに通ずるところを採るというのが法の常套である。その過っているところを識らないではないのだが——。しかも法は、だからといって、ただしからぬわけではない。けだし過ちは法にも立法者にも存せず、かえってことがらの本性に存するのである。つまり、〔倫理学の対象である〕「個々の行為」なるものの素材がもともとこのような性質を帯びているのである。……法が一般的に語ってはいても時として一般的規定の律しえないような事態が生ずるならば、その場合、立法者の残しているところ、つまり、彼が無条件的な仕方で規定することによって過っているところをうけて、不足せることがら——立法者がその場合に臨めばやはり彼自身も規定のなかに含ませるであろうような、そうしてもしすでにそれを知っていたならば立法しておいたであろうような——を補訂するということは正しい。

52　前述75-76頁。Hardieは、（前掲注17）p. 210において、ヴィノグラドフが、個別的事情への対応および欠缺補充をこえて、既存の悪法の変更の場合まで衡平に含ませていることを批判している。アリストテレスの解釈としてはハーディのほうが正しいかもしれないが、実際には、それら三者を峻別することはむずかしい。法律の素人と専門家の見解の相違として興味深い。

53　『ニコマコス倫理学（上）』（前掲注1）209頁

第 2 章20で取り上げた法哲学者横田喜三郎裁判官の「法の不備」に言及する意見[54]をもう一度読んでいただきたい。そして、プロの裁判官は、そのような場合も、専門家のわざとしか言いようのない解釈をもって、既存の一般的規定によって何とか対処しようとしたことを思い出してほしい。アリストテレスの「衡平」が日本の法律家の間で「法における常識」となっていないことの本当の原因はそこにある。それはそれで一つの法律家文化のあり方である。

だが、それは日本の法律家文化に必ずしも特有なものではない。たとえば、20世紀初頭ドイツ語圏において、「自由法論」の主張者 E. エールリッヒ (1862-1922) は、立法者が想定していない事態が生じたなら、それはそもそもそうした事態に対応する法律が最初からなかったことを意味するのであるから、裁判官は事件に応じた衡平な裁判をせざるをえないという、ある意味で当然のことをのべたが、主流派法学から「法律からの自由」、「恣意的な裁判」を説くものとして徹底的に攻撃された[55]。

そうした法律フェティシズムは、立法と司法が分化し、専門化が進めば進むほど強くなる傾向がある。古代ギリシアでは、そうした専門化がそれほど進展していなかったということを知った上でアリストテレスを読むべきである。アリストテレスものべているとおり、変動しない法や正義など存在しない。

倫理学者や哲学者の語る「法」について学んでも、当然ながら、法律家の法観念については学んだことにはならない。法哲学の専門家は、素人的法と専門的法の両方を扱う。

第 3 節　手続的正義

17. 自然的正義

アリストテレスが前掲Ⅷ-17でのべた「自然的正」という言葉は、natural justice (「自然的正義」) という専門用語として、今でも英米の法律家の間で

54　前述66頁。
55　さしあたり、亀本洋『法的思考』(前掲第 1 章注41) 341-346頁参照。エールリッヒの邦訳として、河上倫逸・M. フーブリヒト訳『法社会学の基礎理論』(みすず書房、1984年)、同訳『法律的論理』(みすず書房、1987年) 参照。

生き残っている。だが、それは、アリストテレスと直接のつながりはなく、したがって、人為的法と自然的法の対比を示唆する言葉というよりも、明白に人為法的な、それゆえ実定法的な観念である。

「自然的正義」は、実体法の内容の正しさではなく、裁判の手続の「正しさ」にかかわる。したがって、裁判（ないしは類似の裁定手続）における「手続的正義[56]」を表すものとされている。「自然的正義」は、イギリスのコモン・ローの伝統の中で発展してきたものであるが、法における手続的正義に関する類似の考え方は、現在では、英米法だけでなく、大陸法および日本法にも取り入れられている。

伝統的な自然的正義の原理を表す法諺(ほうげん)として、次の二つのものが有名である。すなわち、第一に、「人は自己の事件の裁判官になってはならない」、第二に、「裁判官は、両方の側から聴くべし」。

18. 対審システムとしての裁判

これらの法諺の含意がどのよう解釈されているかについては後で触れる。その前にここで確認しておくべきことは、それらが英米法上の裁判の手続を規制する原理だという点である。

英米法においては、裁判を利害の対立する二当事者間の紛争を解決する手続としてとらえる。しかも、裁判において真実を証明するために情報を収集し提示する責任（＝それに失敗したときの不利益を負担すること）は、第一次的に両当事者にある。裁判官は基本的に、両者の攻防の判定者にすぎない。このようなシステムは、「対審システム」（adversary system）とよばれる。それは、もともと敵と味方に分かれて争うということを意味する言葉である。（判定する第三者はいないが）戦争や、（今では審判のいる）サッカーのことなどを考えられたい。裁判は、暴力ではなく、口頭で争う戦争のようなものである。「対審システム」という訳語もしっくりこないが、「当事者主義」や「弁論主義」という訳語では、「敵」という最も中心的な含意がいっそう伝わりにくい（「当事者対抗主義」という、もっとましな訳語もある）。

---

[56] 現代正義論との関係についても深く論じる包括的な考察として、田中成明「手続的正義に関する一考察」『法の理論6』（成文堂、1985年）37-77頁参照。また、M. P. ゴールディング（上原行雄・小谷野勝巳訳）『法の哲学』（培風館、1985年）第6章参照。

対審システムは、犯罪者を発見するために、ヨーロッパ大陸でかつて採用されていた「糾問手続」(inquisitional or investigatory procedure)[57]と対比される用語である。そこでは、当事者が一人でもよいし、また、情報を取得し提示する責任は第一次的に裁判官にある。したがって、裁判官は、判決作成者と検察官ないし捜査官をかねることになる[58]。戦前の日本の刑事裁判制度は、糾問主義の色彩を多分にもっていた。

19. 公平の外観

「人は自己の事件の裁判官になってはならない」という前述の法諺は、裁判官が、① 判決の結果に利害関係を有しないこと、② 聴聞＝審理において当事者の一方に有利な指揮を行わないこと、③ 自分が扱った事件の上訴を担当しないこと、④ 検察官と裁判官を兼ねないことなどを要求するものと解釈されている[59]。一言でいえば、裁判官の「公平」(impartiality)ということである。

自分の家族や友人が訴訟当事者である場合など、裁判官が判決結果に利害関係をもっている場合、そのような裁判官による裁判は、当然、先の法諺に反するとされる。しかし、そのような利害関係の保持が、判決の実体的不正義をもたらすとはかぎらない。つまり、手続的不正義が、事実認定または法の解釈適用をゆがめるとはかぎらない。そのようなことをしない立派な裁判官もいるであろう。

この場合、手続的正義が問題にしているのは、いわば「正義の外観」なのである。外観上不公平な手続は排除されるべきだということである。それが要請される第一の理由は、外観の不公平が実体的な不正義をもたらしたかど

---

[57] 刑事裁判における自白偏重という歴史上の事実としての特徴は、ここではあえて軽視する。また、「糾問手続」ないし「糾問主義」という用語を、刑事訴訟法の専門家が理解する技術的意味より、「対審システム」と対比するという目的から、やや広くとっている。したがって、「糾問手続」は、福祉給付の受給の行政上の決定などにも応用可能なものと理解されている。

[58] Michael D. Bayles, *Procedural Justice Allocating to Individuals*, Kluwer Academic Pubishers, Dordrecht, 1990, p. 14参照。本書の全体的な目標は、対審システムが、さまざまな目的を有する行政上の、負担または受益の個人への配分の決定などには不適切であることの論証にあるが、その側面は以下では、原則として取り上げない。本書の紹介・検討として、佐橋謙一「非対審型モデルの適用における手続的正義の原理について——M. ベイルズの所論を中心に——」亀本洋『スンマとシステム』（前掲第7章注3）291-305頁参照。

[59] Bayles（前掲注58）p. 20参照。

うかを、人は普通知ることができないということにある。これよりも重要な第二の理由は、「不公平の外観」は、裁判への信頼の欠如につながり、それは法に従うことのばかばかしさの感覚を（とくに敗訴）当事者にもたらし、ひいては、法の全般的な不遵守に通じるということにある[60]。

　裁判官の公平な外観が保障されたほうが、そうでない場合よりも、結果としての判決の実体的正義も実現される可能性が高いであろう。しかし、公平な外観の保障は、結果としての「正義」——ここでは実体法に従うことが「正義」とみなされている——のいかんにかかわりなく、手続的正義の要請とされているのである。その手続的要請をみたしたからといって判決の実体的正義は保証されないが、その要請をみたさないものは、判決が実体的に正義にかなっているとしても、手続的不正義を犯すものとして否認されるのである。手続的正義は、そのような意味で、消極的なものであり、かつ、実体的正義に解消されない独自の意義をもっている。

20. 聴聞機会の保障

　「裁判官は、両方の側から聴くべし」という前述の第二の法諺は、対審における聴聞が、① 公開で行われること、② 迅速に行われること、③ 適切な時期に事前に告知されること、④ 聴聞ないし弁論のための時間が十分に与えられること、⑤ 弁護士の援助を受けることができること、⑥ 証拠を提出し、相手方の証拠に反論する機会が与えられること、⑦ 裁判が記録されること、⑧ 判決に理由が付されること、⑨ 上訴する機会があることなどを要求するものと解釈されている[61]。一言でいえば、聴聞機会の保障ということである。

　これらの要請も、実体的正義の実現、あるいは、より適切にいえば、実体的不正義の阻止につながる側面ももっている。たとえば、裁判が公開で行われることは、公衆の関心を呼び起こし、法のルールの不適切な適用や不正な裁量行使を防ぐことに貢献するであろう[62]。しかし、この場合も、それは、

60　同書 pp. 22-24参照。ただし、ベイルズは、「外観の手続的不正義」を裁判官が判決結果に利害関係をもっている場合に限定して論じているが、私はそれを、裁判の公平の外観全般に拡張して理解した。

61　同書 p. 41参照。

62　同書 p. 43参照。

実体的に正義にかなった判決に直結するものではない。公平な裁判と同様、聴聞機会の保障も、実体的不正義を防ぐという消極的な意味と、実体的正義と独立に判定されるという独自の意義とをもっている。

　もう一つ注意するべき点は、上に列挙したような諸要請相互が場合によっては対立するということである。したがって、そのような場合、それらの要請を比較考量し、バランスをとることが必要となる。たとえば、迅速な裁判と十分な聴聞＝審理時間とは対立する。前者は、当事者が計画的に行動することに役立ち、後者は、一般的には実体的に正しい判決につながる可能性が高いであろう。しかし、どこかで折り合いをつけざるをえないのである[63]。もちろん、弁護士は、自分の側に有利な原理の重要性をもっぱら強調するであろう。

　前述⑥にかかわる「不利な証拠に反論する機会の保障」について補足すれば、その原理が要請される理由は、次の二つである。第一に、不利な証拠に反論する機会が与えられなければ、判決が依拠する証拠は不完全であり、実体的に誤った事実認定ないし判決につながる可能性が高いということ。第二に、判決が実体的に正しいとしても、不利な証拠に反論する機会が与えられなかった場合、敗訴当事者は、正義が行われたと信じないであろう、そして、それはまた、不公平な裁判がもたらすのと同様な裁判不信および法の一般的な不遵守を惹起するであろうということである[64]。

　伝聞証拠を排除するという刑事裁判手続上の法則も、「不利な証拠に反論する機会の保障」と密接に関連している。「伝聞証拠」とは、それを最初にのべた人を裁判所に呼び出して、いわゆる「反対尋問」をすることができない証拠のことをさすからである。しかし、伝聞証拠であるという属性だけでは、常識的にみて、それが証拠としての価値を失わない場合もあることは明らかであろう。たとえば、工場の作業員のだれかが、製品の製造番号を刻印したが、それがだれかがわからない場合、その製造番号は、厳格な意味では伝聞証拠となる[65]。ここでも、手続上の証拠法則は、必ずしも実体的真実の発見につながらないという実例が見出される。もちろん、有能な弁護士は、

63　同書 pp. 44-45参照。
64　同書 p. 49参照。
65　類似の事例として、マコーミック『判決理由の法理論』（前掲第2章注34）178-179頁参照。

被告人を守るために、一般の常識に反してでも、法の常識に反しないかぎり、利用できる手続法則はすべて利用するであろう。

21. 形式的正義

「等しき者は等しく、等しからざる者は等しからざるように扱う」という正義の原則は、アリストテレスの正義論にも見られた。この原則を、個人がかかわる事件にまで拡張すれば「等しく事例は等しく扱う（そして、等しくない事例は異なった扱いをする）べきである」という原理となる。これは、伝統的に「形式的正義」の原理とよばれてきた。

これに対立する「実体的（または実質的）正義」とは、どの点において等しいとみなすかという内容にかかわるものである。その内容を特定すれば、ルールが導かれる。ルールの要件が等しい場合、同一の法的効果が発生するべきことになる。形式的正義は、実体的ルールの内容にかかわらず、ともかくもルールに従うことを裁判官やその他の決定者に要求する。

形式的正義の要求は、現代の倫理学では「普遍化可能性の要求」と捉えられることもある。それは、ある特定の個別事例について、問題となっている行為がよいとか正しいという道徳的判断を下す者は、その判断の根拠となった当該事例の事実に関する何らかの特徴と、本質的に同一の特徴を有する他の事例についても同一の判断を下す用意がなければならないという道徳的要請である[66]。どのような道徳的主張（または法的主張）であっても、それが普遍化可能性の要請をみたすように定式化する——つまりルールによってそれを表現する——ことができるから、それはきわめて弱い要請である。

あ・ら・か・じ・め・存・在・す・る・ルールに従って決定がなされるべきであるという要請は、これよりも強い要請である。それは、あらかじめルールを文言として定式化することによって、決定者の裁量の余地を少なくすることを狙っている。たんなる普遍化可能性の要求が無時間的なものであるのに対して、法における既存のルールへの準拠の要請は、過去の立法者によるルールの制定によって、現在の適用者の決定を制約しようとするものである。

注意するべきことが二つある。一つには、普遍化可能性の要求が無時間的

---

66 R.M.ヘア（小泉仰・大久保正健訳）『道徳の言語』（勁草書房、1982年）、R.M.ヘア（山内友三郎訳）『自由と理性』（理想社、1982年）24-62頁参照。

なものであるからといって、それは、過去から現在にいたるすべての決定を考慮して、そのすべてが普遍化可能であり、相互に矛盾してはならないということを必ずしも含意しない、という点である。ある幅をもった現在をとり、その時点で下されるすべての決定が普遍化可能で、相互に矛盾しないという要請として、それを解釈することもできる。要するに、普遍化可能性は、時間に言及していないのである。

　もう一つは、先例への準拠は、先例の基礎にルールがあるとみれば、(明確に文言化されていないという点をあえて軽視すれば)、既存のルールへの準拠と同じことをさすようにみえるが、その一方で、既存のルールへの準拠は、先例を無視して行うこともできるという点である。たとえば、制定法上のルールの解釈の仕方が先例となることもあるが、その解釈が間違った解釈であれば、先例を無視するほうが正しいということになる。

　普遍化可能性にせよ、既存のルールまたは先例への準拠[67]にせよ、これらの広い意味での形式的正義の要請は、手続的正義の要請の一つと解釈することもできる。裁判では、当事者となる個人を等しく扱うことが要請される。形式的正義は、理由が付されるべき判決において、裁判官の裁量を制約する一つの要素と位置づけることができるからである[68]。

　だが、裁判官が形式的正義の要請をみたす理由を付したからといって、判決の実体的正義が確保されることには必ずしもならない。既存のルールに従うということについてのみ説明すれば、第一に、ルール自体が「ガイドライン」に近いものである場合や、考慮するべきさまざまな観点が列挙されているだけで、それらの厳密なウエイトを指示していない場合は、実体的に間違った判決が下されることも出てくる。第二に、当該ルールの目的は一義的に明確なものであっても、ルールの内容がそれに直結するとはかぎらない場合、実体的正義をルールの目的の実現と考えた場合、ルールに正しく準拠することは実体的正義をもたらさないからである。そこで「衡平」を行使することがよいかどうかは、ルールを機械的に適用することから得られる「予測可能性」または「正統な期待の保護」の利益と比較考量する必要があり、簡

67　既存のルールまたは先例への依拠は、「効率性」(資源の節約)といった、正義とは別の価値に仕える側面もある。それらに従うことが、裁判官の負担を軽減することは確かであろう。
68　Bayles (前掲注58) p. 87参照。

22. 形式的正義と手続的正義

　先に、形式的正義を手続的正義の一構成要素として解釈した。だが、必ずしもそうする必要はない。形式的正義の要請を、やや紛らわしい言い方だが、実体的要請として、つまり、実体的ルールの内容において諸個人を形式的に平等に扱うという要請と解釈することもできるからである。

　また、手続的正義の内容を具体化する法的ルールは、何らかの特定化された内容——証拠法上のものとしては、たとえば、伝聞証拠の排除、違法収集証拠の排除、自己負罪拒否特権等——をもっている。それらも当然、形式的正義の要請に服する。形式的正義の射程は、実体法だけでなく、手続法にも及ぶのである。

　手続的正義と形式的正義は、明らかにカテゴリーを異にする。両者とも、その反対語が「実体的正義」であることが、その点をわかりにくくしているが。「等しい者は等しく扱うべきである」という文言だけみれば、その内容は、形式的正義と手続的正義とで共通するようにみえる。しかし、手続的正義は、単なる形式的正義ではなく、両当事者を手続において「公平」に扱うといった、「実体的内容」をもっているのである。混同が生じるのは、たとえば、「形式的正義」は何のためにあるかという問いを立て、それに対する解答として、「両者を公平に扱うためである」とか「平等な者として尊重するためである」という解答を用意することから生じる。(「普遍化可能性」という意味での)「形式的正義」自体の定義にとって、そのような問題設定は不要である。

　手続的正義に関する、これとは違うが、同じく混乱を誘う把握の仕方として、「手続」をいわば「ゲームのルール」と考え、それに従っているかぎり、結果は正しいという手続的正義の見方も往々にしてみられる。それによれば、たとえば、所有および契約に関する実定法のルールという「手続」に従う取引は、結果のいかんにかかわりなく正義にかなっている、ということになる。このような手続的正義の見方は、法における手続的正義の見方と似て非なるものである。法学では、そのようなルールは、手続法ではなく、実体法である。上の見解は、むしろ、実体法に従うプロセスをさして「手続」と

第3節　手続的正義　　465

よんでいるのである。

　上の例もそうだが、現代の政治哲学において手続的正義は、実体的正義については合意が得にくいという現況を背景として、ある種の手続に従って成立した結果は、結果の内容のいかんにかかわりなく正義にかなっているとみなすという考え方として援用されることが多い。その点で、法における手続的正義が主として消極的——つまり、手続に反することを理由に、結果も不正義とみなす——であるのと対照的である。法における手続的正義は、少なくとも裁判ないしそれと類似の手続においては、以上に説明したように、かなり明確で特定化された内容をもっているということを銘記されたい。

第9章　分配の正義

　本章では、現代正義論の中心分野ともいうべき「分配の正義」ないし「社会的正義」の問題を扱う。

　経済学では、すでにのべたように、資源の「配分」と、財ないし所得の「分配」とを明確に区別する。だが、さまざまな立場がありうる正義論において、経済学上の専門用語に固執する必要はない。にもかかわらず、現代正義論における大きな争点の一つが、「市場」を通じた分配が正義にかなっているか否かという点にあることを考慮して、本章では、経済学的用語法にならって、「分配」ないし「再分配」の正義、または、「分配的正義」という用語を一貫して使用したい。「配分的正義」という用語の使用は、人間の「価値」に応じた比例的配分をさすアリストテレスのそれ、または類似のものに原則として限定したい。

　最初に分配的正義の観念をそもそも否定する立場について、ヒューム、ハイエク、ノージック、ロールズなどを取り上げつつ概説した後、今でも分配の正義が意味をなすとする陣営に属する比較的穏健な立場の代表例として、デイヴィド・ミラーの多元主義的な社会的正義論を取り上げ、最後に、過去50年にわたる正義論がそれを中心に回っていると言っても過言ではない、ジョン・ロールズの正義論について、格差原理に焦点を当てながら検討したい。

第1節　行為の正義の理論

1．正義の前提としての「社会」

　分配の正義を取り上げるのに先立って、正義の主要内容を分配の正義にみない代表的見解として、ヒューム[1]（1711-1776）のそれを紹介することから

始めよう。

IX-1　デイヴィド・ヒューム『人性論（四）』[2] 56頁

……この［社会という］状況にあってもいろいろな要求は一瞬ごとに人間の上に積み重ねられるが、しかも人間の能力は、未開で孤独な状態のときに至り得る最大限以上に増大して、あらゆる点で人間を満足させ、幸福にするのである。けだし、各個人が別々に、ただ自分自身のために労働するときは、［第一、］人間の力は小さすぎて、何らかの著しい仕事を遂行するに足りない。［また第二に、］ひとりの人の労働がそのさまざまな必要のすべてを補うために用いられ、従って個々の技術が完全の域に達することは決してない。［さらに第三、］各人の力と［これを用いる場合の］首尾とはいつも等しくはない。従って、いずれかの点の些少の不足も、破滅と不幸とを不可避的に伴わざるを得ない。然るに社会は、これら三つの不便を救済する策をあてがう。［すなわち、第一には、］各人の力を連接して、よって以て我々の力を増大する。［第二に、］分業によって我々の能力は増す。［第三、］相互援護によって我々が運命や偶然に曝されることは少なくなる。このように力と能力と安固さとが加わるため、社会は［人間にとって］有利となるのである。

自然状態論[3]もそうであるが、人間が孤立して生活する状態と、社会のなかで他の人間と交流しながら生活する状態との想像上の対比は、社会哲学ないし政治哲学における常套手段である。正義も法も、「社会」を前提とする。アリストテレスにおいては、前提される「社会」は、「ポリス」であった（前章2参照）。一般的にいうと、想定される「社会」がどのようなものかによって、「正義」の内容も変わってくる。「正義」が普遍的内容をもつなどという非歴史的で普遍主義的な偏見は、この際、捨てていただきたい。

ヒュームによれば、孤立生活と比べた社会の有利さは、上記引用文章IX-1にあるように、次の三つである。第一に、協力ないし協働によって、ばら

1　以下の叙述に関連するものとして、杖下隆英『ヒューム』（勁草書房、1982年）168-180頁、舟橋喜恵『ヒュームと人間の科学』（勁草書房、1985年）とくに39-53頁参照。日本の法哲学者によるヒューム論として、桂木隆夫『自由と懐疑――ヒューム法哲学の構造とその生成――』（木鐸社、1988年）参照。

2　大槻春彦訳、岩波文庫、1952年。引用にあたっては，旧漢字を現代的表記に改めた。［　］内は訳者による補い。原著 *A Treatise of Human Nature, Being an Attempt to Introduce the Experimental Method of Reasoning into Moral Subjects*, Book III, *Of Morals* の出版は1740年。該当頁数は省略するが、David Hume, *A Treatise of Human Nature*, Analytical Index by L. A. Selby-Bigge, Second Edition with text revised and notes by P. H. Nidditch, Oxford University Press, Oxford, 1978を参照した。

3　前述第4章**10**参照。

ばらの個人ではできないような事業が可能になる。これは、諸個人が協力して事業をなしとげるとき、その成果が、孤立的諸個人の達成能力の単純加算を上回りうるということを含意している。第二に、アダム・スミスのいう意味での「分業[4]」による専門化によって、各人の仕事の能力が向上する。第三に、自分の目的の達成のために、他人の援助を仰ぎうるということである。それによって、自分一人でやったなら失敗するであろうリスクが軽減される。

2．「人為的」観念としての正義

ヒュームは、正義の観念[5]が、親しい者への情愛といった「自然的」な徳ではなく、自己愛ないし利己心と社会存立への諸障碍とから結果的に生じる「人為的」な徳であることを強調する。

IX-2　ヒューム『人性論（四）』[6] 59-62頁

……各人は、自分以外のいかなるひとりの人物より自分自身を更に愛する。また、他人を愛するさいは、〔自己に〕関係ある者や知己に最も大きな情愛を抱く。この点から他方では、情緒間の対立と、従って行動間の対立とが、必然的に産まれなければならない。そしてこの対立は、いま漸く新たに樹立された社会的接合にとって危険なものとならざるを得ないのである。

……物財の増進は社会の主要利益であるが、同時にまた、それを所持する上の不安定〔＝他人にとられるおそれがあること〕とその稀少性とは、〔社会を造る上の〕主要障害なのである。

さて、〔社会を造る上の〕このような不都合を救済する策は、これを人間の啓豪されない本性のうちに見出そうと期待しても無駄である。換言すれば、人性のなんらかの非人為的な原理が上述の〔子供や親しい者に対する〕偏頗な情念を制御でき、また〔外部的〕事情から起る誘惑を征服させよう、と希望しても無駄である。……正義の観念を以て、他人に対する公正な〔equitable[7]〕行為を人々の心に吹き込むことのできる自然的

4　前掲第6章25の引用VI-26参照。専門化による能力の向上をさす。経済学においてより重要な「分業」は、比較優位の原理によるもの、つまり、各人がより得意な仕事に専業することによって社会全体の効率性が上昇することをさす。前掲第7章注16参照。

5　ヒュームのいう「観念」（idea）には、その哲学――ジョン・ロックなどのそれもあわせて、「内観心理学」とよぶべきもの――に由来する独特の意味があるが、ここでは、あえてそれに立ち入らずに説明したい。

6　前掲注2参照。亀甲括弧内は亀本による補い。以下の引用においても同様とする。

7　語源的にはアリストテレスの言う「衡平」の英訳語 equity の形容詞であるが、ここでは、「えこひいきしない」という意味での公平（impartial）と同じ意味で使われている。just の同義語として用いられることも多い。前掲第7章注63も参照されたい。

原理とすることはできない。……
　して見れば、救済策は自然から来なくて、人為から来る。……さて、この［外的物財の所持を安定させる］ことは、次のようにして行う以外に途はあり得ない。すなわち、社会の全成員が結ぶ黙約〔convention〕によって上述のような［不安定な］物財の所持に安定性を賦与し、各人が幸運と勤勉とによって獲得できたものを平和に享受させておく、という途である。

　ヒュームによれば、社会存続にとっての障碍の第一は、利己心（selfishness）と、親しい者のみへの愛——「局限された寛仁〔generosity〕[8]」とよばれる——とである。そこでは、「社会」が地縁血縁関係にある者たちや親しい者たちをこえて、より多くの顔を知らない赤の他人たちも含むことが想定されている。
　第二の障碍は、物財所持の不安定性と物財の希少性とである。つまり、第一に、物財の所持の移動は、その性質を変じることなしに可能であるので、自分の所持する物が（利己心または親しい者のみへの愛をもつ）他人にとられてしまうおそれがあるということ、第二に、メンガーの言い方でいえば、「需要が支配可能数量を上回る[9]」ことがある、ということである。当然ながら、財が希少でなければ、それが他人にとられることもない。それゆえ、物財の希少性は、物財所持の不安定性の一原因である。利己心および親しい者のみへの愛もまた、物財所持の不安定性の原因の一つである。
　したがって結局、正義の観念は、物財所持の不安定性を解消するために「人為的に」生成することになる。また、上記の障碍が万一存在しなければ、正義は不要であり、正義の観念も正義の徳も発生しないとされる。

IX-3　ヒューム『人性論（四）』[10] 63-64頁
　さて、この黙約は約定〔＝約束 promise〕という性質ではない。……黙約は単に共通利害の一般的な感〔sense〕である。社会の全成員はこの感を互いに表示し合い、この感に誘致されて、各人の行為を若干の規則〔ルール〕によって規制するのである。［詳しく言えば、］私は、もし［私が他人に対して行う〔の〕と］同様に他人が私に就いて行動するとすれば、他人の物財を他人に所持させておくのが私の利害に合うであろう、

8　同書71頁、75頁、105頁。「寛仁」とは、アリストテレスの言う「寛厚」（前述第8章 **6** 参照）と同種のもの、「他人に対する気前のよさ」をさす。
9　前述第6章 **19** 参照。
10　前掲注2参照。

と観察する。また他人は［他人で］、自己の行為を規制することによって似よった利害を感受する[11]。そして、利害のこの共通感が相互に表示されて、私にも他人にもよく判ると、それに適当した決意と行いとが産まれるのである。これは、たとえ約定が介在しなくとも、我々のあいだの黙約ないし合意と呼んで、充分に適切であろう。何故なら、我々の一人々々の行動は他の人の行動と関連があって、［ひとりがある行動を営めば、］他の人の側でもある事が営まれる筈である、という想定に立って営まれるのである。……所持の安定に関する規則も人間の黙約から来る。けだし、この規則は漸次に起り、その力は徐々に、すなわち規則違反の不都合を反復して経験することによって、獲られるのである。が、また他方で、この経験は、利害感が我々と一しょなすべての者に共通であることを我々にいよいよ信憑させ、それらの者の行為の未来の規則性を我々に信頼させる。我々の節制や節欲は、ただこの期待を根柢とする。それは、言語が約定なしに、人間の黙約によって漸次に確立されるのと同様である。また、金や銀が［経済現象に於て］交換の共通尺度となり、［本来の］価値の百倍もする物の代価として充分であると見做されるのと同様である。

こうして、他人の所持に対して節欲する黙約が結ばれて、各人が自己の所持の安定を獲てしまうと、ここに直ちに、正義と不正義との観念が起り、また所有や権利や責務の観念が起る。

［それゆえ、］後者［すなわち所有などの観念］は、前者［すなわち正義と不正義との観念］をまず始めに理解せずには全く理解できないのである。けだし、われわれの所有［ないし資産］〔property〕とは、社会の法すなわち正義の法によって恒常的所持が確立されているような物財に他ならない。……正義の起源が人間の人為と工夫とにある点を明示しないで、所有に関する何らかの観念を持つことができる、かように想像することは途方もないことである。

注意するべきことに、「黙約」は、明示的または黙示的な「約束」とは異なる。お互いに他人の所持を侵さないことにすれば、相互に利益になるのではないかという「センス」を相互に表明することによって、そのようなルールがいわば「自然に」、「黙約」——「黙約」という訳語ではややわかりにくいが、不都合の反復経験によって正義のルールが徐々に生成するという点に注目されたい——すなわち「慣習」、「しきたり」として成立するというのである。このような意味で「自然な」成立過程をヒュームは、「人為的」と形容しているのである。正義のルールは、利己心や限られた寛仁等に由来する不都合への対処のために発生するのであるが、そのルールの内容自体も自己

---

11 下線は亀本による。カントの定言命法の第一定式「汝の行為の格率を汝の意志によって普遍的自然法則とならしめようとするかのように行為せよ」の先行形態とみるべきものである。カント『人倫の形而上学の基礎づけ』（前掲第4章注48）266頁参照。ヒュームに言及するものではないが、そのような解釈の一例として、ジョン・ロールズ（バーバラ・ハーマン編、坂部恵監訳、久保田顕二・下野正俊・山根雄一郎訳）『ロールズ哲学史講義 上』（みすず書房、2005年）251-255頁参照。

利益にかなっているからこそ、それは発生するのだという点にも注意されたい。

「正義のルール」が、相互利益の感受および相互表示を伴う「しきたり」によって成立してはじめて、正義の観念が成立し、同時に所有の観念も成立するというヒュームの説明は、表面的には循環論的なところもあり、少しわかりにくいかもしれない。だが、彼の主張の要点は、自然的な正義の観念がまずあって、そこから、正義のルールや所有の観念を説明あるいは正当化しようとするような、彼からすれば本末転倒の考え方に反駁することにある。

3．人間行為の結果であるが人間的設計の結果でないもの

正義論の文脈でヒュームが使う「人為的」という用語も、わかりにくいかもしれない。「人為的」という言葉は普通、人間が頭で考えて何かをしようと意図したということを含意する言葉であるからである。彼は、「黙約」という、意図せずして徐々に成立する「しきたり」をさして「人為的」という言葉を使っている。ハイエクは、この点に着目して、「自然的対人為的」の古代ギリシア以来の二分法を三分法に改めるべきだ――つまり「人為的」（または「自然的」）とされるものに二種類ある――と主張している。

IX-4　ハイエク『法と立法と自由〔Ⅰ〕ルールと秩序』[12] 30頁

……紀元前5世紀にソフィストたちによって使われはじめたと考えられる元々のギリシャ語は、「自然による」を意味する *physei* と、その対立概念で「しきたりによる」がもっとも近い *nomō* か、「意図的な決定による」と訳される *thesei* であった。「人為的」を表すために多少意味の異なる二つの用語を使ったため混乱が生じ、以後の議論に尾を引いている。「自然的」と「人為的」の二分法の区別は、独立に存在する対象と人間行為の結果である対象との区別、あるいは、人間的設計とは独立に生じた対象と人間的設計の結果として生まれた対象との区別、のいずれをも意味しうる。これら二つの意味を区別し損ねたために、ある学者はある所与の現象を人間的行為の結果であるがゆえに人為的と評し、別の学者は同じ現象をそれが明らかに人間的設計の結果でないがゆえに自然的であるとするという状況が生じた。18世紀になって初めて、バーナード・マンデヴィル（Bernard Mandeville）[13] やデヴィッド・ヒュームのような思想家たちが、二つの定

12　新版ハイエク全集第Ⅰ期第8巻、矢島欽次・水吉俊彦訳、春秋社、2007年。訳文は、若干変更した。原著は、F. A. Hayek, *Law, Legislation and Liberty*, Vol. 1, *Rules and Order*, Routledge & Kegan Paul, London, 1973.

13　マンデヴィル（泉谷治訳）『蜂の寓話』（法政大学出版局、1985年）参照。また、ハイエク『市場・知識・自由』（前掲第6章注7）第4章「医学博士バーナード・マンデヴィル」参照。

義のどちらによるかによって二つの範疇のいずれにでも分類することができ、それゆえにこれらと区別された第三の部類の現象と呼ばれるべき現象の範疇があることを明確にした。そして、これは後にアダム・ファーガソン（Adam Ferguson）によって「人間行為の結果であるが人間的設計の結果でないもの」と叙述された。

ヒュームのいう「正義」、「正義のルール」、そしてその意味での「自然法」は、「人間行為の結果であるが人間的設計の結果でないもの」の典型である。それは、ある意味で「自然的」であり、別の意味で「人為的」である。ハイエクは、彼が「ノモス」とよぶ、実定法の基幹部分も、人間行為の意図せざる結果として生成する「自生的秩序[14]」（spontaneous order）の一種として、第三のカテゴリーに属すると主張するが、それについては次章で扱うことにする。

ここで一言触れておかねばならないことは、ハイエクが、人間の行為の結果であるが設計（design）の産物ではないものを非科学的で不合理なものと決めつけ、人間の理性の営みを意図的設計の産物に限定する立場を「設計主義的合理主義」（constructivist rationalism）として、著作の全体を通じ終始一貫批判している点である[15]。設計主義的合理主義は、前述第7章42で「現代経済学における最大の悪徳」とされた社会工学に通じるものである。

ヒュームは正義を、理性の営みではなく、基本的に「情念」（passion）の作用との関係で捉えた[16]。これに対して、自己の立場を「設計主義的合理主義」との対比で「進化論的合理主義」とよぶハイエクは、そのようなヒュームのいう「情念」の働きもまた、社会とともに進化する「理性」の作用の一

---

14 詳しくは、嶋津格『自生的秩序』（木鐸社、1985年）参照。桂木（前掲注1）は、正当にも、ヒュームの言うconventionを「自生的秩序」と訳している。同書98頁参照。

15 たとえば、F. A. ハイエク（佐藤茂行訳）『科学による反革命』（木鐸社、1979年）、嶋津格監訳『哲学論集』（ハイエク全集第II期第4巻、春秋社、2010年）I「二つの合理主義」参照。ハイエクは、後者の22頁で、自己の立場を表すには「批判的合理主義」という用語が最もよいとのべている。カール・R・ポパー（内田詔夫・小河原誠訳）『開かれた社会とその敵（上）（下）』（未來社、1980年）および同（久野収・市井三郎訳）『歴史主義の貧困』（中央公論社、1961年）参照。日本の代表的法哲学者の一人、碧海純一も、ポパーの「批判的合理主義」を高く評価するが、注目する点がハイエクと微妙に異なっており興味深い。たとえば、ポパーとウィーン学団とは、形式論理への偏愛（設計主義的合理主義の特徴の一つ）という点で共通しており、取扱いがむずかしい。碧海純一『新版 法哲学概論〔全訂第二版補正版〕』（前掲第1章注55）19-21頁参照。

16 この点で、ヒュームは、アリストテレスに基本的に従っている。第8章4で引用したVIII-5参照。ただし、アリストテレスはプラトンと同様、第三の範疇を認めないので、いずれかというと、設計主義的合理主義の系譜に属する。

種と考えている。両者がさすものは、ハイエクからみれば同じである。

4．メンガーの社会科学方法論

　ハイエクは、「人間行為の結果であるが人間的設計の結果でないもの」に関する研究が社会科学のなかで一番進んでいるのは経済学だと自負する[17]。たとえば、「市場」で決定される「価格」や、「価格メカニズム」自体も、まさにそのようなものの典型であると考えられるからである。ここで、ハイエクが進化論的合理主義の現代経済学における先駆者として称える[18]カール・メンガーの見解を紹介しておこう。

IX-5　メンガー『経済学の方法』[19] 163-165頁

　〔貨幣の起源[20]と〕同じように公益に役だつばかりでなく、まさにそれを制約するが、通例その促進をめざす、社会の意図の結果ではない、多くの他の社会形象の起源についての問題にも同じやり方で答えることができる。
　……通例、新しい聚落(しゅうらく)は「無反省的」な仕方で、すなわち、個人的な利益のたんなる発動によって、成立し、それがおのずから、もともとそれをめざす意図なしに、共同の利益を促進する、上記の結果〔＝新しい聚落の形成〕に導くのである。……
　国家の起源についても同じことがいえる。偏見にとらわれないひとならだれでも、一地域を支配している適当数のひとびとの合意から、好条件下では、発展可能な共同体の基礎が置かれることができようことを疑うことはできまい。……したがって、国家とよばれる社会形象がたんに「有機的」な仕方だけで成立するという理論はなんとしても一

17　ハイエク（渡辺幹雄訳）『致命的な思いあがり』（ハイエク全集第II期第1巻、春秋社、2009年）第5章「致命的な重いあがり」とくに102頁参照。そこでハイエクは、「文明の成長を可能にした道徳的諸伝統の説明を与えることができそうなのは、私自身の専門のメンバー、つまり拡張した秩序〔＝自生的秩序〕の形成の過程を理解する専門家としての経済学者であるにちがいないと主張したくなるのである。……もしもかれら自身の非常に多くが設計主義に毒されていなければ……」とのべている。経済学の現状を正しく理解するためには、最後の留保に注目することが必要である。「価格メカニズム」についても、経済学の多数派は、設計主義的合理主義の立場から理解している（たとえば、市場の需要についての非科学的な理解の仕方について、前述第7章**7**参照）。私が第6章で現代経済学を説明する際、その最も良質な部分をすくい上げるために、あえてメンガーを取り上げた理由もそこにある。

18　前掲注15および17で指摘した箇所のほか、『致命的な思いあがり』（前掲注17）217頁、『哲学論集』（前掲注15）228頁、『法と立法と自由〔I〕』（前掲注12）33頁参照。近代経済学にまでさかのぼれば、進化論的合理主義の最人の先駆者は、いうまでもなくアダム・スミスである。法学における進化論的合理主義の代表の先駆者としてハイエクがつねに挙げるのは、それぞれドイツとイギリスにおける歴史法学派の先導者であったサヴィニー（前掲第1章注13、41、54、第2章注45参照）とヘンリー・メイン（前掲第1章注26参照）である。サヴィニーの歴史的ないし進化論的な法観については、さしあたり亀本洋『法的思考』（前掲第1章注41）325頁参照。

19　前掲第6章注8参照。下線は亀本による。

20　ヒュームからの引用文章、前掲IX-3の第1段落末尾の文も参照されたい。

面的である。だが、すべての国家は本源的には・そ・の・建・設・を・め・ざ・す・合・意・に・よ・っ・て、または、個々の主権者または主権者群のこの目的をめざす、意識的な行動によって成立したという理論は同じように誤っているばかりでなく、よりいっそうひどく非歴史的である。というのは、すくなくとも人類発展の最初期には、国家は、なんの国家的紐帯によっても結合されない、隣りあって居住する家長たちが、特別な合意なしに、ただ、かれらがその個・人・的・な・利・益・を次第に認識しだし、こうした利益の追求につとめることだけから（弱者の強者の保護下への自由意志的な隷属から、一地域の他の居住者もその福祉をおびやかされていると考えているような、事情下で、隣人の１人が暴力を加えられることとなった場合に隣人が隣人に与える有効な援助などから）、さしあたり未発展ではあるが、とにかく１つの国家的な共同体と組織に到達したというような仕方で成立したのだということはまず疑われえないだろうからである。……

　その他の社会制度、言語、法、慣習は、とくに国民経済の多くの制度もまた、なんの明らかな合意も、立法上の強制も、それどころか公共的利益をなんら考慮することなしにさえ、個・人・的・利・益の刺戟だけから、個人的利益の実行の合成果として成立したということも同じやり方で説明されよう。

　国家の生成について論じる文脈で、メンガーが社会契約論の一面性を批判していることは明らかであろう。ヒュームもまた、たんなる約束と「しきたり」の区別を強調していたこと（前掲IX-3参照）を想起されたい。

　また、読者は、メンガーの国家生成論が、ノージックのそれ（前述第４章11以下参照）と似ていることに気づかれたかもしれない。ノージックは、社会契約論が採用する自然権論を採用しつつも、自分の国家生成論をアダム・スミスの有名な言葉を借りて「見えざる手説明[21]」と性格づけている。その・か・ぎ・り・で[22]、ノージックもまた、ハイエクの与する「進化論的合理主義」の

21　ノージック『アナーキー・国家・ユートピア』（前掲第４章注12）27-35頁参照。
22　ノージックは、ハイエクに何度か言及しているが、ハイエクは、ノージックにほとんど言及しない。主要著作の公表時期の違い（ハイエクのほうがかなり早い）も関係しているかもしれないが、ノージックと同類とみなされる――私は決して賛成しないが、実際、（おそらく真剣に読んでいない）批判者たち（あるいは、より少ないが、支持者たち）から両者とも「リバタリアン」として粗雑に一括されることが多い――ことをきらった、ということもあるかもしれない。例外的にハイエクがノージックに言及する箇所として、『法と立法と自由〔III〕自由人の政治的秩序』（新版ハイエク全集第Ⅰ期第10巻、春秋社、2008年。原著は、*Law, Legislation and Liberty*, Vol. 3, *The Political Order of a Free People*, Routledhe & Kegan Paul, London, 1979）１頁（十分研究することができなかったとのべているだけ）、63頁参照。63頁でハイエクは、「本書で問題とされているのは、主として自由社会が強制的な行政権力にたいして加えなければならない制限であるということから、法の施行と外敵からの防御を唯一合法的な政府機能とみなしているという誤った印象を、読者は得るかもしれない。事実として、……そのような「最小国家」を唱えた人もいる。」（圏点は亀本による）とノージックに否定的に言及している。ハイエクが、最小国家論者でないことについては、前述第５章19ですでに触れた。
　他方、ノージックによるハイエクへの言及箇所として、ノージック（前掲注21）33頁、266-269

陣営に属するのである。ここで、スミスの有名な一節を引用しておこう。

IX-6　アダム・スミス『国富論II』[23] 119-120頁
　……各個人は、かれの資本を自国内の勤労活動の維持に用い、かつその勤労活動をば、生産物が最大の価値をもつような方向にもってゆこうとできるだけ努力するから、だれもが必然的に、社会の年々の収入をできるだけ大きくしようと骨を折ることになるわけなのである。もちろん、かれは、普通、社会公共の利益を増進しようなどと意図しているわけでもないし、また、自分が社会の利益をどれだけ増進しているのかも知っているわけではない。……生産物が最大の価値をもつように産業を運営するのは、自分自身の利得のためなのである。だが、こうすることによって、かれは、他の多くの場合と同じく、この場合にも、<u>見えざる手</u>に導かれて、自分では意図してもいなかった一目的を促進することになる[24]。

メンガーに再びもどろう。彼は、IX-5の引用に続いて、次のようにのべている。

IX-7　メンガー同165-166頁
　定期的にくり返し、一定の場所で開かれる市場（いちば）での商品取引の組織、職業分裂と分業による社会の組織、商慣習など、これらこそすぐれて公益に役立ち、一見必然的に合意または国家権力にもとづいて発生したように思われる制度であるが、これも本源的には合意、契約、法〔＝国家制定法〕、あるいは個人の公的利益への特別な考慮、の結果ではなくて、個人的利益のための諸努力の合成果である。
　立法的権力がしばしばこの「有機的」生成過程に干渉し、こうしてその結果を促進したり、修正したりするということは明らかである。……有機的な仕方で成立した制度は、社会的目的をめざす、公的権力の目的意識的な活動によって発展させられ、改造さ

頁、291頁、360頁参照。
　23　前掲第5章注5参照。下線は亀本による。ただし、スミスは、「見えざる手」(invisible hand) という言葉をここでしか使っていない。
　24　この後に続く文章のほうがスミスらしくて、いっそう面白いので引用しておく。「……社会の利益を増進しようと思い込んでいる場合よりも、自分自身の利益を追求するほうが、はるかに有効に社会の利益を増進することがしばしばある。社会のためにやるのだと称して商売をしている徒輩が、社会の福祉を真に増進したというような話は、いまだかつて聞いたことがない。もっとも、こうしたもったいぶった態度は、商人のあいだでは通例あまり見られないから、かれらを説得して、それをやめさせるのは、べつに骨の折れることではない。」(同書120-122頁)。『国富論』は、現代の経済学の教科書のほとんどと違い、読んでいて楽しい。
　ちなみに、コースは、「アダム・スミスのすべての叙述は正しい」とのべている。同『企業・市場・法』(前掲第7章注4) 73頁参照。スミスの全著作の全文章に関して、そのような解釈に達するには、経済学だけでなく、歴史学ないし思想史学の高水準の能力も含め、相当な力量がいる。目下のテーマにも関連するコースのアダム・スミス論として、Essays on Economics and Economists (前掲第7章注5) pp. 75-116参照。

れる。今日の貨幣制度・市場制度、今日の法、近代国家などはすべて、個人的・目的論的な力と社会的・目的論的な力との、言葉をかえれば、「有機的」要因と「積極的」要因との結合した作用の結果として現われる制度の例である。

各種の制度、慣行の「有機的」生成プロセスへの国家の介入がどのような影響を及ぼすか、また、それをある程度知った上で、どのような仕方で介入するべきであるのか、という問いは、法哲学者にとって、その解答が最もむずかしい問題の一つである。そのことを知る法哲学者は、安直な政策提案などしないであろう。

もっとも、そのことは、進化論的合理主義に立つ学者が、国家の制度改革提案や政策提案をしてはいけない、ということを意味しない。実際、ハイエクは、そのような提案を多方面にわたって行っている[25]。

5. 正義のルール

少し寄り道――しかし法哲学にとって有益な寄り道――したが、ヒュームの正義論にもどろう。彼が「正義のルール」ないし「正義の法」として最初に挙げるものは、前述本章2における説明から予想されるように、「所有の安定」のための諸ルールである。

人々が孤立して生活する自然状態から社会状態に移行した（というようなことが起こったとすれば、その）とき、最初に生じると思われるのは、「現在の占有者に所有権を設定する」というルールである。ヒュームによれば、そのような「規則は自然であり、又その故に有用である」[26]とされる。だが、このルールが有用であるのは、社会が成立した最初の瞬間だけである[27]。以後も、そのルールの実行を貫徹すれば、泥棒の盗品の占有も保護されることになり、不当利得は返還されないことになるからである。

社会が成立して以降、所有の安定に関する第一のルールは、「無主物先占」

---

25 たとえば、『法と立法と自由〔III〕』（前掲注22）およびF. A. ハイエク（川口慎二訳）『貨幣発行自由化論』（東洋経済新報社、1988年）参照。
26 『人性論（四）』（前掲注2）84頁。
27 ただし、それに優越する他の権原がないかぎり、占有それ自体を保護するものとして、このルールは、社会の成立後も働くとすることもできる。たとえば、泥棒は、自分が盗んだ物について、その占有を侵害されない（ホーフェルドの言う意味での）「権利」を所有権者以外の者に対してもっているということである。ヒュームは、この点に言及していないが、現在の日本民法も含め、法系を問わず、そのような占有保護のルールは、古くから今日まで一般に通用している。

(occupation) のルールである。だれも所有権をもっていない物については、それを最初に占有した者が所有権を取得するというルールである[28]。その際、ヒュームは、法律家の多くにとっては経験上自明であると思われるが、素人なら見逃しやすいある点、すなわち、占有の意味と占有の範囲を機械的に決定することができるような基準がないことも、正当にも指摘している[29]。ヒュームは明言していないが、そのような占有に関するルールの細目の決定も、徐々に生成かつ変化する「しきたり」によると彼は考えていた、と推測してよかろう。

　第二のルールは、「時効取得」(prescription) のルールである。ヒュームによれば、「最初の占有という権原は時間の経つにつれて曖昧になる。従って、これに関して起り得る多くの論争を決定することは不可能である。そしてこの場合には、永い占有すなわち時効が自然に［先占に］かわって、或る人物が享受する物の充分な所有権を当該人物に与えるのである[30]」。

　所有権の取得に関する第三のルールは、「添付」(accession) のルールである。法学を知らない人には若干わかりにくい言葉なので、ヒュームによる説明を引用しておこう。

　IX-8　ヒューム『人性論（四）』[31] 90頁
　　我々は、我々の既に所有する事物と密接に結合し且つ同時にこの事物より劣るような事物があるとき、後者の事物の所有権を添付によって獲得する。例えば、我々の庭園の果実や家畜の仔や奴隷の製作品はすべて、われわれが占有する以前に於いてさえ、我々の所有と見做される。

　具体例をみれば、常識的な事柄であることがわかるだろう。なお、日本の民法[32]では、「添付」ではなく、「付合」という用語が使われる。規定も細かい。

28　民法第239条に「所有者のない動産は、所有の意思をもって占有することによって、その所有権を取得する。2　所有者のない不動産は国庫に帰属する。」とある。ただし、ヒュームは、動産と不動産をこの文脈で原理的に区別することはしていない。哲学者と法律家の関心および仕事の違いを示唆するものとして興味深い。
29　『人性論（四）』（前掲注2）84-89頁。
30　同書89頁。
31　前掲注2参照。
32　第242から248条参照。日本の民法典では、「添付」は、「附合」、「混和」、「加工」の総称として使われていたが、現代語化以降、「添付」という由緒ある言葉は削除された。

所有の安定に関する第四のルールは、「相続」(succession)のルールである。ヒュームによれば、「相続の権利は、親もしくは近親の承諾が推定される点及び人類の一般的利害の点から、甚だ自然な権利である[33]」とされる。

以上の四つ（ないしは、社会成立の初めのみに適用される「現在の占有者に所有権を設定する」ルールを入れれば、五つ）のルールが、「所有の安定」にかかわる正義のルールである。

次いで、「所有権の移転」に関するルールないし原理として、次のようなものが挙げられる。すなわち、「所有者がその所有し所持するものを他の人物に与えることを承諾するときを除いては、所持ないし所有を常に安定ならしめること[34]」。所有者の承諾ないし同意による所有権の移転が、交換や交易において不可欠かつ有用であることは自明であろう。

6．約束履行のルール

「所有の安定」のルール、「所有の移転」のルールに続いて取り上げられる、第三の正義のルールは、「約束の履行」のルールである。その内容は、「約束は守らなければならない」という常識的なものである。「契約」は、ここでは、「約束」の一種と考えておけばよい[35]。

内容よりも重要なのは、約束およびその履行のルールの生成のあり方である。それについてヒュームは以下の引用文章IX-9で説明している。そのメ

33　同書96頁。

34　同書98頁。この表現からもわかるように、正義のルールは、他のそれも含めて、要件と効果が明確なルールというよりも、考慮するべき他の事項と比較考量されうる「原理」である。ルールと原理の区別については、亀本（前掲注18）125-209頁、381-405頁参照。だが、ここでは、両者の区別にあまりこだわる必要はない。

35　大陸法および日本法では、契約は意思表示の合致によって成立すると考えるが、英米法では、（双務）契約は、方向を異にする二つの約束からなり、約束は申込と承諾によって成立し、約束の有効要件の一つとして約因（consideration）──たとえば反対給付──を考える、というのが原則である。もっとも、ロースクールでの研究・教育を通じ、大陸の法学の影響を強く受けたアメリカ法では、大陸法的な考え方も併存しているが。その点については、前述第3章**14**の引用文章III-4のなかで引用されているラングデルの文章も参照されたい。
日本の民法学は、所有権の同意による移転と契約による移転とを峻別しない体系を採用しているから、この両者の区別がわかりにくいかもしれない。これは、日本法が手形行為など特殊な場合を除き、物権行為を認めていないということにも関係している（前掲第3章注13も参照）。ヒュームは、所有権の同意による移転だけでは不便である理由として、「所有権の転移は、現在の且つ個別的な事物〔法学でいう「特定物」〕に関してのみ生ずることができるのであって、現にないものまたは一般的な事物〔同じく「不特定物」〕に関しては生じることができない」（『人性論（四）』前掲注2、106頁）ということを挙げている。

カニズムは、所有の安定のルールの場合（前掲IX-3参照）と基本的に相似している。だが、約束が約束者になぜ責務——約束を守ろうという動機——を生み出すかに関する説明はかなり込み入っている。

IX-9　ヒューム『人性論（四）』[36] 108-110頁

……私は、[他人に奉仕〔サービス〕するに当って次のように予見する。すなわち、私が他人に奉仕すれば、]他人は[私から]同じ種類の他の奉仕[をひき続いて受けること]を期待し、且つまた、私や或は他の人々とのあいだに好誼の同様なやり取りを保持するため、私の奉仕に返しをしよう、かように予見する。[そして他人に奉仕する。]また従って、私の奉仕を受けた者は、奉仕を受けたのち、そして私の行動から起る利益を所持したのち、彼の[側でなすべきことを]拒んだ場合の帰結を予見して、よって以て彼自身の側でなすべきことを履行するような心に誘致される。[ここに初めて、自利に基く利他的行動が起るのである。][37]

　こうして、人々の間に自利的取引[ないしは交際]は起り始め、社会に於て優勢となり始める。とはいえ、このため友情および好誼の更に寛仁で高貴なる交りは完璧に廃滅させられることがない。……ここに於て、利害に基く交際と利害を離れた交際との二つの異る種類の交際を区別しようとして、前者のために一定の言語形式が案出され、これによって我々は或る行動を履行するよう束縛される。そしてこの言語形式こそいわゆる約定を組成する。……或る人が或る事を約定すると言うとき、実際には、その人は該行動を履行する決意を表明し、併せて、この言語形式の使用によって、履行しなかった場合に二度と再び信頼されない処罰に服するのである。……ところで、もしこのさい決意以上に何もなかったとすれば、約定は単に以前の動機を言明するだけに止まって、新しい動機ないし責務を創造することはないであろう。しかし[事実はこれと異って、]約定は、新しい動機を創造する・人間の・案出物なのである。すなわち、[約定という]一定の象徴ないし標徴を制定して、これによって或る特定の出来事に於ける我々の行為の保証を相互に与えることができれば、人間界の諸事象は遥かに多く相互利益になるよう導かれるであろう、と経験が教えてしまうとき、約定という人間の案出物は新しい動機を創造するのである。……

　ところで、かように約定の制定及び遵守が人類の利である点を彼ら人類に気づかせるため必須な知識は、いかに未開で啓蒙されない人性の能力でも[足りるのであって、]それ以上だと考えるべきでない。

36　前掲注2参照。
37　前掲注11でのべたことが、以上の文章についても当てはまる。カントは、ハイエクに言わせれば、ヒュームののべたことを、スコットランド啓蒙主義ならびにイギリス経験論および功利主義への対抗意識からかどうか知らないが、「理性（法）化」した、つまり、デカルト派ないし設計主義的合理主義の方向で解釈してしまったのである。ハイエク『哲学論集』（前掲注15）22頁および『法と立法と自由〔I〕』（前掲注12）31-32頁参照。

7. 分配的正義の否認

　以上の5および6において説明した「所有の安定」および「所有の移転」ならびに「約束の履行」に関する正義のルールを、ヒュームは「根本的自然法」とよんでいる[38]。たしかに、「他人の所有を、所有者の同意がないかぎり、侵してはならない」および「約束（または契約）は、これを守らなければならない」という教えは、ほとんどすべての自然法論に含まれる実体的ルールである。前章で取り上げたアリストテレスの矯正的正義も、そのようなルールを当然の前提とした上で、それらが守られなかった場合に働くものとみることができる。

　ここでとくに注目するべき点は、それらの自然法の根本原則に「分配の正義」が含まれていないという点である。ヒュームは、「正義の唯一の起源は公共的な効用である[39]」としつつも、所有の安定をはかるためのルールの内容の決定には、「分配的正義」の問題、すなわち、問題となっている物財をだれがもつのが——その物財を所持する結果としてその人に生じる効用の大きさの観点からみて——望ましいかという考慮が入ってはいけない、と強く主張している。そのような効用は、特定の諸個人のみにかかわる一時（いっとき）のものであるにすぎず、また、争いの種になりやすいからである[40]。考慮するべき効用はむしろ、ルールが一般的に遵守されたときに生じるであろう効用である。

　前者のような考え方を「行為功利主義」、後者のような考え方を「ルール功利主義」という。両者の本質的な区別は、功利主義 (utilitarianism)、すなわち「結果として生じる効用の総計が大きい選択肢のほうが道徳的によい、したがって、正しい (just)」という倫理学説の適用される対象が行為かルールかという点にあるわけではない。ルールのすべての個別的適用事例を原理的に考慮に入れて判断するタイプの「ルール」功利主義は、結局、行為功利主義と変わらなくなるからである。その一方で、そうではないタイプ

---

[38] 『人性論（四）』（前掲注2）114頁。

[39] David Hume, *Enquiries concerning Human Understanding and concerning the Principles of Morals*, Reprinted from the 1777 edition with Introduction and Analytical Index by L. A. Selby-Bigge, Third Edition with text revised and notes by P. H. Nidditch, Oxford University Press, Oxford, 1975, p. 183.

[40] 『人性論（四）』（前掲注2）80-81頁参照。

の「功利主義」、いわばヒューム的功利主義は、ベンサム的な功利主義あるいは設計主義タイプの功利主義ではなくなる、したがって、現代の倫理学者が普通そう理解するところの「功利主義」ではなくなる[41]。

もちろん、正義を説明または正当化するために「効用」または「功利」の概念を使う必然性はない。だが、いずれにせよ、「分配の正義」は、だれに何を配分するのがよい（good）か、あるいは、正しい（just or right）か、ということを問題にするのである。注意するべき点は、ヒュームの主張は、その種の考え方全体への反対を含意しているということである。

「社会的正義」という名で提唱される「分配的正義」の主張の背後に、設計主義的合理主義と合体した社会主義的計画経済の姿をみてとるハイエクも、分配的正義を正義の観念とは認めない[42]。その主たる理由は、ハイエクによれば、「正義」just という概念は、個人の個々の行為が「正しい行為のルール」（rules of just conduct）に従っているかどうかを判定する際に使われるべきものであって、無数の諸個人の行為の意図されない結果として生じる分配（＝財の分布）に適用するべき概念ではないのに、分配的正義を支持する者たちは、そのような結果的分配の「正義」について語るからである[43]。

8．権原理論

現代正義論において、分配的正義を否認する理論として、ハイエクのそれ

41　功利主義の問題点の詳細については、ハイエク（篠塚慎吾訳）『法と立法と自由〔II〕社会正義の幻想』（新版ハイエク全集第 I 期第 9 巻、春秋社、2008年）28-36頁参照。原著は、F. A. Hayek, *Law, Legislation and Liberty*, Vol. 2, *The Mirage of Social Justice*, Routledge & Kegan Paul, Londons, 1976.

　功利主義全般に関する概説として、W. K. フランケナ（松下隆英訳）『倫理学』改訂版（培風館、1975年）58-74頁参照。やや古いが、本書は、現代倫理学の概説としても優れている。最近のものとして、児玉聡『功利と直観　英米倫理思想史入門』（勁草書房、2010年）参照。私はそうではないが、統治における功利主義の意義を高く評価する法哲学者の労作として、安藤馨『統治と功利――功利主義リベラリズムの擁護』（勁草書房、2007年）がある。私が統治の理論として、設計主義的功利主義をあまり評価しない主たる理由は、功利主義的設計を実行するために必要とされる情報を入手する手段が人間にはない、ということである。ハイエク（前掲書）31頁および前述第7章36参照。

　ただし、経済学と功利主義との間に必然的な結びつきはない、という点にも注意されたい。経済学が必要とするのは、せいぜい、人間は効用を最大化するよう行動するという事実に関する方法論的仮説、つまり人間行動を観察する視点だけだからである。

42　『法と立法と自由〔II〕』（前掲注41）とくに第 9 章参照。

43　同書47-51頁参照。

よりも有名な——あるいはむしろ、悪名高い——ものは、ノージックの提出した「権原理論」(entitlement theory) であろう。ノージックの正義論は、自然権という公理から出発する点でヒュームの方針には合わず、また、設計主義的合理主義への傾向が完全に払拭されているとは言いがたいので、ハイエクは支持しないであろう[44]。にもかかわらず、分配の正義を否認する主要な理由は、上でのべたハイエクの見解と基本的に同じである。

IX-10　ノージック『アナーキー・国家・ユートピア』[45] 260-261頁

　権原理論の一般的輪郭は、分配的正義についての他の考え方の性格と欠陥に光をあてる。分配の正義についての権原理論は、歴史的であり、ある分配が正しいか否かは、その分配がいかにして成立したかに依存する。これと対照的に、正義の現［時点での］時間断片［しか問題にしない］原理 (current time-slice principles of justice)[46] は、正しい分配についての何らかの構造的原理によって判定されるところの、物の分配のあり方（誰が何を有するか）によって、ある分配の正義［如何］が決定されるとする。……現時間断片原理に従うなら、分配の正義を判定する場合に着目する必要があるのは、最後に誰が何を手にしているか、のみである。……

　ほとんどの人は、現時間断片原理で分配上の取り分に関する話が完結するとは認めはしない。彼らは、ある状況の正義を評価する場合に、そこに体現されている分配だけでなく、その分配がいかにして生起したかをも考慮するのが適切だと考える。もしある人達が殺人や戦争犯罪で刑務所にいる場合、我々は、その社会の分配の正義を評価するのに、現時点でこの人、その人、あの人……[47] が有しているものだけに注目すべきだ、とは言わない。我々は、彼が罰を受けるに値する、または［人］より少ない取り分に値するだけのことを何かしたのかどうか尋ねるのが、妥当だと考える。

44　これは、一つには、ノージックが正義ないし国家の理論の構築にあたって採用しているゲーム論的手法によって、ハイエクのいう「自生的秩序」が説明し尽くせるかどうかにかかっている。もう一つには、前述第4章で紹介したような、自然権論上のいくつかの公理を仮定して、一見緻密な理論を組み立てるノージックの分析手法は、その側面だけとれば、ハイエクの反対する明らかにデカルト派的な合理主義に属しているからである。

　また、ノージックが逆に、進化論的合理主義に与しているとみられる側面については、前述本章**4**および前掲注22の該当箇所を参照されたい。

45　前掲注21参照。ただし、distributionまたはその変化形に対応して「配分」と訳されているところは、すべて「分配」に直した。以下も同様。［　］内は邦訳者による補い。下線による強調は亀本による。

46　何もむずかしいことを言っているわけではない。経済学で最初に習う比較静学は、「正義」ではなく、効用ないし厚生を問題にするが、すべて現時間断片原理に基づいている、つまり、ある瞬間と別の瞬間を比較するだけである。割引率によって各期毎の収益率を考慮するといった考え方も、時間を考慮しているかにみえるが、時間を止めて考えているのであって、比較静学にすぎない（前掲第7章注34参照）。時間を通じた動きを問題にするのが経済動学である。比較静学については、前述第6章**35**および**36**参照。

47　この省略は、原文のまま。

権原理論とは、要するに、各個人の現在の所有が正義にかなっているかどうかは、各個人が現在保有する財の所有権——債権その他の権利を含めて考えてよい——を過去において取得した仕方が、それを規制する既存のルールにかなっていたかどうか——かなっていた場合は権原あり、かなっていなかった場合は権原なし——のみにかかっている、という考え方である[48]。権原理論に付される「歴史的」というおおげさな形容詞は、過去の一時点における各個人の属性または行為、ないしは、そこから現在までのプロセスを問うという意味にすぎず、それ以上深い意味があるわけではない。

所有権取得のプロセスを規制する原理として、ノージックは、原始取得にかかわる「獲得の原理」と、所有権の移転にかかわる「移転の原理」を置いている。権原理論の骨格を示すためだけであれば、それらの原理は、ノージックが言うとおり[49]、適当なものを想定すればよい。「原理」とよばれているのは、その細目を定めるルールもさしあたり、ペンディングでよいからである。具体的には、ヒュームが挙げている「所有の安定」に関する諸ルールと「所有の移転」（約束による移転も含む）に関する諸ルール（前述 本章5および6参照）を当てはめて考えればわかりやすいであろう。もっと普通に、日本の民法上の諸ルールを考えてもよい。

ともかく、そのような「獲得」および「移転」の原理ないしルールに従った結果得られた現在の保有は、権原理論によれば正義にかなっている、ということになる。所有権の獲得ないし移転のプロセスが、そのような原理ないしルールに違反していた場合、それを不当利得の返還、損害賠償といった形で是正することに関する原理を、ノージックは「匡正」の原理とよぶ。この場合も、その原理に従って得られた現在の保有は正義にかなっていることになる。匡正の原理の内容もさしあたりペンディングとされており、アリストテレスの矯正的正義[50]のようなものを考えておけばよい。

権原理論において、それを規制する三つの原理の内容があまり特定化されていない、という点に注意されたい。ノージックは、レッセ・フェール的市場原理主義者の一人に数えられることが多い。たしかに彼には、第4章で説

---

48 以下も含め、本項の叙述については、ノージック（前掲注21）255-263頁参照。
49 同書260頁に、「保有物の正義の三原理の各々につき、その細部を明らかに〔するという〕……課題に〔本書で〕挑みはしない」とある。
50 前述第8章9および10参照。

明したように、個人がもつロック的自然権を絶対視するという側面はある。しかし、彼の権原理論は、財の保有の正義にかかわる三原理の特定化しだいでは、個人の所有権および個人間の「自由な」交換取引に対し相当強い規制をかけるような政策とも両立可能であることに留意するべきである。そもそも、彼は、市場経済について直接にはほとんど論じていない[51]。「市場経済」に反対か賛成かといった単純な図式で正義の理論を論じることは、専門家のすることではない。そのような図式を用いる人たちは、「市場経済」が何かを考えたこともないのである。

ノージックは、「分配だけでなく、その分配がいかにして生起したかをも」（IX-10最初の下線部）とのべているにもかかわらず、権原理論は、正義の判定にあたって、分配は直接にはいっさい考慮しない。IX-10冒頭の「分配的正義についての他の考え方」という言い回しは、権原理論が、分配的正義の理論であるかのような誤解を与えるが、分配を無視するかぎりで、それは分配の正義の理論ではない。むしろ、政治哲学でいう「手続的正義[52]」の理論である。

9．純粋な手続的正義

政治哲学におけるそのような非法学的な手続的正義の概念の流通は、ロールズ（1921-2002）の見解[53]に端を発している。

ロールズの手続的正義の理論を理解するには、まず、人間の単独または相互行為の結果に関する正義の実体的基準と、その結果にいたるプロセスを規制するメカニズムまたは手続（およびその内容）とを区別して考えることが必要である。

彼が「完全な手続的正義」とよぶものは、その手続を採用し実行すれば、確実に実体的正義――その内容はここでは問う必要がない。つまり何でもよ

51　ノージック（前掲注21）305頁に「市場システムの自由な機能は、……」とあるが、経済学の標準的な考え方が漠然と前提されているだけである。

52　前述第8章22参照。

53　John Rawls, *A Theory of Justice*, Harvard University Press, Cambridge, Massachusetts, 1971, §14, pp. 83-90, Revised Edition, 1999, pp. 73-78. 以下、*TJ* と略記する。

改定版の邦訳として、川本隆史・福間聡・神島裕子訳『正義論』（紀伊國屋書店、2010年）115-122頁参照。以下、引用にあたって、節のみを指示するときは、日本語で表記する。また、改定版の邦訳の頁数の表示は、『正義論』〜頁という仕方で行うことにする。

い——にいたると言える、そのような手続が存在する場合である。ロールズは、例証のため、ケーキを数人の間で分ける場面を取り上げている。そこでめざされる実体的正義が、仮に全員への平等分配だとすると、分割されたケーキを最後にもらう者が、ナイフをもって切り分けるという方法が「完全な手続的正義」の例だとされる。もちろん、ロールズも承知しているように、人間が——機械でも同じだが——完全に等しくケーキを切り分けることはできないから、これは近似的な例にすぎない。そのかぎりで、それは、以下で説明する「不完全な」または「純粋な」手続的正義の例である。完全な手続的正義の事例は、現実には存在しないから無視してよい。

「不完全な手続的正義」は、採用される手続が、それを適切に実行しても、結果の実体的正義に近似的にしか接近しない、そのような手続ないしその遂行プロセスについて語られる用語である。その典型例としてロールズが挙げるのは刑事裁判である。そこで想定される実体的正義は、現在の多くの法律家の考え方——検察による有罪の立証が十分でないかぎり無罪とする、といういわば「手続的な実体的正義」——と異なり、被告人が犯罪を本当に実行したのなら有罪とし、実行していないなら無罪とすることである。正義にかなった裁判手続のルールに正義にかなった仕方で従って裁判が行われたとしても、実体的正義に反する結果、すなわち誤審は起こりうる。それゆえ、これは、不完全な手続的正義の一例となるのである。

「不完全な手続的正義」に関する上記の説明において、正義という言葉が3か所で使われている点に注意されたい。第一は実体的正義、第二は手続ルールの（内容の）正義、第三は手続遂行プロセスの正義である。「手続的」正義とよばれるものは、第二および第三の手続的正義にかかわる。手続遂行プロセスの正義は、手続のルールに従っているかどうかによって判定されると考えてよい。したがって、第三の手続的正義は、手続の実行という側面を除いて、第二の手続的正義に吸収されると考えてよかろう。

刑罰や損害賠償、福祉給付等を含め、利益または負担の割当に際して使われる諸「手続」は、そこで漠然たる意味での「正義」が問題となっているとすれば、すべて「不完全な」手続的正義の事例とみることができる——だからこそ、実体的正義が奉じる価値と手続的正義の奉じる価値のあいだの齟齬と協働関係が問題となるのである。

にもかかわらずロールズは、「純粋な手続的正義」は、「正しい（right）結果に関する独立の規準がない場合に使われる」と言う。そして、「その代わり、その手続が適正に（properly）遂行されたという要件がみたされたなら、その結果はどのようなものであれ正しい（correct）または公正（fair）とされる、そのような正しい（correct）または公正な（fair）手続が存在している[54]」と続ける。

これは、人間の単独または相互行為の結果として生じる分配は、それらの行為が、正義にかなった「手続」に正義にかなった仕方で従っているかぎり、正義にかなっているということを意味する。「正しい」ということを表すのに、just以外のさまざまな言葉が使われているが、それらは結局、「正義」justという意味であるとここでは[55]理解してよい。そうでないと、手続的正義（procedural *justice*）という誤解を招く言い方と平仄（ひょうそく）があわないからである。

上に引用した手続的正義の定義において「手続」という用語が使用されているので紛らわしいが、そこでいう「手続」の内容のほとんどは実体的ルールである。ロールズが純粋な手続的正義に関する以上に紹介したような解説をしている具体的文脈では、各人の職業と、税および補助金によって調整された所得との相関を定める賃金ルールである[56]。そのようなルールに[57]従った結果として、どのような分配が生じたとしてもすべて正義にかなっている、ということである。その文脈では、「純粋な手続的正義」という言葉は、この仕事の賃金はいくら、あの仕事の賃金はいくらと就職前にあらかじめ決まっているのだから、実際に働いた後に、安すぎるといった文句は言うな、ということを意味する。

しかし、注意するべきことに、純粋な手続的正義においてさえ、ロールズ

---

54 *TJ*, p. 86/75 rev.（前が初版の頁数、後が改訂版の頁数を示す。以下でも同様。「/」がないときは、初版の頁数のみを表す。）、『正義論』118頁参照。訳文は、必ずしも邦訳に従っていない。以下も同様。

55 手続的正義の説明において、ロールズがjustという言葉の使用を避けているのは、その言葉の適用対象を、行為ではなく、「社会の基本構造」——ルールからなる——に限定しようという意図があるからである。これについては、後述本章**21**参照。

56 後述本章**35**参照。

57 ここに「公正な機会均等という条件の下で」を補ったほうがロールズの趣旨により忠実であるが、説明の都合上あえて挿入しなかった。

が「正しいまたは公正な」という表現できちんとのべているとおり、「手続」（実体的ルール）もまた、正義にかなったものでなければならない。それゆえ、「独立の規準がない」という言い方にもかかわらず、手続の実体的正義への寄与が必然的に問題となるのである。後で取り上げるように[58]、ロールズの場合、実体的正義の内容は、「最も恵まれない人々に最も有利になるように分配せよ」というものである。もちろん、そのような実体的正義の実現のために、その手段として使われる手続はすべて、「不完全な手続的正義」の事例に属する。

狭義の「正義」の問題ではないが、「純粋な」手続的正義という言葉は、スポーツやゲームの事例に使うのが最もふさわしい。さいころで勝敗を決める各種のゲームはだれでも知っていよう。そこで用いられる「手続」に関しては、ルールというより「メカニズム」という言葉を使うほうがよいかもしれない。また、野球のルールに正しく従って行われた試合結果は、どのようなものであれ、（ある意味で）「正しい」ということは、だれでも納得できるであろう。野球のルール自体が「正しい」かどうかは、普通は問題にならない。野球のルール自体に異論がある人は、野球をしたり観戦したりしなければよいだけの話である。あるいは、問題となるとしても、それは、試合とは別の審級で審議、決定されるべき問題である。ロールズはおそらく、人々が有するこのような通念を利用して、自説の正しさを人々に説得しようとしたのであろう。

だが、分配の正義の問題について、ルールに正しく従った結果だから正しいのだという側面を強調することによって、ルールに従った結果であっても、やはり（実体的に）おかしいと言うことを最初から封殺するような論法は、その主張のいかがわしさを増すものでしかない。ロールズも実体的正義について何らかの立場をとっている以上、「手続」の問題はすべて、「不完全な手続的正義」の事例になる。ロールズが、純粋な手続的正義に関し、以上のような混乱を招く説明を提出したのは、実は、次節で取り上げる「必要（need or needs）や功績（desert）に応じた分配[59]」という伝統的な分配的正

---

58 後述本章27参照。
59 ロールズは、これを「配分的正義」（allocative justice）の考え方であって、「分配的正義」の考え方ではないとすら言う。*TJ*, pp. 88/76-77 rev., 『正義論』120-121頁参照。

義の考え方を最初から排除するためであった。
　政治哲学における「手続的正義」の用法が、法学におけるそれが手続的不正義の防止に力点を置いているのと異なり、「手続に従っているかぎりで正義にかなっている」という意味で手続的正義のほうに力点をおいていることについては、前章ですでに触れた[60]ので、説明はくり返さない。
　ノージックの権原理論が、純粋な手続的正義の理論の応用であること——しかし、彼は賢明にも「手続的正義」という不明確な概念を使っていない[61]——は、もはや説明するまでもないであろう。もっとも、彼は、権原理論に含まれる実体的ルールにおいて、功績（desert、その動詞は deserve「値する」）を考慮することを排除していない（前掲IX-10の最後の文参照）。ロールズは、正義の実体を決める際に「功績」を考慮してはいけないと主張したいがために、「いったん決まったルールに従う際に功績を根拠に文句を言うことはおかしいだろ」という筋違いの論拠を提出しているのである。
　ロールズの手続的正義論も、ノージックの権原理論と同様、分配を直接に規制するものではない。行為が、正義にかなった既存のルールに従っていさえすれば、分配は正義にかなっているとみなされることになるからである。そのかぎりでは、ロールズの手続的正義論も、彼みずからは、自分の正義論の全体を「分配的正義」ないし「社会的正義」の理論と称しているにもかかわらず、分配の正義を否認する見解の一つとみることができる。
　一般に、論者が「分配の正義」という言葉を使っているということは、それが「分配の正義」の理論であることの根拠とはならないという点に注意されたい。人が表面的にのべていることを疑ってかかるのが、法哲学の精神というものである。

10. 「正義」という言葉の適用対象

　以上で取り上げた見解はすべて、「正義」という言葉の適用対象を個人（法人も含めたければ、含めてよい）の行為に限定しており、行為が既存の「正義のルール」——ヒュームのそれに限定せず、以上で取り上げた他の論

---

[60] 第8章22参照。
[61] 「手続的権利」という言葉は使っている（前述第4章18および19参照）が、これは、被告、被告人または被疑者の権利をさし、法学的意味での「手続的正義」にかかわるものである。

者の主張する同様のルールも含むよう広く解釈することにする——に従っていれば、それは、結果として生じる分配のいかんにかかわらず、正義（just）と判定されることになる。

　厳密にいうと、ヒュームは、正義を人為的「徳」の一つとしている（前述本章2参照）から、上のようなまとめ方は、やや不正確に見えるかもしれない。正義を徳ないし倫理的習性の一つとし、「正義」を人ないし人柄について語るのは、アリストテレス以来の倫理学の伝統である[62]。しかし、アリストテレスも、行為について、その正、不正を語ることは多い[63]。その行為が本当に正義の徳に発する行為であった場合は、「それは正義にかなっている」と言うことは、「正義」という言葉の厳密な用法に合致するが、個々の事例について、それが本当に徳に発する行為かどうかの確認はむずかしいから、徳に発しない行為についても、正義の徳に発する行為と同様の行為が観察される場合、派生的に「正義にかなった」行為と語ることができるのである。

　「ルールに合致して行為することが正義である」という思想は、アリストテレスの「適法的正義[64]」の観念にすでに現われている。アリストテレスの場合、法の内容は、狭義の正義という徳を促進することに限定されていないが。

　以上からわかるように、西洋思想史の全体を通じ、「正義」という言葉は、第一に人柄、第二に行為、そして第三に、行為がそれに従うべきルールについて使われる。「分配的正義」という言葉は、現在では、ルールの内容、またはルールの実施が実際に結果するものの判定にあたって使われることが多い（後述本章21参照）。

　「正義」という言葉はまた、人間の行為の結果であるにせよ、そうでないにせよ、状態——それに限られるわけではないが、とりわけ分配状態——や、単なる出来事を判定するために使われることもある[65]。たとえば、人々の間の不平等な所得の分布について、それが完全に平等であるべきだと

62　前述第8章第1節参照。
63　たとえば、前述第8章3で引用したⅧ-4の第2段落、同7で引用したⅧ-8の第2段落参照。
64　前述第8章7参照。
65　たとえば、David Miller, *Social Justice*, Oxford University Press, Oxford, 1976, p. 17参照。これは、アリストテレスのいうヘクシス（前述第8章3参照）がstateと英訳されうることとも関係している。ただし、ミラーは、正義という言葉の第一義的適用対象が「状態ないし事態」（state of affairs）であるという考え方を今では放棄している。

考える者は、それが「正義にかなっていない」と言うこともできる。同じように、人の生まれつきの能力に差があることを、平等主義者は「正義に反する」と言うかもしれない。さらに、能力がない（または、ある）人が成功し、能力がある（または、ない）人が失敗することすら、「不正義だ」と言うかもしれない。このように状態や出来事にまで「正義」という言葉の適用を拡張すると、「正義」の意味内容は、しだいにはっきりしなくなる。各種の正義論を読む場合、それが何について正義を語っているのか、これについてまず理解することが肝要である。

第2節　分配の正義の理論

11. 各人に各人のものを

アリストテレスの提出した適法的正義、配分的正義、矯正正義、応報的正義とならんで古来有名な正義の定式として、「各人に各人のものを suum cuique」、あるいは「各人に各人が受けるべきもの——英語では due という——を」を配分——「分配」と言っても同じ——するべきである、というものがある。日本語では、「各人にその分を」という表現が一番近いであろう。「配分」という言葉が使われているが、その定式は、矯正的正義における「受けるべきもの」についても当てはまる定式であるから、アリストテレス的「配分的正義」に限定されるものではない。それとは異なる意味での「分配的正義」や、適法的正義、矯正的正義、応報的正義、手続的正義、形式的正義等々の場合にも、適用可能な定式である。

各人の「分」ないし「受けるべきもの」の解釈としては、権利だけでなく、義務や負担も考えられるが、「権利」と解釈されるのが通例である。たとえば、ローマ法の学説彙纂の序文には、「正義とは各人に彼の権利（jus）を配分する恒常不断の意思である」というウルピアヌスの有名な法文が載せられている[66]。ラテン語の jus（=ius）は、「権利」、「法」、「正義」のいずれ

---

[66] 加藤新平『法哲学概論』（前掲第8章注17）444-445頁参照。キケロやトマス・アクィナス等多くの先達も同様の定式をのべている。片山英男訳『発想論』キケロー選集6（岩波書店、2000年）143頁（De Inventione, II, 53, 160）、『神学大全2』（前掲第8章注33）第21問第1項216頁等参照。ヒュームは、『人性論（四）』（前掲注2）115-116頁において、その定式が「正義から独立に且つそれに先立って権利や所有権のようなものがあって、人々が正義の徳の実践を決して夢想しなか

をも意味する言葉である。

　もちろん、ウルピアヌスの定式だけでは、各人の権利が何であるかかが決まらないと、何が正義かはわからない。しかし、この定式の意義ないし独自性は、正義を個人の権利との関係でとらえた点にある。個人の権利と直接的な関係をもたない正義概念もあるからである。

　重要な点を補足すれば、個人の権利が、ルールによって定義される場合、それは、「既存のルールに従うことが正義である」という前述の「行為の正義」の観念と重なる。

　ウルピアヌスの定式によれば、法律で定められた権利が、そのとおり各人に与えられれば、それは正義にかなっていることになろう。しかし、そのような法律上の権利の規定自体が正義に反すると言う者もいるかもしれない。その根拠として、同じように「権利」を持ち出す者もいるかもしれない。後者の権利は、前者の権利と区別するため「道徳権利」とよばれる。その際、「道徳」の概念も内容も特定する必要はない。そこでは、「道徳権利」は、「法律的権利」あるいは「実定的権利」の根拠、または批判の根拠としての「権利」ということしか意味しない。

　第3章（とくに7）で説明したように、「権利」という言葉は、相手方の義務ということを、ほとんど定義上含意する言葉である。権利をもつ者は、相手方にその義務の履行を当然に求めることができる。しかし、義務のほうから考えていくと、義務を負う者の義務に対応する権利を相手方がもつとは限らない。正義の徳とは区別される博愛、人道、気前のよさ等に基づく行為は、それが義務だとされるにしても、相手方にそれを求める権利があるとは限らない。たとえば、金持ちが、貧乏人のために尽くすことが博愛上の義務だとしても、それを要求する権利が個々の貧乏人にあるかどうかは、意見の分かれるところである。「恵んでくれ」とだれかから言われて、それに応える義務が当然にあると考える人は少ないであろう。

　逆にいうと、貧富の格差を縮小することを求める人々の多くは、それを貧乏人の権利として掲げ、個々の貧乏人が個々の金持ちに直接それを請求することはさすがに無理と考えるからか、その実現を政府の義務とし、財源はた

ったとしてさえ、それら権利や所有権は存立したであろう、ということが想定されている」点を批判している。

とえば、急激な累進課税によって調達するべきだと主張するのである。その際、政府は、金持ちに対して、高額の税金を払う義務を法律によって強制してよいということが暗に意味されている。そこで使われているレトリックは、「権利」という言葉の使用によって、「正義」とのかかわりを自明視させた上で、義務者を何とかして探し出すという効果をもっている。「権利」という言葉を使うと、いくつかの正当化を省略することができるので、「社会的正義」という言葉の愛好者の多くは、「権利」という言葉を使いたがる。格差の縮小が「よい」ことだとしても、それが「正義」の問題であるとは限らない。「権利」という言葉の使用は、その点を不問にし、正義との結びつきを連想させ、聞き手を自説に同調させる効果をもっている。もっとも、レトリックに引っかかることを潔しとしない法哲学者に対しては逆効果だが。

　「法は正義を実現するべきものだ」という通念が広まっているところでは、前述の意味（法のメタレベルにあるが未定義ということ）で「道徳的な」ものであるにしても、「権利」という言葉の使用は、「道徳的権利」が「法的な権利」であるべきだ、または、となるべきだという主張をレトリカルに含意する。

　だが、問題は、何が「道徳的権利」とされるか、その根拠である。伝統的な分配的正義の理論において根拠とされることが最も多かったのは、「功績」（desert）に応じた分配である。これは、アリストテレスの「配分的正義」でいえば、そこにおける「人間の価値」に「功績」を当てはめたものにすぎない。アリストテレスの正義論の影響は、今日でもなお絶大である。私が前章でなぜ、あれほどまでに詳しく彼の正義論を立ち入って論じたか、理解していただけたであろうか。

12. 正義の諸観念

　ここで、これまで取り上げた正義の観念を整理するために、ジョン・スチュアート・ミル（1806-1873）から引用しておこう。

IX-11　ミル『功利主義論』[67] 505-508頁

……世論が「正義」とか「不正」とかと区分しているいろいろな行為様式や人事の諸制度を、順番にみてゆくことにしよう。……

第一に、だれかの個人的自由や財産そのほか法律上その人に属するものを奪うことは、多くの場合不正だと考えられている。……つまり、他人の法律上の権利を尊重することは正しく、侵害するのは不正だという意味である。……

しかしまた、第二に、彼が剥奪される法律上の権利は、彼に属すべきでなかった権利なのかもしれない。言いかえれば、こういう権利を彼に与える法律は悪法なのかもしれない。……

そこでわれわれはこう言うことができる。不正の第二の事例は、道徳的権利の対象を、その持ち主から取りあげたり拒んだりすることである、と。

第三に、世間で正しいと思われているのは、だれもが自分に相応の〔deserve〕もの（善でも悪でも）をもつことであり、不正とは不当な〔not deserve〕善を得たり、不当な〔not deserve〕悪を押しつけられたりすることである。一般の人たちが抱いているいちばん明確でいちばん強固な正義の観念とは、おそらくこういうものである。その中には当然の報い〔desert〕という観念が含まれていて、報いとは何かという問題がでてくる。……

第四に、だれかの信頼を裏切るのは、明らかに不正である。……約束を破ることは明白な不正である。また、われわれ自身の行動が抱かせた期待にそむくことも、少なくとも承知のうえで故意にこういう期待を抱かせたのなら、同じく不正である。これまでに述べたほかの正義の義務と同じく、この〔信頼という〕義務も絶対的なものではなく、他の側〔信頼にそむく側〕にこれより強い正義の義務があれば放棄してもよいと考えられている。……

第五に、だれもが認めているように、不公平〔partial〕なのは正義に反する。……要するに、正義の義務である公平〔impartiality〕とは、当面の問題について考慮すべきものだけを考慮すること、そして、このような考慮の指示にそむくよう誘惑する動機に目もくれないようにすること、を意味するといってよい。

公平の観念と密接に関連するのが、平等の観念である。平等はしばしば正義の構成要素として、正義の概念の中にも正義の実践の中にも含まれている。そこで多くの人たちの目に、平等が正義の本質を構成すると映るのである。しかし平等の場合は、ほかの場合以上に正義の観念が人によってまちまちである。……

　ミルのまとめ方によれば、正義の第一の意味は、法律上の権利の尊重、第二の意味は、道徳的な権利の尊重である（前述本章11参照）。

　正義の第三の意味は、伝統的に「desert に応じた分配」とよばれてきたもので、ミルがのべているとおり、普通の人々の間では古代から現代までを通じ、分配的正義の観念として最も有力なものである。それは、アリストテ

67　伊原吉之助訳（原著公刊は1861年）、『ベンサム　J. S. ミル』（前掲第6章注46）所収。J. S. Mill, *Utilitarianism*, edited by Roger Crisp, Oxford University Press, Oxford, 1998を参照した。

レスの配分的正義の考え方とウルピアヌスの定式とが渾然一体となった観念であり、アリストテレスのいう配分的正義の問題をこえて、広く、矯正的正義、応報的正義、交換的正義の問題にも適用されうる考え方である（より詳しくは後述本章14参照）。

　ミルが正義の第四の意味として挙げているのは、「信頼の尊重」ないしは「正統な期待（legitimate expectation）の保護」である。これは、ヒュームが第三の根本的自然法とよんだ「約束履行のルール」に対応する（前述本章6参照）。これに対して、ヒュームが第一の根本的自然法とした「所有の安定のためのルール」（前述本章5参照）は、ミルの分類のなかでは、第一の正義の意味に含まれるようである。

　ミルによれば、正義の第五の意味は「公平」であり、これは法学的意味での手続的正義または形式的正義（普遍化可能性）に対応する（前述第8章第3節参照）。最後の文にある「人によってまちまちである」という文言は、形式的正義は、何に注目して人々を平等に取り扱うかを特定しないから、ご都合主義（＝機会主義 opportunism）に陥りがちだということを批判する趣旨のものである。

13. 社会的正義の観念

　ハイエクは、ミルが挙げるこれら正義の五つの意味のうち、第一、第二、第四、第五の意味は、何が正義にかなった行為であるかを判定するためのルールに関連しているが、第三の意味だけは、行為ではなく、意図的な人間行為によってもたらされたとはかぎらない事実的状態（factual state of affairs）、すなわち desert（功績、能力、必要等を表す——詳しくは後述本章14参照）に言及する点で他の正義の観念と異質のものだと主張している。ハイエクは、「社会的正義」とは、本質的に desert に応じた分配であり、それは正義の問題ではないと主張しているのである。

　　IX-12　ハイエク『法と立法と自由〔II〕』[68] 91-93頁

　　　「社会的および分配的正義」を社会による諸個人の功績（desert）に応じた「処遇」と明示的に結びつけるこうした言明〔たとえばミルの言う正義の第三の意味〕は、そのよ

68　前掲注41参照。ただし、訳文は、邦訳に必ずしも従っていない。以下でも同様とする。

うな意味での正義が平明な正義〔＝行為のルールに従うこと〕と違うことを最も明白に明らかにすると同時に、そのような概念が空虚であることの原因も白日のもとにさらす。「社会的正義」を求める要求は、個人ではなく、社会に向けられている。だが、社会は、すなわち厳密な意味では、政府機構と区別されなければならない社会は、特定の目的のために行為することはできない。それゆえ、「社会的正義」を求める要求は、社会の構成員は、社会の生産物の特定の分け前を相互に異なる個人または集団に割り当てることを可能にするような仕方で自分たちを組織するべきだという要求になる。その場合、第一の問題は、正義にかなっているとみなされる特定の分配パターンを達成するという目的をもって社会構成員の諸努力を調整することのできる権力に、服従する道徳的義務が存在するのか否かということになる。

　そのような権力の存在が当然視されるなら、ニーズの充足のための現存手段がどのようにして分けられるべきかという問題──もっとも、それは、普通の道徳が答えを提供するような問題ではないが──が正義の問題とされることになる。そうだとすれば、「社会的正義」の現代的な理論家のほとんどが出発点とする仮定、すなわち、社会的正義は、特別な考慮がそれから逸脱することを要求しないかぎり、全員に対する平等な分け前を要求するという原理でさえ、正当化されるようにみえたとしても不思議ではない。しかし、それに先行する問題は、個人が受け取る利益について、それを正義にかなっているとかいないとか言うことが意味をなす仕方で行使されねばならない司令権力に、人々が服従することが道徳的であるか否かということである。

　もちろん、市場メカニズムによる利益と負担の分配が、万一、特定の人々への意図的配分の結果だとしたら、それはきわめて不正義とみなされなければならない、ということは認めなければならない。しかし、そのような仮定は、事実ではない。各自の利益と負担は、次のようなプロセスの結果なのである。すなわち、そのプロセスが特定個人に及ぼす結果は、諸制度が最初に現れたときには、だれによっても意図も予測もされなかった、そのようなプロセスである。そこで言われている諸制度とは、それらが全員またはほぼ全員について、彼らのニーズが充足される見込みを改善するということが発見されたがゆえに、存続を許された諸制度のことである。そのようなプロセスに正義を要求することは、明らかにばかげている。そのような社会に生きる人々のうち、だれかを選び出して、特定の分け前への権原をもっているとすることは明らかに正義に反する。

　これだけの分量のなかにハイエクの社会的正義批判[69]のエッセンスを凝縮したような文章であるので、なかなかわかりにくい。私なりに補足しながら、言いかえてみよう。

　社会の総生産物を社会の各構成員に、それぞれの「功績」に応じて分配しようとすると、彼らおのおのが生産にどれだけ貢献したかを判定する必要がある。それが、desert とよばれる「事実的状態」である。また、生産を始

---

[69] 同旨の批判は、ハイエクの著作のいたるところにみられるが、たとえば、同（気賀健三・古賀勝次郎訳）『自由の条件〔II〕自由と法』（新版ハイエク全集第 I 期第 6 巻、春秋社、2007年）137-139頁参照。原著については、前掲第 5 章注44参照。

める前に、各構成員を適材適所に配置する必要もある。能力に応じて仕事の割当を決めるとすれば、各人の能力もまた、desert とよばれる「事実的状態」である。各人の貢献または能力に応じて分配される生産物の分布もまた「事実的状態」である。「desert に応じた分配の正義」を実現するためには、各人が行為のルールに従う、あるいは違反しないという意味での本来の正義の実行に比べて、はるかに多くの、どのような人間も入手不可能な情報を必要とする。

にもかかわらず、貢献または能力に応じた社会的総生産物の生産と分配という方式は、その具体的内容を定めて指令する人および階層組織を必要とする。したがって、desert に応じた分配は、必然的に社会主義的指令経済に通じる。司令当局は、最終的な分配を決定する権力をもっているのであるから、全員に対して生殺与奪の権力を握っていることになる。職業選択の自由や言論の自由が標榜されているとしても、当局が気に入らない者には食料の配給を断てばよいだけだから、自由権も政治的権利も、あってなきがごとしである。ありえないことだが、万一、当局による desert に応じた分配が成功し、言うところの「社会的正義」が実現されたとしても、そのような権力に服従する道徳的義務、すなわち「奴隷になる義務[70]」が社会構成員にあると言えるのか。

社会的正義を奉じる論者のなかには全員への原則的な平等分配を主張する人々もいる。ここでも、分配の全権力を握る指令当局の存在が当然の前提とされているから、平等分配が正義にかなっているかどうかを論じる前に、そのような権力に従うこと——「隷従への道[71]」——が道徳的に正しいのかどうか、という前述の根本問題が登場する。道徳的に正しくないとするのがリベラリズム（後述第10章参照）の道徳である。「社会的正義」とは、本質的に

---

70 教養あるヨーロッパ人なら必ず知っている事実、すなわち、古代ギリシアの市民にとって最も重要な、人間に関する区別は、自由人と奴隷の区別であったということを利用したレトリックである。そこにおいて、労働するべきなのは奴隷であり、労働することは道徳的に価値の低いものとされていた、ということを看過してはならない。働かなくては食っていけない、現代の多くの市民には通用しない論法であるから、ハイエクは、いわゆるインテリやエリートのみに訴えかけているのである。日本の大学教授がそうしたカテゴリーに入るかどうかは、意見が分かれるであろう。ノージックも、民主主義批判の文脈で同様の論法を用いていた（前述第4章36参照）ことを想起していただきたい。

71 ハイエク『隷属への道』（前掲第5章注50）参照。

反リベラルなのである。

　社会主義および社会的正義の立場は、市場メカニズムを基本的に拒否する。リベラリズムは、市場メカニズムを基本的に支持する。市場メカニズムによる分配は、指令経済と異なり、だれかが意図的に実行したものではないから、個人の行為に還元されない配分プロセスと、結果としての分配パターンとに「正義」という言葉を使うことはできない[72]。それゆえ、人々が自由な経済活動を行った結果としての分配は、人々が自生的に成立する行為のルールに従っているかぎりで、正義に反するものではない。

　市場経済は、さまざまな自生的諸制度のなかで機能し、またそれによって構成されている。そのような諸制度が、現在まで変容しつつ生き残ってきたのは、それらが全体として、人々のニーズに応えるという機能をよく果たしてきており、市場に参加する人々の生活を、全体として改善してきたからである。市場経済の結果、貧富の格差が生じるということは事実である。同時代をとって横の比較をしてみれば、貧富の格差は大きいとみえるかもしれない。だが、過去の時代と比べれば、市場メカニズムのおかげで全体として豊かになってきていることは争えない。

　ハイエクは、おおむね、以上のようなことが言いたかったのだと思われる。このようなハイエクの主張に対して、社会的正義論の主張者たちも、もちろん黙ってはいない（後述本章21参照）。しかし、両者の間でさえ、「社会的正義」の観念が「desert に応じた分配」という考え方と伝統的に深く結びついてきた、という事実に関しては一致がある。ここでは、その点を銘記しておかれたい。

14.「値する」の構造

　英語で desert という語によって表されるものは、それに正確に対応する言葉が日本語にはない観念である。したがって、これまで引用した文章からもわかるように、「功績」、「賞罰」、「報い」等々さまざまな語が当てられる。しかし、その本質をなす「値する」という観念は、日本文化のなかにもあ

---

[72] ただし、ハイエクは、制度を正義の適用対象とするロールズの正義論に言及しつつ、結果的分配に直接かかわらない、手続としての制度の正義について語ることは、勧めている。ハイエク（前掲注41）138-139頁参照。

り、西洋文化に特有の観念であるとは必ずしも言えない。言葉が正確な一対一対応をなしていないだけである。

desert の動詞形は、deserve であり、何々に「値する」ということを意味する。これは、分配の問題に限定されることなく、きわめて広い事項に適用される言葉である。「注目に値する」、「賞賛に値する」、「非難に値する」、「勝利に値する」、「報酬に値する」といったふうに使われ、日本語の用法とほぼ同じである。これらの句が、たとえば、実際には勝利していないにもかかわらず「勝利に値する」といった文脈で使用されることが多い点も、日本語と英語その他の西洋語とで同じである。

現代における社会的正義論の代表的論者の一人であるデイヴィド・ミラー[73]（1946-）の見解を参照しつつ、以下しばらく、「desert による分配」の観念について検討することにしよう。desert という言葉は、それを分配される本人にとって、金銭または労役の負担、非難、刑罰など、「悪いもの」あるいは「害」（harm）が分配される場合にも用いられる。だが、ここでは、金銭、希少な資源、名誉など、本人にとって「よいもの」が分配される場合に限定して考えることにする[74]。

ミラーによれば、分配の正義が問題となる文脈において、deserve を使う文の基本構造は次のようなものである。すなわち、

> 行為主体 A（agent）は、本人が P（performance）をしたがゆえに、B（benefit）に値する（deserve）[75]。

desert という英語の名詞は、混乱させることに、P（行為の成果）だけでなく、B（各種の便益・利益——「報い」という訳語は、これを表す）をさす場合にも使われる——これまでの叙述では、混乱をさけるため、P についてだけ desert という語を当ててきた。「労働時間に応じて賃金を分配する」という例でいえば、desert という語は、労働時間にも、賃金にも使うことがで

---

[73] David Miller, *Principles of Social Justice*, Harvard University Press, Cambridge, Massachusetts, 1999, ch. 7.

[74] よいものの分配と悪いものの分配では、desert という観念で扱うにしても、通常の正義論では、両者はその扱いを異にするからである。したがって、財、資源、所得等の分配の正義論を、刑事責任または民事責任の分配の正義論に応用することは危険である（逆もまたしかり）。

[75] Miller（前掲注73）p. 133参照。

きる。分配の根拠になっているのは前者ではあるが。

　上記ミラーの定式を「値する」という日本語だけを用いてあえて表現すれば、「Aは、「値すること」をしたがゆえに「値するもの」に「値する」」というわかりにくい文になる。だが、これは、「値する」が使われる文の形式的構造を正確に表してはいる。

　いずれにせよ、このように定式化した時点で、すでにアリストテレスの配分的正義の定義から若干ずれているということに注意されたい。アリストテレスにおいて配分の根拠となる「価値」は、本人がしたことでも、本人がし
・・・・・
たことと無関係な身分その他の属性でもよかったからである。ミラーの定式は、後者のような属性を排除している。

15. 責任のある行為

　Pは、「本人がした」と言えるものでなければならない。専門用語でいえば、本人に「責任がある」（responsible）ものでなければならない。したがって、催眠術にかけられてしたこと、脅迫や強要されてしたこと、たまたま運よくできたこと等々はPから排除される[76]。倫理学では一般に、Pは、Aの意図的[77]もしくは自発的行為または選択によるもの、あるいは、Aのコントロール下にあるものでなければならないとされる。古くからあるこの問題[78]をめぐって、倫理学者は今でも、延々と論争を続けている。

　76　同書pp. 133-134参照。ちなみに、英米の倫理学および法学では、ドイツ刑法学を継受した日本の刑法学と異なり、違法性（阻却事由）と責任（阻却事由）と責任（無）能力とは、必ずしも峻別されていない。どちらが優れているという問題ではないが。

　77　ミラーは同書p. 134で、人が「したこと」に責任があると言うためには、それは意図的な行為の結果でなければならないが、道徳的desertを要求するものではない、つまり、徳に発する行為でなくてもよい——たとえば、売名のために立派なことをしても、それはそれで賞讃に値する、あるいは、報労金目当てで遺失物を届け出ても、報労金ないし感謝に値する——ということを強調している。これは、ロールズが、分配の正義におけるdesertに応じた分配という見解を一括して否認するために、desertに応じた分配の考え方はすべて、「政治的リベラリズム」において排除するべき「道徳的desert」に基づいていると決めつけたことを強く意識してのことである。前述本章9および後述本章43参照。この点では、ミラーに分があると思う。

　ミラーは、道徳的desertの考え方が、「道徳的不正行為（moral wrong）のゆえに処罰に値する」といった考え方と強く結びついており、前掲注74でのべたように、主として「よいもの」の分配にかかわる社会的正義論の文脈では不適切な考え方であることを早く（ロールズの『正義論』の出た直後）から正当にも指摘していた。Miller（前掲注65）p. 87参照。

　78　「意思の自由」と責任の関係をめぐる、形法学および法哲学における伝統的論争を検討する法哲学者の見解として、ホセ・ヨンパルト『法哲学で学んだこと———法学者の回顧録———』（成文堂、2008年）142-148頁参照。

しかし、倫理学者がどのような理論を立てようと、それを実施に移すには何らかのルールが採用されざるをえない（明示的な立法が必要だということを含意しない。慣習法でもよい）。その場合、ルールの解釈・適用にあたって、Aの「行為」（または「行為」のようにみえるもの）の結果何かが生じたとき、それを「Aがした」、つまり、「Aに責任がある」と言えるかどうかの判定がむずかしい事例が必ず出てくる。しかも、個別事例に柔軟に対応するべく、アリストテレスの意味で「衡平」な解決をすることが、かえって長期的、全体的にはよくないということも出てこよう。ここから法学および法哲学の本当の仕事が始まる。

それはともかく、「責任」の概念は、分配の正義論の文脈では、たとえば、本人が努力して大きな所得を稼いだとしても、その原因のすべてが当人に「責任がある」行為によるものだとは言えない場合——普通はそうは言えない——、その人に責任がない部分に対応する所得部分（それが正確にどれだけかは別にして）については、社会全体への再分配の原資に回してよい、といった形で応用される[79]（しかし、応用する必要はない）。つまり、責任の

---

[79] S. L. Hurley, *Justice, Luck, and Knowledge*, Harvard University Press, Cambridge, Massachusetts, 2003, cc. 5 and 8参照。現代正義論におけるこの問題への注目は、各個人は、自分の人生（とりわけ職業選択）には責任をもつべきである（「善の構想」の選択の自由とそれに伴う責任）としていることと、格差原理においては、だれもみずからの生まれつきの才能には「値しない」という理由で、個人の責任をいっさい考慮しないとしていることとの折り合いをどうつけるのか、という問題にロールズが悩んだことに始まっており、これを受けて、多くの論者によって取り上げられるようになった（ロールズは、責任と desert を峻別していない）。たとえば、平等主義的分配的正義論者の一人ドゥオーキンは（やや不正確にいうと）、彼の与する「資源の平等」論は endowment-sensitive ではなく、ambition-sensitive である、という言い方で、生まれながらの能力に由来する分配の不平等は是正されるべきであるが、本人のやる気や才覚と行為とに由来する不平等は温存されるべきだという主張を展開している。一見わかりやすいが、両者の区別ができるなら、たいしてむずかしい法哲学上の問題は生じない。設計主義的発想の一例である。ロナルド・ドゥウオーキン（小林公・大江洋・高橋秀治・高橋文彦訳）『平等とは何か』（木鐸社、2002年）126頁参照。Ronald Dworkin, *Sovereign Virtue*, Harvard University Press, Cambridge, Massachusetts, 2000, p. 89参照。以下、同書からの引用にあたっては、原著の参照頁は省略する。また、邦訳では、著者名が「ドゥウオーキン」となっているが、「ドゥオーキン」で引用する。

当然ながら、進化論的合理主義なら、責任の存否の問題を解決できる、ということが言いたいわけではない。進化論的合理主義は、基本的に認識論に属するものであるから、実践に対しては、教訓と注意事項を教えてくれるだけである。

Hurley は、前掲書の全体を通じ、決定論——大雑把にいうと、人間の行為はその人間の外部にある要因によってすべてあらかじめ決定されているという考え方——に対応して現われた責任の「遡及説」——行為の結果に責任があると言えるためには、その行為の原因についても責任がある、そして、その原因の原因についても責任がある……と言えなければならないという説であり、それは結局、行為者の生まれる前の原因にまで遡ることになるから、人はすべての行為について責任は

概念は、何を分配または再分配してよいか——倫理学風政治哲学おける最近流行の専門用語(ジャーゴン)では分配の「通貨」(currency) という——を決める働きをもっている。

だが、このような意味での責任概念は、deserve 概念の構成要素の一つである「したこと」(performance) にかかわるものにすぎないし、また、「責任」は desert のみにかかわるものはなく、行為一般にかかわるものである。したがって、責任への言及は、さしあたり、これくらいにしておく。

ただし、desert に応じた分配と、責任に応じた分配とは、重なるが、同じ問題ではない、ということだけは、忘れないでいただきたい。責任がない部分については、分配の根拠にならないということ、また、責任がある部分についても desert と認められないことがある、ということである。

16. 「値する」の第一義的判断および第二義的判断と、見せかけ判断との区別

ミラーは、前述(本章14参照)の「Aは、Pをしたがゆえに、Bに値する」という定式に当てはまる desert 判断を、「値する」の第一義的判断(primary desert judgment) としている[80]。だが、「値する」根拠が、「したこと」ではなく、その人がもっている属性であることも多い。ミラーは、この属性をさらに二つに区分する。

ないという結論を含意する——に対抗して、「理由応答性」(reason responsiveness) という責任概念(前掲書 pp. 55-61参照)を支持している。理由応答責任概念は、そこで細かく分類されてはいるが、あまりにも曖昧な概念であり、責任の有無の問題は結局、その具体的事例への適用問題に先送りされるだけのように思われる。理由応答責任の概念は難解であり、私はそれを正確に説明することができない。いずれにせよ、それは、決定論と両立し、なおかつ、人間の自分の行為に対する責任を認める一つの立場である。しかし、私は、責任論は、決定論の真偽のいかんにかかわりなく、考えるべきだ(両立するかどうかなど考える必要はない)という立場をとっている。哲学者(だけではないが)は、一般に自分が採用してきた手法で扱いやすく、かつ、答えにくいパズルに飛びつく傾向がある。法哲学者がそれに安易に追随してはならない。Hurley の責任論(ただし、肝心の理由応答責任は除く)も援用しつつ、非形而上学的観点から責任と正義を結びつける試みとして、井上彰「正義・平等・責任:正義としての責任原理・序説」田中愛治監修、須賀晃一・齋藤純一編『政治経済学の規範理論』(勁草書房、2011年) 第6章参照。

「理由応答性」説を支持する日本の法哲学者の見解として、瀧川裕英「他行為可能性は責任の必要条件ではない」法学雑誌55巻1号 (2008年) 31-57頁参照。「他行為可能性」(ほかの行為も選択できたということ)を責任の要件とする伝統的な考え方に疑問を呈する、こうした最近の哲学上の論争の端緒となった論文として、ハリー・G・フランクファート(三ツ野陽介訳)「選択可能性と道徳的責任」門脇俊介・野矢茂樹編『自由と行為の哲学』(春秋社、2010年) 81-98頁参照。また、成田和信『責任と自由』(勁草書房、2004年) も参照。

80 Miller (前掲注73) p. 133参照。

その第一は、その属性が、その人が将来なしとげるであろうことを予測さ
せるものである場合である。たとえば、「求人されているその職業について
最も高い能力をもっている人は、その職を得るのに値する」と言う場合であ
る。能力は、いわば潜在的パフォーマンスであるから、この種の判断をミラ
ーは、第一義的判断の派生形態とみて、「値する」の第二義的判断とよぶ。
ただし、能力は、それを発揮して実際に行為した場合のパフォーマンスを予
測させるものではあるが、「値する」の第二義的判断は、普通の意味での予
測判断ではない。「他の事情にして等しければ」(ceteris paribus) あるいは
「特段の事情がなければ」そうなるだろうと言っているだけで、個別事例に
おいて正確な予測のために考慮する必要があるかもしれない他の事情や運の
問題を考慮しているわけではない[81]。

　第二は、属性がその人の将来の行為ないしそのパフォーマンスとまったく
関係がない場合である。たとえば、「ミス・オーストラリアは、すべてのコ
ンテスト参加者のなかで容貌が最も美しいので、ミス・ワールドに値する」
と言う場合である。この場合、彼女が所与のコンテスト基準に最もよく適合
していると言っているだけで、彼女の将来の行為に言及しているわけではな
い。したがって、最も美しい花を決めるフラワー・コンテストについても同
様の言明が可能である。AにBが分配される根拠が、第一義的であるにせ
よ、第二義的であるにせよ、パフォーマンス・ベースのdesertにない場合
を、ミラーは、「値する」の見せかけ判断（sham desert judgment）とよび、
本来の「値する」の判断ではないとする。

　そのような見せかけの「値する」の判断の事例として、ミラーは、Aが
人間以外の物の場合[82]、既存のルールのもとでAにB（便益）への権原があ
るというだけの場合、AはBを必要としている、あるいは、AはBを利用
できるというだけの場合、そして、AがBを享受することがたまたま時宜
にかなったことだ――たとえば「母校が野球で勝ったので、われわれは、祝
杯を上げるに値する」――というだけの場合を挙げている。ミラーによれ

---

[81] 同書 p. 137参照。
[82] 競馬の場合は違うのではないか、という疑問を抱いた人は鋭いが、ここでは瑣末な問題である。コンピューターと人間がチェスの勝負をする事例のほうがもっと面白いが、それが分配の正義とかかわると考える人はほとんどいないであろう。しかし、「芸がうまくできたので（あるいは、その能力を身につけたので）、このいるかは餌に値する」と言う場合はどうだろう。

ば、これらの事例における「値する」はすべて、「もつべきである」に言いかえることができ、その理由も（あるとしても）、本来の desert とは異なる種類のものであるとされる[83]。

「値する」の見せかけ的用法に関するミラーの説明において注目するべき点は、次の二つである。第一に、「必要」が desert の一種とみなされることがあるが、それは本来の、つまりパフォーマンス・ベースの desert ではない、ということ。第二に、ルールは、「値する」の見せかけ判断の根拠となりうるが、本来的 desert の独自性は、むしろルール自体の根拠になりうるところにある、ということである。ミラーによれば、「正義にかなったルールに従って得た所得だから、その人はその所得に値するといった」用法は、「値する」の本来的用法ではない。もちろん、ミラーは、言葉の用法について論じているのではなく、分配的正義の理論のなかで「値する」という概念をどう位置づけるべきかについて、一つの立場を主張しているのである。

merit（メリット）という英単語は、desert（merit を動詞として使う場合は deserve）とほぼ同じ意味をもつ言葉である。だが、merit は、主として、「人がしたこと」をさすのではなく、人または人以外の物の属性をさす言葉である。したがって、この言葉に頼ると、第一義的用法と、第二義的用法および見せかけの用法との間で線が引かれやすい。これに反して、ミラーの主張によれば、merit という語を用いる場合でも、第二義的用法と、見せかけの用法との間で線引きをするべきである、ということになる。その場合、merit という語は、もっぱら、潜在的パフォーマンスとしての能力を意味するものとして使われるべきものとなる[84]。

ミラーは、言葉の「正しい」用法を定義するかのような、誤解を招きかねない不適切なやり方でではあるが、少なくとも分配的正義が問題となる文脈では、「値する」の根拠としてよいのは、人の「したこと」すなわちパフォーマンスか、潜在的パフォーマンスすなわち能力か、のいずれかであるべきであって、性別、身分、家柄など、（普通は）パフォーマンスと無関係なものを「値する」の根拠として使用してはならない、という（異論がありうる）実体的主張をしているのである。

83　Miller（前掲注73）pp. 137-138参照。
84　同書 p. 137参照。

17. 「値する」の判断は制度に先立つか否か

前項で触れたように、ミラーが提唱するパフォーマンス・ベースの「値する」の概念によれば、「値する」の根拠が人の属性ではなく、「したこと」（P）であるとしても、「AのしたPがルールに定められた要件に合致するがゆえに、AはB（報酬、報賞、昇進、奨学金、感謝等々）に値する」という文は、見せかけの「値する」の判断である。同様に、前提となっているルールに言及せずに、「AはBを与えられる権原をもっている」がゆえに「Bに値する」という言い方をしても、見せかけの「値する」の判断であることに変わりはない。

だが、どのようなPがBに値するか、ということは地域や時代によって一般に異なる。「相撲が強い人は賞讃に値するから、アメリカでも大相撲を開催して力士を顕彰するべきだ」などと言う人はいないであろう。そうすると、何が値するかは、「しきたり」あるいは「制度」に依存しているように見える。制度は、ルールによって規定されるから、「値する」は結局、制度しだいであるように見える。たとえば、オリンピックという制度がなければ、「彼女のパフォーマンスは（オリンピックの）金メダルに値する」という文は意味をなさない[85]。

ミラーは、「値する」の判断が全面的にローカルな制度に依存することがあることを事実として認める。しかし他方で、ミラーは、勇気ある行為や自己犠牲の行為などは、おそらくどの地域でも、それに対して与えられる便益の内容は地域によってさまざまであっても、何らかの便益に「値する」と評価されるだろうと主張する。そのかぎりで、desertは、「前制度的」あるいは「自然的」——アリストテレスのいう「自然的対人為的」の対比[86]における「自然（本性）的」に相当する——なものだとされる[87]。

ミラーの主張の力点は、「値する」の判断が「自然的」であるか「制度的」であるかどうかよりも、desertが制度を（肯定的に正当化する場合も含めて）「批判」する根拠となるということにある。批判の仕方としては、第一に、当該制度による便益の分配がパフォーマンスに基づいていない、第二に、分

---

[85] 同書 p. 138参照。
[86] 前述第8章**16**、とくに引用Ⅷ-17参照。
[87] Miller（前掲注73）p. 142参照。

配の根拠となっているパフォーマンスが別の種類のものであるべきだ、第三に、パフォーマンスと便益が不釣り合いである、というものがある。

第一の種類の批判の例としては、「性別などに基づく便益の分配はやめるべきだ」というものであり、すでに触れた。第二の種類の批判の例としては、たとえば、「大学教員の昇進の判断は、研究業績だけでなく、教育業績も考慮するべきだ」というものが挙げられる。第三の種類の批判の例としては、「大変な患者の面倒を長時間みている看護師は、(医師の給料と比べたとき、)今よりももっと給料をもらうべきだ」というものが挙げられる[88]。

第一の種類の批判についてはほとんど異論がないと思われるが、第二、第三の種類の批判については、ところによって、また、人によって判断が分かれるであろう。そのかぎりで、「値する」の判断は、相対的なものだと言えるであろう。にもかかわらず、多くの人々が現行の制度的分配を批判するにあたって、そのような「値する」という形態での判断をしている、という事実は争えないように思われる。

だから、分配の正義の考慮においてdesertを考慮するべきだ、ということに論理必然的になるわけではない——哲学では、「事実から当為(または規範)を導くことはできない」(「自然主義的誤謬」)と言われる。だが、ミラーの基本的立場は、政治哲学の専門家の間でdesertが一般に軽視されている——たとえば、リベラル右派のハイエクもリベラル左派のロールズもdesertを拒否している[89]——今日、普通の人々のもっている正義感覚、そのなかで最も大きいのは「値する」の感覚——ミルが前掲IX-11において、「一般の人たちが抱いているいちばん明確でいちばん強固な正義の観念」と言ったもの——をもっと重視するべきだ[90]、というものである。

88　同書 pp. 142-143参照。
89　同書 p. 131参照。
90　規範的な正義論の構築にあたっては、普通の人々の社会的正義観を重視するべきであるということが、前著(前掲注65)とくにその第8章「社会学的視座からみた社会的正義」以来、ミラーの社会的正義論の一貫した基本的立場である(ただし、前著では、分析スタイルの面で、当時流行の日常言語学派的手法の影響が大きい)。Miller (前掲注73)第4章「分配的正義について人々はどう考えているか」において、社会心理学や社会学の最新の実証的研究(その多くは、ロールズのいう「原初状態」における当事者の選択を事実として否定しようとするもの)が援用されている。正義感覚が大事だと言いつつ、それを調べようともせず、もっぱら自分の感覚に頼っているロールズなどに比べれば、(ミラー自身認めるように)正義感覚の調査にさまざまな困難および問題点があるにしても、研究態度として、はるかに好感がもてる。

18. 分配的正義論において「値する」が軽視される理由

ハイエクがdesertを拒否する理由については、すでに触れた（前述本章13参照）。念のため、くり返しておこう。desertに応じた分配をするには、分配の仕方を指令する分配者が存在せざるをえない。しかも、社会的正義を実現するには、その命令を全員に強制しなければならない。結果的に、個人の自由は否定される。それゆえ、desertに応じた分配は、奴隷になることを潔しとしない人間が一人でもいるかぎり、道徳的に間違っている。ハイエクが展開したのは、こういう論法である。

他方で、政治哲学者の間では現在最も優勢な、平等主義を支持するリベラル派も、一般に、desertに応じた分配を認めたがらない。第一に、desertに応じた分配は、パフォーマンスに応じた不平等な分配を結果的に認めることになるからである。第二に、パフォーマンスの質や量は、各人の生まれつきの能力や運にあまりにも大きく依存しており、そうである以上、パフォーマンスだけみて「値する」という判断を下して、分配の正義を判定するのはおかしいと思われるからである。

19. 運と「値する」

現代の分配的正義論において「値する」という観念を復活させることを狙うミラーは、運とdesertの関係についても論じている。だが、運は、パフォーマンスをもたらした行為に関係する問題であるから、本来は、desertと直接関係づけて論じるよりも、行為またはその結果に対する責任の問題として論じたほうが概念的な混乱が避けられ、よりよい（前述本章15参照）。つまり、行為に責任があり、したがって——これは論理必然的な移行ではない——、行為の結果にも責任があると言えるのは、どのような場合か、あるいは、行為に責任があるとしても、その結果に対してはどこまで責任があると言えるのか、という問いとして。だが、いずれにせよ、実質的内容の点では大差ないので、以下、運とdesertの関係について論じるミラーの見解を素直に聞いてみよう[91]。

ミラーは「運」を、「行為主体のコントロールの外にあるランダムに起こ

91　以下、本項については、Miller（前掲注73）pp. 143-149参照。

る出来事」と定義した上で、「運」を二種類に分類している[92]。一つは、パフォーマンスそのものに影響する運であり、もう一つは、パフォーマンスを達成する機会に影響する運である。前者は、「遂行運」(integral luck——「パフォーマンスそのものの達成において不可欠な運」という含みもある）とよばれ、本当はアーチェリーが下手な射手がまぐれで金的を射止める場合や、思わぬ天候不順や予想をこえた事故によって登山に失敗するような場合の運である。後者は、「状況運」(circumstantial luck)とよばれ、戦場で勇気を発揮しようにも、運悪く（人によっては「運よく」だろうが）、敵と全然出会わなくて発揮しようがなかった場合や、特定の研究所で運よくポストを得ることができ、その後は、自分で研究して画期的な成果を出し、ノーベル賞をもらった科学者の場合の運である。

　ミラーによれば、「遂行運」の場合は、普通の人々は、「値する」の判断にあたって、その影響を排除しようとする。スケートのショート・トラックで、たまたま前の選手たちがぶつかってこけた結果、一位になった選手は「優勝に値しない」と人々は言うかもしれない。よけることができたというパフォーマンスは、それなりに「値する」と評価できるにしても。また、予想外に売れた商品を製造してたまたま大儲けした企業家に対して、人々は、その利得の全部に「値する」とは言わないであろう。この場合、ミラーが指摘しているように、純粋な運と商売の勘とを区別することはむずかしいが。

　ミラーによれば、「状況運」の場合、パフォーマンス達成の機会に恵まれたことが運によるものだとしても、パフォーマンスを発揮したのはその人であるから、「値しない」とは言いにくい。その科学者が運よく研究職に就くことができたということを理由に、「その人はノーベル賞に値しない」と言

92　責任との関係で運を分類することは、政治哲学で最近流行しているトピックである。たとえば、ドゥオーキンは、同（前掲注79）105頁において、「自然の運」(brute luck)と「選択の運」(option luck)とを区別している。前者は、リスクがまったく計算できない運、後者は、リスクの確率を知った上で選択したのだが、それが自分について実現されるかどうかがわからない運をいう。行為の結果が前者の運にかかっているときは、責任なし、後者の運にかかっている場合は責任あり、ということを含意する。どうしてなのか、その根拠が私にはわからない。ミラーのように、普通の人々はそう考えている、と主張するだけなら別だが。運の問題は、前掲注79でのべたこととも密接して関連している。
　私は、この種の運の細かい分類は、分配の正義の制度を実際に運用する際にはほとんど役に立たないと考える。きちんと考えようとすればきりがなくなる。哲学者の仕事の種にはなるが、法哲学者の仕事は、ほかにもたくさんある。いずれにせよ、運だけを考えていても、解決にはならない。

う人はほとんどいないであろう。これと対照的に、その科学者と同じ能力があっても、運悪くよいポストを得られなかった科学者が、同様のチャンスが与えられたなら、自分も同じ研究成果を上げたであろうから、自分もノーベル賞に値すると権利主張（claim）しても、それを認める人はいないだろう。

　ミラーによれば、その第一の理由は、そのような主張をする科学者が、ノーベル賞受賞者と同じ研究所に就職したとして、その人が何をしただろうかは人間にはわからないからである。わからなければ「値する」の判断はできない。第二の理由は、人々がもつ「値する」の観念は、チャンスが与えられればその人が何をしたかではなく、実際に何をしたかに依存しているからである。

　状況運の相違が、人が他人と比べてどの程度「値する」かの判断に、どのような影響を及ぼすかということに関して、ミラーは、分配されるものが「競争的」で——つまり、だれかがそれを手に入れると、他の人が手に入れることができない、または、手に入れることが可能な量が減る、という状況にあること（経済学では「希少」というのだが）——、しかも、同程度の潜在的パフォーマンスをもっている者が何人かいるときには、「値する」の評価は、そのかぎりで低くなると言う。たとえば、ノーベル賞の場合、受賞者と同様の研究環境が与えられたとしたら、同様の研究成果を上げただろうとほぼ確実に言える人がほかにも何人かいるとしたら、その分だけ、受賞者の「値する」の評価は割り引かれる（だからといって、他の科学者がノーベル賞をもらう権利があるということには必ずしもならないが）。

　これに対して、分配されるものが「競争的」でない場合は、「値する」の判断に影響を及ぼさないとされる。たとえば、溺れている子供を助けた人がその両親から感謝され、そのお礼として、いくばくかの金品を受け取り、それがその人に「値する」ものだったとすれば、他にも同様の救助（志望）者がいるとしても、その人は、他の人が別の溺れている子供を助けることをじゃましているわけではないから、それは、その人の desert には影響を及ぼさない、ということである。

　状況運が desert の相対的評価に影響を及ぼす第二の要素として、ミラーは、状況運の働く余地をより多く残すような分配方式がとられているかぎりで、desert は割り引かれると言う。ややわかりにくいから、具体例でいう

と、求人への応募者からどの人を選んで職を与えるかを、くじを引かせて決めるという場合、たとえば面接や試験を課して決める場合と比べて運の余地が大きくなるから、就職できた人が、就職後に発揮したパフォーマンスは、その分だけ割り引かれることになる。逆にいうと、自分の手で就職のチャンスをものにしたと言えるような状況であればあるほど、desert は強化される。

　このようにミラーは、状況運によって desert 評価が割り引かれることがあることを認めつつも、むしろ彼が強調するのは、人が desert という観念を保持し、それを実際の判断で使いたいと思うなら、状況運の悪さを完全に埋め合わせることはできないということ、そして、人が何かに値するものとなるのは、与えられる機会の幅は運によるとしても、自分がチャンスをものにし、社会で評価されるパフォーマンスを意図的に生み出したからであるということである。逆にいうと、状況運ということを徹底的に強調すれば、人が何かに「値する」ということは一切言えなくなってしまう、ということである。

　生まれつきの才能も、状況運の一種とみることができ、その影響を徹底して排除しようとすれば、自分が選択し、努力したと一見みえることでも、それはまた別の状況運に依存しているから、結局、desert の観念を放棄せざるをえなくなる。

　運と desert に関するミラーの主張は、要するに、desert の評価にあたって、遂行運の影響はすべて排除するべきであるが、状況運の影響を完全に排除しようとすることは不可能だし、また、完全に排除してはいけない、ということである。しかし、ミラーが、制度設計の場面ではなく、特定個人への配分決定の場面では、政治哲学的意味での「手続的正義」を重視している[93]ことからして、ほかの選手が転んだおかげで金メダルをとった選手から金メダルを取り上げるべきだといった主張——つまり遂行運の完璧な除外——を彼がしているはずはないので、運と desert に関するミラーの主張は、各人のパフォーマンスは生まれながらの才能や生まれた家に依存するから、分配の正義の判定にあたって、desert は一切考慮するべきではない、というロールズをはじめとする有力な主張に反駁するためのものである、と理解する

93　Miller（前掲注73）p. 150参照。

べきである。

20．「値する」という主張の使い方

すでにのべたように、どのような行為の遂行が何に値するかは、社会によって多少なりとも異なる。しかし、どのような内容であれ、「値する」の観念が、既存の制度や慣行を分配の正義の観点から批判するために使われており、また、使うことができるのもまた確かである。ミラーは、desert の主張の使い方を、（ミラーによれば desert の概念内容が薄い順に）次の四つの場面に分類している[94]。

第一に、すでに触れた（前述本章17参照）が、雇用の決定などにおいて、パフォーマンス・ベースで判断されるべきなのに、人種、性別、宗教等、パフォーマンスと無関係な基準が使われていることを批判する際に、desert を援用することができる。ミラーは、この種の desert 主張を否認することは、desert 概念の放棄に等しいと説明している。それは間違いではないが、同様の主張を desert を使わずに、たとえば、「法の前の平等」という観点からも主張することができることもまた確かである。したがって、社会的正義論における desert 概念の意義を強調するためには、やや弱い根拠づけである。

第二に、「値する」の内容がどのようなものであれ、その観点からみて、二人の人が等しい潜在的または顕在的パフォーマンスを示している場合は、両者に等しい便益が与えられるべきである、という主張をすることができる。「同一労働同一賃金」という社会民主主義的政策スローガンがその例である。これは、形式的正義（普遍化可能性）の要求に含まれているものであり、ミラーの見解に反し、desert 概念に由来するものとは考えられない。したがって、この根拠づけもまた弱い。

第三に、これもすでに触れた（前述本章17参照）が、A というカテゴリーに属する人が P をしたがゆえに受け取る便益と、A′ というカテゴリーに属する人が P′ をしたがゆえに受け取る便益とが不釣り合いであると主張する際に、desert を援用することができる。たとえば、看護師は医師に比べて、

---

[94] 以下、本項については、同書 pp. 151-155参照。

その仕事の内容を考えた場合、給料が安すぎる、といった主張である。これは、比較的 desert 判断とよばれる。比較の方法としては、どちらのパフォーマンスのほうが価値が高いかという順番をつけるだけの序数的比較と、各パフォーマンスの価値に数値を割り振る基数的比較とがある。ミラーは、少なくとも序数的比較については、社会構成員の間で一致があることが多いという事実、あるいは、一致が得やすいという楽観的な見通しをのべている。これは、逆にいうと、価値観がばらばらの社会では、desert は使えないということを含意するから、好都合な条件に依存した desert 擁護論である。だが、そのような条件が当該社会で実在することを立証できれば、その社会の社会的正義における desert 擁護論として十分に成立するであろう。

第四に、非比較的な desert 判断を、制度批判の根拠として提出することもできる。つまり、人が P をした以上、他の人が何をし、その報いとして何を受け取っているかのいかんにかかわらず、その人は B に値するという主張である。これは、ありとあらゆる種類の desert についてその内容を完璧に特定することを要求するものであるから、desert 観念に対して最も強い要求を課すものである。さすがにミラーも、このような desert 主張は否認する。われわれは、他人が何をして、そのゆえに何を分配されているかを考慮せずに「値する」の判断ができることはほとんどないからである。その第一の理由は、どのようなパフォーマンスに対してどのような便益が与えられるべきかは、これまでの慣行やしきたりに大幅に依存しているということである。第二に、分配的正義が社会レベルで問題になる場合は、通常、分配されるべき資源は有限であるから、他の人々の分け前との比較がどうしても必要になるからである。パーソナルな人間関係において、(金品の授受等を伴わない) 感謝の分配の「正義」を考える場合とは違うのである。

21. 社会的正義の射程

以上のように、ミラーは、現代正義論のなかでは珍しく、数多くの難点をかかえる「値する」の観念を苦労して擁護し、いわば「desert 学派[95]」の先

---

[95] たとえば、George Sher, *Desert*, Princeton University Press, Princeton, 1987 や Serena Olsaretti (ed.), *Desert and Justice*, Oxford University Press, Oxford, 2003, do., *Liberty, Desert and the Market, A Philosophical Study*, Cambridge University Press, Cambridge, 2004 等参照。だが、私は、経済学的知見をその妥当条件を深く考えずに援用する最近の傾向には賛成できない。

導者の一人となっている。だが、彼が「値する」の観念に、これほどまでに固執するのには、理由がある。ミラーは、イギリス労働党を一貫して支持する穏健な社会民主主義者として、ソ連・東欧の社会主義経済の崩壊以降、多くの社会民主主義系学者が取り組んできたのと同様な課題、すなわち、市場経済を全面的に否定するのではなく、むしろ、それを利用しながら社会主義の理想に近づくにはどうすればよいか、という問いに彼なりに答えを出そうと努力しているのである。実は、desert の観念は、市場経済肯定論の有力な根拠として使われる[96]（後述本章25および26参照）。

それに関するミラーの見解を取り上げる前に、彼の社会的正義論の基本構図を紹介する必要がある。

IX-13　ミラー *Principles of Social Justice*[97], pp. 4-6

　少なくとも三つの仮定をおいてはじめて、われわれは社会的正義について理論化を行うことができる。第一に、われわれは、境界線で区切られた社会、しかも、だれがその構成員かを明確にしている社会を仮定しなければならない。それが……分配の世界を構成する。……

　この第一の前提……と結びついているのが第二の前提である。すなわち、われわれが提出する〔社会的正義の〕諸原理は、同定可能な諸制度のセット——それが、さまざまな個人の人生の見込みへ及ぼす影響もまた追跡されうる——に適用されるものでなければならない。……

　第三の前提は、第二の前提から当然に帰結する。すなわち、われわれの支持する理論が多少なりとも要求するような仕方で、制度的構造を変化させる能力もった何らかの機関が存在するということである。……その主要な機関は、明らかに国家である。社会的正義の諸理論は、よい意図をもった国家が導入するべき立法的および政策的変化を提案するものである。……

　これらの三つの前提は合わさって、社会的正義の情況を定義する。

「社会的正義の情況」という言葉は、ロールズの言う「正義の情況[98]」という言葉から借用したものである。ロールズは基本的に、本章第1節の冒頭で紹介した「社会という状況」に関するヒュームの問題設定（前掲IX-1参照）を受け継ぎ、人々が孤立して生活している情況では正義の問題は生じな

96　ミラーは、かつては分配の根拠として、各個人の人生計画にとっての「必要」を重視していた。同（前掲注65）とくに p. 134参照。
97　前掲注73参照。
98　『正義論』（前掲注53）第22節参照。

いが、人々が分業を前提に協働して生産活動に従事するような情況では余剰が生じ、その分配をめぐって、争いが生じ、その分け前に対する権利主張を調整するために「社会の基本構造」とよばれる諸制度（その中心は市場経済をめぐる諸制度と、その規制と再分配とを行う国家の諸制度）が必要となる、という点を強調していた。

このような、いわば現代正義論の常識を背景にして、ミラーは、第一に、「社会的正義」において問題になる「社会」が、国境で仕切られた国民国家 (nation state) ——たとえば、連合王国、アメリカ合衆国、日本等——であり、分配の正義は、国民国家の構成員の間で考えられるべきだと主張している。そこには、国家をこえた国際間の分配的正義などは、社会的正義の問題ではないという裏の意味がある。

第二に、社会的正義の概念は、国家の諸制度またはそれを構成するルールに適用されるのであって、行為や状態に適用されるのではないということを明確にしている。これは、ロールズと同じく[99]、正義の適用対象を制度や慣行に限定することによって、社会的正義は、分配者として、ヒトラーやスターリンなど悪名高い独裁者を戴く指令当局を必然的に伴うのだというハイエク的主張に反論する意味がある[100]。

第三に、市場経済下でも、独裁者ではなく、民主的に組織された「国家」（＝政府）の役割の大きさを強調することによって、市場に対する過度の規制緩和論を牽制しようとしている。

ミラーはさらに、社会的正義論において、何が分配の対象であるかについて、次のようにのべている。

IX-14　ミラー同 p. 8

〔社会的〕正義は、便益の分配にかかわるものであり、おのおのの便益の価値は、関連する住民全体にとっての値打ちによって決まる。つまり、正義は、個人的な選好を無視しなければならない。

したがって、社会的正義の概念が意味をもつのは、ある範囲の財、サービスおよび機会の社会的価値に関して——私的な価値評価の相違にもかかわらず——広範なコンセンサスが存在するとわれわれが仮定する場合に限られる。

99　同書第 2 節参照。
100　Miller（前掲注73）p. 11参照。

この文章は、国民国家をこえた再分配を原則として否定し、国民国家内部の分配を肯定することの根拠ともなっている[101]。だが、私の関心からしてより重要なのは、この文章中にある「財……の社会的価値」に関する「広範なコンセンサス」の存在の仮定である。それは、desert による市場擁護論において、決定的に重要な役割を果たすことになる（後述本章25参照）。

ここで、社会的正義の射程に関するミラーの見解についてまとめておこう。ミラーの社会的正義論は、国民国家の内部において、その構成員に財、サービス、機会などの便益――マイナスの便益としての負担も含む――を分配する国家制度の正義にかかわる、ということである。

22. ミラーの多元主義的分配的正義論

ミラーは、分配的正義の原理が善ないし財に応じて異なることを強調するマイケル・ウォルツァーの多元主義的正義論[102]を高く評価し、それを、各種の善ないし財ではなく、三つの人間関係の基本的あり方に対応させて、別個の分配的正義の原理を提示するという形で発展させている。

なお、善ないし財の原語は good であり、よいもの、よいことを意味し、経済的にみて「よい」ものを、経済学ではとくに「財」と訳している。また、ソクラテス、プラトン、アリストテレス以来、「よく生きる」ということが倫理学のめざすものであった[103]、ということも想起されたい。倫理学においては伝統的に、正（right or just）よりも善（good）のほうが、より基本的な観念である。

ミラーは、自分の社会的正義論の基本的な方法および構想について、次のようにのべている。

IX-15　ミラー *Principles of Social Justice*[104], pp. 25-26
　　このことは、正義の理論を構築する第三の道を示唆する。すなわち、もろもろの直観

101　詳しくは、デイヴィッド・ミラー（富沢克・長谷川一年・施光恒・竹島博之訳）『ナショナリティについて』（風行社、2007年）参照。
102　マイケル・ウォルツァー（山口晃訳）『正義の領分――多元性と平等の擁護――』（而立書房、1999年）参照。原著は、Michael Walzer, *Spheres of Justice, A Defense of Pluralism and Equality*, Basic Books, 1983.
103　前述第8章1および2参照。
104　前掲注73参照。

的信念からきわめて抽象的な諸原理に直接行くという方法をとるよりも、むしろ、それらの諸信念の指針となる実際的な諸原理を発見しようと努めることからまず始めるべきであり、抽象レベルで検討して、それらの原理相互が整合的であるかどうかは、当面、未解決の問題としておいてよい。……

　この第三の種類の理論の構築は、どのようにして始めたらよいのだろうか。一つのやり方は、その分配が正義の問題だと考えられているところの、一定範囲の諸便益および諸負担を検討し、それらの便益および負担がいくつかのカテゴリーに分類され、一つのカテゴリーには一つの分配原理という形になっているかどうかを調べるという方法である。これはマイケル・ウォルツァーが『正義の諸領域』で採用した方針である。ウォルツァーは、教育といった善（いもの）を一つずつ取り上げ、それがわれわれにとってどのような意味をもっているかを検討し、その意味から、正義にかなった分配における規準を引き出すべきであると主張している。……

　私が提案するのは、これとは異なる種類の多元主義的正義論である。……社会的善とその意味というところから出発するのではなく、むしろ、私が「人間関係のあり方」とよぶものから出発したほうがよい。……われわれの目的が、現代のリベラルな社会の住人にとって社会的正義が何を意味するのか、これを発見することにあるとすれば、その種の三つの基本的なあり方を検討する必要がある。私はそれらをそれぞれ、連帯的共同（solidaristic community）、道具的結合（instrumental association）[105]、そしてシティズンシップ（citizenship）と名づける。

　ミラーによれば、人間関係のあり方の相違に応じて、それを統べる分配的正義の原理も異なってくる。連帯的共同には「必要に応じた分配」が、道具的結合には「desert に応じた分配」が、シティズンシップには「平等な分配」が対応する。道具的結合は後回しにして、まず、他の二つから手短に説明しよう。

23．必要に応じた分配

　「連帯的共同が、人々が共通のエートスをもった相対的に安定した集団の構成員として共通のアイデンティティを共有するとき存在する[106]」ということは、ミラーの言うとおりであろう。そのような連帯的共同が、家族や、同好会、宗教集団、仕事仲間等顔見知りの集団内で存在することは明らかである。問題は、日本を含む現代の先進諸国において、国民国家を、分配的正義において問題となる「社会」とみた場合でも、そのような意味での連帯的

---

[105]　連帯的共同と道具的結合の区別は、社会学の常識中の常識であるためか、ミラーは言及していないが、F. テンニエス（1855-1936）に由来する。テンニエス（杉之原寿一訳）『ゲマインシャフトとゲゼルシャフト――純粋社会学の基本概念――（上）（下）』（岩波文庫、1957年）参照。

[106]　Miller（前掲注73）p. 26. 以下、本項については、同書 pp. 26-27, 詳しくは ch. 10参照。

共同性がそこにはたして存在するのかどうか、ということである。

これについて、ミラーは国民（ネイション――必ずしも民族またはエスニシティの同一性を必要とするものではない）からなる国家であるということが、そこにおける共通の制度・慣行と共通の文化に媒介されて、間接的な連帯的共同性を提供すると言う。連帯的共同体一般においては、各構成員は、その能力に応じて他の構成員の必要に応えるべく貢献することが期待されている。ミラーは、求められる貢献の程度は共同体の紐帯の強さに依存する――したがって、親密な共同体と国民共同体とではその程度を異にする――という留保をおきながらも、ともかく、共同体ごとに、何が最低限まともな人間生活なのかに関する標準のようなものが共有されており、それによって、正義の問題となる[107]「必要」と、それをこえたたんなる欲望とが区別されると言う。

このような思想は、共産主義社会の理想――「能力に応じて働き、必要に応じて受け取る」――に近い考え方であり、大いに異論のあるところであろう。しかし、たとえば現在の日本において、「健康で文化的な最低限度の生活」（日本国憲法第25条第1項）の水準について、もし大雑把なコンセンサスがあるとすれば、簡単に否定し去ることができない考え方でもある。そのような最低限の生活水準の保障については、共産主義ないし社会主義の脅威について語るハイエクですら、政府の果たすべき、あるいは少なくとも、やってよい役割として認めているものである[108]。

24. 市民としての平等

しかし、注意するべきことに、憲法上の生存権の保障を「必要に応じた分配」の文脈で捉える考え方は、ミラーが現在[109]採用するものではない。それは、人間関係の第三のあり方である、同一の政治社会を構成する・市・民・と・し・て・の地位に基づく形式的な平等という原理に拠るものとされる。それは、分

---

[107] 博愛、人道、気前のよさ等の観点から、他者の必要に応える道徳的義務が生じることもありうるが、それは正義の問題ではないとされる。この場合の線引き基準も結局、ミラーよれば、何が社会的正義の問題か――したがって国家の責任（義務という意味）か――に関する社会的コンセンサスによる、ということになろう。詳しくは、同書 ch. 12参照。

[108] 前述第5章**19**および引用V-10参照。

[109] ミラー自身、かつては、「必要」と「平等」とが密接に結びついていることを強調していた。同（前掲65）p. 149参照。

配上の含意をもっているが、厳密に言うと、分配の原理ではないとされる[110]。

ミラーによれば、国家という政治的社会の構成員として市民は、各種の自由、政治参加、福祉サービス等への同一の権利を分配されており、その意味で形式的に平等な地位をもっている[111]。その内容は、日本国憲法の基本的人権の規定とほぼ重なると考えてよい。だが、ミラーのいうシティズンシップの原理は、そうした制度の基礎にあって、その実定的内容を批判するために用いられるものである。もちろん、その原理の解釈をめぐっては争いがあり、とりわけ、所得や財産の平等の問題についてはそれが激しい。

「シティズンシップ」ないし「市民」という言葉は、連帯的共同体の一員としての地位ではなく、政治的共同体の一員としての地位を強調するための言葉であり、シティズンシップにおいて、所得や財産の平等が問題とされる場合、必要に応じた平等が問われているのではなく、当該政治社会において市民としての平等を確保するために、どれほどの財産・所得が必要かという観点から論じられるのである。たとえば、古代アテネにおけるように、市民としての平等にとって、財産の平等がまったく問題とならない政治社会もありうる。

だが、現代社会で生じる分配をめぐる諸問題について、それを「必要に応じた分配」の原理によって処理するべきか、「市民としての平等」の原理によって処理するべきかの判断は、むずかしいことが多い。ミラーもそのことは認めている。彼によれば、「福祉国家」とよばれるものは、もともとは国民的な連帯性の現れとして始まったが、福祉への権利はやがて、シティズンシップの一内容をなすようになった。それゆえ、現在の先進諸国のほとんどすべてがそれに属するとされる福祉国家体制のもとでは、必要に応じた分配と、市民としての地位の平等に由来する平等とが重なることになる。

そのような難問が残るにしても、彼の社会的正義論の独自性は、「市民的平等」の原理によって社会的正義の諸問題をすべて処理しようとする、ロールズやドゥオーキンに代表される現在最も有力な平等主義的正義論に対して、同じく平等主義的分配を基本的に支持しつつも、市民的平等の原理と必

---

110 Miller（前掲注73）p. 241参照。
111 以下、本項については、同書 pp. 30-32、詳しくは同書 ch. 11参照。

要に応じた分配の原理とを問題の文脈に応じて使い分けるべきだと主張する点にある[112]。具体例を挙げると、教育資源の分配については、普通教育はシティズンシップの問題として、高等教育は必要に応じた分配の問題として扱われることになろう。医療資源の分配については、市民的平等の問題としてよりも、必要に応じた分配の問題として処理したほうが適切な場合が多い、ということになろう。

25. 市場における貢献に応じた分配

　人間関係の道具的結合の本質は、目的のための手段としてお互いを利用するという点にある。そうした結合の具体例には、別個の目的を追求する売買における売手と買手から、共通の目的を追求する組織──株式会社の営利組織だけなく、官僚制的行政組織、各種の慈善団体、NPO法人等も含まれる──の人間関係など、さまざまなものが含まれる。だれでも経験上知っているように、現実の取引における人間関係や組織的人間関係において、損得づくの道具的関係とならんで、同時に連帯的共同関係が見られることもまた事実である。それゆえ、ミラーによる人間関係の分類が、ウェーバーのいう「理念型[113]」であることに注意しなければならない[114]。それはあくまで、現実を分析するための概念枠組である。

　ミラーによれば、道具的結合の文脈において適用される正義原理は、「desertに応じた分配」の原理である。それによれば、各個人が自分がした貢献と等価な報酬を受け取るとき、正義が行われたことになる。だが、道具的結合に基づく組織において、その目的にてらして、その構成員の貢献度を判定することは、一般に容易ではない。そこでいう目的には、さまざまな目的が含まれていることもあるし、さまざまな異なる仕事に従事している構成員の貢献度を判定することなど至難の業であるからである。

　ミラーはかつて、「貢献に応じた分配」に対応する「経済学的」分配原理として、いわゆる「限界生産力による分配原理」（みたいなもの）を持ち出し、それは使えないと批判していた。そこで挙げられていた例は、次のよう

112　同書p. 233参照。
113　前述第6章3および注4参照。
114　Miller（前掲注73）pp. 27-28参照。

なものである[115]。

　二人の男が袋を移動させる仕事に雇われている。一人は単独では、1時間に6袋、もう一人は単独では、1時間に8袋移動させることができる。そうすると、「貢献に応じた分配」原理は、たとえば、前者に時給60ペンス、後者に時給80ペンスを支払うことを要求しよう。ところが、両方が何らかの分業をして共同して仕事をすると、1時間に21袋を移動させることができるようになった。彼らの貢献と考えてよい1時間あたり210ペンスは、いかに分配されるべきか。105ペンスずつか、最初の時給に生産物価値の増加分を均等割りしたものを加えた60＋35＝95ペンス対80＋35＝115ペンスか、生産物価値の全体を最初の時給比で案分した210×60／140＝90ペンス対210×80／140＝120ペンスか。

　これは、経済学的には無意味な問題である。限界生産物とは、他の生産要素の投入量を固定し、一つの生産要素、たとえば労働が1単位追加的に生産に投入されたとき得られる生産物の増加分をいう。その価値は、限界生産物の価値とよばれる。しかし、上の事例では、第一に、二人の男の労働の質が異なるので、それらは同一の生産要素ではない。第二に、万一同一の生産要素とみなせるとしても、生産様式したがって生産関数が、単独で働く場合と共同で働く場合とで異なっている。それゆえ、そもそも限界生産力の考え方をこのような場面で使うことはできない。ミラーは、さすがに今ではこのような間違った説明はしていない。しかし、等価交換という考え方を今でも使うミラーが現代経済学をまったく理解していないことは確かである。にもかかわらず、限界生産力の考え方が「貢献に応じた分配」の局面では使えないという彼の結論は（たまたま）正しい。

　そもそも、価値が主観的であることを発見し、等価交換という考え方を克服した経済学の内部に、貢献度を判定する基準など、どこを探してもないのである。価格は、需要と供給（あるいは当事者間の交渉）によって決まるのであって、貢献という概念に経済学的意味を与えることはできない。にもかかわらず、ミラーは、変なところで、「経済学みたいなもの」を援用する。

　ミラーは、それぞれの職種に対して「市場」よる評価がだいたい定まって

115　Miller（前掲65）pp. 107-108参照。

いる(=「広範なコンセンサス」が存在する)場合には、その職種の市場価格(正常価格)は、その職種の労働者のさまざまな生産における平均貢献度を反映しているだろうから、それに準拠して賃金を支払うべきだと主張する。これは、ミラーの支持する「同一労働同一賃金」政策にとってまことに都合がよい論法であるが、(少なくとも現代の)経済学と何の関係もないことだけは明白である。

ともかく、ミラーの主張の要点は、道具的結合の文脈では、市場価格を報酬の分配基準として使ってよい、あるいは、使うべきだということである。その背景的な根拠は、多くの人々がそう考えているということにあるのだろう。しかし私は、市場価格が貢献度を反映するという主張には納得できない。価格が高いということは、たまたま供給曲線が高いところにあるか、需要曲線が高いところにあるというだけであって、人が同じ仕事をしていても、外部の事情で市場価格は変化するのである。何も考えずに前と同じ仕事を同じようにしていて、市場価格がたまたま上がれば、その人の社会的貢献度が上がる、という考えを多くの人々はもっているのであろうか。

ミラーの見解と比較するため、ハイエクを引用しておこう。いうまでもなく、経済思想史の叙述としては、ハイエクが正しい。

IX-16　ハイエク『法と立法と自由〔II〕』[116] 104-108頁

　人々が物質的地位の大きな不平等に寛容でいられるのは、異なった諸個人はそれぞれその人に値するものをだいたいにおいて手に入れているのだと人々が信じている場合にかぎられるとか、人々が市場秩序を現に支持しているのは、報酬の違いがだいたい能力の違いに対応していると彼らが思っているからこそである、また、そのかぎりにおいてであるとか、結果として自由社会の維持は、何らかの種類の「社会的正義」が行われているという信念を前提しているとか、まことしやかに主張されてきた。しかしながら、実は、市場秩序は、その起源をそのような信念に負っているわけではないし、そのような仕方でもともと正当化されたわけでもない。

　……実体的に正義にかなった価格または賃金を発見しようとする一千年以上のむなしい努力が放棄され、後期スコラ学派が、それが空虚な公式であることを認めて、市場における当事者たちの正義にかなった行為によって決められた価格、すなわち、詐欺、独占、暴力なしに達成された競争価格が正義の要求するすべてであることを教えたとき、市場秩序は発展することができた。この伝統から、ジョン・ロックや彼の同時代人は、古典的自由主義の正義概念を導き出したのである。その正義概念からすれば、……正義

116　前掲注41参照。

にかなうとか反すると言うことができるのは、「競争が行われたやり方なのであって、その結果ではない」。

　市場秩序のなかで非常に成功した人々の間でとくに、個人的成功をこれよりもはるかに強い仕方で正当化できるという信念が育まれ、……英米では、そのような信念は、カルヴィニズムの教えから強い支持を受けた、ということは疑いなく真実である。……
　たぶん不運だったと言うべきであろうが、とくにアメリカでは、流行作家たちが……自由企業体制を、それが値する者に通常報いるということを根拠に擁護してしまった。……

　　……
　　正義および不正義のカテゴリーが市場によって決定される報酬に有意味に適用できるという考え方のもう一つの源は、さまざまなサービスの価格は確定的かつ確認可能な「社会にとっての価値」をもっており、実際の報酬はその価値とはしばしば異なるという思想である。しかし、「社会にとっての価値」という概念は経済学者によってすら不注意に用いられることもある[117]が、厳密にはそのようなものは存在せず、そのような表現は、「社会的正義」という用語と同じ種類の社会の擬人化を含意する。サービスが価値をもちうるのは、特定の人（または組織）に対してのみであり、いかなる特定のサービスも、同一社会の異なる構成員に対して異なる価値をもつ。……

　私見によれば、「貢献に応じた分配」という考え方は、「必要に応じた分配」とともに、ハイエクの言う「部族社会」（後述第10章**21**の表10-1参照）あるいは、ミラーの言う「連帯的共同体」の思想であり、そのような古い考え方が現在でも根強く多くの人々の間に残っている、というだけであるように思われる。貢献ないし desert の考え方を市場価格と結びつける必要も根拠もない。

26．市場価格擁護論の意味

　幸いにして、道具的結合の領域における市場価格による分配を支持するミラーの主張の眼目は、市場による分配を積極的に支持することにある、というよりもむしろ、普通の人々の感覚に反し、市場における貢献が生まれつきの才能や運に依存しているというインテリ的な通念を根拠にして、市場価格による分配を普通の人々以上に軽視する平等主義的正義論に反対することにあるのである（前述本章**19**参照）。

---

[117]　前掲第8章注44参照。シュンペーターは、「不注意に用いている」わけではないが。

IX-17 ミラー *Principles of Social Justice*[118], pp. 29-30

　人の貢献が、自分のせいだとは言えない、生まれつきの才能に恵まれているかどうかにかかっているとき、人は他の人より値するとかしないとか、なぜ言うことができるのか。人が報酬に値するとしたら、それはたしかに、自分に責任がある活動の特徴、すなわち努力と選択にのみ基づいて言えることである。われわれは、desert を計る規準として貢献を使う前にまず、生まれながらの性質に由来するすべての要素を除外しなければならない。そうすれば、その人の貢献とされるもののうち、本当にその人に責任があると言える部分だけが残ることになる。
　こうした論法の一般的長所がどこにあるにせよ、道具的結合の領域における分配的正義を考える際に、そのような議論の仕方は不適切であるように思われる。……ここ〔道具的結合の領域〕では、各人は、自分の技能と才能をコントロールし発揮する正統な権利をもっているということが暗黙の前提とされている。これに対して、desert の計算にあたって才能を除外することは才能を共有資産——その果実がすべての仲間の間で平等に分配されるべきものとされる——として扱うことに等しい。そのような理解の仕方は、連帯的共同体においては適切かもしれないが、……。

　ミラーの議論は結局、問題となっている正義の領域をどのような人間関係の領域とみるべきかにかかっており、論争は、おそらく水かけ論に終わるであろう。また、市場を通じた分配を認めるにしても、他の領域、すなわち連帯的共同および市民的平等の領域における分配を行うには、そのための原資を市場による分配から調達せざるをえない。課税の問題が必然的に登場するのである。ミラーは、社会的正義論で問題となる分配が、天から降ってきたものの分配ではないことを承知しつつも[119]、普通の人々が一番直面したくない問題、すなわち負担の分配の問題について真剣に考えているとは言えない（だが、この点では、他のほとんどの政治哲学者も同様であるが）。
　そのような弱点があるにもかかわらず、社会的正義論の現在の主流派に対抗して、人々の間に今なお残っている伝統的な正義の感覚——desert および必要の考慮と、他者との相対的比較——を何とかして生かそうとするミラーの態度は、注目に値すると思う。

118　前掲注73参照。
119　同書 pp. 233-234参照。

第3節　格差原理[120]

27．正義の二原理

以下では、ロールズの分配的正義の理論を、とくに格差原理に焦点を合わせて検討することにしよう。まず、彼の有名な「正義の二原理」の定式化を掲げておこう。

IX-18　ロールズ『公正としての正義　再説』[121] 75頁
　第一原理　各人は、平等な基本的諸自由からなる十分適切なスキームへの同一の侵すことのできない請求権をもっており、しかも、そのスキームは、諸自由からなる全員にとって同一のスキームと両立するものである〔平等な自由原理〕。
　第二原理　社会的経済的不平等は、次の二つの条件を充たさなければならない。第一に、社会的経済的不平等が、機会の公正な平等の条件のもとで全員に開かれた職務と地位に伴うものであること〔公正な機会均等原理〕。第二に、社会的経済的不平等が、社会のなかで最も恵まれない構成員にとって最大の利益になるということ〔格差原理〕。

正義の二原理は、市民全員に平等な基本的諸自由を保障する第一原理と、公正な機会均等のもとで、社会の最も恵まれない集団に最も有利になるような・不・平・等な分配スキームを要求する第二原理とからなり、第二原理の後半部分が格差原理とよばれる。最も恵まれない集団に最も有利な分配ルールを定めるということがロールズの格差原理の眼目である。

なお、そこで「社会」と言われているのは、ミラーと同じく国民国家のことである。ロールズは明言していないが、彼が想定しているのは、第一に母国であるアメリカ合衆国であり、第二に、ヨーロッパの西側先進諸国であり、それ以外の国のことは（日本も含め）ほとんど想定外だと私は推測している。

120　以下、本節の叙述は、亀本洋「格差原理とはどのような原理か」思想975号（2005年）147-168頁に主として依拠している。
121　田中成明・亀本洋・平井亮輔訳、岩波書店、2004年。以下では、『再説』と略記する。原著は、John Rawls (edited by Erin Kelly), *Justice as Fairness, A Restatement*, Harvard University Press, Cambridge, Massachusetts, 2001. 以下、原著の該当箇所は省略する。訳文は若干修正した。以下でも同様とする。
なお、『正義論』当初の定式化では、公正な機会均等原理と格差原理の表記上の順序が今と逆であった。*A Theory of Justice*, 1971（前掲注53）, pp. 60, 80, 302参照。以下でも、*TJ* と略記する。

第一原理には、立ち入らないつもりであるから、ここで手短に説明しておく。第一原理の表現は込み入っているが、要するに、政治的権利を含む自由権を、社会の構成員全員に平等に保障することを要求しているだけである。それらの権利の保障は、自由民主主義諸国の憲法のほとんどすべてで謳われており、日本国憲法上の自由権および政治的権利に関する規定の内容にほぼ対応すると考えておけばよい。

28. 原理間の優先関係

第一原理は、憲法の必須事項（constitutional essentials）、すなわち、憲法に必ず明記するべき事項を扱うものとされ、憲法制定段階で適用される。これに対して、第二原理は、基本的正義（basic justice）の問題を扱うとされ、立法段階で適用される[122]。

適用上の優先関係は、原理の叙述の順序と一致し、しかも、それは、上位の原理が完全に充足されないかぎり、低順位の原理は決して適用されないという仕方での優先関係である[123]。要するに、正義の二原理は、平等な自由原理、公正な機会均等原理、格差原理という三原理からなり、より前の原理がより後の原理に優先するということである。

付言すれば、このような優先関係を伴う正義の考え方は、『正義論』（初版）においては、「特殊的正義概念」とされ、それが適用可能なのは、経済発展が一定水準以上——しかし高度の水準である必要はない[124]——に到達し、歴史的文化的にも民主的社会を形成するために好都合な諸条件が備わっている社会に限られるものとされていた[125]。

歴史的文化的事情や経済発展の不十分さなどのため、民主的社会をすぐに形成するための条件がいまだ整っていない社会には「一般的正義概念」が適用される。一般的正義概念とは、格差原理の適用範囲を、第一原理および公正な機会均等原理が扱う事項、すなわち、基本的な権利・自由と公正な機会にも拡張するものである。したがって、そこでは、社会で最も恵まれない人々の利益になるかぎりで、基本的な権利・自由と機会を含めた不平等な扱

---

122 『再説』13・6節参照。
123 『再説』75-76頁、80-82頁参照。
124 『再説』366頁注12参照。
125 *TJ*, p. 83参照。改訂版では、修正個所は削除されている。

いが許容もしくは要求されることになる[126]。

　だが、ロールズは、「政治的リベラリズム」（後述第10章 8 および 9 参照）の立場を明確にして以降、国内的正義論[127]の射程を経済の発展した民主主義国に限定したから、そこでは、もっぱら特殊的な正義概念のみが問題にされていると考えてよい[128]。

　したがってそこでは、格差原理の優先順位は一番低い。にもかかわらず、ロールズの正義原理の中核にあるのはやはり格差原理であると言ってよい[129]。その背後には、各自が生まれ育つ家庭や社会階層、生まれつきの能力、人生の途上で出会う運・不運、これらの偶然事[130]によって生じる不平等は道徳的にみて根拠がない——言いかえれば、その人に「値しない」——[131]という、ロールズが社会的正義の問題に取り組み始めて以来の強固な信念がある[132]。

　「値しない」からといって、社会の他の構成員や国家がそれをどうにかする義務が必然的に生じるわけではない。しかし、原理の正当化の問題は後回しにし、当面、格差原理の内容を理解することに努めよう。

29. 格差原理の分配対象

　正義の二原理は、広い意味での分配的正義、すなわちロールズのいう「（社会的）基本善」（primary goods 基本財、優先財と訳されることもある）全般の分配を規制する諸原理である。功利主義との対比では、正義の二原理が、主観的な幸福や厚生の分配を扱うものではなく[133]、あくまで客観的に観察可能な[134]基本善の分配を扱うという点が重要である。

126　*TJ*, pp. 62/54rev., 152/132rev., 『正義論』（略記法については前掲注53参照）86頁、207頁参照。
127　『再説』19頁参照。
128　『再説』76頁、365頁注5参照。
129　*TJ*, p. 83参照。
130　『再説』16・1節参照。
131　『再説』21節参照。
132　*TJ*, pp. 15/14rev., 102/87rev., 『正義論』22頁、137-138頁参照。また、ジョン・ロールズ（田中成明編訳）『公正としての正義』（木鐸社、1979年）133頁、John Rawls (ed. by Samuel Freeman), *Collected Papers*, Harvard University Press, Cambridge, Massachusetts, 1999, p. 138参照。以下、*CP* と略記する。また、以下、邦訳がある場合、この論文集の頁数は省略する。
133　『再説』94頁、*TJ*, p. 94/80rev., 『正義論』126-127頁参照。
134　『再説』102-103頁参照。

『再説』によれば、基本善とは、自由で平等な人格としての市民が、各自の「善の構想」（conception of good）を形成・修正・追求する道徳的能力と、正義感覚への道徳的能力とを十全に育成・発揮しつつ、社会的協働に参加するために必要な社会的諸条件または汎用的手段である[135]。

なお、「善の構想」とは、各人が生きたいと思う生き方のことであり、そのなかには、人生の目標、人生観、価値観、倫理観などが含まれるが、実際上は、どの職業を選択するかということが一番重要であろう。社会を構成する各市民が、善の構想を自分で自由に選び、修正し、追求するということは、ロールズのリベラリズムにおいて最も基本的な点であり、第一原理が一番優先されるのもそのためである。

基本善は、具体的には、次の五種類のものに区別される[136]。

（ⅰ）基本的な権利と自由（政治的権利、思想の自由、良心の自由、結社の自由、人身の自由など）。

（ⅱ）移動の自由と職業選択の自由。

（ⅲ）職務や地位に伴う権威や責任の大きさに応じて付与される権力（power）と特権。

（ⅳ）（各自の善の構想の追求のための汎用的手段としての）所得と富。

（ⅴ）自尊の社会的基盤。

格差原理は、狭義の分配的正義の原理とされる。「狭義」とは、これらの基本善のうち、下位クラスの分配のみを扱うということを意味する。格差原理は、どのクラスの分配を扱うのだろうか。

正義の二原理の定式化の文言（前掲Ⅸ-18参照）からすれば、第一原理が（ⅰ）を扱い、第二原理が、社会的経済的基本善に属する（ⅲ）と（ⅳ）を扱うことは明らかである。これに比べると、機会の平等に属する（ⅱ）の所轄の決定はむずかしいが、ロールズは、そのたんなる形式的に平等な保障のみが要求される場合は、憲法の必須事項とし[137]——だが、微妙なことに、

---

[135] 『再説』99-100頁、252頁、*TJ*, xiii rev.,『正義論』xiv 参照。当初の定義は、微妙に修正されている。当初の定義については、*TJ*, pp. 62/54rev., 92-93/79-80rev., 253/223rev., 328/288 rev.,『正義論』86頁、124頁、341頁、435頁参照。簡潔にいうと「合理的な人間ならだれもが普通は欲するもの」ということである。

[136] 『再説』17・2節、*TJ*, pp. 62/54rev., 92/79rev.,『正義論』86頁、124頁参照。また、John Rawls, *Political Liberalism*, Columbia University Press, New York, 1993, (paperback edition, 1996. 以下、*PL* と略記して、引用は、ペーパーバック版から行う。) p. 181参照。

第一原理の扱う項目とは明言されていない——、それをこえて実質的にできるだけ平等な保障が要求される場合は、公正な機会均等原理の所轄事項としているように思われる。

（v）の「自尊の社会的基盤の保障」は、第一原理と第二原理（格差原理も含む）に従って社会の基本構造を統べる諸ルールが確立され、それが社会の構成員のほとんどによって支持されていることによって初めて確保されると考えるべきものである——つまり、（v）は他の基本善と排他的ではない[138]。そのことによって、恵まれない人も、自分は社会から平等な市民として尊重されていると感じることができるであろうからである。

30. 公正な機会均等との関係

ここで、第二原理に属する二つの原理の内容と関係について補足しておこう。公正な機会均等原理は、生まれつきの能力とやる気が同程度の者なら、社会的境遇、とくに、たまたま生まれ落ちた家族の社会階層によって、権力・特権および所得・富を獲得するチャンスが左右されることがないように社会の基本構造を編成することを要求する。逆にいうと、生まれつきの能力もしくはやる気が異なれば、結果的に、権力・特権および所得・富の質または量が異なることを公正な機会均等原理は認めるものである[139]。

ただし、正確にいうと、家族（がその子供をみずから養育する）という制度を廃止しないかぎり、公正な機会均等原理によって家族の影響を完全に排除することは不可能であるから、公正な機会均等原理の要求が完全に充足されたとしても、生まれつきの能力およびやる気が同じ人々についても、社会的経済的基本善の格差はなお残る。

格差原理は、これらの事情で残存する社会的経済的基本善の不平等な分配が、「最も恵まれない人々」つまり社会的経済的基本善の量が最も少ない人々にとって最大の利益になるようになされることを要求する[140]。

---

137 *PL*, p. 228参照。
138 その一例として、『再説』201頁参照。
139 『再説』13・.2節参照。また、*TJ*, pp. 73-74/63-64rev.、『正義論』99-100頁参照。
140 本当は序数的比較（順番の比較）ができれば十分であるが、ロールズに倣って、単純化のため基数的比較（量の絶対値の比較）を採用する。

31. 基本善指数

　基本善に属する社会的経済的利益の量を表すために、ロールズは基本善の指数（index）というものを導入している[141]。格差原理を実際に適用する際には、たとえば、権力は大きいが所得が少ない人と、権力は小さいが所得は多い人とを社会的経済的利益に関してどうやって比較するのか、という問題が生じるだろう。だが、基本善指数という概念を導入すれば、そうした問題を棚上げにして、格差原理がどのような分配の仕方を要求するのかということに焦点を絞ることが可能になる[142]。

　ロールズは、分析の単純化、そしておそらく実際上の重要性という観点から、社会的経済的基本善のうち、とくに所得に注目し、それを基本善の指標として選んで、基本善指数を比較するという方法で格差原理の内容を説明している[143]。このような単純化は、もし所得と、他の種類の社会的経済的利益の間の相関が高いことが想定できれば、いっそう妥当なものとなろう[144]。いずれにせよ、単純に理解できるのであれば、まずはそうしたほうがよい。したがって、以下では、社会的経済的基本善の代理変数として所得を選ぶロールズのやり方を受け容れることにしよう。

32. 機会としての所得

　格差原理の分配基準の検討に先立ち、二点だけ注意しておきたい。第一に、格差原理によって分配されるべき「所得」は、現実に各人が得た所得ではなく、一生を通じて各人が得る所得の見込み、その意味での「生涯期待所得」である[145]。それゆえ、格差原理に従う法律によって保証されている所得を、たとえば、人がその所得に見合う労働をしなかったために得ることができないということは格差原理の認めるところである[146]。

　ただし、格差原理は、所得ないしは社会的経済的利益の分配を受ける市民が、善の構想を形成する能力および正義感覚の能力に加え、知力・体力等に

---

141 『再説』107頁、311頁、TJ, p. 92/79rev.、『正義論』124頁参照。
142 TJ, p. 97/83rev.、『正義論』131頁参照。
143 『再説』102頁、368頁注26、107-112頁、TJ, p. 78/67rev.、『正義論』106頁参照。
144 TJ, p. 97/83rev.、『正義論』131頁参照。
145 『再説』70頁、74頁、102頁、TJ, p. 64/56rev.、『正義論』88頁参照。
146 『再説』14・2節参照。

ついても、社会的協働に参与するのに必要な最小限の能力をもっていることを前提しており、生まれつきそれらの能力が極端に劣る人については、考察対象から除外されている[147]。ロールズの主たる関心が、社会階層間の所得（正確には社会的経済的）格差の問題にあるからである[148]。

分配されるべき所得が期待所得であることからすれば、それは結果としての所得ではなく、むしろ機会としての所得である。ロールズがこの点をあまり強調しないためか、格差原理は結果の平等をめざすものだとしばしば誤解されてきた。だが、格差原理における所得の平等・不平等はあくまで機会ベースで判定されるべきものである。これは、ロールズの正義論が、政治哲学でいう「手続的正義」の理論（前述本章9参照）であることからも当然に帰結する。

公正な機会均等原理との関係についていえば、それが生得的能力の同じ者に公正な機会の平等をできるかぎり保障した後で、格差原理は、最も恵まれない者の最大の利益のために、人々の間での不平等な期待所得を指示するものである。以下では、このことは周知として、期待所得をたんに「所得」と表記することにする。

33. 社会階層間比較

第二の注意点は、人々への所得の分配ないし分布を個人ごとに考えるか、集団単位で考えるか、ということにかかわる。これについてロールズは、後者の考え方をとり、各社会階層への所得の分配・分布における格差に注目している[149]。

しかも、社会階層を所得によって分類する場合明らかなように、各社会階層の構成員は、固有名によって定義されるのではなく、所得や労働技能その他の一般的属性によって定義される[150]から、各階層の構成は、社会の基本構造や経済状況の変化といった客観的要因の変化、あるいは各人の努力その

---

147 『再説』7-8頁、31頁、35頁、41頁、85頁、103頁、とりわけ297頁参照。TJ, pp. 83-84rev.,『正義論』131-132頁、CP, pp. 258-259参照。
148 『再説』95頁、CP, p. 612参照。
149 『再説』108頁、TJ, pp. 99/84-85rev.,『正義論』133頁参照。
150 『再説』106頁、120頁、124頁、368頁 注26、TJ, pp. 96/82rev., 98/84rev.,『正義論』129頁、132頁参照。

他の主観的要因によっても変動しうるものであり、必ずしも固定的なものではない。

『再説』においてロールズは、分析の単純化のため、社会階層を所得によって定義している。その場合、「最も恵まれない人々」とは、(生涯期待)所得が最も低い集団である[151]。ロールズは、それ以上詳しくは語っていない。だが、あえてもっと具体的にいうと、最も貧困な社会階層に属する家庭に、最も低い所得獲得潜在能力をもって生まれ、しかも、その家族がそのなけなしの潜在能力を伸ばすような養育・教育を一切してくれないような、そのような家庭で成長した人々である。

34. 分配基準としての格差原理の両義性

これまでの準備作業を前提とすると、格差原理の定式化である、「社会的経済的不平等」が「最も恵まれない構成員にとって最大の利益になる」とは、所得の不平等が、社会のなかで所得の最も低い集団にとって最大の利益になる、ということを意味する。これは、最低所得集団の所得が、できるだけ高くなるような所得格差を定める協働のスキームを要求する。これが、分配基準としての格差原理の第一の意味である[152]。

しかし、ロールズは、格差原理に対してもう一つの意味を与えている。それは、所得の相対的に高い集団の所得が増加（または減少）するときには、所得の相対的に低い集団の所得も増加（または減少）しなければならない、というものである。ロールズは、この第二の意味を、格差原理が互恵性(reciprocity)の観念（後述）を反映するものとしてとくに強調している[153]。

以下では適宜、格差原理の第一の意味（＝後述のように、最低所得最大、最高の等正義線）を格差原理Ⅰ、第二の意味（＝後述のように、OP曲線上の点の傾きが右上がり）を格差原理Ⅱと表記することにする（格差原理Ⅲ＝格差縮小については後述）。

格差原理を第一の意味で適用する際には、最低所得集団の所得の値（の上下）という、いわば一点（あるいは一線）に注目すればよかったのに対して、

---

[151] 『再説』106頁参照。
[152] 『再説』107頁、*TJ*, p. 76/66rev.,『正義論』103-104頁参照。
[153] 『再説』217-218頁、*TJ*, 76/66rev.,『正義論』103-104頁、『公正としての正義』（前掲注132）186頁参照。

第二の意味で適用するためには、所得の変化、したがって、点と点とを比較する必要がある。このことは、分配基準としての格差原理の理解にとって決定的に重要である。

ともかく、格差原理ⅠとⅡは、明らかに同じではない。それゆえ、両者が対立することはないのか、対立した場合、両者の関係をどう考えるべきか、という問題を検討する必要があろう。このような問題関心をもって、以下、『再説』におけるロールズの論述に従って、分配基準としての格差原理の内容をみて行こう。

35. 分配曲線と職種賃金一覧表の対応

格差原理の内容をロールズは、後掲図9-1のようなグラフを用いて説明している[154]。曲線OP[155]は、社会的協働によって得られた生産物が、所得の相対的に高い集団と低い集団との間でどのように分配されるかという関係を表している。分析の単純化のため、社会に属する全員が、所得が相対的高いか低いかで二分されるとすると[156]、所得が「相対的に高い（低い）」といっても、「最も高い（低い）」といっても同じことになる。

横軸は高所得集団に属する代表的市民Xの所得の量（x）、縦軸は低所得集団に属する代表的市民Yの所得の量（y）を表している。横軸と縦軸の尺度を同じにした上で、横軸に所得の多い人の所得量をとったので、あらゆるOP曲線は、平等分配を表す45度線の下にくることになる。「代表」という

---

154 『再説』105-109頁参照。

155 Pはproductionの頭文字であり、その文字を用いることによってロールズは、曲線の背後に生産があることを強調している。『再説』105頁、108頁、369頁注31参照。この曲線は、『正義論』（TJ, p. 76/66rev., 邦訳104頁）では「貢献（＝寄与）曲線」（contribution curve）とよばれていた。
　ちなみに、この曲線は、財政学の教科書（たとえば、井堀利宏『財政　第二版』岩波書店、2001年、175頁）に載っている税率と税収の関係を表す曲線（税収可能曲線）とよく似ている。税率（ゼロから1）を横軸に、税収を縦軸にとった上で、税率をゼロから出発して次第に上げていくと、税収も増加するが、増加率は次第に低下し、税収はやがて最高点に達する。それ以降は、税率の上昇にともない税収は逓減し、税率1（100％）に至ると税収はゼロになる。曲線の形状は、OP曲線と同型であるが、意味はまったく異なる。ロールズは、税収可能曲線から示唆を得たのかもしれない。

156 ちなみに、所得階層を三つ以上に分けた場合も、chain connection（最低所得階層の所得が増大するときつねに他の階層の所得も増大するという関係。TJ, pp. 81/70-71rev.,『正義論』110-111頁参照）が成立する場合には、最低所得階層の所得の増大は、全階層の改善（＝個人ではなく、各階層を基礎単位とみた場合の「パレート改善」）となる。

ことの意味は、代表者の背後にそれとほぼ同じ所得を有する人々が隠れているということであり、代表者は集団のいわば平均人と考えてよい。したがって、代表間の比較は集団間の比較を意味する。

原点Oは、「平等分配点を表し、そこで両集団〔の代表〕は同一の報酬を受け取る[157]」とされる[158]。原点Oが平等分配点とされているのは、差別する理由がないかぎり、自由で平等な人格としての市民は平等に扱われるべきだというロールズの根本的な考え方に由来するものである。平等分配は、いわばデフォルト（初期設定）である。

ロールズによれば、曲線OPの背後には、生産と分業を組織化する協働のスキームがあるとされる。協働のスキームのなかには、職種と賃金を対応させた一覧表が含まれているとされる[159]。所得に注目する目下の分析においては、格差原理との関係では、そうした一覧表のみに注目すればよい。曲線OP上の各点に対応して、Xの職種とその賃金、そして、Yの職種とその賃金があらかじめ定まっているということである。

曲線OPは、直接には、職種と賃金を定める諸ルールに対応するものであり、事実としての生産量とその分配を表すものではない。もちろん、所与の条件のもとで所得分配と総生産量の関係があらかじめある程度わかっていないと、そのような所得分配ルールを作ることはむずかしいだろうし、作ったとしても画餅に帰すであろう。

ロールズはまったく言及していないが、OP曲線のようなものを実際に描くためには、当該社会の所与の条件のもとで、所得の分配率――協働による生産物からの分け前がそれぞれの職業従事者にどれだけ与えられるか、その比率――のみをルールによって変動させると、総生産量がどう変化するかということが経験的ないしは理論的にある程度わかっていなければならない。これは、格差原理を実際にどのようにして制度化するかという問題にかかわるものであり、ルールを作成するために必要な情報という観点から後に改め

---

[157] 『再説』108頁。亀甲括弧内は亀本による。

[158] この記述からすると、ロールズは、原点においても協働生産があると仮定している。したがって、曲線OP上の各点でX、Yの各人が受け取るべき所得は、その点でのx、yの値に原点での平等分配分（定数cとする）を加算した値である。cはいくらであっても目下の説明には影響を及ぼさないので、ゼロとするのが一番わかりやすい。ゼロでない場合、協働生産ゼロのときの原点をかりにO'とすると、OP曲線の原点Oは、O'から縦横にcだけ移動した45度線上の点である。

[159] 『再説』108頁、125頁参照。

図 9-1

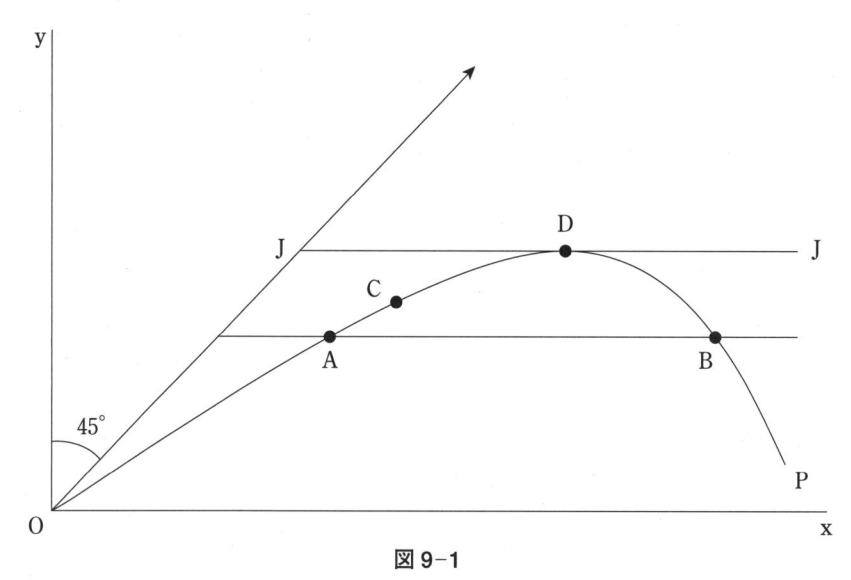

横軸には高所得集団に属する代表的市民 X の所得 x が、縦軸には低所得集団に属する代表的市民 Y の所得 y がとってある。原点から45度に伸びる直線は、平等分配点の集合である。曲線 OP は、平等分配点 O から出発して、不平等分配に転じた際の、総生産の変化に伴う X と Y の取り分の関係の変化を表している。45度線から横に引かれた平行線は、Y の所得一定を表す。D は、その直線と曲線 OP との接点である。

て取り上げる。

36. 分配曲線による格差原理の説明

　図 9-1 を再び見ていただきたい。曲線 OP は、原点 O から出発して、職種に応じて次第に賃金格差（絶対値で測る）をつけていくと、点 D までは、両者の所得がともに増加し、点 D 以降は、高所得集団の代表 X の所得は増加するが、低所得集団の代表 Y の所得は減少する。つまり、点 D において、低所得集団の所得は最大となる。「最も恵まれない人々」すなわち最低所得集団の所得を最大化するという格差原理Ⅰからすれば、点 D の分配が最も正義にかなっている、ということになる。

　点 D を、「最低所得最大点」と名づけてよかろう。ロールズは、それを特定するのに、「等正義線」と彼が名づける直線を導入する[160]。この直線は、図 9-1 において、45度線上の各点から横軸に平行に引かれうる無数の直線で

あり、各直線は、最低所得者の所得の一定を表す。たとえば、図9-1における点Aと点Bは同一の等正義線上にあるから、格差原理Ⅰの観点からみた正義の値は等しい。また当然、高いところにある等正義線ほど、最低所得者の所得が高いから正義値は高い。こうして、点Dは、所得分配曲線OPと、最も高いところにある等正義線とが接する点として特定される。

等正義線との関係では点Aと点Bは、正義値は等しい。しかし、ロールズは、点Aは正義にかなっているが、点Bは正義に反するという。なぜだろうか。OP曲線と等正義線の交点が二つあるとき、格差原理は格差が小さいほうの交点を選ぶとするのが一番素直であるように思われるが、ロールズはそのような説明をしない。

ロールズは、それを格差原理Ⅱによって説明する。実は、格差原理の第二の意味も、前述のグラフを使った説明においてすでに登場している。曲線OP上のOD間の点においては、高所得者の所得が増加するとき低所得者の所得もつねに増加している。ロールズは、そのような点、つまり、その点における接線の傾きが右上がりであるような点を、(格差原理Ⅱとの関係で)「変化を通じ正義にかなっている」(just throughout) とする。点Dは、傾きがゼロであるが、この点も正義にかなっているとされ、とくに、「完全に正義にかなっている」(perfectly just) とよばれる。いずれにせよ、曲線OP上のOD上にある点は、Dも含め正義にかなっていることになる[161]。しかし、点Dが、格差原理からみて、最も正義にかなっているのは、その第二の意味によるのではなく、むしろ、第一の意味による、と考えるべきであろう[162]。

格差原理Ⅱによれば、曲線OP上のOからDまでの点が正義にかなうとされるのに対して、曲線OP上のDから右下に向う諸点(Dを除く)は、「正義に反する」(unjust) とされる。その部分では、各点における接線の傾

---

160 『再説』106-107頁参照。*TJ*, p. 76/66rev.,『正義論』103-104頁も参照。
161 *TJ*, pp. 78-79/68-69rev.,『正義論』106-107頁、『公正としての正義』(前掲注132) 133頁参照。
162 だが、これについては別の解釈も可能であるかもしれない。つまり、点Dを最低所得最大点とみるのではなく、接線の傾きゼロの点と定義するのである。しかし、この定義では、曲線OPが図9-1のような形状をとる場合は、たまたま、傾きゼロの点と最低所得最大点は一致するが、一致しない形状はいくらでも考えられるから、Dの特定にとっては、格差原理Ⅰがやはり決定的と考えるべきであろう。

きが右下がり、したがって、高所得者の所得の増加に伴って、低所得者の所得が低下するからである。それゆえ、格差原理IIによれば、点Aは正義にかなう点だが、点Bは、格差原理Iによれば正義値は点Aと同じであるにもかかわらず、正義に反する点だということになる。

したがって、格差原理による「正義」の定義には、必ずしも両立しないものではないが、場合によっては——とりわけ曲線OP上の点Dより右下の部分では——対立する二種類のものが含まれ、混乱を誘うものであるように思われる。これにどう対処すればよいのか。

37．格差原理Iの優先

格差原理はいずれにせよ、点Dを最善とするのであるから、格差原理IとIIの意味の齟齬は放置してよい、という見方も可能であろう。

しかし、そのような解釈は、ロールズの意図に明らかに反する。もし、現在の社会の所得分配が点Bにあるとしたら、それを曲線OPにそって、Bより左上の方向の点、できれば点Dまでもって行くような制度改革すなわち分配ルールの変更は——格差原理IIには反するとしても——格差原理Iが当然に許容し、あるいはむしろ要求するものである[163]。曲線OPにそって、Dより左側の点までもって行くことを格差原理が許容するかどうかということは、目下のところ明らかではないが、これまでの考察だけからでも、点Bから、曲線OP上の点Aより高いところにある、同曲線上の点への移動については、たとえ図9-1におけるCのような点への移動であっても、格差原理によって許容されるように思われる。

したがって第一の対応として、格差原理IIを捨て、Iのみで格差原理を理解するという方法が考えられる。これによって格差原理は、そのIIがもっていた、正義と不正義の領域区分という含意を失うことにはなるが、その一方で、適用ははるかに容易になる。格差原理IIを適用するには、傾きゼロの点を発見しなければならない。具体的には、所得分配上の任意の点をとり、それと近傍（neighborhood）[164]にあると思われる点を比較して傾きがどうなっているかを一々調べ、傾きが右上がりのときはよしとして、同様の作業を続

163　*TJ*, p. 79/69rev.,『正義論』108頁参照。
164　『再説』121頁参照。

け、傾きゼロの点を何とかして発見し、それより右へ行くと傾きが右下がりになることを確認し、最終的にそれらの点を職種・賃金一覧としてルール化してはじめて、正義と不正義の境界が定まることになる。

　これに比べれば、最低所得最大点を発見し、ルール化する作業ははるかに容易であろう。その場合は、ロールズの説明に反し、そもそもOP曲線など描く必要はなく、最低所得者の所得という一点にのみ注目して、それが高い点を、45度線の下にある空間から探し出せばそれでよいことになる。ただし、この方法では、たとえば図9-1における点Aと点Bを正義の観点からは区別できないから、点Bがたまたま選ばれた場合、点Aよりも、格差が大きいということになる。

38. 格差原理と格差縮小要求

　前項でのべたように、格差原理Iが、Bから左上の方向の点への移動を要求するとすれば、格差原理は、格差縮小の要求を含んでいるように見える。しかし、格差原理の定式化からしても、前述の格差原理IIの説明からしても、それは、格差縮小を直接にめざすものではない。最低所得者の所得が高くなるかぎりで、格差の拡大を許容するものである。実際、OP曲線においてOからDへ至る間、格差（の絶対値）は拡大し続けている。だが、点Aと点Bを比べた場合、格差のより小さい点Aをよしとするというのも、格差原理の意味するところであるようにも思われる。

　格差縮小ということは、格差原理の定式化にも、ロールズによる説明にも直接にはほとんど現れていない。OP曲線に関連してそれが現れるのは、最低所得最大点における最低所得者の所得が同じである二つの所得分配曲線を比べて、格差原理からみてどちらの曲線のほうがよりよいかを判定する際、45度線により近い——したがって、最低所得最大点における格差がより小さい——ほうの曲線をよしとする場合だけである（図9-2参照。そこでは曲線OP_1が曲線OP_2よりよしとされる）[165]。

　しかし、格差原理に言及するロールズの著作全体から得られる印象としては、格差縮小の要求は、自尊の社会的基盤の確立のために、最低所得者の所

---

[165] 『再説』369頁注32参照。

図 9-2

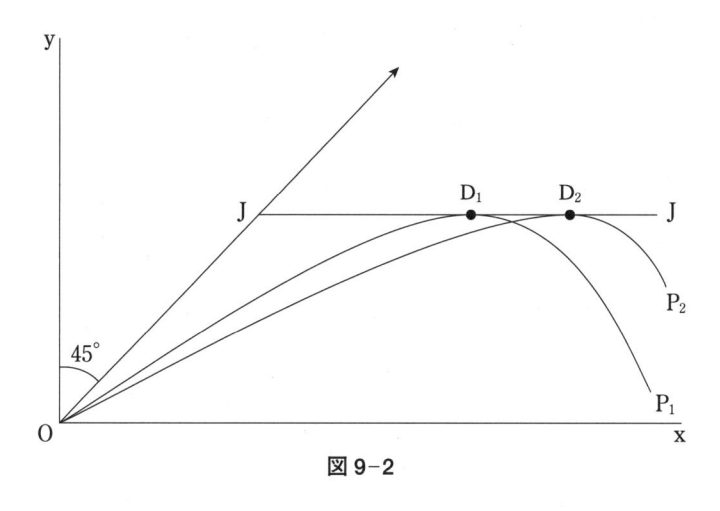

得の最大化を通じて格差原理が間接的にめざす真の目的であるようにも思われる。したがって、格差縮小要求を、格差原理の第三の意味（以下、格差原理IIIと表記する）と言ってよいだろう。だが、この格差原理IIIは理論上は、IまたはIIだけで、いずれがより正義にかなっているか判定できない場合にのみ使用されるという点にも注意する必要がある。容易にわかることだが、IIIを優先させると、IまたはIIが働く場面はなくなってしまう。

39. 格差原理IIの採用

格差原理に二つの意味——すなわち、最低所得最大化と傾き右上がり——が含まれることに伴う混乱に対する、第二の対応を考えよう。第一の対応は、第一の意味だけで行こうとするものだったが、その反対として、第二の意味のみで行くという手も考えられる。あらかじめのべれば、この解釈が、ロールズの提示する所得分配曲線ならびに、それに対して彼が与えている説明および意図と最もよく適合するように思われる。

くり返しになるが、OP曲線上の各点には、それぞれの所得者が協働生産において占める職種（正確にはその質と量）および賃金（社会的総生産物からの分配分）が対応している。最も単純な場合として、さまざまに仕事を分担しながら米を共同で生産し、賃金として、各人が米を受け取るといった事例を想定されたい（ロールズは、市場経済を想定しているが、OP曲線による説明

は、そのような単純なケースを想定したほうが理解しやすい)。

　OP曲線に対応する協働のスキームに含まれる諸ルールは、各人が定められた職の質と量を果たしたとき、それに応じた賃金を支払うことを定めている。また、高所得集団の代表の職と低所得集団の代表の職はセットになっており、いずれか一方が、その職に求められる労働の質と量を果たさなければ、社会的総生産は予定どおり行かず、したがって、ルールに規定された所得を支払うことができなくなるかもしれない。協働のルールは、そのような場合に備えて何らかの減額規定をおいているだろう。しかし、ここでは分析の焦点を絞るため、あえて理想化して、全員がルールに定められた職務を忠実に果たすと仮定しよう。

　しかし、その場合でも、選択可能な職種リストから、どの職業を選ぶか（そして何時間働くか）は各人の自由なのである[166]。一般的には、各人が協力しつつ、要求される技能と難度の高い仕事をすればするほど社会的総生産は上昇し、結果的に、より高所得の分配が可能になることが予想されるが、どこまで大変な仕事を各人がするかは、各人の自由に任されている。このことは、格差原理に優先する職業選択の自由によって保障されている。

　自由の優先ということを真剣に捉えた場合、各人は、OP曲線上の点Dにおけるのと比べて、最低所得者の所得がより低い職業を選択することも当然許されるはずである。大変な仕事をして給料をたくさんもらうより、楽な仕事、その技能を取得するのに苦労しないですむ仕事、あるいは労働時間の短い仕事をして、精力を他のことに注ぎたいと考える人がいたとしても不思議ではない。

　さて、格差原理の両義性に対する第二の対応をとった場合、どのような問題が生じるか。第一の問題点は、格差原理のIを捨て、IIをとるということに必然的に伴うものだが、「最低所得最大点」（図9-1におけるOP曲線上の点D）または「完全な正義」という観念の占める場所がなくなる、ということである。

　しかし、職業選択の自由という先行する要請が充足されているという制約のもとで格差原理IIに従って選ばれる点は、各人の自由と両立するかぎりで

---

166 『再説』87頁、110頁、125頁参照。

再掲　図 9-1

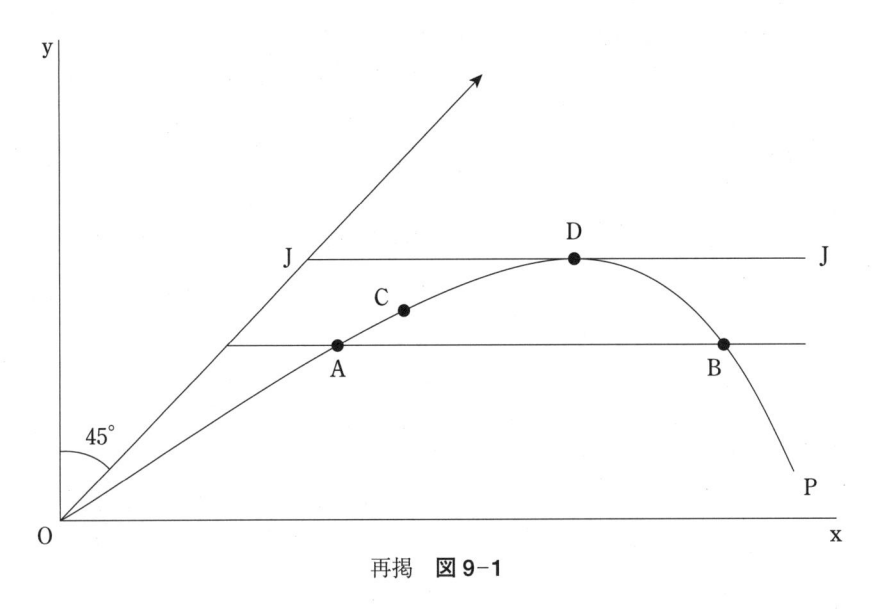

の最低所得最大点（D′とする。たとえばCがそれだと考えてよい）である。Dも D′ も、(別個の意味でだが) 最低所得者の所得が最大になるパレート最適点（その点から出発して、だれの状態も悪化させずに、だれか一人以上の状態を改善する途がない点）という点では同じである。実際、ロールズ自身、Dを特定するのに、OP 曲線と最高の等正義線との接点という既述の定義と並べて、平等分配に最も近いパレート最適点——そこでは OP 曲線上の点Dから右下に向う部分 (Dも含む) がパレート最適点の集合とみなされている——という理解も示している[167]。平等分配に近いほうがよいという基準からすれば、D よりも D′ のほうがいっそうよい、ということになる。むしろ正確には、選択の自由ということを考慮に入れると、D ではなく D′ こそ、真の格差最小のパレート最適点ということになる。

　以下でのべるように、ロールズは『再説』において、格差原理と「互恵性」(reciprocity) の観念との結びつきを力説している。その際、採用される格差原理の意味はⅠではなくⅡである。そのかぎりで、Ⅱがロールズの意

167　『再説』107頁、217頁参照。

図に最もよく沿う格差原理の解釈であるように思われる。

40. 格差原理と互恵性

ロールズは、格差原理と互恵性の結びつきを、図9-1のOP曲線を使いながら説明している[168]。その要点は次のようなものである。

曲線OPの傾きが右上がりの部分では、低所得者の所得の増加は高所得の所得の増加に相伴っている。これは、高所得者の所得の増加が、低所得者の所得の増加に貢献(contribute, benefit)しているということを意味する[169]。これは、相手が利益を得る場合は自分も利益を得るべきである、あるいは、自分が利益を得る場合は相手にも利益を与えるべきである、という互恵性の観念を表している。たしかに、低所得者は、高所得者に比べて所得が低いことに不満であるかもしれないが、点Dは、所与のOP曲線のもとで低所得者が得ることのできる最大所得に対応する点であり、低所得者の所得をそれ以上上げようと試みると、かえって所得低下が生じる点なのである[170]。

さらに、格差原理は、高所得者の所得増加が低所得者の所得の増加に貢献しないことを許さない[171]。したがって、OP曲線上のDより右下方向の部分は、低所得者の利益を犠牲にして[172]、高所得者がより高い所得を得ている部分であり、正義に反し、認められない。

ロールズによるこのような説明は正しいのだろうか。互恵性という観念の本質は、お互いに貢献しあう、ということではなかろうか。しかし、OP曲線から「貢献」を読み取ることには無理がある(前述本章**25**も参照)。OP曲線は、高所得者の所得変化と低所得者の所得変化の関係を表しているだけであり、「貢献」とは何の関係もないからである。たまたま、高所得者の所得増加と低所得者の所得増加が同時に起こったからといって、それを高所得者が低所得者に貢献した結果だとみなすことはできない。「貢献」という観念は、所得増加と独立に定義されるべきものである。

---

168 『再説』217-218頁参照。
169 『再説』110頁参照。
170 『再説』121頁参照。
171 『再説』110頁参照。
172 『再説』220頁、*TJ*, p. 104/89rev.、『正義論』141頁参照。

41. 所得および生産逓増の原因としてのインセンティブ

　ここで改めて、曲線 OP において、原点 O から点 D まで X と Y の所得がともに逓増する原因、あるいは、そのような分配を可能にする条件は何かを考えてみよう。それは、賃金格差をつけることによって、総生産が増大するからである。ロールズも、そのことは前提している。彼は、賃金格差をつける必要性について次のような説明を与えている。すなわち、第一に、高い所得が与えられるような職は一般に、それを行うために高い能力・技能とそれを身につけるために教育・訓練が必要であるから、そのための費用をまかなうため。第二に、そのような高い能力・技能をもった人材を社会的総生産増大のために必要な部署に引きつけるため。第三に、労働のインセンティブを与えるため[173]。

　第一の要素についていえば、名目賃金から費用を引いたものが実所得であるから、目下のように、実所得の高低を考えるべき場合は、最初から控除しておくべきものである。第二、第三の要素は、いずれも社会的総生産を増大させるためのインセンティブであり、格差原理においては、低所得者の分配分を増やすことを目的としている。

42. 恵まれた人からの搾取

　ロールズは、総生産の増大が、高い労働技能をもった人、つまり恵まれた人 X にほとんどもっぱら依存しており、彼らがより高い賃金に見合った労働を行うことにより、Y の所得の増大も可能になると考えているかのようである[174]。

　たしかに、この線で OP 曲線を解釈することができる。その場合、恵まれない人すなわち最低労働技能者 Y の職種は一定で、能力のある恵まれた人 X のみが、協働のスキームによって提示された賃金の上昇に引かれて、次第に高度の能力を要する大変な仕事につく（そしてその結果、総生産が増大する）と仮定してよいことになる。

　さらに、単純化のため、社会が X と Y のみからなると仮定すると、X

　173　『再説』108頁、135頁参照。
　174　たとえば、『公正としての正義』（前掲注132）186頁、*TJ*, pp. 104/89rev.、『正義論』140頁、『再説』110頁、121頁、220頁参照。

は、自分の働きによって増大した総生産の限界的な増加から少なくとも半分以上をとり、残余をYに分け与えることになる（もちろん、ルールに従えばそうなる、ということであって、Xがそのような分配を自分で行うという意味ではない）。「少なくとも半分以上を」といったのは、OP曲線のOD間の点では、接線の傾きが45度未満だからである。接線の傾きは、Y対Xの限界的分配比を表している。

OP曲線を観察すると、傾きは原点Oから点Dにかけて逓減しており、点Dでは生産の限界的増分の全部がXのものになり、点Dより右下の曲線上の点では、Xは、生産の限界的増分の全部に加えて、Yから幾ばくかさらに取り上げないと、自分の仕事のきつさに引き合わないと考えていることになる。すでに触れたように、ロールズは、そのようなことは、恵まれない人の利益を犠牲にして、恵まれた人がより高い所得を得ているから、正義に反し、許されないという[175]。

しかし、総生産の増加がもっぱらXの貢献によるものだとしたら、Yを犠牲にするとか、しないとか、そもそも言えるのであろうか。もちろん、協働しているにもかかわらず、生産増加がもっぱら恵まれた能力ある者に依存するという事態は、かなり特殊な状況であろう。にもかかわらず、格差原理は、この状況でも（というよりむしろロールズ自身の論述から示唆されるところでは、この状況にこそ）妥当するべきものである。その場合、格差原理は、能力ある者をできるだけ働かせて、能力がない者ができるだけ高所得を得られる点を追求するものであるように思われる。日常的な言い回しを使えば、「金持ちからの搾取を奨励する原理」と言ってよいかもしれない。

だからこそ、ロールズは当初から、格差原理の最大の問題は、恵まれた人々に受け容れられるかどうかということにあると考え、彼らを納得させる根拠として、彼らが生まれつき能力に恵まれていることと、（それでなくても恵まれているのに）実際に高所得であることとを挙げている[176]のだろう。

ところで、「搾取」という用語を使用することができるのは、各労働者に「本来帰属するべき報酬」といったものがあると考えられる場合のみである。ところが、格差原理には、「本来帰属するべき報酬」という観念が含まれて

175　*TJ*, p. 104/89rev.,『正義論』141頁、『再説』220頁参照。
176　*CP*, p. 230,『再説』133頁、218-219頁参照。

いないのである。それゆえ、前述の「金持ちからの搾取」という理解は、実は誤りである。

43. desertと格差原理

前節ですでに解説したように、伝統的な道徳のなかで最もポピュラーな分配原理は、「desert に応じた分配」という原理であった。貢献は、desert の適用例の代表であり、能力も、desert の一種と考えてよかった（前述本章**16**および**25**参照）。しかし、いずれにせよ、ロールズは、諸道徳が採用する desert 概念を拒絶する。というのは、すでに触れたように、人は、生まれながらの才能にも、たまたま生れ落ちた社会階層にも「値する」(deserve) とは言えない、と彼は考えるからである[177]。「貢献」という言葉（だけで中味はないが）を使いながらも、desert を拒否するというのも奇妙な用語法ではあるが。

ロールズが認める desert 概念は、格差原理に従う公共的ルールによって定められた賃金の仕事をした者は、定められた賃金に対して正統な期待をもつという（「純粋な手続的正義」の）意味で、その賃金に「値する」という概念だけである[178]。したがって、そうした賃金ルールを作成する際に功績概念を使用することはできない。

44. 格差原理にかなったルールを作成するために必要な情報

格差原理にかなったルールを作成するには、代表的な恵まれた人が、その仕事の大変さの増加による生産の増分のうち半分以上は受けとるが全部を受け取らなくてもその仕事をする用意があると考えるのはいかなる賃金のときかを探求する必要がある。

単純化のため、平等分配から出発する生産の増大が恵まれた人の働きのみに依存すると仮定すると、その人が生産の限界的増分全部を受け取らなくてはその仕事をする気がしないと判断する点が、恵まれない人の所得が最大化される点である。

---

177 『公正としての正義』（前掲注132) 177頁、*TJ*, p. 102/87rev.、『正義論』137頁、『再説』129頁参照。

178 *TJ*, 84/74rev., 88/76rev.、『正義論』116、129頁、『再説』125頁参照。

45. 能力への課税

ロールズは、能力に応じて人頭税をかけることは、高い能力に応じて、それに見合う職業につくことを事実上強制するから、格差原理に優先する第一原理によって保障されるべき基本的自由を侵害するがゆえに、認められないと主張している[179]。

だが、ここで私が示した格差原理の解釈は、実質的に能力に人頭税をかけることに等しいと思われる。課税されるのは期待所得ではなく、実際の所得ではあるが、格差原理にかなったルールの設計——ロールズは、その社会的正義論において、正義にかなった社会の基本構造を設計するための準備作業をしようとしている、と考えてよかろう——は、能力に応じた期待所得の予想に基づいて行われざるをえないから、そのかぎりでは能力に応じた課税という基本思想を含むものである。

もちろん、能力のある者が、その人頭税は高すぎると判断すれば、高所得・高課税で生産性の高い職業を回避し、その結果、最低所得者の所得が最大化される点Dは、左下方向に移動するであろう。

46. 格差原理にかなったルールを作成するために必要な事実的情報と規範的情報

結局のところ、点Dの位置は、第一に、恵まれた人が行う仕事の大変さと賃金の相関をその人自身がどう評価するかという情報、第二に、その人が社会全体に、とくに恵まれない人々にどれだけ貢献する用意があるかという情報に依存するように思われる。ロールズは、後者の要素を強調するあまり、前者の要素を軽視する嫌いがある。いずれにせよ、これら二つの情報がないと、OP曲線を描くことはできない。したがって、格差原理にかなったルールを作成することもできない。

ここで一つの問題が生じる。OP曲線は、これら二つの事実に関する情報に依存しているが、それ自体は規範的ルールを表現するものである。ロールズ自身は、社会全体に貢献する精神が市民の間に広まることを明らかに期待しているが、しかし、それをどこまで要求するのか。ロールズは、この点に

---

[179] *CP*, p. 231,『再説』276-278頁参照。

ついても語っていないが、格差原理にかなったルールを作成するためには、その種の規範的情報も必要なのである。しかし、要求度が強すぎると、恵まれた人々の一部は、恵まれない集団に入ったほうが得だと考え、高い労働技能を身につける努力を放棄したり、そのような技能を要する大変な仕事につくことをやめたりするであろう。

　しかし、ともかく、恵まれた人の賃金を上下させる経験的な試行錯誤によって、点Dに接近することは可能だと思われる。しかし、それでは、単なる事実問題になってしまい、ロールズが格差原理を立法指針として位置づけているにもかかわらず、規範的指針としての格差原理IIは、まったく働いていないということになってしまう。

　格差原理に従ってルールを作成することはできない、と結論づけたくもなる。とくに『再説』にみられる、格差原理に関するロールズの執拗な説明は、恵まれた人々を説得するためだけのものと言うほかないのだろうか。

47. 格差原理は道徳的原理か

　前項で触れた規範的情報、すなわち、恵まれない人に貢献することを市民にどこまで要求するべきかという問題に関連して、G. A. コーエン（1941-2009）は、ロールズは、少なくとも格差原理おいては、それを要求しなさすぎている、と批判している[180]。

　格差原理は、基本的に、前項で挙げた二つの事実情報、とりわけその前者に基づいてルール化されることになる。その場合、恵まれた人々に提供される高賃金は、恵まれない人々の所得を上げるために必要な原資を大きくするためのインセンティブにすぎない。恵まれた人が、能力があるにもかかわらず、その能力を発揮して働こうとあまりしなかったなら、インセンティブとしてより多くの賃金を支払わなければならず、その分だけ恵まれない人々の所得は減るであろう。コーエンによれば、ロールズの格差原理自体は、それに対処することができない。たしかに、そのとおりである。

　社会の基本構造のなかに、格差原理のようなたんなる調整メカニズムを含

180　G. A. コーエン（渡辺雅男・佐山圭司訳）『あなたが平等主義者なら、どうしてそんなにお金持ちなのですか』（こぶし書房、2006年）日本語版への序文、第8講および9講参照。またHurley（前掲注79）pp. 232-236参照。

ませるだけでは不十分であり、個人の行為や精神も社会の基本構造に含まれるのだ、というのがコーエンの基本的立場である。

　これは、ロールズやミラーなど、正義の適用対象を制度に限定する現在有力な正義論に対して、正義は第一義的には人間の道徳であって、たんなる制度の原理ではない、というラディカルだが伝統的な主張をもって対抗するものであり、傾聴に値する。少なくとも、そのような正義の道徳を説くことは、強制や権力を用いないかぎり、リベラルな社会においては何の問題もない。制度について制度化できない思想を語るよりも、よほどましかもしれない。

48. 集団と貢献、互恵性

　これまで、『再説』におけるロールズの意図に忠実に格差原理IIの意義を強調してきたが、その反面、実際の政策論としては、格差原理Iに従った試行錯誤によるルール作成しかないのではないか、という思いもなお強い。たんなる技術的・実際的な考慮から、そう考えられるだけではない。実は、ロールズの理論自体のなかにも、それを支持する要素があるのである。

　既述のように、ロールズは、「代表」の概念を導入して、集団単位で分配問題を考えている。それゆえ、各所得階層に属する個々人に注目した場合、所得分配が格差原理IIにかなっているにもかかわらず、ある人の所得増加と別の人の所得低下が相伴うという事態は十分起こりうる。

　たしかに、格差原理にかなったルールによって分配される権利・義務の主体は個人であって、集団ではない。しかし、そうした権利・義務の内容は、その個人がどの社会階層に帰属するかに依存するのである。これは、正義の二原理に属する他の諸原理との大きな違いである。

　ともかく、集団単位で分配問題を考える場合、何らかの道徳によって定義される功績であれ、格差原理に従うルールによって定義される功績（＝「正統な期待」の根拠）であれ、そもそも「功績」ということを問題にすること自体が不適切になる。

　集団のなかには一生懸命努力する者もいれば、怠け者もいる。労働を重視する人もいれば、趣味の生活を大事にする人もいる。代表が「平均人」を意味するとすれば、集団を構成する実際の個々のメンバーが、どのような生き

方をするか、自分の貢献と賃金の関係をどう評価するか、社会にどれだけ貢献したいと思うか、といったことも平均化されざるをえない。その場合、個人の功績や貢献、それにまつわる個人的評価などを論じること自体が場違いなものになってしまう。互恵性についても、それが普通の意味での「貢献」にかかわるとすれば、同様である。

したがって、ロールズが所得分配にあたって「desert」を問題にしないとしたのは、ロールズ自身が与えている説明とは違う根拠——集団単位で考えているから、「貢献」という概念はそもそも使えない——から、正しいと言える。しかし、にもかかわらず所得分配のあり方を互恵性という道徳的観念によって正当化しようとした点には大変な無理がある。

49. 功利主義者としてのロールズ

格差原理は、功利主義の応用とみることもできる。この問題は、それほどむずかしくないから、読者への宿題として残しておこう。ヒント：全体の幸福とは何か考えよ。

第10章　リベラリズムと法

　前2章では、正義論を中心に政治哲学の問題を扱った。本章では、政治哲学の問題としてリベラリズムを取り上げながら、それが法とどう関係するかを折に触れて示唆しつつ、徐々に法哲学固有の問題に入って行きたい。しかし、遺憾ながら、専門的法哲学あるいは法哲学各論に固有の問題についてはほとんど論じることができなかった。

　以下、まず第1節では、ミルの自由論を素材に、リベラリズムが本来、どのような思想であったかについて解説したい。その際、「リベラリズム」と「自由主義」、あるいは「リベラル（派）」と「自由主義者」は、その間に日本語の用語法として微妙なニュアンスがあることを承知しつつも、基本的に互換的な言葉として用いることにした[1]。

　「リベラリズム」のアメリカ的用語法[2]では、本来の意味も無視されているわけではないが、それは主として、前章で取り上げた「社会的正義」に力点をおく政治的イデオロギーをさして用いられる。本来の意味でのリベラリズムをさして「リベラリズム」という言葉を使うことは、今や欧米では多勢に無勢で、かえって誤解を招く。もっとも、社会的正義を説くロールズでさえ、第一原理を建前上絶対的に優先させることによって、リベラリズムの本来の意味を堅持してはいる。

　幸か不幸か、リベラリズムの伝統が存在しない日本では、「リベラリズム」の意味とその用語法の変遷を正確に知っている人は少ない。多くの人は、なんとなくいい感じの言葉だということで使っているだけであるように思われる。それゆえ、「リベラリズム」という言葉を本来の意味で使用することも、

　1　「自由主義者」のことを日本語でリベラリストと言う人もいるが、英語のliberalistは、政治哲学でいうliberal（自由主義者）を意味しない。
　2　より正確には、前述第5章**18**および**19**参照。

現在の日本では問題が少ないであろう。

　第2節では、「自由」という言葉の多義的な用法を区別して、「リベラリズム」の意味をよりいっそう明確にするために、ハイエクの自由論を中心に検討したい。最後に、第3節では、それと結びついて展開されるハイエクの法の見方を紹介しながら、法の概念について考えてみたい。

　本章でリベラリズムと法をいっしょに取り上げたのは、リベラリズムと不可分に結びつく法の観念と、リベラリズムと直接関係のない法の観念とを区別することが、法の理解にとって死活的に重要だと私は考えるからである。

第1節　ミルの自由論

1．政府による権威的干渉と非権威的干渉

　第5章で「政府の役割」について取り上げた。同じ問題はまた逆に、「政府による干渉の限界」という問題設定のなかで扱うこともできる。前者は、「政府は何をするべきか」という問題にかかわり、後者は、「政府は何をするべきでないか」という問題にかかわる。リベラリズムの問題は、主として、後者の問題設定のなかで現れる。

　ジョン・スチュアート・ミルは、政府による干渉を二種類に区別している。

X-1　ミル『経済学原理（五）』[3] 287-288頁
　　われわれは、政府による干渉の二つの種類……を区別することから出発しなければならない。干渉は、個々人の自由な活動を統制することにまで拡大されうる。
　　政府は、ある事柄を為すことを、あるいは政府の許可なしにそれを為すことを、すべての人に対して禁止することがある。またある事柄を為すことを、あるいはある事柄を為すか為さないかは彼らの任意とするが、それを為す一定の様式を、彼らに対して指定することがある。これは『権威的な』政府の干渉である。
　　このほかに権威的でない種類の干渉がある。政府が命令を発し、罰則によってそれを強制するということをしないで、勧告を与え、情報を拡めるという措置をとる場合（この措置は、政府がこれをとることはきわめて稀であるが、しかし非常に有益なものでありう

---

[3]　末永茂喜訳、岩波文庫、1963年。原著初版は1848年（フランスの二月革命と同じ年。前掲第5章注45参照。）出版。邦訳は第7版1871年からのもの。John Stuart Mill, *Principles of Political Economy with Some of Their Applications of Social Philosophy*, Books III-V and Appendices (Introduction by V. W. Bladen, Textual Editor, J. M. Robson) reprinted in 2002 by Routledge を参照した。わかりやすくするため、原文1段落であるところ、3段落に分割した。

る)、あるいは個々人が彼ら自身の資力を用いて一般的利益のある或る目的を追求することは、個々人の自由としつつ、政府も、彼らに干渉はしないが、その目的を彼らの配慮だけに任せるということはしないで、彼らの施設と並べて、同じような目的のための政府自身の機関を設ける場合がそれである。たとえば、国立の教会を設けることと、他の諸宗教に対し、あるいは無宗教をとなえる人々に対して寛容を拒否することとは、別々のことである。上級下級の学校を設置することと、政府の免許なしに何ぴとも青少年の教師として活動しないよう要求することとも別のことである。国立の銀行あるいは国営の工場を設置し、しかも私営の銀行および工場に対し何ら独占権をもたないこともありうる。……

　ミルも、他のほとんどの自由主義者と同様、政府の果たすべき第一の役割として、「身体と財産の保護[4]」を認めている。それゆえ、権威的干渉のすべてを否認しているわけではない。個人の身体と財産の保護に必要なかぎりで——しかし、どこまで必要かが実はむずかしいのだが——、政府による権威的干渉は当然認められる（後掲X-6の（8）参照）。しかし、それ以外の権威的干渉はするべきでない、というのが彼の基本的立場である。
　「権威的」とは、上からの命令（禁止も含む）という意味とともに、罰則によって強制するという含みをもつ言葉である。やるかやらないかは、個人の自由に任せる場合でも、そのやり方を命令するときは、権威的干渉の例に入れられていることに注意されたい。そのような場合についても、権威的干渉を政府がやってよいかどうかは、事例ごとに微妙である。たとえば、オートバイを運転することは許すが、ヘルメットの着用は義務づける、という場合などを考えてみられたい。
　非権威的干渉とは、民間でも自由にやらせるが、それと競合して、国営でやるような事業のことをさしている。教育事業に加えて、国教会が、非権威的干渉の一例に挙げられていることは興味深い。ミル自身承知しているように、リベラリズムに含まれる最も重要な価値は、宗教的寛容、あるいは、同じ意味で「良心の自由」である（後述本章8および9参照）。だが、にもかかわらず、国教会は、民間宗教を禁止したり、妨害したりしないかぎりリベラリズムに反しないとされているのである。
　国立銀行や国営工場も、リベラリズムに反しないとされている。だが、当時の自由放任主義者、現在の市場原理主義者であれば、自由の侵害、民業圧

---

[4] 同書175頁参照。

迫だとして非難するであろう。根本的な問題は、非権威的干渉を政府が行い、しかも、それが道徳的によいことだと思われ、かつ、それが社会にとって有益であるとしても、それを、それに賛成しない人々の税金を使って（あるいは、その他の負担を事実上強いて）することが道徳的に正しいのか、という点にある。ノージックなら、それを強制労働だと非難するであろう。当然ながら、ミルも、そのような問題が残ることを認識していた（次の引用文章X-2の最終段落参照）が、十分に応えてはいない。

2．自由に有利な推定

X-2　ミル『経済学原理（五）』[5] 289-291頁

（1）　政府の干渉の権威的形態のものがもっている、正当な〔legitimate〕活動の領域が、それ以外の形態の干渉がもっているそれよりも、はるかに強く制限されているということは、一見してさえも明らかなことである。いかなる場合でも、それを正当化するには、はるかにより強度の必要性が必要であり、また、それが無条件かつ絶対的に排除されねばならぬ人間生活の分野も、広いのである。……人間の生存の中に、このように周囲を塹壕をもって囲まれており、権威的介入が犯すことのできない、ある聖域があるということは、あるいはそれがあるべきだということは、人間の自由あるいは尊厳に対して最小の敬意でも払うほどの人ならば、誰もこれを疑問としないであろう。解決さるべき問題は、ただ、その限界をどこに置くべきかということであり、人間生活のどれほどの広さをもった領域をこの犯されることのない領分というものは包含すべきであるかということである。

（2）　私の考えるところでは、それは、内面的生活であると外面的生活であるとを問わず、ともかくある個人の生活にだけ関係し、他の人たちの利害に作用しないところの、あるいは他の人たちの利害にはただ模範となるという道徳的影響を通してのみ作用するところの、すべての部分を包含すべきである。内面的意識の領域すなわち思想および感情の領域に関しても、また外部的行動でも、終始個人的であって、他の人々に対し何らの作用を及ぼさぬもの、少なくとも苦痛または損害を与えるような作用を及ぼさぬものに関しても、すべての人に対して、何が善であり何が悪であるかということに関する、また何が推奨すべきであり、何が排斥すべきであるかということに関する彼らの意見を、及ぶかぎりの力をもって主張し宣明することを許すべきである、<u>特により思慮の深い、教養のある人の場合には、それはしばしば一つの義務である、ただ、他の人々にこの意見に同意することを強要することは許されるべきでない、この場合に使用される力が法律外の脅迫の力であっても</u>、また法律によって行使される場合でも、ともにそうである、と私は考える。

（3）　人の行為にして他の人たちの利害に影響を与えるごときものにおいてさえも、事実そのとおりであることを<u>立証する責任</u>は、つねに法律的禁止を主張する人たちが、

5　前掲注3参照。説明の便宜上、原文の最初と最後の段落をそれぞれ、二つに分割した上で、各段落に番号を振った。下線による強調および亀甲括弧内の補いは、亀本による。

これを負うべきである。……
　（4）　政府の干渉にして個人の自由な活動を抑制しないものの場合は、話は別である。政府がある目的を達成するための手段を供給する場合、しかも個々の個人が彼らの意見においてそれ以外の手段の方がよいと考えるときには、それを利用する自由を認める場合には、自由の侵犯にもならなければ、煩わしい拘束、あるいは奴隷化させるような拘束ともならないわけである。……
　（5）　そうはいうけれども、ほとんどすべての形態の政府の活動に、ひとつの強制的な事柄が付随している。それは金銭的手段の調達ということである。金銭的手段は課税からくる。……しかも強制的醵金に必然的に付随するところの非難は、強制的租税の遁脱を防ぐために不可欠であるところの、費用のかかる防止策および煩わしい諸制限によって、ほとんどいつも大いに倍加されるものである。

　（1）においてミルはまず、政府が介入することを許されない個人の自由の領域があるのだという自由主義の根本思想を表明している。そのような領域は、政治学および憲法学では「自由権」とよばれる。第3章で説明したホーフェルドの用語を使えば、個人はそのような介入をされない権利（請求権）をもっており、同じことだが、政府はそのような介入をしない義務を負っている。また、個人はそのような権利義務関係を変更されない免除権を政府に対してもっており、同じことだが、個人はそのような政府による法律関係の変更に服する責任を政府に対して負っていない。ミルは、多くの政治哲学者や法学者と同じく、権利義務関係と免除権無能力関係を峻別していない（後掲X-3の（2）参照）。だが、憲法上の「自由権」というものは一般に、この両者からなる。いずれにせよ、問題は、ミルがのべているとおり、自由権の範囲をどのように線引きするべきかにある。
　（2）において、これに対するミルの解答が与えられる。第一に、他人の利害に影響を及ぼさない行動は、政府が権威的に干渉してはならず、第二に、とくに、道徳的に何がよいか悪いかに関する意見表明の自由についても同様だとされる。
　だが、それに付随して、政府の干渉の限界という論点に直接の関係がないように思われる事柄についても付言されている。すなわち、第一に、何が道徳的によいことかについて、上流階級に属する人々は発言する義務がしばしばあるということ、第二に、道徳的によいことを法律によるにせよ、よらないにせよ、他の人々に強制してはいけないということが。法律による場合

は、当然政府による干渉の一部をなすから、リベラリズムの内容の一部として含まれる。しかし、法律によらない場合は、それがリベラリズムとどう関係するのかはそれほど明らかではない。後述するように、ミルのリベラリズムの特徴の一つは、政府による干渉でなくても、意見や生き方の「強制」——政府権力を用いた「強制」ではない——は、やってはいけないという主張を含む点にある。

　前述した「他人の利害に影響を及ぼさない行動は政府が権威的に干渉してはならない」を反対解釈すると、「他人の利害に影響を及ぼす行動は政府が権威的に干渉してよい」ということになる。当然ながら、どのような行動が他人の利害に影響を及ぼすかの判定は、実際にはむずかしい。自由主義にとって枢要な点は、ミルが（3）で明言しているように、他人の利害に影響を及ぼすことの証明責任が、法律によって規制する側、すなわち政府にあるという点である。換言すれば、個人の自由に有利な推定が与えられるのである。ただし、それは、純粋な事実問題ではない。ミルの誤解を招く表現にもかかわらず、何が他人の利害であるかは、何をそうみるべきかという問題と峻別することはできないからである。

3．政府による非権威的干渉なら認められるのか——エリート主義の問題

　政府と無関係なエリートであっても、その意見を他人に「強制」してはならないとされているのと対照的に、X-2の（4）では、政府がいわゆる公益事業を行っても、それを利用しない自由が個人に保障されているかぎり、それは許される非権威的干渉だとされている。ここで前提されているのは、運送会社の営業を民間にも許しつつ、政府も運送会社（たとえば郵便局）を独立採算制で経営するといった状況ではない。（5）からわかるように、そこで前提されているのは、政府の運送会社に、それを利用したくない人および利用しない人からも徴収される税金が投入されるような状況である。

　ここに表明されているのは、意見表明の自由を重視し、（経済学者であるにもかかわらず）金の問題を軽視する、いかにも恵まれた家庭で育ったインテリの偏見である。もちろん、インテリの意見を、法律によるせよその他の手段によるにせよ他人に強要してはならないとしている点は、まぎれもない自由主義の表明ではあるが。

にもかかわらず、ミルの功利主義によれば、貧乏人や下層階級の幸福観（現在の標準的経済学では効用関数という）と社会を教導するべきエリートの幸福観とを比べれば、社会全体の幸福量を測るにあたり、後者の方が高く評価されるそうである[6]。こういうのを反リベラルな偏見という。それは不問に付すとしても、エリートの思想を、たとえその内容がよいまたは正しい思想であるとしても、それ以外の思想よりも重視するという考え方自体が、ミル自身の思想の内部において、自由主義と不可分な徳と彼自身認める寛容と対立しうるという点に彼が気づかなかったということは、彼の自由主義思想の信用を低めるのに十分であろう。相手の思想が間違っていると自分が信じるときにこそ、寛容ということは意味をもつ。

いずれにせよ、リベラリズムが歴史上の事実として、そのようなエリート主義的偏見と結びついてきた、ということはおおむね正しい。だが、概念上結びつけて考える必要はない。だからこそ、下品な市場原理主義的リベラリズムも、ミルの高尚なリベラリズムとともに、リベラリズムの一種とされうるのである。リベラルな見方というのは、そういうものである。自由主義を標榜する思想家の著作のなかには、すべての他の思想と同じく、それと必ずしも関係のない夾雑物が含まれているのが常であるから注意されたい。

ちなみに、ミルの自由主義を、それが設計主義的合理主義と親和的であるかぎりで批判する自由主義者ハイエクもまた、エリート主義者である点にも注意されたい[7]。ハイエクの師ミーゼスが早くから見抜いていた[8]とおり、ほとんどの自由主義者の弱点はそこにあるのである。この点は、ハイエクが社会主義者あるいは「奴隷主義者[9]」とみなす社会的正義論者ないし平等主義

---

6 『功利主義論』（前掲第9章注67）第2章とくに472頁参照。そのような「功利主義」は、「理想的功利主義」とよばれることもある。しかし、「功利」という言葉が使用されている点にだけ着目して、「功利主義」の一種と位置づけるやり方は、学問的に疑ってかかるべきである。「社会にとって有益なことがよいことだ」とのべる思想をすべて「功利主義」としてしまうと、それは、他の倫理思想とほとんど区別できない無内容なものになる。

7 前掲第9章注70参照。ハイエクのエリート主義は、そのほか、『法と立法と自由〔III〕』（前掲第9章注22）第17章「立憲政体のモデル」における「立法院」の構想や、『自由の条件〔II〕』（前掲第9章注69）および『法と立法と自由〔I〕』（前掲第9章注12）第5章などにみられる、法律家ギルドによって牛耳られてきたイギリスのコモン・ローに対する異様に高い評価など、さまざまな局面に現われている。別にエリート主義が悪いと言っているのではない。大衆民主主義社会という環境に進化論的な意味で「適応」しない可能性をなぜ軽視するのか、という疑問が私にあるだけである。

8 前掲第5章**18**のミーゼスからの引用V-9参照。

的自由主義者のほとんどについては、よりいっそう当てはまる[10]。

ともかく、ここでは、ミルの主張する政府による権威的干渉と非権威的干渉との区別——前者は原則として許されない、後者は原則として許される——が、リベラリズムを定義するために不可欠なものでも、適切なものでもない可能性があるということだけは覚えておいていただきたい。

なお、(5)の後半で、ミルが経済学者らしく、課税にも大きな費用がかかることをきちんと指摘していることは注目するべき点である。す・べ・て・の・行・動・政・策実行に費用がかかるということは、昔から経済学の常識である。

4．「自由」の意味——政治的権力の制限

ミルはその後[11]、前掲X-2の(1)ないし(3)で触れられている「他人の利害に影響を及ぼすか、及ぼさないか」の基準、つまり自由権の範囲の線引き基準として、「危害原理」とよばれる、リベラリズムの基本原理の一つとして今日でもたびたび引照される原理を提出した。以下、ミルの『自由論』(1859年)から、「危害原理」に到達するまでの長い文章を引用しよう。

---

9 ハイエクがそれと同じ言葉を用いているわけではないが、前掲注7で最初に挙げた箇所および前掲第4章36のノージックからの引用IV-18参照。

10 このことは、思想史において、自由主義を標榜する思想家を自由主義の観点から取り上げることの問題点を示唆する。シュンペーターの言葉(前掲第8章4の引用VIII-6参照)を借用すれば、彼らはみな、すでにエリート主義という原罪を犯してしまっているのである。右か左かは大した問題ではない。ただし、エリート主義より、たとえば大衆迎合主義(ポピュリズム)のほうがましだといった主張をする意図はない。そのように誤解する人は、すでにエリート主義に与しているように思われる。ミーゼスやハイエク、ハイエクが不倶戴天の敵とするケインズを含め、「思想」が大事だと主張するインテリたちは、エリート主義に与している。「自分はそう思う」ということ以外に根拠が示されていないし、彼らの言うことが正しいとすれば、それはエリートがなお相対的に大きな権力を握っているという事実の反映にすぎないと考えるほうが素直だと思うからである。彼らが思想家であること自体が、法学的な手続的正義に反するというのと似た意味で、発言の信用を失わせるのにすでに十分である。念のため付言しておくが、プロレタリアートや経済決定論に味方するつもりもまったくない。そのような事柄は、私の法哲学とは関係ない。

11 ミルの思想全体を検討するためには、『経済学原理』の執筆時点と『自由論』執筆時点とで、自由主義に関するミルの考えが多少なりとも変化したのではないかとか、彼が経済学と政治哲学の役割分担をどう考えていたか、といった問題を考慮する必要がある。だが、本節は、自由主義思想の源流の一端を紹介することを主目的とするので、そうした点には立ち入らない。ちなみに、ミルの壮大な学問体系に、法学(法解釈学)は含まれていない。最初から科学とはみなされていないのである。

ミルの自由論に関する研究は、邦語文献に限っても膨大である。次のものだけを挙げておく。関口正司『自由と陶冶——J. S. ミルとマス・デモクラシー——』(みすず書房、1989年)、矢島杜夫『ミル『自由論』の形成』(御茶の水書房、2001年)。

段落番号は連続して付したが、いくつかの項目に分けて取り上げたい。

なお、古代ギリシアからミルの時代に至る「自由」の歴史を叙述するという体裁で語られているが、歴史学的にはかなり大雑把な記述であり、その主眼は、リベラリズムにおいて問題となる「自由」の概念の説明にあると理解したほうがよい。

X-3　ミル『自由論』[12] 215-216頁

（1）……むかしは、この〔自由と権威との〕抗争は、統治される者またはそのうちのある階級と、政府とのあいだで行なわれた。自由とは、政治的支配者たちの専制から身を守ることを意味していた。支配者たちは、……支配する民衆に対して必然的に敵対する立場に立つと考えられていた。……そこで国を愛する人々が目的としたのは、支配者が社会に対してふるってもよい権力に、制限を設けることであった。そしてこの制限こそが、彼らが自由ということで意味したものだったのである。

（2）それはふたとおりの仕方で試みられた。第一は、政治的自由ないし権利とよばれるある種の免責条項〔immunity〕の承認を獲得することであって、それを破ることは、支配者側の義務の不履行とみなされるべきであり、また実際に破った場合には、特定の抵抗や一般的な反抗が正当な〔justifiable〕ものと考えられた。第二の……方策は、立憲的制約の確立であった。それによって、社会の同意ないし社会の利益を代表すると考えられているある種の団体〔議会のこと〕の同意が、支配権力のいくつかのより重要な行動のための必要条件とされた。……

（1）では、読めばわかるとおり、「自由」という言葉が、政治権力をもつ支配者、典型的には国王との対抗で使用され、「権力の制限」がその本質的内容であることが説明されている。

（2）では、権力を制限する方法として、国王に、個人の自由権を認めさせるという方法と、社会または議会の同意という方法とがあることが説明されている。なお、（2）の最初のほうに「政治的自由」（political liberty）とあるが、それは、今日の普通の用語法におけるように参政権、請願権、政治的言論の自由、政治的結社の自由などを意味するものではなく、「人身の自由」（freedom or liberty of person）を中心とする「市民的自由」（civil liberty）とほぼ同じ意味であることに注意されたい[13]。ただし、市民的自由が

12　『ベンサム　J. S. ミル』（前掲第6章注46）所収。David Bromwich and George Kateb (ed.), *On Liberty, John Stuart Mill*, Yale University Press, New Haven and London, 2003 を参照した。説明の便宜上、原文と異なるところでも改行した。亀甲括弧内の補いおよび下線による強調は、亀本による。以下でも同様とする。

侵害された結果生じる抵抗権は、市民的自由と区別される「政治的」自由の一種とみることができる。

　権力を制限する第一の方法において、自由権を自然権として認めさせるという方法を併用することもあるが、身分制社会であるかぎり、結果として認められた「権利」（免除権および権能も含む）は、具体的な個人または身分の特権——ホーフェルドの言う意味での「特権」ではなく、その個人または身分に限って、支配者が承認した「権利」という意味。したがって、拘束力の根拠は、自然権ということよりも主従間の具体的な契約ということにある。——として受け取られたはずである。議会についても同様で、それはもともと、封建諸身分の代表からなる国王の諮問機関として発足し、事実的な力関係のなかで、臣下は各種の特権を獲得した。そこでは「市民」（要するに貴族ではない金持ち）階級も、一つの身分であり、下層階級は最初から排除されていた。

　「立憲的」という言葉は、今日では、憲法典その他の公式文書に人権規定を掲げるといった仕方での第一の方法も含む意味で使われることが多い。だが、（2）では、臣下への負担（税金等）を伴う国王の重要な権力行使を臣下の同意なしに行わせないということをさしている。権力分立と近い仕組みである。

　13　英語の political は言うまでもなく古代ギリシアの都市国家をさす語ポリスからきており、civil は、ポリスのラテン語訳 civitas からきたものであり、もともと同じ意味である。日本語訳では、political に「政治的」を、civil に「市民的」を通常機械的に当てている。したがって、それらの言葉を文脈を離れて単独で解釈することは意味がない。詳しくは、ハイエク（気賀健三・古賀勝次郎訳）『自由の条件〔I〕自由の価値』（新版ハイエク全集第I期第5巻、春秋社、2007年）22頁および192頁注4参照。その原著については、前掲第5章注44参照。
　civitas に由来する英語としては civic というものもある。「国家からの自由」を主として意味する市民的自由と区別して、「国家への自由」を意味する「政治的自由」を表現するために、civic liberty という用語を使うこともある。「国家からの自由」と「国家への自由」、あるいは「消極的自由」と「積極的自由」の区別については、難解な論文だが、I. バーリン「二つの自由概念」同（小川晃一・小池銈・福田歓一・生松敬三訳）『自由論』新装版（みすず書房、1979年）295-390頁参照。なお、日本の法哲学者によるバーリンの自由論に関する研究として、濱真一郎『バーリンの自由論——多元論的リベラリズムの系譜——』（勁草書房、2008年）参照。
　なお、英語において、さまざまな「自由」概念を表すのに、liberty という語を使うか、freedom という語を使うかは、慣用、好み、文脈あるいは修辞学上の問題であり、本質的なものではない。一般に、言葉と概念との間に必然的な関係はない。

5. 自由主義と民主主義との結合

X-4　ミル『自由論』[14] 216-217頁

（3）　しかしながら、世の中が進歩するにつれて、人々が、支配者は自分たちとは利害の対立する独立した権力であるのが事の当然だ、とは考えなくなるときがやってきた。国家のさまざまな行政官たちは、自分たちの意志によって自由に罷免(ひめん)することのできる自分たちの委託者ないし代表者であるほうがずっとよい、と人々に思われるようになった。そのような方法によってのみ、政府の権力が自分たちの不利になるように濫用されることがけっしてない、という完全な保証をうることができるのだ、と思われたのである。選挙による期限つきの支配者を求めるこの新しい要求は、……支配者の権力を制限しようとするそれまでの努力に、かなりの程度まで取ってかわっていった。

（4）　……今や必要とされているのは、支配者が民衆と一体になること、支配者の利害と意志とが国民の利害となり意志となることなのだ。国民はそれ自身の意志から身をまもる必要はない。国民がみずからに対して専制を行なうおそれはない。……彼らの権力は、集中化され行使しやすい形にされた国民自身の権力にほかならないのだ。

（5）　このような考え方、というより、感じ方は、ヨーロッパ自由主義の最後の世代にはふつうのものであって、大陸では今なお明らかに支配的である。……

　時代はすでに19世紀に入っている。ここでは、支配者と被支配者の利害の対立を当然の前提として、支配者の権力の制限というところに眼目があった自由主義が、「選挙による期限つきの支配者を求める要求」に変容したことがのべられている。自由主義は、民主主義と結合したのである。ミルがそこからみてとったのは、利害の対立がないと想定する、そうした結合の危うさである。ミルは、その具体例を新興国、アメリカ合衆国にみる。

6. 多数者による政治的専制と社会的専制

X-5　ミル『自由論』[15] 218-219頁

（6）　しかしながら、とかくするうちに、一つの民主的共和国［アメリカ合衆国］が……国際社会のもっとも強力な成員の一つとして認められるようになった。その結果、選挙による責任政府というものが、この偉大な現存の事実にもとづいた観察と批判とを受けるようになった。……権力を行使する「民衆」は、権力を行使される民衆と必ずしも同一ではない。また、いわゆる「自治」とは、各人が各人によって治められることではなく、各人が他のすべての者によって治められることである。さらに民衆の意志とは、実際には、民衆の中でもっとも活動的な部分の意志、すなわち多数者あるいは自分たちを多数者として認めさせることに成功する人々の意志である。したがって、民衆が

14　前掲注12参照。
15　前掲注12参照。［　］内は邦訳者による補い。以下の引用においても同様。

その成員の一部を圧迫しようとすることがあ̇り̇う̇るのであって、これに対しては、他のあらゆる権力の濫用に対してと同様、十分な警戒を払う必要がある。それゆえ、権力の掌握者が、社会すなわち社会の中でもっとも強力な党派に対して定期的に責任をとる場合でも、個々人に対する国家権力を制限することは、その重要性を少しも失わないのである。このような物の考え方は、思想家の知性にも、またその実際の利害あるいは想像上の利害が民主主義とは相反するヨーロッパ社会の重要な諸階級の好みにも、同様に訴えるものだったので、なんの困難もなしに広く受け入れられていった。そして、政治の問題を考える際に、「多数者の専制」は、今では一般に、社会が警戒することが必要な害悪の一つに入れられているのである。

（７）……行政官の専制から身を守るだけでは十分ではない、支配的な世論や感情の専制に対して防衛することも必要である。つまり、社会が法的刑罰以外の手段を用いて、自己の考えや習慣を、それに同意しない人々に行為の規則として押しつけようとする傾向や、社会のやり方と調和しないいかなる個性の発達をも阻止し、できればその形成をも妨げ、すべての性格に社会自身を模範として自己を形成するよう強いる傾向に対する防衛も必要である。……

「権力を行使する民衆は……行使される民衆と……同一ではない」とか、「自治とは……他のすべての者によって治められることである」とかいうことは、いかなる国の民主制でも、それを少し観察すればすぐにわかることである。にもかかわらず、フランス的啓蒙主義者——ハイエクのいう設計主義的合理主義の権化——が看過した点である。

目下の検討の焦点から若干ずれるが、興味深いのは、民主制下においてもなお権力への警戒を怠るなという自由主義思想が、ヨーロッパ社会の上層階級の支持を受けたがゆえに広まった、というミルの指摘である。

ミルの自由主義論の特色は、多数者の専制の危険を、目に見える直接的な権力行使を伴う行政官のそれ以上に、「社会」、一般大衆、世論のそれにみてとった点にある。後者の「社会的専制」は、目に見えにくいだけに、より危険であるというミルの指摘は、おそらくいつの時代でも正しい。

ところで、民主主義は、「法の支配」または「法治国家」と、普通選挙による期限つき支配者の選出という二つの要素の結合によって形式的に定義することができる。しかし、それに劣らず「世論による支配」という要素も民主主義にとって決定的に重要である。諸外国の例を挙げるまでもなく、日本国民の多数派が先の対米戦争開戦直前、政治家や官僚よりも、軍部を支持し、そのような「世論」のもとで政府と軍が行動したか̇ぎ̇り̇で、当時の日本

は民主主義国であった。

ミルの自由主義のもう一つの特色は、各人の個性をできるだけ尊重するべきだ、奇人変人を白眼視するな、と主張する点にある。その理由は、簡単にいうと、失敗は成功のもとであり、社会の進歩は個人、とりわけ奇人変人の試行錯誤によって可能となるからである。こうした点も、ミルが感じた当時のイギリスの不寛容で抑圧的な雰囲気について説明するまでもなく、世間にあわせるように、出る杭となって打たれぬように、することをよしとする日本の文化の現状や、建前ときれいごとばかりのべているマスコミや学者のことを想起すれば、ミルの言いたいことは容易に理解できるであろう。

いうまでもないが、日本に自由主義の伝統はない。私も含め、一部の学者が、黒板哲学として語っているだけである。これに対して、共同体主義の伝統は、日本のどこにでもみられるので、個人主義ないし自由主義への反動として生じた最近の欧米、とくにアメリカの共同体主義[16]をあえて詳しく取り上げなかった次第である。教科書など読まずに、自分の足元を自分の目で観察したほうが早い。

7．習慣、理由づけ、好み

X-6　ミル『自由論』[17] 219-221頁

（8）しかしながら、この主張は一般的な形では反対されるとは思われないが、どこにその限界をおくべきか――いかにして個人の独立と社会的統制とのあいだを適切に調整するか――という実際問題は、そのほとんどすべてが今後の解決にゆだねられている問題なのである。だれでも、その生活を生きるにふさわしいものにしようとすれば、他人の行動にさまざまな制約を強制せざるをえなくなる。したがって、なんらかの行為の規則が、まず法によって、そして法の適用にはふさわしくない多くの事がらについては世論によって課されなければならない。これらの規則がどのようなものでなければならぬかということは、人間生活における主要な問題である。しかし、少数のもっとも明らかな場合をのぞけば、これは、その解決にこれまでほとんどなんの進歩もみられなかっ

16　たとえば、ウォルツァー『正義の領分』（前掲第９章注102）のほか、アラスデア・マッキンタイア（篠﨑榮訳）『美徳なき時代』（みすず書房、1993年）、M. J. サンデル（菊池理男）『リベラリズムと正義の限界　原著第二版』（勁草書房、2009年）参照。ただし、アメリカにおいてさまざまな形で現われている――場合によってはナショナリズムと結合する――共同体主義は、現代のアメリカ社会の社会学的ないし文化人類学的研究の一環としては、注目するべき風潮である。R. N. ベラー（島薗信・中村圭志訳）『心の習慣――アメリカ個人主義のゆくえ――』（みすず書房、1991年）、同（中村圭志訳）『善い社会――道徳的エコロジーの制度論――』（みすず書房、2000年）参照。

17　前掲注12参照。

た問題の一つである。

　(9)　いかなる二つの時代も、またほとんどいかなる二つの国も、この問題に同様の決定をくだしたことはなかった。……にもかかわらず、ある与えられた時代やある与えられた国の人々をとってみれば、……彼らのあいだで行なわれている規則は、彼らには自明でそれ自体正しいものだと思われている。

　(10)　このほとんど普遍的な錯覚は、習慣の魔術的影響力を示す一例であって、……。習慣というものは、他人に対しても自分自身に対しても、なぜそうなのかを説明しなければならないものとは一般に考えられていない。そのため、人間が互いに課している行為の規則について、何らかの疑念が生ずるのを防ぐ点で、習慣の果たす力はいっそう完全である。……

　(11)　人間行為の規則について人々にそれぞれの意見をもたせている実際上の原理は、だれもの心の中にある次のような感情、つまり<u>自分や自分の同感するする人々が、彼らにそう望むようにすべての人々は行動しなければならない</u>[18]という感情である。だれも自分の判断の規準が自分自身の好みだなどと認めたりしないことは事実である。しかし、行為に関する意見は、<u>理由に裏づけられていなければ、一人の人間の好みとしての価値があるだけにすぎない</u>。また、たとえ理由があげられても、それが単に他の人々によって感じられる似たような好みに訴えるだけのものならば、それはやはり一人のかわりに大勢の人の好みであるというだけである。……

　ここでは、第一に、個人の自由の限界を定める法的または社会的ルールが時代や国によって異なること、第二に、にもかかわらず、人々は習慣の魔術的力によって、それを自明だと信じていること、第三に、行為のルールは各人の好みによって正当化されるものではなく、好みと区別されうる理由によって正当化されなければならないということが説かれている。

　ヒュームと対照的にミルが習慣を軽視する点は、ハイエクがつねに批判する点である[19]。だが、ハイエクも、行為のルールが好みではなく、理由によって正当化されねばならないというミルの主張を、それ自体として否定することはないだろう。しかし、ハイエクなら、あるルールが一見正しい理由によって正当化され、その時点で、全員によって承認されたとしても、そのことは、そのルールがよいルールであることを決して意味しないと付け加えるであろう。そのルールがよいルールか否かは、二、三百年たってみないと実はよくわからないのである。そのかぎりで、ルールが習慣となっているとい

18　「他人からしてほしいことを、他人に対してもせよ」とか、逆に、「自分がしてほしくないことを他人に対してもするな」といったルールは、洋の東西を問わず古くから倫理を説く文献に登場し、西洋では、倫理における「黄金律」とよばれる。カントの定言命法（前掲第4章注48および第9章注11参照）も、その一変種である。

19　たとえば、ハイエク『自由の条件〔Ⅰ〕』（前掲注13）44頁、89-90頁参照。

う事実を軽視することはできないのである。

　もっと短いタイム・スパンで考えても、理由を真剣に考えて正しいと判断したことが、後になって間違っていたと判明するような経験をしたことがない人はいないであろう。個人の試行錯誤の大切さをよく知っているミルが、理由づけが正しければ、正しい答えに到達すると信じたり、理由と好みの区別に過大な意義を認めたりする点は、緻密な方法論を説くミルの穴だらけの思考様式[20]を示しており、まことにほほえましい。そのようなことは、ミルの著作全体を通じ、ままみられる[21]ので、細かい矛盾点を突くような読み方や、逆に、全体的な整合化を無理に図るような読み方は、あまりしないほうがよい。文脈ごとに、ミルの言いたいことを素直に理解すればよい。どのような「偉大な」思想家の著作についても言えることだが。

8．寛容

X-7　ミル『自由論』[22] 222-223頁

　（12）このように、社会の好き嫌(きら)いないしは社会のある有力な部分の好き嫌いこそ、法と世論の罰則のもとに、一般に遵(じゅんしゅ)守するように決められた規則を、事実上決定してきた主要なものなのである。そして一般に、思想と感情において社会より先んじていた人々も、……この事態を原則としては不問に付してきた。彼らは、社会の好き嫌いが個々の人間にとっての法となるべきか否かを問題にするよりも、むしろ、どんなことを

20　経済学の分野で一番有名なのは、分配の問題を生産と独立に論じることができるという経済学的に理解不可能な主張である。たとえば、スティグラー『価格の理論［第4版］』（前掲第6章注6）291-294頁、ハイエク『市場・知識・自由』（前掲第6章注7）168頁参照。該当箇所として、ミル（末永茂喜訳）『経済学原理（二）』（岩波文庫、1960年）14-15頁参照。
　ミルから多大の影響を受けたロールズ（たとえば、ミル同書18-19頁には、ロールズの文章とよく似た文章が多々みられる）でさえ、格差原理の構想において、よく承知していたように（前述第9章注41参照）、たとえば、課税の仕方に（必ず生産（および消費）に影響を及ぼす。ミルによれば、「富の分配は、社会の法律と慣習とによって定まる」（同書15頁）そうである。これは、「よって」の後に「のみ」を補うのが正しい読み方であるから、驚くべき主張である。そのような見方は、「天から降ってきたものを分配する」という発想に必然的につながる。そのようなものは、少なくとも制度論としての分配的正義論としては、まじめに取り上げるに値しない。にもかかわらず、前述第9章では、格差原理（または功利主義）がインセンティブを考慮する点を除き、実は、取り上げるに値しない社会的正義論をあえて扱った。社会的正義論と称するもののほとんどは、制度論ではなく、道徳論ないし説得論であるからである。
　ミルの科学方法論については、内井惣七『科学哲学入門――科学の方法・科学の目的――』（世界思想社、1995年）27-32頁参照。その思想史的研究として、矢島杜夫『ミル『論理学体系』の形成』（木鐸社、1993年）参照。
21　関口正司（前掲注11）355頁参照。
22　前掲注12参照。

社会は好みあるいは嫌うべきなのか、を探求することに専念した。彼らは、異端者一般と共同して自由を擁護しようとするよりも、むしろ彼ら自身が異端となっている特定の点について、人間の感情を変えようと努めたのである。

　(13)　点在する個々人以外のものによって、原理上一段と高い立場がとられ、首尾一貫して主張された唯一の例は宗教的信仰の場合である。……みずから普遍教会［カソリック教会］のくびきを最初に打破した人々も、一般的にはその教会自身と同様、宗教的意見の相違をほとんど許そうとはしなかった。しかし、どの宗派にも完全な勝利をもたらすことなしに闘争の熱がさめ、各教会や宗派が、既得の地盤を保持する以上には望めなくなったとき、少数派は、多数派になる見込みがないことを悟って、彼らが改宗させることのできなかった人々に、異説を唱えることを許容せよと主張する必要に迫られたのである。そこで、この戦場においては、そしてほとんどここにおいてのみ、社会に対する個人の権利が広い原理上の立場から主張され、また異端者に権威をふるおうとする社会の要求が公然と論駁されてきたのである。世界が現在所有している宗教の自由の獲得に貢献した偉大な著述家たちは、そのほとんどが、良心の自由を不可侵の権利として主張し、人間が自己の信仰について他人に対して責任を負うことを、断固として否定してきた。

　(14)　けれども、それがなんであれ、本当に関心をもっていることについては寛容になれぬことが、人間にとってはごく自然のことなので、……宗教の自由はほとんどどこでも、実際には実現さなかった。もっとも寛容な国々においてすら、ほとんどすべての宗教的人間の心の中では、寛容の義務は、暗黙の留保を付したうえで認められているのである。……少数ながらその寛大さをさらにもう少し広げる人々もいるが、それも、一つの神と来世を信じることまで広げるのが限度である。……

　私はかつて、「倫理学（者）はリベラルでない」という含みをもたせた主張をしたことがある[23]。それは、ミルがここで説いているようなことを言いたかったからである。しかし、「倫理学（者）」という表現はいかにも誤解を招く表現であった。裁判官でも、弁護士でも、政治家でも、法哲学者でも、その他どのような人でも、自分がよい社会と信じるものが実現されることがよいことだと思っているほとんどすべての人についても同じである。彼らを「立派な人々」とよぶことにしよう。

　(12)の最後の文でミルがのべているように、「立派な人々」は一般に、何が道徳的によいことか、正しいことかばかりを探求し、社会の他の人々も自分と同じ考えになることがよいことだと信じているだけで、よいこと、正しいことでも、他人に強制してはいけない場合があるということに気づかない。しかし、そのことの自覚が、自由主義者であるために必要不可欠な条件

23　平野仁彦ほか『法哲学』（前掲第2章注45）118-119頁参照。

なのである。それゆえ、自分が賛成しない、もっと正確に言えば、「心から反対する」道徳的主張および行動の自由を擁護しなければ、自由主義者であることはできない。

そのかぎりで、自由主義は、ミルが（13）でのべているとおり、それ以外の道徳的主張と比べて、「原理上一段と高い立場」あるいは「広い原理上の立場」にある。ロールズは、そのことを後期に至って、「政治的リベラリズム[24]」という混乱を招く用語でよび始めた。だが、そのような奇妙な用語をあえて使えば、リベラリズムの本質は、つねに「政治的リベラリズム」である。

ミルのリベラリズムが、個性の発達を重視したり、進歩を信じていたりする点をとらえて、それを「包括的リベラリズム」に分類したければ[25]、そうしてもよい。だが、ミルにおけるそのような要素は付帯的なものにすぎない。「社会の好き嫌いが個々の人間にとっての法となるべきか否かを問題にする」ミルのリベラリズムのどこが「政治的」でないのか、私には理解できない。

（13）でミルがのべているとおり、リベラリズムという「一段と高い立場」が一貫して主張された初めての例は、ヨーロッパの宗教改革に続く宗教戦争においてである。このあたりのミルのシニカルな叙述はすばらしい。「少数派は、多数派になる見込みがないことを悟って、……異説を唱えることを許容せよと主張する必要に迫られた」のである。「良心の自由」——信教の自由をさす言葉だが、一神教を信じていない日本人にもわかりやすい言葉で言いかえれば、「間違うことの自由」——を中核的内容とするリベラリズムは

24　Rawls（前掲第9章注136）*Political Liberalism*（*PL*と略記）参照。ロールズの「政治的リベラリズム」については、さしあたり、前掲第9章注120に挙げた拙稿148-152頁参照。
　「政治的リベラリズム」は、正義原理（ロールズの正義論の場合「正義の二原理」）の「安定性」の問題を扱うとされる。詳しくは、*PL*, pp. 140-172 参照。ロールズはまず、正義原理がほとんどの市民によって支持されている均衡状態をまず仮定し、それを「秩序だった社会」（well-ordered society）とよぶ。正義原理への支持が減少した場合、それに反発し、「秩序だった社会」を回復させる力が働くかどうか、これが正義原理の安定性問題と言われるものである。ロールズは、基本的な観念を経済学から借りているが、安定と均衡とを区別していない。現代経済学の発展の初期においても、そのようなことはよくあったから、そのこと自体は大した問題ではない。問題は、「均衡」という用語を避け、「安定」という用語を選ぶことによって、単なる理論上の概念にすぎなかった「安定」という言葉が、いつのまにか「事実」を記述する用語であるかのように使用されている点にある。経済学のつまみ食いは、恐るべきレトリカルな効果をふるうから注意されたい。

25　*PL*, pp. 196, 199-200参照。

もともと、数多くの死人を出したあげくの戦略的妥協の産物——「暫定協定」(modus vivendi)[26]とよばれる——だったのである。絶対多数派を形成できなかった各宗派がそれを不承不承に受け容れたのである。しかも、「本当に関心をもっていることについては寛容になれぬ」のが人間ゆえ、リベラリズムの理想が実現されることは決してない[27]。ミルのこの診断は、今でも正しい。

9．政治的リベラリズム

ロールズは、暫定協定としてのリベラリズムということにもご不満のようだが[28]、私はそれを、ロールズの政治哲学が本来の意味での政治哲学ではないということの自白として以上には受け取れない。暫定協定説を「政治的リベラリズム」とよび、ロールズの「政治的リベラリズム」を（適当な言葉がないので）「倫理学的リベラリズム」とでもよぶのが正しい用語法というものであろう。そうであるとすれば、（倫理学と区別されるべき）法哲学としては、ロールズの「政治的リベラリズム」は取り上げるに値しない。だから、ロールズ業界の流行に反し、これまで詳しく取り上げなかった。

正しい意味での「政治的リベラリズム」が問われた第一期を宗教戦争時代とすれば、それ以降、それが主として西洋において問題となった第二期は、共産主義・社会主義への信仰が優勢となった19世紀後半から20世紀前半にかけての革命の時代であり、第三期は、イスラム陣営とキリスト教陣営が、各国内で、かつまた、世界をまたにかけて戦っている現在である。ロールズの「政治的リベラリズム」が理論上の難点にもかかわらず欧米、とくにアメリカで現在もなお注目を浴びている背景には、そのような事情がある。

リベラリズムが問われた第二期において、ウェーバーやケルゼン、ラート

26　Charles E. Larmore, *Patterns of Moral Complexity*, Cambridge University Press, Cambridge, 1987, pp. 70-77 参照。ただし、これを国家の「中立性」と結びつける考え方には賛成しない。ミルの危害原理のような多少なりとも内容をもつ実体的原理を提出するならまだしも、個人の生き方に対して「中立」というだけでは、中立の中味をめぐる問題が先送りされるだけだからである。たとえば、「戦争において中立」と言う場合は、相当な実体的内容があることと比較されたい。要するに、正義論において、「中立」という概念は使用しないほうがよい、ということである。

27　「政治的リベラリズム」がリアリスティックな考えだと言い張るロールズでさえ、さまざまな穏当な包括的教説を支持する人々の間での正義の政治的構想についての「重なり合う合意」(overlapping consensus) は、希望 (hope) だと明言している。*PL*, p. 40 参照。

28　『再説』（前掲第9章注121）58節参照。

ブルフなど有力な政治哲学者ないし法哲学者たちは、同じ問題を「神々の闘争」あるいは「相対主義」という項目で扱った[29]が、問題の本質は同じであった。

私は、価値相対主義ということを学生の皆さんに教えるのにいつも苦労している。彼らの多くは、「人によって意見が違う」とか、「あなたと私は意見が違うから、これ以上話し合っても仕方がない」とか、そのようなものとして価値相対主義を理解しているようである。

一神教文化圏においては、「神の存在を信じる」、その世俗版としての（道徳問題においても）「真理の存在を信じる」という信仰——cognitivism 認知主義、認識主義または認識説と訳される——の裏返しとして、価値相対主義が存在する。現在の日本の文化にみられるのは、真理への信仰のない相対主義、相対主義しかない相対主義である。それはそれで一つの文化であり、いいとか悪いとかいった問題ではない。

だが、文化相対主義と価値相対主義は、一見似ているが、根本的なところで別物である。信長、秀吉、家康らが、幸か不幸か、宗教勢力を早期にたたきつぶさなかったとしたら、一神教国における認識主義および相対主義は、現在の日本人にも、あるいは理解しやすかったかもしれないが。

英米の法律家が共有する「法の支配」への信仰もまた、神の存在を信じる信仰の法学版である。法律家（ここでは日本の法律家も含めて考えてよい）たちが「法の支配」を信じているとすれば、それは法律家的フェティシズム（物神崇拝、呪物崇拝）[30]として可能になる。だが、職業上信じているだけで、それを専門家的法の場面をこえてひけらかさないかぎり、社会にとって大した脅威にはならない[31]。

しかし、西洋やイスラム圏における宗教は、そのようなものとは根本的に

---

29 さしあたり、平野ほか『法哲学』（前掲注23）105頁、111-113頁参照。マックス・ウェーバー（尾高邦雄訳）『職業としての学問』（岩波文庫、1980年）64頁に「神々のあいだの永遠の争い」とある。

30 加藤新平『法学的世界観』（有斐閣、1950年）参照。

31 倫理学者や法哲学者の一部にみられる真理フェチも、彼らが権力の座に近づかないかぎり無害である。アメリカでは、ニューディール期以降今日まで、経済学者の統制フェチや市場フェチが猛威をふるってきた。近代日本の政治においては、「役人的法思考」とでもよぶべき法律フェチがこれまでのところ優勢であったが、エコノミスト的フェティシズムも次第に台頭しつつあるようにみえる。

違うのである。幸いにして、法律家たちは、子供の時から法律教を親や学校から暗に日に叩き込まれてきたわけではない。

　これまで私は、ロールズの愛用する「善の構想」(conception of good) という概念の本質をできるだけ表に出さず、「生き方」や「職業」として、日本人にも理解しやすいように説明してきた。しかし、その本質は、「神のもとでよく生きる」という点にある。

　唯一神の存在を信じるロールズもまた、倫理における真理を信じる文化に拘束され、倫理学上の認識主義をとらざるをえない。しかし、彼の正義の二原理における第一原理すなわち「平等な自由の原理」は建前上、各人が別々の神を信じることを許容し、あるいは推奨する。「政治的リベラリズム」とは、倫理学における真理の存在への信仰を放棄することなく、しかし、それをわきにおいて、さまざまな宗教を信じる人々が各人の（とくに信仰の）自由を互いに尊重しつつ、一国内で共存するための枠組および作法を意味する言葉である。ロールズの正義論の射程には、日本や古代ギリシアなど、多数の神々を信じる、あるいは、信じなくても気にしない文化圏は入ってこない。絶対神なき相対主義の文化圏では、ロールズのいう「政治的リベラリズム」は考える必要がない。「包括的教説」とは、各一神教――ロールズの正義論もその一つと考えてよい――におけるドグマのことである。

　西洋におけるリベラリズムが、あたり一面しかばねの戦場の跡に登場した由緒ある言葉であることを想起されたい。

　ロールズによれば、「万民の法」(law of peoples)[32] によって結びつく国際社会はまず、ロールズの「正義の二原理」のようなものを奉じるキリスト教諸国すなわち欧米の自由民主主義諸国によって構成され、次いで、一定の要件（要するに民主主義に近いこと）を具備しているかぎり、階層的なイスラム

32　もともと「国際法」を表す由緒ある言葉である。それは、古代ローマの「万民法」(jus gentium)――ローマ市民権をもつ者の間でだけ適用される「市民法」(jus civile) と対比される――の英訳語でもあるが、「万民法」は、ローマ市民と外国人の間または外国人間の取引を規制するローマ国内法（国内私法と国際私法の両者を含む）のことである。しかも、「万民法」は、ストア派の思想のもとで自然法の一種とみなされることもあった。ちなみに、「法哲学」の古名は、「自然法および万民法」である。

　なお、もともと jus civile の翻訳語であった civil law という英語は、文脈に応じ、ローマ法（とくに私法）、民法もしくは私法、または、宗教法と対比される世俗法を表す。また、英米法には、契約法や不法行為法、刑法等はあるが、日本法でいう「民法」に正確に対応する概念および用語がない。

諸国も加入を許される[33]そうである。国際法が自然法として、キリスト教諸国の間の法であったということは、歴史上の事実の叙述としては正しいが、ロールズは規範的な主張をしているのである。ここにもまた、殺し合いを予感させるものがある。このような反リベラルなイデオロギーをもつロールズがなぜ暫定協定説を否認するのか、私には理解できない。言いかえれば、よく理解できる。

「政治哲学者」を標榜する倫理学者たちは、政治を倫理学的に考えるのをいい加減にしたらどうかと思う。百害あって一利なしである。戦勝国列強のみが核兵器の保有を許され、イランや北朝鮮など後進国には許されないという主張を倫理学的に正当化できるとは思えない。国家による戦争は許され、国家に対するテロリズムは許されないといった主張についても同様である。イスラムのほとんどの人々からみれば、アメリカ（ロシアや日本等に代えてもよい）がイスラムを攻撃するのは正義だが、イスラムがアメリカを攻撃するのは不正義だという主張としか思えないだろう。

ちなみに、「正義」という言葉は、戦争の時に政治家が盛んに口にする言葉である。アメリカのブッシュ（息子）大統領も、9.11（2001年）直後に、Do justice！とテレビカメラの前で連呼していた。部族的生活様式を前提とする「応報」が正義の最も古い意味とされるゆえんである[34]。

10. 危害原理

ミルからかなり離れてしまった。もとにもどろう。以上に引用した前置きの後、ミルは次のようにのべている。

X-8　ミル『自由論』[35] 224-225頁
　（13）この論文の目的は、用いられる手段が、法的刑罰という形の物理的力であれ、世論という道徳的強制であれ、強制と統制という形での個人に対する社会の取り扱いを絶対的に支配する資格のある、一つの非常に単純な原理を主張することである。その原

33　*CP*（前掲第9章注132）, p. 544参照。詳しくは、ジョン・ロールズ（中山竜一訳）『万民の法』（岩波書店、2006年）参照。原著は、*The Law of Peoples*, Harvard University Press, Cambridge, Massachusetts, 1999.

34　長尾龍一訳『ハンス・ケルゼン著作集Ⅴ　ギリシャ思想集』（慈学社出版、2009年）3-111頁参照。

35　前掲注12参照。

理とは、人類が、個人的にまたは集団的に、だれかの行動の自由に正当に干渉しうる唯一の目的は、自己防衛だということである。すなわち、文明社会の成員に対し、彼の意志に反して、正当に権力を行使しうる唯一の目的は、他人に対する危害の防止である。彼自身の幸福〔good〕は、物質的なものであれ道徳的なものであれ、十分な正当化となるものではない。……この理論は、成熟した諸能力をもつ人間にたいしてだけ適用されるものである[36]。

これが、「危害原理」のエッセンスである。それは、倫理学および法哲学の分野では、パターナリズムに反対する思想として取り上げられることが多い。パターナリズム（paternalism）という言葉は、父を意味するラテン語 pater に由来し、もともと、お父さんが子供の幸せを考えてあれこれ干渉するというところからきている。リベラリズムとの関係で問題となるのは、政府または世間が、普通の大人に、その人の幸福を考えて、刑罰または社会的圧力をもって干渉する場合である。ミルの答えははっきりしている。そのような干渉は、その人の行為がだれにも危害を及ぼすおそれがないかぎり許されない、ということである。説得や忠告、懇願によって、他人によい生き方を勧めることに問題がない——ミルは、むしろ、エリートの義務としているが（前掲X-2の（2）参照）——ことは言うまでもない。

もちろん、そのような解答だけでは、さまざまな事態について、パターナリスティックな干渉が許されるのかどうか細かいところがよくわからないという疑問を抱く読者もいるであろう。しかし、そのような細目への解答は、むしろ法学および法哲学の仕事であって、政治哲学の課題ではない[37]。遺憾ながら、私もここで、そのような法哲学の本来の課題を果たす用意がない。だが、危害原理の一般的帰結を紹介しておくのが理解の助けになろう。日本国憲法の条文と読み比べていただきたい。

X-9　ミル『自由論』[38] 227-228頁

……人間の自由に固有の領域……は、次のようなものから成っている。

36　ミルは、そのような能力をもたない未開人については、「その目的が彼らの向上に」あるかぎり、「専制政治」が「未開人を扱う正しい支配形態である」としている。同書225頁参照。当時としては、かなり進歩的な意見である。少なくとも未開人を人間扱いしている。アメリカの建国文書に先住民は登場しない。
37　前掲第1章第3節のランドからの引用I-11参照。
38　前掲注12参照。

第一は、意識という内面の領域であって、それは、もっとも広い意味での良心の自由、すなわち、思想と感情の自由、実際的、思索的、科学的、道徳的、神学的なあらゆる問題についての、意見と感情の絶対的自由を要求するものである。意見を表明し出版する自由は、……思想の自由と不可分である。
　第二に、この原理は、嗜好の自由、職業〔pursuits〕の自由を要求する。われわれ自身の性格に合った生活のプランをたてる自由、……われわれのすることが彼ら〔＝仲間たち〕に害を与えないかぎりは、彼らから妨害されることなく、その結果は自分で引き受けて、自分のしたいことをするという自由を要求する。
　第三に、各個人のこのような自由から、同一の制限の範囲内でではあるが、個々人のあいだの団結の自由が生じる。……
　これらの自由が全体として尊重されていない社会は、その政治形態がどんなものであろうと、自由ではない。……その名に値する唯一の自由は、われわれが他人から彼らの幸福を奪おうとしたり、それを得ようとする彼らの努力を邪魔せぬかぎり、われわれ自身の幸福をわれわれ自身の仕方で追求する自由である。……

11. リベラリズムのジレンマ

　自由主義が古来、政治権力の制限を狙いとしてきたことを指摘しつつも、ミルの自由論の優れた点は、政治権力による個人の自由の抑圧だけでなく、いやそれ以上に、社会的圧力によるそれをも射程に入れている点にある。
　その場合、社会的圧力による個人の自由の侵害に対して、政府はそれを阻止するために、権力的な介入をするべきか否かという問題が生じる。だれがどうしたとは言えない、無言の社会的圧力の場合、国家が刑罰その他の権力的手段を用いて個人の行為に干渉できないことは明らかである。だれに責任があるか特定できないからである。一つひとつは、単独では大した危害を与えないが、いっしょになると大きな危害となる、ノージックのいう「権利侵害のリスクがある行為[39]」とよく似たケースである。
　物理的実力による威嚇ではないが、取引をやめるとか、雇わないとか、ボーナスを出さないとかいって脅す、私人による各種の弱い強制の場合、政府が立法的または行政的手段を用いて介入してよいかどうかという問題は、ケースバイケースで考えるしかなかろう。だが、ミルのリベラリズムにおける原理原則ははっきりしている。本章**2**でのべたように、自由に有利な推定が与えられるのである。それはここでは、困ったことに、社会的権力に有利な推定を意味する。これは、ジレンマといえばジレンマであるが、国家が社会

39　前述第4章**17**参照。

に比べ、圧倒的な物理的実力をもっているという事実はなお、軽視してはならないのである。実際、ミルは、軽視していない（前掲X-2の（2）および（3）参照）。

第2節　自由の概念

12. 自由とは他人によって強制されないこと

　自由主義を定義するのに「自由を支持する思想である」といった言明を採用することは、学問的にほとんど最悪の定義の仕方である。「自由」が多義的であるということ以上に、いかなる意味での「自由」であっても、人々は一般にそれをよいものと感じている[40]という点がとくに問題である。

　以下しばらく、ハイエクを参照しつつ「自由」の意味について考えてみよう。

> X-10　ハイエク『自由の条件〔Ⅰ〕』[41] 21-24頁
>
> 　この書物で取りあつかうことは、社会において、一部の人が他の一部の人によって強制されることができるかぎり少ない、人間の状態のことである。この状態を、われわれは本書全体を通じて自由（liberty or freedom）の状態とのべる。……
>
> 　ある人が<u>他人の恣意的な意志による強制に服していない状態</u>を、ときに「個人的」〔individual〕または「私的」〔personal〕自由として、自由の他の意味から区別することがある。自由という言葉をこの意味にもちいることを読者に注意させたいときには、必ずこの表現を使うことにしよう。……
>
> 　……自由のための政策課題は、強制あるいはその有害な影響を最小にすることでなければならない。……
>
> 　われわれが採用した自由の意味は、まさにこの言葉の本来の意味であると思われる。人間、少なくともヨーロッパの人間は、自由人と非自由人とにわかれて歴史に登場している。そして、この区別は、きわめてはっきりした意味をもっていた。自由人の自由には幅広い差があったであろうが、それは独立の程度においてのみのことであり、その独立は奴隷にはまったく与えられなかったのである。<u>自由とはつねに、人が自分自身の決定と計画にしたがって行動する可能性を意味し、他人の意志に服従せざるを得ない人の立場と対照をなすものであった</u>。……
>
> 　この意味で「自由」は、人と人との関係にのみかかわるのであり、<u>自由に対する侵害</u>

40　ハイエク『自由の条件〔Ⅰ〕』（前掲注13）24頁、同『隷属への道』（前掲第5章注50）207-209頁参照。

41　前掲注13参照。邦訳を若干修正した。亀甲括弧内の補いおよび下線による強調は、亀本による。以下においても同様とする。

は人々による強制だけである。ということは、人がある一定時点で選択しうる物理的可能性の幅は、とくに自由となんらかの直接的関係をもたないことを意味している。……
　ある人にとっていく通りの行動の路が開かれているかという問題はもちろん重要である。しかし、それは行動に際して、かれがどれほど自身の計画と意図にしたがうことができるか……というのとは別の問題なのである。かれが自由であるかないかは、選択の範囲によるのではなく、かれの現在の意図にしたがってその行動進路を形成することを自ら期待できるかどうか、あるいは、誰かほかの人が本人自身の意志よりも、むしろその人の意志にしたがってかれを行動させるよう、状況をあやつる力をもっているかどうかに依存している。自由は、個人が何らかの保障された私的領域をもっていること、個人の環境のなかに他人が干渉することができないものが含まれていることを前提している。

　ここでハイエクは、ミルが「周囲を塹壕をもって囲まれており、権威的介入が犯すことのできない、ある聖域」(前掲Ⅹ-2の（1）参照) と表現したものを「保障された私的領域」と言いかえているだけである。「他人による強制がない」ということを、リベラリズムにおいて問題となる「自由」にとって死活的な要素としている点でもミルと同様である。
　「自由」を「強制のない状態」と定義する場合、そこで言われている「強制」がどのようなものかを説明しないと、自由の意味はなおはっきりしない。だが、ここでは、その問題は後回しにし（後述17参照）、「自由」という言葉で表される、「自由」の他の概念に目を転じることにしよう。

13. パワーとしての「自由」

　「強制がない」という意味での自由と区別するべきものとしては、立法過程や行政のコントロールにおける市民の参加を意味する「政治的自由」や、意志の弱さに関係する「内面的」自由といったものがある[42]。
　だが、「必要に応じた平等」を志向する勢力が優勢な現代正義論の文脈において、より重要なものは、「選択しうる物理的可能性の幅」(前掲Ⅹ-10参照) をさす「自由」である。ハイエクはそれを、「権力（power）としての自由」とよぶ[43]。「権力」という日本語は、政治的あるいは社会的権力を示唆しがちである。だが、ハイエクがここでpowerとよぶものは、そのような集合的権力とも結びつきうるが、まずは個人の「できること」ないし「能

---

[42] 同書25-28頁参照。
[43] 以下については、同書29-30頁参照。

力」をさすものである。それゆえ、「権力」という訳語より、パワーという訳語のほうが日本語としてより適切であろう。

X-11　ハイエク『自由の条件〔Ⅰ〕』[44] 28-30頁

　……「欲することを実行する物理的能力」や、われわれの欲望を充足する力や、あるいはわれわれに開かれているいろいろな途のうちの選択の範囲をあらわすのに「自由」という言葉を使うこと〔ほど危険なものはない〕。この種の「自由」は多くの人たちの夢のなかにあらわれ、飛ぶことができるとか、……思いのままに自分たちの環境を変える力があるというような幻想の形をとるのである。

　……比較的最近までは〔本書の出版は1960年〕、この障害「からの自由」、すなわち万能を意味する自由を……個人的自由と混同する者はほとんどいなかった。この混同が社会主義者の議論の一部として故意に助長されて以来、ようやくそれは危険なものとなった。ひとたび自由をパワーと同一視することが許されると、「自由」という言葉の魅力を利用して個人の自由を破壊する手段を支持する詭弁を抑えるものがなく、人びとに勧めて自由の名のもとにかれらの自由を放棄させる策略に果てがなくなるのである。状況を支配する集合的なパワーの観念が個人的自由の観念に取って代わり、全体主義国家において自由が自由の名のもとに抑圧されてきたのは、この曖昧な語法に助長されてのことであった。

　個人的自由の概念からパワーとしての自由の概念への転換が容易に進められたのは、自由の定義に際して、われわれが「強制（coercion）」の語を用いたところに、「抑制（restraint）」の語を用いる哲学上の伝統によるのである。……だが不幸にも、これらの用語はともに、人間の行動に対する影響のうちで、他の人間から生み出されるものでない影響についても使われるようになっている。抑制がないこととする自由の定義から、「われわれの願望に対する障害のないこと」として、あるいはさらに一般的にいって、「外部的障害のないこと」と定義することへの転換は、あまりにも容易である。……

　このように、自由の本来の意味と自由をパワーとする考えとを混同することは、不可避的に富と自由とを同一視することになる。富の再分配にたいする要求を支持するにあたって、「自由」という言葉に伴うあらゆる魅力を利用することが可能になる。……

　またぞろハイエクの社会的正義論批判が出てきたところで引用をやめておこう。ヨーロッパの没落貴族の末裔（まつえい）らしい、まことに巧みな文章ではある。だが、「自由」という言葉の使われ方についてハイエクがのべている歴史叙述は、基本的に正しい。

　たとえば、ロールズにおいても、個人がその「善の構想」を追求するのに必要な手段として基本善、とりわけ「所得」すなわち金が必要とされた。もしそれを、個人の「独立」という要素をあえて軽視して、各人の「自由」を

44　前掲注13参照。邦訳を若干修正した。

可能にするために基本善が必要である、という点にのみ注目して理解するならば、そこで「自由」と言われているのは「パワーとしての自由」である。くり返すが、第一原理を優先させるロールズは、ミルとハイエクが一致して強調する「自由」のほうがリベラリズムにとって決定的に重要であることを熟知しており、それが「パワーとしての自由」とトレード・オフ（＝交換）されうるものではないことについてもまた、ハイエク[45]と基本的に同意見であった。後者の点を、彼は功利主義的正義論に対抗する理屈として利用しさえしている[46]。

だが、リベラリズムにおける「自由」のもともとの意味を、建前としてすら無視ないし軽視し、もっぱらパワーとしての自由のみに焦点を合わせる現代正義論も多い。

14. 潜在能力としての自由

その一例を挙げておこう。以下で説明するように、厳密には、正義論ではないかもしれないが。以下の文章を、「自由」という言葉が登場するときのその意味についてよく考えながら読んでいただきたい。

　　X-12　アマルティア・セン『不平等の再検討』[47] 47-50頁
　　社会における人の立場は、次の二つの視点から評価することができる。すなわち、（一）その人の実際の成果と、（二）それを達成するための自由である。……
　　もちろん、成果を判断する様々な方法がある。例えば、得られた快楽や満たされた欲望などによって表される「効用」、……「生活の質」などによって判断することができる。……しかし、どの方法で成果を特徴付けたとしても、まだ問題は残っている。すなわち、（一）達成度と、（二）達成するための自由を区別するという問題である。
　　……　……
　　「成果」のみに焦点を当てることに対する批判は、ロールズの「基本財の分配」やドゥウォーキンの「資源の分配」のように、成果の達成を可能にする手段に基づいて政治

45　同書32頁参照。
46　さしあたり、亀本洋「公正としての正義・再説」における格差原理の正当化」樋口陽一・森英樹・高見勝利・辻村みよ子編著『国家と自由——憲法学の可能性』（日本評論社、2004年）55-77頁、とくに63-65頁参照。
47　池本幸生・野上裕生・佐藤仁訳、岩波書店、1999年。より専門的な著作として、アマルティア・セン（鈴村興太郎・須賀晃一訳）『不平等の経済学』（東洋経済新報社、2000年）および同（鈴村興太郎訳）『福祉の経済学』（岩波書店、1988年）参照。センの正義論に対する、なかば好意的なかば批判的な論評として、若松良樹『センの正義論——効用と権利の間で——』（勁草書房、2003年）参照。

的評価を行う立場からも行われている。……
　しかし、資源や基本財の所有を平等化させることは、必ずしも各人によって享受される実質的な自由が平等化されることを意味しない。なぜなら、資源や基本財を自由へと変換する能力には、個人間で差があるからである。……例えば、……貧しい人が栄養不足の状態から自由であるかどうか（すなわち、栄養不足に陥っていないかどうか）は、（例えば、所得が購買力に影響することを通して）その人の資源や基本財に依存するのみならず、その人の代謝率、性別、妊娠しているか、気候環境、寄生虫にさらされているかなどの要因にも依存している。全く同じ所得と全く同じ基本財や資源を持っている二人の間でも、一方は栄養不良からは逃れる自由を持ち、もう一人はそのような自由を持っていないということが起こる。
　成果から（ロールズが基本財に焦点をあて、ドゥウォーキンが資源に注目したように）成果を達成するための手段へと移行したことは、自由の重要性へと目を向けさせることに貢献した。しかし、それでも自由の程度を捉えきれるほど十分なものではなかった。もしわれわれの関心が自由にあるのであれば、われわれが成し遂げることができる様々な成果からなる集合、という形で自由を表現する方法を探さなければならない。

　ここで使用されている「自由」という言葉は、ハイエクのいう「パワーとしての自由」をさしており、そのかぎりでは、ここで論じられている内容に間違ったところは少しもない。とりわけ、人々の「福祉」を実現するために、お金を配ることだけを考えていてはだめだ、という彼の主張は、経済学的にみてまったく正しい。センの主張を昔の言葉で言いかえれば、社会的平等を図る政策を実行する際には、各個人の必要に応じた機会ベースの平等を考えなければばらない、ということである。わずかに、この機会ベースというところにだけ、リベラリズムとの接点がある。つまり、機会は平等にするが、それを利用するかしないかは、各個人に任す、つまり「強制しない」という点である。

　だが、主張の基本的内容は、政策実行が依拠するべきテクニカルな経済学的理論に言及するものであり、リベラリズムとは直接関係がない。自由主義とも社会主義とも両立する。センの理論は、広い意味での厚生経済学[48]の枠内で、旧来の理論——センは「厚生主義」とよぶ——が、成果としての厚生（「福利」、「福祉」、「幸福」といっても同じ）ばかりに注目してきたのを批判し、必要を考慮に入れる（＝「財から福祉への変換能力等も考慮に入れる」）機会としての「厚生」に注目するべきだと主張しているだけである。

48　やや古いが優れた解説として、熊谷尚夫『厚生経済学』（創文社、1978年）参照。

X-12の最後の文にある「〔各個人が〕成し遂げることのできる様々な成果からなる集合」のことをセンは、「潜在能力」(capability) または「潜在能力集合」[49]と名づけた。センの理論的主張が、「政府が個々の国民の間での福利の平等の実現をめざすとすれば、潜在能力の平等を図らねばならない」というものにすぎないとすれば、リベラリズムにとって脅威とはならない。リベラリズムにとっての本当の問題は、政府が「個人的自由」に反し、そのような政策を実行してよいか、という点にある（前掲第9章13のIX-12参照）。経済学者は、当然ながら、その点を不問にする。法哲学者と同様、黒板の上で仕事に励んでいるかぎり問題はない。

15. 社会状態の一部を決定する自由

センは経済学者であり、政治哲学上の本来の意味での「自由」を扱う必要はないし、実際扱ってもいない。彼の興味の中心は、福利の平等の実現における経済学上のテクニカルな問題であり、その背後にはおそらく、良心的な経済学者によくみられる政治的にナイーブな人道主義——これに最大の警戒を払うのがリベラルな政治哲学者および法哲学者の使命である——がある。さすがに、「リベラリズム」という言葉もほとんど使用しない。しかし、例外的にその語を堂々と使うこともある。

X-13　セン「パレート派リベラルの不可能性」同『合理的な愚か者』[50] 4-5頁

>　最後に、ごく弱い形での個人的自由の条件を導入する。
>　条件$\dot{L}$（リベラリズム）　あらゆる個人iにとって、彼がyよりもxを選好すれば社会もそのように選好し、彼がxよりもyを選好すれば社会も同じ選好をしなければならないとされる、選択肢のペア(x, y)が少なくとも一つ存在する。
>　各個人に少なくとも一つの社会的選択を決定する自由を与えること、たとえば、彼お

49　たとえば、セン『不平等の再検討』（前掲注47）59-60頁参照。ちなみに、「能力」は、もともと「潜在」を含意するから、「潜在能力」という言葉は、奇妙な翻訳語であるが、センの特殊用語ということを明示するという長所もある。能力は、言うまでもなく、アリストテレスの言う「デュミナス」に由来し、反対語は「エネルゲイア」である。それぞれ「潜勢態」と「完成態」と訳されることもある。センにおいては、潜在能力が実現されたものを「機能」(function)という。逆にいうと、諸機能のポテンシャルを潜在能力という。例としては、歩く、目が見える、栄養が吸収できる、といった「機能」を考えればよい。

50　アマルティア・セン（大庭健・川本隆史訳）勁草書房、1989年。

よび社会の残りの人々にとって他の事情が等しいならば、彼には白ではなく〔本人の好みどおり〕ピンクに塀を塗らせること、これが条件 L の趣旨である。
……
　実際には、リベラリズムの条件をさらに弱めることが可能である。……
　条件 $\overset{..}{L}$＊（最小限のリベラリズム）　少なくとも二人の個人が存在し、彼ら一人一人にとって自分が決定権をもっている（decicive）選択肢のペアが少なくとも一つ存在する——つまり、もし彼が y よりも x を（あるいは x よりも y を）選好するなら社会も y よりも x を（あるいは x よりも y を）選好しなければならない、という (x, y) のペアが存在する。

　いきなり社会的決定理論[51]の専門家の文章をみせられても戸惑うであろう。最小限の説明をしておこう。X-13の５行目に「社会的選択」という言葉があるが、社会的決定理論は、社会を構成する諸個人の選好を所与として、社会としてどのような状態を選ぶか、ということを問題にする。「社会が選好する」という表現は比喩的なものであり、社会的選択を行う人間を前提しているわけではない。むしろ、「民主的」決定方式に関心がある。選択肢となる社会状態が x、y、z、……といった記号で表される。選好とは、x と y（あるいは y と z、x と z 等々）を比べて当該個人がどちらを選ぶかということである。
　社会的決定理論では、パレート原理[52]すなわち、「全員の選好が一致する場合、社会としてもそれを選ぶ」ということが公理とされる。パレート原理

51　佐伯胖『「決め方」の論理——社会的決定理論への招待——』（東京大学出版会、1980年）55-161頁参照。K. アロー（長名寛訳）『社会的選択と個人的評価』（日本経済新聞社、1977年。原著第２版1963年の邦訳。初版は1951年）参照。
　なお、コースによると、公共選択理論の創始者ダンカン・ブラックが1949年に、数学者 R. A. Newing との共著論文をアメリカの学会誌 *Econometrica* に投稿したところ、掲載可否の回答を18カ月待たされたあげく、1951年５月１日付の査読委員長からの手紙で、上記のアローの本との関係を論文の全体にわたり明確にするという条件付きで掲載を許可するとの奇妙な回答を得たが、アローの本が出版されたのは、その直後であったから、その時点でイギリスにいる著者たちには実行不可能な要求であった、そうである。Coase, *Essays on Economics and Economists*（前掲第７章注５）pp. 194-195参照。ブラックの主著として、Duncan Black, *The Theory of Committee and Elections*, Cambridge University Press, Cambridge, 1958 参照。
　社会的決定理論と公共選択理論の違いは、素人にはわかりにくい。公共選択理論では、複数のアジェンダについて、各自の選好を有する投票者が、さまざまな多数決定方式のもとでどのような投票行動をとるかが問題となる。したがって、投票の順番に依存した戦略的行動が問題となる。社会的決定理論と違い、ゲーム理論と相性がよい。また、社会的決定理論と異なり、委員会方式の決定における投票者の行動を説明する能力もある。前者は、現実の人間行動の説明には、まったくかかわらない。
52　普通の経済学やゲーム理論で使われるパレート原理とは意味が微妙に異なる。

は、二つの選択肢、たとえば x と y を比較する選好にかぎって適用され、たとえば、x、y、z 間の選好には適用されない。パレート原理は、民主的決定がみたすべき必要条件とみなされている。全員一致であるから、民主的決定に普通求められる多数決より厳しい要求である（理論的には、一般性がより大きい）。ただし、現実の民主的決定は、社会の状態を二つずつ取り上げ、その各々に対する各人の選好を基礎にして、パレート原理によって決定するという方式をとっているわけではない。そのかぎりで、社会的決定理論は、民主的決定と無関係である。

一番単純な場合を考えよう。以下[53]、社会的選択肢は、x、y、z の三つであり、社会が個人1と個人2の二人からなるとしよう。リベラリズム（条件 L）と定義されているのは、個人1は、たとえば、x と y の選択について自分の好みを社会の選好にそのまま反映させることができ、個人2は、たとえば y と z の選択について、それと同じ意味で「決定権をもっている」ということである。条件 L は、「あらゆる個人にとって」とあるので、実は3人以上からなる社会を考えないと、条件 L^* との違いが出ないが、単純化のため、2名の社会を想定し、条件 L^* のもとで考えることにしよう。

個人1は、x と y の間での決定権をもっており、x を選好するとしよう。個人2は、x と z の間での決定権をもっており、z を選好するとしよう。y と z の間の選好に関しては、二人とも y を選好するとしよう。

この場合、個人1の選好順序は、x、y、z となり、個人2のそれは、y、z、x となる。L^* によれば、社会的には、xy 間では x が、xz 間では z が選択されなければならない。他方で、パレート原理によれば、yz 間では y が社会的に選択されなければならない。この場合、x、y、z のうち、社会はどれを選択するべきかの答えは決まらないことになる。たとえば、x をとると、個人2の決定権により、それは z に劣後するものとなる。z は、パレート原理により y に劣後するものとなる。y は個人1の決定権により、x に劣後するものとなる。はじめにもどってしまった。

やや不正確に言うと、「パレート派リベラルの不可能性」ということは、パレート原理と、少なくとも1対の社会的選択肢への決定権を少なくとも二

53　セン『合理的な愚か者』（前掲注50）6-9頁参照。

人[54]に与えるという、最小限のリベラリズムの条件とをともにみたすような社会的選択は（普通）決まらないということである。天才的な業績だが、マクロスキーがまじめに揶揄するサミュエルソン流の存在証明型黒板経済学の典型である[55]。

しかし、目下の関心は、そのようなことにも、センによる証明にもない。センの使用する「リベラリズム」ないし「自由」という言葉は、他の構成員の選好にかかわりなく、社会状態の一部を決定する権限を個人がもっている、ということをさして使われている。そこには「保障された私的領域」といった観念は豪も含まれていない。公私の区別は一切なく、すべてが公的あるいは社会的領域である。私が今日歯をみがくか否かも社会的決定の対象となる（理論として、そう考えること自体には何の問題もない）。そのかぎりでは、自由主義と切断された民主主義と相性がよい。しかし、政治哲学上の自由主義とは、まったく関係のない理論である。理論の内部で正確に定義されているのであるから、どのような術語を使おうと「自由」（本来の意味で）ではある[56]が、この業績が、「リベラリズムと民主主義は両立しないのだ」という、センの理論とは無関係な含みをもつ「自由主義のパラドックス」などというフレーズで引用されるのをみると、悲しくなる。正確には、リベラリズムとも民主主義とも関係がない。

16. ノージックによる社会的決定理論批判

さすがにノージックは、リベラリズムのもとでは、社会的決定理論の出る

---

54 「二人」とされているのは、一人だと、すべての選択肢のペアについて決定権をもつ場合、独裁制になるからである。同書 5 頁参照。しかし、私には、「最小限のリベラリズム」の条件は、「自由」の最小限の条件というよりも、独裁権をその本質を失わない範囲で、最も弱くしたものであるよう思われる。しかし、「パレート派独裁の不可能性」とでも言えば、パラドックスでもなんでもなくなるので、「リベラル」と言わざるをえなかった、というのが私の見立である。

55 マクロスキーによると、センは、「全業績の半分が飢餓に関する実証分析だった」がゆえに、ノーベル経済学賞に半分だけ値するそうである。マクロスキー『ノーベル賞経済学者の大罪』（前掲第 7 章注141）21頁参照。

56 センは、同（前掲注50）11-12頁注 1 において、「私はこの用語〔＝リベラリズム〕の正しい用法についての論争に関わるつもりはない」とする一方で、「当面の問題に関連するのは、多くの人が同意するであろう個人の自由を含んだ価値を、条件 L が表現しているということである」と明言している。多くの人が同意するかどうかは事実問題ではある。しかし、ハイエクの言う「個人的自由」あるいは「個人の私的領域」という意味を一切含まない「自由」の観念に多くの人が同意するとは私には思えない。問題になっているのは、リベラリズムという語の正しい用法ではない。

幕はほとんど、あるいはまったくない、という正しい主張を提出している。ミルもハイエクも一致して認めているように、政治的または社会的専制に対抗する個人の自由の領域を承認することが自由主義の要である。自由権相互の対立を調整するという問題をわきにおけば、社会的決定理論がいう意味で「社会的決定」が許されるのは、各個人のもつ自由権の外において、あるいは、それを侵害しないかぎりにおいてである。

X-14　ノージック『アナーキー・国家・ユートピア』[57] 280頁

　個人の権利に関するより適切な見方は以下のものである。個人の権利は共存可能（co-possible）である。各人は自分の権利を自分の選択した通り行使することが許される。これらの権利行使は世界のいくつかの特徴を決定する。これらの決定された特徴という制約の範囲内で、社会的順序に基づく社会的選択メカニズムによって選択がなされうるのである。もっとも、選択の余地が残されていたならばの話ではあるが。権利は社会的順序を決定するのではない。権利は一定の選択肢を排除し、他の選択肢を決定する等によって制約を課すのであり、社会的決定はその制約の内部で行われなくてはならない。

　ノージックは、個人の「権利」（自由権）というものを、他人の行動に対して「横からの制約」（side constraints）を課すものと考えている[58]。「横からの」というのは、各人が自分の目的を実現するために行動する際、他人の権利を侵害するなという要請が、いわば横から入ってくるからである。その制約を侵さないかぎり、個人は好きなように行動してよい。表現は巧みであるが、ミルとハイエクの主張する自由概念と本質的に同一である。

　社会的決定理論に横からの制約がないことは自明であろう。何でも社会的決定の対象となるのであるから。ハイエクがなぜ「社会的」という表現を嫌うのか[59]、わかっていただけたであろうか。

17．自由と強制

　ここで、先延ばしにした、自由と強制の関係という論点に移ろう。

　57　前掲第4章注12参照。ただし、ここでは、訳文は、若松良樹（前掲注47）215頁に拠った。センの権利観念とノージックの権利観念の関係については、同書212-216頁も参照されたい。
　58　ノージック（前掲注57）45頁参照。
　59　ハイエク『致命的な思いあがり』（前掲第9章注17）170-174頁参照。

X-15　ハイエク『自由の条件〔II〕』[60] 3-5頁

　（1）　議論のはじめのところで、自由を強制のないことと暫定的に定義した。しかし、強制は、自由とほぼ同様に厄介な概念であり、その理由もほとんど同じである。すなわち、われわれは、他の人が自分に対してなすことと、物理的事情が自分に与える影響とを明確に区別しないのである。
　（2）　強制が生ずるのは、ある人の行為が、自分自身の目的ではなく、他人の目的のために他人の意思に奉仕させられるときである。強制された人がまったく選択していない、ということではない。そのような場合[61]、かれが「行為している」とは言えない。……強制は、次のことを暗に含む。すなわち、私はなお選択しているのではあるけれども、私に与えられた選択肢が、強制者が私に選択させたい行為が私にとって最も苦痛の少ないものになるようにすでに仕組まれているという意味で、私の心がその他人の物理的道具とされているということを。……
　（3）　人が他人の行為に与える影響のすべてを強制と言うわけではないことは明らかである。……強制は、害を与えるぞという脅迫と、それによってある行為をさせようとする意図との双方を伴っている。
　（4）　……強制される者は、自分の能力の使用を完全に奪われているわけではなく、自分の知識を自分の目的のために利用する可能性を奪われているのである。人が目的追求において自分の知性と知識を有効に用いるためには、自分の環境の諸条件のいくつかを予見することができ、一貫した行動計画に従うことができなければならない。……しかし、計画決定の基礎となる事実が、他人の独占的支配下にある場合、われわれの行為も同様に支配されることになる。
　（5）　したがって、強制が悪であるのは、人が自分の知的能力十分に利用することを妨げられ、結果的に、社会に対してなしうる最大限の貢献を妨げられるからである。……

　強制とは、常識的に考えれば、だれかに何かを無理やりさせることである。ハイエクは、（3）において、これをもっと正確に定式化し、強制が成立するための要件として、強制する側に存在するべき二つの要素を挙げている。第一に、言うことをきかないと害を与えるぞという脅迫、第二に、そのような脅迫によって、被強制者を強制者が望むように行為させよう（あるいは、行為させまい）とする意図である。いずれか一つでも欠ければ強制とはならない[62]。

60　前掲注7参照。原著については、前掲第5章注44参照。訳文は、必ずしも邦訳に従っていない。説明の便宜上、各段落に番号を振った。
61　無理やり手首をつかまれて署名させられるような場合。人間の選択行為を伴う「心理的強制」と区別して、「物理的強制」とよばれることもある。催眠術による場合も、物理的強制に含まれる。
　ハイエクのいう強制は、心理的強制であり、彼は、物理的強制は強制概念に含めない。しかし、当然ながら、この文の直後で、物理的強制も同様に悪いとのべている。

したがって、他人の行為ないしその結果によって、それがなければできたであろうことができなくなったとしても、それだけでは、強制を構成しない。そのような他人の行為は、私の行為の選択肢を限定したという意味で、私の行為を妨害したにすぎない。それを「強制」とよんでしまうと、(1)にあるように、障害物が天から降ってきて、私のしたい行為が妨げられた場合も、いわば「自然」に「強制」されたことになってしまう。強制の意図または脅迫を欠く、他人の不法行為によって、私の選択肢が減る場合も同様である。

(1)の文章は、ハイエクの意味では強制ではないが、外部的要因によってそうせざるをえなかったということを根拠に、行為の責任を免除しようとする、あるいは、責任の概念自体をそもそも否定しようとする、決定論的主張に反対するハイエクの考え方も示唆している。ハイエクからすれば、決定論、優性学、社会防衛論、特別予防論等が合体した思想に基づく、犯罪者その他の者の教育、処置という発想は、福祉国家ないしは社会主義と不可分のものである[63]。そこでは、人間は物扱いされるから強制という観念も消えてしまう。

(2)からわかるように、強制された行為も、行為であることに変わりはない。ここでハイエクは暗黙裏に、人間行動が「行為」であるための要件として、「いくつかの選択肢からの選択」というものを課している。強制された者は、たとえ言うことを聞かないと殺すと脅され、実際にそのとおりになる確率が100％に近かったとしてもなお、言うことをきかないことはできたのであるから、強制された者がやむをえず言うことをきいた場合、その人は行為したことになる。

だが、(2)でのべられている「選択肢が、強制者が私に選択させたい行為が私にとって最も苦痛の少ないものになるようにすでに仕組まれている」という説明は、(3)における強制の定義からするとやや強すぎる。つまり、強制者が強制する意図をもって脅迫し、その結果、被強制者の選択の余地は

---

62 ハイエクによるこの定義は、その後、ノージックやその他の哲学者および法哲学者による強制をめぐる議論の出発点になったものである。関心の中心は、ハイエクと異なり、強制されたがゆえに責任がないと言えるのはどのような場合か(刑法学でいう責任阻却事由)、ということにあった。詳しくは、中林良純「強制の概念」法学論叢166巻5号(2010年)39-57頁参照。

63 前述第5章15、19および20も参照されたい。

狭められたが、なお、強制者がとらせたいと意図した選択肢以外の選選択肢が残っており、被強制者はそれを選んだ、というようなケースも考えられるからである。強制の不成功[64]の場合である。だが、ハイエクの意図は、強制が自由を侵害する・悪・い・こ・と・だということを読者に納得させることにあり、それからすれば、被強制者にとって、強制者が望むことをすることが最善の選択であるという極端な事態を想定するほうが納得させやすかった、というのが事の真相である。

（4）以降は、強制の概念を説明するという狭い目的を完全にこえている。個人が自分の知識の利用を妨げられるということは、強制の効果の一つではあるが、他のことも妨げられるかもしれないし、知識の利用妨害に言及することにあまり意味のない強制の場面——たとえば、拳銃を突き付けられて、動くと殺す、と言われた場合——もあるからである。

ここでは、ソ連・東欧の現に存在する社会主義的独裁体制のことを意識して、それがいかに悪いものか、それと比べて、市場経済を採用する自由主義体制がいかにいいものか、という主張が背後に隠れている、というよりも、ほとんど前面に出ている。

ハイエクは、社会主義的指令経済に比べた市場経済の最大の長所を、「分散した知識の利用」という点にみている[65]。各個人は、世界についてほとんど知らない。だが、各個人は自分の周囲の環境（人と物の両方を含む）について、自分以外の人よりおそらくよく知っており、環境に対応し、その変化を予見しつつ、自分の目的を最善の仕方で実現するために、それなりに計画的に一貫した一連の行為を行う。そうした個々人の努力は、価格メカニズムによって決まる価格を通じて間接的に結びつく。個々人は諸財の価格を見ながら、各場面で将来に向けて主観的に最善の選択肢を選択する。このような形で、社会全体としても、結果的に、個々人のもっている事実に関する知識と能力を最善に利用したことになる。司令経済における当局は、官僚たちが知っているごくわずかの知識しか利用できないし、人々も当局からノルマを強制されているだけだから、自分の知識を利用して状況を改善しようとする

64　前掲注62でのべたような責任が問題となるのは、このような場合である。
65　ハイエク『自由の条件〔Ⅰ〕』（前掲注13）42頁、45-46頁、48頁、および同『法と立法と自由〔Ⅱ〕』（前掲第9章注41）第10章参照。

動機が弱くなる一方で、当局が必要とする情報を当局に知らせる動機もほとんどない。当局が報酬を与えて情報を収集しようとしたところで、真実でも虚偽でも、ともかく報酬がもらえるような情報が集まるだけである。このように、司令経済が市場経済に比べ、道徳の点だけでなく、生産の点でも劣っていることは明らかである。ハイエクは、このような主張を背後に置いているのである。

　だが、ハイエクの定義によれば、強制があるかどうかを判定するためには、強制したと言われうるかもしれない特定の個人について、脅迫と強制の意図とがあったかどうかをいちいち確かめなければならない。「当局による強制」というのは、あくまで比喩的な表現である。強制の定義から、社会主義体制の悪まで行くのは、かなりの飛躍である。

　ハイエクは、強制について、倫理学においても応用可能な個人ベースかつ個別ケースベースの厳しすぎる定義を採用してしまったがゆえに、「強制の不存在」として定義される「自由」の概念も、かえって狭いものになってしまったように思われる。たとえば、政治権力者が、客観的には住民を抑圧しているようにみえても、それは、自分がしたいことをやったら、たまたまそうなっただけで、刑罰による脅迫も、強制の意図もなかった場合、住民の自由は侵害されていない、ということになってしまう。一般に、不作為の場合、強制を認定するのは、かなり困難になる。

　刑事上の犯罪を構成する強制と、権力者による抑圧との双方を含むような強制概念を定義することはむずかしいし、その必要もなかったように思われる。強制の概念を厳密に考えれば考えるほど、自由主義との関連が薄くなる。ハイエクの失敗の原因は、自由を「状態」と定義した（前掲X-10参照）ところにあるように思われる。それを「強制のない状態」と定義したので、強制が何かを語らざるをえなくなった。強制を定義しようとすると、自由主義と直接関係のない事柄も含む強制のことも考慮せざるをえず、しかし、他方で、自由主義とも関連づけないと、そもそもの目的が達せられない。このようなジレンマにハイエクは陥っている。このような事情もあってか、ハイエクは、その後、「強制の不存在としての自由」という定義に依拠して自由主義を擁護することはしなくなった。

18. 道徳原理としての自由

「自由」は、状態と定義するよりも、ハイエク自身そうしているように、道徳原理として明確に位置づけるほうがよかったと思われる。

> X-16　ハイエク『自由の条件〔Ⅰ〕』[66] 97-98頁
>
> 　国内のある集団の興隆が、その成員が従っている道徳によるものであることがわかり、その結果、その集団が先導するようになった国民全体も彼らの価値観を模倣することがあるのと同様に、集団または国民が、みずからが従う道徳的信念によって破滅するということもありうる。集団を導く理想が有益か破壊的かは最終結果をみるまでわからない。そのなかで最も立派とされている人々……の教えに従ったがために、滅びる国もあるかもしれない。そのような危険は、各成員が実際の生活の仕方を自分なりに自由に選択することができる社会ではほとんどないであろう。なぜなら、そのような社会では、そのような傾向は自動的に矯正されるだろうからである。その社会内で衰亡するのは、「実際的でない」理想に従った諸集団だけであり、当時の道徳水準からしてより道徳的でなかった、それ以外の集団は興隆するであろう。しかし、そのようなことが起るのは、自由な社会においてのみである。自由社会では、そのような理想が全員に押しつけられることはないからである。……
>
> 　ここで生じる重要な問題は、道徳的ルールについての多数派の合意は、同意しない少数派にそれを押しつけるに十分な正当化理由となるかどうか、あるいは、そのような権力もまた、より一般的なルールによって制限されるべきかどうか、換言すれば、個人的行為に関する道徳ルールがいくつかの種類の行動を、その目的がどんなによいものだとしても禁止するのと同様に、通常の立法は一般的原理によって制限されるべきかどうか、ということである。……連続する集合的諸決定の結果は、個人的諸決定の結果がそうであるのと同様、<u>それらがすべて若干の共通の原理に従うときにかぎって有益なものとなるだろう</u>。
>
> 　……その種の若干の原理のうちでもっとも重要なのは、「個人的自由」である。これは、政治的行為に関する道徳原理とみなすのが最もふさわしいものである。「個人的自由」の原理は、ほかのすべての道徳原理と同様、それ自体で価値があるものとして受け容れられねばならない。つまり、個々のケースでその価値に従うことの帰結が有益かどうかにかかわりなく尊重されなければならない。……

後半部分は、ミルの主張とヒュームの主張をハイエクなりに組み合わせたものであり、説明はくり返さない（前述本章第1節および第9章**7**参照）[67]。

前半部分は、進化論的発想が含まれており、少し説明しておこう。そこで採用されているのは、一言でいえば、環境の変化にうまく順応できた集団が

---

[66] 前掲注13参照。訳文は、必ずしも邦訳に従っていない。
[67] ハイエク『法と立法と自由〔Ⅰ〕』（前掲注7）第3章も参照されたい。

生き残り、順応できなかった集団は死滅する、という考え方である。集団の構成員がみな同じような生き方をしていると、その生き方が環境の変化にたまたま耐えられない場合、集団全体が滅びてしまう。しかし、個人個人が多様な生き方をしていれば、一部の人は生き残れなくても、他の一部が生き残る可能性が高くなる、ということである。生き残るために何がよい生き方であったかは、後になってみないとわからないから、あらかじめ一つの生き方を押しつけるのは、集団全体として考えれば、一種の自殺行為だということである。奇人変人が大事だということである。

今、「生き残るか死ぬか」という一番極端な例で考えたが、「繁栄するか、落ちぶれるか」というもっと穏当な場合を考えてもよい。いろいろな意味で「繁栄」している人または集団を、他の人々は模倣するであろう。しかし、模倣しない人もいるかもしれない。そして、環境が変化すれば、後者の人がより繁栄するかもしれない。

ハイエクのこのような説明に大いに説得される読者も多いかもしれない。しかし私は、道徳水準が高い集団が滅びるかもしれないという、ハイエクの挙げている例から、おそらくハイエクの真意に反し、人のよいアメリカ大陸の先住民が邪悪なヨーロッパ人によって滅ぼされた歴史を思い出してしまった。その点は別にしても、自然淘汰あるいはサバイバルの原理、意地悪く言いかえれば「勝てば官軍」の原理によって、個人的自由を擁護するのには無理があると思う。万一、個人的自由を奉じる集団が滅亡したらどうなるのだろう。道徳原理と集団の衰亡を直結させるというのは、あまりに非科学的ではないか。

結局、自由の原理を支えるのは、個人個人の自由への信仰または信念しかない。ハイエクは、説得のために、さまざまな理屈をもち出しているのである。それはそれで結構である。

19. 自由と責任

自由と責任の関係についてハイエクがどう考えているか、これについても紹介しておこう。

X-17　ハイエク『自由の条件〔I〕』[68] 114頁

　……われわれが自分の決定に対して全面的に責任を負うべきである主要な理由は、それによって、自分の行為が引き起こした事象の原因にわれわれの注意が向けられるということにある。個人的責任を負うと信じることの主要な機能は、人をして、自分の目的を達成する際に、自分の知識と能力を最大限利用させることにある。
　自由によって課せられる選択の重荷、自分の運命に対して自由社会が個人に課す責任、これが現代世界の状況のもとでは、不満の主たる源泉となっている。人の成功は、抽象的にみてどのような特殊能力をもっているかではなく、今までよりもはるかに大きく、そのような能力がどのようにうまく利用されるかにかかることになろう。……自由社会にとって本質的なことは、人の価値と報酬が、抽象的な能力ではなく、それを、報酬を支払うことができる他者にとって有用な具体的なサービスに転換することに成功することにかかっているという点である。そして、自由の主要な狙いは、個人が獲得することのできる知識の最大限有効な利用を保証する機会と誘因の双方を提供することにある。この点で個人をかけがえのないものするのは、その人の具体的知識、個別的な状況と事情に関するその人の知識である。

　遂行運に関するミラーの見解（前述第9章19参照）にみられたように、「責任がないことに責任は問えない」というのが「社会的正義」を支持する学者たちの一般的見解である[69]。そこでは、責任があるかないかは、運の問題と関連づけて問われ、あたかも事実問題であるかのように扱われていた。
　これと対照的に、ハイエクは、それをある意味で、規範的な問題として考える。つまり、個人は自分がしたことに責任があると決まれば、失敗しないように気をつけるようになる、失敗から学習して、自分の知識と能力をよりよく利用するようになる、という点に責任の機能をみているのである。これだけでは、個人が自分の行為にどこまで責任を負うべきかを決めることはできないが、責任の範囲の決定において考慮するべき観点は、上にのべた点につきる（設計主義的に決めるべきだという含みはない）。運の要素は決して排除できないが、そのような責任を個人に負わせたほうが、個人も社会も、全員の知識と能力をより有効に利用できるようになることは確かであろう。
　上記引用X-17の後半でのべられているのは、能力をもっていても、それを他人に使ってもらえなければ、どうしようもないということである。失業者の自己責任を含意しており、自由社会が相当厳しい社会であることを明言

68　前掲注13参照。訳文は、必ずしも邦訳に従っていない。
69　ただし、ミラーは desert を重視し、状況運を軽視するから、実は、社会的正義論者のなかでは、ハイエクに最も近い。

している。それは、ハイエク自身が示唆しているように、多くの人々が社会的正義になびく原因でもある。

しかし、どのように「優しい」政府ができたとしても、その政府は、各人の能力と知識を最もよく利用できる仕事を斡旋することはできない。政府の役人が、その人の能力および知識の利用法を本人よりもよく知っているということは考えにくいからである。もちろん、「市場」なら知っているわけでもない[70]。そのようなものはどこにも存在せず、存在するのは、生身の人間と制度としきたりだけだからである。各人が頑張るしかない。

ハイエクの以上の議論は、自由の原理に支えられた市場経済体制が個人的具体的知識の利用の仕方の点で劣る統制経済体制よりも、物質的にもより豊かであり、結局は全員にとってよりよいものであることを示唆して、自由社会を擁護するものであるように見える[71]。しかし、万一、いわば「不自由社会」のほうが物質的により豊かであり、ほとんどの人がより幸福に感じたとしても、なお、われわれは自由社会を選ぶべきである、というのがハイエクの本当の主張であると私は理解する。

ここにもまた、「神々の闘争」がみられる。リベラリズムという「一段と高い立場」自体がそうした闘争に巻き込まれているのである。帰結や理由によって正当化するといった問題ではない。そのような正当化の営み自体が意味をもつ社会をとるか捨てるか、という問題設定が議論戦略上採用されてい

---

70 ハイエクは、市場における取引費用は軽視しており、コースに比べれば、「市場」を漠然と考えている。

71 いたるところでくり返されているが、たとえば、『致命的な思いあがり』（前掲注59参照）88頁で、「文明のほとんどすべての利益は、そして事実われわれの存在それ自体でさえ、〔自由の〕伝統の重荷を背負おうとする人びとの持続的な意思に依拠していると私は信ずる。このような利益はその重荷をけっして「正当化」しない。しかし、それ以外の選択は貧困と飢餓を招くのである。」（亀甲括弧内は亀本による補い）とのべている。
ちなみに、ハイエクは当初、ロールズの正義論をきわめて好意的に理解していた。ロールズが、第一に、平等な自由の原理を優先していること、第二に、分配に関し手続的正義の考え方をとっていることに加えて、第三に、格差原理に従う、最も恵まれない人々にとって最も有利な制度が自由市場経済であることは、ハイエクからみればほとんど自明だったからである。その後、ロールズの真意を知り、また、彼の正義論の平等主義的社会的正義論への絶大な影響力を目にして、ハイエクは晩年、ロールズの正義論を酷評するようになった。批判的な面については、同書109頁参照。好意的な面については、『哲学論集』（前掲第9章注15）288頁注34、『法と立法と自由〔I〕』（前掲注7）214頁注11、170頁注11、『法と立法と自由〔II〕』（前掲注65）5頁（「かれとの相違は、実質上のものというよりは言葉のうえのものであるように思える」とある）、138-139頁、226頁、238頁注3、242頁注16、248頁注44参照。

20. 自由社会への批判

ハイエクの自由社会擁護論ばかり紹介してきたので、私自身いささか食傷気味である。一種の解毒剤として、マルクス主義法学の大家 E. B. パシュカーニス (1891-1937) の「自由社会」、あるいはマルクス主義の用語でいえば、「ブルジョア社会」批判論も紹介しておこう。

> X-18　パシュカーニス『法の一般理論とマルクス主義』[72] 166-167頁
> ……「他人を自己目的[73]として取りあつかえ」という規則は、実際には人間が他のものの手段とされているところで意味をもつのである。倫理的な感動は社会的実践に倫理が欠けていることと密接につながっており、これによってはぐくまれている。……道徳的な人格とは、三位一体的な主体の一つの面であること、すなわち自己目的としての人間は利己的な経済主体の他の側面であることを忘れてはならない。倫理的な原理の現実における唯一の具現化である行為は自分のなかにこの原理の否定を含んでいる。大資本家は零細な資本家を「誠実に」(bona fide)[74] 破滅させるが、その人格の絶対的な価値をいささかも傷つけない。プロレタリアの人格は資本家の人格と「原則的に等しい価値をもっている。」このことは「自由な」雇傭契約という事実に表現されている。しかしプロレタリアにとって、このもっとも「具体的な自由」からもたらされるのは、平然として餓死できるということである。……
> 　純粋な功利主義は、倫理学説をおおっている神秘的な霧を追いはらうことにつとめ、有害か有益かという観点のもとでの善悪の概念に近づいている。いうまでもなく功利主義は、これによって倫理学を簡単になくしてしまう。あるいは正確には、それをなくし克服することを試みている。ここで「正確には」と言いなおしたのは、倫理的物神性の事実における克服は、商品物神性と法的物神性の克服と同時になされるとき、はじめて可能だからである。

遺憾ながら、マルクスおよびマルクス主義について解説する余裕はない。マルクスの著作を自分で読んでいただくことをとくにお勧めしておく。それでも、上の文章でパシュカーニスが何を言いたかったかは、それなりに理解できるであろう。ハイエクは、政治哲学者[75]として、そのような誘惑から、

---

[72] 稲子恒夫訳、日本評論社、1967年。原著初版は1924年。「法の一般理論」の分野では、法哲学史上最高の傑作だと思う。

[73] 普通は、「目的自体」と表現される。有名なカントの定言命法第二定式である。前掲第4章注48および第9章注11参照。

[74] 法学で「善意の第三者」といわれるときの「善意」にも対応する。「善意」を今では、たんに「知らないこと」と理解するのが日本の法律家のしきたりではあるが。

人々を遠ざけようと死ぬまで努力したのである。ソヴィエトが生んだ最高の法哲学者パシュカーニスは、理不尽にも、スターリン時代の粛清で殺されてしまった。

第3節 法の概念

21. 行為のルールと組織のルール

　経済学を本職とするハイエクは、政治哲学者でもあるだけでなく、法哲学者でもある。あるいは少なくとも、政治哲学者のなかでは、法哲学および法学に最も造詣が深い。私見によれば、そのイデオロギーはおくとして、過去50年の世界の学者のなかで、法哲学をやるのに必要な知識と能力と実績からみて、最高の法哲学者である。彼に対抗できるのは、いまだに、本書でかなり立ち入って取り上げたノージックとロールズしかいない（三人とも故人だが）。だが、後の二人は、法および法学について詳しくない。

　自由社会を根底で支える法についてのハイエクの見解に目を転じることにしよう。ハイエクの考えを正確に伝えたいので、いささか長い引用をせざるをえない。じっくり読んでいただきたい。

X-19　ハイエク『法と立法と自由〔Ⅰ〕』[76] **66-69頁**
　（1）われわれの主要な主張の一つは、自生的秩序と組織はつねに共存するだろうが、これら二つの秩序原理を好きなように混合することはできない、ということである。このことが広く理解されていないのは、両方の種類の秩序が定まるためにわれわれはルールに頼らざるをえず、しかも、これら二つの種類の秩序にそれぞれ必要なルールの種類が重要な点で異なるということが一般に認識されていないからである。
　（2）どのような組織も個別命令だけでなく、ある程度まで、ルールにも頼らざるをえない。その理由は、自生的秩序がもっぱらルールに頼らねばならない理由と同じである。つまり、<u>個人の行為を個別命令よりもむしろルールによって導くことによって、だれもその全部をもっているわけではない知識の利用が可能になる</u>、ということである。その成員が統率者の単なる道具ではない組織はすべて、各成員が果たすべき役割、達成するべき目的および使用するべき方法のいくつかの側面だけを命令で決め、細目は、各

　75　ハイエクは、『自由の条件〔Ⅰ〕』(前掲注13) 161頁において、「政治哲学者は人びとがどう考えるべきかを決定する。……政治哲学は一見不可能なものを政治的に可能にする技術である。」と高らかに宣言している。ハイエクは、本当に文章がうまい。説得されないよう気をつけよう。
　76　前掲注7参照。訳文は、必ずしも邦訳に従っていない。説明の便宜上、各段落に番号を振った。下線による強調は亀本による。

自がもつ知識および技能に応じる各個人の決定に、任せるであろう。
　（3）　組織はここで、複雑な人間活動に秩序をもたらそうとするあらゆる企てが直面する問題に出会う。次のようなことである。統率者は、協働するべき諸個人が、統率者自身はもっていない知識を利用することを望むにちがいない。すべての活動のすべての細目が単一の心によって統治されるなどということは、最も単純な種類の組織を除き考えられない。たしかに、複雑な社会で進行するすべての活動を意図的に按排することに成功した人はいまだかつていない。万一だれかが、そのような社会を完全に組織することに成功したとすれば、その社会は、多くの心を利用することはできず、ただ一つの心に全面的に依存するということになるだろう。その心があまり複雑ではなく、きわめて原始的なものであることは確実であろう。やがてその心が、その知識と意思によってすべてを決定するであろう。そのような秩序の設計に際し、考慮されうる事実は、その心によってすでに知られ、消化された事実だけであろう。行為を決定し、したがって、経験を獲得することができるのは、その心の持ち主だけであるから、多くの心の間での相互作用は一つとして存在しない。それがあってはじめて、心は成長できるのに。
　（4）　組織内の行為を統治するルールの特徴は、それが、割り当てられた仕事を遂行するためのルールでなければならない、という点にある。その種のルールは、次のことを前提している。つまり、第一に、固定された構造内での各個人の位置が命令によって決められていること、第二に、各個人が従わなければならないルールの内容が、その個人に割り当てられた位置と、命令する権威者からあらかじめ示された特定の目的とに依存しているということ。この種のルールは、たとえば、政府の任命された職員または機関の行為の単に細目を規制するにすぎない。
　（5）　組織のルールはこのように必然的に、命令を補完するものである。命令が残した隙間を埋めるだけである。そのようなルールは、組織の成員ごとに、割り当てられた役割に応じて異なるであろう。そのようなルールはまた、命令によって定められた目的にてらして解釈されなければならない、ということになろう。役割の割当と、特定の命令によって追求される目的の決定とがなければ、単なる抽象的ルールは、各個人に何をしなければならないかを教えるには十分でないだろう。
　（6）　これと対照的に、自生的秩序を治めるルールは、目的から独立しており、かつ、必ずしも全成員に対してではなくても、少なくとも、固有名によって指定されていない成員クラスの全員にとって同一でなければならない。この種のルールは、……未知の、かつ未確定の数の人および事例に適用されうるルールでなければならない。そうしたルールは、個人によって、みずからの知識および目的にてらして適用されなければならない。また、そのようなルールの適用は、共同の目的から独立しているであろう。個人は、そのような共同目的を知る必要すらない。
　（7）　……このことは、自生的秩序が依拠する法の一般的ルールが抽象的秩序をめざしていることを意味する。その抽象的秩序の個別的または具体的内容はだれも知らず、予見もしていない。これに対して、組織を治める命令とルールは、組織を掌握する人々がめざす特定の結果に奉仕する。めざす秩序が複雑であればあるほど、……統御は、個別命令よりルールに大きく依存するようになる。……最も大きい組織の種類である政府から、……全体社会の包括的秩序に目をむけてはじめて、われわれは、ルールに頼り、性格上全面的に自生的な秩序を見出すことになる。
　（8）　近代社会の構造が、意図的な組織化の努力が達成しえた程度をはるかにこえ

る、現在の複雑さの程度に到達したのは、それが組織に依存せず、自生的秩序として成長したからである。もちろん、実際は、この複雑な秩序の成長を可能にした諸ルールは、そのような結果を期待してもともと設計されたというわけではなかった。しかし、たまたま適切なルールを採用した人々が複雑な文明を発展させ、それがその後しばしば他の人々にも広まって行った。それゆえ、近代社会が複雑になったから意図的に計画しなければならないと主張するのは逆説的であり、上にのべたような事情を完全に誤解した結果である。むしろ、真相はこうである。すなわち、われわれがそのように複雑な秩序を保持することができるのは、成員に指令するという方法によってではなく、<u>自生的秩序の形成に導くようなルールを実施し改良する</u>という間接的な方法によってのみである。

　（9）　以下にみるように、第一に、自生的秩序を組織に置き換え、かつ、組織の全成員の間に分散した知識をできるかぎり多く活用することは不可能である、それだけでなく、第二に、直接的命令による自生的秩序への介入によって、その秩序を改良または修正することも不可能である。自生的秩序と組織のそのような組み合わせを採用することは、どうみても合理的でない。組織を決定する命令を補助的ルールで補完すること、また、自生的秩序の構成要素組織を利用することは賢明であるが、自生的秩序を治めるルールを、それに属する諸行為が行為の一般的ルールによって導かれているところの活動に言及する、孤立的で補助的な命令によって補完するというやり方は、決して有益でない。これこそ、市場秩序への「干渉」または「介入」に反対する議論の核心である。自生的秩序の成員に特定の行為を要求するそのような孤立的命令がなぜその秩序を、決して改良できず、必然的に撹乱するだけなのかというと、何人かの行為する人たちだけは知っているが、指令する当局は知らない情報と目的によって規定され導かれている相互依存的行為のシステムの一部に、そのような命令は言及するだろうからである。自生的秩序は、<u>その各構成要素が、みずからの内部で作用しているさまざまなファクターを均衡させ、各自のさまざまな全行動をお互いに調整すること</u>から生じる。そのような均衡は、行動の一部が、自生的秩序の構成要素がもっているのとは異なる知識に基づき、<u>異なる目的のために</u>介入する別の主体によって決定されると、崩れてしまうであろう。

　注釈して行こう。（1）ではまず、秩序が、自生的秩序と組織の二種類に分けられている。組織の具体例は、見えやすいので、だれでもわかろう。会社や軍隊、各種の法人等である。（7）にあるように、最大の組織は政府である。ほとんどの人は、各種の組織に属している。ただし、ハイエクのいう組織は、目的とヒエラルヒーないし職制とを備えたものであるから、たとえば、学校における教師は組織の一員であるが、生徒や学生については、普通は、学校という組織の一員ではないだろう。

　自生的秩序は、生命現象や物理現象にもみられるが、ここでハイエクが自生的秩序ということで考えているのは、社会全体、あるいは市場の秩序のことである。以下、無数の人間を構成要素とする、この種の自生的秩序に限定して説明する。中心的な問題は、自生的秩序と組織で、秩序形成の仕組みは

どのように違うのか、その際、ルールはどのような役割、性質をもっているのか、ということである。(なお、「秩序」という言葉は、あくまで事実をさしており、法学者や法哲学者が「法秩序」という言葉を「法体系」と同じ意味で使う場合の「秩序」とは異なる。)

(2) では、組織は、上位者からの個別的命令だけでもやっていけそうに思われるのに、なぜルールを利用するのかという問いが出され、自生的秩序におけるルールの機能の場合と同じく、各個人がもっているユニークな知識の有効利用という答えが出されている（前掲X-16および前述本章17参照）。

(3) は、例によって、社会主義的統制経済の批判である。集団指導体制というより、独裁体制が想定されている。何度も出てきたので説明は省略する。

(4) では、組織のルールが、成員に割り当てられた職務と組織の目的のもとで働くべきものであることがのべられている。(5) によれば、そのような職務と目的は命令によって指定される。組織のルールの役割は、命令の趣旨を実行する際の細目を決定することにある。そのようなルールは、たとえば総務係のルールといったものが普通だろうが、だれそれが従うべきルールといったものもありうる。もちろん、組織のルールによって、職員の行動がすべて決められるわけではない。それでは、各職員の固有の知識を利用するというルールの存在理由に反することになる。しかし、ルールの解釈は、命令者が指定した目的の観点からなされるべきものとなる。組織のルールの眼目は、各人の知識を利用しつつ、組織の目的を達成するという点にあり、後者の目的のほうがつねに優先する。

これに対して、(6) にあるように、自生的秩序のルールは、何か特定の目的の達成のためにあるのではない。行為に際しての目的は、各個人がもっており、ルールは、ノージックの言葉を借用すれば、「横からの制約」として働くだけである。しかも、そうしたルールは、だれに対しても適用される。社会の成員全員に適用されるルールだけでなく、たとえば、未成年者全員に適用されるルールを考えてもよい。具体的には、借りた金は返さなければならないとか、他人を故意に傷つけてはいけない、未成年者は契約を取り消せる、といったルールのことを考えればよい。ここでは、法のルールと道徳のルールを区別する必要はない（あるいは、区別するような発想は捨てない

と、ハイエクの言いたいことは理解できない)。

　自生的秩序のルールにほとんどの人が従った結果どうなるか、ということは結果をみなければわからない。各個人は、ルールに違反しない範囲で、自分の目的を達成するためにさまざまな行為をしたり、しなかったりするだけのことである。にもかかわらず、人々がどのようなルールに従うべきものとされているかに応じて、異なる秩序が形成されるであろう。たとえば、詐欺が許されている社会とそうではない社会では、秩序のあり方が多少なりとも異なるであろう。ハイエクは、(7)において、そのようなものをさして「抽象的秩序」とよんでいるのである。

　社会の基本的ルールが、慣習、しきたり、伝統によって生成したということは、普通の人には理解しやすいであろう。法律があるから、あるいは、法律違反に対する制裁を国家権力が用意しているから秩序があるのだと考える人は、一部の法哲学者や法学者を除いて、あまりいないだろう。

　(8)は、結論を断言している部分であるから、後回しにしよう。(9)では、自生的秩序へ、外部から命令によって介入してもうまくゆかない理由がのべられている。自生的秩序の構成要素、つまり、各個人は、自分のもつユニークな情報をもとに、自生的秩序の共通のルールに制約されつつ、動いているのだから、そうした情報を知らない者が外から介入しても成功するはずがない、ということである。(8)にある「複雑な」秩序とは、そのようなものである。

　ハイエクが想定する自生的秩序の典型例は、市場秩序である。そこでは、各個人が、常識的な法ないし道徳のルールに違反することなく、価格の動きをみながら、自らの固有の知識に基づき、将来に向けて、自分がもつ選択肢の範囲内で最善の行動をしようと試みる。失敗しても、それがまた自分に固有の知識として蓄積され、将来利用される。そのような仕方での各人の行動が複雑な仕方で総合されて価格に影響を与え、このようなプロセスが各個人においてくり返され、それに応じて価格も変化してゆく。にもかかわらず、「市場」は、変化しつつ、何らかの秩序を保っており、市場経済が崩壊することはない。それを可能にしているのが、特定の目的をもたない、伝統的で進化的なルールだとハイエクはいうのである。

　(ハイエクは、自生的秩序のルールのことを、「ノモス」、「自由の法」、「私法」、

表10-1 ハイエクの二分法 (＊はハイエクが用いていない言葉)

法	ノモス 自由の法 正しい行為のルール 抽象的ルール 私法 コモンロー	テシス 立法の法 組織のルール、命令を下す政府のルール 組織目的実行のためのルール＊ 公法 制定法
法の担い手	裁判官、法律家	立法者と役人（執行者）
秩序	コスモス 成長した秩序 自生的秩序 抽象的秩序 拡張した秩序	タクシス つくられた秩序 組織
秩序の例	市場秩序	政府
社会	文明社会、商業社会、自由社会 大きな社会 開かれた社会	部族社会 小さな社会＊ 閉じられた社会
合理主義の見方	進化論的合理主義 イギリス型	設計主義的合理主義 フランス型

等々とよび、組織のルールのことを、「テシス」、「立法の法」、「公法」、等々とよぶ。ほかの呼び方や関連事項も含め、ハイエクの二分法における用語法[77]を一覧表にしておいたので参照していただきたい。)

　市場秩序が分散した知識の利用を促進する、というのは事実だろう。だが、それは、市場秩序が、自分の知識をうまく利用した人が成功するチャンスを、形式的平等という意味で平等に与えてくれるような秩序だからである。そのためには、目的なき一般的ルールも必要だろう。しかし、その「必要」から上の「促進」を導くのは、あまりにレトリカルな推論だと思う。市場経済は、命令経済より、金儲けしようとするインセンティブが大きい、と

77　該当箇所をいちいち示さないが、用語については、『法と立法と自由〔Ⅰ〕〔Ⅱ〕〔Ⅲ〕』（前掲注7および65）、『自由の条件〔Ⅰ〕〔Ⅱ〕』（前掲注13および60）ならびに『致命的な思いあがり』（前掲注59）参照。

いうだけのことであるように思われる。たしかに、その付随的結果として、有用な知識がより多く伝播される、というのも事実だろう。しかし、それはそれとして言えばよいのであって、一般的ルールとの結びつきが私にはよくわからなかった。

　同様の疑問は、組織のルールについては、もっと強く当てはまる。組織のルールも、職員の知識を有効利用するためのものとされるが、ハイエクは、どこに有効利用しようとするインセンティブがあるのかまったく説明していない。組織が、部族社会にきわめて近いものである場合は、組織への忠誠心から知識を組織の目的実現のためにより有効に利用する行動に出る可能性があるが、公務員組織のような場合、そのような行動は考えにくい。ルールに違反しないでできるだけ楽に仕事をする——先例墨守はその一つの方法である——、とまずは想定するのが経済学者的思考というものだろう。

　ハイエクの説明は、ルールは裁量の余地があるから各自の知識を利用する余地があり、よいのだ、というものだが、組織のルールの細目は、服従者の裁量の余地を減らすため、あるいは、裁量に伴う負担を減らすためにあると考えるほうが素直だと思う。

22. 公法中心の法の見方

　しかし、ハイエクによる行為のルールと組織のルール、あるいは、私法（いわゆる自然犯を中心とする刑法も含む）と公法の二分法はなお、注目に値する。これは、制定法が規範としてまずあって、それが私人間では行為規範として、裁判所では裁判規範として働く、といった日本の法学者ないし法哲学者の間で広範にみられる見解とはまったく異なるからである。

　たとえば、民法典は、それが過去の慣行を収録したものにすぎないものでないかぎり、ハイエクの用語法では、公法である。民法典が過去の慣行の採録である場合でも、自生的秩序のルールは、文言で全部表現できるわけではない。ハイエクからみれば、日本の民法学者は、ほぼ全員公法学者である。

　というより、日本の法学には、ハイエクの言う私法の発想はない。法律は立法者の命令であり、そうである以上、立法者のめざした目的を最大限実現する解釈が正しい解釈である。これは、組織の法、あるいは政策目的実現のための法については正しい解釈方法かもしれないが、めざすべき特段の目的

をもたない自生的秩序のルールについては、適用できない解釈方法である。

　にもかかわらず、裁判官は、目的論的解釈をよい方法だと思い込んで、それをよく使う。ハイエクならそれを、組織の法と自生的秩序の法の区別を知らない、間違った解釈方法だと言いそうである。しかし、それは自生的秩序の発展にとって、悪いことなのだろうか。どのような解釈方法を使っても、裁判所による法の進化が試行錯誤的な漸進であるかぎり、大した違いはないように思われる。実際、ハイエクが過大評価するコモン・ローの裁判官が、目的論的解釈を使わないという事実はない。

23. 法命令説

　公法中心の法の見方はまた、「法は命令である」という見方に由来する。すると次には、だれが命令する権能をもっているのか、ということが問題となる。

　ハイエクが公法上のルールを命令の補完物と位置づけたのに対し、ケルゼンは、ルール――ケルゼンは規範（Norm）とよぶ――を、命令の一種とみた。その上で、ルールのなかには、命令権能したがってルール制定権能を定めるものもなければならない、とした。その種のルールは、「授権規範」とよばれる。そして、最高のルール制定権能をもつ者がだれかを定めるルールが、「根本規範」と名づけられた。しかし、それは現実に存在する規範ではない。あるルールが法的に有効である――効力がある、その意味で「妥当」である――とすれば、そのルールに先立って、そのルールを定めた人にルール制定権能を与える別の上位のルールが存在するはずである。後者のルールが実在し、法的に有効であるとすれば、そのルールに先立って、そのルールを定めた人にルール制定権能を与える別の上位のルールが存在するはずである。以下同様。そうすると、実定法の最上位に位置する実在する法、たとえば憲法についても、その制定権能を定める上位の法がなくては、その憲法は有効とは言えなくなる。有効と言うためには、実在しない授権規範を仮定せざるをえなくなる。それが根本規範である[78]。

78　ケルゼンの純粋法学についての私見については、亀本『法的思考』（前掲第1章注41）416-425頁参照。ケルゼンの主著および邦訳については、前掲第1章注33参照。そのほか、尾吹善人訳『法と国家の一般理論』（木鐸社、1991年）も参照。

H. L. A. ハート[79]は、公法的な思想が弱かったコモン・ローの国イギリスに授権規範と根本規範の発想をケルゼンから導入し、法命令説に立脚するベンサム、ジョン・オースティン以来の分析法理学の伝統と接続した。ハートによるオースティンの批判は、瑣末な出来事のように思われる。

ハートは、命令される者の主権者への服従の習慣が法を有効にするというオースティンの説に反対し、裁判官や役人の「内的視点」からの「承認のルール」——根本規範のイギリス版——の受容が他の一切の法のルールを有効にすると説いた。だが、これは、法を事実と価値の双方から切断しようとしたケルゼンの試みを、若干逆方向に揺り戻したにすぎない。

イギリス法の伝統的な考え方は、「裁判所は、法に従って原告に救済を与える」というものである。裁判官は、その根拠となる法を発見するのが仕事である。その際、規範の授権連関を考えてどうなるのか。実際、ハートは、授権連関などほとんど考察していない。ケルゼンの根本規範を規範論理的に要請されるものではなく、practice として存在すると主張しただけである。それはヒュームのいう習慣であり、convention である。

24. 法の一般理論と法哲学

パシュカーニスによるケルゼンの評価を聞いてみよう。

X-20　パシュカーニス『法の一般理論とマルクス主義』[80] 49-51頁

　いうまでもなく、ケルゼンの偉大な功績はみとめなければならない。つまりケルゼンは論理的な一貫性をつらぬきとおしたことによって、〔存在と当為の〕二つの合法則性という新カント派の方法論の馬鹿らしさをしめしてくれたのである。なぜなら、存在するもの、事実上のものというあらゆる混り物をぬぐいおとした、すなわち心理学的、社会学的な「燃えかす」をぬぐいおとした「純粋な」当為の合法則性は、一般に理性的な定義をもたないし、またもつことなどありえないからである。純粋に法律的な、すなわち無条件に他律的な当為にとっては、目的など無関係でどうでもよいからである。……
　法律的当為の平面に存在するのは、ヒエラルヒー（階層制）をなす段階をふんで、一つの規範から他の規範へとうつることだけである。この段階の一番上には、しめくくりをつける最高の規範を制定する権威、すなわち法律学の既定の出発点である限界概念〔＝根本規範〕が存在する。ケルゼン批判家の一人は、理論法学の任務に対するこのような態度をからかって、これを次のような立法者にたいする法学者のよびかけとしてし

79　矢崎光圀監訳『法の概念』（前掲第1章注44）参照。
80　前掲注72参照。亀甲括弧内は亀本による補い。

めしている。「君がどういう法律を公布したらよいか、そんなことはわたくしは知らない。わたくしはそんなことを気にしない。そんなことはわたくしには無縁の立法技術に属することだ。とにかく好きな法律を公布してみたまえ。君がなにか法律を公布してくれさえすれば、君がどういう法律を公布したか、ラテン語で説明してあげよう。」

　このような法の一般理論は、なにごとも説明しようとしていない。それは現実の事実、すなわち社会生活に初めから背をむけて規範をとりあつかい、そして規範の起源や（それは法律学をこえた問題だ！）、規範と物質的な利害とのつながりになんらの関心ももっていない。……

　いわゆる社会学的および心理学的な法理論については、話が別である。これらの理論は……法を現象として、その発生と発展において説明しようとしている。……しかし、ここでもわれわれは幻滅を感じている。社会学的および心理学的な法理論は、ふつう法の形態そのものを検討しない。……これらの理論は……純粋に法律的な定義を検討することもある。しかしそれも後で、これらの定義は「フィクション（作りごと）」であり、「イデオロギー的な狂信」であり、「投影図」であるなどとのべるためにするにすぎない。……多数のマルクス主義者の同志は法の真に唯物論的マルクス主義的理論を手にいれるためには、上にしるした理論に階級闘争の契機をいれれば十分であると思っている。しかしその結果として、われわれが手にいれるのは、かすかに法律的な色のついた経済形態の歴史であり、あるいは制度の歴史であって、法の一般理論では決してない。……一般的に、マルクス主義的な著述家たちが法的概念について話すとき、かれらはなんらかの時代に存在する法的規制の具体的な内容、すなわち、その発展段階の人たちが法と思っていたことだけしか考えてこなかったことを、指摘しなければならない。……

　パシュカーニスが最後の段落でのべているように、法はある種の事実である。彼は「形態」という言葉を使っているが、それがどのような事実であるのか、これを探求するのが「法の一般理論」の本来の使命である。それは、正義論や法学方法論と切り離した形で行っても無意味である。私は、ハイエクの法理論を法の一般理論として扱った。

　ハイエクの自生的秩序論を完成させるには、統計物理学の手法を応用するのが一番早いのではないか、と推測する。自然言語で書かれた（あるいは書かれざる）法律や判例のデータをどうやって方程式に取り込むか、ということが一番むずかしい課題となろう。それに成功すれば、自生的法を含む自生的秩序のパターン予測のようなものが好都合な条件下では可能になるかもしれない。しかし、それでもなお、今ここでどのような法がよいかは、自分で考えるしかないのである。

　事実をみすえ、つねに自分で考えてほしい。再度、パシュカーニス（同53頁）から引用して、本書を閉じることにする[81]。

法にあたえられる定義から法について知ることは、ほとんどできないということ、そして逆に、それぞれの学者が自分自身の定義に注意をむけなくなればなるほど、かれは形態としての法について、より根本的に知らせてくれるということは、公理であるといえる。

81　パシュカーニスから大きな影響を受けた日本の法哲学者の一人として、加古祐二郎（1905-1937）がいる。同『近代法の基礎構造』（日本評論社、1964年）参照。同書所収の恒藤恭「加古祐二郎君の追憶」は名文であり、一読に値する。

第9章49解答例

功利主義者としてのロールズ

ロールズの正義論は、格差原理において、「各人に本来帰属するべきもの」という観念を認めないから、伝統的な意味での——つまり「各人に各人のものを」という観念によって把握できるような——分配的正義の理論ではない。

功利主義も、それが、個々人の「幸福」のたんなる総計としての「社会」の「幸福」(快楽、効用、厚生、(センの意味での)「自由」等々どのような用語を用いても、その本質は同じ)の総量が大きくなるような行為または制度のほうがよいまたは正しいとするかぎりでは、伝統的な意味での分配的正義の理論ではない。

功利主義が、分配の問題を考えないというのは間違いである(ロールズは、経済学を知らない人々にそのような誤解を広めるのに大いに貢献した)。分配の仕方によって、社会の幸福の総量が変化するなら、それが増大するような分配の仕方をよしとするのは当然である。

ロールズは、格差原理において、社会の幸福を最も恵まれない人々の幸福と同一視して、後者の幸福が最大になるとき、「完全な正義」(perfect justice)が達成されると説いた。両者とも、シュンペーターのいう「原罪」をすでに犯している。ロールズは、幸福の合計の仕方を工夫しただけである。実際、ロールズは、格差原理を構想するにあたり、功利主義の経済学版である厚生経済学から多くを学んでいる。だが、そのような特殊な合計の仕方に、それまで厚生経済学者はだれも気づかなかったので、彼らは、その点を高く評価した。

その上で、厚生経済学者は、どうして一番不幸な者の幸福にだけ注目するのか、普通の人々はむしろ、平均的な人の幸福度に注目するのではないか、といって文句を言っている。同じ穴のむじなである。この論争は、人はリスクが好きか嫌いかという黒板経済学者の玩具で扱いやすかったため、砂場遊びは続いたが、例によって、水かけ論に終わっている。

「幸福」を「基本善」としたところが、功利主義者とは違うのだというのがロールズの言い訳の一つであるが、彼が実際に論じているのは「所得」で

ある。いずれにせよ、制度設計において、「各人に各人のものを」は、一切考慮されない。

　よって、ロールズは、格差原理に関するかぎり、功利主義者である。

文献一覧

〈日本語文献〉

碧海純一　『法哲学概論』（弘文堂、1959年）
碧海純一　『新版　法哲学概論　全訂第二版補正版』（弘文堂、2000年）
碧海純一・伊藤正巳・村上淳一編　『法学史』（東京大学出版会、1976年）
新井光吉　『アメリカの福祉国家政策──福祉切捨て政策と高齢社会日本への教訓──』（九州大学出版会、2002年）
井上　彰　「正義・平等・責任：正義としての責任原理・序説」田中愛治監修、須賀晃一・斎藤純一編『政治経済学の規範理論』（勁草書房、2011年）
井堀利宏　『財政　第二版』（岩波書店、2001年）
岩田靖夫　『アリストテレスの倫理思想』（岩波書店、1985年）
宇沢弘文　『ヴェブレン』（岩波書店、2000年）
内井惣七　『科学哲学入門──科学の方法・科学の目的──』（世界思想社、1995年）
尾高朝雄　『法哲学』（日本評論社、1935年）
尾高朝雄　『国家構造論』（岩波書店、1936年）
尾高朝雄　「『法哲学』という用語について」『法律時報』11巻10号（1939年）
尾高朝雄　『実定法秩序論』（岩波書店、1942年）
尾高朝雄　『法の究極にあるもの』（有斐閣、1947年）
尾高朝雄　『法哲学概論』（日本評論新社、1949年）
尾高朝雄　『改定法哲学概論』（学生社、1953年）
尾近裕幸・橋本努編著　『オーストリア学派の経済学──体系的序説』（日本経済評論社、2003年）
小野秀誠　『利息制限法と公序良俗』（信山社、1999年）
小原敬士　『ヴェブレン』（勁草書房、1965年、新装版2007年）
戒能通弘　『世界の立法者、ベンサム──功利主義法思想の再生──』（日本評論社、2007年）
加古祐二郎　『近代法の基礎構造』（日本評論社、1964年）
桂木隆夫　『自由と懐疑──ヒューム法哲学の構造とその生成──』（木鐸社、1988年）
加藤新平　『法学的世界観』（有斐閣、1950年）
加藤新平　「新カント学派」尾高朝雄・峯村光郎・加藤新平編『法哲学講座　第五巻（上）』（有斐閣、1960年）
加藤新平　『法哲学概論』（有斐閣、1976年）
亀本　洋　「レトリックとしての『法と経済学』（一）」『法学論叢』148巻1号（2000年）
亀本　洋　「『公正としての正義・再説』における格差原理の正当化」樋口陽一・森英樹・高見勝利・辻村みよ子編著『国家と自由──憲法学の可能性』（日本評論社、2004年）
亀本　洋　「格差原理とはどのような原理か」『思想』975号（2005年）
亀本　洋　『法的思考』（有斐閣、2006年）
亀本　洋　「法制度の重み──広中俊雄教授の民法解釈方法論覚書──」林信夫・佐藤岩

夫編広中俊雄先生傘寿記念論集『法の生成と民法の体系』(創文社、2006年)
亀本　洋　「法哲学教育の標準化」『法哲学年報2007　ロースクール時代の法哲学』(有斐閣、2008年)
亀本　洋　「R・ノージックの国家論に関する注釈——独立人への賠償はどのようにしてなされるのか——」田中成明編『国際比較からみた日本社会における自己決定と合意形成』(国際高等研究所、2008年)
亀本　洋　「ヨンパルト先生から学んだこと——ホセ・ヨンパルト著『法哲学で学んだこと——一法学者の回顧録』を読んで——」『法の理論28』(成文堂、2009年)
亀本　洋　「ロナルド・コースのリアリズム経済学——コース理論検討のための覚書——」『法学論叢』164巻1—6号 (2009年)
亀本　洋　「法、法学と経済学——コースの理論を手がかりにして——」『法哲学年報2008　法と経済——制度と思考法をめぐる対話——』(有斐閣、2009年)
亀本　洋　「ホーフェルド図式の意味と意義」『法学論叢』166巻6号 (2010年)
亀本　洋　「スンマとシステム——法学的思考と経済学的思考の比較——」亀本洋編『スンマとシステム——知のあり方——』(国際高等研究所、2011年)
河上正二　『民法学入門〔第2版〕』(有斐閣、2009年)
喜多見洋　「ジャン=バティスト・セー——習俗の科学から実践経済学へ——」鈴木信雄責任編集『経済学の古典的世界1』(日本経済評論社、2005年)
熊谷尚夫　『厚生経済学』(創文社、1978年)
児玉　聡　『功利と直観　英米倫理思想史入門』(勁草書房、2010年)
佐伯　胖　『「決め方」の論理——社会的決定理論への招待——』(東京大学出版会、1980年)
桜井　徹　『リベラル優生主義と正義』(ナカニシヤ出版、2007年)
佐々木晃　『ソースタイン・ヴェブレン——制度主義の再評価——』(ミネルヴァ書房、1998年)
笹倉秀夫　『近代ドイツの国家と法学』(東京大学出版会、1979年)
笹倉秀夫　『法解釈講義』(東京大学出版会、2009年)
佐橋謙一　「非対審型モデルの適用における手続的正義の原理について——M. ベイルズの所論を中心に——」亀本洋編『スンマとシステム——知のあり方——』(国際高等研究所、2011年)
塩沢由典　『市場の秩序学』(ちくま学芸文庫、1998年)
嶋津　格　『自生的秩序』(木鐸社、1985年)
清水幾太郎　『オーギュスト・コント』(岩波新書、1978年)
関口正司　『自由と陶冶——J. S. ミルとマス・デモクラシー——』(みすず書房、1989年)
関　良徳　『フーコーの権力論と自由論　その政治哲学的構成』(勁草書房、2001年)
高木八尺・末延三次・宮沢俊義編　『人権宣言集』(岩波文庫、1957年)
高柳賢三　「権利思想のある展開（一）（二・完）」『国家学会雑誌』54巻5号、6号 (1940年)
高柳賢三　『米英の法律思潮』(海口書店、1948年)
瀧川裕英　「他行為可能性は責任の必要条件ではない」『法学雑誌』55巻1号 (2008年)
田中耕太郎　『法律哲学論集（一）』(岩波書店、1942年)
田中耕太郎　『法律哲学論集（二）』(岩波書店、1944年)

田中耕太郎　『法律哲学論集（三）』（岩波書店、1952年）
田中耕太郎　『法律学概論』（学生社、1953年）
田中成明　『裁判をめぐる法と政治』（有斐閣、1979年）
田中成明　「手続的正義に関する一考察」『法の理論6』（成文堂、1985年）
田中成明　『法理学講義』（有斐閣、1994年）
田中成明　『現代日本法の構図』（悠々社、1995年）
田中成明　『現代社会と裁判——民事訴訟の位置と役割——』（弘文堂、1996年）
田中成明ほか　『法思想史〔第2版〕』（有斐閣、1997年）
田中二郎　『新版　行政法　上巻　全訂第2版』（弘文堂、1974年）
田中英夫編　『英米法辞典』（東京大学出版会、1991年）
棚瀬孝雄編　『現代法社会学入門』（法律文化社、1994年）
杖下隆英　『ヒューム』（勁草書房、1982年）
恒藤　恭　『批判的法律哲学の研究』（内外出版株式会社、1924年）
中島　重　『社会哲学的法理学』（岩波書店、1933年）
長尾龍一　「煩悩としての正義」『理想』637号（1987年）
長尾龍一　『法哲学批判』（信山社、1999年）
長尾龍一　『法哲学入門』（講談社学術文庫、2007年）
中林良純　「強制の概念」『法学論叢』166巻5号
長嶺超輝　『サイコーですか？最高裁！』（光文社、2007年）
成田和信　『責任と自由』（勁草書房、2004年）
西村和雄　『ミクロ経済学入門　第2版』（岩波書店、1995年）
西村　稔　『知の社会史——近代ドイツの法学と知識社会』（木鐸社、1987年）
根岸　隆　『ワルラス経済学入門』（岩波書店、1985年）
長谷部恭男　『比較不能な価値の迷路』（東京大学出版会、2000年）
濱真一郎　『バーリンの自由論——多元論的リベラリズムの系譜——』（勁草書房、2008年）
平野仁彦・亀本洋・服部高宏　『法哲学』（有斐閣、2002年）
広中俊雄　『民法解釈方法に関する十二講』（有斐閣、1997年）
広濱嘉雄　『法理学』新法学全集第1巻（穂積重遠『法学通論』との合本）（日本評論社、1940年）
藤倉皓一郎ほか編　『英米判例百選［第3版］』（有斐閣、1996年）
船橋喜恵　『ヒュームと人間の科学』（勁草書房、1985年）
星野英一　『民法論集　第1巻』（有斐閣、1970年）
星野英一　『民法論集　第5巻』（有斐閣、1986年）
穂積陳重　『法律進化論　第一冊』（岩波書店、1924年）
穂積陳重　『法律進化論　第二冊』（岩波書店、1924年）
穂積陳重　『法律進化論　第三冊』（岩波書店、1927年）
穂積陳重　「法理学」『法窓夜話』（岩波文庫、1980年）
穂積陳重　『復讐と法律』（岩波文庫、1982年）
穂積陳重　『タブーと法律』（書肆心水、2007年）
松井茂記　『アメリカ憲法〔第2版〕』（有斐閣、1993年）
松浦好治　『法と比喩』（弘文堂、1992年）

松浦好治　「'Law as Science' 論と十九世紀アメリカ法思想――ラングデル法学の意義(1)(2)(3)」『中京法学』16巻2号（1981年）、4号（1982年）、『阪大法学』125号（1982年）
松平光夫　「ハード・ケース処理に関する裁判官の役割――アリストテレスの Epieikeia の概念を中心に――」『法の理論9』（成文堂、1988年）
三谷隆正　『国家哲学』（日本評論社、1929年）
三谷隆正　『法律哲学原理』（岩波書店、1935年）
三本卓也　「ホーフェルドと義務論理――ウリクトとの比較を通じて――」『法哲学年報2006　法哲学と法学教育――ロースクール時代の中で――』（有斐閣、2007年）
宮澤俊義　「尾高教授の『法哲学』」『法律時報』8巻3号（1936年）
宮澤俊義　「わが国の法哲学」『法律時報』8巻11号（1936年）
村山眞維・濱野亮　『法社会学』（有斐閣、2003年）
八木鉄男　『分析法学の研究』（成文堂、1977年）
八木鉄男　『分析法学と現代』（成文堂、1989年）
矢崎光圀　『法哲学』（筑摩書房、1975年）
矢島杜夫　『ミル『論理学体系』の形成』（木鐸社、1993年）
矢島杜夫　『ミル『自由論』の形成』（御茶の水書房、2001年）
山下正男　「正義と権利――西欧的価値観の歴史――」上山春平編『国家と価値』（京都大学人文科学研究所、1984年）
山下正男　『論理的に考えること』（岩波書店、1985年）
ホセ・ヨンパルト　『日本国憲法哲学』（成文堂、1995年）
ホセ・ヨンパルト　『法哲学で学んだこと――一法学者の回顧録』（成文堂、2008年）
六本佳平　『法社会学』（有斐閣、1986年）
若松良樹　『センの正義論――効用と権利の間で――』（勁草書房、2003年）
和田小次郎　『法哲学　上』（日本評論社、1943年）
和田仁孝編　『法社会学』（法律文化社、2006年）
『法哲学年報1978　日本の法哲学Ⅰ』（有斐閣、1979年）
『法哲学年報1979　日本の法哲学Ⅱ』（有斐閣、1980年）
『モンダイの弁護士　別冊宝島 Real 28号』（宝島社、2002年）

〈外国語文献〉

アクィナス　『神学大全』（高田三郎訳、創文社、第1巻1960年、第2巻1963年）
アリストテレス　『ニコマコス倫理学』（高田三郎訳『ニコマコス倫理学（上）（下）』、岩波文庫、1971年、1973年）、（加藤信朗訳『ニコマコス倫理学』、アリストテレス全集13、岩波書店、1973年）
アリストテレス　『弁論術』（戸塚七郎訳、岩波文庫、1992年）
アリストテレス　『政治学』（山本光雄訳、アリストテレス全集15所収、岩波書店、1969年）
アリストテレス　『トピカ』（村治能就訳、アリストテレス全集2所収、岩波書店、1970年）
アリストテレス　『分析論前書』（井上忠訳、アリストテレス全集1所収、岩波書店、1971

年)
アリストテレス 『分析論後書』(井上忠訳、アリストテレス全集1所収、岩波書店、1971年)
K. J. Arrow, *Social Choice and Individual Values* (J. Wiley & Sons, 1951／長名寛明訳『社会的選択と個人的評価』、日本経済新聞社、1977年)
M. D. Bayles, *Procedural Justice: Allocating to Individuals* (Dordrecht, Kluwer Academic Pubishers, 1990)
C. B. Beccaria, *Dei delitti e delle pene* (1764／風早八十二・風早二葉訳『犯罪と刑罰』、岩波文庫、1959年)
R. N. Bellah, *Habits of the Heart: Individualism and Commitment in American Life* (Berkeley, University of California Press, 1985／島薗信・中村圭志訳『心の習慣——アメリカ個人主義のゆくえ——』、みすず書房、1991年)
R. N. Bellah, *The Good Society* (New York, Knopf New York, 1991／中村圭志訳『善い社会——道徳的エコロジーの制度論——』、みすず書房、2000年)
M. L. ベネディクト 『アメリカ憲法史』(常本照樹訳、北海道大学図書刊行会、1994年)
J. ベンサム 『道徳および立法の諸原理序説』(山下重一訳、関嘉彦責任編集『世界の名著49 ベンサム J. S. ミル』、中央公論社、1979年)
I. Berlin, *Four Essays on Liberty* (London, Oxford University Press, 1969／小川晃一・小池銈・福田歓一・生松敬三訳『自由論』新装版、みすず書房、1979年)
D. Black, *The Theory of Committee and Elections* (Cambridge, Cambridge University Press, 1958)
J. Burnet, *The Ethics of Aristotle*, edited with an Introduction and Notes, reprinted edition (New York, Arno Press, 1973)
S. N-S. Cheung, *Will China Go 'Capitalist'?*, Institute of Economic Affairs (1982)
キケロ 『発想論』(片山英男訳、キケロー選集6、岩波書店、2000年)
R. H. Coase, "The Problem of Social Cost," The Journal of Law and *Economics* 3 (1960／宮沢健一・後藤晃・藤垣芳文訳『企業・市場・法』収録、東洋経済新報社、1992年、他に新澤秀則訳「社会的費用の問題」、松浦好治編訳『「法と経済学」の原点』、木鐸社、1994年、11-73頁)
R. H. Coase, *The Firm, the Market, and the Law* (University of Chicago Press, 1988／宮沢・後藤・藤垣訳『企業・市場・法』、東洋経済新報社、1992年)
R. H. Coase, *Essays on Economics and Economists* (Chicago and London, University of Chicago Press, 1994)
A. A. Cournot, *Recherches sur les principes mathématiques de la théorie des richesses* (1838／中山伊知郎訳『富の理論の数学的原理に関する研究』、日本経済評論社、1982年)
G. A. Cohen, *If you're an egalitarian, How come you're so rich?* (Harvard University Press, 2000／渡辺雅男・佐山圭司訳『あなたが平等主義者なら、どうしてそんなにお金持ちなのですか』、こぶし書房、2006年)
W. W. Cook, "Hohfeld's Conceptions on the Science of Law", in Wesley Newcomb Hohfeld (edited by Walter Wheeler Cook), *Fundamental Legal Conceptions as Applied in Judicial Reasoning and Other Legal Essays* (New Haven, Yale Univer-

sity Press, 1919), pp. 3-4.
A. コント 『世界の名著36 コント・スペンサー』（清水幾太郎責任編集、中央公論社、1970年）
C. J. Dahlman, "The Problem of Externality," *The Journal of Law and Economics* 22 (1979)
R. Dworkin, *Sovereign Virtue* (Cambridge, Massachusetts, Harvard University Press, 2000／小林公・大江洋・高橋秀治・高橋文彦訳『平等とは何か』、木鐸社、2002年)
E. Ehrlich, *Grundlegung der Sociologie des Rechts* (München, Leipzig, Duncker & Humblot, 1913／河上倫逸・M. フーブリヒト訳『法社会学の基礎理論』、みすず書房、1984年)
E. Ehrlich, *Die juristische Logik* (Tübingen, Mohr, 1918／河上倫逸・M. フーブリヒト訳『法律的論理』、みすず書房、1987年)
M. Foucault, *Maladie mentale et psychologie* (Paris, Presses universitaires de France, 1954／神谷美恵子訳『精神疾患と心理学』、みすず書房、1970年)
M. Foucault, *Moi, Pierre Rivière* (Paris, Gallimard, 1973／岸田秀・久米博訳『ピエール・リヴィエールの犯罪』、河出書房新社、1995年)
M. Foucault, *Surveiller et punir : naissance de la prison* (Paris, Gallimard, 1975／田村俶訳『監獄の誕生——監視と処罰——』、新潮社、1977年)
J. Frank, *Law and the modern mind* (New York, Tudor Publishing Co., 1930／棚瀬孝雄・棚瀬一代訳『法と現代精神』、弘文堂、1974年)
J. Frank, *Courts on trial : Myth and Reality in American Justice* (Princeton, Princeton University Press, 1949／古賀正義訳『裁かれる裁判所』、弘文堂、1970年)
W. K. Frankena, *Ethics* (Prentice-Hall, 1963, 2nd ed., 1973／松下隆英訳『倫理学 改訂版』、培風館、1975年)
H. G. Frankfurt, "Alternate Possibilities and Moral Responsibility," *Journal of Philosophy* 66 (1969／三ツ野陽介訳「選択可能性と道徳的責任」、門脇俊介・野矢茂樹編『自由と行為の哲学』、春秋社、2010年)
M. Friedman, *Essays in Positive Economics* (Chicago, University of Chicago Press, 1953／佐藤隆三・長谷川啓之訳『実証的経済学の方法と展開』、富士書房、1977年)
M. Friedman, *Price Theory : A Provisional Text* (Chicago, Aldine. Publishing Company, 1962／内田忠夫・西部邁・深谷昌弘訳『価格理論』、好学社、1972年)
M. Friedman, *Capitalism and Freedom* (Chicago, University of Chicago Press, 1962／村井章子訳『資本主義と自由』、日経BP社、2008年)
M. Friedman, *Bright Promises, Dismal Performance : An Economist's Protest* (San Diego, Harcourt Brace Jovanovich, 1983／西山千明監修、土屋政男訳『政府からの自由』、中公文庫、1991年)
M. & R. Friedman, *Free to choose* (New York, Harcourt Brace Jovanovich, 1980／西山千明訳『選択の自由——自立社会への挑戦——』、日経ビジネス文庫、2002年)
R. Gaskins, *Burdens of Proof in Modern Discourse* (New Haven and London, Yale University Press, 1992)
M. P. Golding, *Philosophy of Law* (Englewood Cliffs, Prentice-Hall, 1975／上原行雄・小谷野勝巳訳『法の哲学』、培風館、1985年)

H. H. Gossen, *Entwicklung der Gesetze des menschlichen Verkehrs, und der daraus fliessenden Regeln für menschliches Handeln* (Braunschweig, 1854／池田幸弘訳『人間交易論』、日本経済評論社、2002年)

N. Hammerstein et al., herausgegeben von Michael Stolleis, *Staatsdenker im 17. und 18. Jahrhundert : Reichspublizistik, Politik, Naturrecht* (Frankfurt am Main, A. Metzner, 1987／佐々木有司・柳原正治訳『一七・一八世紀の国家思想家たち――帝国公（国）法論・政治学・自然法論――』、木鐸社、1995年)

W. F. R. Hardie, *Aristotle's Ethical Theory*, 2nd ed. (Oxford, Oxford University Press, 1980)

R. M. Hare, *The Language of Morals* (Oxford, Clarendon Press, 1952／小泉仰・大久保健訳『道徳の言語』、勁草書房、1982年)

R. M. Hare, *Freedom and Reason* (Oxford, Clarendon Press, 1963／山内友三郎訳『自由と理性』、理想社、1982年)

H. M. Hart, Jr. and A. M. Sacks, *The Legal Process : Basic Problems in the Making and Application of Law* (edited by William N. Eskridge, Jr. and Philip P. Frickey), (Westbury, New York, The Foundation Press, Inc. 1994)

H. L. A. Hart, *The Concept of Law* (Oxford, Oxford University Press, 1961, 2nd ed., 1994／初版の邦訳として、矢崎光圀監訳『法の概念』みすず書房、1976年。第2版追記について、布川玲子・高橋秀治訳「『法の概念』第2版追記　上」みすず438号、1997年)

H. L. A. Hart, *Essays on Bentham* (Oxford, Oxford University Press, 1982)

H. L. A. Hart, *Essays in Jurisprudence and Philosophy* (Oxford, Oxford University Press, 1983／矢崎光圀ほか訳『法学・哲学論集』、みすず書房、1990年)

N. Hartmann, *Ethik*, 4., unveränderte Auflage (Berlin, Waler de Gruyter & Co., 1962)

F. A. Hayek, *The Road to Serfdom* (London, G. Routledge & Sons, 1944／西山千明訳『隷属への道』、新版ハイエク全集第I期別巻、春秋社、2008年)

F. A. Hayek, *The Counter-Revolution of Science* (Indianapolis, Liberty Press, 1952／佐藤茂行訳『科学による反革命』、木鐸社、1979年)

F. A. Hayek, *The Constitution of Liberty* (London and Henley, Routledge & Kegan Paul, 1960／気賀健三・古賀勝次郎訳『自由の条件〔I〕自由の価値』、新版ハイエク全集第I期第5巻、気賀健三・古賀勝次郎訳『自由の条件〔II〕自由と法』、新版ハイエク全集第I期第6巻、気賀健三・古賀勝次郎訳『自由の条件〔III〕福祉国家における自由』、新版ハイエク全集第I期第7巻、春秋社、2007年)

F. A. Hayek, *Law, Legislation and Liberty*, Vol. 1, *Rules and Order* (London, Routledge & Kegan Paul, 1973／矢島欽次・水吉俊彦訳『法と立法と自由〔I〕ルールと秩序』新版ハイエク全集第I期第8巻、春秋社、2007年)

F. A. Hayek, *Denationalisation of Money* (London, Institute of Economic Affairs, 1976／川口慎二訳『貨幣発行自由化論』、東洋経済新報社、1988年)

F. A. Hayek, *Law, Legislation and Liberty*, Vol. 2, *The Mirage of Social Justice* (London, Routledge & Kegan Paul, 1976／篠塚慎吾訳『法と立法と自由〔II〕社会正義の幻想』、新版ハイエク全集第I期第9巻、春秋社、2008年)

F. A. Hayek, *Law, Legislation and Liberty*, Vol. 3, *The Political Order of a Free People*

(London, Routledge & Kegan Paul, 1979／渡部茂訳『法と立法と自由〔III〕自由人の政治的秩序』、新版ハイエク全集第I期第10巻、春秋社、2008年)

F. A. Hayek, *Fatal Conceit* (edited by W.W. Bartley III, London, Routledge, 1988／渡辺幹雄訳『致命的な思いあがり』、ハイエク全集第II期第1巻、春秋社、2009年)

F. A. ハイエク 『市場・知識・自由』(田中真晴・田中秀夫編訳、ミネルヴァ書房、1986年)

F. A. ハイエク 『哲学論集』(嶋津格監訳、ハイエク全集第II期第4巻、春秋社、2010年)

F. Heinimann, *Nomos und Physis* (Basel, Friedrich Reinhardt AG., 1945／廣川洋一・玉井治・矢内光一訳『ノモスとピュシス』、みすず書房、1983年)

M. B. Hesse, *Models and Analogies in Science* (Notre Dame, University of Notre Dame Press, 1966／高田紀代志訳『科学・モデル・アナロジー』、培風館、1986年)

P. Heyne, *Economic Way of Thinking*, 9th ed. (Prentice Hall, 2000／木村憲二・鈴木多加史・福井南海男訳『経済学入門──経済学の考え方』、ピアソン・エデュケーション、2003年)

Th. Hobbes, *Leviathan or The Matter, Forme and Power of a Common Wealth Ecclesiasticall and Civil* (1651／永井道雄・宗片邦義訳『リヴァイアサン』、『世界の名著28　ホッブズ』、中央公論社、1979年)

W. N. Hohfeld, *Fundamental Legal Conceptions as Applied in Judicial Reasoning and Other Legal Essays* (edited by Walter Wheeler Cook, New Haven, Yale University Press, 1919)

O. W. Holmes, *The Common Law* (Boston, 1881)

O. W. Holmes, "The Path of the Law", 10 *Harvard Law Review*, 474 (1897)

D. Hume, *A Treatise of Human Nature, Being an Attempt to Introduce the Experimental Method of Reasoning into Moral Subjects*, Book III (1740／大槻春彦訳『人性論(四)』、岩波文庫、1952年)

D. Hume, *Enquiries concerning Human Understanding and concerning the Principles of Morals* (Reprinted from the 1777 edition with Introduction and Analytical Index by L. A. Selby-Bigge, Third Edition with text revised and notes by P. H. Nidditch, Oxford, Oxford University Press, 1975)

S. L. Hurley, *Justice, Luck, and Knowledge* (Cambridge, Massachusetts, Harvard University Press, 2003)

H. S. Jevons, *The Theory of Political Economy* (London, Macmillan, 1871／4th ed. の訳として、小泉信三・寺尾琢磨・永田清訳『経済学の理論』、日本経済評論社、1981年)

R. von Jhering, *Scherz und Ernst in der Jurisprudenz : eine Weihnachtsgabe für das juristische Publikum* (Leipzig, Breitkopf und Härtel, 1884／眞田芳憲・矢澤久純訳『法学における冗談と真面目』、中央大学出版部、2009年、このうち Wieder auf Erden : Wie soll es besser werden? については、大塚滋・高須則行訳「再び現世にて──事態はどのように改善されるべきか？──(上)(下)」『東海法学』18号、19号、1997年、1998年)

A. R. Jonsen and S. Toulmin, *Abuse of Casuistry : A History of Moral Reasoning* (Berkeley, University of California Press, 1988)

I. Kant, *Kritik der reinen Vernunft*（1781／天野貞祐訳『純粋理性批判』、講談社学術文庫、1937年）

I. Kant, *Grundlegung zur Metaphysik der Sitten*（1785／加藤新平・三島淑臣訳『人倫形而上学の基礎づけ』、世界の名著39、中央公論社、1979年）

H. Kelsen, *General Theory of Law and State*（Cambridge, Mass., Harvard University Press, 1945／尾吹善人訳『法と国家の一般理論』、木鐸社、1991年）

H. Kelsen, *Reine Rechtslehre*, 2 Aufl.（Wien, F. Deuticke, 1960／初版の訳として、横田喜三郎訳『純粋法学』、岩波書店、1935年）

H. ケルゼン 『ハンス・ケルゼン著作集V　ギリシャ思想集』（長尾龍一訳、慈学社出版、2009年）

Th. S. Kuhn, *The Essential Tension, Selected Studies in Scientific Tradition and Change*（Chicago, University of Chicago Press, 1977／安孫子誠也・佐野正博訳『本質的緊張1』、みすず書房、1987年、『本質的緊張2』、みすず書房、1992年）

Th. S. Kuhn, *The Road since Structure : Philosophical Essays,* 1970-1993（Chicago, University of Chicago Press, 2000／佐々木力訳『構造以来の道：哲学論集1970-1993』、みすず書房、2008）

Ch. E. Larmore, *Patterns of Moral Complexity*（Cambridge, Cambridge University Press, 1987）

K. N. Llewellyn, "Remarks on the Theory of Appellate Decision and Rules or Canons about How Statutes Are to Be Construed," 3 *Vanderbilt Law Review*, 395（1950／松浦好治訳「上級審判決の理論および制定解釈のルール、あるいは規準について」、中京法学11巻3・4合併号、1976年）

J. Locke, *Two Treatises of Government*（1689／第二論文の邦訳として、鵜飼信成訳『市民政府論』、岩波文庫、1968年、全訳として、加藤節訳『統治二論』、岩波書店、2007年、伊藤宏之訳『統治論』、柏書房、1997年）

N. MacCormick, *Legal Reasoning and Legal Theory*（Oxford University Press, 1978／亀本洋・角田猛之・井上匡子・石前禎幸・濱真一郎訳『判決理由の法理論』、成文堂、2009年）

A. C. MacIntyre, *After Virtue : A Study in Moral Theory*（Notre Dame, University of Notre Dame Press, 1981／篠﨑榮訳『美徳なき時代』、みすず書房、1993年）

N. Macrae, *John von Neumann : The Scientific Genius who pioneered the Modern Computer, Game Theory, Nuclear Deterrence, and much more*（New York, Pantheon Books, 1992／渡辺正・芦田みどり訳『フォン・ノイマンの生涯』、朝日新聞社、1998年）

H. J. S. Maine, *Ancient Law*（London, J. Murray, 1861）

R. P. Malloy, *Law and Market Economy : Reinterpreting the Values of Law and Economics*（Cambridge, Cambridge University Press, 2000）

B. Mandeville, *The Fable of the Bees*（1714／泉谷治訳『蜂の寓話』、法政大学出版局、1985年）

A. Marshall, *Principles of Economics*（London, Macmillan, 1890／8th ed.の邦訳として、永沢越郎訳『経済学原理　第1～第4分冊』、岩波書店、1985年）

K. H. Marx, *Das Kapital : Kritik der politischen Ökonomie*（1867／向坂逸郎訳『資本

論（一）』、岩波文庫1958年）
D. N. McCloskey, *Rhetoric of Economics* (Madison, Wis., University of Wisconsin Press, 1985／長尾史郎訳『レトリカル・エコノミクス』、ハーベスト社、1992年)
D. N. McCloskey, *Vices of Economists : the Virtues of the Bourgeoisie* (Amsterdam, Amsterdam University Press, 1996／赤羽隆夫訳『増補　ノーベル賞経済学者の大罪』、ちくま学芸文庫、2009年)
C. Menger, *Untersuchungen über die Methode der socialwissenschaften, und der politischen Oekonomie insbesondere* (Leipzig, Duncker & Humblot, 1883／福井孝治・吉田昇三訳、吉田昇三改訳『経済学の方法』、日本経済評論社、1986年)
C. Menger, *Grundsätze der Volkswirtschaftslehre* (Wien, Wilhelm Braumüller, 1871／安井琢磨・八木紀一郎訳『国民経済学原理』、日本経済評論社、1999年、第2版（1923年）の邦訳として、八木紀一郎・中村友太郎・中島芳郎訳『一般理論経済学1、2　遺稿による「経済学原理」第2版』、みすず書房、1982年、1984年)
J. S. Mill, *Principles of Political Economy, with Some of Their Applications to Social Philosophy* (London, J. W. Parker, 1848／末永茂喜訳『経済学原理（一）〜（五）』（岩波文庫、1959〜1963年)
J. S. Mill, *Utilitarianism* (1861／伊原吉之助訳『功利主義論』、関嘉彦責任編集『世界の名著49　ベンサム　J. S. ミル』所収、中央公論社、1979年)
J. S. Mill, *On Liberty* (David Bromwich and George Lateb (ed.), New haven and London, Yale University Press, 2003／関嘉彦責任編集『世界の名著49　ベンサム　J. S. ミル』所収、中央公論社、1979年)
D. Miller, *Social Justice* (Oxford, Oxford University Press, 1976)
D. Miller, *Principles of Social Justice* (Cambridge, Massachusetts, Harvard University Press, 1999)
D. Miller, *On Nationality* (New York, Clarendon Press, 1995／富沢克ほか訳『ナショナリティについて』、風行社、2007年)
L. von Mises, *Ultimate Foundation of Economic Science* (Princeton, N.J., Van Nostrand, 1962／村田稔雄訳『経済科学の根底』、日本経済評論社、2002年)
J. von Neumann and O. Morgenstern, *Theory of Games and Economic Behavior* (Princeton, Princeton University Press, 1944／銀林浩・橋本和美・宮本敏雄監訳、阿部修一・橋本和美訳『ゲームの理論と経済行動1〜3』、ちくま学芸文庫、2009年)
R. Nozick, *Anarchy, State, and Utopia* (New York, Basic Books, 1974／嶋津格訳『アナーキー・国家・ユートピア』、木鐸社、上巻1985年、下巻1989年)
S. Olsaretti (ed.), *Desert and Justice* (Oxford, Oxford University Press, 2003)
S. Olsaretti, *Liberty, Desert, and the Market : A Philosophical Study* (Cambridge, Cambridge University Press, 2004)
E. B. パシュカーニス　『法の一般理論とマルクス主義』（稲子恒夫訳、日本評論社、1967年)
C. Perelman, *Logique juridique* (Paris, Dalloz, 1976／江口三角訳『法律家の論理——新しいレトリック』、木鐸社、1986年)
Ch. Pierson, *Beyond the Welfare State? : The New Political Economy of Welfare* (Cambridge, Polity Press, 1991／田中浩・神谷直樹訳『曲がり角にきた福祉国家——

福祉の新政治経済学――』、未来社、1996年)
A. C. Pigou, *The Economics of Welfare* (London, Macmillan, 1920／気賀健三 ほか訳『厚生経済学 I ～ IV』、東洋経済新報社、1953～55年)
プラトン 『国家（上）（下）』（藤沢令夫訳、岩波文庫、1979年)
K. R. Popper, *Poverty of Historicism* (Boston, 1957／久野収・市井三郎訳『歴史主義の貧困』、中央公論社、1961年)
K. R. Popper, *The Open Society and Its Enemies* (London, Routledge, 1945／内田詔夫・小河原誠訳『開かれた社会とその敵（上）（下）』、未來社、1980年)
R. A. Posner, *Economic Analysis of Law* (Little, Brown and Co., 1973)
R. A. Posner, *The Economics of Justice* (Cambridge, Mass., Harvard University Press, 1981／馬場孝一・国武輝久監訳『正義の経済学』、木鐸社、1991年)
R. A. Posner, *Economic Analysis of Law*, 5th ed. (New York, Aspen Law & Business, 1998)
W. Poundstone, *Prisoner's Dilemma* (Anchor Books, 1992／松浦俊輔ほか訳『囚人のジレンマ』、青土社、1995年)
G. Radbruch, *Rechtsphilosophie* (Leipzig, Quelle & Meyer, 1932／田中耕太郎訳『法哲学』、東京大学出版会、1961年)
A. Rand, *The Virtue of Selfishness : A New Concept of Egoism* (New American Library, 1964／藤森かよこ訳『利己主義という気概――エゴイズムを積極的に肯定する』ビジネス社、2008年)
J. Rawls, *A Theory of Justice* (Cambridge, Massachusetts, Harvard University Press, 1971, revised ed., 1999／改定版の邦訳として、川本隆史・福間聡・神島裕子訳『正義論』、紀伊國屋書店、2010年)
J. Rawls, *Political Liberalism* (New York, Columbia University Press, 1993, paperback edition, 1996)
J. Rawls, *Collected Papers* (edited by Samuel Freeman, Cambridge, Massachusetts, Harvard University Press, 1999)
J. Rawls, *The Law of Peoples* (Cambridge, Harvard University Press, 1999／中山竜一訳『万民の法』、岩波書店、2006年)
J. Rawls, *Lectures on the History of Moral Philosophy* (edited by Barbara Herman, Cambridge, Mass., Harvard University Press, 2000／坂部恵監訳、久保田顕二・下野正俊・山根雄一郎訳『ロールズ哲学史講義　上・下』、みすず書房、2005年)
J. Rawls, *Justice as Fairness, A restatement* (edited by Erin Kelly, Cambridge, Massachusetts, Harvard University Press, 2001／田中成明・亀本洋・平井亮輔訳『公正としての正義　再説』、岩波書店、2004年)
D. Ricardo, *On the Principles of Political Economy, and Taxation* (London, J. Murray, 1817／羽鳥卓也・古澤芳樹訳『経済学および課税の原理（上）・（下）』、岩波文庫、1987年)
L. C. Robbins, *An Essay on the Nature and Significance of Economic Science* (London, Macmillan, 1932／中山伊知郎監修、辻六兵衛訳、『経済学の本質と意義』東洋経済新報社、1957年)
J. -J. Rousseau, *Du Contrat Social* (1762／桑原武夫・前川貞次郎訳『社会契約論』、岩

波文庫、1954年、作田啓一・原好男訳『社会契約論／人間不平等起源論』、白水社、1991年)

M. J. Sandel, *Liberalism and the Limits of Justice*, 2nd ed.（Cambridge, Cambridge University Press, 1998／菊池理男訳『リベラリズムと正義の限界 原著第二版』、勁草書房、2009年)

F. C. von Savigny, *System des heutigen romischen Rechts*（Berlin, 1840／小橋一郎訳『現代ローマ法体系』第1巻〜第8巻、成文堂、1993〜2009年)

J. A. Schumpeter, *Wessen und der Hauptinhalt der theoretischen Nationalökonomie*（1908／大野忠男・木村健康・安井琢磨訳『理論経済学の本質と主要内容（上）（下）』、岩波文庫、上巻1983年、下巻1984年)

J. A. Schumpeter, *Theorie der wirtschaftlichen Entwicklung*（Leipzig, Duncker & Humblot, 1912／塩野谷祐一・中山伊知郎・東畑精一訳『経済発展の理論（上）（下）』、岩波文庫、1977年)

J. A. Schumpeter, *History of Economic Analysis*,（edited from Manuscript by Elizabeth Boody Schumpeter and with and Introduction by Mark Perlman, Routledge, 1994／東畑精一・福岡正夫訳『経済分析の歴史（上）（中）（下）』、岩波書店、2006年)

A. Sen, *Choice, Welfare, and Measurement*（Cambridge, MIT Press, 1982／大庭健・川本隆史訳『合理的な愚か者——経済学＝倫理学的探究』、勁草書房、1989年)

A. Sen, *Commodities and Capabilities*（New York, Elsevier Science Pub. Co., 1985／鈴村興太郎訳『福祉の経済学——財と潜在能力——』、岩波書店、1988年)

A. Sen, *Inequality Reexamined*（Oxford, Clarendon Press, 1992／池本幸生・野上裕生・佐藤仁訳『不平等の再検討——潜在能力と自由——』、岩波書店、1999年)

A. Sen, *On Economic Inequality*（Oxford, Clarendon Press, 1997／鈴村興太郎・須賀晃一訳『不平等の経済学』、東洋経済新報社、2000年)

G. Sher, *Desert*（Princeton, Princeton University Press, 1987)

A. Smith, *Inquiry into the Nature and Causes of the Wealth of Nations*（1776／大河内一男監訳『国富論Ⅰ〜Ⅲ』、中公文庫、1978年)

R. Stammler, *Lehrbuch der Rechtsphilosophie*, 2 Aufl.（Berlin,W. de Gruyter, 1923)

G. J. Stigler, *The Theory of Price,* revised ed.（Macmillan Co., 1953／内田忠夫・宮下藤太郎訳『価格の理論（上）（下）』、有斐閣、上巻1963年、下巻1964年)

G. J. Stigler, *The Theory of Price*, 3rd ed.（Macmillan Co., 1966／南部鶴彦・辰巳憲一訳『価格の理論［第4版］』、有斐閣、1991年)

L. W. Sumner, *The Moral Foundation of Rights*（Oxford, Oxford University Press, 1987)

J. Swift, *Travels into Several Remote Nations of the World, in Four Parts. By Lemuel Gulliver, First a Surgeon, and then a Captain of several Ships*（1726／平井正穂訳『ガリヴァー旅行記』、岩波文庫、1980年)

F. Tönnies, *Gemeinschaft und Gesellschaft*（1887／杉之原寿一訳『ゲマインシャフトとゲゼルシャフト——純粋社会学の基本概念——（上）（下）』、岩波文庫、1957年)

H. R. Varian, *Intermediate Microeconomics*（New York, W. W. Norton, 1987／佐藤隆三訳『入門ミクロ経済学』、勁草書房、2000年)

Th. Veblen, *Theory of Leisure Class*（New York, 1899／小原敬士訳『有閑階級の理論』、

岩波文庫、1961年)

Th. Veblen, *The Theory of Business Enterprise* (New York, C. Scribner's Sons, 1904／小原敬士訳『企業の理論』、勁草書房、1965年)

Th. Viehweg, *Topik und Jurisprudenz. Ein Beitrag zur rechtswissenschaftlichen Grundlagenforschung* (5. Auflage, Munchen, C. H. Beck, 1974／植松秀夫訳『トピクと法律学』、木鐸社、1980年)

P. G. Vinogradoff, *Common Sense in Law* (New York, H. Holt and Company, 1914／末延三次・伊藤正己訳『法における常識』、岩波文庫、1972年)

M. E. L. Walras, *Eléments d' économie politique pure ou théorie de la richesse sociale* (Lausanne, L. Corbaz, 1874-1877／久武雅夫訳『純粋経済学要論』、岩波書店、1983年)

M. Walzer, *Spheres of Justice : A Defense of Pluralism and Equality* (Basic Books, 1983／山口晃訳『正義の領分——多元性と平等の擁護——』、而立書房、1999年)

M. Weber, *Die 'Objektivität' sozialwissenschaftlicher und sozialpolitischer Erkenntnis* (1904／富永祐治・立野保男訳、折原浩補訳『社会科学と社会政策にかかわる認識の「客観性」』、岩波文庫、1998年)

M. Weber, *Wissenschaft als Beruf* (1919／尾高邦雄訳『職業としての学問』、岩波文庫、1980年)

C. Wellman, *A Theory of Right* (Totowa, Rowman & Allanheld, 1985)

J. Wolff, *Robert Nozick : Property, Justice and the Minimal State* (Oxford, Polity in association with Basil Blackwell, 1991／森村進・森村たまき訳『ノージック——所有・正義・最小国家——』、勁草書房、1994年)

人名索引

【ア行】

碧海純一　9-10, 13, 18, 23, 28, 472
アクィナス（Thomas Aquinas）　427, 443, 490
新井光吉　258
アリストテレス（Aristotelēs）　28, 75-6, 86, 140, 149, 421-31, 433-45, 447-58, 462, 466-9, 472, 480, 483, 489-90, 492-4, 499-500, 504, 514, 576
アロー（Kenneth Joseph Arrow）　577
安藤馨　481
飯村義美　112
イェーリング（Rudolf von Jhering）　78
池田克　53, 72-7, 85, 93
石坂修一　85, 89, 99-100, 108
石田和外　108, 112
伊藤正己　13
井上彰　501
井堀利宏　531
入江俊郎　85, 89, 108, 110, 112
色川幸太郎　112
岩田誠　112
岩田靖夫　433, 443
ヴァリアン（Hal Ronald Varian）　400
ヴィーザー（Friedrich von Wieser）　295, 306
ヴィノグラドフ（Paul Gavrilovich Vinogradoff）　75, 456
ウェーバー（Max Weber）　264, 518, 565-6
ヴェブレン（Thorstein Veblen）　386
ヴェルツェル（Hans Welzel）　20
ウェルマン（Carl Wellman）　137, 141
ウォルツァー（Michael Walzer）　514-5, 560
ヴォルフ（Christian Wolff）　245
宇沢弘文　386
内井惣七　562
ウルピアヌス（Gnaeus Domitius Ulpianus）　490-1, 494
ウルフ（Jonathan Wolff）　207
エリザベス1世（Elizabeth I）　243
エールリッヒ（Eugen Ehrlich）　457
エンギッシュ（Karl Engisch）　20

大隅健一郎　112
奥野健一　53, 63, 66, 77-85, 87, 89-97, 103-8, 111-2, 135, 237, 242
長部謹吾　108, 112
オースティン（John Austin）　7-8, 120, 598
尾高朝雄　1-2, 4-5, 8, 12-3, 21, 28, 32
尾近裕幸　265
小野清一郎　3, 20
小野秀誠　72, 90
小原敬士　386
オルサレッティ（Serena Olsaretti）　511

【カ行】

戒能通弘　293
カウフマン（Arthur Kaufmann）　20
加古祐二郎　600
柏原語六　108
ガスキンズ（Richard Gaskins）　217, 230
桂木隆夫　467, 472
加藤新平　4, 16, 433, 441, 490, 566
加藤信朗　441
亀本洋　6, 19, 23, 28, 67, 116, 166, 217, 264, 337, 360, 381, 397, 406, 457, 473, 523, 574, 597
河上正二　35
河村大助　53, 55-65, 74, 78, 80, 85, 87-8, 94, 100, 102
河村又介　85
カント（Immanuel Kant）　14, 177, 245, 470, 479, 561, 589
キケロ（Marcus Tullius Cicero）　490
喜多見洋　293
城戸芳彦　89, 108, 110, 112
木村亀二　20
清宮四郎　3
草鹿浅之介　112
クック（Walter Wheeler Cook）　23, 25, 142, 404
熊谷尚夫　575
クライン（Lawrence Robert Klein）　419
クールノー（Antoine Augustin Cournot）　271-2
クーン（Thomas Samuel Kuhn）　9-11, 18-20, 26-28, 30, 260, 336
ケインズ（John Maynard Keynes）　555

ケネー（François Quesney） 234
ケルゼン（Hans Kelsen） 15-6, 155, 264, 323, 565, 568, 597-8
コーエン（Gerald Allan Cohen） 545-546
五鬼上堅磐 53, 63, 66, 77-85, 87, 90, 108, 242
コース（Ronald Harry Coase） 335-40, 361, 363, 372-90, 392-412, 416-8, 475, 588
児玉聡 481
ゴッセン（Herman Heinrich Gossen） 295-6, 298, 302
ゴールディング（Martin P. Golding） 458
コント（Isidore Auguste Marie François Xavier Comte） 11, 13

【サ行】

斎藤朔郎 89, 97, 108
斉藤悠輔 85
サヴィニー（Friedrich Carl von Savigny） 6, 19, 28, 67, 118-9, 128, 134, 150, 473
佐伯胖 577
桜井徹 247
佐々木晃 386
笹倉秀夫 2, 78, 115
佐藤篤士 5
サックス（Albert M. Sacks） 33
佐橋謙一 459
サミュエルソン（Paul Anthony Samuelson） 381, 411, 418-9, 579
サムナー（Leonard Wayne Sumner） 143, 146-9
サンデル（Michael J. Sandel） 560
ジェヴォンズ（Henry Stanley Jevons） 265, 271-6, 278, 280, 292-6, 300, 302, 306, 331, 333, 348, 361, 378, 384, 409
塩沢由典 327
嶋津格 185, 472
清水幾太郎 13
下飯坂潤夫 53, 62, 65, 85
下村三郎 112
シャー（George Sher） 511
シュタムラー（Rudolf Stammler） 15-16
シュトライス（Michael Stolleis） 245
シュンペーター（Joseph Alois Schumpeter） 264-5, 302-3, 321-2, 325-6, 345, 359, 386, 415, 421, 423, 428, 447-52, 521, 555, 602
ショー（George Bernard Shaw） 409
ジョージ（Lloyd George） 257
ジョンセン（Albert R. Jonsen） 86
スウィフト（Jonathan Swift） 237

スターリン（Joseph Stalin） 513
スティグラー（George Joseph Stigler） 264, 270, 272, 276, 278-9, 321-2, 324-5, 360, 364-6, 371, 378-9, 386-7, 391, 397, 406-7, 409, 415, 562
スペンサー（Herbert Spencer） 11, 13, 229
スミス（Adam Smith） 212-3, 215-7, 234, 256, 303-6, 328, 359, 373, 407-8, 450, 452, 468, 473-5
セー（Jean-Baptiste Say） 293
関口正司 555, 562
関良徳 247
セン（Amartya Kumar Sen） 574-80, 602
ソクラテス（Sōkrátēs） 423-4, 514

【タ行】

高木常七 85
高田三郎 441
高橋文彦 431
高柳賢三 120, 154-5
瀧川裕英 501
田中耕太郎 12-3, 20
田中成明 23, 67, 458
田中二郎 108, 112, 243-5, 256
田中英夫 132
棚瀬孝雄 13
ダールマン（Carl J. Dahlman） 380
垂水克己 85
チャン（Steven Ng-Sheong Cheung） 389
杖下隆英 467
常木淳 360
恒藤恭 12-3, 600
ティンバーゲン（Jan Tinbergen） 419
テンニエス（Ferdinand Tönnies） 515
ドゥオーキン（Ronald Dworkin） 16, 24-5, 500, 507, 517, 574-5
トゥールミン（Stephen Edelston Toulmin） 86
トマジウス（Christian Thomasius） 245
トラシュマコス（Thrasymachus） 423

【ナ行】

長尾龍一 9, 17
中島重 18-20, 29
中林良純 582
長嶺超輝 53
成田和信 501
西周 2
西村和雄 395

西村稔　244
ニューイング（R. A. Newing）　577
根岸隆　263, 360
ノイマン（John von Neumann）　320-2, 332, 344, 361
ノージック（Robert Nozick）　166-71, 173-212, 214-5, 260, 341-2, 345, 425, 440, 452, 466, 474, 482-4, 488, 496, 551, 555, 570, 579-80, 582, 590, 593

【ハ行】

ハイエク（Friedrich August von Hayek）　253-8, 260, 265, 280-1, 302, 306, 319, 359, 409, 466, 471-4, 476, 479, 481-2, 494-7, 505-6, 513, 516, 520-1, 549, 554-5, 557, 559, 561-2, 571-5, 579-92, 594-7, 599
ハイニマン（Felix Heinimann）　455
パウンドストーン（William Poundstone）　360
橋本努　265
パシュカーニス（Evgeniĭ Bronislavovich Pashukanis）　589-90, 598-600
長谷部恭男　165
ハーディ（William Francis Ross Hardie）　433, 441, 456
ハート, H. L. A.（Herbert Lionel Adolphus Hart）　16, 21, 24-5, 30-2, 149-54, 208, 598
ハート, ヘンリー（Henry M. Hart, Jr.）　33
服部高宏　67, 381, 397
バーネット（John Burnet）　441
濱真一郎　557
濱野亮　13
ハーラン（John Marshall Harlan）　224-8, 230-4, 236-7, 240, 246, 249
バーリン（Isaiah Berlin）　557
ハルトマン（Nicolai Hartmann）　431
ハーレイ（Susan L. Hurley）　500-1, 545
ピアソン（Cristopfer Pierson）　247
ピグー（Arthur Cecil Pigou）　257, 393, 400-1, 404-7, 409-10, 413
ビスマルク（Otto Eduard Leopold von Bismarck-Schönhausen）　244, 247
ヒトラー（Adolf Hitler）　513
ヒューム（David Hume）　252, 466-72, 474, 476-82, 488-90, 494, 512, 561, 585, 598
平野仁彦　67, 381, 397, 563, 566
広中俊雄　35, 95, 108, 114-5
広濱嘉雄　3-5, 8, 20, 29
ファーガソン（Adam Ferguson）　472

フィーヴェク（Theodor Viehweg）　94
フーコー（Michel Foucault）　246-7, 257
藤田八郎　85
ブッシュ（George Walker Bush）　568
船橋喜恵　467
フッサール（Edmund Gustav Albrecht Husserl）　14
ブラック（Duncan Black）　577
プラトン（Plátōn）　28, 98, 140, 361, 423-4, 427, 472, 514
フランク（Jerome Frank）　141
フランクファート（Harry Gordon Frankfurt）　501
フランケナ（William K. Frankena）　481
フリードマン（Milton Friedman）　264, 359, 385
フリードマン（Rose Friedman）　359
フリードリッヒ2世（Friedrich II）　243
ヘア（Richard Mervyn Hare）　462
ベイルズ（Michael D. Bayles）　459-61, 463
ヘイン（Paul Heyne）　327, 340, 347, 367, 385
ベヴァリッジ（William Henry Beveridge）　257
ペッカム（Rufus Wheeler Peckham）　219-24, 230, 232-4, 236-40, 245-6, 249
ベッカリーア（Cesare Bonesana Beccaria）　293
ヘッセ（Mary B. Hesse）　435
ベネディクト（Michael Les Benedict）　248-51, 253, 258
ベーム＝バヴェルク（Eugen von Böhm-Bawerk）　306
ベラー（Robert Neelly Bellah）　560
ペレルマン（Chaïm Perelman）　86, 93-4, 98
ベンサム（Jeremy Bentham）　138, 292-3, 300, 427, 481, 598
星野英一　8
ポズナー（Richard Allen Posner）　359-60, 373-4
穂積重遠　3
穂積陳重　2, 4, 11, 13-4, 20, 138, 237, 440
ホッブズ（Thomas Hobbes）　168, 208, 389
ホブハウス（Leonard Trelawney Hobhouse）　257
ポパー（Sir Karl Raimund Popper）　472
ホーフェルド（Wesley Newcomb Hohfeld）　23-4, 120-1, 123-4, 126-34, 137, 139-50, 152-

5, 159, 180, 476, 552, 557
ホームズ（Oliver Wendell Holmes, Jr.） 6
-8, 228-30, 233-8, 240, 249, 253
ボーモル（William Jack Baumol） 404

【マ行】

牧野英一 20
マクレイ（Norman Macrae） 320
マクロスキー（Deirdre N. McCloskey）
  360, 419-20, 579
マコーミック（Neil MacCormick） 57, 76,
  95, 241, 461
マーシャル，アルフレッド（Alfred Marshall）
  271-2, 276, 278, 283-5, 310, 322, 362, 366, 372-
  3, 377-8, 384, 401, 409, 412-6
マーシャル，ジョン（John Marshall） 241-
  2
松井茂記 218, 246, 258
松浦好治 39, 120, 132, 138
マッキンタイア（Alasdair C. MacIntyre）
  560
松平光夫 75
松田二郎 108, 112
松本正雄 112
マルクス（Karl Heinrich Marx） 303, 452,
  589
丸山眞男 2
マーロイ（Robin Paul Malloy） 333
マンデヴィル（Bernard Mandeville） 471
ミーゼス（Ludwig von Mises） 208, 251-
  3, 265, 554-5
三谷隆正 12-3
三本卓也 145
峯村光郎 20
美濃部達吉 21
宮澤賢治 34
宮澤俊義 2, 11-17, 21, 26, 29
ミラー（David Miller） 466, 489, 498-9, 501
  -23, 546, 587
ミル（John Stuart Mill） 306, 492-4, 505,
  548-56, 558-65, 568-72, 574, 580, 585
三輪長生 112
村上秀三郎 87-8
村上淳一 13
村山眞維 13
メイン（Sir Henry James Summer Maine）
  13, 473
メンガー（Anton Menger） 280
メンガー（Carl Menger） 260-1, 264-6,
269, 272, 279-87, 289-93, 295-303, 305-8, 310-
21, 324, 328, 335, 343-4, 348, 361, 363-4, 368-
70, 378, 384, 386, 406, 469, 473-6
モルゲンシュテルン（Oskar Morgenstern）
  320-2, 332, 344, 361

【ヤ行】

八木鉄男 4, 7
矢崎光圀 4
矢島杜夫 555, 562
安井琢磨 303
山下正男 125, 143, 433
山田作之助 53, 85-6, 108
横田喜三郎 21, 53, 66-70, 74, 85, 89-90, 108,
  457
横田正俊 89, 95, 97, 99-108, 110-2, 115, 238
ヨンパルト，ホセ 5, 23, 499

【ラ行】

ラスク（Emile Lask） 16
ラートブルフ（Gustav Radbruch） 16, 20,
  565-6
ラーモア（Charles E. Larmore） 565
ラングデル（Christopher Columbus
  Langdell） 131-3, 478
ランド（Ayn Rand） 22-3, 212, 569
リカード（David Ricardo） 303, 306, 356
リンドリー（Sir Nathaniel Lindley） 153
ルイ14世（Louis XIV） 243
ルウェリン（Karl Nickerson Llewellyn）
  349
ルソー（Jean-Jacques Rousseau） 164-5
レーガン（Ronald Wilson Reagan） 258
六本佳平 13
ロック（John Locke） 159-60, 162-4, 168-
  70, 173, 209, 215, 245, 468, 484, 520
ロビンズ（Lionel Charles Robbins） 373-5
ロールズ（John Bordley Rawls） 30, 173,
  425, 466, 470, 484-8, 497, 499-500, 505, 509,
  512-3, 517, 523, 525-48, 562, 564-5, 567-8, 573
  -5, 588, 590, 602-3
ローズヴェルト，シオドア（Theodore
  Roosevelt） 250
ローズヴェルト，フランクリン（Franklin
  Delano Roosevelt） 257-8

【ワ行】

若松良樹 32, 574, 580
和田小次郎 5, 29

和田仁孝　13
ワルラス（Marie Esprit Léon Walras）
　263-6, 280, 295, 302-3, 306, 310, 348, 361, 378

事項索引

【ア行】

「値する」　482, 497-512, 543
アナーキズム（anarchism／無政府主義）
　166
アメリカ独立宣言　158-9, 161
アレテー（arete, αρετη／卓越性、優秀性）
　422, 427-8, 434-5
違憲審査権　240-2
一般意志（volonté générale）　165
一般均衡理論（general equilibrium theory）
　303
一般法学（ドイツにおける）（allgemeine
　Rechtslehre）　5, 7, 13, 120, 155
ヴァジニア権利章典　156-9, 161-2
オーストリア学派（austrian school）　265,
　295, 303, 306

【カ行】

解釈
　拡張——　67, 108, 352
　反制定法的——　114-5
　反対——　52-3, 60-1, 77, 95, 352
　文理——　60, 350-2
　目的論的——　350-2, 355, 597
　類推——　47-9, 52-3, 59, 61, 64, 67-8, 83,
　　87, 94-5, 100, 348, 352-3, 435
解釈の規準（canon）　349-53, 355
概念法学（Begriffsjurisprudenz）　77-9, 92,
　95, 133
外部性（externality）　173, 390-2, 395, 406,
　409, 411-2
価格メカニズム　261, 310, 325-6, 328
「各人に各人のものを suum cuique」（ウルピ
　アヌスの定式）　490-1, 494
格差原理（difference principle）　466, 523-
　47, 602-3
　——Ⅰ　530-1, 533-9, 546
　——Ⅱ　530-1, 534-9, 545-6
拡張国家（extensive state）　205, 207, 214
価値相対主義　566
カルドア＝ヒックス基準（Kaldor Hicks
　criterion）　333, 358, 373
完全競争市場　→　「市場」の項を見よ
完全市場　→　「市場」の項を見よ
元本充当説　55-6, 62, 86-7, 94-5, 110
機会費用　→　「費用」の項を見よ
危害原理（harm principle）　555, 565, 569
危険
　——愛好的（risk loving）　190
　——回避的（risk averse）　190
　——中立的（risk neutral）　190
帰属理論　303
帰謬法　83-4, 104, 107, 180, 237, 242
基本善（primary goods）　525-8, 573-4, 602
義務（ホーフェルドが述べる意味での）　121
　-7, 135-7, 139-40, 143-6, 148, 150, 153
義務論理学　143-5
強行法規　78-80, 88
競争　276-9
均衡　203-5, 262, 319-24, 370, 564, 592
警察権（police power）　220-5, 230-1, 236,
　238, 240, 242-6, 249, 256, 258
警察国家（Polizeistaat）　242-3, 246-7, 257
契約の自由　37, 65, 70, 79, 220-3, 225-7, 229-
　30, 234, 355, 385
ケース・メソッド（case method）　132
結合生産　282-3, 341
限界
　——革命（Marginal Revolution）　265,
　　280, 295
　——効用（marginal utility）　295-6, 303,
　　306
　——効用均等の法則（law of equimarginal
　　utility）　298-9, 316
　——効用逓減の法則（law of diminishing
　　marginal utility）　295-7
　——費用（marginal cost）　328-30
欠歉補充　68, 72, 76, 114-5
権原理論（entitlement theory）　481-4, 488
権能（ホーフェルドが述べる意味での）
　（power）　64, 121, 127-37, 142, 147-8, 159,
　161-2, 173, 175, 180, 182, 220-7, 231, 236, 241,
　244, 246, 248, 250, 258, 557, 597
権利　121-30, 136-7, 139-40, 142-3
　——の選択説　150-2, 158
　——の利益説　150-1
交換性向　303-5

事項索引　　*625*

「合憲性の推定」の法理　234
厚生（welfare）　286-8, 298, 323-4, 327, 381, 401, 413-4, 482, 525
公正原理（principle of fairness）　167, 193, 205
功績（desert）　487-8, 492, 494-5, 497, 543, 547
衡平（equity, ἐπιείκεια）　74-6, 93, 234, 353, 382, 404, 456-7, 463, 468, 500
公法　21-2, 137-8, 155
公法（ハイエクが述べる意味での）　595-8
効用（utility）　281, 283-5, 288-9, 292-300, 369, 393, 482
功利主義（utilitarianism）　292-3, 428, 480-1, 525, 547, 554, 562, 574, 589, 602-3
　　行為──（act-utilitarianism）　480
　　ルール──（rule-utilitarianism）　480
合理主義
　　進化論的──（evolutionary rationalism）　472-4, 476, 482, 500, 595
　　設計主義的──（constructivist rationalism）　472-3, 479, 481-2, 554, 559, 595
　　批判的──（critical rationalism）　472
効率性　333-4, 358-9, 463, 468
黒板経済学（blackboard economics）　338, 340, 391, 396, 399, 404, 411, 416, 576, 579, 602
互恵性（reciprocity）　530, 539-40, 546-7
コースの定理（Coase theorem）　390, 392-6, 399-400, 402, 404, 406
古典的自由主義（classical liberalism）　214-5, 251, 520
コモン・ロー（common law）　235, 242, 350-1, 353, 410, 458, 554, 595, 597-8

【サ行】

財（goods）
　　第1次──（消費財）　282, 289, 301
　　高次──（生産財、生産要素）　282, 301-3, 328
　　所有──　285-7, 302, 311, 364
　　経済──　289-92, 303, 312
　　公共──　290, 417
　　代替──　301, 364-5, 367-9
　　連関──　368-9
　　──の価値　291-2, 296-301
　　──の希少性　290, 339, 363, 370, 373-4, 469
最小国家（minimal state）　174, 176, 184, 191, 203, 205-7, 210, 214, 474
再分配　173, 193, 205, 214, 251-6, 258, 260, 312, 389, 401, 466, 500-1, 513-4, 573
差別的不利益（disadvantage）　174-5, 184-9, 192-5, 197-203, 205-7
資源配分　393-7
事実関係　124, 128
死重費用　→　「費用」の項を見よ
市場
　　完全競争──　278-9, 319, 345, 370, 382, 406
　　完全──　272, 274-6, 278, 306, 314
　　理念としての──　263
　　定型としての──　265
　　「市場」の範囲　275-6
　　──経済　324-7, 358-9, 374-5, 385, 407-9
自生的秩序（spontaneous order）　472-3, 482, 590-6, 599
自然価格　371, 449, 451
自然権　156-8, 160-9, 173, 175, 201, 207-10, 212, 215, 217, 244-6, 474, 482, 484, 557
自然状態　21, 159-60, 163, 168-71, 173, 208-9, 467, 476
「自然的」対「人為的」　468-72, 504
自然法　2, 6, 21, 138, 160, 165, 168-9, 243, 245, 455-6, 472, 480, 494, 567-8
実体法　82, 138, 149, 458, 460, 464
シティズンシップ（citizenship）　515, 517-8
私法　21, 137-8, 155, 242, 567
私法（ハイエクが述べる意味での）　594-6
「司法の中立性」の法理　233-5
社会的決定理論（social choice theory）　577-80
社会立法　66, 70-1, 73-4, 233-4
主権　160-4, 215, 217, 220
需用の法則　263, 267, 366, 386
純粋法学（Reine Rechtslehre）　155, 264, 597
消費者余剰　324, 333, 413, 415
新カント主義（Neukantianismus）　12, 14-7, 20, 30, 598
静学（静態理論）　320-4, 371, 383, 482
正義
　　応報的──　421, 440, 443-8, 451-3, 490, 494, 568
　　矯正的──　421, 435, 437-45, 451, 453, 480, 483, 490, 494
　　均等的（特殊的）──　433-5, 442-3
　　形式的──　94, 462-4, 490, 494, 510

626　事項索引

行為の――　469, 481, 488-9
交換的――　421, 441-3, 447, 451, 494
自然的――　457-8
社会的――　425, 466, 481, 488, 492, 494-8, 506, 510-5, 517, 520-2, 525, 548, 554, 562, 573, 587-8
適法的（一般的）――　433-4, 489-90
手続的――　184, 421, 458-60, 463-5, 484-8, 490, 494, 509, 529
純粋な手続的――　484-8
配分的――　421, 435-6, 438-40, 446, 453, 466, 487, 490, 492-4, 499
分配的――　466, 480-2, 484, 487-90, 492-6, 498-500, 502-3, 505-7, 509-11, 513-5, 522-3, 525-526601
正義の情況（circumstances of justice）　512
正義の二原理（two principles of justice）　523-6, 546, 564, 567
請求権（ホーフェルドが述べる意味での）（claim）　118, 130-1, 137, 146-8, 151-3, 159, 552
生産と消費　282-4
政治的リベラリズム（political liberalism）　525, 564-5, 567
正統性（legitimacy）　69-70, 166, 172, 208
責任（ホーフェルドが述べる意味での）（liability）　121, 128-35, 142, 147-8
先例　48, 90, 232, 236, 238-40, 463, 596
先例拘束法理（Stare Decisis）　240
双方独占（孤立的交換）　308, 311, 381, 406

【タ行】

対審システム（adversary system）　138, 458-60
代替　363-5, 369, 377-8, 386
卓越主義（perfectionism）　421-4
弾力性（elasticity）　365-9, 371, 400
中庸　428-32
長期／短期　370-2
超最小国家（ultra minimal state）　174, 184, 191, 203
テシス（thesis）　595
手続的権利（ノージックが述べるところの）　174, 180-2, 488
手続法　82, 138, 464
動学（動態理論）　320-2, 371, 482
等価交換　306, 441, 451
独立人　167-8, 172-6, 179-85, 188-206
特権（privilege）　121, 123-9, 137, 145-6,

148-9, 153-4, 557
取引費用　→　「費用」の項を見よ

【ナ行】

日本国憲法　34, 42, 52, 109, 117-8, 136, 139, 160-2, 165, 242, 438, 516-7, 524, 569
任意法規　79
ノモス（nomos, νόμος）　445, 472, 594-5

【ハ行】

賠償原理　174, 184-5, 191, 193, 199, 205-6
パターナリズム（paternalism）　229, 233-4, 569
パラダイム（paradigm）　10, 27
パレート効率性（Pareto efficiency）　358, 393, 531, 539, 577-8
反制定法的解釈　→　「解釈」の項を見よ
反対解釈　→　「解釈」の項を見よ
比較優位の原理（principle of comparative advantage）　356, 468
ピグー的課税（Pigovian tax）　393, 400-1, 404-5, 407
費用　329-32
　機会――（opportunity cost）　331-2, 341, 397
　死重――（deadweight cost）　340-1
　取引――（transaction cost）　335-6, 342, 377-90, 392-6, 398-400, 402, 406-7, 411, 417, 588
福祉国家（welfare state）　214, 246-51, 253-9, 387, 420, 517, 582
普遍化可能性の要求　462-4, 494, 510
プライス・テイカー（price taker／価格受容者）　278-9, 319, 370
フランス人権宣言　163-5, 245
分析法理学（analytical jurisprudence）　7-8, 13, 23-5, 120, 154, 598
分配
　必要に応じた――　487, 515-8, 521, 572
　功績（desert）に応じた――　487, 492, 494-7
　平等な――　515-8
　配分（allocation）と分配（distribution）の区別　312, 466, 487
文理解釈　→　「解釈」の項を見よ
法解釈方法論　68-9
法源　48, 239
法思想史　29-30
法治国家　243, 245, 256, 559

事項索引　*627*

法廷意見　44
法定充当説　62, 64, 102-8, 110-1
法哲学
　素人的——　19-20, 117, 457
　専門的——　19-20, 28, 32, 116, 132, 457, 548
法と経済学（law and economics）
　経済学者系統の——　338
　法学者系統の——　338, 356-60, 392, 402
法の一般理論　6, 8, 13, 31, 589, 598-9
法の支配　108, 235, 243, 245, 455, 559, 566
法の不備（欠缺）　66-8, 82
方法論的個人主義（methdological individualism）　345
法理学（jurisprudence）　2-5, 7-8, 11, 13, 18, 20-1, 23-5, 31, 236, 354
法律意思説（客観説）　67, 352
法律関係　118-21, 123-4, 126-32
法律哲学　2-4, 11
保護機関（protective agency）　169-76, 180-5, 188-98, 200, 202-7
ポリツァイ（Polizei）　244, 246

【マ行】

マクロ経済学（macroeconomics）　265, 386
見えざる手説明（invisible-hand explanation）　474
ミクロ経済学（microeconomics）　265-6, 268, 310, 344, 361, 374, 397
民主主義（democracy）　165-6, 210-1, 217, 248, 253, 558-60, 579
無権利（no-right）　121-7, 146, 153
矛盾・反対・小反対　125
無能力（no-ability）　121, 134-6, 142, 147-8
メタ（meta）　128, 288
メンガー表　297, 299-300
免除権（immuinity）　121, 129-30, 134-7, 142, 147-9, 218, 245, 552, 557
目的論的解釈　→　「解釈」の項を見よ

黙約（convention）　469-71, 598

【ヤ行】

夜警国家（nighit-watchman state）　214-5, 245-6
唯名論（nominalism）　140
有害な影響（harmful effects）　392-4, 396, 409

【ラ行】

リーガル・リアリズム（legal realism）　140-1, 349
利息制限法　35-9, 44-6, 48-50, 52-3, 55-62, 65-7, 70-4, 78-82, 84-91, 93, 96-7, 99-101, 104, 106-7, 109-10, 112-4
立法者意思説（主観説）　67
理念型（Idealtypus）　264, 518
リバタリアニズム（libertarianism／自由尊重主義）　169, 192, 206-7, 474, 201
リベラリズム（liberalism／自由主義）　169, 251-3, 256, 496-7, 526, 548-50, 552-6, 558-60, 563-5, 567, 570-2, 574-80, 583-4, 588
類推解釈　→　「解釈」の項を見よ
レッセ・フェール（leissez faire）　229, 233-4, 240, 248-9, 251, 483
労働費用説　448-9, 452
ローザンヌ学派（lausanne school）　303
ロックナー（対ニューヨーク）事件（Lochner v. New York）　214-5, 217, 224, 233, 237, 240, 242, 246-8, 256, 258-9
ローマ法（Roman law）　6, 10, 28, 34, 82, 120, 138, 490, 567
論法
　「必ずしもそうではない」——　56-7, 237
　帰結主義——　56-8, 84, 105, 237, 242
　極端事例——　53-4, 56-8, 84, 237
　「極端ではない」——　237
　「仕方がない」——　101, 103
　無知からの——　230

「法学叢書」刊行にあたって

　「戦後」といわれ続けて、早や半世紀が経った。昭和21年(1946年)11月3日に新憲法が成立し、それと前後して各種法的制度が整備され、これらが「戦後」日本の社会的経済的発展を支える基礎となった。そして今、半世紀の間に大きく変貌した社会的経済的環境は、随所で、これら諸制度の意義や存在理由の再検討を、われわれに迫りつつある。

　明治憲法時代に既に大きな蓄積をみていたわが国の法律学は、新しい日本国憲法の下で、さらに豊かな発展をとげた。また、科学技術の驚異的発達を背景とする、社会の高度複雑化と国際化に伴い、法律学の対象範囲は拡大するとともに、その専門分化が進展した。そして、２１世紀への展開を目の前にして、法律学は、諸学問分野と交流を深める中で、総合的かつ原理的な視座を確立しつつ、直面する諸課題に的確に対応しうる方法と体系を編み出す必要に迫られている。

　現代の法律学が抱えているこうした課題の難しさは、研究教育の場で、われわれが日頃痛感しているところである。結局のところ、われわれは、先人の労苦から生まれた貴重な知識や体系を継承しつつ、自己の置かれた歴史的環境と真剣に交わる中で、みずからの答えを見出して行くほかはない。われわれは、こうした日頃の経験と思いを同学諸氏と折に触れて論じる機会をもっているが、各自の学問的個性に応じた考え方を体系化し世に問うことが、研究教育に携わる者の責務であると考え、ここに本叢書を企画した。

　　　平成7年(1995年)7月

編 集 委 員
佐　藤　幸　治
鈴　木　茂　嗣
前　田　達　明
森　本　　　滋

著者紹介
亀本　洋（かめもと　ひろし）
1957年　山口県生まれ
1981年　京都大学法学部卒業
　　　　金沢大学助教授、早稲田大学助教授、同教授を経て
現　在　京都大学大学院法学研究科教授

著　書
『法思想史〔第2版〕』（共著、有斐閣、1997年）
『法哲学』（共著、有斐閣、2002年）
『法的思考』（有斐閣、2006年）
『スンマとシステム――知のあり方――』（研究代表者、国際高等研究所、2011年）

翻　訳
ウルフリット・ノイマン『法的議論の理論』（共訳、法律文化社、1997年）
ジョン・ロールズ『公正としての正義　再説』（共訳、岩波書店、2004年）
ニール・マコーミック『判決理由の法理論』（共訳、成文堂、2009年）

法哲学　　　　　　　　　　　　　　法学叢書8
2011年6月30日　初　版第1刷発行

著　者　　亀　本　　洋
発行者　　阿　部　耕　一
〒162-0041　東京都新宿区早稲田鶴巻町514番地
発行所　　株式会社　成　文　堂
電話 03(3203)9201　FAX 03(3203)9206
http://www.seibundoh.co.jp

製版・印刷　㈱シナノ　　　　　　　製本　佐抜製本
©2011　H. Kamemoto　　　Printed in Japan
☆乱丁本・落丁本はおとりかえいたします☆
ISBN978-4-7923-0515-4　C3032　　　　検印省略

定価（本体4500円＋税）

「法学叢書」案内

亀本 洋著
法哲学　　　　　　　　　　　　A5判上製／4500円

佐藤幸治著
日本国憲法論　　　　　　　　　A5判上製／4500円

初宿正典著
憲 法 1 統治の仕組み（Ⅰ）　　A5判並製／1500円
憲 法 2 基本権［第3版］　　　A5判上製／3700円

辻 正美著
民法総則　　　　　　　　　　　A5判上製／3800円

髙橋 眞著
担保物権法［第2版］　　　　　A5判上製／2800円

鈴木茂嗣著
刑法総論［第2版］　　　　　　A5判上製／3500円

吉岡一男著
刑事法通論　　　　　　　　　　A5判上製／3700円

岡村忠生著
法人税法講義［第4版］　　　　A5判上製／3500円

岡村忠生著
所得税法講義　　　　　　　　　A5判上製／近 刊

（続 刊）

前田達明著
口述 債権総論［第3版］　　　A5判上製／3495円

森本 滋編著
会社法・商行為法 手形法 講義　A5判並製／2800円
商法総則講義［第3版］　　　　A5判並製／1600円
商行為法講義［第3版］　　　　A5判並製／1800円
手形法小切手法講義［第2版］　A5判並製／1800円

（価格本体）